해외진출

실패에서 배우는 기업경영

박병일/오금식

經文社

사랑하는 딸 **혜나**에게

머리말

본 저자들은 좁은 내수시장으로 인해 기업성장을 위해서는 필연적으로 해외시장에 진출할 수밖에 없는 한국기업의 관리자들 및 의사결정권자들에게, 그리고 무엇보다도 국제화시대의 도래에 따른 치열한 국제경쟁시대에서 살아야 하는 학생들에게 유용한 시사점을 주기 위해 본서를 내게 되었다. 특히 한국기업의 해외진출 실패사례들만을 모아서 살펴봄으로써 향후 국내에 기반을 둔 국제기업들의 해외시장 성과 향상에 작게나마 도움이 되기를 기대해 본다.

본 저서는 총 3부 12장으로 구성되어 있다. 제1부에서는 국제경영에 대한 기본적인 이해를 다루고 있으며, 국제화의 중요성, 정치적 위험을 포함한 해외시장의 리스크, 표적시장 내 문화적 차이에 대한 정확한 학습의 필요성을 집중적으로 알아보고자 했다. 제2부는 국제경영환경, 예컨대 지역경제통합, 국제통상환경, 국제금융환경과 정부의 규제 및 지원이 다국적기업 주변을 둘러싼 비즈니스 환경에 어떠한 영향을 미치고, 이것이 해외시장 성패에 어떻게 귀결되는지를 살펴보았다. 제3부에서는 국제경영전략을 공부하되, 해외시장 선택과 진입전략, 전략적 제휴전략, 해외인수합병 전략, 글로벌전략, 국제마케팅 전략 등에 초점을 두었다.

본서가 완성되기까지 많은 분들의 지원이 있었음을 감사하게 생각한다. 무엇보다도 본서가 세상의 빛을 보도록 도와준 학생들에게 감사인사를 가장 먼저 전함이 도리일 듯하다. 또한 도서출판 경문사 한헌주 사장님과 편집과정에서 수고를 아끼지 않은 편집부 직원분들께도 감사의 말씀을 드리고자 한다.

저자들은 본서를 집필함에 있어 정말 최선을 다했다고 자부하나, 그럼에도 불구하고 많은 부족한 점들이 있을 것임을 부인하지 않는다. 혹시나 있을 오류나 실수는 오롯이 저자들의 몫이며, 이것들은 향후 개정판에서 개선하고 수정할 것을 약속드린다.

2021년 2월
깊어가는 겨울 상아탑에서
저자 일동

차 례

PART 01 국제경영의 이해

PART 01
국제경영의 이해

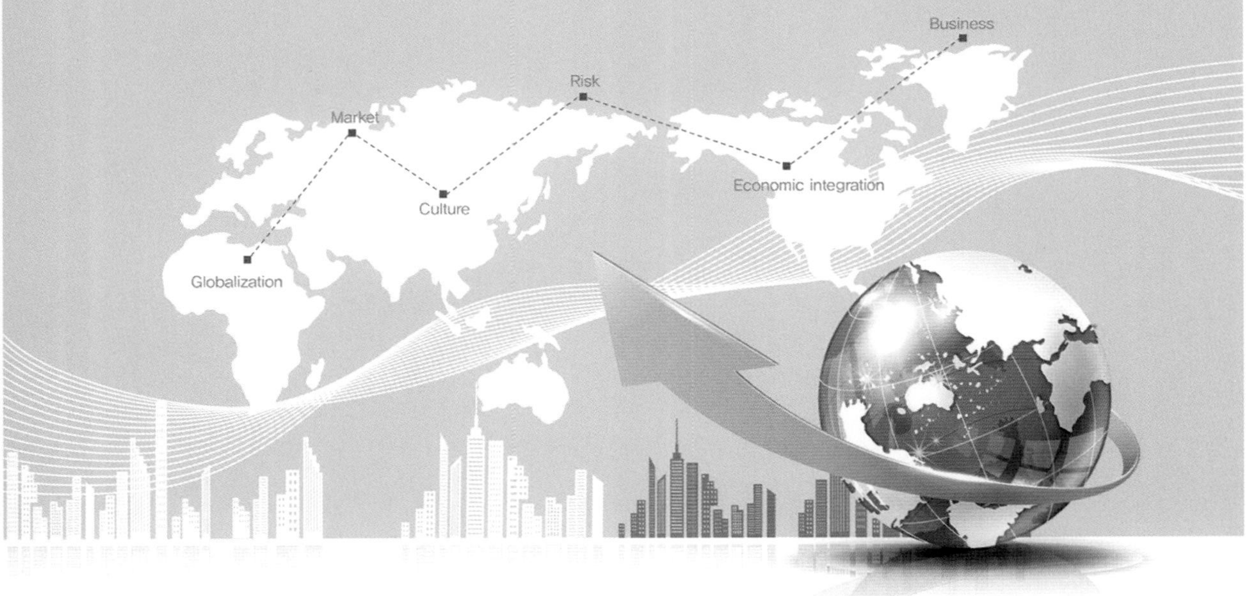

01 기업의 국제화와 다국적기업

사례 1-1 **인도네시아 시장에서의 포스코 사례**: 크라카타우는 포스코의 골칫거리로 남을 것인지?

사례 1-2 **카자흐스탄 시장에서의 국민은행 사례**: 황금알을 낳는 거위에서 밑 빠진 독으로 바뀐 참담함

사례 1-3 **베트남 시장에서의 SK텔레콤 사례**: SK텔레콤의 S-Fone 사업은 예견된 국제화 실패?

사례 1-4 **일본시장에서의 현대자동차 사례**: 일본에서는 왜 현대자동차가 보이지 않을까?

사례 1-5 **중국시장에서의 신세계 이마트 사례**: 마트전쟁…이마트는 왜 중국에서 실패했나?

사례 1-6 **방글라데시 시장에서의 영원무역 사례**: 유혈사태는 누구의 책임인가?

사례 1-1 인도네시아 시장에서의 포스코 사례: 크라카타우는 포스코의 골칫거리로 남을 것인지?

포스코는 2010년 인도네시아 현지 국영 철강사 '크라카타우 스틸'과 각각 70 대30의 지분 비율로 '크라카타우 포스코'를 설립했다. 포스코는 제철소를 짓기 전, 현지 중앙정부와 모든 협의를 마친 상황에서 혹시나 주의해야 할 점은 없는지 현지 전문가에게 자문을 구했다. 전문가는 두 가지를 강조했던 바, 동 전문가가 제시한 첫 번째 조언은 토지분쟁과 관련된 이슈였다. 인도네시아는 토지분쟁이 많이 발생하는데 국가가 최종적으로 소유권을 정리해줘도 주민 저항으로 인해 결국 미해결되는 경우가 비일비재하다고 한다. 제철소를 짓는다는 것은 곧 막대한 면적의 토지를 사용해야 한다는 걸 뜻하기 때문에 토지 소유권을 확실하게 해야 한다고 권유했다. 두 번째는 중앙정부와의 상호 합의가 이루어졌다고 하여 이를 전적으로 신뢰하지 말라는 것이었다. 인도네시아는 1998년 민주화 이후, 지방 토호세력들이 지방자치를 통해 시장과 군수 등의 자리를 맡거나 그들을 후원하며 지역의 유지로 활동하고 있다. 따라서 각 유지가 존재하고 있는 지역에서는 그들이 해당 지역의 자원 배분권을 쥐고 있기도 하거니와, 같은 이유로 중앙정부의 지시나 정책이 효율적으로 이행되지 않곤 한다. 군부독재 시절에는 중앙정부의 설득과 협박이 강제되어질 수 있었으나, 민주화와 지방자치가 동시에 이뤄짐에 따라 상황은 180도 완전히 달라졌다.

위와 같은 상황에서, 포스코는 2013년 말 인도네시아 칠레곤 지역에 연간 300만 톤 규모로 슬래브(후판용 철강소재)와 후판(선박 건설용 철강재)을 생산하는 동남아시아 최초 일관제철소를 합작기업 형태로 건설하게 되었던 것이다. 일관제철소란 철광석을 녹여 쇳물을 만드는 '고로'에서 이 쇳물로 철강 판과 같은 철강 제품 등을 만드는 설비까지 모두를 갖춘 제철소를 뜻한다. 포스코는 3조 원 규모의 자금을 투자했고 인도네시아 국영기업 '크라카타우 스틸'은 현금 대신 토지 3.38km^{2}를 제공했다. 이는 여의도 면적보다 조금 더 큰 면적이었다. 문제는 이 땅 중 0.65km^2 정도가 소유권이 불분명한 땅이었다는 것이다. 포스코는 이 사실을 알지 못했고, 전문가의 조언에도 불구하고, 중앙정부가 허가해준 것에 안심하여 별다른 조사를 시행하지 않았다. 위 토지는 인도네시아 대법원이 국가의 소유로 인정한 땅이었지만, 그 지역의 지방자치단체장(위에 언급한 지역유지와 같다. 편의상 지방자치단체장으로 지칭한다)은 판결 직전부터 해당 토지에 항만을 짓고 있었고, 당시까지 약 100억 원을 투자한 상태였다. 이에 더하여, 그 상황에서 대법원의 판결을 뒤집어 민선 시장의 손을 들어준 행정법원의 판결도 나왔다. 게다가 항만사업을 10년간 추진해왔던 시장은 해당 지역에서 인도네시아 국가 형성 이전부터 지역을 사실상 통치해왔던 가문 사람이었다. 지역사회에서 큰 영향력을 가진 그는 항상 자신이 아닌 중앙정부와 소통하는 포스코가 마음에 들지 않았다. 게다가 그가 투자한 항만 사업과 갈등이 생겨, 지역민심이 포스코에게 불리하게 돌아갔다. 게다가 포스코는 현지 지역의 정신적 지도자였던 이슬람 지도자와도 관계형성이 원하는 대로 발전되지 않았다. 칠레곤 지역은 전통적으로 인도네시아 이슬람들의 성지 같은 곳이다. 제철소 건설 당시 한국인 직원들은 이에 대한 배려 없이 돼지고기나 술을 먹거나 밤새 유흥을 즐기는 등 지역 주민들의 눈총을 받았다. 게다가 공장 설립 이후에도 공장에 몇 번씩 사고가 발생하여 가동이 중단되는 일도 발생하였다.

포스코가 인도네시아 현지에서 실패하게 된 경위 또한 중요하지만, 포스코가 실패하게 됨으로써 잃게 된 사항들이 무엇이 있는지 눈여겨볼 필요가 있다. 먼저, 인도네시아는 인구규모가 세계 4위로, 소비가능인구가 여유로운 나라인데다가, 아세안 내 일종의 수장국 역할을 수행하고 있었기 때문에, 지역경제통합 회원국 내에서 상대적으로 큰 영향력을 갖고 있다. 인도네시아의 철강수요는 연 평균 10%씩 늘고 있지만, 현지 생산량은 전체 소비량의 30%가량 밖에 되지 않았기 때문에 시장진출을 희망하는 기업들이 다수 존재했다. 따라서 인도네시아에서 다른 기업에게 주도권을 빼앗기면 아세안 내에서의 입지는 다시 회복하기 힘들 것이었다. 만약 포스코가 안정적으로 현지시장에 자리를 잡고, 성공적으로 지역 주민들의 지지를 얻었다면, 인도네시아 내 철강 수요를 일정량 이상 전담했을 것이고, 따라서 막대한 누적 손실도 겪지 않았을 것이다. 게다가 포스코가 합작으로 건설한 제철소는 동남아시아 첫 일관제철소로, 원료부터 최종제품까지 한번에 생산하는 방식의 제철소이다. 이와 같은 제철소는 원료만 구입하면 완제품까지 만들 수 있으므로, 제조 및 운반과정이 간소화되고 비용이 줄어들게 된다. 포스코 입장에서는 인도네시아 내 철강 분야에서 상당한 이득을 얻을 수 있는 절호의 기회를 놓쳐버린 셈이다.

포스코의 일관제철소는 슬래프와 후판을 주로 생산하고 있다. 저가제품인 동 품목들은 인도네시아 시장에서 중국산, 러시아산 저가제품과의 경쟁이 심할 뿐만 아니라, 수익성이 낮은 특성을 갖기 때문에 포스코는 매년 누적적자를 시현할 수 밖에 없었다. 〈그림 1-1〉에 따르면, '크라카타우 포스코'는 2014년에는 1,327억 원, 2015년에는 2,751억 원, 2016년에는 720억 원의 영업손실을 보았다. 투자비를 제외하더라도 공장 가동 이후 누적된 영업 손해는 약 5,000억 원 가량에 이르는 것으로 확인된다. 2017년에는 공장 설립 후, '크라카타우 포스코'의 영업이익은 처음으로 141억 원의 흑자로 전환하게 되었지만, 이는 손익분기점을 넘을 만큼의 액수도 아닐 뿐더러, 일시적인 흑자를 무조건 긍정적으로 생각할 수도 없다. 즉, 흑자 전환 원인의 대부분은 원가 비용의 하락에 있었던 데다가, 일본을 포함한 다른 나라의 철강 기업 또한 인도네시아에 공장을 짓고 생산을 시작했기 때문에, 획기적인 경영혁신 없이는 향후 지속적인 이익 증가를 기대하기 어려웠다.

이런 상황에도 불구하고, 포스코는 인도네시아에서 제철소를 철수하거나 '크라카타우 포스코' 지분을 매각할 기미는 보이지 않는다. 포스코가 막대한 비용을 이미 투자했기 때문인 점도 있지만, 동남아시아는 여전히 매력적인 시장이고, 당장 철수했다가 추후에 다시 시장진입을 시도한다면 그땐 진입장벽이 너무 높아

그림 1-1 '크라카타우 포스코'의 최근 영업이익 현황

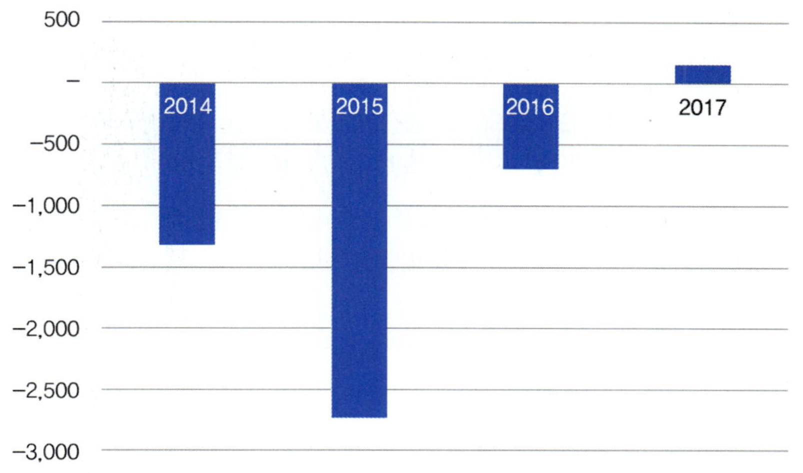

자료: POSCO 사업보고서(2018)

질 것이라는 걱정도 한몫 하고 있다. 하지만 문제는, 이미 많은 글로벌 기업들이 동남아시아 국가들에 진출하고 있는데다가, 포스코와 합작한 인도네시아 철강기업 크라카타우 스틸은 중국의 국영기업과의 합작으로 슬래브를 생산하는 공장까지 완공이 임박한 상태라서 '크라카타우 포스코'의 영업이익 전망은 어두울 것으로 예상된다. 또한 크라카타우 기업은 일본 기업과 협력하여 인도네시아에 자동차 부품공장을 짓고 2017년에 가동을 시작하였다. 인도네시아 소비자들은 일본 브랜드의 자동차를 선호하기 때문에 동 시장 내 일본 기업의 입지는 넓어져만 갈 것으로 예견된다. 게다가 일본 기업이 건설한 공장 형태는 포스코가 건설한 원료부터 최종제품까지 한 곳에서 생산하는 일관제철소와는 달리 부분 공정 중심의 형태이다. 이는 인도네시아 정부가 외국기업에게 해당 산업과 생산을 독점당하는 것을 우려한다는 점을 일본 기업이 파악하여, 이에 부합하는 투자 방향을 설정한 것으로 판단된다.

질문

1. '크라카타우 포스코'가 향후 지속적인 이익을 시현하기 위해서는 어떠한 면을 강화 내지 보완해야 할 것으로 여겨지는가? 또 그렇게 생각하는 이유는 무엇인가?
2. 만약에 여러분이 포스코의 의사결정권자였고, 또한 인도네시아가 아닌 다른 국가에 투자했다면, 대안은 어느 곳이 바람직했다고 생각하며, 그 이유는 무엇인가?
3. 철강산업에 있어서 일본은 강력한 경쟁국임에 틀림없다. 그렇다면 신일본제철과 같은 일본 기업과 세계 시장에서 경쟁하기 위해서는 포스코가 어떠한 전략을 추구해야 한다고 판단하는가?

사례 1-2 카자흐스탄 시장에서의 국민은행 사례: 황금알을 낳는 거위에서 밑 빠진 독으로 바뀐 참담함

KB국민은행(이하 국민은행)은 1963년 설립된 국민은행과 1967년 설립된 주택은행이 합병해 탄생한 우리나라의 대표 은행 중 하나이다. 두 은행이 합병하게 된 계기는 외환위기의 발발과 상관관계가 있다. 1997년 12월에 발생한 외환위기로 인하여, 경영난에 허덕이던 은행 중, 동남은행을 주택은행이 인수하였고, 국민은행은 대동은행에 이어 장기신용은행까지 합병하게 된다. 이후 정부는 제2의 외환위기 전개 가능성을 경감시키고, 부실이 없는 대형은행의 필요성을 절감함에 따라, 국민은행과 주택은행의 합병을 2000년도에 시행함으로써 초대형 리딩뱅크를 탄생시키게 된다. 이후 국민은행은 2018년 1월에 발표한 국내은행 브랜드평판에서 1위를 시현하였고, 세계 100대 은행 중 60위를 기록하는 등, 국내의 선도은행으로 선정되는 영광을 누리고 있다. 현재 국민은행은 예금업무, 지급보증업무, 대출업무, 신탁업무, 유가증권 투자 등의 업무를 하고 있는 바, 작년 말 기준, 국내에 1,062개의 지점 및 출장소를 보유하고 있다. 2000년대에 들어서며 은행 지주회사로의 체제변환이 이루어지고, 은행들의 고도성장이 이루어짐에 따라, 국민은행은 점차 국제화의 필요성을 느끼게 된다.

국제화의 필요성을 느끼게 된 배경에는 다음과 같은 요소들을 생각해볼 수 있다. 첫째, 우리나라는 경제 부문에서 대외의존도가 높기 때문에 국제금융 수요가 풍부하다는 것이다. 우리나라는 전통적으로 무역의존도(무역량/GDP)가 높고, 글로벌 자금관리서비스, 무역금융 등 국제금융 수요가 계속 증가하고 있는 추세였다. 이로 인해 국민은행의 입장에서는 고객의 국제금융에 대한 수요를 충족시키지 못할 시 타 은행과의 경쟁에서 낙오될 우려가 있다고 판단하게 되었다.

둘째, 국내에서의 경쟁심화로 인하여 수익성 및 이익창출 능력이 악화되었기 때문이다. 당시 총자산이익률은 1%대에서 계속 하락하여 0%대로 진입하는 등, 재무건전성이 지속적으로 나빠지고 있는 상황이었다. 이러한 경쟁은 국민은행과 타 은행들 간의 비즈니스 모델이 거의 동일하였기 때문이며, 국민은행은 국제화를 통해 수익을 다각화할 경우에는, 이러한 국내시장에서의 경쟁에서 일정 부분 탈피할 수 있다고 생각했다. 즉, 해외라는 대안을 통하여 국내시장에서의 외형경쟁 압력이 어느 정도 완화될 수 있고, 계속해서 증가하고 있는 해외진출의 중요성으로 미루어 보아 국내 시장점유율의 의미가 크지 않을 것이라 판단한 것이다.

마지막으로는, 글로벌 은행이라는 큰 포부를 이루기 위해서였다. 국내경제의 저성장 기조가 이어지고, 금융시장의 포화현상이 심화됨으로 인하여 국민은행이 국내영업으로만 성장하기에는 한계가 있었다. 또한 국내경제의 성장률이 지속적

그림 1-2 **무역의존도 및 해외직접투자 추이**

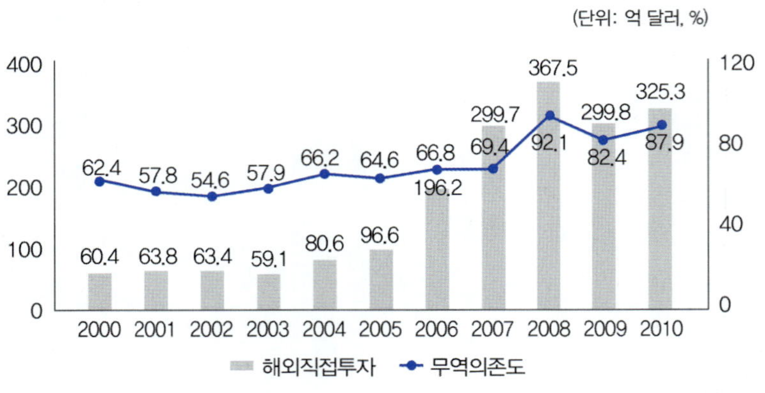

자료: 기획재정부, 통계청
주: 해외직접투자는 신고액 기준

인 감소 추세였으며, 제조업 수출을 기반으로 하는 우리나라는 일본 및 중국과의 경쟁, 신용카드의 보급률, 중소기업 및 가계 부채비율 등의 이유로 국내 대출시장의 성장 가능성이 낮다고 판단하였다. 이에 따라 국민은행은 우리나라의 교육 수준 및 대기업의 국제화 수준 등을 감안한다면 충분히 국민은행의 글로벌 은행으로의 성장이 가능할 것으로 판단하여 해외진출을 모색하게 된 것이다.

실제 국민은행은 영국, 중국, 캄보디아, 미얀마, 뉴질랜드, 베트남 등 다양한 나라로의 진출에 성공한다. 이 당시 국민은행은 대부분의 해외진출을 인수합병의 형식으로 진행하였는데, 그 이유는 국민은행이 소매금융에 강점을 가지고 있었다는 사실에 기인하였다. 즉, 소매금융 네트워크는 해외진출 시 유기적 성장방식을 구축하는 데에 인수합병 전략을 제외하고는 많은 비용 및 시간이 소요될 것이라 여겨졌다. 소매 고객으로부터 예금을 수취하려면 ATM, 지점 등이 제대로 구비 되어야하기 때문이다. 또한 아시아 신흥시장의 경우, 영업 관련 제도적 장벽이 높은 편이었기에 인수합병을 통한 시장진입이 가장 효율적이고 바람직하다고 판단하였다. 특히 그 당시 국민은행뿐만 아니라, 국내은행들은 미국 연방준비제도(FED)의 지속적 금리인하, 저성장 국면의 지속에 빠져 성장세가 둔화되고 수익성 악화에 허덕이고 있었다. 금융위기 이전, 13.6%였던 은행산업의 연평균

자산증가율이 5%로 감소했고, 2014년 기준 NIM[1]은 1.79%로 아주 낮은 수준을 기록했다.

상기와 같은 일련의 상황과 인수합병에 대한 과거 경험을 토대로, 국민은행은 카자흐스탄의 BCC 인수를 통해 자원부국이 집중된 중앙아시아, 러시아, 동유럽 진출의 교두보를 확보하고자 투자를 결정하였다. 한편 BCC가 소재한 카자흐스탄은 원유, 가스 등 지하자원 수출로 연평균 10%의 고성장을 이루어왔다. 이러한 경제호황으로 인해 부동산 가격이 급등하고, 대출 수요 역시 급증하고 있었다. 그러나 대출수요는 많음에도, 카자흐스탄 내에서는 이 수요를 충족시킬 수 없어, 자금 조달의 60%는 국외에서 이루어질 정도였다. 한편 1998년 설립된 BCC는, 2007년 말을 기준으로 하여 총자산이 약 7조 6천억 원으로, 카자흐스탄에서 규모 6위에 해당하는 중견 상업은행이었다. 카자흐스탄 알마티에 본사를 두고 있었으며, 직원 수는 5,200여 명에 달하고, 당기 순이익이 1억 2천만 달러로 신용등급은 Ba1(무디스), BB−(피치)였다. 전국적으로 205개의 영업망과 84만 여명의 고객을 확보하고 있었으며, 주로 개인 및 중소기업 대상 영업활동으로 인하여 소매금융에 강점이 있는 국민은행과의 시너지 효과가 클 것이라 기대되었다. 또한 BCC의 무수익 여신비율이 0.6%, 자기자본비율이 15.5%에 이르는 상황을 고려하면, 재무구조면에서 탄탄하다고 판단되어 리스크 요인이 거의 없다고 보았으며, 담보 대출 비중이 99%이상이었던 바, 여신 관행과 관련해서도 비교적 보수적으로 이루어지고 있다고 판단하여 인수로 인한 경영악화에 대한 가능성을 상대적으로 낮게 봤고, 이에 더하여 나름대로의 고성장을 하고 있다는 점을 낙관적으로 판단하였다.

국민은행은 BCC 지분 매입을 의해서, 2008년 8월부터 9,531억 원을 투자하여, 지분의 29.6%, 전환우선주까지 포함했을 시 지분의 41.9%를 취득했다. BCC 지분 매입 당시 강정원 행장은 "국민은행의 성장 및 수익 증대에 큰 도움을 줄 것으로 확신한다"라고 말했다. 2008년 8월 국민은행의 BCC 지분 인수는 그때까지 국내 금융회사의 해외 인수·합병(M&A) 중 인수 금액 기준으로 최대였다.

---

1) 은행 등 금융기관이 자산을 운용해 낸 수익에서 조달비용을 차감해 운용자산 총액으로 나눈 수치로 금융기관의 수익률을 보여줌.

이 투자금액은 인도네시아 은행 뱅크인터내셔널인도네시아(BII) 보유 지분을 매각하여 얻은 것이다. 과거 김정태 회장 시절 과감하게 인도네시아에 투자하여 얻은 수익을 모두 재투자에 사용한 것이다. 앞서 전술했듯이, 당시 국민은행은 BCC가 카자흐스탄 6위 은행으로, 연평균 성장률(80%), 수익성(순이자마진율 6.2%), 재무건전성(부실채권 비율 0.6%) 등 여러 면에서 '알짜'라고 소개했다. "향후 BCC 수준의 투자 대상이 존재하지 않을 것"이라며 '장밋빛 기대'를 성급하게 쏟아냈다.

그런데 상황은 자고 일어나자 급변하기 시작함으로써 투자 타이밍이 좋지 않았음을 알게 되는 데는 시간이 얼마 걸리지 않았다. 2008년 글로벌 금융위기가 발발하자, 국제 금융시장에는 갑작스런 신용경색 현상이 나타났으며, 이로 인해 많은 상업은행들에게 유동성 위기가 찾아 왔고, 카자흐스탄 화폐가치가 폭락했음은 물론, 이는 해외 차입금이 많은 카자흐스탄 내 금융회사들과 금융시장에 직격탄으로 작용하였다. 하루아침에 카자흐스탄 부동산 가격은 30% 이상 폭락하였으며, 모기지 대출은 부도로 이어졌다. 또한 기초자산의 가치가 하락함에 따라 고객들이 상환능력을 잃고, 이는 은행들의 건전성 하락으로 이어졌으며, 따라서 은행 부실이 크게 높아졌다. BCC는 막대한 적자를 내기 시작했던 바, 주가 급락으로 손실은 눈덩이처럼 불어났다. 예견치 못한 글로벌 시장의 신용경색과 더불어, 국민은행이 투자위험에 대하여 제대로 평가하지 못한 점 또한 위기를 자초한 이유 중 하나라고 볼 수 있다. 당시 카자흐스탄의 은행들은 해외 차입금으로 고객에게 대출을 하는 것이 주요 업무였기 때문에, 국가 경제가 원유 및 자원 가격의 등락에 따라 급등 혹은 급락하는 상황이었음에도 불구하고, 국민은행이 BCC의 가치를 너무 고평가했다. 당시 금융감독원의 조사에 따르면, 국민은행이 외부자문 결과 중 낙관적인 재무 추정치를 과대하게 신뢰했던 것이 또 하나의 패인이었다. 과거의 성공경험과 성과만을 과신하여 인수합병의 위험성을 안일하게 판단했다. 또한 그즈음 이사회는 BCC에 대한 정밀한 실사를 통해 잠재적인 손실 발생 가능성을 미연에 방지해야 했지만, 기업 가치에 대한 정확한 평가가 제대로 이루어지지 못했다. 인수 당시 주가(株價)순자산비율, 즉 PBR은 3.2배를 기록했었다. PBR이 1보다 작다는 것은 전체 시가총액이 회사의 순자산보다 작다는 것을 뜻하고, 이는 곧 저평가되었다는 의미이다. 이는 다시 말하면, PBR이 3.2배면 수익을 내기 어려운 구조라는 뜻이다. 국민은행은 만기가 도래하는 외채상환액이 약 3억 달러였지만, 4억 달러 정도의 자금조달이 이루어 질 것이라고 보고, 부채상환 부분에 있어서 큰 문제가 없을 것이라고 판단하였기에 높은 PBR에도 불구하고 인수를 결정하였다.

그러나 글로벌 금융위기 상황 속에서도 국민은행은 환경을 지나치게 긍정적이고 낙관적으로 바라보았다. 다음 아래 강정원 행장의 인터뷰는 국민은행의 상황파악이 얼마나 안일했었는지를 대변해주고 있다.

> 기자 질문: "카자흐스탄의 금융시장이 악화되고 있다. 이런 금융환경이 국민은행과 BCC와의 거래에 어떤 영향을 미쳤나?"
>
> 강정원 행장의 답변: "금융시장의 악화는 비단 카자흐스탄만의 문제가 아니고 한국의 금융시장도 대내적인 상황이 어려워지고 있고, 미국과 유럽도 역시 같은 상황이다. 국제금융시장이 오랜만에 힘든 시기에 접어들었다. 이 질문은 지난 3월, 제가 알마티를 방문했을 때에도 받았었는데, '힘든 때일수록 보수적으로, 원칙을 가지고 운용한다면 덜 힘들다'고 대답했었던 기억이 난다. 그런 면에서 제가 확신하는 것은 'BCC가 현재의 힘든 금융상황을 제일 잘 관리할 수 있는 은행이다'라는 것이다. 또 카자흐스탄의 경제가 중장기적으로 성장성이 높다는 것과 카자흐스탄의 금융산업이 향후 발전할 것에 대한 확신을 갖고 있다."

국민은행 관계자는 "BCC 지분이 매각돼 대금이 들어오면 실제 손실 규모는 그만큼 줄어드는 셈"이라고 말했다. 그러나 2017년 1월 현재 국민은행 장부에는 이 은행의 가치가 '1,000원'으로 적혀 있다. 9,541억 원을 쏟아 부었으나, 투자금 전액을 손실로 처리해 놓은 셈이다.

한 차례 언급한 바 있듯이, BCC 투자의 실패에는 이전의 성공 경험에 도취돼 위험 요인을 과소평가한 탓이 크다. BCC 투자 이전에 국민은행은 해외 은행 지분투자로 짭짤한 수익을 낸 바 있다. 2003년 인도네시아 6대 은행인 BII 지분 13.9%를 835억 원에 인수했던 것을, 2008년 말레이시아 메이뱅크에 3,670억 원을 받고 매각해 2,800억 원이 넘는 차익을 올렸다. 국민은행은 "한국 금융사에서

〈표 1-1〉 국민은행 BCC 매각 일지

2008년 3월	국민은행 이사회, BCC 지분 인수 의결
2008년 8월	BCC 지분 41.9% 인수
2010년 1월	금융감독원, BCC 투자손실 관련 종합검사
2010년 7월	강정원 국민은행장 퇴임
2010년 8월	금감원, 강 전 행장 중징계
2016년 12월	국민은행, BCC 장부가 1,000원(9,541억원 손실)
2017년 2월	국민은행 이사회, BCC 지분 매각 결정 카자흐 테스나뱅크 컨소시엄 우선협상 대상자 선정
2017년 상반기	국민은행, 테스나뱅크 컨소시엄에 BCC 지분 매각 완료

자료: 이투데이, "국민銀, 카자흐스탄 BCC 1천억 규모 테스나에 매각 완료", 2017.8.23일자.

보기 어려운 대단히 훌륭한 일을 했다"는 찬사를 금융 당국으로부터 받았다. 금융권 관계자는 "국민은행이 카자흐스탄 BCC 투자금 마련을 위해 인도네시아 BII 지분을 서둘러 팔았던 것 아니냐는 설(說)이 있었다"고 말했다.

당시 국민은행은 카자흐스탄만의 법규와 관행 등에 대한 기본적 이해가 굉장히 부족했다. 대부분의 관련 서류가 러시아어로만 존재하는 등, 법규 관행 등에 대해 이해가 부족하여, 국민은행은 재무실사를 아주 부실하게 하였고, 그 결과 BCC 가치를 지나치게 고평가하고 매우 과다한 가격(구주 인수가격 순자산 가치의 4.78배)을 지불했다. 이렇듯 성급한 단기간 대규모 투자는, 많은 전문가들이 예상했던 바와 같이, 실패로 종결되었다. 손실이 눈덩이처럼 불어나자 2009년 KB금융지주 회장으로 내정됐던 강 행장은 물러날 수밖에 없었다. 또한 2010년 금융감독원은 국민은행이 BCC에 투자한 경위를 비롯해 관련 사항 전반에 걸쳐 대대적인 종합감사를 시행하고 강 전(前)행장에게 중징계를 내렸다.

결국 국민은행은 2017년 8월 BCC 지분 전량을 현지 테스나(Tsesna) 뱅크 컨소시엄에 매각하면서 카자흐스탄 철수를 결정하였다. 국민은행의 BCC 매각가격은 정확히 알려지지 않았지만, 1,000억 원 안팎으로 전문가들은 보고 있다. 2016년 말 기준, BCC 지분의 FV(Fair Value)는 약 300억 원 수준이었는데, 이는 그나마 글로벌 금융위기가 발생한지 상당기간이 지남으로써 은행 가치가 어느 정도 회복되었기 때문이었다.

한편 BCC 투자 과정에서 국민은행 이사회의 감시·견제 기능도 작동하지 않았던 것으로 알려졌다. 당시 한 국민은행 임직원의 말을 빌리면, "강 전 행장이 사외이사들의 보수를 크게 올려주며 자신의 결정에 따르도록 유도했다"고 말했다. 그는 또 국민은행이 투자 실패에 대한 원인 분석과 사후조치를 전혀 하지 않았다고 비판했다. 그는 "강 전 행장에 대해 민사상 손해배상을 청구하고 투자 실패에 대한 백서도 냈어야 한다"며 "1조원 가까운 돈이 허공으로 사라졌는데 책임지는 사람이 아무도 없다"고 했다.

국민은행의 BCC 투자에 정치권 입김이 작용했다는 루머도 있다. 이명박 정부가 자원 외교를 적극 추진하면서 국민은행의 BCC 투자를 불쏘시개로 썼다는 주장이다. 국민은행은 BCC 투자 당시 카자흐스탄에 대해 "석유 매장량 세계 11위, 천연가스·우라늄·아연 등 풍부한 천연자원을 지속적으로 개발하고 있다"고 언급했다. BCC 행장도 언론 인터뷰에서 "국민은행의 지분 참여는 한국 정부가 카자흐스탄에서 펼치는 자원 외교에도 긍정적 효과를 가져다줄 것"이라고 말한 바 있다.

질문

1. 위 사례에서 국민은행이 범한 실수를 자세히 나열해보시오.
2. 그렇다면, 국민은행은 왜 BCC은행을 팔아야만 했다고 생각하는지 여러분의 견해를 밝히시오.
3. 해외시장에 투자를 행함에 있어서 주의해야 할 사항들을 제시함으로써 해외진출을 고려하고 있는 국내은행들에게 조언을 제시하시오.

사례 1-3 베트남 시장에서의 SK텔레콤 사례: SK텔레콤의 S-Fone 사업은 예견된 국제화 실패?

1. SK텔레콤의 베트남 진출 배경

SK텔레콤의 글로벌 진출 역사는 1990년대 중반부터 시작됐다. 1995년 이후 SK텔레콤은 통신시장의 개방화와 더불어 성장 동력을 얻고, 국내뿐만이 아닌 세계 정보통신 시장을 이끌어가기 위해 1994년 인도 진출을 시작으로 해외시장으로 나아가는 것을 모색하였다.

SK텔레콤의 베트남 진출은, 'CDMA[2] 세계화'를 바탕으로 진행되었다. SK텔레콤은 전 세계 이동전화 가입자의 4분의 1 이상을 차지하고 있는 한국, 중국, 일본을 단일 CDMA 통화권으로 묶고, 이에 더해 베트남, 몽골, 태국, 캄보디아 등을 합친 거대 CDMA 벨트 구축을 비전으로 세웠다.

2) 코드분할다중접속[CDMA: Code Division Multiple Access]: CDMA는 여러 사용자가 동일한 주파수를 동시에 사용하고 각 송신자의 통화에 특별한 확산코드를 더하여 주파수 대역을 넓혀 송신한다. 부여된 코드에 따라 수신측에서도 부여된 것과 동일한 코드에 의해 자기에게 오는 통화를 구별해 내는 방식이다.

2. 진출과정

베트남은 1992년 이동전화서비스를 처음 시작했지만, 이동전화 보급률이 3% 대로, 여타 다른 아시아 국가들에 비해 매우 낮은 상황이었다. 그러나 중국에 이어 두 번째로 빠른 경제성장률을 기록하던 나라로서, 이동통신 시장에 있어서도 정부 및 관련 업계의 관심이 매우 증가하고 있었다. 따라서 경쟁력이 매우 높다고 판단한 SK텔레콤은 베트남 시장을 타진하는 전략의 일환으로, 1996년 의료 지원활동을 시작하고, CDMA 기술에 대한 홍보를 개시하였다. 그간 이미 우리나라의 정보통신부 역시 CDMA 방식의 이동전화 기술을 베트남 기술자들 대상으로 연수를 실시하는 등, 정부 간 관계를 통해 이미 CDMA 기술에 대한 신뢰관계가 형성되어 있었다. 이러한 바탕 하에, 베트남 정부는 2.5G인 CDMA 1x 방식의 서비스를 제공할 수 있도록 SK텔레콤에게 허가를 해주었다.

SK텔레콤은 1997년 8월 베트남 기업인 사이공 포스텔(이하 SPT)과 베트남 시장에서의 이동전화 사업을 위한 MOU를 체결한다. 이 당시 베트남의 이동전화 시장은 과점구조로, MobiFone과 Vinaphone이라는 CDMA 방식이 아닌, GSM 방식[3])을 사용하는 두 회사가 존재하고 있던 상황이었다. 이후 한동안 진전이 없다가, 2000년 4월, SK텔레콤은 LG전자 및 동아일렉콤과 함께 싱가포르에 합작법인인 SLD 텔레콤(총 자본금 5,400만 달러)을 설립했다.[4)] 그 뒤 10월, SLD는 SPT와 BCC(Business Cooperation Contract: 경영협력계약)[5)]를 체결하였다. 한편 〈그림 1-3〉은 BCC 이윤공유모델을 간략히 설명해주고 있다.

BCC 계약 체결의 의의는 다음과 같다:

1) 2001년 하반기부터 향후 15년간 CDMA 전국 서비스 제공

---

3) Global System for Mobile communications의 약자로 코드분할다중접속(CDMA) 방식 기술과 대응되는 개념이다. 유럽에서는 무선전화어 있어 사실상의 표준방식으로 인식되며, GSM은 시분할다중접속(TDMA)의 변종으로서, 이는 TDMA, CDMA와 함께 가장 널리 사용되는 세 가지 디지털 무선전화기술 중 하나이다.

4) 동 법인은 SK텔레콤 53.8%, LG전자 44% 그리고 동아일렉콤 2.2%의 지분구조를 가지고 있었다.

5) 투자와 사업을 진행하기 위하여 외국인 트자자와 현지 국내투자자간에 체결된 프로젝트성 계약으로, 법인을 설립하지 않은 채로 계약당사자간의 권리와 의무를 정하고 이익분배를 정하는 계약형태.

그림 1-3 BCC 이윤공유모델

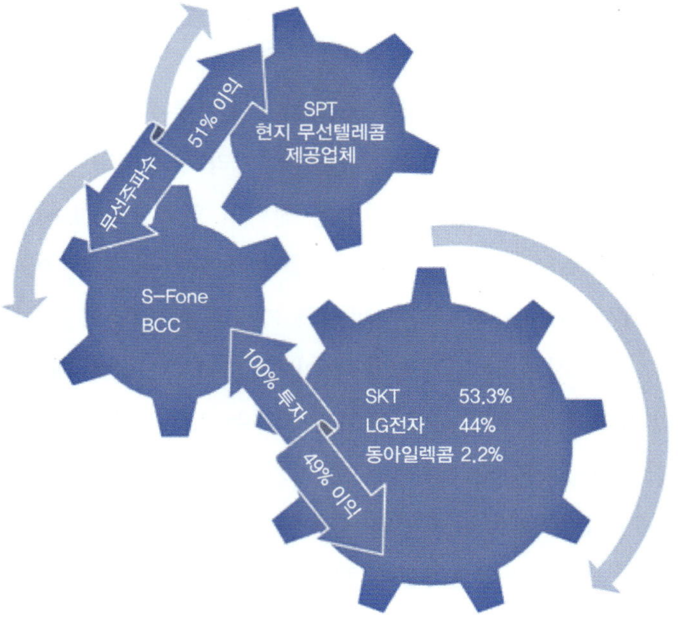

2) 국내 CDMA 이동전화서비스의 세계 첫 진출

3) 동남아 시장 진출의 교두보 마련

당시 베트남의 경우, 통신 서비스에 있어서 외국계 기업의 투자가 불가능했다. 그래서 BCC라는 조금은 특이한 방법을 활용하여 투자를 시도했던 것이었다. 즉, SPT는 베트남에 CDMA 이동통신 사업권과, 800Mhz대의 양방향 주파수대역 12Mhz를 제공하고, SLD는 SPT에 출자를 한 뒤 CDMA 기술 및 노하우를 제공하는 방법으로 15년간 베트남에서 CDMA 이동전화 전국 서비스를 제공하는 계약을 체결하였다. 또한 SLD텔레콤과 SPT는 2001년 하반기부터 본격적인 상용 서비스를 개시할 예정이며, CDMA 이동전화 서비스 운영은 SK텔레콤이, 그리고 시스템과 단말기 등의 장비 공급은 LG전자가 담당할 계획이었다. 이후 2001년 9월 정부로부터 사업 승인을 받고, 2년간 준비 끝에 'S-Fone'이라는 브랜드로 호치민과 하노이를 중심으로 13개의 주요지역에 서비스 제공을 개시하였다. SK텔레콤과 LG전자, 그리고 동아일렉콤은 향후 베트남의 규제완화 시 BCC를 합작기업으로 전환함으로써 CDMA 및 제3세대 종합정보통신 사업자로서의 전략적 거점 확보와 장기적 수익창출 기반을 확보할 수 있을 것으로 기대하였다.

3. S-Fone의 실패

SK텔레콤은 'S-Fone'을 통해 베트남에 이동통신 서비스를 공급하고, 커뮤니케이션, 엔터테인먼트 및 전반적 솔루션 비즈니스 등을 통합해 시장을 선도하겠다는 비전을 내세웠다. 하지만 사업권의 종료기한은 2016년까지였지만, 결국 2009년 12월 지분을 한국의 사모펀드 '루터어소시에잇(Rutter Associates)'에 넘기고 S-Fone 사업에서 철수했는데, 실패요인을 요약하면 다음과 같다.

- BCC 수익구조 형태의 구조적 한계
- 투자 부족에 따른 통화품질 저하와 가입자들의 이탈
- GSM 방식의 단말기에 비해 고가의 CDMA 단말기 가격
- 3세대(3G) 이동통신 시장 진출 실패
- 중국과 미국시장의 잇따른 철수에 따른 자금 조달의 과도한 부담

BCC계약은 구조적으로 지속하기 힘든 문제를 가지고 있었다. 2001년 사업에 처음 뛰어든 이후, 2009년 12월 철수 때까지 SK텔레콤은 단 한 번도 이익 배분을 받지 못했다. 베트남 투자법에 따른 이윤분배 방식을 따라 만든 'S-Fone'은 기술과 노하우를 모두 이전하였음에도, 전체 투자금 중 20%에 해당하는 1억 8천만 달러만 회수할 수 있었다. 이익 배분을 받지 못했던데 반해서, 통신 중계기 증설 등 투자자금의 투입필요는 지속적으로 발생했다. 앞서 설명한 BCC 투자구조와 관련된 그림을 보면, SPT측은 무선주파수 대역(wireless spectrum)을 제공하고, SLD 측에서 비용을 100% 지원하는 방식으로 계약이 맺어져 있었는데, SK텔레콤 측은 계속해서 발생하는 투자자금을 감당하기 힘들었다. 따라서 조금씩 투자를 지연하게 되었고, 이에 따라 가입자들은 통화 품질에 불만을 느끼고 이탈하기 시작했다.

기존에 있던 사업자들의 경우, GSM 방식을 채택하고 있었던 바, GSM 단말기의 경우 가격은 30 달러 정도였으나, 이와 달리 CDMA 단말기는 200 달러가 넘는 고가로 형성 되어있었다. 이 문제를 해결하기 위해 중고 단말기를 활용하고, '프리렌탈' 서비스 등을 진행하였으나, 이러한 방법으로는 경쟁사들과 경쟁을 넘어서기에는 역부족이었다.

더욱이 차세대 통신망인 3G 입찰 사업에서 베트남 정부가 소유하고 있는 경쟁업체에 밀려 사업권을 얻지 못했다. 설상가상으로, SK텔레콤은 중국시장, 미국시장 등 베트남 외 해외시장에서도 연달아 실패하였다. 이에 따른 자금 부담 역시 베트남 시장에서의 철수에 큰 영향을 미쳤을 것으로 여겨진다.

질문

1. 위 사례는 규제가 많다는 공통점을 가지고 있는 개도국시장과 통신시장으로의 진출을 모색했다는 점에서 진출 전략을 더 세심하게 고민했어야 한다고 여겨진다. 이러한 가정 하에서, SK텔레콤을 위한 전략을 제시하시오.
2. 결국 베트남 시장에서 실패를 경험했던 바, 국가선택이 잘못되었던 것은 아닌지 생각해보시오. 다른 대안이 있었다면 어느 국가를 추천하고 싶은지 말하고, 그 이유를 설명하시오.
3. 혹시 '합작기업 설립'이라는 진입전략에 문제가 있었던 것은 아닌지 판단하시오. 만약 합작기업이 아닌, 다른 진입전략을 사용한다면, 어떠한 진출모드(mode)를 선택하는 것이 가장 바람직했는지 제안하고, 여러분의 조언에 대한 합리적인 이유를 제시하시오.

사례 1-4 일본시장에서의 현대자동차 사례: 일본에서는 왜 현대자동차가 보이지 않을까?

현대자동차는 1967년 12월 29일 설립된 자동차 생산판매 기업이다. 2018년 현재, 자동차 판매량 세계 5위의 회사로, 세계 100대 브랜드 기업이자, 울산, 아산, 전주공장을 비롯하여, 유럽, 인도, 미국, 중국 등 해외에 생산·판매 법인을 두고 있는 다국적기업이다. 현대자동차의 해외진출 현황은 7개국에 걸쳐 28개 생산공장이 있고, 21개 해외 판매법인 및 지역본부를 두고 있다. 또한 국제화 시대에 따른 해외인재의 적극적인 활용을 위해 6개국에 13개 거점의 R&D연구소 센터를 두고 있기도 하다. 현대자동차는 1976년에 수출을 시작한 이후 지속적으로 영업망을 해외로 확대시켜나가고 있다. 현대자동차는 4개 지역본부제를 도입하여 세계시장을 9개의 권역으로 구분해 경영활동을 펼치고 있다. 이러한 현대자동차의 글로벌한 조직망은 국제화 시대에 자동차산업을 선도하겠다는 전략을 의미한다고 볼 수 있고, 특정한 하나의 시장에만 집중하기보다는 다양한 전략적 접근을 통해 해외시장을 개척하여 여러 국가에서 제품을 판매하기 위한 노력을 경주하고 있다. 현대자동차는 2000년도에 들어 진출을 보류했던 글로벌 자동차 기업들의 격전장인 일본시장으로의 본격적인 진출에 나섰다.

일본 진출 당시, 일본의 자동차 시장규모는 600만대 규모로, 현대자동차의 글로벌 전략 달성을 위해 일본 자동차 시장의 진출은 필수적이었다. 현대자동차는 일본진출 전 미국과 유럽의 자동차산업 선진국들로의 진출을 통해 축적해온 경

그림 1-4 현대 · 기아자동차 해외생산공장

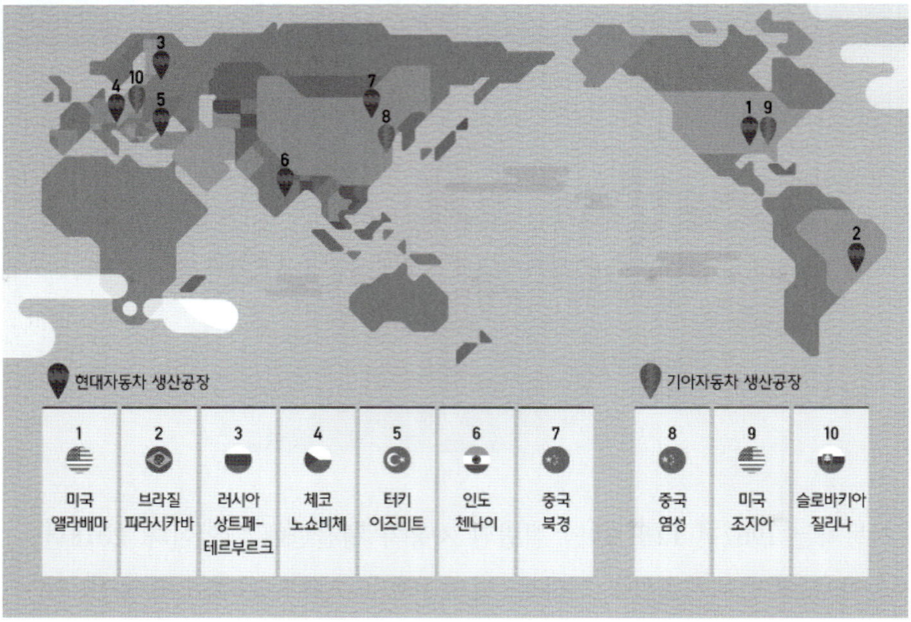

자료: 대동시스템(2015).

험을 발판삼아 일본시장에서의 성공을 이루겠다는 야심찬 의도를 가지고 있었다. 특히 세계자동차 브랜드들의 싸움터인 일본시장 공략에 성공한다면, 전 세계에 현대자동차의 브랜드 이미지를 확고하게 구축시키는 계기가 될 수 있어 그 무엇보다 일본 진출의 중요성이 대두되었다. 또한 일본의 자동차기업 도요타가 2001년 렉서스 시리즈를 통해 한국시장에 진출할 예정인 시점에서, 현대자동차는 일본시장으로의 역(逆)진출을 통한 맞대응을 통해 일본자동차 기업들과의 글로벌 경쟁을 펼쳐보겠다는 의도도 있었다. 현대자동차는 2001년 1월 7일 일본에 현지 판매법인 Huyndai Moto Japan 창립을 통해 야심차게 일본시장에 진출하였지만, 결국 일본시장에 진출한지 9년만인 2009년에 일본시장에서의 철수결정을 하게 된다.

부연하면, 일본시장에 진출 이후 2009년 철수 전까지 9년 동안 자동차 판매가 1만 5천 대에 그치는 극심한 판매부진을 겪어 일본시장에서의 사업을 지속하

그림 1-5 현대자동차 일본시장 자동차 판매량

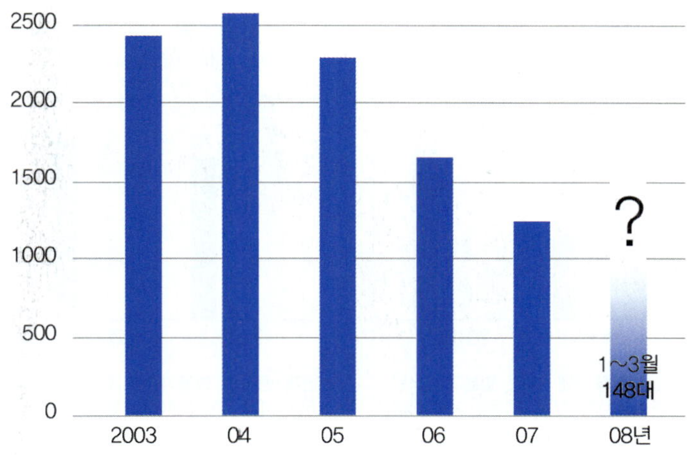

자료: 현대자동차.

기 어려운 상황에 빠지게 되었다. 현대자동차의 일본시장 투자대비 매출은 매달 수십 대 판매 정도였고, 지속적으로 판매율이 악화되어 일본시장에서의 사업을 지속하기에는 출혈이 컸다. 현대자동차의 일본 수입차시장 점유율은 0.54% 정도에 그치며, 다른 해외시장의 공략은 성공적인 상황인 것에 비해 일본시장 진출결과는 비참했다.

주지하다시피, 현재 우리가 살고 있는 시기는 글로벌 시대라고 불리고 있는바, 시장의 국제화가 이루어짐에 따라 무역장벽의 방해 없이 해외진출이 용이해졌으며, 따라서 많은 기업들이 해외진출을 함으로써 다국적기업으로 변모해가고 있다. 그러나 각국의 개별시장은 하나의 단일시장으로 통합되어가고 있지만, 모든 개별시장이 국제화가 뚜렷하게 이루어지고 있지는 않다. 현대자동차가 진출해 실패한 일본은 진입이 어렵고 소비자들이 까다로운 시장이다. 일본은 미국과 중국에 이어서 세계에서 3번째로 큰 내수시장을 가진 국가이지만, 소비자들이 다른 해외시장에 비해서 해외제품에 대해 부정적인 태도를 보인다. 일본 소비자들은 특유의 보수적인 국가문화와 민족성의 영향을 받아 해외제품보단 국산품을 선호하는 경향이 짙다. 자동차구매에 있어서도 수입자동차 보다는 자국기업이

그림 1-6 한 · 중 · 일 자동차산업의 품질경쟁력과 기술경쟁력

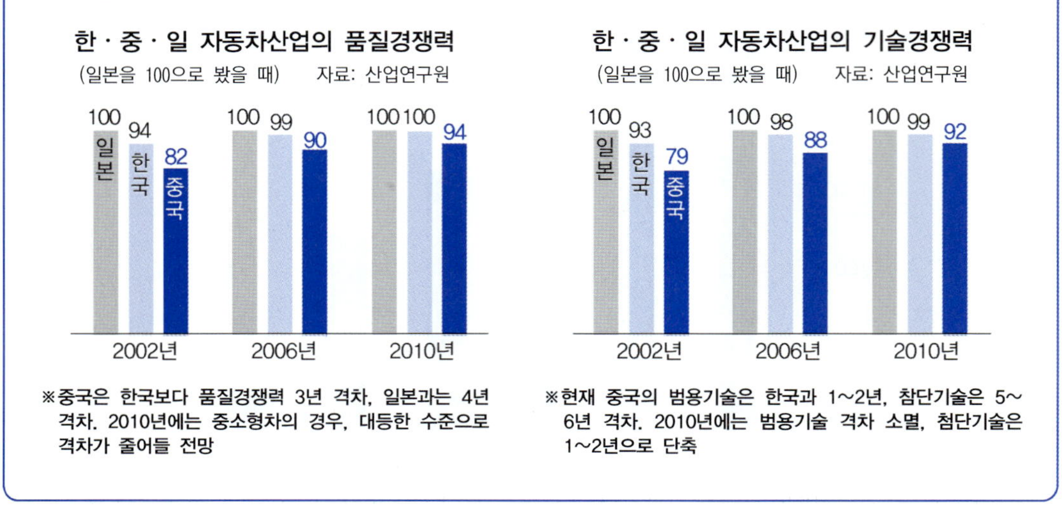

자료: 조선비즈, 중국 소형차, 3년 뒤 한국·일본 소형차의 경쟁자 될 것, 2007년 6월 15일자.

만든 자동차를 구매해 애용하는 편이다. 통계적인 수치를 통해 살펴보더라도, 일본시장에 판매되는 자동차의 점유율은 일본 국산자동차가 95% 이상을 차지하고 있다. 시장점유율을 놓고 볼 때, 일본 자동차 시장은 외국자동차 기업들이 진입하기에는 대단히 어려운 시장이다. 시장의 국제화를 저해하는 요인들에는 흔히 정치적, 문화적, 역사적 갈등 등을 꼽는다. 일본은 과거 우리나라를 식민지배한 경험이 있는 나라로 타국을 향한 자국의 잘못된 역사를 바로잡으려는 노력을 하기 보다는 제국주의 시절을 자랑스러워하는 국가심리를 가지고 있다고 일부에서는 비난한다. 일본인들은 마음속으로 우리나라를 자국보다 한 수 아래 수준의 나라로 보는 경향이 있어 한국산(產) 제품을 사용하는 것에 대한 거부감을 가지고 있는 것으로 고려되기도 한다. 또한 일본은 자국의 자동차와 전자제품이 세계 최고라는 인식을 가지고 있고, 실제로도 뛰어난 품질의 제품들을 생산해내고 있다. 이런 일본시장의 특징을 생각해보면, 현대자동차의 일본시장 진출은 처음부터 어려움이 예상되었다고 평가할 수 있다.

기업이 국제화를 추진하는 최근의 동기에는 글로벌 시장에서 국내나 외국 경쟁기업들에 대항해서 특정시장에 한 발 먼저 진입하여 시장을 선점하거나, 자동차산업처럼 규모의 경제가 중요한 산업에서는 국제환경에서의 생산과 유통을 통

한 글로벌 경쟁력을 확보하는데 있다. 일본 자동차 시장의 경우, 이미 독일의 선진 자동차 기업들이 진출한 상태였는데, 현대자동차의 글로벌 경쟁력은 일본시장에 진출한 독일의 자동차기업들에 비해서 턱없이 부족했다. 일본 소비자들을 만족시키기에는 현대자동차의 기술수준과 브랜드 이미지는 일본의 자국기업들과 독일기업들에 비해 낮았다고 사료된다.

사실 현대자동차의 기술력은 일본의 미쓰비시 자동차로부터 전수받아 시작된 만큼 일본인들은 흔히 현대자동차를 평가절하의 시선으로 바라보곤 한다. 특히 일본은 서양문화에 대한 동경심이 많아 유럽기업 제품들에 대해서는 좋은 이미지를 가지고 있고, 또 이러한 사실 때문에 독일 브랜드의 자동차들이 일본시장에서 보다 쉽게 높은 인기를 구가하고 있다. 심지어 일본에서는 자국의 자동차 렉서스보다 독일의 벤츠와 BMW를 더 높게 평가하고, 아우디, 폭스바겐 같은 자동차도 그에 못지않게 인기를 끌고 있다. 아시아 국가의 제품들을 다소 업신여기는 일본 소비자들의 특징상 현대자동차의 일본진출은 유럽기업들에 비해 불리했으며, 결국에는 낮은 시장점유율로 귀결되었다.

한편 시장의 국제화는 소비자 기호의 동질성 증가로 확대되는데, 우리나라와 일본은 지리적으로는 가까운 나라지만, 자동차 소비성향에서는 상이한 모습을 보인다. 이와 같은 관점에서, 제대로 된 면밀한 조사를 사전에 시행하지 않음으로써 일본 소비자들의 취향을 고려하지 않은 차종을 선정한 것이 현대자동차의 또 다른 실패원인으로 작용하였다. 일본시장에서의 자동차 수요는 대개 소형차

〈표 1-2〉 일본 자동차시장 판매통계

	2011		2012		2013		2014(1~5월)	
	판매대수	내수비중	판머대수	내수비중	판매대수	내수비중	판매대수	내수비중
일본자동차	2,689,074	63.9%	3,390,274	63.2%	3,262,522	60.7%	1,505,431	59.0%
일본경차	1,521,146	36.1%	1,979,447	36.8%	2,112,991	39.3%	1,047,821	41.0%
수입차	275,644		315,993		346,133		141,632	

출처 및 특이사항:
- 일본자동차 통계: JADA(일본자동차판매협회연합회)
- 일본경차 통계: JMVA(일본경자동차연합회)
- 수입차: JAIA(일본자동차수입조합)
- 내수비중: JADA 데이터에 JAIA 등록대수 일부 중복 포함되어 수입차는 합계에서 제외

와 경차로 이루어지고 있고, 특히 경차 비율은 무려 20%를 넘는다. 일본은 우리나라와 달리 660CC 이하를 경차로 분류한다. 현대자동차는 일본의 경차에 해당하는 차량을 생산하지 않아 우리나라 소비자의 성향과 일본 소비자의 성향을 동질화시켜 중형차 차종을 필두로 일본에 진출하는 오판을 범하였다. 일본의 교통인프라 특성상 도로의 차선폭이 좁고 차고지 증명제 제도로 인해 각 가정집은 좁은 공간을 활용해 주차장을 확보한다. 이런 일본의 현지 환경을 생각해 보면 일본 소비자들이 왜 소형차와 경차를 애용하는지 명확해짐에도 불구하고, 그랜저나 소나타 같은 중형차를 주력으로 판매하고자 했다면 자동차가 왜 시장에서 팔리지 않았는지 그 이유가 분명해진다.

질문

1. 현대자동차가 일본시장에서 굴욕을 맞볼 수밖에 없었던 이유들을 체계적으로 나열하시오.
2. 1번에 제시한 여러분의 답을 근간으로, 그렇다면 일본시장에서 성공하기 위한 현대자동차의 전략을 제시하시오.
3. 작금의 현대자동차는 대내외적으로 많은 어려움을 겪고 있는 것으로 알려져 있다. 비단 일본시장뿐만 아니라, 글로벌 마켓에서 성과를 견인하기 위한 전략을 최소 3개국 이상을 대상으로 하여 구체적으로 제안하시오.

사례 1-5 중국시장에서의 신세계 이마트 사례: 마트전쟁…이마트는 왜 중국에서 실패했나?

1. 이마트 소개

(주)신세계가 운영하는 대형 할인점인 '이마트'는 1993년 11월 국내 최초 할인점인 '이마트 창동점'을 열었으며, 이마트가 개점하면서 1990년대 국내 대형할인점 시대가 개시되었다. 하지만 1996년 한국의 유통시장과 함께, 한국에는 까르푸, 월마트, 프라이스클럽과 같은 외국계 다국적기업들이 진출하여 영업하게 되었으며, 국내 유통 업체들은 이들 외국 업체들에 대해 심각한 위협감을 느꼈다. 또 국내 유통업계는 외국 업체의 진출뿐만 아니라, 국내 업체들 간에도 경쟁이 치열해지는 등 영업 환경이 점차 악화되어 가고 있었다. 이러한 상황에서 할인점 영업에 자신감을 가진 신세계는 시장 가능성이 충분한 중국을 새로운 도약의 배경으로 생각하게 되었으며, 해외진출을 통해 좁은 국내 시장을 뛰어넘는 성장의 기회와 확대를 추구할 수 있게 되었다.

2. 중국시장 분석

이마트가 진출한 중국시장의 유통시장 구조를 알아보기로 하자. 이마트가 첫 중국 진출을 했던 상하이에는 이미 신세계 이마트와 동일한 유형인 대형 유통매장 브랜드가 외국계 기업, 중국 현지기업을 합하여 300개 이상이 존재하고 있었다. 대형 유통매장이 아닌 중소기업의 소매점까지 합하면 매장 수는 2,000개를 훨씬 뛰어 넘는다. 상하이 길거리를 걸어 다니다 보면 2분에 하나 꼴로 유통매장을 발견할 수 있는 셈이었고, 어느 지역이든지 반경 1km 이내에 유통매장이 영업을 영위하고 있었다. 이렇듯 이마트가 첫 진출을 한 상하이의 시장은 사실 이미 포화상태였다. 더욱이 이마트가 중국에 진출하기 전, 까르푸와 월마트가 먼저 시장에 진출하여 선점하고 있었다.[6]

---

6) 까르푸는 중국에 1995년, 월마트는 1996년에 진출했다.

그림 1-7 중국 유통업계 점포 현황(단위: 개)

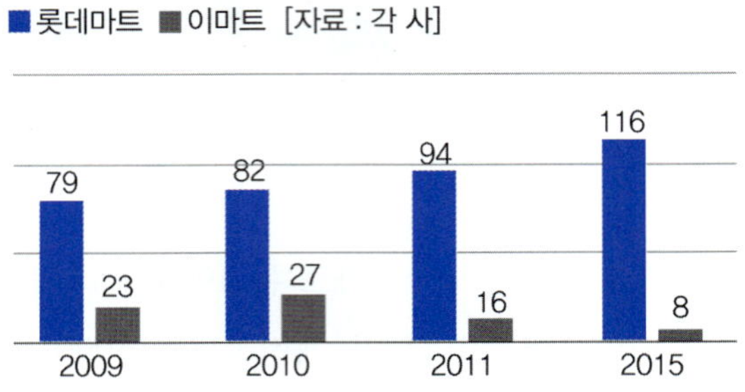

자료: 홍익대학교 글로벌패션네트워크센터

3. 이마트의 중국 진출과 그 배경

결론부터 얘기하면, 안타깝게도 이마트의 중국 매장은 2017년 말 태국 유통업체에 모두 넘어갔다. 이로써 1997년 상하이 1호점 개점을 시작으로 중국에 진출했던 이마트는 20년 만에 중국에서 완전히 철수하게 됐다. 2017년 12월 29일 이마트는 "중국 정부가 현지 매장 5곳을 태국 CP그룹에 매각하는 거래를 허가했다"고 밝혔다. 이마트는 수개월 전부터 중국에서 슈퍼마켓을 운영하는 태국 유통기업 CP그룹에 5개 점포를 일괄 매각하는 작업을 추진해왔으나, 당국의 허가가 관건이었다. 이마트 측은 "나머지 1개 지점(시산점)은 자가 점포라 언제든지 철수가 가능해 사실상 중국 점포 철수가 마무리된 셈"이라고 설명했다. 1997년 2월 상하이에 취양점을 열고 중국시장에 진출한 이마트는 2010년 현지 점포가 26개에 달했지만 이후 매출 부진으로 고전했다. 2011년 점포 11개를 일괄 정리하는 등 구조조정을 벌였고, 2017년부터 최근까지 6개 점포만 남아 있었다. 이마트는 2016년 중국에서 216억 원의 손실을 보는 등 최근 4년간 1,500억 원대 영업적자를 기록했다.

한편 이마트 중국 진출의 직접적인 배경에는 중국 무역정책의 변화와 관련이 있는데, 1990년대 후반 중국이 WTO(세계무역기구)에 가입을 한 후, 외국기업도 중국에 진출할 기회가 열리자 성장잠재력을 높이 평가한 이마트는 곧바로 시장 진출을 결정하였다. 중국 첫 진출 시 매장은 수도인 베이징이 아닌 상하이 취양

그림 1-8 이마트 중국 내 배치도

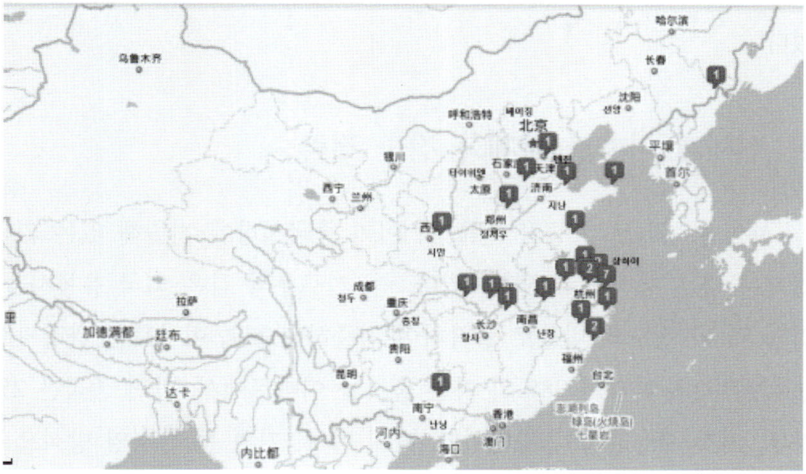

자료: 한국패션협회

(曲陽)에 1호점을 냈다. 이마트 이름을 그대로 쓰는 것이 아닌 '쉽게 사서 이익을 얻는다'라는 뜻을 가진 중국어 '이마이더(易買得)'를 상호로 사용하였다. 1호점인 상하이 취양점은 개점 하루만에 1억 6천만 원의 매출실적을 시현했고, 그 후 매일 평균 1억 5천만 원의 매출실적을 올리며 영업을 지속해 나갔다. 1호점에 그치지 않고 계속해서 점포개수를 늘려 나갔는데, 2004년에 2호점을 시작으로 본격적으로 진출 확장을 시작하였다. 2007년에 10호점이 개점되었고, 1년 뒤인 2008년에는 18호점을 개점할 정도로 빠른 속도로 진행이 이루어졌다. 그러나 빠른 속도의 매장 확장에도 불구하고 매출 부진의 조짐이 조금씩 나타나기 시작했다. 2009년에 개점된 중국 이마트 23호점은 매장 규모가 가장 컸다. 23호점의 2008년 매출은 2,380억 위안을 기록했고, 2011년 매출은 228억 원이 증가한 2,608억 원을 기록했지만, 당기 순손실은 258억 원으로, 2008년과 비교하면 185억 원이 증가하였다. 다른 점포에서도 당기 순손실은 해가 갈수록 늘어났고, 전체 이마트 당기순손실 또한 늘어났다. 즉, 2005년 당기순손실 68억 원에서 2011년 당기 순손실은 952억 원으로 확대되었다. 이러한 현상이 지속되자 이마트는 우선 2011년 영업 실적이 좋지 않은 매장의 문을 닫기 시작했고, 2012년 기준,

중국 내 27개 점포 중 11개의 점포를 정리했다.[7] 철수 전 중국 이마트 27개 매장 중 25개의 점포는 대부분 '상하이' 지역과 '텐진' 지역 주변에 대거 밀집되어 있었다.

4. 신세계 이마트 국제화 진출 전략

신세계 이마트는 중국 진출 시 이미 중국시장에 진출해 있는 외국계 유통기업과는 다른 방식으로 진출하였다. 즉, 까르푸와 같은 외국 유통사들은 중국 기업과 55:45 정도의 비율로 합작하여 진출하였으나, 이마트는 완전자회사 형태를 선호했던 바, 따라서 98%의 자본 출자를 이마트에서, 반면 중국은 2%의 비율로 자본, 매장 사용권을 출자하였다. 다시 말해, 거의 독자 경영 방식으로 진출하였는데, 이러한 경우를 '특혜적 합작 형태'라고 한다. 이러한 '특혜적 합작 형태'라는 전략을 사용하여 이마트는 상하이 취양로에 있는 건물 1, 2층(4,621평)을 10년 단위로 임차하여 1호점을 개점하였다.

이마트의 중국 진출 전략을 좀 더 구체적으로 살펴보자면, 세 가지 정도로 요약할 수 있다. 첫째, 매장 내 물건 구성과 제품을 현지화하는 전략이다. 중국 소비자의 기호를 잘 파악하여 진열대의 높이나 구성, 제품 진열방식을 최대한 현지화시키고, 또한 중국 로컬 유통사들을 벤치마킹하여 매장 내 구성을 더욱 중국식으로 구성하려 하였다. 둘째, 이익관리 체제의 단순화이다. 한국에서 파견 된 직원이 아닌 최대한 현지 직원을 고용하고 고용체계를 단순화시키려 하였다. 또한 중국 현지 업체와의 제휴를 바탕으로 경쟁력 있는 소비재 유통을 통해 전반적 이익 관리 체제를 단순화시켰다. 마지막으로, 이마트는 국내 기업이다 보니 중국 내 한국 이미지 제고를 위해 노력하려는 전략을 펼쳤다. 대표적으로 '한국관'을 들 수 있는데, 한국관에서는 한국 제품을 판매하고 대한민국을 긍정적 이미지로 제고시키는 궁극적 목표를 가지고 있었다. 또한 한국의 중소기업과의 협업을 통해 경쟁력 있는 제품을 유통하려고 하였다.

---

7) 지분매각 7개 점포, 자산매각 2개 점포, 영업종료 2개 점포.

5. 실패요인 분석

이마트가 중국시장 진출에 실패한 이유에는 여러 요인들이 복합적으로 작용했겠지만, 대표적으로는 아래 세 가지 원인을 들 수 있을 듯하다.

1) 중국시장에 대한 이해 부족

중국시장 진출 실패의 가장 주된 원인은 중국시장에 대한 이해 부족, 즉 나름의 노력을 경주하였음에도 불구하고, 중국 소비자들에게 부합하는 현지화 실패를 꼽을 수 있다. 같은 아시아권에 있다고 하더라도, 한국과 중국, 일본은 언어부터 시작해서 문화와 생활습관까지 많은 상이한 요소를 가지고 있다. 따라서 같은 동양권에 속해 있고 지리적으로 인접해 있다고는 하지만, 시장 진출을 위해선 그들의 식생활부터 모든 전반적인 문화를 모두 이해하고 그들의 입맛에 맞는 현지화가 요망되었다. 예를 들면, 한국인은 마트에서 고기를 살 때 삼겹살 빼고는 지방이 많지 않은 고기를 선호한다. 일본은 주로 소식(小食)을 하고 음식들이 정갈하기 때문에 마트에서도 소량의 음식재료로 포장된 것들을 흔히 발견할 수 있다. 이와는 달리, 중국은 대부분 기름진 음식이 많고, 많은 중국 소비자들은 고기의 비계를 그대로 사용해 식재료로 애용한다. 또한 마트에선 고기를 통째로 가져다 놓고 소비자가 원하는 부위를 그 자리에서 잘라주기도 하는 식으로 유통하기도 한다. 생선류를 예로 들더라도, 한국 대형마트에선 소비자들이 생선도 잘 손질되어 깔끔히 포장된 형태로 구입하길 선호하지만, 중국인들은 바다에서 갓 잡은 생선이라고 해도 믿을 정도로 비린내 나는 원형 그대로 유통한다. 중국 생선 요리는 주로 찜의 형태가 많기 때문이다. 이렇듯 식생활 방식이 다르기 때문에, 이마트는 중국인 특유의 유통방식에 맞게 현지화해야 했지만, 한국식을 차용한 유통전략을 택했기 때문에 중국 소비자들 입장에선 친숙하게 느끼질 못했다. 또한 매장 내 물품 배치 역시 현지화와는 등떨어진 모습을 보였는데, 이마트는 중국에서도 한국에서처럼 제품을 가지런히 선반에 정리하였다. 하지만 이마트의 예상과 기대와는 달리, 중국인들은 물건이 산더미처럼 쌓여 있을 때 값이 더 저렴할 것이라고 인식한다고 한다. 이런 중국인들의 성향을 고려하지 못한 채 매장 내 구성을 철저히 한국식과 동일하게 구성한 점이 실패요인으로 작용했을 것이라고 추측할 수 있다. 즉, 진출 초기 매장 내 구성을 현지화 한다는 전략과는 다르게, 중국 소비자들의 기호와 특성을 제대로 반영하지 못한 잘못된 상품 구성으로 매장을 운영하였다.

2) 후발주자로서의 불리함

이마트가 중국에 진출하기 이전에, 이미 프랑스 및 미국의 대형 유통사인 까르푸와 월마트라는 강한 경쟁자들이 먼저 진출해 있는 상태였다. 까르푸와 월마트뿐만 아니라, 미국계, 일본계 등 여타 거대 유통회사들도 대거 선(先)진출하여 자리를 잡고 선발자 이익을 누리고 있는 상황이었다. 예를 들어, 까르푸는 중국 상하이 '구베이'에 1995년 진출하였는바, 당시 구베이의 땅값은 이마트 진출 대비 10% 이하였다고 한다. 그 후 구베이 지역은 외국인 밀집 주거지역으로 변화되었고, 지역의 발전 또한 건실히 이루어져서 구베이 지역 까르푸는 외국인들과 중산층 이상의 부유한 중국인들이 자주 이용하는 마트로 포지셔닝되었다. 까르푸도 이에 걸맞게 외국산 제품을 많이 들여놨고, 이는 중국에서 거대 유통체인으로 성공하기 위한 까르푸의 기반이 되었다. 월마트 또한 1996년에 진출하여 성공적으로 입지를 다졌으며, 광폭 행보로 추가 매장 오픈 계획을 밝히는 등 중국시장에 각별한 공을 들였다. 또한 매장 수 확대뿐만 아니라, 한화 약 500억 원 가량을 투자하여 매장 리뉴얼을 진행하고 자체 PB 상품과 외국 상품 수입을 획기적으로 진행하는 등의 전략을 취했다. 요약하면, 중국시장 진입 시 그때까지만 해도 포화되지 않았던 시장을 먼저 선점하고 입지를 다진 뒤, 전략적인 마케팅을 도입하여 성장을 도모하고 있는 까르푸와 월마트에 비해, 이마트는 후발주자였기에 여러모로 불리할 수밖에 없었다.

3) 잘못된 입지선정

이마트는 중국시장 진출 전 중국 부동산시장에 대한 정보력 부족으로 인해 좋은 입지를 자주 놓쳤다. 이마트는 후발주자이자 외국 기업이라는 한계로 인하여 우수한 유통망도 갖추지 못했고, 이는 신속한 제품 공급을 어렵게 하여 매출 정체의 한 원인이 되었다. 앞서 한 차례 언급한 바와 같이, 중국 내 이마트 27개의 매장 중 25개는 상하이와 텐진 지역에 밀집되어 있었다. 이 두 지역은 임대료도 비쌌을 뿐더러, 이미 다른 중국 및 외국계 유통사가 자리를 선점하고 있었던 경쟁 심화도시였다. 이와 같은 점을 고려했을 때, 성장 및 발전가능성이 큰 중국 내 다른 2선 혹은 3선 도시에 입지하고 이들 시장들을 활발히 타깃(target)했더라면, 매출 시현이 더 용이했을지도 모른다.

질문

1. 유독 한국 유통기업들의 중국시장 실패가 두드러진 것으로 여겨진다. 물론 상기 사례 내에 실패이유에 대한 몇 가지 설명이 나열되어 있긴 하지만, 여타 근본적인 원인이 어디에 있었다고 생각하는가?
2. 이들 원인들을 타개하기 위한 바람직한 전략을 제시해 보시오.
3. 이마트는 한국 소비자의 기호와 문화를 제대로 파악하지 못했던 까르푸의 한국시장 내 실수를 중국시장에서 반복했던 것으로 보여진다. 그렇다면, 국제화를 추구함에 있어서 '현지화'가 얼마나 중요한지 이를 강조하여 설명하시오.
4. 만약 이마트가 중국이 아닌, 다른 동남아 시장에 진출하고자 한다면, 중국 사례에 비추어 어떠한 실수를 반복하지 않도록 각별히 노력해야 하는지 시사점을 제시하시오.

사례 1-6 방글라데시 시장에서의 영원무역 사례: 유혈 사태는 누구의 책임인가?

영원무역은 영원무역홀딩스의 자회사로, 아웃도어 의류 및 기능성 의류를 제조하는 업체이다. 영원무역의 주력사업은 해외 소재인 노스페이스(The North Face) 등 유명 아웃도어 및 스포츠웨어 등의 제품을 수주 받아, 방글라데시, 베트남, 중국 등의 지역에 소재한 해외 현지법인 공장을 이용해 주문자상표부착생산(OEM) 방식으로 제작하여 수출하는 것이다. 해외 현지법인 공장은 저렴한 인건비를 토대로, 현지 노동력을 활용하는 만큼, 파업 등으로 인한 노동력 결손은 생산 활동의 중단 및 수익의 저하로 이어진다. 따라서 현지 인력과 종업원 관리가 매우 중요한 부분을 차지한다고 볼 수 있다. 그러나 영원무역은 방글라데시에서의 종업원 만족도에 대한 적절한 관리실패로 인해 야기된 분쟁으로 큰 손실을 겪은 바 있다.

사실 동남아 시장에서의 노사분쟁은 우리에게 생소한 이슈는 아니다. 2017년 국내 의류 제조업체 세아상역의 베트남 공장에서는 노동자 수천 명이 처우 개선을 요구하며 파업에 나서는 일이 발생하기도 했다. 동 파업은 현지 공장의 중간 관리자와 근로자들 간의 마찰로 빚어졌다. 근로자들이 점심 이후 원단을 깔고 앉아 휴식을 취하고 있는 것을 본 관리자가 원단을 회수하며 질책하는 과정에서 일부 근로자들이 항의했고 이는 대규모 파업으로 번졌다. 삼성도 마찬가지였다. 역시 2017년, 베트남 삼성디스플레이 건설 현장에서 폭력사태가 일어났던 바, 경비 직원과 노동자들 간의 마찰로 인해서 부상자가 발생하였다. 또한 2014년에는 삼성전자 공장 신축 현장에서 폭력사건이 발생하는 일도 있었다. 불행 중 다행인 것은, 당국이 조기수습과 재발을 방지하고자 노

〈표 1-3〉 2010년 시간당 임금비교 (방글라데시의 100을 기준으로 함)

방글라데시	캄보디아	파키스탄	베트남	스리랑카
100	150	168	173	195
인도네시아	인도	중국 내륙	중국 해안	필리핀
200	231	250	490	486

자료: 코트라

력함으로써, 이들 모두 짧은 해프닝으로 종결되었고, 공장이 폐쇄되거나 기업이 전면적으로 철수하는 일이 일어나지는 않았다. 하지만 2010년 영원무역 사태는 조금 달랐다. 여성 노동자가 현장에서 즉사하였으며, 수백 명이 부상당했다. 사상자가 발생했다는 소식에 영원무역의 주가는 요동쳤다. 기관은 조업중단으로 인한 500만 달러와 이미지 실추로 인한 1,000만 달러를 합하여, 영원무역의 피해 금액을 총 1,500만 달러로 추산했다.

의류산업은 해외원조, 해외노동자 송금과 더불어 방글라데시 국가경제를 지탱하는 명실상부한 3대 축이라고 할 수 있다. 방글라데시 의류산업의 약진은 2000년대 들어 절정에 달했다. 젊고 값싼 노동력으로 글로벌 의류기업의 주요 소싱국가로 발돋움하며 급속히 발전했다. 최근 20년 동안 의류 수출이 2천% 늘어났고, 세계 2위의 의류 수출국이 된 이후 계속 그 격차를 줄이면서 중국을 따라잡고 있다. 방글라데시 의류 제조 및 수출자협회에 따르면, 2016년에 의류산업은 방글라데시 전체 GDP의 약 10%를 차지하고 있으며, 전체 수출에서 차지하는 비중은 80%를 넘어섰다. 의류산업에 생계를 의존하고 있는 인구도 2,000만

〈표 1-4〉 아시아 주요국 대표도시의 생산직 월 기본임금 수준(US$)

도시(국가)	월 기본임금	도시(국가)	월 기본임금
상하이(중국)	302.2	양곤(미얀마)	22.8
방콕(태국)	230.6	뉴델리(인도)	196.2
자카르타(인도네시아)	147.7	카라치(파키스탄)	135.8
마닐라(필리핀)	295.8	콜롬보(스리랑카)	102.4
하노이(베트남)	104.0	다카(방글라데시)	47.2

주: 방글라데시는 2010년 11월 1일부 최저임금 대폭 인상으로 임금수준의 전반적인 상승 예상
자료: 일본무역진흥회(2010.4)

명에 이르고, 그동안 종교적인 이유로 제한됐던 여성의 사회참여도 의류산업을 통해 크게 개선됐다. 전체 의류산업 근로자 중 여성비율이 80%를 차지할 만큼 여성의 사회참여를 통한 지위 향상에도 큰 영향을 미치며 방글라데시 경제·사회 전반에 기여하는 효자산업이 됐다.

한편 원가를 낮추고 비용을 절감하는 것은 기업의 숙원이자 오랜 고민이었다. 또한 국내 기업의 해외진출, 특히 아시아 및 중남미 국가로의 진출은 근본적으로는 저렴한 인건비 때문이었다. 상기 두 자료를 통해 알 수 있듯이, 특히 방글라데시의 월 기본임금과 최저임금은 아시아 주요국 중에서 최하위 수준이다. 영원무역은 법규에서 요구하는 최저임금보다 10달러나 많은 임금을 준다며 스스로를 홍보했지만, 방글라데시 인들이 방글라데시에서 최저임금만으로 생계를 유지하기에는 벅찼다. 방글라데시 영양과학부가 발표한 자료에 의하면, 4인 가족을 기준으로 정상적으로 생존하기 위해 한 달에 최소한 7,000타카가 필요하나, 2010년 기준으로 방글라데시의 최저임금은 겨우 월 3,000타카(한화 48,000원)에 불과했다. 노동자들이 제대로 생존하기 힘듦에도 불구하고 방글라데시 정부가 최저임금 인상을 억제한 것은 노동집약적 산업인 의류산업의 가장 강력한 투자 유치 요인이 저렴한 인건비였기 때문이다. 방글라데시 정부는 사실상 노동조합을 설립할 수 없도록 규정하였고 설사 설립된다 하더라도 파업을 강력히 금지하였다.

이러한 상황에서 상기에 언급한 폭력시위의 원인이 되었던, 즉 2010년 11월 1일부로 발효된 신(新)임금체계가 실행되었다. 신임금체계는 신입 노동력의 최저임금이 대폭 상승한 것에 비해(2,100타카 → 3,350타카, 58% 인상), 숙련된 노동자의 임금 인상폭은 그다지 크지 않았고 기존 노동자들은 이에 불만을 품었다. 또한 노동자뿐만 아니라 기업주도 신임금체계를 제대로 이해하고 있지 못할 정도로 국가의 홍보가 부족했다. 이러한 상황에서 노동자들의 오해가 생기는 것은 어쩌면 당연한 결과였다. 이러한 오해는 관리자와 일부 노동자들 간의 몸싸움으로 이어졌고, 이러한 싸움에 놀란 다른 노동자들이 흥분하여 관리자들을 억류하고 폭행하는 사태로까지 이어지게 되었으며, 엎친 데 덮친 격으로, 인근 공장의 노동자들까지 이에 합세하여 시위는 더욱 더 격렬해졌다. 사(社)측은 무기한 휴업을 선언하며 강경책을 구사하고 노동자들을 압박했다. 급기야 사상자가 발생하며 사태가 걷잡을 수 없이 확산된 것은 경찰의 무리한 물리력 사용 때문이었다. 경찰이 시위하고 있던 노동자를 곤봉으로 진압하였는데, 이에 노동자들의 시위가 지나치게 격렬해졌다. 시위가 과격화되자 경찰은 최루탄과 고무탄을 이용해 노동자들을 강하게 진압했던바, 이 과정에서 3명의 노동자가 사망하고 수백 명이 다치는 참사가 일어났다.

방글라데시 현지 공장에서 폭력시위가 발생했다는 소식에 국내 영원무역의 주가는 급락하기 시작했다. 13일 영원무역은 유가증권시장에서 한 때 12% 가까이 하락하는 급락세를 보였고, 시우로 인한 영업중단의 피해금액은 이틀간 500만 달러, 이미지 실추에 따른 피해 금액은 1,000만 달러로 추산 총 1,500만 달러의 손실을 입은 것으로 평가되었다.

질문

1. 방글라데시 유혈사태의 근본적인 원인 제공자는 정부인가? 아니면, 영원무역인가? 그리고 답변에 대한 합리적인 이유를 밝히시오.
2. 많은 한국기업들이 국제화를 추구하면서, 인건비가 상대적으로 저렴한 동남아시아 시장으로 투자하고 있다. 그렇다면, 만약 위와 유사한 상황을 미리 방지하기 위해서는 인적자원관리와 관련하여 한국기업들이 어떤 점들에 주의해야 한다고 여겨지는가?
3. 특히 값싼 노동력을 찾아 동남아시아에 투자한 기업 중 일부 기업은 부실한 노동환경을 종업원들에게 강제함으로써 기업이 사회적 책임을 다 하지 않는다고 비난을 받고, 이로 인해 기업의 평판도가 현저히 하락하는 경우가 있다. 이와 같은 인식하에, 기업이 실행하는 사회적 책임활동의 중요성을 강조하여 설명해 보시오.

토의자료 1-1

중기중앙회 · 세계한인무역협회 '中企 글로벌 진출' 맞손잡다

중소기업중앙회(회장 김기문)는 3일 오전 세계한인무역협회(World-OKTA · 회장 하용화)와 중소기업 수출 활성화 및 글로벌 경쟁력 강화를 위한 업무협약을 체결했다고 밝혔다.

김기문 중소기업중앙회장과 하용화 세계한인무역협회장은 이 날 오전 11시30분부터 여의도 63빌딩에서 오찬을 겸한 업무협약식을 가졌다.

이번 업무협약은 두 기관간 상호 유기적인 협력체계를 구축해 한인 경제인 네트워크를 바탕으로 국내 중소기업의 수출 활성화를 위한 상호 지원사업을 연계하고 협력함으로써 국내 중소기업의 글로벌 경쟁력 강화를 위해 마련됐다.

두 기관은 ▲국내 중소기업과 재외 동포기업의 해외진출 파트너십 지원 ▲ 한인 경제인 네트워크를 활용한 중소기업 해외 민간대사 위촉 ▲ 두 기관의 네트워크 및 정보 공유 ▲ 글로벌 경쟁력 강화를 위한 공동사업 수행 · 참여 등에 대해 적극 협력하기로 했다.

이번 업무협약으로 월드옥타와 중소기업중앙회 소속 350만 중소기업은 해외시장 개척을 위한 교도보 마련 및 월드옥타 네트워크를 통한 해외 거점 활용을 통해 글로벌 경쟁력을 확보하게 된다.

김기문 중기중앙회장은 "세계한인무역협회(OKTA)는 전 세계 73개국에 7,000명 이상의 한인 기업들이 회원으로 있어 우리 중소기업의 해외진출을 효과적으로 지원할 수 있을 것"이라며 기대감을 나타냈다.

하용화 월드옥타 회장은 "이번 업무협약은 350만 중소기업 권익을 대변하는중소기업중앙회와 재외동포 중심 경제인단체 월드옥타가 만나 협력을 다짐하는 자리"라며 "옥타 회원사와 국내 중소기업에게 이익이 되고 상호 도움이 되는 업무협약이 될 수 있도록 노력해 나가겠다"고 말했다.

세계한인무역협회는 1981년 설립된 재외동포 최대 해외 경제 네트워크로서 세계 73개국 144개 지회에 7,000여명의 재외동포 CEO들과 차세대 경제인 2만여 명으로 구성된 재외동포 경제인 단체다.

매년 국내에서 세계한인경제인대회를 여는 것을 비롯해 유럽, 중국, 미국, 중동 · 아프리카 등지에서 지역별 경제인대회도 열고 있다. 또 대학생부터 40세까지 차세대 한인 경제인들을 대상으로 매년 여름 해외에서 차세대무역스쿨을 여는 등 차세대 육성사업도 벌이고 있다. 지난 4월엔 한국무역협회와 업무협약을 맺은 바 있다.

(자료: 중소기업투데이, 2019년 7월 3일자)

토의자료 1-2

한국CM, 중국시장 진출… 동북아 CM벨트 구축 속도 낸다

대한민국 CM의 중국 진출이 본격화, 해외 CM공급사업 동서남아시아에 이어 동북아시아 시장 전초기지 역할이 기대되고 있다. 한국CM협회(회장 배영휘)는 연변조선족자치주건축업협회(이하 연변건축업협회)와 기술교류 협력을 위한 양국 실무협의와 함께 국내 신화엔지니어링과의 연변 최대 시공업체인 '길림천우건설집단'과 MOU 체결 등 성과를 안고 지난 6일 귀국했다고 7일 밝혔다.

한국CM협회는 지난 4월 연변건축업협회와 MOU 체결 이후 후속조치로 양국의 건설산업 발전을 위한 기술교류 협력을 위해 한국 대표단을 파견, 실무협의로 이어진 것으로 이로써 지난 2012년부터 시작한 해외 CM공급사업의 일환으로 동북아 지역 CM 전초기지화의 밑그림을 그리게 됐다고 설명했다.

한국CM협회는 연변건축업협회와 MOU 체결 이후 지난 4월 11일부터 3일간 건축가협회와 함께 이 지역의 CM전문가(중국명 '공정사' 등) 51명에 대해 교육훈련을 실시했을 뿐만아니라 그동안 이들에 대한 사후관리와 추가적인 교육훈련 및 앞으로 중국 건설시장에 대한 효율적인 CM공급을 위해 양국 협회 회원들과 지속적으로 협의해 왔다.

특히 이번 신화엔지니어링이 연변의 최대 시공업체인 '길림천우건설집단'과 교류협력을 위한 MOU를 체결하고 본격 협력에 나서기로 해 관심이 모아지고 있다.

중국은 건설기술경쟁력이 지역내 편차가 있으나 국내 수준을 앞서가고 있는 상황에서 한국CM시스템에 대해 큰 관심을 보이고 있어 향후 상호 보완적인 효과가 있을 것이란 전망이다. 천우건설집단은 지금까지는 연변지역을 주된 시장으로 활동해 왔으나 앞으로 베이징, 상하이, 청두, 선전 등 중부 서부 및 남부지역의 시장에 대한 진출과 북한을 포함한 제3국 건설시장에 대한 진출을 위해 많은 노력을 하고 있는 기업으로, 비핵화로 인한 UN의 제재가 있기 전에는 북한의 나선지구 및 평양 등에서 많은 개발사업을 해 온 연변지역의 선도적인 기업으로 알려졌다.

신화엔지니어링은 이번 천우건설집단과의 협력으로 중국 시장은 물론 향후 북한시장과 러시아 시장 진출에서도 동반자로서의 협력관계를 긴밀히 유지할 것으로 알려져 해외시장 진출 확대에 기대감이 고조되고 있다.

CM협회 관계자는 "이번 중국 연변건축업협회와의 협력회의는 지난 4월 한국CM 교육 등 지속적인 협력사업을 위한 것으로 중국 연변 CM공급에 지속적인 노력을 기울이겠다"며 "특히 신화엔지니어링과의 협력은 연변을 넘어 중국시장 전체는 물론 러시아, 북한까지 진출할 수 있는 기반을 마련한 것으로 의미가 강조된다"고 밝혔다.

(자료: 국토일보, 2019년 7월 8일자)

토의자료 1-3

베트남 시장 개척하는 대구물산업지원센터, 물기업과 시장개척단 파견

대구에 자리한 섬유연구기관 다이텍연구원이 지역 물 기업의 해외진출을 지원하는 등 물산업 성장에 한 몫하고 있다.

다이텍연구원(원장 최진환) 물산업지원센터는 지난 5월 국가물산업클러스터 입주기업협의회(KWCC)와 함께 베트남 호치민으로 물산업 해외시장 개척을 시장개척단을 파견했다.

이번 베트남 시장개척단은 물클러스터 입주기업들이 베트남 물시장 개척 가능성을 타진하기 위한 조치였다.

시장개척단이 방문한 호치민은 이미 삼성전자 등 2천500여개 한국 기업이 진출해 있는 베트남의 대표적인 경제도시이다. 이번 개척단에는 ㈜미드니, ㈜문창, ㈜화도케미칼, ㈜한국유체기술 등 물클러스터 입주기업 4개사가 현지 바이어를 만나 기업의 주력제품과 기술을 소개하고 현지 바이어와 1대1 매치메이킹(비즈니스상담)을 진행했다.

비즈니스상담 후에는 호치민물환경협회의 도움을 받아 빈증성 물환경공단(BIWASE) 산하의 대표적인 하수처리장 1곳과 호치민 상하수도공단(SAWACO) 및 정수장 방문을 진행했다. 또한, 베트남에 진출한 한국 물기업 법인장과의 미팅을 통하여 실질적인 베트남의 물시장 진출 경험과 현지의 분위기를 공유하기도 했다.

이처럼 대구 지역 물기업이 베트남 시장을 두드릴 수 있는데에는 다이텍연구원의 역할이 컸다. 섬유와 염색 분야 전문 연구기관이었던 다이텍연구원은 지난 2013년 베트남 하노이에 대표사무소를 설립하 뒤 지속적으로 베트남 현지의 여러 산업 분야에 네트워크를 형성해왔다.

특히 다이텍연구원이 '물'과 관련한 다양한 연구와 사업에도 영역을 확장하면서 베트남 현지 물산업 분야의 국제공동연구개발과 용역 등도 실시했다.

덕분에 물산업클러스터 입주기업들은 다이텍연구원의 해외 네트워크를 활용해 직접 베트남 시장에 진출할 기회를 맞이했다.

다이텍 물산업지원센터 이상헌 센터장은 "동남아 진출을 위해서는 실행 가능한 전략 수립과 능력있는 현지 네트워크 구축하는 것이 중요하다"며 "이번 시장개척단 파견이 단순한 일회성 행사가 아닌 실질적인 비즈니스 성과를 얻기 위해 지속적으로 기회를 마련할 것"이라고 밝혔다.

한편 대구시 물에너지산업과 역시 이번 시장개척단에 동행해 오는 9월 개최하는 대한민국 국제물주간 행사에 베트남 측의 참여를 부탁했다.

(자료: 물산업신문, 2019년 7월 3일자)

토의자료 1-4

LH 변창흠 사장 '한국형 신도시, 쿠웨이트 · 캄보디아 · 인도 등 해외수출'에 전력!

한국토지주택공사(LH. 사장 변창흠)가 국내 저성장 경기침체가 지속되고 있는 가운데 세계적 수준의 국내 건설기술과 최첨단 IT기술을 접목해 해외신도시 사업에 박차를 가하고 있어 관심이 집중되고 있다.

현재 국내 건설산업은 저출산 · 고령화와 SOC 투자 감소, 내수시장 포화 등에 따라 지속적으로 위축되고 있는 반면, 해외 건설시장은 개발도상국 등의 인구폭발에 따라 매년 30만명 규모 신도시가 120개나 필요할 정도로 방대한 수요과잉 상태에 직면해 있는 상황이다.

또한 LH가 주력하고 있는 해외 건설시장은 각 국가별로 인구폭발과 도시집중의 심화로 각종 사회문제 치유에 노심초사하고 있다. 그 중 가장 큰 문제가 주택난이며 각국 정부는 신속한 주택공급을 최우선의 정책과제로 추진하고 있다. 그래서 LH는 그동안 국내 신도시건설 사업을 추진해오면서 축적한 세계적 수준의 건설노하우와 최첨단 IT기술을 접목해 해외건설시장 진출에 주력하고 있다.

특히 LH는 해외시장 진출과 관련해 본사에 인도사업추진단을 포함한 해외사업처와 쿠웨이트사업단을 두고 있는 한편 해외에는 쿠웨이트 지사와 베트남 대표사무소 그리고 중국, 미얀마, 베트남, 볼리비아, 인도 등 각 국가에 해외주재원들이 파견 근무하고 있다.

LH의 주요 추진사업으로는 쿠웨이트 압둘라 신도시, 인도 KDMC, NMC, BKC 지역 및 베트남하노이에 스마트시티 사업을 추진중이며, 미얀마 야웅니핀과 베트남 흥이엔성에 산업단지 조성을 추진하고 베트남 하노이 사회주택 사업에도 참여를 추진 중이다.

이와 함께 LH는 멀리 남미 볼리비아의 산타크루즈 신도시 사업에 대한 자문단을 파견하여 MP, 실시설계, 인허가 등을 자문 중이며, 대외 공신력을 바탕으로 공공과 민간건설사, IT · 금융기업 등이 함께하는 선단식 도시수출을 적극 추진하여 국내기업의 해외진출에 마중물 역할에 최선을 다하고 있다.

현재 LH가 쿠웨이트에 추진중인 사업은 규모가 가장 큰 만큼 더욱 커다란 파급효과가 기대된다. LH는 지난 2017년 4월 쿠웨이트와 433억 규모의 압둘라 신도시 개발용역(마스터플랜·실시설계용역)을 수주하여 현재 용역 마무리 단계에 있다.

압둘라신도시는 수도인 쿠웨이트시티 서쪽 경계에서 3.5km밖에 떨어지지 않은 좋은 입지를 자랑하고 있는데, 쿠웨이트가 현재 계획 중인 9개 신도시 중 최고의 입지를 자랑하고 있으며, 총 64.5㎢(1,950만평) 면적에 약 4만호의 주택이 건설될 예정이다.

또한 LH가 추진중인 압둘라 신도시는 면적으로 보면 분당(19.6㎢)의 3배가 넘는 규모이다. 현재 사업의 진행도 순조로워 금년 1월 24일 LH와 쿠웨이트 주거복지청 간 신도시

개발투자를 위한 예비사업약정을 체결하였으며, 하반기 설계용역 완료 후 쿠웨이트 주거복지청과 신도시 개발 공동투자 및 개발사업 진행을 위한 특수목적법인(SPV) 설립 예정에 있다.

지난 4월 29일 LH 4대 사장으로 취임한 변창흠 사장은 진주 본사에서 취임식을 가진 바로 다음날 국무총리 쿠웨이트 방문대표단의 순방길에 동행하여, LH 사장으로서 자신의 첫 일정을 쿠웨이트 현장방문으로 시작했다. 그리고 이낙연 국무총리와 마르주크 알리 알-가님 쿠웨이트 국회의장이 함께 한 공식석상에서 "압둘라 신도시 사업추진을 위한 법 개정 및 사업추진 협조"를 당부하고 긍정적인 답변을 받았다.

이어 LH는 지난 2017년 3월에는 인도와 깔리안돔비블리 스마트시티 협력 MOU를 체결하여 외국기업 최초로 시행자 지위를 확보하였고, 또한 2017년 6월에는 베트남과 산업도시 개발 MOU를 체결하고 사회주택 후보지를 확보하여 국토부로부터 해외인프라개발사업 타당성조사 대상사업으로 선정되었다.

그리고 올해 2월에는 베트남 흥이엔성 리트엉켓 스마트산업도시 개발 MOA를 체결하였다. 또한 작년말 한·미얀마 경협산단 MOA 체결 후, 미얀마 양곤시 북쪽 10km에위치한 야웅니핀 산업단지 조성사업에 리딩디벨로퍼로 참여하여 국내기업이 선호하는 지역을 개발함으로써 한국 중소기업의 해외진출을 지원할 계획이다. 더불어 LH는 최근 아프리카까지 진출영역을 확장하여 케냐 중앙역 재개발 사업 및 탄자니아 주택공사와 MOU 체결을 논의하는 등 사업이 구체화되고 있어 관심이 모아지고 있다.

한편 LH는 아시아, 중동, 남미, 아프리카뿐 아니라 미국, 유럽 등 선진국으로도 한국의 스마트시티 기술을 수출할 계획이다.

이와 관련해 LH 변창흠 사장은 "도시수출은 종합예술과 같아서 건설, 엔지니어링회사뿐만 아니라 에너지, 전기전자, 통신, 환경처리 등 다양한 분야의 한국기업들이 우리가 건설하는 도시 곳곳에 진출할 수 있어 침체된 국내 건설경기에 활성화에 크게 기여할 것으로 예상된다."고 밝혔다.

또한 LH 변창흠 사장은 " 도시수출은 단순히 길을 닦고 집을 짓는데 그치는 것이 아니라 한국식 라이프스타일을 그 나라에 접목하는 문화사업이기도 하다."며 "우리가 해외에서 만들어갈 신도시는 물론 해당국 사람들의 생활양식과 습관에 맞추어야 하지만 많은 분야에서 도전적이고 창의적인 제안이 요구되고 있다."고 말했다.

그러면서 LH 변창흠 사장은 "현재 추진중인 해외 신도시 건설 사업은 한국식에 바탕한 제안들이 이루어져서 이 나라 사람들이 한국식을 좋아하게 된다면 두 나라 사이에는 더 큰 공감과 이해의 폭을 나누게 되어 더 많은 분야에서 유익한 협력이 이루어 질 것이다."라고 강조했다.

마지막으로 LH 변창흠 사장은 "이제 막 첫발을 내딘 도시수출이 한계에 직면한 우리 건설 등 관련 산업에 새로운 활기를 불어 넣으며 고부가가치 일자리를 창출해 나가는 데 일익을 담당하길 희망한다."고 피력했다.

(자료: 뉴스프리존, 2019년 7월 4일자)

참고문헌

Business Post, KB국민은행, 1조 손실 본 센터크레디트은행 매각 추진, 2017년 1월 23일자.

Still Price, 포스코, 인도네시아 시장 포기 하나(?), 2016년 4월 11일자.

경향신문, 롯데마트 · 이마트 中진출 '뼈아픈 교훈, 2011년 3월 28일자.

과학기술정보통신부 (2018), 정보통신부 주요 IT 통계현황, [online]. Available at http://www.msip.go.kr/web/msipContents/contentsView.do?cateId=mssw67&artId=1218820 [접속일: 2018년 6월 21일].

국토일보, 한국CM, 중국시장 진출… 동북아 CM벨트 구축 속도낸다, 2019년 7월 8일자. [online]. Available at http://www.ikld.kr/news/articleView.html?idxno=206138 (접속일: 2019년 7월 8일).

권영욱, 남경두(2012), 일본 자동차시장의 경쟁구조 변화와 한국기업의 대일 수출전략에 관한 연구, 통상정보연구 14(4): 61-88.

글로벌ICT포털 (2016), 베트남 방송통신 사업자 보고서, [online]. Available at https://www.globalict.kr/ jsp/country/country.jsp?menuCode=010108&catNo=41 [접속일: 2018년 6월 21일].

금융감독원(2014), 금융회사의 성공적인 해외진출을 위한 안내서, [online]. Available at http://m.fss.or.kr:8000/fss/board/bodoBoardDetail.do?seqNo=18245&mId=M01050200000000&gubun=01 [접속일: 2018년 6월 21일].

금융감독원(2014), 국내 금융회사의 해외진출 현황, [online]. Available at http://www.fnhubkorea.kr/fhk_kor/foreign/outbound_list6.jsp [접속일: 2018년 6월 21일].

김미헌(2012), 국내 최초의 할인점 이마트의 중국 진출기, 한국패션협회.

김알마티(2008), 강정원 국민은행장, "BCC는 위기관리 능력 탁월", [online]. Available at https://blog.naver.com/almatykim/150034896882 [접속일: 2018년 6월 21일].

김영곤, 이병철(2005), "대한민국에는 SK텔레콤이 있다", 21세기 북스.

김영곤, 고동희(2007), SK 텔레콤의 글로벌 전략, Korea Business Review 10(2): 47-65.

김용철, 권기환, 김범준 (2004), 통신서비스 해외시장 진출 사례분석 및 시사점, KISDI 정보통신정책연구원.

뉴스프리존, LH 변창흠 사장 '한국형 신도시, 쿠웨이트 · 캄보디아 · 인도 등 해외수출'에 전력!, 2019년 7월 4일자. [online]. Available at http://www.newsfreezone.co.kr/news/articleView.html?idxno=118791 (접속일: 2019년 7월 8일).

뉴스핌, [탄탄(談談)차이나] 중국에서 실패하는 5가지 사업유형, 2018년 3월 27일자.

대동시스템(2015), 세계 전 대륙에 펼쳐진 현대 · 기아자동차 해외 공장 10곳, [online]. Available at http://www.dds.co.kr/?p=565 [접속일: 2018년 5월 26일].

동아비즈니스리뷰, 지방 맹주 영향력 큰 인도네시아, 대통령만 믿다 혼쭐난 한국 기업, 155호.

머니투데이, SKT 베트남 S폰 사업 예견된 실패?, 2009년 12월 30일자.

머니투데이, [단독]영원무역 방글라데시공장 폭력시위..12명 부상, 2010년 12월 12일자.

머니투데이, 세아상역 베트남 공장서 근로자 4000여명 사흘째 파업, 2017년 9월 8일자.

매일경제, 해외사업 발 빼지도 못하고 골치 아픈 포스코…印尼 · 멕시코 적자 '신흥시장 만만찮네',

2016년 6월 7일자.
물산업신문, 베트남 시장 개척하는 대구물산업지원센터, 물기업과 시장개척단 파견, 2019년 7월 3일자. [online]. Available at http://www.watermaeil.com/news/articleView.html?idxno=1952 (접속일: 2019년 7월 8일).
박병일(2017), "글로벌경영 사례100", 시대가치.
서민교, 박병일(2013), "글로벌경영", 서울경제경영출판사.
서울경제, [백브리핑] '1조 손실' BCC백서 낸 KB금융, 2018년 4월 24일자.
아시아경제, 日 인도네시아 공세에 파트너 뺏긴 포스코, 2017년 9월 10일자.
연합뉴스, <영원무역, 방글라데시 노동자 시위로 '곤혹'>, 2014년 1월 11일자. [online]. Available at http://www.yonhapnews.co.kr/economy/2014/01/11/0318000000AKR20140111023400030.HTML [접속일: 2018년 6월 21일].
이경석(2013), 코트라 해외시장 뉴스: 인도네시아 철강 거인 크라카타우, 왕성한 사업 확장, [online]. Available at https://news.kotra.or.kr/user/globalBbs/kotranews/4/globalBbsDataView.do?setIdx=243&dataIdx=124723 [접속일: 2018년 6월 21일].
이광철, 전용욱(2003), 한국 이동통신서비스산업의 글로벌전략 방향: SWOT분석의 활용, 국제통상연구 8(2): 1-33.
이태왕(2009), 일본 자동차시장에서 현대자동차의 경쟁력에 관한 연구, 무역보험연구 10(3): 151-169.
이투데이, 국민銀, 카자흐 BCC 1천억 규모 테스나에 매각 완료, 2017년 8월 23일자.
전자신문, "SKT, 베트남 이통사업 철수 수순", 2009년 10월 13일자.
조선비즈, 국민銀이 9541억에 산 해외은행, 1000원짜리 됐다, 2017년 1월 25일자.
주윤신(2015), 해외 은행의 신흥국 진출전략 분석 및 시사점: 자본시장을 중심으로, 하나금융경영연구소.
중소기업투데이, 중기중앙회 · 세계한인무역협회 '中企 글로벌 진출' 맞손잡다, 2019년 7월 3일자. [online]. Available at http://www.sbiztoday.kr/news/articleView.html?idxno=7063 (접속일: 2019년 7월 8일)
중앙시사매거진, 우물 안 개구리, 금융지주사(4), 2018년 4월 23일자.
중앙일보, '일관 제철소'가 왜 그렇게 중요한가요, 2005년 5월 31일자.
중앙일보, 베트남 삼성공장 폭력사태, 보안요원 · 노동자 충돌이 발단, 2017년 3월 1일자.
코트라(2010), 방글라데시 최저 임금 인상, 코트라 해외시장 뉴스.
코트라(2013), 사면초가에 빠진 방글라데시 의류산업, 코트라 해외시장 뉴스.
탑라이더, 현대차 최한영 부회장, "현대차 일본 못 들어가는 이유는…", 2011년 12월 5일자.
한겨레, 현대차, 일본서 철수 결정, 2009년 11월 27일자.
한겨레 21, 국민은행은 폭탄을 샀는가, 2008년 5월 29일자.
한국경제, 현대차 일본시장 뚫기 힘든 이유는 … 일 도요타자동차 분석, 2012년 8월 29일자.
한국경제, 이마트, 중국 진출 16년 만에 투자한 돈 다 까먹었다, 2013년 11월 15일자.
한국일보, [한국시론] 영원무역 사태의 교훈, 2010년 12월 17일자.
헤드라인뉴스, 일본에서는 왜 현대차가 보이지 않을까?, 2013년 12월 7일자.

02

국가 비즈니스 시스템

사례 2-1 **중국시장에서의 롯데마트 사례**: 사드 보복에 시달린 '중국 롯데마트' 매각 나선다

사례 2-2 **현대아산의 금강산관광 사례**: 금강산 길 다시 열릴까?

사례 2-3 **베트남 시장에서의 대광마이카 사례**: 예견치 못했던 일이…대광마이카, 이를 어쩌나?

사례 2-4 **인도시장에서의 포스코 사례**: 인도에서 본 신기루

사례 2-1 중국시장에서의 롯데마트 사례: 사드 보복에 시달린 '중국 롯데마트' 매각 나선다

2000년대 들어 국내 유통시장의 성장세가 둔화되고 해외 신흥국 유통시장의 개방 폭이 확대되면서 우리나라 유통소매체인들의 해외시장 진출 전략이 활발해지고 있다. 특히 중국 소매유통시장은 규모가 크고, 향후 성장가능성도 커, 우리 유통업체들의 관심을 끌고 있다. 1990년대 말까지만 해도 국내 대형할인점 업체들에게 중국시장은 내수시장 다음의 우선순위를 가진 보조시장에 불과했다. 그러나 2001년 말 중국이 WTO에 가입하고, 2005년부터 대대적으로 유통시장을 개방하면서부터, 협소한 국내 시장의 한계에 봉착한 이들은 필수적으로 중국 진출을 고려해야만 했다. 국내 시장의 포화에 따른 업체 간 경쟁격화도 중국시장 진출을 촉진하였는데, 대한상공회의소에 따르면, 2010년 7.7%, 2011년 9.2%를 기록했던 국내 대형할인점 시장의 성장률은 2.2%로 급락하였다. 설상가상으로 2013년 대형 할인매장의 영업제한, 시간제한, 강제휴무 및 점포 개설 사전예고제 등을 포함한 유통산업 발전법 개정안이 국회에서 통과되면서 이들 할인점 업체의 국내 사업전망을 어둡게 했다.

당시 국내 시장에서 과점적 지배력을 지니던 이마트, 홈플러스, 롯데마트 등 3개사는 경쟁 격화에 따른 영업 실적 악화로 점차 중국·동남아 등 해외시장으로 관심을 기울였다. 이마트는 'Let's go 2020'의 슬로건 아래 2020년까지 글로벌 탑 20위권의 유통기업이 된다는 목표를 세웠고, 롯데마트도 'No.1 Retailer in Asia'라는 목표 아래 2018년 아시아 1등 유통기업을 추구하게 되었다. 이중 이마트에 비해 상대적으로 자금력 규모가 크고 축적된 경험이 많았음에도 실패한 롯데마트 사례(롯데마트 사례는 제8장에도 수록되어 있다)를 함께 살펴보기로 하자.

롯데마트는 롯데백화점, 롯데시네마 등 유통과 관련된 모든 분야에서 롯데쇼핑이라는 우산(umbrella) 하에 성장해왔다. 롯데쇼핑은 1979년 창립 이래, 중국, 러시아, 베트남, 인도네시아 등 다수의 해외시장에 진출한 글로벌 유통기업이다. 한편 중국 경제의 고성장에 따른 도시민의 소득 증가는 중국의 소매유통시장의 빠른 성장으로 이어졌다. 1990년 2,800억 달러 규모로 세계 11위였던 중국 소매유통시장은 2006년 6,100억 달러 규모에서 2011년 1조 3,000억 달러 규모로 5년간 약 16%의 연평균 성장률을 보이며, 세계 5대 소매유통시장으로 급부상하였다. IHS Global Insight의 전망에 따르면, 2020년이면 중국의 소매유통시장은 독일, 영국, 프랑스 등을 제치고 미국과 일본에 이은 세계3위의 시장으로 뛰어오를 것으로 예상된다.

이처럼 날이 갈수록 규모가 커지고 있는 중국의 소매유통시장의 주요 업태로는 크게 대형 할인점과 백화점, 편의점, 카테고리 킬러 등 4가지가 있다. 수명주기로 보았을 때, 백화점 및 할인점은 성숙기, 편의점은 성장기, 카테고리 킬러는 도입기에 있다고 볼 수 있다. 특히 할인점 시장은 성숙기 초기에 있어 다국적기업과 현지기업 간에 경쟁이 격화되고 있음에도 불구하고, 아직까지는 연평균 25%의 높은 성장세를 보이고 있다. 따라서 레드오션(Red Ocean)화하고 있는 중국 할인점 시장에서 살아남기 위해서는 원가우위 혹은 차별화 우위를 지녀야 한다.

중국의 할인점 시장은 다음 몇 가지 측면에서 한국 및 선진국 시장과는 상이하다. 첫째, 한국의 할인점 시장은 거의 포화상태이고, 그마저도 이마트, 롯데마트, 홈플러스 등 소수의 소매체인에 의해 과점적으로 지배되고 있다. 반면 중국시장의 경우, 까르푸, 월마트, 로터스, 저스코[1] 등 다국적기업뿐만 아니라, 현지

〈표 2-1〉 중국유통의 4대 유형

연쇄점 (대형 할인점)	생산자로부터 물품을 대량 구매한 뒤 판매하는 방식으로 저가판매, 셀프서비스, 대량판매
편의점	24시간 영업 원칙을 근간으로 생필품과 식료품을 취급. 금융, 배달서비스를 위탁받음. 소량진열과 고가판매
백화점	고가판매, 직원서비스, 소량판매
카테고리 킬러	상품 분야별로 전문매장을 특화해 상품을 판매하는 소매점

대형 로컬체인과 다양한 군소마트들이 존재하며, 1위 선도자라 할지라도 시장점유율이 한국에 비해 매우 낮은 소위 '백가쟁명'의 시장이라 할만하다. 따라서 전국을 지배하는 과점적 지배자가 군림하기보다 지역별로 선도 브랜드가 분할 점령하고 있는 형세이다.

둘째, 중국 할인점은 상품매입 조달방식에 있어서도 한국과 차이를 보인다. 한국의 경우, 본사의 매입 담당자들이 직매입을 하거나 위탁매입을 결정한다. 그러나 중국, 특히 내륙 및 지방 3선급 이하 시장의 경우, 지리적 거리 및 물류 인프라상의 제약으로 본사가 신선식품 구매에 개입하기 어렵다. 따라서 개별 점포별로 직매입을 해야 하는데 각 점포의 입장에서는 좋은 상품을 적기에 공급받기 위해서는 해당지역 토착기업들과 좋은 관계를 맺는 것이 무엇보다 중요하다.

셋째, 중국의 경우, 한국과는 달리 동일 상품에 대해서도 할인점별로 혹은 같은 브랜드라도 소재지 점포별로 가격 차이가 크다. 예를 들면, 까르푸 및 저스코의 경우 중상류층 공략을 위해 회원제 카드, 백화점 수준의 인테리어와 서비스 등을 제공하고 있으며 가격 또한 높다. 반면, 월마트, 로터스와 로컬 할인점들은 일반 서민을 표적고객으로 삼고 있기 때문에 앞의 업체보다는 저가에 상품을 판매하고 있다.

넷째, 중국의 할인점은 미국 등 선진국과 그 개념, 위치, 판매상품 등이 다르

---

1) 한때 이온 그룹이 운영했던 슈퍼마켓 브랜드이다. 이온의 주력 브랜드로, 일본에서 40여 년간 운영해오다, 2011년 3월 1일에 SATY와 합병하여 이온으로 바뀌었다. 이후 중국과 말레이시아에서 기존 브랜드를 계속 사용하다가, 2013년 3월에 이온 브랜드로 전환을 마쳤다. 일본 내에서 라이선스를 취득하여 7개 점포를 운영하고 있다.

다는 점이다. 미국인들은 1주일에 한 번 정도 차를 타고 도시 외곽에 위치한 대형 할인점 매장에서 식음료나 생필품 등을 대량으로 구매한다. 이와 달리 중국의 주요 할인점 고객은 자가용이 없는 서민들이어서 중국인들은 보통 일주일에 2~4번 가량 할인점을 방문하는 것으로 알려져 있다. 따라서 대형 할인점 대부분은 시내 중심에 위치해 있고, 식품, 생필품뿐만 아니라 각종 브랜드 상품 등 다양한 품목을 갖추어 놓고 있다.

기업이 투자 방식을 통해 해외시장에 진출할 때는 크게 1) 그린필드(Green field, 신설투자 방식), 혹은 브라운필드[Brown field, 인수 · 합병(M&A) 방식]의 두 가지 진입전략 중 하나를 사용한다. 그린필드 방식은 투자진입 기업이 투자유치국의 용지를 직접 매입해 공장 · 사업장을 새로 짓는 방식으로, 상대적으로 비용이 많이 들고, 생산 개시까지 시간이 오래 걸리지만, 고용창출 효과가 더 크기에 투자유치국의 입장에서는 브라운필드보다 그린필드 방식을 선호한다. 반면 M&A 혹은 브라운필드 투자는 초기 신규 설립비용 없이 신속한 시장진입이 가능하고, 투자 후 정상조업을 앞당길 수 있다는 것이 장점이다. 이외에도 피인수기업의 기존 고객을 확보할 수 있고, 피인수기업이 현지에서 쌓은 명성, 유통경로를 이용할 수 있다. 다만 M&A 이후 과도한 인수비용 지급의 가능성과 더불어, 인수 및 피인수 기업 간 통합의 어려움과 문화적 이질감으로 인해 기업역량이 예상 밖으로 저하될 수 있다는 점은 단점이다.

롯데마트는 중국시장 진출 시 브라운필드, 즉 M&A 방식을 선택했다. 롯데마트는 이마트보다 10년 늦게 2007년 중국시장에 진입해, 할인매장을 인수하는 M&A방식이 중국 유통시장을 개척하는 데 유리하고, 후발주자로서의 불리함을 극복하는 데 도움이 된다고 판단했다. 롯데그룹은 79개의 계열사를 거느려 2016년 1분기 기준 약 42조원에 달하는 자산 총액을 보유한 국내 대기업이기에, 막대한 인수합병 비용을 부담할 수 있었다. 또한 롯데쇼핑은 2002년 미도파 백화점, 동양카드, 2003년 한화마트, 2006년 우리홈쇼핑 등 대규모 인수합병을 여러 차례 성공적으로 끝마친 경험이 있어 해외에서도 성공을 이끌어낼 자신이 있었다. 이를 바탕으로 2007년 12월 네덜란드계 마크로의 점포 8개(베이징 6개, 톈진 2개)를 인수한 뒤 롯데마트로 상호를 변경하여 오픈한 데 이어, 2009년에는 대형 할인점 57개와 슈퍼마켓 8개를 보유한 중국 타임스를 인수하였다. 비록 진입 초기의 시간적 제약과 빠른 시장안착을 위해 인수합병 전략을 채택했으나, 롯데마트는 그린필드 방식 역시 병행하였다. 2009년 칭다오에 개설한 청양점이 중국 최초의 직영 개설점인데, 신설 투자를 통한 투자집행이 중국의 관련 법규와 관료적 절차를 이해하는데 더 효과적이어서, 중장기적으로 점포망을 늘리는데 도움이 된다고 생각했기 때문이다.

그 후에도 2012년 9월 장쑤성 동남부에 위치한 난통시에 중국 100호점인 롱왕치아오점을 개점하였고, 12월에는 안후이성에 '화이베이 화이하이루점'을, 산둥성에 '웨이팡 성리루점'의 문을 오픈함으로써 국내와 같은 102개의 점포를 갖게 되었다. 롯데마트가 진출한 도시는 여타 외자기업의 출점패턴과 달리, 90% 이상이 경쟁이 덜한 지방 중소도시에 집중되어 있다. 이는 까르푸, 월마트 등 글로벌 브랜드가 이미 선발진입해 있고, 대형 유통그룹이 포진해 있는 상하이, 베이징보다 미래 발전 잠재력이 큰 2선의 중소도시를 공략하는 것이 더 안전하고 시장선점에 유리하다고 판단했기 때문이다.

그러나 롯데마트는 성공했다고 단정하기에는 여러 가지 구조적 문제점이 발견되었다. 실제로 롯데마트는 중국 진출 이래 지금까지 적자 구조에서 헤어나지 못하고 있다. 2010년 160억 원의 영업손실에 이어 2011년에도 100억 원의 손실을 기록하였다. 이는 빠른 점포망 확장으로 인한 불가피한 손실도 포함되어 있어 실패라고 단정하기에는 어려우나, 2017년 2월 28일 롯데그룹이 국방부와 성주 롯데골프장을 사드 부지로 제공하는 계약을 체결한 직후부터 수난은 가속화됐다. 중국 당국은 2017년 3월 소방·위생 문제를 빌미로 현지 롯데마트에 잇따라 영업정지 처분을 내렸다. 중국 롯데마트 112개 매장 가운데 87곳이 1년 넘게 문을 열지 못하고 있다. 롯데는 2017년 5월부터 상하이 등 부진 점포 20~30개를 매각하기 위해 현지 기업들과 협상을 벌였다. 이후 골드만삭스를 인수 주관사로 선정하고 공식적인 매각 작업에 돌입했다. 당시 태국의 유통재벌 CP그룹 등과 112개 매장 전부를 일괄매각하는 방안이 유력하게 논의됐지만, 중국의 사드 보복이 장기화하면서 협상은 진전을 이루지 못했다. 이후 롯데마트는 분할매각으로 방침을 바꾸고 인수 대상자를 물색해왔다.

업계는 베이징 롯데마트의 매각 성사가 중국 사드 보복 해제의 신호탄이 될 것으로 보고 있다. 중국은 2017년 11월 한·중 관계 정상화 선언 이후에도 사드 보복을 좀처럼 풀지 않았다. 2018년 초 한·중 재무장관 회담에서도 롯데를 비롯한 상호 진출기업의 여건 개선에 합의했지만, 롯데마트 영업정상화나 선양 롯데타운 공사 재개 조치는 이뤄지지 않았다. 2018년 3월 30일 시진핑 중국 국가주석의 특별 대표 자격으로 방한한 양제츠 중국 외교담당 정치국 위원은 중국 단체 관광 정상화, 롯데마트의 원활한 매각절차 진행 문제 등에 대해 "빠른 시일 내 가시적인 성과를 보게 될 것"이라고 밝힌 바 있다.

롯데마트는 2018년 현재 상하이를 중심으로 영업하는 화동법인 소속 대형마트 74곳을 중국 리췬(利群) 그룹에 매각하는 작업을 벌이고 있으며, 빠른 시일 내 주식매매계약(SPA)을 체결한다는 계획이다. 또한 화중법인(중경, 성도지역) 및 동북법인(심양, 길림지역)의 경우, 지역 유통업체들과 매각협상을 진행 중이다. 이들 점포 매각 작업까지 2018년 연내 마무리되면, 롯데마트는 중국 진출 11년 만에 완전 철수하게 된다.

롯데쇼핑은 현지 인수 희망 기업들과의 원활한 매각협상과 단기 차입금 상환을 위해 유상증자를 통해 6억 5,000만 달러(한화 6,819억 원)를 추가로 수혈하기로 했다. 이 중 마트에 사용되는 금액은 약 5,800억 원이다. 또한 2012년 감행된 하이마트의 지분 확보를 위해 조달된 1조 2,000억 원의 인수자금 대부분을 차입으로 조달해 기업의 재무상황이 악화되었다. 즉, 롯데마트의 중국 진출 전략인 인수합병을 통한 확장전략은 무리한 인수비용을 발생시켰고, 운영상의 시스템을 명확히 만들지 않아 확장과 반비례의 운영효율이 저하되는 상황이 발생한 것이다.

기업이 국경을 초월해 경영활동을 하는데 있어 해외직접투자는 가장 핵심적이고 막대한 자금조달과 투자가 개입되는 전략 수단이다. 그러므로 감당할 수 있는 자본예산의 범위 내에서 경영의사결정이 실시되어야 한다. 롯데마트의 경우, 거침없는 인수합병 행보와 이로 인해 쌓여온 투자금에 대한 부담이 커진 상태이다. 이는 결국 중국시장에서 철수하는 하나의 큰 원인이 되었다.

질문

1. 롯데마트의 중국시장 진출을 실패르 귀결시킨 요인들을 열거해보시오.
2. 해외에서의 정치적 위험을 대비하고 이를 경감시키기 위해서는 다국적기업이 어떠

한 노력을 행해야 한다고 생각하는지 답변하시오.

3. 롯데마트가 향후 중국시장에 재도전해야 한다고 생각하는지, 혹은 다른 시장을 공략해야 한다고 보는지 여러분의 견해를 밝히시오. 만일 중국시장에 재도전한다면, 실패를 거울삼아 어떠한 점을 보완해야 하는지 제시하시오. 또는 만일 다른 시장을 공략해야 한다고 판단한다면, 그 시장은 어디이며, 판단의 근거를 설명함은 물론, 시장진출 성공을 위한 바람직한 전략을 강구하시오.

사례 2-2 현대아산의 금강산관광 사례: 금강산 길 다시 열릴까?

세계에서 가장 선뜻 진출하기 어려운 시장을 꼽으라면 북한이 그중 하나일 것이다. 세계와 교류를 단절하고 있는 폐쇄적인 국가이며, 국제사회와 역행하는 모습을 보이고, 범국가적 제재를 받고 있는 나라이기도 하다. 최근 북핵 폐기, 판문점 선언 등 국제사회와 다시 교류하기를 희망하는 모습을 보이고 있지만, 여전히 정치적, 경제적 리스크가 높아 투자를 감행하기 어려운 환경을 가지고 있다. 북한은 전반적으로 산업기반은 물론 사회간접자본 역시 낙후되어 있다. 상황적 여건이 마련된다면 필연적으로 개발이 이루어질 것이고, 개발과 관련된 각종 사업은 많은 경제적 효과를 창출할 것이다. 다만 여기서 합리적인 상황적 여건이라 함은, 일반적으로 남북한의 통일, 혹은 통일이 아니라면 최소한 남북한 간의 정세가 지속적으로 안정적인 상황을 의미한다. 안정적인 상황이 오지 않는다면, 국제제재를 받고 있는 북한과 실질적이고 실효적인 사업을 진행하기 어렵다. 이러한 북한의 특수한 환경에도 불구하고 과거 북한으로부터 사업권을 획득하여 적극적인 투자에 나선 기업이 있다. 바로 '현대아산'이다.

현대아산은 남북한 관광 및 인프라개발을 위해 설립된 기업이다. 설립의 목적 자체가 남북의 경제협력을 체계적으로 추진하기 위해서였다. 주 사업 분야는 '금강산관광', '개성공단' 개발이다. 하지만 남북관계가 얼어붙으면서 금강산관광과 개성공단 가동이 중단되었고, 현대아산은 그 후 수십에서 수백억에 달하는 적자를 기록하며 기업의 규모가 대폭 줄었다.

현대아산은 어떻게 북한과 관련된 사업을 진행할 수 있었을까? 정주영 현대그룹 명예회장이 북한에 소떼를 몰고 가서 '금강산관광개발 의정서'를 체결하고 온 것이 시발점이라고 볼 수 있다. 하지만 단순히 이 사건으로 북한에서의 사업을 가능하게 되었다고 보기는 어렵다. 기본적으로 북한은 사회주의 국가이고 폐쇄적이기에 한 기업이 투자를 하고 싶다고 하여 자유롭게 투자를 진행할 수 없는 비즈니스 환경을 갖고 있다. 국가가 허락하는 특정 경제지구에만 제한적으로 시장을 개방하며, 경제지구에서의 경제활동에 있어서도 중앙정부의 간섭을 배제할 수 없다. 사실상 북한경제의 대부분이 규제로 가득하다고 볼 수 있다. 북한에서 사업 및 투자를 진행한다는 것은 남북한의 특수한 관계상 필연적으로 정치적 요소가 개입할 수밖에 없으며, 이는 곧 남북한 정부 부처 간의 지원 및 협업과정이 수반되어야 한다는 것을 의미한다. 당장에 북한을 방문하는 것조차 통일부의 승인이 있어야 가능하고, 승인 없이 방북이나 월북을 했을 경우 관계 법령에 의해 처벌을 받을 수 있다. '금강산관광개발 의정서'가 사장되지 않고 실질적 개발로 이어질 수 있었던 것은 그 당시 정권을 잡고 있던 김대중 정부의 소위 '햇볕정책'으로 표현되는 북한에 대한 남한의 유화 및 평화정책이 있었기에 가능한 것이었다. 실제로도 북한에 대해 온화한 입장을 보였다고 평가받는 김대중 · 노무현 정부의 집권기간을 제외하고 이러한 대북사업은 실질적으로 진행되어지지 못했다. 정부가 의지를 가지고 대북사업이 가능토록 기업에게 법적근거를 만들어 주었으며, 북한과의 평화적 분위기를 조성하여 기업이 사업을 실행할 수 있도록 환경을 조성하였다.

현대아산은 금강산관광 사업을 맡으면서 북한에 대한 투자를 감행했다. 현대아산은 1998년 금강산 관광사업권과 더불어 사회간접자본사업권을 확보했다. 그리고 '금강산관광사업에 관한 합의서'를 통해 금강산관광지구 내에서의 면세특혜, 간편한 출입절차 보장, 시설관련 건설 및 운영 등에 관한 관계기관의 협력보장 등, 북한으로부터 특혜를 받았다. 그러나 독점적 금강산 관광사업권을 얻는 비용으로 9억 4,000만 달러에 이르는 비용을 북한에 지불해야 했다. 북한에 대한 사업은 단순 관광과 개발로써 창출되는 이익만을 보고 현대아산이 나선 것은 아니다. 남북관계가 악화되면 언제든지 사업에 악영향을 미칠 것이라 예견할 수 있었기에, 오히려 금강산관광은 사업성 측면에서는 많은 부담이 예상되었던 사업이다. 그럼에도 불구하고, 이러한 대북사업은 한 기업이 행하는 비즈니스 차원을 넘어 국가 정책의 성격을 가지고 있으며, 더불어 남북관계 발전이라는 민족적 소망을 담보해낼 수 있는 의미 있는 사업이었다. 또한 통일이후의 상황을 고려하여 장기적인 시각으로 바라볼 필요도 있었다. 물론 이런 사업이 기업의 이미지에 유리하게 작용할 것, 그리고 정부가 추진하는 남북관계 개선에 협력함으로써 얻을 수 있는 정부의 공로인정 등 다양한 부수적 이익 역시 고려되었을 것이다.

현대아산의 금강산관광 사업은 관광에 필요한 시설을 건설하는 것으로 시작을 했다. 관광객을 유치하기에는 금강산 지역의 기반시설이 부족했기 때문이다. 현대아산은 해로(海路)관광을 위해 7,200만 달러를 들여 금강산 장전항 전용부두를 준공하였다. 이 뿐만 아니라 추후에 해로관광 외에, 육로관광이 가능토록 금강산 지역의 도로포장 공사에 착수했고, 금강산 호텔 및 외금강 호텔 신축 공사 등 금강산 지역의 숙박시설에도 투자를 아끼지 않았다. 1998년 11월 금강산 관광선 '금강호'가 처음으로 출항을 하며 금강산 관광이 본격적으로 시작되었고, 2003년에는 금강산 육로관광이 개시되었다. 2005년까지 금강산 지역 온천장, 문화회관, 해금강호텔, 해수욕장, 부대시설 및 안내시설 확충 등 약 1억 2,600만 달러의 대규모 시설 투자가 행해짐에 따라 금강산은 더욱더 관광지로서 활기를 띠게 되었고, 2007년에는 관광의 허용 지역이 내금강으로 확대되었다. 금강산 관광객 수는 1999년 약 15만 명이었던 것이 2007년에는 약 34만 명까지 증가하였으며, 10년간 누적관광객수는 193만 명에 이르렀다.

하지만 금강산 관광의 실질적인 수익성에 대해서는 앞에서도 우려했듯이 부족함이 많았다. 관광객 수는 증가하는 추세였으나 현대아산이 기존에 예상했던 수보다는 여전히 적었고, 금강산 관광 초기의 개발비용과 북한에 지불해야하는 관광대가는 지속적인 수익성의 악화를 초래했다. 현대아산은 금강산 관광과 관련하여 막대한 적자를 기록하였고, 2000년도에 이르자 초기 4,500억 원에 이르는 자본금은 잠식되어 버렸으며, 북한에 매월 지불해야하는 1,200만 달러의 관광

〈표 2-2〉 남북 관광협력사업 현황: 금강산 관광객 현황

(단위: 명)

	'98-'99	2000	2001	2002	2003	2004	2005	2006	2007	2008	2009	계
해로	158,628	213,009	57,879	84,727	39,902	449	-	-	-	-	-	552,998
육로	-	-	-	-	34,432	267,971	298,247	234,446	345,006	199,966	-	1,381,664
합계	158,628	213,009	57,879	84,727	74,334	268,420	298,247	234,446	345,006	199,966	-	1,934,662

자료: 통일부 통계자료 남북교류협력 분야, 2010.

대가를 주지 못하는 사태도 발생했다. 2002년까지 현대아산은 7,600억 원이 넘는 적자를 시현했으며, 정부의 적극적인 지원 없이는 더 이상 사업을 진행할 수 없는 상황에 처하게 되었다.

2001년 현대아산과 북한과의 합의하에, 한국관광공사가 금강산관광사업에 참가하여 현대아산측이 밀린 관광대가 비용 2,200만 달러를 대납해줌으로써 금강산관광사업이 지속될 수 있었다. 전술하였듯이, 금강산관광사업은 국가 간의 관계에 의해 직접적으로 영향을 받는 정책적, 지원적 관광이다. 김대중 정부의 100대 과제 세부추진 사항에도 이 사업이 명시되어 있으며, 통일부가 담당하고 있던 업무의 영역과도 교집합이 존재하고 있었고, 민자 기업이 담당하고는 있지만 사실상 국가 정책적 성격을 띠는 사업이었다. 필연적으로 정부의 지원이 예상되었다. 한국관광공사는 현대아산의 경영악화를 해결하기 위해 남북협력기금을 활용하여 450억 원 규모의 대출을 해주고, 금강산관광사업에 844억 원을 투자하는 등 현대아산에 적극적으로 협력하였다. 한국관광공사 외에도 통일부 또한 나서서 금강산 관광객 수를 늘리기 위해 선생님과 학생(초, 중, 고, 대)들을 대상으로 2002년부터 관광경비를 지원하기로 결정하였다. 정부의 전폭적인 지원 하에 금강산 관광은 조금씩 활기를 보였고, 현대아산은 2005년 처음으로 50억에 이르는 흑자를 기록했다.

하지만 2008년을 기점으로 금강산 관광은 상황이 급변한다. 정권이 민주정부에서 보수정당으로 교체되면서 정부의 대북관(對北觀)에도 변화가 생겼으며, 결정적으로 금강산 관광객 피격사건이 발생하여 관광객이 사망함으로 인해 금강산 관광은 중단되기에 이른다. 이 사건을 계기로 남북관계는 급속도로 경색되었고 현대아산은 금강산 관광 중단으로 인한 영업적자를 떠안게 되었다. 더불어 북한

이 일방적으로 12.01 조치를 통보하고 남북의 육로 통행을 제한해 버리면서 금강산 관광의 정상적 운영은 더 어려워졌다. 비록 이 조치는 다음해인 2009년에 해제되지만, 2010년 '천안함' 폭침사건이 발생하고, 이로 인해 대한민국 정부의 '5.24 대북 제재조치'가 선포되면서 남북관계는 걷잡을 수 없이 경색되었다. '5.24 조치'는 남북교역 중단, 대북 지원 사업 보류 등의 내용을 담고 있지만, 개성공단과 금강산의 방북은 허가하는 등, 금강산 관광의 재개에 실낱같은 희망을 남겨놓았으나 현실적 여건은 여의치 않았다. 이후로도 북한의 연평도 포격사건, 북핵 추가 실험 등 남북관계는 나날이 험악해졌는바, 급기야 2011년 4월 북한이 '금강산국제관광특구법'을 발표하며 한국의 금강산 관광을 제한하고, 현대아산의 금강산관광사업의 독점권을 취소, 자산을 몰수함에 따라 사실상 현대아산의 금강산 사업은 종료되었다. 게다가 북한과의 합작 사업을 금지하는 내용이 포함되어 있어 있는 UN안보리의 대북제재 결의안이 발효되어 남·북 정부 간의 규제뿐만 아니라 전 세계적 전방위 규제가 북한에 행해졌다. 사업의 강제적인 종료로 현대아산은 천문학적인 매출손실을 입게 되었고, 정부가 남북 경제협력을 하는 기업에게 남북협력기금을 활용하여 낮은 금리로 차관을 제공하는 등 자금을 지원하였으나, 사업의 정상화가 이루어지기 전까지 현대아산의 부진은 지속될 전망이다.

그나마 희망적인 소식은 촛불혁명으로 탄생한 문재인 정부 출범이후, 최근 남북한 양국 정상이 만나 회담을 하고, 북핵 폐기와 남북관계 개선을 골자로 하는 판문점 선언이 발표되는 등, 이를 계기로 남북한 간에 급격한 해빙무드와 평화 분위기가 조성되고 있음은 물론, 금강산 관광과 개성공단을 비롯하여 기 중단되었던 남북협력 사업이 재개될 수 있을 것이란 전망이 나타나고 있다.

질문

1. 근본적으로 남북한 간 교류협력과 투자가 국제경영의 영역에 해당하는지 답변해 보시오.
2. 해외직접투자에 대한 정부의 영향력을 설명하고, 정부는 어떠한 방법을 통해 영향력을 행사하는지 의견을 피력하시오.

3. 남북한 간 교류협력과 투자가 한반도 평화에 기여하는지, 그리고 미래 어느 시점에 반드시 우리 역사에 있게 될 통일에는 어떠한 긍정적인 효과를 불러올 수 있는지 여러분의 생각을 밝히시오.

사례 2-3 베트남 시장에서의 대광마이카 사례:
예견치 못했던 일이…대광마이카, 이를 어쩌나?

1. 베트남 시장 소개

중국의 인건비 상승으로 인한 해외진출 대안, 한국의 1.8배에 이르는 많은 인구와 잠재력이 무궁무진한 국가, 평균연령 28세 정도의 젊은 국가, 최근 계속되었던 세계 경제 침체에도 불구하고 연평균 5.9%의 높은 경제성장률을 유지하는 나라, 이는 모두 한 국가에 대한 설명이다. 그 나라는 어디일까? 바로 인도차이나 반도 동쪽에 위치하고 있으며, 포스트 브릭스 시장(Post BRICs)이라고 불리는 베트남이다. 세계 여러 다국적기업들이 욕심내는 이 시장에 우리나라 기업들도 발 빠른 투자행보를 보이고 있다(<표 2-3> 참조).

〈표 2-3〉 베트남 외국인 직접투자 순위 및 규모

순위	국가	투자건수	투자금액	
			(백만USD)	비중(%)
1	한국	4,970	45,191	16.03%
2	일본	2,914	38,974	13.83%
3	싱가포르	1,544	35,149	12.47%
4	타이완	2,478	30,997	11.00%
5	영국령버진아일랜드	623	19,275	6.84%
6	홍콩	975	15,547	5.52%
7	말레이시아	523	13,420	4.76%

자료: General Statistics Office of Vietnam, 2016.

베트남 시장이 높게 평가받는 이유는 크게 세 가지로 볼 수 있다. 첫째, GDP 대비 높은 구매력과 값싼 노동력, 해외 기업에 대한 우호적 태도를 언급하고자 한다. 먼저 베트남은 저축하기 위해 돈을 버는 국가라기보다는 소비하는 문화가 발달한 국가이다. 비록 1인당 평균 소득은 2,000 달러 수준에 그치지만, 벌어들이는 소득의 약 80% 이상을 지출에 사용할 만큼 구매력이 소득에 대비하여 굉장히 높다고 할 수 있다.

둘째, 노동력이 저렴하다고 인식되는 중국대비 3분의 1 수준의 값싼 임금 수준이 투자에 있어서의 장점이다. 따라서 노동집약적인 제조업이 활성화되고 있고, 이로 인해 베트남 근로자의 약 50% 가량이 제2차 산업에 종사하고 있다.

셋째, 해외 기업에 대한 우호적인 태도를 들 수 있다. 우리나라의 1960~70년대 경제수준과 인프라를 보유하고 있는 베트남은, 경제를 신장시키고, 또 발전을 가속하기 위하여 '환태평양 경제 동반자 협정(TPP)' 등에 가입하고 있으며, 외국인 직접투자에 대해 호혜적인 정부 태도를 보이고 있는 등, 다국적기업에 대한 우호적인 모습을 취하여 우리나라뿐만 아니라 많은 국가의 투자처로 각광받고 있다.

외국인 직접투자에 대해 개방적인 모습을 보인다고 해서 베트남 진출 시 감수해야 할 위험요소가 없는 것은 아니다. 이와 관련하여, 고려해야 할 문제들이 있겠지만, 그 중 제일 먼저 언급이 필요하다고 여겨지는 두 가지는 상대적인 고급 노동력의 부족과 법률의 잦은 제정 및 개정을 들 수 있다.

베트남은 평균 의무교육기간이 10살까지로, 비교적 교육수준이 낮지만, 국제학업 성취도 평가에서 보이는 우수한 수학, 과학 등의 성적에서 알 수 있듯이, 학구열이 대단히 높은 국가이다. 그럼에도 불구하고, 그 열의를 채워줄 교육 전문 인프라가 부족한 것이 현실이다. 또한 베트남의 법률은 명확한 체계가 잡혀있지 않고 법령의 표현이 애매하게 되어 있는 바, 담당자에 따라서 관계법령이 제각각 탄력적으로 해석되는 경향이 있다. 심지어 공무원의 성향에 따라 똑같은 법령에 근거하여 문제가 해결되기도, 더 확대되기도 한다. 따라서 진취적인 성향의 공무원은 통과시켜줄 일을 보수적인 사람은 후일의 문책이 두려워 부정적인 대답을 내놓곤 한다. 이로 인해 담당자내지 담당 공무원의 '커미션'(법규를 해석해주기 나름이므로 기업에게 유리하게 해석해주는 대가로 돈을 요구함)을 요구받기도 하고, 투자규모가 클수록 이러한 검은 돈의 크기도 증가하는 단점이 있다.

이렇듯 베트남은 과거 우리의 경제발전 단계가 낮았을 때처럼, 산업·교육 및 법률적인 기반 인프라가 미약하고, 해외에 대한 의존도가 다소 높은 편이다. 이러한 문제들 때문에 어려움을 겪었던 기업이 있었으니, 우리는 지금부터 그와 관련된 '대광마이카'라는 기업사례를 살펴보고자 한다. 대광마이카는 1993년 베트남 시장에 진출해 20여 년 동안 사업을 영위해오다 최근 베트남 정부의 법률 개정으로 시장철수 위기에 직면한 섬유 제조 기업이다. 그 구체적인 내용은 아래와 같다.

2. 대광마이카 소개 및 진출 당시 상황

대광마이카(Dae Kwang Maika Co. Ltd)는 1993년 중국에서 섬유공장을 운영하던 김흥수 대표가 중국 사업을 철수하면서 새로운 해외시장으로 눈길을 돌리다 1992년 한·베트남 수교를 계기로 호치민 시에 진출한 한국 기업이다. 20여 년 간의 꾸준한 투자와 분석, 노조와의 관계 개선 등을 통하여 2018년 현재, 2개 공장, 2,000명의 직원을 고용하여 가방, 신발, 의류 등 섬유 관련 제품을 제조하고 있으며, 연간 5,000~6,000만 달러의 수익을 올리고 있다. 또한 베트남 섬유시장의 개척 선구자임과 그 공로를 인정받아, 베트남 중·남부 한인 상공인 연합회(호치민 코참)의 회장직을 역임하고 있다. 김흥수 대표는 '비즈니스 매거진'이라

그림 2-1 베트남의 산업구조 변화

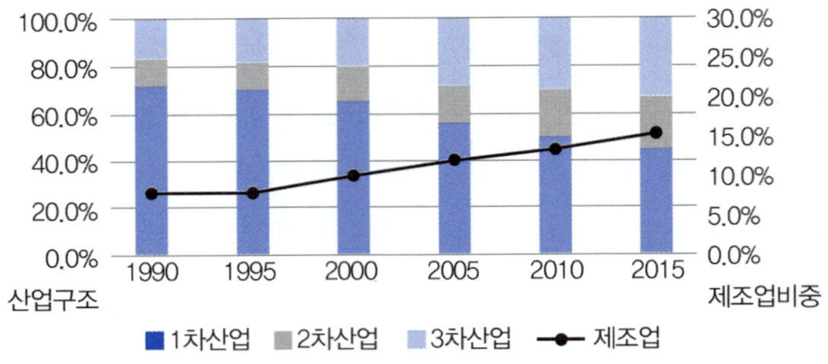

자료: 통계청, 경제활동인구조사; General Statistics Office of Vietnam.

는 잡지와의 인터뷰에서, 베트남 시장에서 거둘 수 있었던 자신의 성공원인에 대해, "… 직원식당에서 중식, 석식을 제공하다가 아예 아침까지 제공했다… 그렇게 몇 년이 흐르니 직원들의 '로열티'가 생겨나고 나를 '파파(아버지)'라고 부르기 시작하더라. 사실 베트남에서 노사분규가 적지 않다. 많은 한국, 대만 기업이 노사분규로 어려움을 겪었는데 나는 노사분규를 경험하지 않았다. 직원들과 오랜 시간 신뢰관계를 쌓았더니 직원들이 "파파랑 대화하면 되는데 왜 파업을 하느냐"고 오히려 근처 공장직원들에게 되묻는다더라… 그 같은 신뢰관계가 2,100명이 넘는 직원들을 이끄는 데 큰 자산이 되었다."

하지만 이러한 대광마이카라고 해서 진출 초기 어려움을 겪지 않았던 것은 아니었다. 수교 직후, 베트남은 미(未)발전 시장이라 그 만큼 공장 설비나 인프라가 열악했다. 일례로, 베트남은 전통적으로 음식료나 섬유, 목재 등과 같은 경공업 비중이 높았음에도, 1990년대 초까지만 해도 관련 산업의 기반시설이 지금(2010년대 후반)의 절반에도 미치지 못하고 있었다. [그림 2-1]은 간접적으로 이를 설명해 주고 있다.

위의 그림은 1990년대의 제조업 상황과, 2015년까지의 그 추세를 알 수 있는 그래프이다. 상기 그림에 의하면, 최근 제조업 관련 기업의 수(數)가 대략 베트남 전체의 15.7% 정도를 차지고 있는 반면, 이 기업들에 종사하고 있는 종업원 수는 베트남 전체 인구의 약 절반인 47.6%를 기록하고 있다. 하지만 1990년대로 거슬러 올라가면, 제조업 비중이 현저히 낮았음을 확인할 수가 있다. 이러한 시기에 대광마이카는 선제적으로 베트남 시장에 진출했던 것이다.

또 다른 어려움은 외국인 투자 유치와 관련된 법률과 제도정비가 이루어지지 않았다는데 있었다. 물론 베트남은 당시에도 기업의 투자를 장려하기 위해 신속한 법인 설립과 건축 인허가 소요시간의 단축을 위해 노력하긴 했으나, 그럼에도 해외에서 유입되는 투자와 투자기업에 대한 전반적 개념인식이 부족하였고, 토지 소유 자체가 불법이었다(현재 베트남 내 외국인과 외국인 투자기업은 국가로부터 직접 토지를 임차 또는 할당받아 토지사용권을 취득하거나, 공단 개발업자 등과 같이 예외적으로 외국인 투자기업에게 토지 전대가 허용된 임대인으로부터 토지를 전대 받아 토지사용권을 취득하는 것은 가능하다. 베트남 내에 합작기업을 설립하는 경우 합작기업의 현지 파트너사가 토지사용권을 합작기업에 현물출자하여 해당 합작기업을 통해 토지사용권을 취득하는 것도 가능하다). 즉, 외국인의 투자는 환영하는 반면, 아직 외국인을 받아들일 준비는 미처 해놓지 못했던 셈이다. 결국 당시 김흥수 대표는 베트남 지인의 이름을 빌려 투자함으로써 겨우 토지 및 자본 문제를 해결하였다.

3. 대광마이카에 찾아온 위기

하지만 외국인의 토지소유 제한으로 인해 타인의 명의를 빌려서 토지계약을 한 것이 부메랑이 되어 위기를 초래하게 되었다. 앞서 언급했듯이, 베트남 정부는 경제성장을 시현하기 위해 외국인 투자 및 그들에 의한 자본유입에 대해 날로 관심을 높여가고 있고, 최근에는 제2의 도이머이를 표방하며 해외 기업을 유치하기 위해 그들에게 유리하도록 법률을 개정하고 있다. 그 한 예를 들면, 베트남 정부는 2014년 외국인의 직접투자를 촉진시키기 위해 외국인 주택 소유를 허용하고, 법인세를 인하하였으며, 혜택 대상 외국 기업을 확대함은 물론, 기업 설립 절차를 보다 간소화하고, 자국과 외국인 기업 간 불평등을 해소하는 법령을 개정하였다.

다수의 다국적기업들이 동 법령개정을 통해 이익을 보게 될 것으로 여겨졌으나, 이는 신규 진출 기업에만 해당될 뿐, 기존에 사업을 영위하고 있던 대광마이

〈표 2-4〉 주요 해외 기업 관련 법령 개정 및 개정 내용, 효력 시점

개정법률	주요 개정 내용	효력 시점
투자법	외국 투자자 정의 재정립, 직/간접투자 구분	2015년 7월
기업법	기업 설립 절차 간소화, 국내/외 기업 불평등 해소	2015년 7월
부동산 경영법	외국인 참여, 활동범위 확대, 부동산거래소 운영 폐지	2015년 7월
토지법	외국인 투자 사업시 토지사용 방법, 정부 관리 규정	2014년 7월
법인세법	시기별 법인세 인하안 및 혜택 대상	2014년 1월

자료: 초이스 경제, 2015. 12. 17일자

카와 같은 기업들은 오히려 울상을 짓게 되었다. 이미 앞서 설명하였듯이, 대광마이카는 1993년 베트남 진출 당시 외국인의 토지 소유가 완전히 불가능함에 따라, 베트남 현지 지인 중 한 명의 명의를 빌려 비합법적으로 토지매매를 진행한 바 있다. 김흥수 대표는 베트남 인으로부터 명의를 빌려 계약서를 체결하는 대신, 법률상 계약자에게는 차명거래의 대가를 지불해주는 방법을 사용하되, 동 계약을 꾸준히 갱신해나가며 계속 사업을 영위해 나가던 중, 2014년 7월부터 외국인의 토지 소유가 가능해진다는 기사를 접하게 되었다. 그러다 2013년 계약이 만료되었고, 토지 소유가 가능한 2014년 7월까지는 적어도 계약을 변경해야 했다. 그래서 이를 해결하고자 김흥수 대표는 베트남 현지인 명의자를 찾아갔으나, 명의자는 자녀에게 모든 토지 소유권을 이미 양도한 상태였고, 자녀들은 토지의 소유권을 주장하며 공장이 있는 토지의 계약을 연장해주지 않고 법적 분쟁으로 끌고 갔다. 당시 베트남 법원은 계약의 불법성을 근거로 베트남 현지인(즉, 자녀들)의 손을 들어주었고, 김흥수 대표는 남의 토지에 공장을 설립하였으므로 토지 주인이 동의하지 않는 한 공장을 철수해야 하는 위기에 처하게 되었던 것이다.

질문

1. 해외시장에서, 현지 직원들과의 소통이 생산성 향상에 얼마나 기여할 것으로 여겨지는지 견해를 밝히시오.
2. 개발도상국에서는 법령에 의한 근거가 담당 공무원의 해석에 따라 달라질 수 있는바, 기업에게 우호적인 해석을 하는 대가로 흔히 뇌물을 요구받는 경우가 있을

수 있다. 이 상황에서 맞닥뜨려진 문제를 해결하기 위해 요구받은 커미션을 지불하는 게 맞는가? 아니면, 올바르지 못한 행위이므로 요청을 무시하는 정도경영을 추구하는 게 맞는가? 당신이라면 어떻게 할 것이며, 그 이유는 무엇인가?

3. 해외직접투자를 행함에 있어서 현지국 진출을 결정하기에 앞서서 그 국가의 법률 시스템을 제대로 이해하는 것이 대단히 중요하다. 상기 대광마이카 사례에 비추어 이것이 왜 중요한지 설명하시오.

사례 2-4 인도시장에서의 포스코 사례: 인도에서 본 신기루

포스코는 1968년 4월 1일 포항종합제철주식회사란 이름으로 설립되어 2000년에 민영화된 국내 철강기업으로, 현재 조강기준 연산 4,100만 톤 규모의 세계 4위 생산능력을 갖추었다. 정부의 적극적인 지원 아래, 건설, 조선, 자동차, 기계 등 철강 다소비 산업을 대상으로 안정적인 철강재 공급을 담당하며 지속적으로 제철 설비능력 확장을 도모함으로써 세계 속의 기업으로 부상하였다. 이후 국내 철강 수요가 인당 1톤에 이르러 성숙기에 다다름에 따라, 미래 성장을 위하여 글로벌화 전략을 채택하였으며, 외환위기 이후 공격적인 해외투자를 감행하였다. 이의 일환으로 2005년 인도에 최종 생산규모 1,200만 톤의 일관제철소를 건설하는 해외직접투자를 진행하였다.

1. 글로벌화 전략의 필요성

포스코의 글로벌화 전략은 다음과 같은 국내, 국제 환경의 변화로 인해서 촉발되었다고 볼 수 있다. 첫째로, 1990년대 중반부터 글로벌 시장에서 진행된 대규모 인수합병 추세를 고려할 필요가 있다. 즉, 철강산업에서 원가의 절반은 원료비가 차지하는 특성상 원자재 구매에서 유리한 고지를 점하고 규모의 경제에 있어서 경쟁우위를 확보하기 위해 세계 철강업체는 경쟁적으로 인수합병에 참여하였다. 그러한 일례로, 2002년 룩셈부르크, 프랑스, 스페인 등의 유럽 철강회사들이 합병해 세계 1위의 아르셀로(4,690만t)를 만들었고, 같은 해 일본에서는 JEF스틸이라는 세계 4위의 철강회사(3,113만t)를 탄생시켰다. 또한 미탈스틸은 1989년 트리니다드토바고의 철강회사 인수를 시작으로 캐나다 스텔코, 우크라이나 크리보리스틸, 중국 후난발린스틸 등을 포함, 미국 철강기업 인터내셔널스틸그룹(ISG)을 인수하면서 연간 5,000만t을 생산하는 세계 1위 다국적 철강기업으로 우뚝 올라섰다. 이러한 이유로 2001년 세계 1위의 조강생산량을 기록하던 포스코는 2004년 세계 5위로 순위가 하락하게 되었다.

두 번째 환경변화는 중국 철강산업의 성장으로, 이로 인해 저가제품에 대한 경쟁은 치열해지는 반면에, 철강생산량이 급격히 증가함에 따라 원자재 가격이 급격히 상승하였다. 1995년 9,540만 톤이었던 중국의 철강생산량은 2005년 3억 4,940만 톤으로 크게 확대되면서 세계 철강생산에서 중국이 차지하는 비율이 15%에서 31%로 대폭 상승하였다. 이에 따라 철강산업은 공급과잉 시장으로 전환되었고, 원재료 가격은 철광석과 원탄 각각 72%와 120%씩 각각 증가하였다.

세 번째는 국내 환경의 변화이다. 국내 총생산에서 제조업 비중이 감소하고 1인당 철강 소비량이 1톤으로 세계 최고수준에 도달하면서 철강산업 성장률이 급격히 둔화하였다. 또한 현대제철과 동부제철 간 경쟁으로 인하여 국내 철강산업에서도 공급과잉 현상이 발생하면서 더 이상 국내 시장만으로는 성장을 지속하기 힘든 상황에 이르렀다.

2. 인도시장 진입 배경

이러한 국내·외적 상황에서 포스코의 인도 진출은 규모의 경제 달성, 원재료 수급 안정화라는 목표를 달성하는 계기가 될 수 있었을 뿐만 아니라 12억이라는 인구를 가진 성장잠재력이 풍부한 새로운 시장에 진출한다는 점에서 강력하게 추진되었다.

인도는 세계 6위의 철광석 보유 국가이며, 그중에서도 오리사 주는 인도 철광석의 25%가 매장되어 있는, 세계적인 규모의 철광석 광산이 위치한 지방이다. 따라서 포스코는 이곳에 직접투자를 행함으로써 철광석의 안정적인 수급을 꾀하고자 하였다. 더불어 일관제철소 특성상 생산규모가 1천만 톤 이상은 되어야 경제성을 확보할 수 있는데, 인도에 1,200만 톤 규모의 제철소를 지으며 규모와 생산성에서의 경쟁력 확보를 도모하였다. 특히 포스코가 인도에 진출한 배경과 관련하여, 전술했듯이 국내 1인당 철강 소비량은 1톤에 가까웠던 데에 비해, 인도는 1인당 47kg에 불과했으나, 급격한 경제성장률을 고려해보았을 때 매우 매력적인 잠재적 시장이었다.

3. 인도 진출 과정

이러한 진출요인을 등에 업고 포스코는 2005년 6월 인도 오리사 주 정부와 제철소 부지, 6억 톤의 철광석 채굴권, 전용항만 제공 등의 내용이 담긴 양해각서(MOU)를 체결했다. 앞서 언급했듯이, 양해각서에는 120억 달러(13조6,000억원)를 투자해 연산 1,200만 톤 규모의 일관제철소를 설립한다는 계획이 담겼다. 하지만, 양해각서 체결 이후 곧바로 공장 부지로 선정된 지역 부근에서는 이에 반대하는 시위가 시작되었다. 당시 인도 환경부 라자(A. Raja) 장관은 민간 포트에 대한 환경승인을 허가하였고, 같은 해 인도 환경부와 만모한 싱 총리는 제철소 건설을 위한 환경승인을 허가하였던 바 있다. 그러나 3년이 흐른 2010년, 삼림지 승인은 반대 세력의 항의로 인해 유보되었고, 후임 환경부 장관인 미나 굽

타 산하의 위원회는 모든 허가를 재고한다는 결정을 내렸다. 이어서 미나 굽타 위원회 조사단은 인도 환경부 산하 미나 굽타 위원회 조사단이 내놓은 '다수보고서(Majority Report)'를 확인한 결과, 오리사 주 정부가 포스코 프로젝트 추진 과정에서 공문서 날조 등의 방법으로 삼림주민보호법(FRA)을 위반한 것으로 확인하고, 준수 보장을 위해 사업을 추가적으로 지연시키기로 하였다.2) 이후 2012년 국가 녹색 재판소(NGT)에 의하여 환경승인은 철회되었으며, 주 정부가 포스코 인도법인에게 토지 세금과 삼림 전용비용 등 8억2,000만 루피(142억 원)를 지급하라고 요청하자 2017년 3월 포스코는 오리사 주 정부에게 제철소 부지에 대한 반환 의사를 밝히며 사실상 철수 수순을 밟고 있다.

2) 포스코 제철소 공장은 오리사주 동부지역에 건설될 예정이었던 바, 4,000에이커(약 490만평) 이상에 달하는 전체 면적의 75% 이상은 삼림지역으로 비록 지하자원은 풍부하지만 빈곤층이 대다수였다. 이에 포스코의 제철소 건설에 반대하는 인도인들은 "제철소 공장 설립 용지로 제안된 삼림지역에는 적어도 약 3,578 가구가 거주하고, 제철소 건설을 위한 강제이주로 인해 주민들의 생계가 어려워질 것이다"고 주장하였다.

질문

1. 포스코의 실패원인을 분석하시오.
2. 상기 지적한 실패원인을 인도의 정치시스템과 연관지어 구체적으로 설명하시오.
3. 포스코는 단독투자를 통해 인도시장에 진출하려고 했던바, 당시 바람직했던 진입전략에 대한 여러분의 견해를 밝히시오.

토의자료 2-1

"라이선스 방식 국제화로 개성공단 정치리스크 해소해야"

'판문점 선언'으로 재개 가능성이 커진 개성공단이 폐쇄라는 전철을 밟지 않기 위해선 글로벌 브랜드의 라이선스를 획득한 우리 기업이 개성공단에 진출해야 한다는 주장이 제기됐다.

1일 국회 입법조사처가 발간한 '입법과 정책' 제10권 1호의 '개성공단의 정치적 위험관리 연구'에 따르면 개성공단의 폐쇄 위험성을 낮추는 방안은 크게 3가지로 요약된다. △글로벌 라이선스 체결 기업의 개성공단 입주 △남한에 쌍둥이 공단을 신설하는 트윈픽스(twin peaks) 모델 도입 △미국·중국 등이 포함된 다자간 이익균형에 대한 편승 등이다.

해외기업과 라이선스 계약을 체결한 국내 기업이 개성공단에 진출하는 방식은 어느 한 쪽의 독단적인 폐쇄조치를 막을 대안이라는 설명이다. 라이선스 계약은 인지도 있는 회사의 등록상표, 브랜드, 디자인, 생산 등을 보유한 회사가 제3자에게 이런 권한을 사용하도록 하는 것이다.

이를 테면 미국 맥도날드와 라이선스 계약을 체결한 국내 기업이 개성공단에 '맥도날드 평양지점'을 개설하는 식이다. 이런 방식이면 LG생활건강이 90% 지분을 보유하고 있는 코카콜라 음료도 개성공단에 진출해 북한 내 판매망을 넓히는 전초기지로 삼을 수 있다.

대북제재 조치 이전부터 '고위험'을 이유로 입주를 꺼리는 해외기업에 물리적 손실이 적은 구조를 마련해 입주를 유도하면서 북한사회의 국제화를 이끌 수 있는 방안으로 지목된다. 개성공단 입주기업도 이 같은 라이선스 방식이 개성공단 위험관리의 보완책이 될 수 있다는 반응이다. 김서진 개성공단기업협회 비상대책위원회 상무는 "맥도날드 평양지점 생기면 그 자체로 큰 뉴스"라며 "만약 (정치적인 이유로) 폐쇄되면 폐쇄조치를 내린 주체에 상당한 부담이 될 것"이라고 내다봤다.

그러면서 "국제제재 조치로 외국기업의 북한 내 직접 투자나 참여는 어려운 상황"이라며 "해외 브랜드 라이선스를 취득한 국내 기업의 자회사 형태로 입주는 가능하다"고 유권해석을 내렸다.

(자료: 머니투데이, 2018년 5월 1일자)

토의자료 2-2

"대북투자기업 보호할 보험제도 정비를"

남북 경제협력에 대한 관심이 커지면서 금융 분야에서도 관련 논의가 활발해지고 있다. 특히 보험 분야에서는 북한에 투자하는 개성공단 입주기업 등의 위험을 덜어줄 수 있는 보험 상품 정비가 필요하다는 지적이 제기됐다. 2000년대 초 개성공단 출범 당시 남북경협 관련 보험으로 경협보험, 교역보험과 같은 상품이 개발된 상태지만 피해 보상 등 한계가 뚜렷하다.

보험연구원은 9일 '남북경제협력 관련 보험제도 개선과제' 리포트에서 기존 경제협력사업보험(경협보험)과 교역보험의 문제점을 제시했다. 분석 결과에 따르면 △리스크 관리 △공단 사업 재개 후 보험금 반환하는 구조 △실질적인 손실 보장 한계 △낮은 보험요율 등이 개선사항으로 지적됐다.

경협보험은 지난 2004년 남북 경협합의서 발효 후 민간경협 활성화와 남북 간 거래안정성 확보를 위해 도입됐다. 북한 교역 및 경제분야 협력사업 추진 과정에서 경영 외적인 이유로 인해 발생할 수 있는 남측 기업 손실을 보장하기 위해 남북협력기금 지원 제도로 운영된다.

경협보험은 남한 기업이 북한 지역에 투자한 상황에서 북한당국 수용·송금제한, 당국간 합의 파기 등으로 영업 불능이나 사업 중단에 빠질 경우 손실을 보상받을 수 있다. 북측기업과 교역을 하는 기업 리스크를 덜어주는 교역보험도 있다.

최근 경협 기대감이 다시 높아지면서 불안정한 기업경영 환경을 담보할 수 있는 제도적 장치필요성도 함께 커지고 있다. 보험연구원은 "개성공단과 같은 경제특구가 추가돼 국내외 기업이 원활하게 진출하기 위해서는 경협 및 교역보험제도의 획기적인 개선이 필요하다"고 지적했다.

해결할 문제는 많다. 개성공단 입주기업들은 재물보험, 배상책임보험 등을 북한보험회사에 가입해야 한다. 한국의 보험회사가 아니니 불편함이 따른다.

기존 경협보험은 북한의 갑작스런 위험으로 인한 투자손실만 보상한다는 점도 문제점이다. 개성공단 시설을 중단했다가 재가동할 경우 기업들은 받은 보험금을 다시 반환해야 한다. 사실상 영업활동 정지로 인한 피해 보상은 전무하다.

개성공단기업협회는 2016년 개성공단 폐쇄 조치 후 1년여 동안 입은 총 손실액을 1조 5000억 원으로 추산했다. 이중 가동중단으로 인한 영업손실이 총 손실액의 21%인 3147억 원에 달한다고 밝혔다.

경협보험의 보상 한도도 개선이 필요한 것으로 나타났다. 도입 이후 보상한도를 한차례 확대했지만 여전히 실질적인 손실을 보장하는 데 한계를 보이고 있다는 평가다. 지난 2016년 개성공단 폐쇄 후 공단 내 입주했던 104개 기업에 지급된 보험금은 총 2945억 원이었다. 기업당 28억3000만원 수준이었다. 경협보험 가입 기업 110개중 약 10개사는 손실 규모가 보험한도를 초과한 것으로 나타났다.

경협보험과 교역보험의 보험요율이 각 0.5~0.8%, 0.3~1%로 해외 정치위험을 담보하는 상품 요율과 비교해 상대적으로 낮은 수준인 점도 문제로 지적됐다. 국제투자보증기구 정치적 위험보험의 경우 최고 연 1.5%의 요율을 징수하고 있다.

보험연구원은 산적한 문제점을 해결하기 위해 경협참여 민간기업의 목소리를 최대한 반영해 담보범위 확대, 보상한도 증액, 적정 보험요율과 위험관리 체계에 대한 검토가 필요하다고 대안을 제시했다. 여기에 북측 보험회사 이익을 고려하면서 남측 기업의 보험가입 선택권 보장, 신상품 개발과 같은 원활한 보험업무 수행을 위해 환경 구축이 필요하다고 분석했다.

이를 위해 남북공동 합영보험회사 설립 검토, 경협 관련 보험 상품 운영에 국가재보험제도를 도입, 해외재보험 참여 유도 등 전향적 접근이 필요하다고 제시했다.

(자료: 시사저널e, 2018년 5월 9일자)

토의자료 2-3

해외진출 나서는 병원이 잊어선 안 될 7가지

정부가 의료 해외진출 및 외국인환자 유치 지원에 관한 법률(의료해외진출법)로 해외진출 의료기관을 대상으로 지원체계를 마련한데 이어, 최근에는 의료기관들이 반드시 점검해야 할 준비사항을 당부하고 나섰다.

한국보건산업진흥원은 지난 16일 보건복지부와 함께 발간한 '의료해외진출 종합안내서'를 통해 의료 해외진출 시 고려해야 할 7가지 사항을 당부했다.

진흥원이 밝힌 의료 해외진출 주요 고려사항은 △현지 의료시장분석 △수익창출 Biz-Model 구축 △해외진출 전문 인력 확보 △현지 파트너 확보 △투자자금 확보 △운영 및 마케팅의 현지화 △현지인력 채용 등이다.

특히 이질적인 의료문화와 현지 의사채용 문제, 현지 환자와의 괴리감, 각종 허가 문제 등을 고려하면 현지 파트너와의 합작투자방식으로 해외에 진출하는 것이 효과적이라고 조언했다. 다만 신뢰할 수 있는 파트너를 확보하는 것이 관건이라고 전제했다.

진흥원은 "다수의 해외진출 주체들이 현지 파트너와의 합작투자방식으로 해외진출을 시도하고 있다"면서 "파트너와의 관계를 명확히 하지 않으면 해외진출 사업이 중간되거나 지연되는 등의 장애가 발생할 위험이 존재한다"고 했다.

그러면서 "현지 파트너를 지나치게 의존하는 것보단 언제든지 현지 파트너가 교체될 수 있다는 것을 염두에 두고 파트너와의 관계를 설정해 장애발생 위험을 최소화해야 한다"고 했다.

법적·정치적 불확실성이 큰 국가일수록 합작투자 형태가 유리하다고도 했다.

진흥원은 "(현지파트너는) 병원운영 등 의료분야에서 사업 이력이 있거나 이력이 없어도 해당사업에 관심이 많고 투자할 자본금을 갖춘 법인이어야 한다"며 "후보군을 선정한 후 현지 법무법인이나 회계법인의 자문을 통해 점검해야 하고 파트너 선정 이후에도 지속적인 관리가 필요하다"고 했다.

또한 해외진출 의료기관이 현지에서 경쟁력을 갖기 위해선 철저한 현지화가 필요하다고 강조했다. 의료시설과 장비뿐만 아니라 현지 관습과 문화도 고려한 서비스가 필요하다는 것이다.

진흥원은 "우수한 의료시설과 이를 알릴 수 있는 홍보수단을 선별해 마케팅을 실시해야 한다"며 "현지 의료관계 법령을 사전에 조사하고 철저히 준수해 이로 인한 불이익을 받지 않도록 예방할 필요가 있다"고 했다.

이어 "현지 인력(고용)은 구축된 현지 네트워크를 바탕으로 신뢰할 수 있는 파트너를 찾는 데 유리할 수 있다"면서 "국내외 선진 의료법인의 인력구성을 참고해 조직구성의 원칙을 수립하고 직무를 세분화해 인력조직을 구성해야 한다. 우수인력 확보를 위해선 보상체계를 개선할 필요도 있다"고 덧붙였다.

(자료: 청년의사, 2017년 1월 18일자)

참고문헌

VOA, "금강산 개성관광 중단…현대아산 존폐 기로", 2008년 12월 12일자. [online]. Available at https://www.voakorea.com/a/a-35-2008-12-12-voa5-91343124/1317865.html [접속일: 2018년 7월 13일].

강영문(2006), 중국의 유통시장 개방정책과 한국기업의 대응전략, 통상정보연구 8(3): 277-297.

구양미(2017), 한국 기업의 베트남 투자와 베트남의 산업구조 및 지역 변화, 대한지리학회지 52(4): 435-455.

국민일보, "금강산 지원 배경, 파장 메아리 없는 北에 또", 2002년 3월 21일자.

김경기, 정혜련(2010), "중국탐방분석시리즈 ②: 중국 유통업종", 한화증권 산업분석.

김성수(2003), 금강산관광사업의 정책과정에 관한 연구, 중앙대학교 행정대학원 석사학위 청구논문.

김종선, 이춘근, 성지은, 손수정, 장용석(2010), 북한의 산업기술 발전경로와 수준 및 남북 산업연계 강화방안, 과학기술정책연구원 정책연구 2010-19.

김주한(2006), 철강산업의 인수합병 동향과 시사점. KIET 산업경제, 4, 14-25.

김태윤, 이재호, 정재완, 백유진, 강대창(2017), 베트남 및 인도네시아 진출 한국기업의 경영실태와 생산성 분석, KIEP 대외경제정책연구원 연구보고서, 11-22.

뉴스핌, 추적60분, 무너진 '베트남 드림'…한국기업들, 빈손으로 다시 돌아온 이유는?, 2015년 12월 16일자.

동아비즈니스리뷰, "삼시세끼 제공하고 정신교육까지… 직원들이 파파라 부르며 따랐죠.", 224호.

롯데쇼핑(2018), IR 보고서 및 재무제표 [online]. Available at http://www.lotteshoppingir.com/financial/financial_02_2017.jsp [접속일: 2018년 7월 13일].

매일경제신문, [초점] "포스코, 인도 진출의 배경과 의미", 2005년 6월 22일자.

매일경제신문, "대북관계 악화에 현대아산 어디로-적자 눈덩인데 대북사업 접지도 못하고…", 2016년 2월 22일자.

머니투데이, "라이선스 방식 국제화로 개성공단 정치리스크 해소해야", 2018년 5월 1일자.

박병일(2017), "글로벌경영 사례100", 시대가치.

서민교, 박병일(2013), "글로벌경영", 서울경제경영출판사.

시사저널e, "대북투자기업 보호할 보험제도 정비를", 2018년 5월 9일자, [online]. Available at http://www.sisajournal-e.com/biz/articlePrint/183766 [접속일: 2018년 7월 31일].

아시아경제, "中 사드 해빙 신호탄… 베이징 롯데마트 21곳 팔렸다", 2018년 4월 26일자.

오마이뉴스, "주정부 공문서 날조, 포스코 인도제철 신기루 되나", 2010년 11월 5일자. [online] Available at http://www.ohmynews.com/NWS_Web/view/at_pg.aspx?CNTN_CD=A0001473216 [접속일: 2018년 11월 14일].

정성태(2004), 금강산 관광사업 추진현황과 발전방안에 관한 연구, 건국대학교 석사학위 청구논문.

조선비즈, 포스코, 인도 제철소 부지 반환 의사 밝혀, 2017년 3월 19일자.

조용두, 김원중, 공문기, 최동용, 고준형(2007), 세계 철강경기 사이클의 특징과 전망, POSRI 경영연구 제7권 제1호.

청년의사, "해외진출 나서는 병원이 잊어선 안 될 7가지", 2017년 1월 18일자.
초이스경제, [방송가 경제 진단] "기회의 땅 베트남, 섣불리 투자했다간…", 2015년 12월 17일자.
코트라, 포스코 사례로 보는 인도의 어려운 사업 환경, 코트라 해외시장뉴스.
통일부(2010), 통계자료 남북교류협력 분야 [online]. Available at http://www.unikorea.go.kr/unikorea/ [접속일: 2018년 7월 13일].
통일부(2002), 북한정보 포털: '금강산국제관광특구' 관련 최고인민회의 상임위 정령 발표 [online]. Available at http://nkinfo.unikorea.go.kr/nkp/trend/viewIssue_m.do?diaryId=100176&issueMenuId=ISSUE_0009 [접속일: 2018년 7월 13일].
파이낸셜뉴스, "베트남 진출 법률 리스크 관리", 2017년 11월 29일자.
한겨레신문, "현대아산, 올해 금강산관광 수익 최대", 2005년 12월 26일자.
홍순직(2001), 개성공단 개발의 경제적 효과, 현대경제연구원 VIP Report.

03

문화적 차이

사례 3-1 **러시아 시장에서의 롯데백화점 사례**: 롯데백화점, '모스크바 얘기' 꺼리는 이유

사례 3-2 **미국 및 일본 시장에서의 보루네오가구 사례**: '가구업계의 토요타'를 꿈꾸던 보르네오가구, 왜 상장폐지되었나?

사례 3-3 **중국시장에서의 롯데리아 사례**: 롯데리아, "중국에선 맘대로 안 되네"

사례 3-1 러시아 시장에서의 롯데백화점 사례: 롯데백화점, '모스크바 얘기' 꺼리는 이유

롯데백화점(Lotte Department Store)은 대한민국의 최대 백화점 체인 중 한 곳이며, 아울렛을 포함하여 총 56개의 점포를 보유하고 있는 한국계 거대 소매기업이다. 본점은 1979년 10월 26일 개점하였고, 1981년에는 의류제조업, 1983년에는 동산·부동산 중개업을 사업군에 추가하였으며 점차적으로 지점수를 증가시켰다. 또한 1998년에는 킴스클럽 서현점, 인천 시티백화점을 인수하면서 몸집을 점차 키워갔고, 2005년에는 에비뉴엘을 개점하고 아울렛－영플라자뿐만 아니라 모스크바, 북경에도 해외지점을 확대하며 한국의 대표적인 백화점 브랜드로 평가를 받고 있다.

롯데백화점은 포화된 국내시장을 넘어 해외로의 진출을 모색하였다. 국내시장에서 성공을 거둔 노하우와 높은 인지도의 브랜드 파워를 무기로, 베트남을 비롯한 주요 신흥시장으로 그 첫 번째 발걸음을 내디뎠다. 2007년에 러시아 모스크바점을 시작으로 2008년 중국 베이징점, 2011년에 중국 텐진 1호점, 그리고

2012년에 텐진 2호점과 웨이하이점, 인도네시아 자카르타점, 2013년에는 중국 선양점, 베트남 하노이점을 출점했다. 이러한 진출의 배경으로는 우선 신 시장 개척의 필요성을 느꼈고, 해외 시장의 성장기회 요인을 포착하였으며, 특히 신흥 시장의 큰 잠재력을 높이 평가했다. 이들 시장은 특별경제구역으로 지정되고, 광역지역 인프라 개발이 활발하게 진행되고 있어서 국민소득이 새롭게 성장하고 있는 지역으로 평가받고 있다는 점에서 큰 성공가능성을 가지고 있다고 생각했고, 그 중에서도 러시아가 가장 진출하기에 적합하다고 판단, 우선 목표 시장으로 선정했다. 진출계획을 하던 당시 러시아는 중국, 인도와 더불어서 높은 성장률을 보이고 있던 해외투자 대상 국가였고, 2004년에만 7.3%를 시현할 정도로 매년 지속적인 성장을 거두고 있던 시장이었다. 또한 동 년에 소매업 투자매력도에서도 1위를 기록하였고, 이를 보고 롯데 측에서는 미래 유통업이 크게 성장할 수 있는 잠재력이 높은 시장이라고 판단했다. 또한 러시아의 경우에는 러시아 정부의 적극적 협조를 통해 모스크바 토지를 얻을 수 있었기 때문에 성장기회 요인을 더 용이하게 성취할 수 있었으며, 중국 역시 현지 기업이 합작기업 설립을 롯데 측에 제안함으로써 해외진출 기회를 비교적 쉽게 잡을 수 있었다.

또한 롯데백화점은 해외진출 모색 당시 2018년까지 전 세계 5위권 및 국내외 매출 25조 원을 달성함으로써 최고 수준의 백화점 반열에 오르고자 하는 야심찬 계획을 갖고 있었다. 국내 시장의 경쟁자라고 할 수 있는 신세계와의 경쟁에서의 우위를 점하고, 특히 이마트가 중국 진출을 통해 글로벌화에 박차를 가하는 것을 목격하자 이에 뒤처지지 않도록 발 빠르게 해외진출을 고려하였으며, 그 선택지로 러시아 진출을 결정했다.

롯데백화점은 러시아 시장에 진입하는 데 있어 3가지 전략을 가지고 있었다. 첫째, 국내에서 큰 성공을 거둔 만큼 국내에서의 성공전략을 기반으로 해서 기존 한국식 롯데백화점의 시스템을 그대로 현지에 적용하고자 했다. 시장이 다르다고 무분별한 변화를 주어서 혼란을 야기시키는 것보다는 기존의 성공전략이 타 시장에서도 유효할 것이라는 기대감을 가지고 있었던 것이다. 여기서 추구하고자 했던 한국식 시스템은 식품, 잡화, 의류, 가전 등 모든 유통라인을 한 번에 갖춘 형태를 일컫는다. 한마디로 백화점 안에서 생활 전반에 있어 필요한 모든 것을 구매할 수 있도록 능력을 갖추는 것이었다. 둘째, 백화점에서 제공하는 서비스를 보다 고급화시키는 전략이었다. 멤버십 제도, 주차 도우미, 안내 데스크 서비스 등 백화점을 이용하는 데 있어 부수적인 서비스들을 보다 고급화하여 백화점에서 쇼핑하는 소비자들이 보다 대우받는 느낌을 가질 수 있도록 하여 백화점에서 쇼핑을 하는 내내 소비행위를 하고 있는 소비자 자신에 대한 자부심을 느낄 수 있도록 하는 전략을 내세웠다. 마지막으로는, 고객 밀착형 마케팅과 서비스를 하고자 했다. 위의 두 번째 이유의 연장선상으로 고객에 대한 충분한 이해를 통해 보다 소비를 촉진시키고자 했다. 고객관계관리(CRM) 시스템을 근거로 하여 고객의 특성에 대한 철저한 분석을 하고, 이 분석을 토대로 고객의 취향을 정확히 파악을 한 후에 그에 맞는 마케팅을 벌이고, 또 기업의 큰 매출을 담당해주는 VIP고객을 대상으로 맞춤형 서비스를 고안해 내어 차별화하고자 하였다.

롯데백화점은 유동인구가 가장 많은 모스크바 시내에서도 중심가인 신아르바트 거리에 매장을 두었고, 지하 1층에서부터 지상 7층으로 꾸려진, 매장 면적만 2만3,100여㎡에 달하는 크기의 매장으로서, 누가 봐도 정성을 들이고 심혈을 기울인 해외진출사업이었다. 하지만 야심찬 포부와 그 시작과는 달리 매출 성적은 크게 저조했다. 2008년 기준, 모스크바점 매출은 하루 평균고객 50명이 채 안 될 정도로 최악에 가까웠던 것이다. 롯데 모스크바점에 진출한 총 26개의 한국 브랜드 수는 모스크바점 전체 브랜드 가운데 20% 가량 되었지만 이들이 올리는 한 달 매출은 고작 약 2억 원에 불과했다. 한국 롯데백화점 내에서는 한 점포만 고려해도 2억 원 이상 매출을 시현하고 있었기 때문에 사실상 실패라고 봐도 무방한 지표였다. 매출은 비단 한국 브랜드 점포만의 문제는 아니었다. 러시아 현지 브랜드 점포 역시도 국내 점포와 사정은 크게 다르지 않아서 매달 약 2만 달러의 손해를 봐야만 했고, 이 수치는 다른 쇼핑몰에서 올리는 수익에 비해 1/7 수준에 불과했다.

더 큰 문제는 이와 같은 현실이 비단 러시아에서만 나타난 문제가 아니었다는 사실이었다. 해외진출 1호점인 러시아 모스크바 점은 위와 같이 큰 실패를 하게 되어 개점 초기에 슈퍼마켓보다도 못하다는 악평을 받은 바 있고, 베이징의 인타이 롯데백화점은 개점 첫 해에 매출액 150억 원을 달성하고 2010년까지 670억 원을 기록하는 등 몸집을 불려나가는 듯 했지만, 당기순이익은 적자를 벗어나지 못해 2010년에 336억 원의 당기순손실을 기록할 정도로 경영상태가 나빴다.

위 지점을 설립하기 위해 롯데그룹은 103억 원을 출자했지만 2009년 1분기 만에 출자 자본 전액을 잠식당했고, 경영 악화가 심화되면서 외부에서 자금을 조달해 근근이 적자 운영을 이어나가는 실정이었다. 물론 해외진출 첫 해부터 바로 큰 성공을 거두는 것 자체가 쉬운 일은 아니지만, 당기순손실의 지속적인 시현과 자본잠식에 이른 상태를 봤을 때 가능성 없는 무리한 해외진출을 감행하고 있는 것은 아니냐는 비판을 받기도 했다.

러시아를 진출하기 전에 충분한 전략도 세웠고, 규모도 우리나라에서의 백화점 못지않게 엄청난 크기로 러시아 사람들의 이목을 끌만하게 설립되었음에도 왜 실패할 수밖에 없었는지 살펴볼 필요가 있었다. 다양한 실패 이유가 존재했지만 그 중에 러시아라는 국가에 존재하는 문화에 대한 이해도가 많이 부족했다는 사실을 첫 번째로 꼽을 수 있다. 즉, 한국에서의 성공을 맹신하고 러시아에 대한 이해를 하고자 하는 노력이 부족했던 것이다.

보다 자세히 설명하면, 과도한 한국식 시스템을 고집한 것이 실패 요인 중 하나로 작용했다. 국내의 성공이 타 국가에서의 성공을 반드시 보장하지는 않는다. 하지만 롯데백화점 측은 이 사실을 간과했으며, 현지화를 등한시했다.

또한 국내와 해외의 '백화점'에 대한 인식의 차이를 간과했다. 하단 사진의 왼쪽의 백화점은 모스크바에 있는 롯데백화점의 외형이다. 이는 우리나라에서 쉽게 볼 수 있는 백화점의 모습이다. 최신 건축기술을 도입하여 현대적이고 세련된 형태로 건축되어 있다. 롯데는 이러한 백화점의 모습이 백화점의 '표본'일 뿐만 아니라 사람들의 이목을 끌 수 있는 매력적인 건축물 형식이라고 생각을 했던 것이다. 하지만 러시아 사람들의 생각은 달랐다. 그들은 이와 같이 딱딱한 느낌

롯데백화점 (한국 기업)	GUM 백화점 (러시아 국영)

을 가지고 있고 유리로 만들어진 건물은 업무를 보는 사무용 건물로 인식한다. 러시아는 길거리 곳곳이 예술작품으로 보일 만큼 고풍스러운 느낌의 건물들이 많다. 심지어 우리나라에서는 박물관 건물로나 쓰일 법한 느낌의 고급스러운 외형의 건물이 러시아에서는 지하철역으로 사용되는 등 우리나라와 건물 외형에 대한 인식 자체가 상이하다. 또한 러시아는 우리나라와 달리 넓은 땅을 보유하고 있기 때문에 굳이 좁고 높게 건물을 건축할 필요가 없다. 하지만 모스크바에는 우리나라의 백화점 구조와 같이 지하로 주차장을, 지상으로 매장을 많은 층에 위치시켜 놓아서 지상 1, 2층에서의 쇼핑이 익숙한 러시아 사람들에게 지상 7층의 복잡한 내부구조에서의 쇼핑은 불편함만 야기시킬 뿐이었다.

더불어 러시아 문화를 고려하지 않은 제품 구성으로 인해 현지화에 실패하였다. 아무리 좋은 물건이어도 매장 입장에서는 팔려야 의미가 있다. 하지만 롯데백화점 측은 러시아에서 잘 팔릴 것이라고 생각되는 물품보다, 기존의 타 시장에서 판매율이 좋았던 제품을 무분별하게 러시아 백화점에도 입점을 시켰다. 위에 언급한 대로 롯데백화점의 모스크바점 입점 당시 한국 브랜드의 비율은 전체 점포의 20% 정도였다. 이는 꽤나 높은 수준이었는데 해외진출의 성공 열쇠로 '한류'를 이용해 보겠다는 의도가 다분히 있었다. 하지만 결과는 처참했다. 1, 2년도 지나지 않아 철수하는 한국 업체들이 속출했다. 그 대표적인 예가 '돌침대'였다.

〈표 3-1〉 모스크바점에 들어간 한국 브랜드 26개

상품	브랜드 수	브랜드
식품	2	바다원, 스시요비
화장품	2	태평양 '라네즈', LG화학 '후'
피혁잡화	3	러브캣, 빈치스벤치, 루이까또즈
모피	1	우단모피
준보석	2	에버잼, 제이에스티나
남성	4	빈폴, 맨스타, 클리포드(셔츠), 우성(셔츠)
아동	8	무냐무냐, 이솝, 톰키드, 꼬즈꼬즈, 모크베이비, 프리미에주르, 압소바, 리바이스
침대	2	장수돌침대, 만수무강돌침대
침구	1	주니데크
소형가전	1	쿠쿠

〈표 3-2〉 모스크바점 입점 및 철수 한국 브랜드

<table>
<tr><th colspan="2">입점 브랜드(26개)</th><th>철수 브랜드(10일 현재, 6개)</th></tr>
<tr><td>패션</td><td>빈폴, 맨스타, 클리포드, 우성아이앤씨</td><td rowspan="10">제이에스티나
장수돌침대
만수무강돌침대
쿠쿠
바다원
러브캣(내년 3월 예정)
* 기타 패션(철수 심각히 고려중)</td></tr>
<tr><td>모피</td><td>우단모피</td></tr>
<tr><td>아동</td><td>압소바, 프리미에주르, 무냐무냐, 이솝,
톰키드, 꼬즈꼬즈, 모크베이비, 리바이스</td></tr>
<tr><td>잡화</td><td>루이까또즈, 러브캣, 빈치스벤치</td></tr>
<tr><td>준보석</td><td>제이에스티나, 에버잼</td></tr>
<tr><td>화장품</td><td>태평양 ‘라네즈’, LG화학 ‘후’</td></tr>
<tr><td>침대</td><td>장수돌침대, 만수무강돌츤대</td></tr>
<tr><td>소형가전</td><td>쿠쿠</td></tr>
<tr><td>침구</td><td>주니데크</td></tr>
<tr><td>식품</td><td>바다원, 스시요비</td></tr>
</table>

추운나라에서는 돌침대가 큰 인기가 있을 것이라는 신빙성 없는 추론 하나로 러시아에 입점을 강행했다. 대표적인 입점업체로는, 국내에서도 돌침대 분야에서 유명한 ‘장수돌침대’와 ‘만수무강돌침대’가 있었던 바, 가장 심각할 때에는 6개월간 단 한 개의 돌침대도 판매하지 못할 정도였다고 한다. 한편 돌침대는 우리나라 문화의 특수성에 기인한 제품이라는 점에서, 사실 곰곰이 생각해 보면 위의 모습은 어쩌면 당연한 귀결이기도 하다. 외국 사람들에게는 돌침대가 너무나도 생소한 제품이었을 것이다. 우리나라에서도 특정 소비층에게만 인기가 있는 마니아 제품이 낯선 외국 땅에서 소비가 잘 이루어질 리가 없었다. 아무리 혁신적이고 훌륭한 제품이더라도 먼저 시장의 소비자들에게 제품에 대한 친밀도가 형성되고 장점에 대해 충분한 어필이 이루어진 상태에서 진출을 해야 했는데 롯데는 그러하지 못했던 것이다. 온돌 둔화가 없는 러시아에서는 돌 위에는 죽은 자만이 올라간다는 인식이 있었는데 그 점을 전혀 고려치 않은 중대한 실수를 저지르고야 말았던 것이다.

이뿐만 아니라 의류 제품에 있어서도 문화적 차이를 제대로 이해하지 못한 모습을 보였다. 주지하다시피 나라마다 신체적으로 특징이 다르고 옷을 입는 방식이 다양한데 의류 제품을 생산하는데 있어서 그 점을 사려 깊게 고려하지 않았

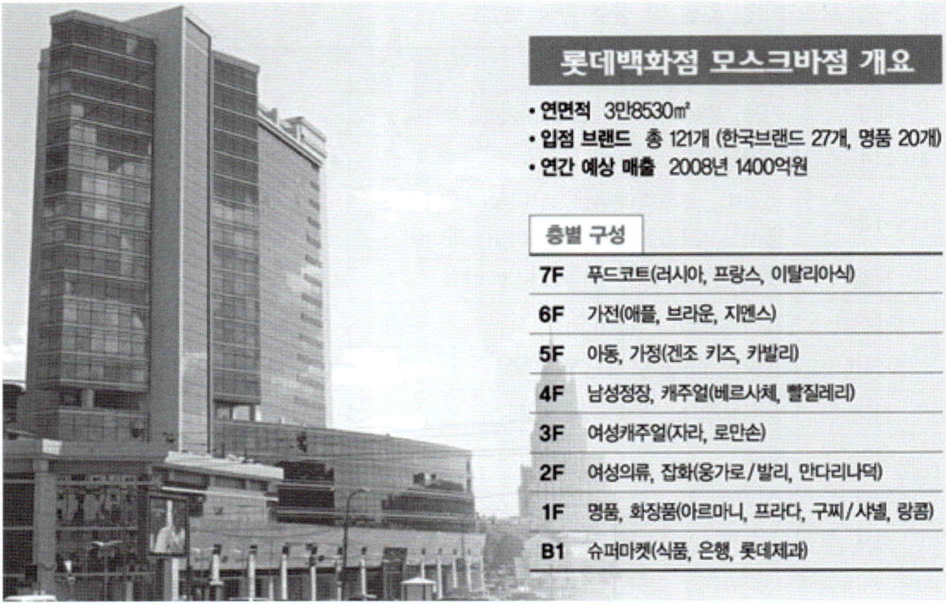

다. 우리나라의 경우 몸매를 부각시키기 위해 옷을 타이트하게 입는 경향이 있지만, 러시아는 기본적으로 덩치가 우리나라보다 크기도 하고 옷을 넉넉하게 입는 경향이 있다. 하지만 입점 당시 우리나라에서 판매하는 것과 같이 작은 사이즈의 의류 위주로 판매를 진행했고, 이는 러시아 사람들의 구미를 당기지 못했던 것이다. 이는 입점 업체뿐만이 아니라, 입점 업체를 선정하는데 있어 롯데 측에서 업체들의 상품 구성과 시장조사를 소홀히 하고 러시아의 정서와 러시아인들의 신체적 특성 등을 고려하지 않아서 생긴 문제이기도 하다. 이렇게 큰 실패를 겪은 의류 업체들 역시 철수를 고민 중이거나 현재 철수를 진행 중에 있다. 대표적인 예로는, 제일모직의 '빈폴', 코오롱의 '맨스타' 등이 있는데 러시아인들의 체형에 맞지 않는 의류를 보유하고 있음은 물론, 러시아에서 현지 공장을 갖추는데 어려움이 있어 러시아인의 체형에 맞는 의류 수선도 여의치 않음으로써 판매가 크게 부진함은 물론, 자연히 적자를 면치 못하고 있다고 알려졌다.

또 한 가지 이유로, 컨셉의 불분명을 지적할 수 있다. 우리나라에서의 경우를 생각을 해보면, 고급제품부터 저렴한 제품을 백화점에서 고루 구매할 수 있고 심지어 마트까지 입점해 있어 장을 볼 수도 있다. 즉, 백화점이라는 한 공간에서 모든 소비 욕구를 해결할 수 있다. 하나의 대기업이 여러 유통 채널을 소유하고 있고 그것을 한 공간에 모아놓은 경우가 대부분이다. 하지만 러시아는 그렇지 않다. 러시아는 전문성을 더 중요시하기 때문에 유통업계의 세분화가 비교적 잘 이루어져 있는 편인 반면, 폭 넓은 제품군을 두루 판매하는 곳은 전문성이 결여되어 있다고 생각한다. 특히 러시아인들에게 백화점이라는 특수한 공간은 고급 브랜드들이 모여 있는 공간이고 그러한 제품만을 취급하는 차별화된 공간으로 본다. 그런 의미에서 볼 때 롯데백화점은 진정한 백화점이 아니었던 것이다. 실제로 러시아에 가보면 의류, 가구, 가전제품 등, 단일 품목만을 전문적으로 판매하는 마켓 등이 시내에 분포되어 있다.

마지막으로는, 러시아 국민들의 자국 기업에 대한 충성심과 현지 기업의 텃세가 롯데백화점의 실패를 초래했다. 러시아 국민들은 애국심이 강한 측면이 있다. 따라서 타 문화에 대한 수용 정도가 다소 낮은 편이고 자국 브랜드를 더 선호하는 측면이 있다. 실제로도 스타벅스와 같은 글로벌 기업이 러시아에 진출을 했지만 우리나라만큼 제대로 자리 잡지 못한 것도 이러한 이유에 기인한다고 할 수 있다. 또한 러시아 현지 기업들도 해외 기업의 자국 시장 진출에 대해 크게 반발을 하였기 때문에 해외 기업은 진출과 정착에 상당한 어려움을 겪곤 한다.

위의 모든 이유들은 결론적으로 러시아 문화에 대한 사전조사 및 이해의 부족이 낳은 당연한 귀결이다. 글로벌 기업이 되기 위해서는 내실을 키워 몸집을 불리는 것도 중요하지만 상대를 철저히 분석해서 기회를 포착하는 것 역시 중요하다. 롯데는 그러한 측면에 소홀했고 기존의 성공에 자만했으며, 따라서 업계의 선두주자가 되려는 노력은 빛을 잃게 되어버렸던 것이다.

질문

1. 러시아 시장에서 성공한 대표적인 사례로 흔히 '팔도 도시락'을 꼽고는 한다. 이는 곧 러시아가 난공불락의 시장이 아님을 시사하고 있는바, 롯데백화점 러시아 진출 마케팅 SWOT, STP, 4P전략 분석을 실시하시오.
2. 상기 답변을 바탕으로, 롯데백화점을 위한 최적의 성공전략을 제시하시오.
3. 롯데백화점이 러시아 시장에서 원하는 성과를 시현하지 못했던 가장 큰 이유는 문화적 차이의 몰이해에 있다고 판단된다. 해외시장 진출에 있어서 투자하고자 하는 국가 및 소비자 문화에 대한 정확한 이해가 왜 중요한지 설명하시오.

사례 3-2 미국 및 일본시장에서의 보루네오가구 사례: '가구업계의 토요타'를 꿈꾸던 보루네오가구, 왜 상장폐지되었나?

보루네오가구는 역사와 전통의 대한민국 대표 가구업체이다. 1966년부터 시작하여 40년이 넘는 세월 동안 대한민국의 대표적인 가구 브랜드로 자리 잡아온 업체로서, 단순히 빈 공간을 채우는 물건으로서의 가구가 아니라 감성과 감각을 더한 예술 작품과 같은 가구, 소위 아트 인테리어 가구 디자인으로 우리나라의 가구 역사를 이끌어 왔다.

보루네오가구는 "우리는 더 나은 삶, 더 나은 주거문화를 선도한다"는 일념 아래 글로벌 탑(Global Top) 가구 회사가 되는 것을 목표로 사업을 시작하였으며, 고객만족경영(Customer Satisfaction), 속도경영(Speed Management), 지속가능경영(Sustainability)의 경영이념을 지니고 있다. 이러한 기업 목표 아래, 국내 가구산업 내 브랜드 파워 주거 부문 10년 연속 1위를 차지하기도 했던 보루네오가구는, '토탈 하우징 인테리어 서비스'를 통해 고객과 종업원들 모두 함께 행복을 추구한다는 비전으로 마케팅 역량을 배가 시켰다.

보루네오가구는 가정용과 사무용 가구부문에 집중하여 매출 증대를 꾀하는 전략을 가지고 사업을 진행했다. 보루네오가구의 전신은 1962년에 위상식 창업주가 설립한 보루네오통상인데, 당시 경제발전이 급속도로 진행되면서 건설업이 호황을 맞는 상황이었고, 이러한 분위기로 인해 덩달아 가구업체들도 호황을 구가하기 시작했던 산업 호조기였다. 그 중에서도 보루네오는 '평생 써도 튼튼한 가구'라는 이미지를 소비자들로부터 얻었으며, 이 장점을 내세워 신혼부부들을 적극 공략해 큰 인기를 끌었다. "1980년대, 결혼을 앞둔 신부들 사이에서 보루네오가구를 모르는 이는 없었다"라는 한 가구업계 관계자의 말은 이와 같은 상황을 적절히 대변하고 있다고 여겨진다. 이 당시 매장은 급속도로 늘어났고, 더불어 브랜드 이미지도 상승하기 시작했으며, 보루네오의 TV 광고에는 故 최진실, 이덕화, 김희선 등 당대 최고의 인기스타들이 출연하면서 그 인기를 증명해내었다.

1960년대를 이어 1970년대에 접어들면서, 보루네오는 수많은 국내 가구 브랜드 중에서도 소비자 평가 1위를 시현했으며, 더 나아가 1986년에는 홍콩 진출에도 성공하게 되었음은 물론, 동남아로도 외연을 넓히면서 국내뿐만 아니라 해외에서도 브랜드 1위 평가를 받을 정도로 승승장구했다. 또한 경제 대국인 일본과 미국에도 차례로 진출하여 보루네오 해외지점을 설립했다.

성공은 여기서 끝이 아니었다. 위상식 보루네오가구 창업주가 성공을 거두자 둘째 동생 위상균 씨는 '동서가구', 막내 위상돈 씨는 '바로크가구'를 설립했다. 위 삼형제의 세 가구 브랜드는 모두 큰 성공을 거두게 되어 나란히 업계의 1~3위를 차지하게 되었고, 1980년대의 가구시장을 점령하고 리드했다. 특히 위상식 창업주는 1988년 보루네오를 상장하게 되는데 당시 가구업계의 도요타가 되겠다고 선포를 했을 정도로 더 큰 성공에 대한 자신감을 내비쳤다. 더욱이 보루네오가구를 국내 최고를 넘어 세계 최고의 가구기업으로 만들겠다는 야심찬 포부를 피력했다. 당시 그를 취재했던 미국 경제지 포브스에서는 보루네오가구를 미국 내 19개 전시장을 갖추고 있을 정도로 성공한 가구 브랜드로 소개했다.

하지만 승승장구는 영원하지 못했다. 상장 후 해외시장 진출에 여념이 없었던 상황에서 얼마 지나지 않아 무리한 사업 확장이 위기를 초래하게 되면서 여건은 급변했다. 당시 보루네오는 상장 이후에 글로벌 기업이 되고자 해외투자를 지속적으로 늘려왔는데, 일부 해외 법인들이 적자를 면치 못하게 되었던 바 이는 결국 경영 악화를 야기하게 되었다. 당시 업계 관계자들에 따르면, 당시 보루네

〈표 3-3〉 보루네오가구 실적 추이

(단위: 원)

연도	2012	2013	2014	2015	2016
매출	1,342억9,107만	940억4,049만	541억4,335만	437억8,921만	324억3,389만
영업손실	141억1,954만	176억988만	151억876만	134억7,338만	154억8,275만

자료: 금융감독원 전자공시.

오는 국내와 동남아 및 홍콩 등에서의 성공만 믿고 일본, 미국 등 거대 시장에 제대로 된 사전준비 없이 진출했다고 한다. 사전 시장조사 없이 무턱대고 진출한 사업은 현지 소비자들의 외면을 받게 되었고, 이는 적자로 이어졌다. 그리고 1991년에는 결국 법정관리에 들어서게 되었다.

상황은 더 악화되어 위기를 틈타 국내에서 후발주자들이 보루네오를 위협하기 시작했다. 보루네오가구는 어둡고 근엄한 색을 위주로 하여 강한 이미지를 풍기는 반면, 한샘, 리바트 등 현대적인 디자인을 선보이는 가구업체들이 속속 등장하기 시작하면서 소비자들의 이목을 끌었다. 굳건했던 국내 시장에서조차 경쟁에서 밀리고 1998년 외환위기까지 겹치게 되면서 위상식 창업주는 회사를 내려놓고 미국으로 떠났다.

2001년에 한국자산관리공사가 보루네오 최대주주가 되면서 동 해 11월에 법정관리에서 벗어날 수 있었지만 한번 무너진 회사는 정상궤도로 돌아오지 못했다. 급할수록 돌아갔어야 했지만, 계속되는 부진 속에서도 경영진들은 주력인 가구사업조차 아직 경쟁력을 되찾지 못한 상태에서, 엉뚱한 신사업에 손을 대기 시작했다. 2011년에는 바이오(의약 건강기능식품 음료) 연구개발 및 생산 판매를, 2013년에는 LED조명 개발, 제조 및 판매를 사업군에 추가했다. 수익에 급급한 나머지 이와 같은 행동은 브랜드의 정체성을 모호하게 만드는 역할을 했고, 이마저도 실제로 수익을 거둔 분야는 없어 위기를 가중시켰다.

이러한 상황은 경영권을 안정적으로 유지시키지 못했다. 2012년 6월 이후에 보루네오의 최대주주는 11번이나 교체될 정도로 불안정했던바, 경영 불안정은 곧장 회사의 실적에 반영이 되었다. 2014년의 매출액은 541억 원으로 전년 대비 42%나 감소하고 영업손실은 2013년에는 136억 원, 2014년에는 103억 원을 시현했다. 이러한 혼란 속에 2015년 전용진 예림임업 회장이 최대주주로 올라서며 안정을 취하는 듯 했지만 얼마 안가서 바로 경영권을 포기함으로써 경영성과 향상은 요원했다. 신구 경영진 간 비티 폭로가 이어지는 등 갈등이 지속되고 상황은 걷잡을 수 없이 악화되어만 갔고, 결국 2016년 2월 한국거래소는 보루네오를 상장폐지 대상에 포함시켰다.

1년간의 개선기간을 부여받은 보루네오는 일말의 회생 여지를 남기고 있었지만, 1년 이후 한국거래소의 심사를 통과하지 못함으로써 마침내 2017년 한국거래소로부터 상장폐지를 통보받았다. 보루네오 측은 경영진 횡령 및 고소 등의 문제가 원만히 해결되었고, 따라서 상장을 유지하겠다는 의지를 표명했으나 이는 결국 실현되지 못하였다. 한 가구업계 관계자는 "보루네오가 횡령 등 악재를 극복했다면서 경영 정상화를 주장한다 해도 국내 가구 시장에서 이케아 등 값싼 수입가구의 공세가 거세다"라며 "보루네오가 현실적으로 이전의 수익성을 회복하기는 힘들 것"이라고 평가했다.

이렇게 보루네오가구는 한국 경제의 호황과 더불어 화려하게 등장했지만 무리한 해외진출 및 성급한 신사업 추진 등으로 인해 반세기도 지나지 않아 전성기를 조기 마감하게 되었다. 하지만 앞서 언급했듯이, 모든 해외사업이 실패한 것만은 아니었다. 처음 진출한 홍콩에서는 큰 성공을 거둬 동남아시아 및 서남아시아로 진출할 수 있는 교두보를 확보할 수 있었다. 물론 초기에는 약간의 시행착오도 존재했다. 최초 홍콩시장을 진출했을 때, 동 시장을 단순한 디자인을 기반으로 한 저가 표적시장으로 설정하고 진출하였다. 그러나 홍콩 소비자들이 가격보다는 스타일을 더 중요시하는 문화를 가지고 있다는 사실과 대부분이 좁은 곳에서 거주하고 있었기에 큰 가구를 구입하는 것을 꺼려한다는 것을 재빨리 인식하고 이를 영업에 반영함으로써 스타일과 품질을 살린 중 · 고가 가격정책으로 재설정함으로써 부진한 실적을 개선하였다. 문화적 차이에 대한 재빠르고 선제적인 반영은 큰 성과를 거두게 되었고, 이와 같은 조치는 홍콩에서 BiF(보루네오가구 브랜드 명칭)를 모르는 사람이 거의 없을 정도로 브랜드 인지도를 향상시키는 데 크게 기여하였다. 이러한 홍콩시장에서의 성공을 바탕으로 대만, 싱가포르, 중국 등 동남아시아로 뿐만 아니라 서남아시아로도 뻗어나가게 되었다.

하지만 이후에 진출한 미국과 일본시장에서는 큰 실패를 거두게 되었다. 이전 해외시장에서 거둔 성공이 왜 미국과 일본에서는 지속적으로 이어지지 못했는지를 알아보기로 하자.

보루네오가구는 홍콩시장에서의 성공으로 큰 자신감을 얻게 되고 홍콩에서 쌓은 해외영업에 대한 노하우를 바탕으로 1981년부터 미국시장에 대한 본격적인 투자를 시작했다. 1981년 2월 로스엔젤레스에 현지 독립법인을 설립하고 시장탐색을 실시해오다가 1989년에 미국 동부지역으로 마침내 진출함으로써 미국 전역을 대상으로 한 직접 판매 체제를 갖추기 시작했다. 보루네오는 뉴욕뿐만 아니라 필라델피아, 시카고, 댈러스 등지로 계속 사업을 확장해 나갔는데, 미국이란 시장이 너무나도 광범위했기에 우리나라처럼 전국을 커버할 수 있는 유통망을 갖추기란 쉽지 않았고 엄청난 시간과 자본이 필요했다. 하지만 보루네오가구는 단기적 이익에 집착하지 않고 브랜드 이미지를 확립하기 위해 꾸준한 투자를 진행했다. 미국 전역에 대형 전시장을 개설하는 등 확장을 끊임없이 이어나갔지만, 문제는 아무리 우리나라와 홍콩에서 많은 흑자를 거두었다 하더라도, 본사의 재무능력을 고려했을 때 이는 감당하기 힘든 수준이었다. 한편 당시 많은 미국업체들이 'BiF 코리아'라는 상표만 포기하면 훨씬 더 유리한 조건으로 계약을 하겠다고 나선 적도 있었으나 보루네오는 장기적 시각으로 사업을 바라보고 브랜드 이미지를 확고히 하는 것에 더 집중을 하는 것이 옳다고 판단하여 거절하였다. 그 대신 보르네오 경영진은 원자재 단계부터 소매 쇼룸까지 직접 취급함으로써 비용을 절감하여 경쟁업체대비 보다 더 낮은 가격으로 제품을 제공하고, 유통 또한 직접 수행하여 더 빠른 배달 서비스를 제공하는 것이 업계 우위를 확보하는 지름길이 될 것이라고 판단하였다.

하지만 보루네오는 사업을 확장하던 와중에 예기치 못했던 문제점들에 부딪히면서 난관을 겪기 시작했다. 미국은 다인종, 다문화 국가이다. 특히 하나의 국가임에도 각 주마다 서로 다른 문화적 전통과 풍습을 가지고 있었기에 그에 따른 문제점들이 발생하기 시작하였다. 이렇듯 고객의 취향이 엄청나게 다양했기 때문에 미국시장은 다른 시장과는 다르게 제조자가 아닌 분배자가 시장을 장악하고 있는 구조였다. 보루네오 역시 이러한 점을 눈치 채지 못했던 것은 아니었지만, 보르네오에서 사용했던 이탈리아식 디자인이 절대적으로 우월하다고 판단하고 미국 소비자들의 취향도 궁극적으로 이탈리아식 디자인으로 변화해 갈 것이라고 맹신했다. 하지만 미국 사람 개개인마다의 독특한 취향은 쉽게 변화하지 않았다. 또한 미국 내 노동자들은 완전히 노동조합의 통제를 받고 있었던바 만약 목수가 필요한 경우에는 시간당 58달러를 지불해야 하고, 그마저도 한번에 7시간 이상 근로는 하려고 하지 않았다. 노동에 대한 노동자들의 의식이 우리나라와는 달랐던 것이다. 우리는 더 많은 돈이 더 많은 행복을 가져다준다는 의식이 노동자들 사이에 팽배했었기에 노동자들이 조금이라도 더 많은 월급을 지급하는 회사를 찾게 되는 경향이 있었지만, 미국은 일과 삶의 균형을 중시하는 문화로 인해 과도한 근로는 선호하지 않았다. 이는 미국 전역에서 직접 제조함으로써 저렴하고 신속하게 생산 및 배송을 하고, 이를 브랜드 이미지 제고의 교두보로 삼으려고 했던 보루네오의 전략에 차질을 가져오는 계기가 되었다. 또한 가정용 가구에 있어서 당시 미국 소비자들은 세련된 제품보다는 고전적인 가구형태를 더 선호했다. 가구 용도별로 미국인들이 대체적으로 어떤 스타일의 제품을 선호하는지에 대한 미숙한 파악은 판매율 제고에 장애요인으로 작용하였다. 마지막으로, 미국인들은 상표에 대해 보수적인 측면을 가지고 있다. 즉, 상표에 대한 편견이 심하기 때문에 기업이 새로운 제품들을 선보이는데 제약이 있었고 새로운 제품을 소비자들이 수용하는 데 시간이 걸렸다.

미국시장 진출에 이어 보루네오는 몇 년간의 시장조사를 거친 후, 1988년 일본시장 진입을 시도하게 된다. 당시 일본은 연간 17조 원에 이르는 매우 큰 규모의 잠재력 있는 시장으로 평가받고 있었다. 또한 경영진들은 지리적으로나 문화적으로나 일본은 우리나라와 비슷한 점이 많을 것이라고 생각했다. 보루네오가구는 사무용 가구를 중심으로 시장진입을 시작하고 지속적으로 이에 집중했다.[1] 일본의 관행은 작은 창고를 보유한 채 카탈로그를 통해 판매하고 배송하는 데 석 달이 넘게 걸렸던 바, 일본 수입업자 대비 보르네오가 더 나은 경쟁력을 가질 수 있을 것이라고 판단했다. 또한 브랜드 지명도보다는 품질을 우선시하는 일본 소비자들의 특성을 감안했을 때, 소비자들이 보루네오가구의 품질을 충분히 인정해 줄 것이라고 생각했고, 품질뿐만 아니라 비용, 디자인 등도 일본 내 경쟁기업대비 우세할 것이라고 판단했다.

하지만 초반의 기대와는 달리 실제성과는 기대에 크게 못 미쳤다. 1989년에

1) 실제로 전체 매출의 약 70%를 사무용 가구가 차지했다.

는 예상의 절반에도 미치지 못하는 200만 달러 미만의 매출을 시현하고, 1990년에는 이보다도 더 매출이 감소했다. 하지만 장기적 관점으로 일본시장을 바라본 경영진은 투자를 지속하였는데, 특히 광고에 많은 예산을 편성하여 브랜드 이미지를 구축하는데 힘썼다. 또한 일본 내 각종 가구 쇼에도 참가해 품질을 인정받고자 노력했다. 그러나 이러한 노력은 결국 결실을 맺지 못했다. 품질의 우수성과 상대적으로 저렴한 가격에도 불구하고 일본인들은 선뜻 보루네오가구를 구입하려 하지 않았는데, 일본인들의 생각과 주거 환경문화를 이해하지 못했던 것이 패착이었다. 유럽 소비자들이 전통적으로 아시아 제품은 품질이 다소 떨어진다고 생각하듯이, 일본인들 또한 한국 상품을 전반적으로 그러한 제품으로 인식하는 경향이 있었다. 당시 한국은 개발도상국의 위치에 있는 국가였고, 일본의 식민지로부터 독립한지 그다지 오랜 시간이 지나지 않았던 때였기 때문에, 한국 제품에 대한 끊임없는 의구심을 가지고 있었다. 그리고 일본이란 국가가 우리나라와 지리적으로, 문화적으로 유사하다고 판단할 수도 있었겠지만 사실 많은 부분이 달랐다. 일본의 가구문화는 우리나라와는 달리 축소지향적이고 실용적인 기풍을 가지고 있다. 때문에 일본 소비자들에게 부피가 상대적으로 크고 화려한 보루네오가구는 거부감을 야기했던 것이다. 이러한 선호도 차이는 일본의 주거문화로부터 비롯되었다고도 할 수 있다. 일본의 가옥형태는 한국에 비해 매우 협소하다. 많은 가정집들이 비교적 좁은 공간을 실용적으로 활용한다. 이러한 주거형태에 현대적이고 큰 보루네오의 가구를 들여다 놓을 공간이 존재하지 않았다. 또한 그들은 소득과는 상관없이 검소한 라이프스타일 문화가 존재하고 있었다. 이로 인해 보루네오의 값비싼 가구를 들여 놓는 것을 과소비라고 인식했다.

이렇듯 미국과 일본에서 연이어 실패를 거듭하게 되자 현지법인들은 재정적인 압박을 받게 되었고, 이는 연쇄적으로 현지법인의 보증을 서고 있던 한국 보루네오 본사의 재정적인 압박을 야기했을 뿐만 아니라, 엎친 데 덮친 격으로 국내 경제상황도 90년대 크게 악화되었다. 결국 경영진은 1991년 말 법원에 법정관리를 신청하고 결국 창업자 위상식 사장이 물러나고 새 사장이 선임되었으며, 새로 선임된 사장은 당면한 위기를 타개하기 위해 적자요인이었던 해외부문을 과감히 정비하기 시작하여 일본에서는 완전히 철수하고, 미국에는 일부만 남겨두고 모두 정리하는 등 기업의 정상화를 위해 노력하였다.

질문

1. 지구적으로 국제화가 촉진되고 있음에 따라 전 세계 소비자들의 취향이 점차 유사해지고 있는 것이 사실임에도 불구하고, 국가별 소비자 기호에 문화적 차이가 여전히 지대한 영향을 미치고 있는 것 역시 부인할 수 없다. 그렇다면, 보루네오 가구는 미국 및 일본시장에서 어떠한 실수를 범하였으며, 여러분은 어떻게 이를 개선하려고 노력했을 것인지 의견을 밝히시오.
2. 현지시장에 대한 충분한 정보를 갖고 있지 않을 때 고려할 수 있는 바람직한 진입전략을 제시하고, 그 이유를 설명하시오.
3. 문화적 차이의 존재에 대한 간과뿐만 아니라, 마케팅 전략에 있어서도 보루네오는 적절한 전략을 구사하지 않았던 것으로 판단된다. 목표시장의 세분화를 포함하여 적절한 마케팅 전략을 강구하시오.

사례 3-3 중국시장에서의 롯데리아 사례: 롯데리아, "중국에선 맘대로 안 되네"

햄버거 중심의 패스트푸드 전문 음식점인 롯데리아는 기업명 롯데(Lotte)와 카페테리아(Cafeteria)를 조합한 명칭이다. 원래는 일본에서 1972년 일본법인 '주식회사 롯데리아'로 사업을 시작했으며, 이후 한국에서는 1979년 12월 서울 소공동 롯데백화점에서 처음 개업되었다. 이후 2004년 한국법인 측에서 일본 롯데리아가 소유한 한국법인 지분을 모두 매입해 현재는 지분으로 상관없는 관계가 되었고, 2017년 7월 한국법인 '주식회사 롯데리아'는 '롯데 GRS 주식회사'로 사명을 변경하였다. 현재 롯데리아는 2017년 기준 국내 전국 매장 수 1위를 시현하고 있고, 대만, 베트남, 필리핀 등 여러 나라에 진출하여 글로벌 기업으로의 면모를 보이고 있다. 이러한 롯데리아의 가장 큰 강점은 차별화된 메뉴 개발에 있다. 롯데리아는 기본적으로 진출국의 기호에 따라 다양한 소스를 개발해내는데 탁월한 장점이 있다. 그 대표적인 예로 한국의 '불고기 버거'를 들 수 있다. 쇠고기 패티에 한국인이 가장 즐겨먹는 불고기 소스를 더한 불고기 버거는 남녀노소를

불문하고 출시 후 오늘날까지 판매 1위를 기록하고 있다. 2009년 새롭게 출시된 '불새 버거' 역시 기존에 한국인이 선호하는 새우버거와 함께 믹스앤드매치(mix and match)하여 좋은 반응을 이끌어 냈다. 또한 빵 대신 밥을 먹는 한국인의 식습관 문화를 적용하여 햄버거 번 대신 밥으로 만든 '라이스 버거'나 한우를 이용해 만든 '한우 불고기 버거', '한우 레이디 버거'도 롯데리아만의 차별화된 상품이다. 또 다른 강점으로는 아이디어 상품 개발이다. 여러 가지 맛을 내는 시즈닝 중 소비자가 원하는 맛을 넣고 흔들어 먹는 독특한 아이디어 상품인 '쉑쉑치킨'과 '3종류 와플' 등 패스트푸드 업계에서 가장 다양한 종류의 디저트를 판매하고 있다.

롯데리아는 현재 베트남, 일본, 미얀마, 라오스, 인도네시아 등에 해외 자회사를 설립하여 해외 시장에서 활발한 경영활동을 펼치고 있다. 특히 베트남에서는 눈에 띄는 성과를 보여주고 있다. 2015년 유로모니터의 조사결과에 따르면, 베트남 패스트푸드 시장 내에서 롯데리아가 점유율 25.1%로 가장 높은 시장점유율을 보였다. 세계적인 패스트푸드 브랜드인 KFC, 피자헛(Pizza Hut)을 제치고 요식업계에서 점유율 1위를 차지했다는 점에서 괄목할 만한 성과로 평가할 수 있다. 롯데리아가 베트남 시장 내에서 성공할 수 있었던 이유는 현지화된 메뉴와 차별화된 서비스를 제공했기 때문이다. 국내 성공 요인과 비슷한 맥락이다. 국내

〈표 3-4〉 롯데리아 해외 자회사 재무제표 현황

상호명	KKD Holdings(홍콩)	북경 롯데리아	Krispy Kreme Lotte(상하이)	버거킹 재팬	LOTTERIA 인도네시아
지분율	100	100	100	100	51
유동자산	7	33	7	55	69
유동부채	0.2	53	0.2	600	82

자료: 금융감독원 전자공시.

와 마찬가지로 롯데리아가 시장에 처음 진출했을 당시에 베트남인들은 햄버거를 대중적인 음식이라고 고려하기 보다는, 사치품목이라는 인식이 더욱 팽배했다. 이에 롯데리아는 철저한 현지조사를 통해 기존 국내에서 선보이던 세트 구성을 재편했다. 본래 햄버거 세트라고 하면, 햄버거와 감자튀김, 콜라를 세트로 묶은 형태였다. 하지만 베트남인들은 감자튀김보다 치킨에 더욱 친숙했다. 이에 롯데리아는 햄버거, 치킨, 콜라를 세트로 구성하여 판매하였고 결과는 성공적이었다. 또한 쌀이 주식인 베트남의 상황을 고려하여 쌀을 활용한 신메뉴를 개발했다. 뿐만 아니라, 롯데리아는 기존 베트남 내 프랜차이즈 업계가 제공하지 않던 배달서비스를 제공했고, 지속적인 가격 프로모션 행사를 진행하여 베트남 시장을 향한 공격적인 경영활동을 진행했다. 이는 실제 베트남 소비자의 브랜드 만족도로 이어졌다. 2015년 DI MARKETING이 베트남인들을 대상으로 패스트푸드 브랜드 선호도를 조사했다. 이에 롯데리아가 35%의 점유율을 차지하며 가장 높은 브랜드 선호도를 보였다.

이러한 성공적인 해외진출을 기반으로 롯데리아는 단지 패스트푸드 체인점의 역할을 넘어 글로벌 종합외식브랜드로의 발전을 목표로 하여, 1994년 중국 베이징에 롯데리아 1호점을 설립하게 된다. 베이징 1호점 개점 이후, 중국 내 수백 개 매장을 진출시킨다는 전략으로 중국 진출에 시동을 건 롯데리아는 부진한 판매 성적과 영업이익을 이유로 2003년 사업을 철수하게 되었다. 이 후 5년여 뒤인 2008년 북경 롯데백화점 입점을 토대로 중국시장에 재진출하였지만 좋은 성적을 내지 못하고 고전하는 모습을 보이고 있다.

먼저, 롯데리아가 중국시장에 처음 진출했던 1994년도를 기준으로 2003년 중국시장에서 1차 철수하기까지의 중국 패스트푸드 산업의 현황에 대해서 살펴보기로 하자. 1987년 4월 미국 KFC의 중국 진출을 시작으로, 다국적 글로벌 기업의 중국 패스트푸드 시장에의 진출이 본격화되기 시작하였다. 그리 길지 않은 시간 동안, 중국의 패스트푸드 관련 시장은 전통적인 흐름과 현대적인 흐름이, 중식과 서양식이 경쟁하는 상태로 접어들고 있었으며, 연해지역과 내륙의 주요도시나, 유명 관광도시 등지에서 해당지역 유동인구와 근로자 학생 및 주민들의 외식 활동에 빠질 수 없는 메뉴로 등장했다.

중국 패스트푸드 산업은 1990년대 중국 경제의 기록적인 발전 속도에 맞추어 매년 20% 가량의 속도로 성장하였고, 순이익율도 10~20%의 좋은 성적을 기록해 2000년 매출액이 2,000억 위안(US$1=8.26위안)에 달했다. 2001년도에는 패스트푸드업 매출이 전체 요식업 전체 매출의 40% 가량을 차지하게 되었다. 그 당시 실시되고 있던 중국 정부의 '휴일 수 늘리기 정책'(주 5일 근무제 실시 및 설·노동절·국경절 등의 1주일 연휴)도 패스트푸드 산업 발전에 긍정적으로 작용하였다고 볼 수 있다.

1990년대 후반과 2000년대 초반 중국에서 영업 중이던 패스트푸드점을 경영형태별로 살펴보자면, 중국과 외국 자본의 합자기업이 1/3을 차지하고 있다. 그 다음을 민영기업과 독자기업이 잇고 있으며, 국유기업은 16%에 불과한 것으로 나타났다. 이를 보았을 때, 합자 방식이 패스트푸드 경영의 주요 형태로 나타나고 있었다. 경영방식으로는 프랜차이징의 형태가 늘고 있었는데, 이는 일정 규모 이상의 영업망을 갖춘 대기업을 중심으로 두드러지게 나타나는 형태였다. 패스트푸드 시장을 그 유형별로 살펴보면, 2000년대 초반에는 맥도날드, KFC 등 서양식 패스트푸드점이 성장세를 보이고는 있으나, 그때까지는 80% 이상을 중소규모의 중식 전문 패스트푸드점이 차지하였고, 서양식은 20%에 불과했다. 그러나 서양식 패스트푸드점의 대표주자인 맥도날드의 평균 판매액은 중식 전문 패스트푸드점의 160배나 되어, 경영 효율 면에서 서양식 패스트푸드점이 중식 전문 패스트푸드점의 그것을 압도하였다. 특히 전체 패스트푸드 기업 중 일일 매출액이 평균 1만 위안 이상인 곳은 30% 정도였는데, 대부분을 서양식 패스트푸드 업체가 차지하고 있고, 중식 패스트푸드점은 평균 3,000~4,000위안 수준으로 전체의 25%를 차지하고 있어 서양식 패스트푸드 기업의 경영 수익률이 훨씬 높은 것으로 나타났다.

그 당시 중식 전문 패스트푸드점과 서양식 패스트푸드점의 가장 큰 차이점은 표준화에 있다고 볼 수 있다. 서양식 패스트푸드점의 조리법 및 가공과정은 전사적 통제를 통해 엄격한 관리를 거친다. 맥도날드의 햄버거 패티를 예로 들자면, 육우의 일정부위를 선택하여 가공하고, 배송하는 것까지 일괄적인 관리를 통해 제품의 품질을 유지하고 있는데, 이것은 프랜차이즈 경영에도 유리한 요인으로 작용한다고 볼 수 있다. 이는 중소규모의 중식 패스트푸드점에서는 불가능한 관리라고 볼 수 있다. 또한 서양식 패스트푸드점과 중식 전문 패스트푸드점은 표적 소비자층에서도 차이점을 보였다. 서양식 패스트푸드 기업은 표적 소비자층을 청소년층으로 규정하고 있으며, 청소년층이 속해 있는 가정별 소비가 많은 것으로 알려졌다. 반면, 중식 전문 패스크푸드 기업의 타깃 소비층은 25～44세의 청장년층이었다.

이렇듯 패스트푸드 업계가 중국에서 호황이었음에도 불구하고, 롯데리아가 중국 진출에 실패한 가장 큰 이유는, 현지 시장에 대한 이해 부족을 꼽을 수 있다. 포화된 한국시장과 중국 경제의 확장성만을 보고 중국시장을 제대로 된 분석 없이 진출했다는 것이 실패의 주 이유이다. 우선 롯데리아는 중국에 진출하면서 롯데리아만의 강점이었던 현지화 전략을 생각하지 않았다. 특히 중국은 중화사상이라는 강한 보수주의적 특성을 띄고 있는 나라이다. 모든 것을 중국식으로 사고하고, 중국 자신을 세상의 중심에 놓는 중화사상은, 기업이 중국 진출을 고려할 때 가장 우선적으로 고려해야 하는 요소이다. 모든 기업들은 중국인들의 중화사상에 강한 인상을 주기 위해 기업 브랜드 이름을 중국식 발음으로 바꿈으로써 시장 진입을 시작한다. 그 예로, 좋은 친구라는 뜻인 '호아리 로우'로 이름을 변경하여 중국에서 큰 인기를 끌고 있는 오리온 그룹의 초코파이 등을 들 수 있다. 하지만 롯데리아는 중국에 들어가며 롯데리아를 중국 병음으로 바꾼 '樂天利(러톈리)'라는 상호를 사용하면서 중국인들에게 인상 깊은 브랜드 이미지를 주는데 실패한다. 또한 메뉴 선정에 있어서 중국인들의 식습관을 고려하지 않았다는 점에서도 진출 실패의 원인을 찾아볼 수 있다. 롯데리아는 시장 진입 시 한국 롯데리아의 메뉴를 그대로 차용하면서 중국인들이 선호할 만한 메뉴를 만들어내지 않았다. 그 당시 여타 패스트푸드 체인점들은 중국인들이 아침에 두유와 튀긴 빵인 또우장과 요타우를 먹는 문화를 빠르게 적용시켜 이를 접목시킨 메뉴를 판매

그림 3-1 중국 롯데리아의 메뉴

그림 3-2 중국 KFC의 메뉴

하였고, 닭튀김을 선호하는 중국인들의 특성을 고려하여 닭튀김을 주 메뉴로 하되 지역마다 다른 소스를 출시하는 등, 중국인들의 입맛에 맞는 메뉴들을 내보이며 적극적인 현지화 노력을 보여주었다. 하지만 롯데리아는 기본 햄버거인 '새우버거'와 같은 비슷한 메뉴로 뚜렷한 차별점 없이 경쟁에 참여했던 것이 실패요인으로 작용했다. 이 점은 중화사상을 비롯하여 중국인들의 생활방식을 간과했던 결과였고, 이는 중국인들로 하여금 롯데리아를 방문해야 할 필요성을 느끼지 못하게 만들었다.

롯데리아가 인지하지 못했던 문화적 차이는 매장 위치와 인테리어 부문에서도 확인할 수 있다. 그 당시 중국에서 프랜차이즈로 성공한 매장들은 번화한 거리에서 시선을 사로잡을 만큼 화려한 디자인을 가지고 있었다. 맥도날드는 이에 상응하여 대도시에 중심을 잡고, 테이블과 의자는 무작위로 배치하였으며, 벽에는 각종 애니메이션 주인공, 놀이공원 등의 사진을 붙였다. 또 다양한 색의 미니 깃발, 그림, 나무, 적색꽃 등도 붙여 놓았다. 심지어 화장실 벽면에까지 킬링타임용 이야기를 제공하였으며, 고객들의 편의를 위해 신문칼럼을 만들어 열람하게 하였다. 아무 방해 없이 자유로운 분위기를 조성하는데 집중하는 모습을 보여준 것이다. 또한 맥도날드는 소수 고객들의 요구를 고려하여 미니 카트도 준비하였다. 중국 내 맥도날드는 자선적 사회적 기부활동의 모습을 보여주기 위하여 점포 내에 '모금박스'를 배치하는 등 여러 노력을 기울였다. 이러한 행위들은 소비자의 무의식 속에서 맥도날드의 이미지를 친절하고 윤리적인 기업으로 만들게 하였으며, 고객들에게 온화하고 편안한 분위기를 느끼게 하였다.

이에 비해 롯데리아의 디자인은 중국인들이 관심을 갖게끔 차별화를 하는데 실패하였다. 롯데리아 역시 미키마우스를 설치하면서 아이들의 주목을 끌려 하였으나, 좁은 출입문 등 답답한 디자인은 사람들로 하여금 호프집으로 오해 받게 하는 해프닝까지 겪게끔 하였다. 점포 내 벽에는 몇 가지의 그림이 조금 있는 것 외에 다른 장식은 거의 없었다. 폭신한 의자, 커플자리 등 하드웨어 시설들은 비록 타 브랜드보다 최신 시설을 사용했다는 인상을 주었지만, 테이블과 의자 배치가 무거운 분위기를 조성했고, 현대적 신식이라기보다는 낡은 옛것의 느낌을 주어 고객들의 심적 불편함을 야기했다. 이러한 디자인은 당연히 고객을 끌어들이는데 긍정적인 역할을 하지 못했다. 롯데리아는 중국인을 유혹할 수 없는 디자인과 인테리어를 사용하면서, 이와는 대조적인 모습을 보였던 맥도날드나 KFC와 경쟁하기에는 어려움이 있었고, 중국 문화를 고려하여 특화한 전략이 부재했다고 분석할 수 있다.

질문

1. 한국에서 성공을 거둔 롯데리아가 문화적으로 유사한 중국에서 실패한 이유는 무엇이었다고 여겨지는가?
2. 1번 질문에 대한 답을 하였다면, 이번에는 베트남 시장에서의 성공과 중국시장에서의 실패라는 상반된 결과를 야기한 주요 이유가 무엇이라고 생각하는가?
3. 롯데리아의 중국시장에서의 실패는 사례에서 언급한 문화적 차이에 대한 몰이해 외에도, 부적절한 마케팅 전략의 구사라고 지적하는 사람들도 있다. 그렇다면, 중국시장에 다시 한 번 더 진출한다면, 롯데리아를 위해 올바른 마케팅 전략을 제시하고 그 이유를 자세히 밝히시오.

토의자료 3-1

미국 · 유럽에서 통할까…해외법인 아직은 '적자': 생소한 안마 문화 극복이 관건

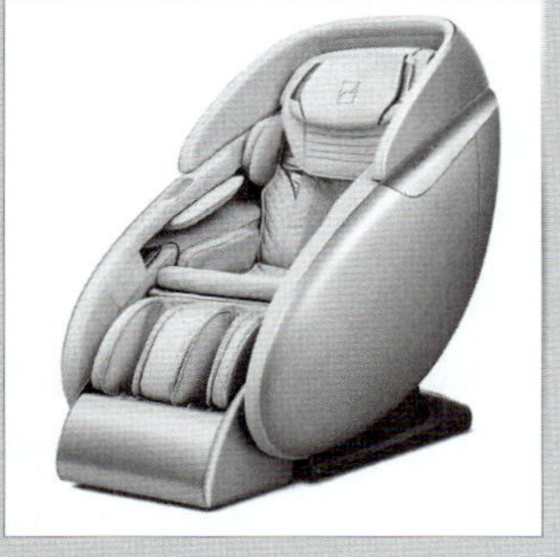

바디프랜드는 국내 안마의자 시장에서 60%가 넘는 점유율로 압도적인 1위를 차지하고 있다. 다만 국내 시장에서 성장세 정체도 보인다. 2015년 국내 안마의자 시장점유율 59%를 기록한 후 지난해 말 기준 60% 초반(추정치)을 기록할 정도로 과거와 같은 성장세를 보이지 못하고 있다.

회사는 사업 영토 확장을 위해 중국과 미국에 진출했지만 아직까지 성과를 거두지 못하는 상황이다. 바디프랜드는 해외진출 초기 단계로 사업성을 높이는데 시간이 필요하다고 설명한다. 앞으로도 회사는 안마 문화가 생소한 시장을 위주로 해외진출을 꾀한다는 전략이다.

7일 금융감독원에 따르면 바디프랜드가 보유한 양대 해외 판매법인이 모두 적자를 면하지 못하고 있다. 지난해 중국 판매법인(BODY-FRIEND SHANGHAI INTERNATIONAL) 매출은 14억원으로 전년 매출 7억원에 비해 2배 성장했으나 당기순손실은 7억원으로 2017년의 -3억원과 비교해 적자 폭이 확대됐다.

미국법인(BODYFRIEND, INC.) 또한 지난해 매출 26억원으로 매출은 2017년의 8억원에 비해 3배 넘게 늘었지만 당기순손실이 2017년 4억원에서 지난해 12억원으로 3배 가량 적자가 커졌다. 미국시장은 중국시장과 달리 안마 문화가 생소해 현지 정착에 시간이 더 필요할 것이란 분석도 나온다.

바디프랜드는 2016년 말 중국 진출을 시작으로 해외진출을 본격화했다. 이듬해에는 미국에도 판매법인을 세웠다. 현재 각국에 3곳씩 플래그십 스토어를 보유하고 있다. 바디프랜드 관계자는 "미국과 중국시장은 인구 수와 경제력 등에 비춰보았을 때 안마의자 수요를 창출해야 할 대형 시장이라 진출을 결정했다"며 "현재 이 지역에서 주도적인 시장 참여자(Player)가 아니기 때문에 빠른 시일 내에 자리 잡을 필요가 있다"고 밝혔다.

해외진출 초기 단계였기에 낮은 인지도 극복을 위해 한인 거주 비율이 높은 지역이 중심이 됐다. 회사 관계자는 "글로벌 인지도가 낮아 한인이 많은 미국 LA에 플래그십 스토어를 차렸다"고 설명했다. 중국 상하이 또한 베이징 다음으로 한인이 많이 거주하는 지역이다. 바디프랜드 안마의자 생산공장이 상하이에 합작법인(Joint Venture) 형태로 자리하고 있는 것도 원인이 됐다.

다만 해외진출 시 한인 시장만을 공략할 수 없는 노릇이다. 현지인 공략을 위해 활발한 홍보를 전개해야 하나 현지 광고와 마케팅이 아직은 부족하다는 목소리가 나온다. 이 탓에 바디프랜드 측에서도 안마의자가 입소문을 타려면 시간이 더욱 필요하다고 분석했다.

특히 중국시장보다 미국시장에서 흑자 전

환에 더 많은 시간이 소요될 것이란 평가다. 바디프랜드 관계자는 "중국은 동양 문화권 특성상 안마 문화를 공유하지만 미국은 문화적인 측면을 극복하는데 시간이 필요하다"고 설명했다.

중국시장은 현재 안마기구에 대한 관심도 높다. 코트라에 의하면 지난해 중국 안마기구 시장은 129억 위안(추정치)으로 2017년의 116억 위안에 비해 11% 성장하는 등 높은 관심을 얻고 있다. 2017년말 기준 중국 안마기구 주요 국가별 수입동향을 살펴보면 한국은 1,249만 달러(약 150억원)로 일본의 6,405만달러(약 760억원)에 이어 2위를 차지하기도 했다.

바디프랜드는 중국과 미국에서 적자를 거두고 있음에도 불구 올해 3분기 중 프랑스 파리에 플래그십 스토어 오픈을 통해 유럽 시장을 공략할 방침이다. 일본·대만처럼 자국 안마의자 기업이 인기를 얻고 있는 지역이 아니라 상대적으로 안마의자가 널리 보급되지 않은 유럽시장을 노린다는 계획이다.

회사는 현지 취향에 맞게 안마의자에 명품 이미지를 강화하는 전략을 세우고 있다. 지난 2월부터 파리 지역에서 두 달간 운영한 팝업 스토어도 유럽 내 럭셔리 백화점으로 꼽히는 봉마르셰 백화점에 차렸다. 바디프랜드는 지난해 12월 유럽법인을 설립해 명품 브랜드 마케팅 전문가인 이종규 전 디올코리아 대표를 법인장으로 영입했고 2월에는 루이비통 아트 디렉터 출신 빈센트 뒤 사르텔 디자이너를 영입해 프리미엄 이미지 각인에 중점을 두었다.

한편 바디프랜드는 파리 플래그십 스토어 오픈을 시작으로 서유럽과 북유럽을 비롯한 유럽 시장 전반과 중동, 러시아 등으로의 진출을 확대할 예정이다.

(자료: 더벨, 2019년 6월 7일자)

토의자료 3-2 KOTRA, 러시아선 회사 직인 없으면 계약 무효

중소 제조업체인 A사는 최근 사소한 실수 때문에 낭패를 당할 뻔했다. 오랜 협상 끝에 러시아 업체에 물품을 대량 납품키로 하고 선적까지 했는데, 뒤늦게 계약이 무효가 될 수 있다는 통보가 왔기 때문이다. '계약서에 회사 직인이 없을 경우 효력을 인정하지 않는다'는 러시아 규정을 모르고 당사자 서명만 받은 게 화근이었다. A사는 코트라의 도움으로 물품이 도착하기 전에 회사 직인을 받아 화를 면했지만, 당시 일을 생각하면 지금도 가슴을 쓸어내린다. 코트라 관계자는 "많은 국내 중소기업들이 러시아 규정을 모른 채 계약서를 작성하다 피해를 입곤 한다"며 "특히 러시아 공공기관은 사소한 실수에 대해서도 정정 요구를 받아들이지 않기 때문에 계약서 작성시 세심한 주의가 필요하다"고 설명했다.

베트남에서 고전하고 있는 농기계 생산업체 K사는 현지 시장 사정을 꿰지 못해 된서리를 맞은 케이스다. 파격적인 조건을 제시한 현지 유통업체 말만 믿고 판매 에이전트 수를 2개에서 1개로 줄였다가 판로 확보에 어려움을 겪게 된 것. 코트라는 "베트남은 아직 시장 규모가 작기 때문에 현지 유통업체와 독점 공급 계약을 맺는 것은 위험하다"며 "아직까지는 복수 에이전트를 통해 판로를 넓히는 게 유리하다"고 조언한다.

C사는 영국 비즈니스 환경에 대한 몰이해와 준비 부족이 협상 실패의 원인이 됐다. 이 업체는 '보수적인 영국인의 특성을 감안해 첫 거래 때는 e메일보다 카탈로그를 우편으로 송부하는 게 좋다'는 기본 룰을 몰랐을 뿐 아니라 오·탈자와 잘못된 표현으로 회사의 신뢰를 스스로 깎아먹었다.

D사는 무턱대고 맺은 양해각서(MOU) 때문에 앞으로 남아프리카공화국 진출이 불가능할 정도로 현지에서 이미지가 나빠졌다. D사는 'MOU는 법적 구속력이 없다'는 점을 들어 협상 과정에서 MOU를 파기했지만, MOU를 사실상 최종 계약서처럼 생각하는 현지 업체 입장에선 '약속을 깬 기업'이 된 것이다.

코트라 관계자는 "우리 기업의 해외진출이 급격히 늘어나면서 예상치 못한 상황이 자주 발생하고 있다"며 "현지 시장 상황과 문화적 차이, 그리고 각종 거래 규정 등을 철저히 준비한 뒤 진출해야 피해를 줄일 수 있다"고 말했다.

(자료: 한국경제, 2006년 11월 6일자)

토의자료 3-3

'문화의 이해'가 해외진출 첫 걸음

곧 90을 앞둔 어머니는 그 당시로는 신여성이다. 대학에서 영문학을 전공하셔서 요즘도 영어로 된 홍보물들을 잘 읽으신다. 정치·경제·사회·문화의 새로운 변화에 더해서도 접근성이 뛰어나시다.

그런 것에 비해 '먹을 것'에 대해선 매우 보수적이시다. 외식을 하려면 늘 어머니 식성에 맞춰야 한다.

문화적인 측면에서 볼 때 의식주 중에 가장 보수적인 것이 '식(食)'이다. 대한민국이 100년 동안의 근대화 과정을 거치면서 전통의 흔적이 가장 많이 남아있는 것도 '먹거리'다. 전통의 옷은 설날과 결혼식에서만 볼 수 있고 전통주거 역시 전시품으로 남아있는데 간장·된장·고추장을 비롯한 장류와 김치를 비롯한 발효식품, 그리고 주식인 밥까지 실생활에 그대로 남아있다.

옷을 디자인하는 전문가나 건축설계를 하는 건축가들은 오랫동안 우리 삶이 만들어낸 전통적인 것들을 현대의 삶에 도입하려고 애쓰게 마련이다.

하지만 아무리 아름다운 전통이더라도 이미 삶의 형식이 세계화한 대중들에게 옛 형식을 강요하기는 쉽지 않은 일이다. 대가족이 핵가족이 되고 핵가족이 분해되어 일반적 가족의 유형이 사라진 지 오래다. 이런 상황에 대가족 제도에 맞는 전통적 주거의 공간을 고집할 수 없고, 이전에 없던 수많은 업무유형을 전통공간으로 담아낼 방법이 없다.

100년 전 조상들보다 20cm 이상 큰 키의 현재 한국인들에게 옛날의 치수를 적용할 수도 없다. 그래도 주거형식 중엔 대중의 취향으로 남아 있는 전통의 흔적들이 있다. 남향 선호와 자연환기 등의 '친환경'과 '온돌'이다. 특히 온돌 난방방식은 중국과 러시아에 수출되어 인기 주거아이템이 되었다.

국내 건설시장이 위축되어 건설사마다 해외 대형 프로젝트 수주에 사활을 걸고 있다. 그러나 잇따른 수주사업 원가관리 실패에 따른 어닝쇼크로 해외 건설시장의 높은 벽을 절감하고 있다. 건설사는 자신의 위치를 냉철히 평가해야 한다. 사실 한국의 건설사는 기술적 경쟁력엔 취약하다.

그런데 돌아보면 건설사들이 그간 국내외에서 해왔던 일은 도시 만들기였다. 특히 민간 주거분야에 있어선 가장 많은 경험과 노하우를 지니고 있다.

아파트 분양은 불특정다수를 상대로 한 집 팔기다. 성공적인 분양을 위해선 수요자의 마음읽기가 가장 중요하다.

세계적으로 수많은 제3세계 및 전후국가에서 수많은 도시들이 만들어지고 있고 가장 빠른 시간 내에 도시들을 만들길 원한다. 주거는 정부가 앞장서서 분양하는 경우도 있지만 대부분 민간분양방식을 선호한다.

이런 시점에 해외에서 우리가 가장 잘할 수 있는 프로젝트들이 '핫(hot)'하게 뜨고 있는 것이다. 토목을 통한 도시 인프라를 만들고 주거와 업무 상업시설을 만들어 분양하는 일은 우리 건설 산업계에서는 어느 나라보다 많이 수행해 왔으며 그 노하우를 인정받아 신도시 수출도 여럿 추진되고 있다.

따라서 국내에서 아파트 분양을 통해 체득한 세계화된 주거의 공통 아이템 위에 온돌처럼 각 나라가 고집하는 전통적 요소가 무엇인지 찾아낼 수 있을 때 한국의 건설은 독보적인 해외 경쟁력을 확보하게 될 것이다.

국내든 해외든 물건을 파는 사람이 망하는 첫 번째 이유는 소비자의 마음을 읽지 못하는 것이다. 의식주는 삶의 본질적 요소이면서 한편으로 문화이다.

가장 보수적인 음식도 해외에 나갈 때는 그 나라에 맞게 맛을 조절한다. 건설이 기술적 경쟁력을 넘어 문화적 이해의 깊이를 가져야 함을 깨닫게 될 때 우린 건축주의 언어, 문화, 전통의 몰이해에서 왔던 수많은 실수들을 극복해내고, 우리가 그동안 쌓아왔던 토목, 도시, 건축, 주거의 경쟁력을 세계에 펼쳐 보일 수 있을 것이라고 믿어 의심치 않는다.

(자료: 아시아경제, 2013년 9월 27일자)

참고문헌

가미미, 김세범, 변충규(2009), 국가이미지 및 브랜드이미지가 브랜드선호도에 미치는 영향에 관한 연구, 서비스경영학회지 10(2): 153-179.

더벨, 미국 · 유럽에서 통할까…해외법인 아직은 '적자': 생소한 안마 문화 극복이 관건, 2019년 6월 7일자. [online]. Available at https://www.thebell.co.kr/free/Content/ArticleView.asp?key=2019 06070100010370000665&svccode=04 (접속일: 2019년 7월 8일자).

리빈지 (2012), 한국기업의 대 중국 직접투자 사례연구: 삼성전자, 현대자동차, 롯데리아 및 세원텔레콤 사례를 중심으로, 성균관대학교 석사학위 청구논문.

머니투데이, 롯데백화점 '러시아 돌침대'의 교훈, 2009년 7월 17일자.

머니투데이, 보루네오, 미래동력 신사업에 '가구'는 없다?, 2012년 8월 28일자.

박병일(2017), "글로벌경영 사례100", 시대가치.

박영만(2013), "차이나 마켓코드: 하나의 나라, 천개의 시장", 미래의 창.

박주홍(2009), "국제경영전략", 삼영사.

비즈니스 포스트, 가구업계 '토요타' 꿈꾸던 보루네오가구, 29년 만에 상장폐지, 2017년 6월 26일자.

서민교, 박병일(2013), "글로벌경영", 서울경제경영출판사.

아시아경제, [뷰앤비전] '문화의 이해'가 해외진출 첫걸음, 2013년 9월 27일자.

양영완(2002), IKEA의 성공배경과 디자인특성에 관한 연구, 한국가구학회지 13(3): 40-49.

유희승(2012), "일본인과 일본문화", 재팬리서치.

이데일리, 롯데백화점, 해외진출 전략 전면 수정, 2011년 1월 12일자.

이정정(2014), 중국 프랜차이즈시장의 특징 및 입지이론적 검증: KFC, 더커스, 롯데리아 중심으로, 부경대학교 석사학위 청구논문.

일요신문, 혼수의 명가 '보루네오가구' 50년 만에 내리막, 2017년 5월 12일자.

정형(2018), "일본, 일본인, 일본문화", 다락원.

조원익(2005), "실패한 마케팅에서 배우는 12가지 교훈", 위즈덤하우스.

한국경제신문, KOTRA, 국제협상. 계약 실패 사례집 발간…러시아선 회사직인 없으면 계약 무효, 2006년 11월 6일자.

한충민(1998), 외국 브랜드에 대한 미국 소비자의 태도와 구매 의도에 관한 실증적 연구: 자동차 브랜드를 중심으로, 마케팅연구 13(1): 27-42.

헤럴드경제, 맥도날드도 두 손 든 베트남…롯데리아의 성공 비결은, 2016년 4월 6일자.

PART 02

국제경영 환경

04

지역경제통합

사례 4-1 **유럽시장에서의 포스코 사례**: 유럽연합이 세운 무역장벽과 포스코가 겪은 어려움

사례 4-2 **유럽시장에서의 쌍용자동차 사례**: 쌍용자동차가 유럽에서 생존할 수 있는 길은?

사례 4-3 **미국시장에서의 A기업 사례**: 한 · 미 FTA 원산지 검증

사례 4-4 **유럽연합(EU)의 환경규제**

사례 4-5 **멕시코 시장에서의 한국타이어 사례**: 타이어 업계의 멕시코 수출 길이 막히다

사례 4-6 **나프타 시장에서의 GS칼텍스 사례**: 트럼프 때문에 울고 싶은 GS칼텍스

사례 4-1 유럽시장에서의 포스코 사례: 유럽연합이 세운 무역장벽과 포스코가 겪은 어려움

철강산업은 대규모 자본집약적 산업으로서 기타 주요 산업(자동차, 조선, 전자, 기계 등)에 필요한 기초 자재를 제공하는 국가 기간산업이라고 말할 수 있다. 그렇기에 해당 산업은 여타 다른 산업 대비 대규모의 파급효과와 영향력을 지니고 있고, 특정한 사업을 시행하기 위한 초기 투자비용과 그로 인한 경제적 효과도 크기 때문에 기업과 국가의 성장에 주요한 영향을 미친다. 20세기 중반까지는 세계 철강산업 상위 10개국 중 과반을 미국 및 서유럽 국가들이 차지하고 있었으나, 이후 우리나라, 일본 등의 신흥공업국과 개발도상국들의 비중이 확대되었다.

우리나라 철강의 비약적인 성장을 이끈 주역은 POSCO(포항제철)로, 글로벌 철강 시장에서 경쟁 기업들의 M&A를 통한 규모의 확대, 동북아시아와 동남아시아 기업들의 부상 등 거센 도전을 이겨내 왔다. 하지만 최근 주요 유럽연합(EU) 가맹국들의 무역제재, 반덤핑과 상계관세 조치를 통한 보호무역주의의 강화 등과 더불어 정치적인 영향 등이 새로운 장벽으로 부상하고 있다. 치열한 세계 시장에서 국내 기업의 영향력 순위 상승을 위해 앞서 말한 무역장벽을 이해할 필요가 있다. 따라서 국내 대표 철강기업인 포스코가 겪은 피해와 대처, 그리고 향후 발생 가능한 상황의 대응방안을 제시해 보고자 한다.

주식회사 포스코(POSCO, Pohang Iron and Steel Company)는 1968년 4월 1일 정부의 주도 하에 포항종합제철주식회사라는 이름으로 창립된 철강생산 기업

이다. 포스코는 출범 이후 우리나라 경제의 빠른 성장으로 인한 철강 수요의 증가, 정부의 지원 등에 힘입어 일관 제철소로는 비교적 단기간에 성장하였다. ㈜포항종합제철은 1988년 기업공개 이후, 2000년에 민영화되었고, 2002년에 회사명을 ㈜포스코로 변경하였다. 세계철강협회

(WSA)의 발표에 따르면, 2017년을 기준으로 해당 기업의 조강생산량은 42.2백만 톤으로 아르셀로 미탈, 바오우강철, 신일철주금, 허베이강철의 뒤를 이어 세계 5위의 자리에 위치하고 있다.

한편, 포스코는 2008년 이래로 철강 수요 감소에 대한 대응으로 ㈜대우인터내셔널(현재 ㈜포스코대우) 인수 및 해외사업 확대를 통해 적극적인 사업다각화를 추진한 바 있다. 현재 2018년 기준, 그룹은 총 41개의 계열사를 보유하고 있으며, 이들은 ㈜포스코, 포스코강판(주), ㈜포스코대우, ㈜포스코아이씨티, ㈜포스코켐텍, ㈜포스코엠텍 등으로 구성되어 있다. 초기에는 중국과 동남아시아를 겨냥하여 수출 및 투자를 가속화하였고, 이후 최초 해외시장으로는 멕시코에 자동차강판 공장을 건설하였으며, 중국, 인도, 베트남 등에 가공센터와 물류기지가 들어서 있다. 뿐만 아니라 미국, 브라질, EU 등 세계적인 철강 강국들에게 지속적으로 상품을 수출하면서 교역을 진행해 왔다.

그리고 포스코를 비롯해 현대제철이 EU에 철강을 수출하고 있는데 그 규모는 증가하는 추세였다. 2013년 19억5,005만 달러였던 수출 금액은 2017년 29억 281만 달러를 달성해 4년간 48.8% 증가한 양상을 보였다. 철강 기업들이 EU로 수출하는 주요 품목은 판재류로 전체 수출 규모의 78.4%를 차지한다. 판재류 중 냉연강판, 아연도강판, 열연강판 순으로 많다. 한편, 포스코는 대(對)유럽 수출 및 판매를 위해 현재까지 독일에 유럽지부 사무소를 설립하였고, 폴란드, 이탈리아, 슬로바키아 3국에 가공센터를 설치하였으며, 슬로베니아에 원료 · 물류 · 금융 · 특수법인을 두고 있다.

일반적으로 EU는 단일 경제통합체로 인식되지만, 이에 소속된 각각의 회원국은 시장의 규모와 소득 수준, 산업 특화에 있어서 판이한 구조를 지닌다. 이러한 이유 때문에 한국 기업의 EU 회원국 대상 무역은 크게 서유럽과 중동부유럽으로 나뉜 양상을 띠고 있다. 또한 EU는 역외국 대상으로 관세뿐만 아니라, 여러 가지 비관세장벽(Non-tariff barriers)을 설치하여 역외 국가와의 교역을 다각도로 차별하고 있다. 비관세장벽은 관세를 제외한 자유로운 무역활동을 저해하는 일체의 규제활동을 지칭한다. 통상적으로 "기술장벽(TBT, Technical Barriers to Trade, 예: 기술 규정, 기술 표준, 인증제도 등), 환경규제, 통관 규제, 위생 및 검역 조치, 수입 규제, 원산지 규정 강화, 수량 제한" 등의 다양한 방식으로 이루어진다. 세계무역기구(WTO)가 출범한 이래로 관세장벽은 점점 낮아지는 반면, 비관세장벽의 영향이 커지고 있고, 비관세장벽은 개별 국가의 고유한 제도와 기준으로 조직되어 있어서 그 효과를 측정하기 모호하고 협상에도 어려움이 많다.

한편, 우리나라는 유럽연합과 자유무역협정을 체결해 무역장벽의 완화를 꾀하였다. 이는 한국이 동아시아 국가들 중 최초로 세계 최대 단일시장(2010년 기준 경제 규모 16조 4,000억 달러, 역외 수입 규모 1조 7,000억 달러)인 유럽연합과 체결한 FTA(free trade agreement)로서 2011년 7월 1일에 발효된 바 있다. 통상적으로 협상을 개시하는 순간부터 발효될 때까지 3년 이상이 소요된다는 사실을 감안하면 다른 동아시아 국가들보다 최소 3년 이상의 비교우위를 확보한 셈이 된다.

관세 철폐와 관련하여, EU는 99.6%, 우리나라는 93.6%의 관세를 2016년 내 철폐(품목 수 기준)키로 약정을 하였고, 또한 양측 국가는 모든 공산품 품목에 부과되는 관세 역시 제거하기로 협의하였으며, 품목 수와 수입액 모두 한국 기업에게 비교적 유리하도록 비대칭의 관세 철폐 의무를 이행한다. 유럽연합 측은 전품목의 관세를 5년 안에 철폐하기로 한 반면, 한국은 의료용 전자기기, 중장비, 건설, 순모직물, 합판 등의 품목(수입액 기준 1.3%)에 대한 7년의 철폐 구간을 확보하였다. 이렇게 완화된 관세장벽 덕분에 한국 철강의 대유럽 수출은 일정 기간 호황을 누렸다.

그러나 최근 유럽연합 내 철강산업 불황의 지속으로 인해 역내 산업 보호를 위하여 역외국이 생산한 철강 제품들에 대한 규제를 강화하려는 양상을 보이고 있다. 세계 1위이자 유럽 전체 생산의 25% 이상을 차지하는 기업인 아르셀로 미탈은 중국과 한국을 비롯한 아시아산 철강 제품 때문에 유럽연합 내 철강생산 기업들이 큰 위협을 받고 있다고 꾸준히 주장한 바 있다. 이러한 유럽 기업들 및 유럽철강산업협회(Eurofer)가 제기한 불만의 영향으로 2015년에는 규소 방향성 전기 강판(GOES; grain-oriented flat-rolled products of silicon-electrical steel) 제품에 대해 21.6%에서 35.9% 사이의 반덤핑 관세를 부과한 전례가 있다.

2015년 9월, EU 집행위원회는 포스코의 전기 강판을 수입 규제 품목에 확정 포함하였다. EU로 수출하는 방향성 전기 강판의 최저가격을 정하고 이에 못 미칠 경우 추가적인 관세를 부과키로 하였기에, 그 결과 포스코가 생산한 제품에는

22.8%의 추가 관세가 적용되었다. 집행위원회는 수입 방향성 전기 강판의 등급에 따라 톤당 1,536~2,043유로의 최저가격을 지정하고 해당 가격과 수입가격의 격차만큼 관세를 매길 것이라고 발표하였다. 이어서 2015년 10월 "신통상투자전략보고서"를 발표해 향후 반덤핑 관세, 상계관세 등을 통해 무역 상대국가의 불공정한 무역관행에 대해 강경하게 대응할 것이라는 입장을 보였다. 이제 포스코에 대한 사례 분석을 통해 경제통합체의 무역규제에 어떻게 대처하면 좋을지 알아보자.

2014년 8월, EU 집행위원회는 포스코의 방향성 전기 강판(Grain-Oriented Electrical Steel)에 대한 반덤핑 조사를 착수하였다. 이에 외교부 수입규제 대책반, 주(駐)벨기에 · EU대사관과 해당 기업이 함께 대응하여 최저수입가격 설정이라는 방식으로 기업의 부담을 최소화했다. 반덤핑 조사는 수입국가의 시장으로 들어오는 수입 제품들이 정상가격보다 낮은 가격으로 들어와, 해당 국가의 산업이 피해를 받거나 그의 확립이 지연될 때 이를 확인하기 위해 관찰하는 것을 뜻한다. 조사를 통해 자국 산업이 받는 타격이 확실시될 때, 수입국은 내수 경제를 보호하는 차원으로 해당 수입 물품에 덤핑관세를 부과한다.

이때 반덤핑관세는 해당 제품과 수출한 회사 또는 수출 국가를 지정해 기본 관세에 더하여 덤핑된 가격과 정상가격의 차액(덤핑차액)과 같거나 그보다 낮은 관세(덤핑방지관세)를 추가적으로 브과하는 것을 말한다. 반덤핑 관세가 추가될 경우, 판매 시장 내 다른 기업들에 비해 가격경쟁력이 낮아져 입지가 불리해질 가능성이 있기 때문에 가능한 이를 피하는 것이 바람직하다. 따라서 포스코는 조사가 진행되는 초반부터 주벨기에 · EU대사관에 협조를 요청하고 적극적으로 관련 정보를 공유하였다. 또한 현지의 무역구제대응 전문 로펌과 기업 자체 통상 담당 부서의 협력을 통해 대응 방안을 마련하는 노력을 했다. 뿐만 아니라 집행위원회의 조사에 적극적으로 협조하고, 양자 협의와 청문회에 참석하는 등 협조적인 방식을 통하여 직접적으로 EU와 교섭하였다.

2015년 잠정적 반덤핑 관세 부과가 결정된 이후, 외교부 산하의 수입규제대책반에서는 해당 제품의 공급 부족과 근래의 시장 가격 상승으로 인해 최종 판결에서 반덤핑 관세를 부과할 경우, 그것이 EU의 공익에 반하는 것임을 주장했다. 또한 대책반은 범정부 수준에서 한-EU FTA 무역구제 작업반 및 WTO 무역구제

〈표 4-1〉 EU의 대한 수입규제 현황(2017년 6월 7일 기준)

품목	유형	조사개시	비고
철강제 관연결구류 · 철강금속	반덤핑	2001.6.1.	2002.8.24. 최종판정 (확정관세율: 44%)
철강로프 및 케이블 · 철강금속	우회덤핑(중국)	2009.8.12.	2010.5.11. 최종판정 (확정관세율: 60.4%)
실리콘메탈 · 화학	우회덤핑(중국)	2006.4.20.	2007.1.19. 최종판정 (확정관세율: 49%)
규소방향성 전기강판 · 철강금속	반덤핑	2014.8.14.	2015.10.30. 최종판정 (확정관세율: 22.5%)
경량감열지 · 종이류	반덤핑	2016.2.18.	2017.5.3. 최종판정 (확정관세: 톤당 104.46유로)
테레프탈산 및 그 염 · 화학	반덤핑	2016.8.3.	2017.6.7. 최종판정 (관세 미부과)

자료: KOTRA 브뤼셀 무역관.

위원회 등에도 해당 사건과 연관하여 지속적인 관심을 유도하며 복합적으로 대응하였다. 그 결과, 당해 9월 유럽연합 집행위원회는 최종 반덤핑관세율은 확정하지만 이를 "종가세(ad valorem duties)" 형태로 부과하지 않고, "가변적 관세(variable duties)"로 부과하기로 판결해, 잠정 반덤핑 관세를 부과하기로 했던 예시 판정을 변경시켰다. 이는 즉, 한국 제품에 대한 최종 반덤핑관세는 22.5%로 결정되었지만 하한 수입가격 이상으로 유럽에 수출할 경우엔 추가적인 반덤핑관세가 발생하지 않음을 뜻한다.

위의 반덤핑조사는 한-EU FTA 발효 이래 최초로 시행된 조사로서 그 과정 및 결과에 대해 관심이 집중되었다. 조사 초반부터 포스코, 공관, 정부 간의 긴밀한 협조가 이루어졌으며, 공관과 집행위원회의 적극적인 의사소통, 한-EU FTA 무역구제 작업반 및 WTO 무역구제위원회 등 여러 채널이 해당 조사 과정에 참여하였다. 이는 집행위원회로 하여금 한국 기업에게 "특별한 주의(special care)"를 기울여 공정한 조사를 진행하는 것을 도왔다. 더불어 다양한 논리를 활용함으로써 위원회를 설득하는 것이 용이했고, 결과적으로 "가변적 관세"라는 일반적이지 않은 결정을 내리도록 하여 한국 업체가 받을 피해의 최소화를 가능케 했다

〈표 4-2〉 EU, 한국산 규소방향성 전기강판 반덤핑 최종 판정

제품 범위	MIP(Macroeconomic Imbalance Procedure)
철손율 0.9W/kg 이하	2,043유로
철손율 0.9-1.5W/kg	1,873유로
철손율 1.5W/kg 이상	1,536유로

자료: KOTRA 브뤼셀 무역관

고 말할 수 있다.

그리고 2018년 7월에는 미국의 국가별 쿼터 제도를 통한 보호무역주의 강화에 영향을 받아 유럽연합 또한 회원국들의 철강산업을 보호하기 위해 세이프가드(긴급수입제한조치)를 본격적으로 발동하였다. EU 집행위원회는 "최근 3년간(2015~2017년) 유럽연합으로 수입된 철강 평균 물량의 100%까지는 지금처럼 무관세로 수입하고, 이를 넘는 물량에는 25%의 관세를 부과하기로 결정했다"고 공표하였다. 이 조치 기간에는 글로벌 쿼터[1]가 적용되어 선착순으로 물량 배정이 이루어진다. 여기에 적용되는 철강 품목은 23개로 쿼터 물량은 총 1,514만 톤이다. 이에 포스코 관계자는 "유럽으로 향하는 한국의 수출은 매년 큰 폭으로 늘어나 지난해에만 350만 톤에 육박했다. 미국에 이어 유럽까지 무역장벽을 치면서 수출에 대한 부담은 커질 수밖에 없다"고 우려를 표했다.

질문

1. 지역경제통합이 결성되면 흔히 역내국 간에는 교역과 투자가 증진되는 반면, 역외국과의 자유무역에는 장애요인으로 작용한다고 말하는바, 그 이유를 설명하시오.
2. 유럽연합의 비관세장벽 부과에 대한 포스코의 대처 방향과 전략을 정리하시오.
3. 향후 포스코의 유럽 내 시장지위 및 점유율 확대를 위해 어떠한 노력을 행하여야 할 것인지 제안해 보시오.

1) 국가마다 지정된 물량이 없고 특정 국가의 수출이 급증하면 다른 국가들은 수출량이 줄어드는 구조

사례 4-2 유럽시장에서의 쌍용자동차 사례: 쌍용자동차가 유럽에서 생존할 수 있는 길은?

자동차 산업은 2016년 기준 국내총생산의 약 13%, 자동차 산업과 관련된 종사자 수는 총 고용인원의 7.3%, 전체 세수입의 약 14.7%를 차지하는 것에서 알 수 있듯, 한국 경제에서 차지하는 비중이 상당히 높다. 또한 철강 및 전기 · 전자 산업, 에너지 등 제조업 및 전도유망 산업에도 생산 유발 및 기술 파급효과가 큰 종합 산업이다. 이러한 자동차 산업이 기술 수준을 향상하고 고부가가치화를 통해 한국 경제의 성장에 뼈대와 같은 역할을 수행하기 위해서는 세계 최대의 자동차 시장인 EU에서 높은 시장점유율을 달성하여 영향력을 갖춰야 한다. 이에 따라 기업의 전체 수출 비중에서 EU 시장이 차지하는 비율이 가장 높은 쌍용자동차 사례를 살펴보기로 하자.

㈜쌍용자동차는 1954년 설립된 자동차 제조회사로, 1980년대에 독자적인 기술을 이용한 무쏘(Musso), 코란도(Korando)의 개발을 통해 한국에 사륜 구동차를 유행시킨 기업이다. 이어서 2000년대부터는 렉스턴, 카이런, 액티언, 액티언 스포츠를 시중에 내보내, 한국 SUV 리더로서의 위상을 지켜왔다. 쌍용자동차는

내수 산업에만 집중하지 않고 판매 영역을 세계로 확장하여 126개국에 약 1,500개의 글로벌 판매 네트워크를 갖춰 다양한 SUV 차량을 수출하고 있다. 1988년 3월, 코란도의 북유럽 수출, 1994년 10월 무쏘의 유럽 수출을 기점으로 하여 그룹의 본격적인 대(對)유럽 수출이 시작되었다.

쌍용차 수출 현황

국가	주력모델	수출비중
유럽	코란도C, 티볼리, 티볼리에어	45%
중남미	코란도C	25%
아시아	코란도C	5%
중동, 아프리카	티볼리, 티볼리에어	25%

자료: 뉴스핌, 2017년 5월 8일자

쌍용자동차 관계자에 의하면, "쌍용차 수출 국가는 유럽이 가장 크다. 남미와 북미를 제외하고 모든 시장에 나가고 있지만, 각 나라의 시장 상황에 따라 판매량이 바뀐다"라며 그룹의 핵심 수출 대상 국가가 유럽임을 밝혔다. 유럽에 가장 많이 수출 및 판매되는 차량은 소형 SUV인 "티볼리"이다. 2016년 7월, 티볼리는 유럽 판매 시작 이후 16개월 만에 판매량 5,000대를 넘어 당해 기업의 실적을 증가시킨 주력 역할을 한 차량이기도 하다. 티볼리와 그의 후속으로 출시된 "티볼리 에어"의 공(功) 덕택에, 당해 230억 원의 영업이익을 달성함으로써 2007년 이후 9년 만에 흑자로 전환되었다.

하지만, 불과 1년 뒤인 2017년, 11월까지 티볼리의 수출량은 1만 4,780대로, 2016년 대비 41% 가량 감소하여 부진한 성적을 보였다(1분기에 155억 원의 영업손실을, 매출은 전년 대비 3.01% 감소한 7,887억 원을 기록했다). 대(對)유럽 자동차 수출량과 실적이 감소한 원인은 바로 유럽연합(EU)의 수입 자동차에 대한 환경규제 때문이다. GATT(관세 무역 일반 협정) 체제가 도입된 이후부터 수량 제한, 수입 제한 등의 전통적인 비관세장벽을 도입하는 것이 어려워지자,

EU는 점차 환경과 안전 관련 규제를 통해 또 다른 비관세장벽을 구축하고 있다. 한편 EU는 자동차, 전기 · 전자, 화학 등 전반적인 산업에 걸쳐 각종 규제를 가하고 있는데, 일부 규제 제도는 회원국마다 상이하기 때문에 이에 대처하는 데 있어 우리 기업의 어려움을 가중시키고 있다. 그리고 최근에는 기업으로 하여금 환경오염에 대한 책임을 지도록 하는 추세여서 규제 대상에 포함되는 업체들의 부담비용이 늘어났다. 특히 자동차 산업에는 폐차 수거 제조업체 부담, 배기

가스 및 소음 규제를 의무화하여 기업들의 추가적인 부담을 야기했다.

특히 쌍용자동차의 수출에 제동을 건 정책은 "배기가스 규제(EURO Ⅳ)"였다. 이 정책은 2005년부터 발효된 것으로, 일산화탄소, 탄화수소, 질산, 분진 및 매연 배출량의 상한 기준을 지정했다. 유럽연합 집행위원회는 "2010년까지 모든 신차의 평균 CO_2 배출량을 120g/km로 한다"고 발표한 바 있으며, 자동차 회사들과 자율협정을 체결하고 운전자에게 연료 소비량에 대한 정보를 제공함으로써 연료 효율이 높은 차량을 선택하도록 유도하는 조치를 중심으로 진행할 것이라고 하였다.

또한 집행위원회는 자동차 배기가스를 2025년까지 2021년 대비 15%, 2030년에는 2021년 대비 30% 감축하는 것을 목표로 하고 배기가스 규제를 더욱 강화키로 하였다. 그리고 완성차를 판매하는 회사가 생산한 차량 중 전기차(EV)와 같이 이산화탄소를 적게 배출하는 자동차를 2030년까지 전체 판매의 30% 이상으로 끌어올릴 경우, 일정한 비율의 상여 점수를 주고, 그 만큼 이산화탄소 절감 목표 미달 수치를 최대 5%까지 용인하기로 했다.

이러한 유럽연합의 이산화탄소 배출 목표는 미국과 일본 등 선진국과 비교를 해도 가장 엄격한 수준으로, 완성차 판매 회사는 평균 매출 대수를 기준으로 대당 연(年)평균 이산화탄소 배출량이 2015년에는 130g/km, 2020년 95g/km를 상회하지 않아야 한다. 이에 따라 독일, 영국, 프랑스, 네덜란드, 스웨덴 등의 주요

그림 4-1 쌍용차, 상반기 수출 실적 추이

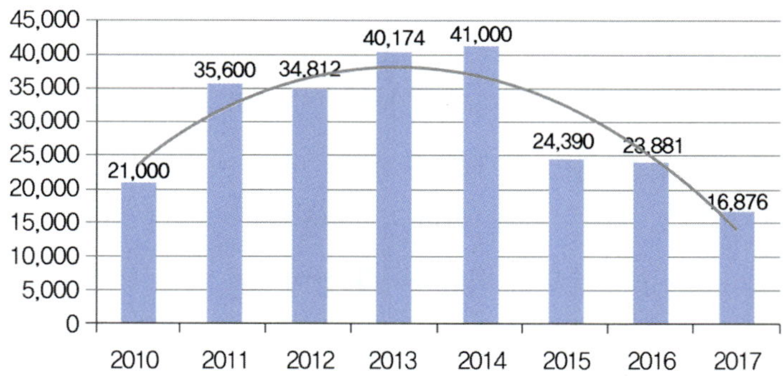

자료: 금융감독원, 쌍용자동차.

그림 4-2 EU집행위 EURO 5 기준 안의 주내용

◉ 디젤 자동차: 분진 배출 80%, 질산 배출 20% 감축

	분진(mg/km)	NOx(mg/km)
Euro 3(2000~2004.12.31)	50	500
Euro 4(2005.1.1일부터)	25	250
Euro 5(안)	5	200

◉ 가솔린 자동차
- NOx와 HC 배출 25% 감축
- Direct injection petrol 자동차의 불충분한 연소에서 오는 분진의 배출량 제한

	HC(mg/km)	NOx(mg/km)
Euro 3(2000~2005)	200	150
Euro 4(2005년부터)	100	80
Euro 5(안)	75	60

◉ 밴 자동차: 분진 배출 90%, 질산 배출 20% 감축
◉ SUVs
- 지금까지 경상용차에 대한 배출기준 사용이 허용되던 것을 폐지

자료: KOTRA

EU 회원국들은 이산화탄소 기준의 세금을 부과하고 있기 때문에 1600cc급 엔진을 탑재한 티볼리는 세금 면에서 1100cc나 1200cc급 엔진을 탑재한 닛산의 주크나 르노의 캡쳐 등 경쟁사의 차종 대비 가격경쟁력에서 크게 불리하다. 그 때문에 EU의 딜러들은 티볼리의 판매를 기피하는 것으로 알려져 있고, 같은 맥락에서, 티볼리 외에도 코란도 스포츠는 11.3%, 신형 G4 렉스턴은 20.6%, 코란도는 0.2%의 수출 규모가 감소하는 등 모든 종류의 자동차 수출이 부진한 상황이다.

특히 전체 수익 구조에서 40%를 수출이 차지하기에, 쌍용자동차에게 있어 대외 수출은 막대한 중요성을 지닌다. 더욱이 국내 경쟁사인 현대자동차, 기아자동차와는 달리, 쌍용자동차는 국외 생산/조립시설 없이 국내 생산시설에서 완성된 차를 수출하기 때문에 환율변동과 같은 외적 환경 요소에 크게 흔들리고, 또한 쌍용차는 주력 수출시장인 EU의 환경규제를 만족시키는 자동차를 개발하지

않고 티볼리 한 종류의 차량이 벌어들이는 수익에 의존하고 있다. 이와 같은 문제들이 수출 및 판매성적의 부진을 악화시켰으며, 특히 당장 발생한 문제에 대처할 수 있는 자구책을 가지고 있지 않다는 현실적인 어려움이 있다.

설상가상으로 2019년부터 일본과 EU의 관세 철폐 경제협력 협정이 발효될 예정이다. 협정 내용에는 발효 7년 뒤부터 EU에 수출되는 일본의 자동차에 부과되던 관세 10%의 폐지가 포함되어 한-EU FTA로 유럽시장 선점 효과를 누리던 우리 기업이 타격을 입을 것으로 예상된다. 한국은 FTA의 긍정적인 영향으로 2009년 35만 대에 그쳤던 수출량이 협정 이후 40만 대를 웃돌 게 되었던 바 있다. 반면, 일본의 경우, 2009년 70만 대를 밑돌 던 유럽 수출 자동차 규모가 2010년에는 38~57만 대로 현저히 줄어들었다. 하지만 이번 협의 이후, 우리 기업과 일본 기업의 자동차 판매 추이가 뒤바뀔 가능성이 높다. 이는 쌍용자동차의 감소하는 대유럽 자동차 수출 실적을 더욱 악화시킬 것으로 예견된다.

질문

1. 유럽연합이 수입차량에 대해 최근 배기가스 규제를 가하고 있는 이유를 설명해 보시오.
2. 유럽시장에서 범하고 있는 쌍용자동차의 오류를 다양한 각도에서 조명하시오.
3. 향후 유럽에서의 시장점유율 개선을 위해 쌍용자동차는 어떠한 전략을 펼쳐야 할지 명확하게 제시하시오.
4. 유럽시장에 집중하고 있는 판매 전략도 다각화할 필요가 있어 보이는 바, 어느 시장을 추가 타깃해야 하고, 그 이유는 무엇인지 밝히시오.

사례 4-3 미국시장에서의 A기업 사례: 한·미 FTA 원산지 검증

1. 미국의 FTA 원산지 검증의 의미 및 절차

FTA(자유무역협정)를 체결한 경우, 체결국 상호간 수출한 제품에 대해서는 특혜관세를 적용할 수 있다. 따라서 협정을 맺은 당사국에 본사를 둔 기업은 그렇지 않은 비체결국 소재 기업보다 유리한 조건을 보유한 채 수출시장에 진입할 수 있게 된다. 이러한 특혜관세를 적용받기 위해서 수출제품은 다음과 같은 5가지 조건을 충족시켜야 한다. 첫째, 거래 당사자 요건이다. FTA에서 거래 당사자는 해당 국가에서 거주하고 있는 수입자, 수출업자, 생산자여야 한다. 둘째, 품목 요건을 들 수 있다. 회원 국가들 간에 맺은 협정에서 인정한 품목만이 특혜관세를 득할 수 있음을 의미한다. 품목 분류에 따라서 아예 관세를 면제받거나 기준보다 낮은 관세를 지불하는 특혜관세 혜택을 받는 등, 관세가 달라지기 때문에 수출품목이 FTA 회원국에서 어떤 분류에 속하는지 정확히 인지하는 것이 가장 중요하다. 셋째, 원산지 상품 요건이다. FTA에서 규정하고 있는 원산지 기준을 충족하는 상품만이 특혜관세의 대상이 된다는 것이다. 넷째, 운송 요건이다. 만약 FTA를 체결한 체약국 외(外) 국가를 거쳐 상품을 수출했다면 경유 국가에서 어떠한 가공 단계도 실행되지 않았음을 증명할 수 있어야만 특혜관세 혜택을 받을 수 있다. 마지막으로, 원산지 증명 요건이다. 각 협정에서 정한 원산지 증명서가 사실을 기반으로 작성되었는지 확인하는 단계를 거쳐야 특혜관세 기준을 모두 충족시킬 수 있다. 이 중 본 사례에서는 원산지 증명 요건을 충족시키지 못해 발생한 실패사례를 자세히 알아보고자 한다.

FTA의 특혜관세 조항에서 원산지를 검증하는 주요 목적은 국가별 FTA 협정에 따라 관세를 감면받은 물품에 대하여 불공정 무역행위를 방지하고 협정에 어긋난 수출입 행위를 막음으로써 협정 당사국의 산업과 소비자를 보호하는 데에 있다. 한국과 FTA를 맺은 국가들 중 미국의 원산지 검증 대상은 미국 세관의 위험 관리 시스템에 따라 세수 손실이 크고 국민의 건강과 안전을 위협하는 분야를 중심으로 자동차, 섬유, 의류, 철강, 전자, 농산물 등을 선정하여 관리하고 있다.

원산지 검증은 직접 검증과 간접 검증으로 이루어진다. 미국은 수입품 중 자동차, 철강 등 대부분의 제품에 대해서는 직접 검증을 진행하고 있지만, 섬유와 의류에 대해서는 주로 간접 검증 정책을 채택하고 있다. 직접 검증은 미국 세관 담당자가 사업장을 방문해서 해당 기록들을 직접 검토하고 상품의 생산에 사용되고 있는 시설들을 점검한다. 직접 검증의 핵심은 미국으로 수출되는 품목이 실제로 수출 국가의 공장에서 제조하는지, 원산지 증명서와 관련한 증빙자료가 정확한지 확인하는 것이다. 직접 검증이 확실한 방법이기는 하지만, 인력, 비용, 시간 등 다양한 측면에 있어서 제약이 크다는 것이 단점이다.

간접검증이란 관세당국이 체약상대국의 관세당국에게 원산지검증을 의뢰(체약상대국 관세당국의 검증에 입회 또는 참관하는 것을 포함한다)하여 검증을 수행하는 것을 말한다. EFTA, EU와의 협정이 이에 해당한다.

한편 섬유 및 의류산업과 관련하여, 미국은 서면 검증을 위해서 제품에 대한 원산지 증명서(C/O: Certificate of Origin), 원재료 명세서(BOM: Bill of Material), 제조원가 명세서, 생산/제조 기록을 필수로 요구하고 있으며, 추가 자료가 필요할 경우 정보제공요청서(CBP-Form 28)를 통해 기타 다른 서류를 요구할 수 있다. 서면 검증은 수입자, 수출업자, 생산자가 서면이나 전자적인 방법을 사용하여 할 수 있으며, 수입자가 본인이 가진 자료를 사용하여 원산지를 증빙할 능력이 있다면 굳이 수출업자나 생산자가 원산지 증명을 할 필요는 없다(한·미 FTA협정 제6.15조).

서면 검증에 필요한 원산지 증명서는 제품의 공급기간, 공급자의 인적 사항, 공급받는 자의 인적 사항, 원료 명, 단위, 수량, 단가 등의 정보가 기록된 문서로 제품의 생산 사실을 증명한다. 원재료 명세서는 제품을 생산하기 위해 소요된 원재료의 목록과 소요량을 기재한 서류이다. 제조원가 명세서는 제품의 생산에 소요된 원재료의 가격 명세뿐만 아니라 재료비 외에 노무비 등 기타 비용을 포함하는 서류이다. 또한 생산/제조 기록은 당해 수출 제품의 생산 및 제조 내역을 명시한 서류이며, 이는 생산공장의 생산일지와 같은 개념이다.

한・미 FTA의 원산지 검증 절차는 다음과 같다. 한・미 FTA의 원산지 규정에서 원산지 증명서의 발급은 정부의 개입 없이 수출업자, 생산자, 수입자 중 누구나 발급할 수 있다. 미국 세관으로부터 원산지 증명에 대한 요구 서류를 받았을 때, 미국 내 수입업자가 원산지에 대한 증명이 가능할 경우, 미국 세관에 30일 이내에 직접 자료를 제출한다. 대응자료가 부족하거나 미국 세관이 수출업자의 자료를 직접 요구한다면, 수입업자는 수출업자나 생산자에게 정보를 요청할 수 있다. 미국 세관이 원산지 검증에서 문제가 없다고 판단할 시 이러한 내용을 수입업자에게 이행 통지서(CBP-Form 29)를 통해 결정 통보를 한다. 만약 검증 결과 특혜관세를 받지 못하게 되었다면 수입업자는 공지일로부터 20일 이내에 결정에 동의하지 않는 사유와 뒷받침하는 자료를 보완 제출해서 미국 세관이 재검토할 수 있다(즉, 최초 예비결정은 수입자가 20일 이내에 추가 소명자료를 제출하였을 경우 바꿀 수 있는 여지가 있는 결정을 의미한다. 예비결정 후 20일 이내에 보완하지 못할 경우 특혜관세 배제가 그대로 확정된다. 최종확정 이후 구제는 정산이 종료된 후 행정구제나 소송을 통해 진행할 수 있다). 추가 심사 이후 특혜관세 확정을 받았지만 이미 정산에 들어간 경우 180일 이내에 수입 신고 세관에 이의제기를 신청해야 다시 정산을 받을 수 있다.

2. 자동차 카시트를 생산하는 A기업의 사례

"A기업"은 인천 소재의 한 중소기업으로부터 PVC 비닐과 면사를 수입하여 미국 LA 인근 공장에서 자동차 카시트를 생산하고 있었다. 한편 당시 PVC 비닐과 면사에 대해 미국이 부과한 관세율은 각각 5.3%와 4.4%였다. 하지만 2012년 10월 경 한・미 FTA에 입각해 두 원자재의 원산지를 한국(KR)으로 신고한 후 A기업은 언급한 재화에 대해 특혜관세 혜택을 받을 수 있게 되었다. 관세 혜택을 누리면서 한국 수출업체와의 거래를 이어가던 중, A기업은 2013년 8월 미국 세관으로부터 PVC 비닐과 면사에 대한 원산지 증명서와 그에 따른 입증 서류들을 제출하라는 통보를 받았다. A기업이 미국 세관에 제출해야 할 서류는 원산지 증명서, 원재료 명세서, 제조원가 명세서, 생산/제조 기록 등 네 가지 입증 자료였다.

A기업은 미국 세관에서 요구한 자료의 의미를 제대로 알아보지 않고 한국에 있는 수출업체에게 미국 세관이 보낸 메일을 그대로 전달한 뒤 해당하는 자료를 보내달라고 요구했다. 한국의 PVC 비닐, 면사 수출업체는 해당 문제에 어떻게 대처할지 몰라 문제를 해결하지 못하고 원산지 증명서의 첫 제출기한 30일을 넘기게 되었다. 미국 세관은 한·미 FTA의 조항을 준용하여 특혜관세 적용을 철회한다는 예정 통지서(CBP Form 29)를 A기업에게 발송했다. 이를 받은 A기업은 추가 입증 기간인 20일 내에 한국에 있는 수출업체를 통해 1. 원산지 증명서 2. PVC 비닐의 생산 매뉴얼, 3. 제품의 안전 규격 데이터, 4. PVC 비닐 제품의 재료별 원가자료를 받았다. 미국 세관은 PVC 비닐과 면사에 대한 원산지 검증 내용을 요청했는데, 한국 수출업체는 면사에 대한 자료는 제출하지 못했으며, PVC 비닐에 관한 자료만 수입업체에게 발송했다. 또한 2. PVC 비닐의 생산 매뉴얼은 PVC 비닐을 한국에서 직접 생산하고 있다는 사실을 뒷받침하지 못하는 자료였고, 3. 제품의 안전 규격 데이터는 원산지 증명과는 전혀 무관한 자료였다. 이외에도 미국의 수입업체와 한국의 PVC 비닐, 면사 수출업체는 모두 미국 세관의 원산지 규정에 대한 기초적인 상식도 가지고 있지 않았다. 결과적으로, 미국의 A기업은 PVC 비닐과 면사에 대해 각각 5.3%와 4.4%에 해당하는 관세를 미국 세관에 납부하게 되었다.

질문

1. 애초 미국 세관으로부터 원산지 증명서 및 입증 서류들을 제출하라는 연락을 받았을 때 A기업은 어떻게 대처해야 했다고 여겨지는가?
2. 향후에도 유사한 경우가 빈번하게 발생할 수 있다고 예견되는바, 재발의 가능성을 줄이기 위해 관세청이 향후 어떻게 대응해야 바람직할 것인지 제안해 보시오.
3. 반면 한·미 FTA로 인한 이익을 극대화하기 위해서는 한국에 소재한 수출기업이 어떻게 대비해야 하는지에 대한 의견을 제시해보시오.

사례 4-4 유럽연합(EU)의 환경규제

유럽연합의 환경규제 장벽이 높아지면서 우리나라 수출 기업들의 피해가 커지고 있다. 새로운 환경규제에 대한 정부와 기업들의 관심과 준비 부족으로 인해 대(對)EU 수출에 제동이 걸리고, 규제 대응을 위한 엄청난 비용까지 물어야 하는 상황에 처했다. 한 예로, 장신구 제조업체인 ㈜아넥스는 니켈에 부여된 유럽연합의 규제 때문에 곤욕을 치른바 있다. 이 기업은 유럽으로 니켈 도금 반지를 수출하는데, 유럽연합측이 "피부 접촉 부분의 니켈 함유량이 '유해물질 이용·매매 제한법' 상의 허용량을 초과한다"며 제동을 걸었던 것이다. 아넥스는 규제 적용 수위가 낮은 다른 분야의 바이어를 발굴하여 전량 반품 조치는 겨우 면하였지만, 유럽연합이 또다시 신(新)화학물질규제 대상에 니켈을 포함시키겠다는 입장을 밝혀 수출이 중단될 위기에 처했다.

또 다른 예로, 유럽연합에 제품을 수출하는 일본의 한 노트북 업체와 거래하던 국내 중소 제조업체 A사는 지난 8월 이미 납품한 5억 원 상당의 제품 전량을 반품 당했다. 납품한 노트북 가방에서 유해물질이 검출된 게 그 이유였다. 이 A업체는 이 때문에 경제적 피해는 물론 함께 추진 중이던 환경관련 인증 프로그램이 취소됐다.

이처럼 최근 국내 기업들이 EU의 환경규제에 발 빠르게 대응하지 못함에 따라 피해를 입는 사례가 속출하고 있다. 2000년 10월 발효된 '폐자동차 처리지침(ELV)'의 경우, 차량에서 납, 수은, 카드뮴 등 유해물질이 검출되거나 일정 수준의 재활용률을 만족시키지 못하면 EU회원국에 판매하지 못하거나, 적발 시 엄청난 과징금을 물게 된다. 또 '전기·전자제품 유해물질 제한지침(RoHS)'은 가정에서 사용되는 대부분의 전기·전자 제품, 심지어 완구와 레저 스포츠 용품에 이르기까지 폭넓게 적용되고 있다. '폐전기전자제품 처리지침(WEEE)'도 폐전기전자제품의 회수와 재활용률을 70~80%까지 의무화하고 있다.

문제는 이러한 환경규제가 유럽연합 역외에 있는 국가들로부터의 제품수입을 억제하는 무역장벽으로 작용하고 있다는 사실이다. EU 국가들은 경쟁력이 있는 유해물질이나 기술은 규제하고, 그렇지 않은 것은 규제하지 않거나 아예 예외조항으로 따로 빼서 분류하고 있다. 즉, EU의 환경규제는 자국 국민과 자국 환경보호라는 명분은 표면적인 이유일 뿐 사실상 무역장벽을 설치하고 있는 셈이다. 이 때문에 EU의 환경규제가 전 세계 전기·전자제품 4위 생산국이자 자동차 5위 생산국인 우리나라에 큰 부담으로 작용하고 있다. 특히 환경규제에 적발된 기업의 피해는 실로 막대하다.

1) 유럽연합(EU)의 환경정책

1947년 '관세 및 무역에 관한 일반 협정(GATT: General Agreement on Tariffs and Trade)'을 체결한 이후에 여러 차례의 다자간 무역협상(Multilateral Trade Negotiation)을 거치게 되면서 국가 간 자유무역의 걸림돌이었던 관세는 크게 낮아졌다. 이처럼 국가 간 무역 자유화가 진전되어 가면서 관세로 야기되는 무역장벽은 점차 낮아지고 있는 추세에 있으나, 기술 및 환경규제 등이 새로운 장애요인으로 떠오르면서 비관세장벽은 시간이 지날수록 높아지고 있다. 한 예로, 환경보호를 이유로 EU는 최근에 유해물질 사용지침과 신화학물질관리제도(REACH: Registration, Evaluation, Authorization and Restriction of Chemicals)를 도입하였다. 또한 이후에도 지속적으로 환경과 관련된 다양한 규제들을 도입할 계획을 가지고 있다.

일반적으로 국제무역의 토대는 WTO에 의해서 마련된다. WTO는 무역장벽을 없애기 위하여 다자간협상을 함으로써 무역자유화에 관한 규정을 마련한다. 무역자유화라는 목표를 달성하기 위해서 WTO는 투명성, 상호호혜, 비차별 정책과 같은 국제무역의 중요한 원칙들을 만들었다. 따라서 만약 국가가 다른 국가 혹은 특정 수입품에 대해 무역장벽 설치와 같은 국제규정을 위반할 경우, 이 국가는 WTO의 최혜국대우를 박탈당할 수 있다. WTO로부터 배제된다는 것은 한 국가의 후생복지에 심각한 악영향을 끼칠 수 있음을 뜻한다. 그러므로 정책을 결정하는 사람들은 그들 국가의 무역정책이 WTO의 규정 및 절차와 자유무역 원칙을 준수하도록 해야 한다.

국가가 국내산업의 경쟁력 강화를 위해 보호주의 정책을 채택하려 할 경우에도 정책결정자는 반드시 타국가로부터의 보복에 대한 위험성을 감안해야만 한다. 따라서 국가는 무역정책 수립으로 인한 결과를 반드시 고려해야만 한다. 같은 맥락에서 유럽연합 회원국들의 보호주의적 행위는 정책적 측면에서도 유럽연합의 이익과는 전혀 반대되는 방향으로 나아갈 수도 있다.

그러나 유럽연합 회원국들은 WTO체제 하에서 관세를 무역장벽으로 사용하는데 한계를 경험하게 되자 관세 위주에서 환경 및 특허 규제 등 WTO 규정을 우회하는 교묘하고 다양한 형태의 무역장벽을 마련하고 있는 실정이다. 선진국은 주로 경쟁법 규제, 환경규제, 지적재산권을, 신흥국은 자국산 우대정책을 활용하고 있다. 이와 같이 선진국과 신흥국의 보호주의적 성향이 심화됨에 따라 무역의존도가 높은 우리나라가 부정적 영향을 받을 가능성이 크다.

특히 환경보호라는 목적을 내세운 자국 산업 보호 및 육성정책이 강화되고 있다. 과거 환경규제는 선진국만 하는 것으로 인식되었으나, 최근 들어 신흥국들도 환경규제를 적극적으로 활용하기 시작했다. 환경보호 관련 기술 무역장벽의 WTO 통보건수 또한 점차 증가하고 있다.

이처럼 EU발(發) 글로벌 환경규제가 심화되고 있는 요인으로 첫째, 사회적 책임의 확대를 들 수 있다. 사실상 사회적 책임 구매는 공공기관이 사회정책들을 지원하기 위해 오랫동안 사용해 온 경제적 도구이다. 그게 오늘날에 와서 반보호주의(anti-protectionism), 다자간무역협정, FTA(free trade agreement)가 확산되면서 소비자의 구매에 대한 사회적 책임이 비관세장벽으로 작용하기 시작했다.

둘째, 신보호주의의 확산 및 일상화와 더불어, 유럽연합 내에서 오래전부터 지속해 오던 소비습관을 변화시키기 위해, 지역도시들이 서로 역내에서 새로운 관계를 설정하도록 요구하고 있다는 것이다. 그 수단 중 하나가 유로시티(Euro cities)에 참가한 도시들 중 12개의 도시들이 상호 협력하여 개인마다 책임 있는 구매를 통해 창출되는 혜택을 소비자와 생산자 모두 함께 누리자는 취지의 공동조달정책인 CARPE(CARPE: Cities as Responsible Purchases in Europe)이다. 이 프로젝트의 목표는 자연 관리와 주민 삶의 질 향상에 있다. 환경 친화적인 지역사회에서 인간의 기본적인 수요를 충족시키면서 소비자의 구매형식을 변화시킴으로써 자원사용형태와 에너지소비를 바꿔보자는 것이다. 즉, 구매에 대한 소비자들의 요구사항을 반영하여 윤리적, 사회적, 환경적 제품의 비중을 고려한 개발을 하는 것이 공동조달 프로젝트의 목표라고 할 수 있다. 12개의 도시들이 공동조달 프로젝트에 참여하면서 조달국은 현재 다양한 공급업자들로부터 300여개가 넘는 협약을 체결하고 있으며, 이 모든 협약에서 윤리적, 사회적, 환경적 측면이 고려된다.

공동조달 프로젝트가 탄생한 2005년에는, 프로젝트에 참여한 도시들이 정한 조건을 공급자들 대부분이 이해하지 못했으며, 제품을 환경 친화적으로 바꾸는 데 개발비가 증가되는 것을 우려했다. 또한 생산자들이 완성된 제품의 성분 공개와 제조방법을 공개하는 것을 꺼려 시당국이 어려움을 겪었다. 그러나 그들의 상품과 서비스를 조기에 빨리 환경 친화적으로 바꾸는 것이 장기적으로 봤을 때 미래에 더 큰 이익을 가져온다는 것을 깨달은 중소기업의 수가 점점 늘어났다. 이들 기업들은 환경 친화적인 전략으로 상당한 시장점유율을 차지한 것으로 나타났으며, 따라서 과거에 소비자들에게 익숙하지만 환경 친화적이지 못한 제품들은 폐기되어야만 했고, 이로 인해 상대적으로 소비자들이 선택할 수 있는 상품종류의 폭은 좁아졌다. 이와 같은 유럽연합의 공동통상정책은 초국적기업들이 하도급 업체를 압박하고 역외국 제품에 대한 진입장벽으로 바뀌어 대(對)유럽연합 수출방식을 바꾸게 만드는 중요한 이슈가 되었다.

단일유럽시장의 건설과 단일유럽 정치체제라는 의제는 유럽시장을 주요 무대로 활동하고 있던 초국적기업들과 이 기업들의 연합조직에 의해서 제기되었다. 이들은 세계경제가 자신들에게 안정적 시장을 제공하지 않고 기존의 국민경제가 제공하는 시장은 너무 협소하다는 인식을 기초로 분절화 된 유럽시장의 통합을 요구했다. 그러나 결과적으로 유럽연합은 자유무역주의의 강화라는 무역정책의 기본목표에도 불구하고 실제에서는 관세율이 감소함에 따라 역외국의 수입품으로부터 자국의 산업을 보호하려는 의도에서 보호주의 정책들을 지속적으로 펼치며 보호무역주의 성향을 강화해오고 있다.

유럽연합은 지역경제통합의 마지막 단계인 정치연합의 조기 달성 및 국제무역에서 유럽의 이익을 극대화하기 위한 수단으로서 다양한 무역정책 수단들을 사용하여 왔다. 관세가 상당부분 낮아지거나 철폐되었음에도 불구하고 유럽연합은 공동통상정책이라는 수단을 사용함으로써 보호주의 성향을 강화하여 왔다. 새로운 보호주의적 경향은 유럽연합의 역외교역 관계에서 강화되어져 왔으며, 더욱이 새로운 보호주의적 경향은 유럽연합의 역외교역 관계에서의 비관세정책의 증가에서 확연히 드러나고 있다.

질문

1. 유럽연합의 최근 규제동향을 정리해 보시오.
2. 최근 한 조사에 따르면, 대기업의 경우 각 사업부별로 전문적인 대응 시스템과 첨단화된 검사장비, 전담 팀을 구성해놓고 전략적 대응을 하고 있다. 반면에, 중소기업들은 아직까지도 환경규제 관련 비용 지출을 불필요하다고 느끼는 업체들이 대부분인 것으로 나타났다. 이를 해결하기 위한 정부차원의 대처전략을 고민해 보시오.
3. 독일 도르트문트의 환경규제 컨설팅 업체에 따르면, 한국의 중소기업 사장들에게 환경규제에 대한 얘기를 꺼내면 "골치 아프니 실무자와 얘기하세요"라고 손부터 내젓는다고 한다. 중소기업은 새 환경규제에 대응하기 위한 비용부담이 크기 때문에 사전 대응에는 전혀 신경 쓰지 않고 수출이 중단되는 사고가 터진 후에야 수습에 나서기 때문에 그 피해는 더 커질 수밖에 없다. 이러한 문제인식 하에 증가하고 있는 EU의 환경규제에 대응하기 위해 기업이 행해야 할 노력들을 조목조목 나열하시오.
4. 블루오션으로 새롭게 떠오르고 있는 환경산업과 관련된 시장을 유럽과 미국에게 빼앗기고 있다는 걱정도 나온다. REACH의 시행에 의해서 각종 환경규제를 컨설팅하고, 화학물질을 등록하거나 신고 및 유해성 검사를 대행하는 환경산업 관련 시장규모는 1조 유로까지 커질 것으로 예측되고 있다. 이러한 상황을 타파하기 위해서, 정부가 어떠한 기조의 정책을 펼쳐나가야 할지 제안하시오.

사례 4-5 멕시코 시장에서의 한국타이어 사례: 타이어 업계의 멕시코 수출 길이 막히다

한국타이어는 1941년 국내 최초의 타이어 기업으로 시작해서 오늘날 세계 7위의 글로벌 타이어 기업으로 성장했다. 미주 지역은 물론 중국, 유럽 등지에도 공장 및 기술센터를 진출시켜 오늘날의 글로벌 기업으로 성장했으며, 매출의 80%는 해외에서 시현하고 있다.

이렇듯 성공적으로 보이는 타이어 업계의 국제화 배경에도 멕시코에서 겪었던 뼈아픈 경험이 있었다. 멕시코는 한국타이어의 중남미 시장 진출의 교두보 역할을 하던 중요한 국가였다. 그러나 2004년 한국과의 FTA(free trade agreement; 자유무역협정) 협정의 체결이 불발되자 곧바로 한국산 제품에 대한 관세를 크게 높였다. 또한 멕시코 정부는 자국 타이어 시장에서 판매되고 있는 타이어의 65%가 수입산으로 이루어지고, 타이어 수입량의 규모가 수출액의 두 배를 넘어서자, 같은 해 초부터는 기존 부과되던 종가세 기준 일반 관세율을 종량세로 바꾸겠다고 선언하였다. 다시 말해, 특정 상품가격의 정해놓은 비율을 과세하는 방식에서 이제는 상품가격과는 관계없이 일정한 관세를 부과하는 방식으로 개정한 것이다. 당시 타이어 업계에서는 "멕시코 관세당국의 수입관세가 종전 수입가의 23% 수준이었는데, 종가세가 종량세로 바뀌면 최하 25%에서 최고 80%까지의 관세가 붙게 되며, 이번 조치로 타이어 제품에 적용되는 평균 관세율이 45%에 이르게 됨을 의미한다. 이는 멕시코 정부가 자국에 수출을 아예 하지 말라는 것과 다름이 없다"는 한숨 섞인 목소리들이 쏟아져 나왔다. 게다가 수정 후 관세율이 멕시코와 자유무역협정을 체결하지 않은 역외 국가들에게만 적용되는 것이기 때문에 한국타이어의 고민은 더욱 깊어져 갔다.

당시 멕시코는 자국 타이어 산업을 깊이 잠식하여 피해를 주고 있는 중국산 타이어의 저가전략을 막기 위해 이러한 정책을 세운 것인데, 이것이 한국타이어에게 불똥이 튄 것이다. 인구가 1억 명에 이르고, 세계 12위의 교역국이자, 한차례 상기에 언급했듯이 한국타이어의 중남미 진출의 교두보였던 멕시코 시장에서, 역외국이란 분류로 인해 순식간에 사업 자체가 크게 위태로워진 것이다. 이

는 비단 한국타이어뿐만 아니라 동종 업계의 국내 기업인 금호타이어 역시 사정은 마찬가지였다. 이상규 금호타이어 멕시코 지사장은 "연초부터 8월 말까지 수출이 중단돼 현지 영업기반이 완전히 무너졌다"며 "당장 철수하고 싶어도 성장 가능성이 큰 중남미 시장을 포기할 수 없어 고군분투 중"이라고 말했다. 더욱더 큰 문제는 따로 있었던 바, 설상가상으로 2004년 3월 12일에는 멕시코와 일본의 자유무역협정이 맺어졌다. 그 당시 한국타이어의 주된 대(對)멕시코 수출 품목들은 17.5인치 이상의 트럭용 타이어와 17－19인치 사이즈의 승용차 타이어였는데, 이는 멕시코 국내에서는 자체적으로는 거의 생산되지 않는 품목이라서 한국타이어는 가격경쟁력을 무기로 멕시코 내에서 점유율을 확장해 나갈 수 있었다. 하지만 2004년 1월 1일부터 시행된 멕시코 관세정책에서 해당 종가세를 종량세로 변경하는 적용이 자유무역협정 미체결국으로 한정됨에 따라 한국타이어는 상당한 관세를 물게 된 반면, 일본의 경쟁사들은 해당 규

〈표 4-3〉 멕시코 시장 내 승용차 타이어 수입액 및 점유율 추세

(단위: 개, %)

구분		2000		2001		2002		2003(1~10월)	
국가	관세율	수입	점유율	수입	점유율	수입	점유율	수입	점유율
미국	0	5,271,873	64.9	7,192,484	63.0	6,790,268	54.6	5,147,352	51.8
한국	23	903,241	11.1	1,073,499	9.4	1,170,429	9.4	795,881	8.0
독일	0	216,677	2.7	225,849	2.0	342,848	2.8	497,921	5.0
프랑스	0	36,697	0.5	20,306	0.2	70,645	0.6	419,012	4.2
캐나다	0	404,531	5.0	791,884	6.9	1,015,639	8.2	393,252	4.0
일본	23	197,352	2.4	464,444	4.1	511,957	4.1	451,725	4.5
칠레	0	74,447	0.9	234,363	2.1	746,327	6.0	477,804	4.8
브라질	0	389,306	4.8	668,589	5.9	613,091	4.9	275,610	2.8

자료: KOTRA.

주: 2003년 말까지 적용된 관세율로서 미국, 독일, 프랑스, 캐나다, 칠레는 멕시코와의 FTA 체결로 무관세가 적용되었으며, 브라질과는 양국 간 통상협정에 의거 무관세 적용.

〈표 4-4〉 2005년 멕시코시장 내 승용차용 교체 타이어의 브랜드별 점유율(%)

브랜드	2005	브랜드	2005
Goodyear	20.0	Michelin	2.0
Firestone	16.0	Multi-Mile	2.0
Tornel	13.0	Yokohama	2.0
Euzkadi	11.5	Eldorado	1.5
Uniroyal	7.0	Kumho	1.5
BFGoodrich	6.0	Continental	1.0
Bridgestone	6.0	Dunlop	1.0
General	3.5	Pirelli	1.0
Hankook	2.0	Sigma	1.0

자료: Modern Tire Dealer, 2006년 1월호.

정에 영향을 받지 않게 됨은 물론, 더욱이 관세인하 혜택 또한 누리게 되었다. 시장 상황이 이런 식으로 급변하자 멕시코 시장 내에서 아예 국내 기업과 일본 기업과의 경쟁 자체가 어려워져 버린 것이 아닌가하는 걱정스런 한숨 또한 등장하였다.

실제로 얼마 가지 않아 멕시코 당국의 불합리한 관세 조치로 인해서 한국의 타이어 생산기업들의 2004년 대(對)멕시코 타이어 수출은 전년대비 67.7%로 곤두박질 친 1,121만 달러를 기록하게 되었고(당시 멕시코를 상대로 수출한 국내 타이어 기업은 한국타이어와 금호타이어 두 기업이었다), 미국에 이어 2위 자리를 수성하던 타이어 시장점유율은 끝을 모르고 추락하여 2004년 11위까지 주저앉기도 하였다.

두 타이어 업체는 최근 자유무역협정을 맺지 않은 멕시코 주변의 카리브해 연안 국가들로 수출을 시도했지만 큰 성과를 시현하지 못했다. 게다가 이 국가들 역시 미국이나 유럽 국가들과 자유무역협정 체결을 진행 중이어서 거기서도 언제 실적에서 뒤쳐질지 모를 처지다. 한국타이어와 금호타이어는 2004년 초 수출하는 배에 적재했던 492만 달러 가치의 타이어를 통관조차 하지 못한 채 국내로 다시 실어 왔다. 당국에서 50%의 관세를 물면 채산을 도저히 맞출 수 없었기 때문이다. 당시 금호타이어의 멕시코 지사장은 “이미 멕시코 항구에 도착했거나 항

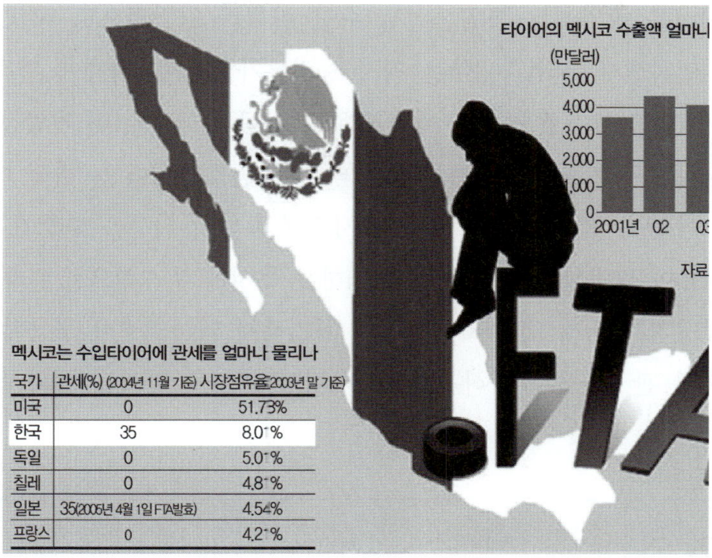

자료: 중앙일보, 2004년 12월 24일자.

해 중인 타이어를 처분하는데 필요한 최소 두 달간만 관세 인상을 유예해 달라고 멕시코 당국에 요청했지만 이마저 받아들여지지 않았다"고 털어놨다. 이에 따라 두 기업은 도착분과 항해 중인 선박에 실려 있던 타이어를 미국과 제3국에서 어렵사리 처분했다. 그는 "정부가 FTA 체결에 그렇게 소극적일 줄 몰랐다"며 "전쟁터에서 고립된 병사 신세처럼 정부가 너무 원망스러웠다"고 말했다.

금호타이어의 중남미팀 허민 부장은 "부가가치가 높은 타이어의 해외 시장에서 가장 큰 경쟁 상대였던 일본 제품의 관세가 단계적으로 낮아져 한국산 제품은 상대적으로 뒤로 뒤쳐질 수밖에 없다"고 말했다. 타이어공업협회 이성은 부장은 "타이어만의 문제가 아니라 모든 국내 산업이 매일매일 다르게 성장하는 멕시코나 브라질 등이 속한 중남미 시장을 잃고 싶지 않으면 정부가 나서서 시급히 FTA 체결을 앞당겨야 한다"고 말했다. 사실상 2004년 한 때 멕시코에 대한 한국타이어와 금호타이어의 수출은 정지되었다.

하지만 다행히도 멕시코는 오래 안가서 한국산 타이어에 부과해온 높은 비율의 관세를 대폭 인하했다. 당시 산업자원부(現 산업통상자원부)에 따르면, 멕시코 정부는 자국 타이어 산업 보호를 위해 자동차용 타이어에 대해 부과하기 시작한 자국의 관세정책이 세계무역기구(WTO)의 협정을 어긴 것을 인정하고 관세 부과 방식을 종가세로 환원하면서 수입 관세를 일괄적으로 WTO 양허세율인 35%로 인하했다. 산업자원부는 멕시코 정부가 부과한 관세에 관해 지속적으로 인하해줄 것을 요구했으며, 관세율 인하로 인해 한국 타이어 기업들의 타이어 수출이 다시 가능해졌다고 밝혔다. 한국타이어, 금호타이어 등 한국 타이어 생산기업들은 어쩔 수 없이 멈춰선 멕시코 시장에서 다시 위상을 되찾기 위해 관세 인하와 더불어 활발한 판매 활동을 재개하는 동시에 추가적으로 관세를 내리는 시기를 앞당기기 위해 멕시코 기업들과 협업해서 멕시코에서 생산되고 있는 타이어에 대한 관세율을 인하하는 등 적극적인 교섭을 벌이는 계획 등을 세웠다.

질문

1. 당시 국내 타이어업체들이 멕시코 시장에서 사업을 강화하던 이유는 무엇이라고 여겨지는가?
2. 향후 일본 기업과의 경쟁에서 최종 승리하기 위해 한국의 타이어 수출기업에게 바람직한 전략을 제시하시오.
3. 향후 국내 타이어 업계의 피해를 막기 위해 정부가 해야 할 일들을 지적하고, 그 구체적인 이유를 설명하시오.

사례 4-6 나프타 시장에서의 GS칼텍스 사례: 트럼프 때문에 울고 싶은 GS칼텍스

㈜GS칼텍스는 GS그룹의 계열사로서 1967년 국내 최초의 민간 정유회사로 출범하였다. 이후 지속적인 사업 다각화와 혁신을 통해 우리나라의 대표적인 종합 에너지 기업으로 도약하였다. 현재 GS칼텍스는 기존 사업과 새로이 시작하는 사업의 동반 성장을 꾀하고 있으며, 끊임없이 에너지 분야의 새로운 역사에 도전하고 있다. GS칼텍스의 대표적인 사업 분야는 1) 정유를 생산·공급하는 석유분야와 2) 기초 석유화학제품을 생산·공급하는 분야, 그리고 3) Base Oil 및 윤활유를 생산·공급하는 분야의 총 세 가지 영역으로 나누어 볼 수 있다.

다양한 사업 분야에 발맞추어, GS칼텍스는 국내외에서 활발한 영업을 진행 중에 있으며, 이를 통해 글로벌 종합 에너지 기업으로의 도약을 꿈꾸고 있다. GS칼텍스의 석유제품은 중국, 일본, 미국, 호주 등 18개국에 수출되고 있고, 싱가포르, 인도, 체코, 중국 및 멕시코에 자회사를 두고 있다.

GS칼텍스의 해외 자회사 설립 동기는 국가 별로 상이하다. 이를 간단하게 살펴보자면 다음과 같다. 먼저 석유제품의 판매를 위해 세워진 해외법인에 GS칼텍스 싱가포르 법인과 GS칼텍스 인디아 법인이 있다. GS칼텍스 싱가포르 법인은 국내 소재 본사가 필요로 하는 원유를 구매하고, GS칼텍스가 생산하고 있는 석유 및 석유화학 제품을 세계 각지로 수출하는 역할을 한다. GS칼텍스 인디아 법인은 전 세계 윤활유 시장에서 5위의 규모를 보이는 인도시장에 진출하기 위하여 설립되었다. 싱가포르 법인은 싱가포르 전체 기업 중 매출액 기준으로 매년 5~7위를 차지하는 거래 규모를 보인다는 점, 인디아 법인은 인도시장의 막대한 성장 잠재력을 겨냥했다는 점에서 성공적인 해외진출로 평가받고 있다.

다음으로 석유화학사업을 영위하기 위해 세워진 해외법인에는 GS칼텍스 중국 법인과 체코 법인을 들 수 있다. 본래 GS칼텍스 중국 법인은 2010년 정유사업을 영위하기 위해 설립되었으나, 중국 내 정유사업의 효율성 감소로 2017년 석유화학제품의 사업에만 집중하겠다는 경영방침을 발표했다. 이에 따라 중국에 진출해 있는 현대·기아자동차 및 LG전자 등에 복합프로필렌 제품을 공급하고, 중국 내 로컬 기업인 메이디, 갈란즈, 치루이 자동차 등에도 관련제품을 판매하고 있다. 이에 더해 중국 법인은 러시아, 태국, 대만 등 아시아 전역으로의 공급을 담당하고 있기도 하다. 완성차 제조공장이 몰려있는 중국시장의 환경에 따라, 복합프로필렌 사업은 성장 기대감이 높아 이 역시 성공적인 해외진출로 고려되고 있다.

위와 같은 성공적인 해외진출에 힘입어 GS칼텍스는 2016년 1월 GS칼텍스 멕시코 법인을 설립하였다. 중국, 체코 법인과 같이 석유화학제품의 판매를 담당하는 법인으로 자동차 내/외장재 및 가전제품에 사용되는 복합수지를 생산하여, 북미지역에 진출해 있는 현대·기아자동차를 비롯한 글로벌 자동차 회사에 시판할 목적을 갖고 있는 자회사로 설명되어질 수 있다.

특히 GS칼텍스가 멕시코에 법인을 설립한 배경에는 북미 자유무역협정(NAFTA, 이하 나프타)과 관련이 깊다. 주지하다시피, 나프타는 미국, 캐나다, 멕시코 3국간의 협의를 기반으로 세워진 경제통합체로서 1994년 발효되었다. 이 협정에서 최대 수혜산업으로 꼽히는 영역은 다름 아닌 자동차였던 바, 나프타 협정에 따라, 멕시코에서 생산된 자동차는 역내 부품비율이 62.5% 이상인 원산지 규정을 충족하면 무관세로 북미지역(미국 및 캐나다)에 수출이 가능해졌다. 이에 멕

〈표 4-5〉 멕시코 내 자동차 업체별·차종별 생산 현황(2016년)

(단위: 대)

기업 국적	기업명	차종별 생산량		합계
		승용차	상용차(픽업트럭)	
미국	크라이슬러	12,568	446,548	459,116
	포드	390,528	-	390,528
	GM	185,417	517,613	703,030
일본	닛산	668,596	178,459	847,055
	혼다	23,604	231,378	254,982
	마쯔다	192,736	-	192,736
	도요타	-	97,880	97,880
독일	폭스바겐	414,685	12,446	427,131
한국	기아	105,044	-	105,044
기타		192,736	122,689	315,425
총계		1,993,178	1,607,013	3,600,191

시코는 명실상부 글로벌한 자동차 생산기지로 도약하게 되었다. 최근 6년간 글로벌 자동차 기업들이 새로운 공장을 건설할 계획을 내놓은 11곳 중 9곳이 멕시코였으며, 실제로 2015년 기준 글로벌 자동차 기업들이 20여개의 완성차 공장을 가동 중에 있다. 이렇게 현지에서 생산된 자동차의 70%는 미국으로 수출된다.

㈜GS칼텍스는 이처럼 나프타 발효의 수혜로 인해 유수의 글로벌 자동차 기업들이 멕시코에 다수 진출했다는 점뿐만 아니라 한국의 현대·기아자동차가 2016년 9월 약 1조원의 투자금을 투입하여 현지공장을 완공했다는 사실에 주목하였다. 즉, 자유무역협정을 체결한 멕시코에 생산기지를 설립함으로써 대(對)미 자동차 수출에서 유리한 입지를 점하고자 했던 이들 기업을 공략하기 위해, GS칼텍스는 자동차 부품공급을 주요 영업목적으로 멕시코 지사를 설립하였다. GS칼텍스 멕시코 법인은 우선 현대·기아차의 멕시코 공장에 납품을 시작할 수 있도록 2017년 1분기 중 연간 3만 톤 규모의 생산라인을 가동시킬 계획이었다.

그러나 2016년 11월 8일 도널드 트럼프가 미국 대통령에 당선되면서 상황은 급변하기 시작하였다. 트럼프 미국 대통령은 후보 시절부터 보호무역주의를 대표 공약으로 내세웠으며, 더욱이 나프타는 미국의 일자리를 빼앗고 무역적자를

확대시킨다고 주장하며, 이를 강력하게 비판하였다. 이에 트럼프 행정부는 지속적으로 나프타에 대한 재협상 의지를 강하게 드러냈으며, 실제 2017년 8월 16일 본격적인 나프타 재협상을 시작하게 되었다. 그러나 타결은 쉽게 이루어지지 않았다. 협상 시작 후 2018년 5월에 이르기까지 미국, 멕시코, 캐나다는 총 8차례의 장관급 회동을 열고 협상을 벌였으나 합의에 이르지 못했다. 이후 멕시코의 대선으로 인해 2개월간 중지되었던 재협상은 7월에 다시 재개되었고, 최초 2017년 재협상 개시 후 장장 1년이 경과한 2018년 8월 27일에 이르러 마침내 미국과 멕시코 간 잠정 합의를 도출하였다.

나프타 재협상이 진행되는 동안 가장 주목받은 쟁점분야는 역시 자동차 산업이었다. 한편 자동차 산업과 관련된, 미국과 멕시코 간의 주장이 팽팽히 대립했음에도 불구하고, 막상 양국의 협상이 타결되어 미국 무역대표부가 최종 공표한 합의사항은 모두의 예상을 뛰어넘는다는 반응이 지배적이었다.

먼저 자동차 원산지 규정이 대폭 강화되었다. 기존 원산지 규정이 62.5%의 부품을 역내에서 생산하면 충족시킬 수 있었던 데에 반하여, 재협상안은 75%로 상향 조정되었다. 또한 자동차 관련 노동 규정이 신설되었다. 멕시코 내에서 생산되는 자동차 부품의 40~45%는 시간당 임금이 최소 16달러(약 1만 7,864원) 이상인 노동자에 의해 생산되어야 한다는데 의견을 같이 하였다. 현재 멕시코의 시간당 최저임금은 4달러 70센트에 불과한 수준임을 고려할 때, 이는 곧 미국(혹은 캐나다)인의 고용을 늘리거나 미국산 제품을 사용해야 한다는 걸 의미했다. 이에 더해 멕시코산 자동차 및 부품에 대해서는 수입쿼터가 설정되었으며, 쿼터 초과분에 대해서는 25%의 관세를 부과하도록 하였다. 또한 자동차산업 외의 나프타 개정안 중 가장 치열한 이슈가 되었던 조항 중 하나는 일몰조항이었다. 일몰조항의 도입을 미국은 강력히 주장했던 반면, 멕시코는 이에 적극적으로 반대했으나, 결국 향후 16년 동안 협정을 지속하며 6년마다 협정 내용을 재검토하는 것으로 합의점이 모아졌다.

이와 같은 나프타의 개정으로 인해, 멕시코에 현지 생산공장을 설립한 완성차 업체들은 심각한 타격을 입게 되었다. 물론 극적인 협상 도출로 인해 일단 한숨을 돌릴 수 있었던 면도 있었지만, 원산지 규정이 대폭 강화됨에 따라 완성품의 가격 상승은 피할 수 없었고, 이에 대한 추가적인 대응이 필수로 마련되어야 했다.

그러나 더욱 큰 피해는 ㈜GS칼텍스와 같이 멕시코에 투자한 자동차 기업들을 따라서 동반진출한 부품사들에게 발생하였다. 지난해 8월부터 시작된 재협상에서, 미국은 본래 멕시코로부터의 수입품에 대해 20~35%의 관세를 부과할 것, 원산지 규정은 자동차 부품의 50%를 미국산, 85%는 역내산으로 할 것, 부품의 원산지 추적을 100% 의무화할 것을 요구하였다. 이 중, 완성차 자동차 부품의 50%는 반드시 미국산을 사용하도록 강제한 요구사항이 실제 타결된 합의사항에는 자동차 부품의 40~45%를 시간당 16달러 이상의 노동자가 생산해야 한다는 임금조항의 형태로 반영되었다. 이 요건은 결국 미국에서의 부품 생산 증가, 미국산 부품 사용 등을 유도하기 위한 것이었다. 2015년 기준, 미국의 자동차 공장 근로자들은 시간당 평균 23.83달러를, 캐나다 내 생산직 근로자들은 19.13달러를 받았기 때문에, 미국과 캐나다산의 부품을 사용할 시에는 해당 요건을 충족시킬 수 있었기 때문이다.

㈜GS칼텍스는 나프타 개정, 그리고 그 때문에 심각한 매출감소를 경험한 자동차 업계로 인해 공급물량이 줄어들었을 뿐만 아니라, 장기적으로 미국계 부품사와의 경쟁을 피할 수 없게 되었다. 또한 개정 임금 조항이 역내에 한정되지 않는다면, 독일 및 일본산 부품 역시 임금 조항을 충족시킬 수 있기에 나프타 역내 경쟁은 더욱 치열하게 되었다.

㈜GS칼텍스가 멕시코 현지에 자회사 설립을 공표한지 1년, 현지 생산공장을 채 가동하기도 전에 전술한 어려움을 겪게 된 것은 지역경제통합으로서 나프타가 가지는 성격 및 특성에 대한 몰이해에서 비롯된 것이라 할 수 있다. 나프타는 대표적인 지역경제통합 중 하나인 EU, ASEAN과 달리 수직적 경제통합의 형태를 보인다. 수직적 경제통합이란 역내 회원국 간의 경제력에 확연한 차이가 있어, 이에 따라 각국 간 비교우위가 있는 분야를 상호 보완함으로써 서로가 시너지 효과를 누리는 특징을 가진다. 나프타의 경우는 미국, 캐나다와 멕시코가 상당한 경제 수준의 차이를 보이며, 따라서 멕시코는 미국에 풍부하고 값싼 노동력

및 자원을, 이와 달리 미국은 멕시코에 선진화된 기술과 엄청난 자본을 제공하는 형식으로 운영되어 왔다.

그러나 이러한 수직적 경제통합에는 장점만 존재하는 것이 아니며, 그 이면에는 상대적으로 경제력이 강한 역내 선진국이 개발도상국내지 신흥시장을 경제적으로 종속시킬 수 있는 위험이 내재해 있고, 이는 지역경제통합 자체의 단점으로 지적되기도 한다. 나프타가 체결된 지 24년이 흐른 2018년 현재, 앞서의 주장과 동일한 맥락에서, 멕시코 경제주권의 상당 부분을 미국에게 빼앗긴 상태라는 의견이 다수 존재한다. 멕시코산 농산물은 미국의 값싼 농산물 앞에 무너졌으며, 미국 제조업 공장들의 갑작스런 멕시코 진출로 인해 현지에서는 심각한 고(高)인플레이션이 발생하기도 했다. 이에 노동자들의 생활환경은 악화되었으며, 외국계 대기업들이 멕시코 내의 공공서비스 분야를 잠식하는 문제 역시 발생하였다. 특히나 대표적 공공서비스 분야인 의료, 금융, 통신 산업은 이미 손을 쓸 수 없을 정도로 해외 자본에 의해 잠식된 상태이다.

이렇듯 멕시코와 미국·캐나다간의 북미 자유무역협정에서는 신흥시장인 멕시코가 협상에 절대적으로 불리한 위치에 놓일 수밖에 없다. 강대국의 자본 및 기술에 대응해 자국의 산업을 유지하는 것이 쉽지 않은 형태이다. 멕시코에게 있어서 어느덧 최대의 교역량을 차지하고 있는 나프타의 유지는 필수사항이 되었는데, 하지만 협상의 주도권은 전적으로 미국에게 있기에 멕시코의 입장에서는 진퇴양난이라 아니할 수 없다. 이는 이번 나프타 개정을 통해 확연히 드러난 현실이기도 하다.

㈜GS칼텍스는 이러한 나프타의 성격에 대한 이해가 없었다. 2016년 1월 멕시코에 자회사를 설립할 당시, 대선 후보자였던 도널드 트럼프가 보호무역주의를 공약의 골자로 삼았고, 나프타에 대해 강력한 비판을 행하였는데도 불구하고, 이에 대한 충분한 검토와 대응전략을 강구하지 않았다. 나프타에 의해 표면적으로 발생하는 수혜, 그로 인해 부가 창출되는 유리한 경영 여건만을 고려하여 내린 결정은 ㈜GS칼텍스가 멕시코에 진출한지 불과 1년 만에 기업을 불확실성에 빠뜨리는 결과로 귀결되었다.

질문

1. 수직적 경제통합의 장, 단점을 논하시오.
2. 도널드 트럼프가 보호무역주의를 견지하는 이유가 무엇이라고 생각하는가?
3. 현재 GS칼텍스가 직면하고 있는 어려움을 극복하기 위한 전략을 제시하시오.

토의자료 4-1

5년 후 수출규모 일본 추월 목표: 정부 '신통상전략' 공개… 중국과 '도시간 FTA' 체결 등 고도의 지역경제 통합 포함

"2020년까지 수출규모에서 일본을 따라잡겠다." 정부가 최근 내놓은 '신통상전략'에서 가장 눈길이 가는 대목이다. 실현이 가능할까?

김현종 통상교섭본부장은 4월 5일 '신통상전략'의 전반적인 내용을 공개했다. 세부 이슈별 구체적인 내용은 추후 발표할 예정이다. 이날 공개된 내용에는 2022년까지 수출규모에서 일본을 따라잡겠다는 내용이 포함됐다. 지난해 기준, 우리나라의 수출규모는 5,739억 달러로 일본의 6,981억 달러와는 1,244억 달러의 간극이 있다. 5년 사이에 이 간극을 줄인다는 얘기다.

김 본부장은 "2010년 이후 일본의 수출은 연평균 2.3%, 한국은 5.9% 증가했다"며 "신통상전략을 통해 수출증가율을 6.6%까지 높이면 가능하다"고 설명했다. 김 본부장의 설명이 현실화되면 한국은 중국과 미국, 독일에 이어 세계 4위의 수출대국으로 발돋움한다.

이에 대해 전문가들의 의견은 대체로 부정적이다. 국내 유수의 무역연구기관 관계자는 "'신통상전략'의 구체적인 내용은 잘 모르지만, 수출은 기본적으로 글로벌 경기의 영향을 크게 받는데 향후 5년간 수출증가율을 6.6% 이상으로 높이는 게 가능할지 의문"이라며 "설사 이게 가능하다 해도 일본의 수출증가율이 2.3% 이하로 묶여있어야 한다"고 지적했다.

결국 향후 5년간 수출증가율을 6.6% 이상으로 높일 수 있는 내용이 '신통상전략'에 담겨 있어야 한다. 현재 알려진 바로는 "G2와의 통상관계를 재정립하고 아세안·인도·유라시아 등 신흥국으로의 통상 관계를 확대하는 내용"인 것으로 알려진다.

정부는 미국이 복귀하는 새로운 형태의 TPP(환태평양경제동반자협정)가 출범할 가능성을 고려해 적시에 가입이 이뤄질 수 있도록 관련국과 공조할 계획이다. 또 미국과 중국으로의 수출 의존도를 줄이고 아세안·인도·유라시아 등으로 수출 다변화를 추진한다.

우선 미국과는 개정된 한·미 FTA를 기반으로 에너지·4차 산업혁명 분야에서의 미래지향적 협력을 모색한다. 중국과는 서비스·투자 협상으로 서비스·전문 인력 진출 기반을 마련하고, '도시간 FTA' 등 고도의 지역경제 통합을 추진한다.

G2의 대안으로 신북방정책과 신남방정책을 추진한다는 내용도 포함될 것으로 알려진다. 유라시아경제연합과 FTA 타결로 교역 및 인력진출 확대 기반을 마련하고 고부가 선박·항만 항로 개발·에너지 협력 등 북극항로 협력도 강화한다. 아세안·인도와는 역내 포괄적 경제동반자협정(RCEP)과 기 체결된 FTA 개선 등을 통해 경쟁국 대비 유리한 시장 여건을 조성하기로 했다. 또 도시화가 진행 중인 인도에는 스마트시티, 도서지역 전력

이 부족한 필리핀과 인도네시아에는 에너지 자립섬 구축 등 상대국 수요를 고려한 진출도 모색한다.

신통상전략에는 인공지능(AI), 빅데이터 등 기술 혁신과 상품·서비스의 디지털화에 따른 교역의 패러다임 전환에 대응하기 위한 디지털 통상 전략도 담긴 것으로 보인다. 통상당국은 우리가 경쟁력을 지닌 의료와 제조업 분야에서 글로벌 플랫폼을 선점할 수 있는 토대도 마련한다는 계획이다. 데이터 교역 관련 국내 규제 완화와 유망 비즈니스 모델 발굴을 위해 민관합동 디지털 통상 포럼을 상반기 내 출범시키고 디지털 통상 기본계획도 하반기에 내놓기로 했다.

국가 간 규제 조화, 기술 표준화 등 데이터 교역 관련 이슈를 논의하기 위한 새로운 통상 협의체 출범도 주도할 계획이다.

(자료: 한국무역신문, 2018년 4월 5일자)

토의자료 4-2 FTA 활용한 개성공단 제품 수출은 왜 좌초 위기인가?

◇좌초위기에 처한 독특하고 원대한 정책실험

새 정부 출범 이후 개성공단 재가동에 대한 기대감이 솔솔 피어오른다. 물론 아직 성사 가능성은 크지 않은 엄준한 상황이나, 가능성은 한층 커졌다. 그래서 이즈음에 한번은 짚고 넘어가야 할 대목이 있다. 한국은 2017년 5월 기준, 52개국과 15건의 자유무역협정(FTA)을 발효시켰고, 중미 6개국과 1건의 FTA를 타결해 가서명을 마친 상태다. 그런데 여기에는 산업통상뿐 아니라 외교안보 및 남북정책이 복잡하게 연계된 독특한 고차 방정식이 하나 숨겨져 있다.

2003년 이후 우리 정부가 체결한 15건의 FTA 중 개성공단 가동 이전 체결된 한·칠레 FTA를 제외한 14건에서 한국의 FTA 네트워크를 통해 51개 FTA 상대국에 개성공단산(産) 제품이 수출되도록 특혜를 주는 원산지규정(Rules of Origin)을 마련했다. 만일 이것이 본 궤도에 오르면 이는 FTA라는 통상정책을 통해 국내 한계기업의 점진적 구조조정과 고부가가치화의 촉진제가 될 수 있다. 나아가 '뉴노멀 시대'에 직면한 한국경제의 마지막 돌파구라 할 수 있는 남북경협의 토대를 닦는 데도 기여하게 된다.

외교 정책적으로는 체제와 이념을 달리하는 분단국가의 한 축(북한)이 다른 축(남한)을 매개로 글로벌 가치사슬에 편입되는 개성공단의 국제화를 통해 북한이 자연스레 시장경제와 국제무역규범을 학습하는 세계적으로 유례없는 실험장이 된다. 이는 원칙적으로 세계무역기구(WTO)의 최혜국대우(Most Favored Nation Treatment) 원칙에 위배되는 남북거래의 특수성, 나아가 남북경제통합의 국제법적 승인을 위한 발판도 마련하는 것이 된다. 통일 이전의 동서독과 달리 남북거래의 특수성을 아직 국제적으로 공인받지 못한 상황에서 이 점의 의미는 절대 적지 않다. 이뿐인가? 안보 면에서는 51개국과 복잡하게 연계되는 개성공단은 한반도의 평화정착과 평화통일에도 기여할 수 있다. 하지만 이 야심차고도 독특한 정책실험은, 적어도 현시점에서는 좌초위기에 놓였다. 이것이 비단 북핵 문제 때문일까, 아니면 5·24 조치 때문일까.

개성공단 폐쇄 전인 2015년 8월 기준 이곳엔 124개 기업과 70여개의 영업소가 입주해 있었다. 그러나 2008년 이후 남북 간 긴장 고조로 개성공단 사업도 표류함에 따라 공단 가동실적은 초라한 수준이었다. 수출도 마찬가지다. 개성공단 입주 기업 중 수출이 활발했던 기업은 25개 정도로 전체 기업의 약 20%에 불과하다. 2014년 말 기준 개성공단 생산총액의 3.3%만이 수출돼, 최고조였던 2006년(26.8%)에 비해 1/8 수준에 그쳤다.

그런데 수출실적 가운데 FTA 역외가공지역 조항을 활용해 특혜관세 혜택을 받은 비중이 어느 정도인지는 정확한 파악이 어렵다. 국내로 반입된 개성공단산 제품이 내수용인지 수출용인지 확인이 어렵기 때문이다. 하지만, 위 수출실적이 전액 역외가공규정에 따라 특혜관세 혜택을 받고 수출한 것이라 해도 규모는 여전히 미미한 수준이다.

〈표 4-6〉 개성공단 생산 및 수출현황

(단위: 만 달러, %)

	2005	2006	2007	2008	2009	2010	2011	2012	2013	2014	누계
생산(A)	1,491	7,374	18,478	25,142	25,648	32,332	40,185	46,950	22,378	46,997	266,975
수출(B)	87	1,983	3,967	3,585	2,860	3,668	3,687	3,639	1,209	1,531	26,216
B/A	5.8	26.8	21.4	14.3	11.2	11.3	9.2	7.8	5.4	3.3	9.8

자료: 코트라(2015.11.24) '코트라, 개성공단 국제화를 위한 양해각서 체결' (보도자료).

◇실효성이 의문시되는 FTA의 개성공단 관련 규정

어떤 나라와 FTA를 체결하면 그 나라에 수출하는 모든 제품이 자동적으로 무관세나 저관세 등 특혜관세 혜택을 받는다고 생각하는 경우가 많은데 실은 그렇지 않다. 제3국 제품이 은밀히 FTA 체결국산 제품으로 둔갑해 엉뚱하게 관세 혜택을 받는 소위 '무역굴절효과' 발생을 방지하기 위해 모든 FTA는 체약국 내, 즉 역내 상품과 역외품을 구분하고자 특혜원산지규정을 두고 있다. 이처럼 특혜원산지규정에 의해 관세 혜택 자격을 획득한 역내 상품을 원산품(originating goods)이라고 한다. 원산품이 되려면 개별 품목마다 까다롭게 적용되는 품목별 원산지규정(PSR)을 충족해야 하며, 이와는 별도로 누적기준, 최소가공기준, 역외가공인정, 대체가능 물품, 간접재료 등의 보충적 원산지 결정기준이 있다. 이 중 역외가공인정(Outward Processing)이 개성공단과 관련된 것이다.

특혜원산지 규정상의 역외가공인정이란, 생산품의 원산지 판정 시 FTA 체결국을 벗어난 역외에서 생산 가공된 제품도 일정 조건을 충족하면 원산품으로 인정해 주는 것이다.

즉, 한국이 체결한 14건의 FTA에서 개성공단 혹은 북한 전역에서 생산된 물품이 해당 FTA 각각에서 합의한 역외가공규정을 맞추면 한국 원산품으로 간주해 50여개 FTA 상대국에 저관세 혹은 무관세로 수출할 수 있게 되는 것이다.

한국이 맺은 14건의 FTA에서 개성공단 조항은 크게 세 가지 유형으로 나뉜다. 첫째는, 위의 역외가공방식으로, 싱가포르, EFTA, ASEAN, 인도, 페루, 콜롬비아, 베트남, 중국과의 FTA에서 이를 채택했다. 이들 FTA에서 개성산 제품이 한국산 원산품이 되는 요건은 역외(개성) 부가가치 40% 이하이며, 역내(한국)산 재료비는 45%(한·싱가포르 FTA) ~60% 이상(한·싱가포르 FTA 외 7건)이다. 둘째는, 한·싱가포르 FTA에서만 유일하게 역외가공방식과 함께 도입한 통합인정(ISI)방식이다. 이는 당사국이 합의한 일정 품목은 역내산으로 인정하는 가장 느슨하고 활용도가 높은 방식이다. 셋째는, 미국, EU, 호주, 캐나다, 뉴질랜드, 터키와의 FTA에서 발효 후 역외가공지역위원회를 구성해 구체적 요건을 논의하기로 한 위원회 방식이다.

그렇다면 개별 FTA의 관련 규정은 어떻게 되어있고 어떠한 문제점이 있는지 정부 공식 문서와 협정문, 선행연구 그리고 정부 및 입주기업 관계자 인터뷰 등을 토대로 살펴보자.

한·싱가포르 FTA에서는 역외가공방식과 함께 유일하게 가장 유연한 통합인정방식이 적용됐고 허용품목도 4,625개(HS 6단위)로 가장 많다. 하지만 싱가포르는 6개 품목을 제외한 전 수입품목이 무관세라서 한국이 개성공단을 역외가공지역으로 지정한 첫 FTA라는 상징성은 크되 실질적인 의미는 반감된다.

한·EFTA FTA에서는 역외가공규정에서 역외산 투입재료가치를 최종상품 공장도가격(EXW)의 10% 이하로 하는 기존 FTA 중 가장 엄격한 규정을 만들어 개성공단에 적용 시 실효성이 의문시된다. 이는 이미 EFTA가 저임 주변국을 역외가공지역으로 활용하고 있어 오히려 이들 지역으로부터의 저가품 수입 증가를 우려한 우리 정부가 수세적으로 대응했기 때문이다.

ASEAN, 인도, 페루와의 FTA에서는 개성공단 제품의 수입이 상대국 산업에 피해를 초래할 경우, 피해입증의무도 없이 일방적으로 특혜를 정지하고 그 기간도 연장할 수 있게 하였다. 나아가 협정 발효 5년 후 상대국이 이 규정이 자국 이익에 손상을 준다고 판단할 경우, 재량으로 폐기하며 이와 관련한 분쟁은 분쟁해결 대상으로 보지 않는다는 조항도 포함했다. 이 조항은 특히 ASEAN과의 FTA에서 문제 될 수 있다. ASEAN은 남한의 주요 수출시장이며 국내기업의 투자도 활발해 동아시아 생산 네트워크가 나름 구축되어 있어 이 조항이 남용될 경우 북한-남한-ASEAN 간 글로벌 가치사슬 형성이 저해될 수 있기 때문이다. 이렇게 되기까지는 ASEAN 역내국산 제품이 개성공단산 제품과 경합관계에 있다고 보는 ASEAN의 동 규정 도입에 대한 강경한 반대 입장이 한몫했다. 결국 이 사안은 협상 막판까지 난항을 거듭하다 위와 같은 절충안에 이른 것이다. 이 상황에서 정부는 개성공단의 역외가공지역(OPZ) 인정에 따른 수출증대보다 개성공단의 국제적 지위 획득과 개성산의 수입품의 대체 효과에 더 주안점을 둔 것으로 보인다. 만일 그렇게 판단했다면, 정부는 개성산 제품의 수출이 가져올 복합적인 효과를 간과한 근시안적인 사고를 한 것이라 할 수 있다. 한·ASEAN FTA에서는 개성공단이 본격 개발되기 이전이라 실제 개성의 생산품과 FTA 지정품목이 일치하지 않는 문제도 있다.

〈표 4-7〉 한국의 FTA 상대별 개성공단 관련 원산지규정 비교

	적용 방식	허용지역	적용조건		적용 품목수(개)	참고사항
			비원산지투입가치	원산지가치		
싱가포르	ISI	개성공단			4,625 (HS6 단위)	• 싱가포르는 대부분 수입품에 무관세 적용해 큰 무리 없이 우리 측 요구 대부분 수용 • 대상 품목 추가절차 있음
	OP	양당사국 적용	40% 이하	45% 이상	134 (HS10 단위)	
EFTA	OP	모든 지역 양당사국 적용	• 역외부가가치 40% 이하 • 공장도가격(EXW) 10% 이하	역내산 재료비 60% 이상	267 (HS6 단위)	• 적용 대상으로 "개성공단"을 명시하지 않되, 시범단지 15개 업체의 생산 예정 품목을 대상 품목으로 적시 • 협정 발효 3년 후 특례 규정 개정 및 이행상황 점검
		개성공단 등	EXW 40% 이하			
ASEAN		개성공단	본선 인도가격(FOB) 40% 이하		100개 (HS6단위) (ASEAN 각국 선정)	개성공단 생산제품과 경쟁관계에 있는 상대국의 우려를 반영, SSG, 연례 검토, 5년 후 철회 가능성 등 규정
인도					108개 (HS6 단위) (한국 선정 품목 중 인도 최종 선정)	
페루			FOB 40% 이하		100개 (HS6 단위) (한국 선정 품목 중 상대국이 최종 선정)	개성공단 생산품과 경쟁 관계인 페루의 우려 반영, 부속서 목록 수정, 부속서 잠정 적용정지, 5년 후 철회 가능성 등 규정
콜롬비아						콜롬비아 국내 산업 피해의 우려를 반영, 부속서 목록 수정, 부속서 잠정 적용정지 가능성 등 규정
베트남						
중국			• 역외부가가치 40% 이하 비원산지 투입 가치(임금 포함)가 아닌 비원산지 재료 가치(임금 제외) 기준 적용 • FOB 40% 이하	역내 부가가치 60% 이상	310개 (HS6 단위) 2013~2014년간 개성공단에서 반입된 273개+공단 입주기업의 요청 품목 28개 우선 반영	매년 OP 허용 품목 수정에 대해 역외가공위원회 개최해 논의
미국	위원회	협정 발효 1년 후 구성되는 위원회에서 일정 기준하 구체 내용 결정				
EU						
터키						
호주		협정 발효 6개월 후 구성되는 위원회에서 일정 기준하 구체 내용 결정				
캐나다						
NZ						

주. ISI: 통합인정 방식, OP: 역외가공지역 방식

출처: 김양희(2017), 'FTA 역외 가공 조항을 활용한 개성공단산 제품의 수출 지원 정책 평가', 『동향과 전망』 100호.

정부는 한·중 FTA 협상 타결 뒤 무엇보다도 개성공단 조항이 개성공단 입주기업의 의사를 반영해 310개 품목을 역외가공 허용품목으로 지정한 것을 위시해 여러모로 우리에게 유리하다는 점을 강조한 바 있어 적잖은 기대감을 품게 했다. 그러나 한·중 FTA에서 지정된 310개 품목 중 즉시 철폐비중은 13.5%에 불과하며 60.3%에 달하는 187개 품목이 10년 내 철폐이며, 11.9%(37개)도 15년 내 철폐로, 장기적으로는 어떨지 모르나 발효 즉시 활용 가능하다는 정부 주장은 무색해진다. 단, 한국이 개성공단으로 반출한 중간재를 재반입하여 완성한 뒤 중국에 수출할 경우, 개성공단 내 투입 재료비의 총가치가 한국으로 반입된 최종상품의 수출가(FOB 기준)의 40% 이하이거나, 한국에서 수출된 원산지 재료가치가 임가공에 사용된 총가치의 60% 이상이 되면 한국산 원산품으로 간주한다. 즉, 여타 13건의 FTA에서는 '비원산지 투입가치(비원산지재료비+임가공비+해외운송비)'를 기준으로 하는 반면, 한·중 FTA에서는 여기에서 임가공비가 제외된 '비원산지 재료가치'를 기준으로 하여 북측 노동자의 임금상승 시 비원산지 투입가치 상승의 부담이 줄어든다. 또한 한·중 FTA에서는 개성공단 전역이 아니라, 1단계 100만평만 역외가공지역으로 지정하였으나, 추후 역외가공위원회를 구성하여 추가 지정 및 확대 논의의 법적 근거를 만들어 두었다.

미국의 선례를 이어 EU, 호주, 캐나다, 뉴질랜드와의 FTA에서 채택한 위원회 방식은 사실상 역외가공지역 인정을 받지 못한 것으로 봐도 무방하다. 특히 이들 고소득 국가에서는 개성산 제품이 가격경쟁력을 갖는 나라들이나 이 방식으로 인해 어떠한 진전도 없었다. 한·미 FTA에서는 이 조항 도입의 전제조건으로 한반도 비핵화 진전, 남북관계에 미치는 영향, 역외가공지역의 일반적인 환경기준, 노동 기준과 관행, 임금과 영업 및 경영 관행 등 여러 단서 조항을 내걸고 있어 북미관계가 풀리지 않는 한 기대난망이다. 이런 연유로 미국 의회조사국(CRS, 2011)은 한·미 FTA를 통해 개성산 제품이 미국으로 수입될 가능성은 없다고 일축한 바 있다.

◇야심찬 정책실험의 좌초 원인

이상과 같은 협정문상의 문제점으로 인해 한국의 FTA 네트워크를 활용한 개성공단산 제품의 수출은 사실상 좌초위기에 처했다. 그 위기의 이면에는 위와 같은 협정문 자체의 맹점, 제도 운용상의 문제점, 동 제도와 직접적으로 무관한 경제외적 요인의 세 가지가 복합적으로 자리하고 있으나, 필자는 이 중 첫 번째, 즉 애초 제도설계상의 맹점이 핵심이라고 본다. 이것이 해결되지 않는 한 둘째, 셋째 장애물이 사라져도 개성공단 역외가공규정은 무용지물이 될 가능성이 크다.

그렇다면 정부는 과연 이를 몰랐을까? 14건의 FTA마다 편차는 있되 결과적으로 이를 활용한 수출이 미미한 수준에 그친다는 것을 몰랐을 리 없다. 따라서 이러한 결과가 나타난 보다 근본적인 한계를 찾아야 한다. 필자는 무엇보다도 지난 이명박, 박근혜 정부 집권 기간 내내 남북 간 긴장 고조로 개성공단이 사실상 형해화되었던 터라 협상팀이 일관된 정책목표와 전략 하에 정책역량을 쏟아내기보다 다분히 관성적, 파편적으로 개별 FTA 협상에 임했을 가능성이 크다고 본다. 필자가 2회에 걸쳐 전화 인터뷰한 입주기업의 한 CEO는 정부의 개성공단 관련 조항 관철 의지가 그다지 강해 보이지 않았다고 말한 바 있다. 설령 협상 단계에서 관철의지가 아주 강했어도 협상이란 모름지기 상대가 있는 게임이다 보니 우리가 원하는 것을 모두 얻어내기에는 한계가 명확했다. 필자가 수차례 이메일을 통해 인터뷰했던 정부 측 FTA 협상 참가자는 이 점을 강조하였다.

개성공단의 주력생산품인 섬유의류제품은 선진국뿐 아니라, 개도국에서도 민감품목이라 어느 상대국이든 쉽사리 이를 허용해주기 어려워, 상대 여하에 따라 수세와 공세를 오가게 된다. 그러면서 애초 목표도 변형된다. 예컨대, ASEAN과의 FTA에서는 개성산 제품의 수출증대를 위해 공세를 취했으나, EFTA와의 협상에서는 오히려 EFTA 측 역외가공지역으로부터의 수입 급증을 우려해 수세로 돌아선 것이 이를 방증한다.

애초 정부는 개성공단과 관련하여 협상 목표로 무엇을 설정했든 결과적으로 테이블에서 만난 상대 여하에 따라 유의미한 상업성보다는 상징성이 더 도드라지게 되었다. 따라서 만일 북핵 문제가 극적으로 해소되고 북미 관계 및 남북관계가 해빙 모드로 전환되더라도 지금 이대로는 FTA의 관련 조항이 개성공단산 제품의 상업적으로 유의미한 수출로 연결되기는 쉽지 않아 보인다.

◇이제 무엇을 해야 하나?

개성공단 입주기업의 95%가 여전히 재가동을 희망하고 있고 공단 내 설비가 그대로 남아 있다. 그러나 이것만이 재가동의 이유가 될 수는 없다. 냉정하게 보다 큰 그림 속에서 재개 여부 및 FTA와 연계한 야심찬 정책실험의 비용과 편익을 계산해야 한다. 이에 기반해 새롭게 개정협상의 목표와 전략을 수립해야 할 것이다. 단, 어떤 경우든 협상이란 상대가 있는 게임이므로 내줘야 하는 반대급부가 뒤따른다는 점을 감안해야 한다. 당분간 북핵 문제가 쉽사리 해결될 기미가 보이지 않는 상황에서 이 조항 개정에 우선순위를 두는 것에 대한 전략적이고 유연한 판단도 긴요하다.

만일 개성공단이 재가동된다면 산업부, 외교부, 통일부 등이 유기적으로 역할 분담하고 필요하면 국방부도 가세해야 한다. 이러한 복합 업무를 총괄 조정하는 역할이 신설하는 통상비서관이 맡아야 할 업무라고 생각한다. 그래서 이 원대하고 독특한 복합 정책실험의 지휘자로서 통상비서관 역할에 거는 기대가 자못 크다. 필자는 통상비서관보다는 통상조정비서관이라는 명칭이 그 자리에 더 적합하다고 본다. 그 자리의 핵심 역할은 통상협상 지휘 하나에 그치는 것이 아니라, 국내외 경제 및 외교안보를 넓은 시야에 두고 통상 문제를 조율하고 조정하는 것이라고 보기 때문이다. 그리고 가능하다면 그러한 역할에 걸맞은 지위는 비서관이 아니라 수석이 되어야 하지 않을까 한다. '수출로 먹고사는 나라'라는 레토릭은 그다지 좋아하지 않으나, 대외의존도가 높아 통상의 역할은 언제든 한국경제의 중심에서 벗어난 적이 없다. 단, 그 통상은 이제 경제영토 확장에만 그칠 게 아니라 국내경제와 긴밀히 연계되어 상호 선순환되어야 한다. 고용에 이롭고 부가가치 창출에 도움 되는 통상정책이어야 한다. 그리고 외교안보 정책과도 조화를 이루어야 한다.

각 FTA별로 개정협상을 개시하더라도 여전히 남는 문제가 북한의 지정학적 특성이다. 저임금국에서는 낮은 구매력과 보호주의로 인해 개성공단 조항이 실효성을 갖기 어렵다. 미국이나 EU와 같은 고임금국에서는 개성산 제품에 대한 구매력이 큰 반면, 여전히 보호주의를 넘어서기 힘드나, 그나마 가능성이 큰 곳은 후자다. 북한의 10대 교역국 중 중국, 인도, 타이, 싱가포르, 독일의 5개국이 남측과 FTA를 체결한 나라다. 따라서 중단기적으로 싱가포르, 독일과의 FTA에서 섬유의류를 중심으로 동 조항의 활용을 시도해 봄 직하다. 그러나 장기적으로는 개성산 제품의 고부가가치화·다변화가 불가피하다. 만약 개성공단이 영구 폐쇄된다면, 지금까지 개성공단의 역외가공지역 지정을 위해 들여온 노력은 무위로 돌아가는 것일까? 그렇지는 않을 것이다. 제2, 제3의 개성공단은 언젠가는 조성될 것이고, 또 그래야만 하기 때문이다. 그래서 지금 이 시점에서의 반추가 미약하나마 도움이 되길 바란다.

(자료: 김양희, 한겨레신문, 2017년 6월 16일 기고)

토의자료 4-3(1)

한미 FTA, 뭘 주고 받았나… 자동차 양보, 철강 관세 면제 불구 당장 수출 타격은 철강 쪽

올해 한국산 철강의 대(對)미 수출이 4분의 1가량 줄게 됐다. 한국산 철강에 대한 25%의 관세 부과를 면제받은데 대한 대가다. 한국의 안전 기준을 충족하지 않은 미국산 자동차에 대한 수입 쿼터는 2배 늘었고, 한국산 픽업트럭에 대한 미국의 관세 부과 시기는 20년 미뤄졌다.

김현종 산업통상자원부 통상교섭본부장은 26일 이런 내용을 담은 한·미 자유무역협정(FTA) 개정 및 철강 관세 부과 관련 협상 결과를 설명했다. 올 1월 시작된 한·미 FTA 개정협상은 애초 1년 이상 걸릴 거라는 전망이 우세했다. 하지만 철강 관세 문제와 연계되며 양측이 이달에 집중적인 협상을 진행해 예상보다 이르게 결론을 도출했다.

당초 예상대로 미국의 주요 관심사였던 자

동차 시장에 대한 한국 측의 양보가 이뤄졌다. 한국의 대(對)미 흑자의 상당 부분은 자동차 분야에서 나온다. 한국무역협회에 따르면, 지난해 한국 자동차 분야의 대미 흑자 규모는 129억 6,600만 달러다. 전체 대미 무역흑자(178억 7,000만 달러)의 72.6%를 차지한다.

미국의 한국산 픽업트럭에 대한 관세철폐 기간은 애초 2021년에서 2041년으로 미뤘다. 또 앞으로 미국 자동차 회사는 한국의 안전기준을 충족하지 않는 차량을 연 5만대까지 한국에 팔 수 있다. 지금까지는 2만5,000대를 한국에 수출할 수 있었다. 예컨대, 방향지시등이 빨간색으로 출고되는 미국 차는 한국의 기준(주황색)에 맞지 않는데 이 차도 한국에 연 5만대까지 팔수 있다.

한국 자동차 업계가 당장 피해를 보지는 않을 전망이다. 한국 회사들은 아직 미국에 픽업트럭을 수출하지 않는다. 미국 자동차 회사 중 한국에 연 2만5,000대를 넘게 수출하는 회사는 한 곳도 없다. 쿼터량이 늘었지만, 실제 시장의 영향은 없다는 얘기다.

우려했던 한국산 자동차의 미국 부품 의무 사용과 같은 미국의 요구도 반영되지 않았다. 박성훈 고려대 국제대학원 교수는 "양국의 자동차 시장 구조를 비춰볼 때 이번 협상으로 국내 기업이 받는 피해는 크지 않을 것"이라고 말했다. 다만, 한국산 픽업트럭의 미국 진출이 늦어질 가능성이 커졌다. 또 미국에 수출한 독일 등 유럽 차의 한국 진출 확대는 부담이 될 수 있다는 분석도 있다.

철강의 경우, 관세 폭탄은 피하게 됐지만 당장 수출에 차질이 생기게 됐다. 한·미 양국은 미국 무역확장법 232조에 따른 철강 관세 부과조치에서 한국을 '국가 면제' 대상국에 포함했다.

대신 미국에 대한 수출량을 제한하기로 했다. 2015~2017년 3년간 연평균 수출량(383만t)의 70%(268만t)에 해당하는 수출 쿼터를 설정한 것이다. 지난해 수출량(362만t)과 비교하면 약 74% 수준이다. 이 쿼터를 모두 채워도 대미 철강 수출은 4분의 1 정도 줄게 됐다.

품목별로 쿼터량이 다르다. 직격탄은 유정용 강관 등 강관류가 맞게 됐다. 이 제품의 올해 수출쿼터는 104t이다. 지난해 수출량(203t)의 절반 수준이다. 강관류가 전체 대미 철강 수출의 절반 이상을 차지한 걸 고려하면 철강 수출 전체의 타격이 불가피하다.

특히 유전·셰일가스 채취용으로 쓰이는 유정용 강관은 국내 수요가 없고, 미국 수출에 크게 의존하고 있다.

정부는 나쁘지 않은 협상 결과라고 주장한다. 애초 미국 상무부의 철강 관세 권고안은 세 가지였다. ① 모든 국가 대상 최소 24% 관세, ② 12개국 대상(한국 포함) 최소 53% 관세, ③ 2017년 수출대비 63% 쿼터 설정이다.

이 세 가지 조건과 견주면 이번 협상 결과가 낫다는 것이다. 다만, 유정용 강관 등의 제품에 대해 정부는 "전년 대비 큰 폭의 수출 감소가 불가피하다"라며 "정부는 강관 업체에 대해 수출선 다변화, 내수 진작 등 피해 최소화 대책을 적극적으로 강구해 나갈 것"이라고 말했다.

양국은 이른 시일 내에 분야별로 세부 문안 작업을 완료하고 정식 서명을 할 계획이다. 이후 국회 비준 동의 등을 추진한다.

(자료: 중앙일보, 2018년 3월 26일자)

토의자료 4-3(2)

한미 FTA 개정으로 현대차 '픽업트럭' 진출 제동… 車업계 "전체적으론 영향 적어"

한미 FTA 개정 협상에 대한 결과가 공개되면서 자동차 분야에서 많은 양보를 한 것처럼 보여지지만, 실제 피해는 크지 않을 것이란 관측이다. 다만, 현대차의 경우 픽업트럭 진출 계획에는 제동이 걸렸다.

4일 업계에 따르면 산업통상자원부에서 밝힌 한미 FTA 개정안 협상에서 가장 눈에 띄는 분야는 자동차로, 국내 산업에 대한 피해가 우려되고 있다.

당장 픽업트럭으로 북미시장을 진출하려던 현대차에 이목이 집중된다. 현대차는 2020년쯤 북미시장에 픽업트럭 출시를 목표로 준비 중이다. 이경수 현대차 북미법인장이 지난달 현지 매체와의 인터뷰에서 밝혔던 내용이다. 앞서 현대차는 지난 2015년 북미국제오토쇼에서 픽업트럭 콘셉트 '싼타크루즈'를 공개한 바 있다.

그러나 한미 FTA 개정 협상에서 2021년 1월 철폐 예정이던 픽업트럭 관세 25%를 20년 더 유지하기로 했다. 이에 따라 현대차 계획에 차질이 불가피해졌다. 픽업트럭에 부과되는 관세가 20년간 더 유지되기 때문에 가격 경쟁력에서 상당히 불리한 탓이다.

그럼에도 북미시장에 픽업트럭을 진출하려면 수출은 사실상 불가능해지고, 현지 앨라바마 공장에서 생산하는 방식을 선택할 수밖에 없다. 그 역시도 부품 조달 등 상황이 여의치 않다는 지적이다. 쌍용차도 코란도 스포츠, 렉스턴 스포츠 등 픽업트럭을 생산하고 있다. 하지만 아직까지 미국 진출에 대한 구체적인 계획은 없는 상태다.

일각에서는 북미시장의 픽업트럭 진입장벽이 높기 때문에 차라리 잘됐다는 시각도 있다. 이항구 산업연구원 팀장은 "일본조차도 시장점유율이 두 자릿수를 넘지 못하고 있고, 특히 유럽 브랜드의 진출을 막기 위해 미국이 장벽을 높이 세우고 있다"며 "싸게 팔아서 적자를 보는 것을 감수하지 않은 한 진입이 쉽지 않았던 시장이다"라고 말했다.

또 국내에서 판매 중인 미국 수입차 경우에도 업체별로 연간 5만대까지 미국 자동차 안전기준을 준수 시 한국 기준을 충족하는 것으로 간주하기로 했다. 기존에는 2만5,000대에서 두 배가 증가한 것이다. 미국산 AS용 자동차 부품도 마찬가지다.

이 역시 표면적으로는 미국 자동차들의 수입이 늘어나 국내 자동차업체들이 피해를 볼 것으로 보여지지만, 실제로는 의미가 없는 수치라는 분석이다.

국내에서 판매되는 미국 브랜드 중에 가장 많이 판매되는 게 포드인데, 지난해 판매량은 1만727대에 불과하다. 이어 크라이슬러 7,284대, 캐딜락 2,008대 순이다. 한국지엠이 미국으로부터 수입해 판매하는 쉐보레 일부 차종인 볼트 EV, 볼트(PHEV), 카마로의 지난해 총 판매량은 1,136대에 그쳤다. 올해 출시한 이쿼녹스도 판매가 부진해 큰 의미가 없다.

결국 브랜드별 쿼터를 2만5000대에서 5만대로 늘렸어도 실제 판매량이 크게 미치지 못하기 때문에 당장 피해가 없다는 얘기다.

물론 전기차나 자율주행차 등이 향후 시장 점유율을 늘릴 경우에는 부담이 될 수도 있다. 오히려, 무역확장법 232조에 대한 대비가 필요하다는 목소리가 높다.

미국 정부는 한미 FTA와 별개로 무역확장법 232조를 근거로 수입 자동차와 부품에 대해 25% 관세 부과를 예고하고 있다. 자칫하면 미국 자동차 수출길이 막힐 수 있다는 우려도 나온다.

때문에 한국 정부는 FTA 개정에서 자동차 분야에서 많은 양보를 했다는 것을 최대한 어필함으로써 무역확장법 232조에 대한 불똥을 막아보겠다는 방침이다.

이항구 팀장은 "전체적으로 한미 FTA 개정 협상 결과가 표면적으로 자동차 분야가 많은 양보를 한 것 같지만, 자세히 보면 나쁘지 않다"고 말했다.

이어 "미국 정부가 무역확장법 232조로 자동차 관세를 부과하지 않더라도 쿼터를 통해서 물량을 제한할 가능성이 높다"며 "이 경우 어느 정도의 쿼터를 확보하느냐가 실질적 수출에 큰 영향을 끼칠 것이다"라고 강조했다.

[자료: 뉴데일리경제 2018년 9월 4일자; http://biz.newdaily.co.kr/site/data/html/2018/09/04/2018090400074.html (접속일: 2019년 7월 8일)]

토의자료 4-3(3) 통상압박 불씨 남긴 미국, '농업 추가개방' 요구할까

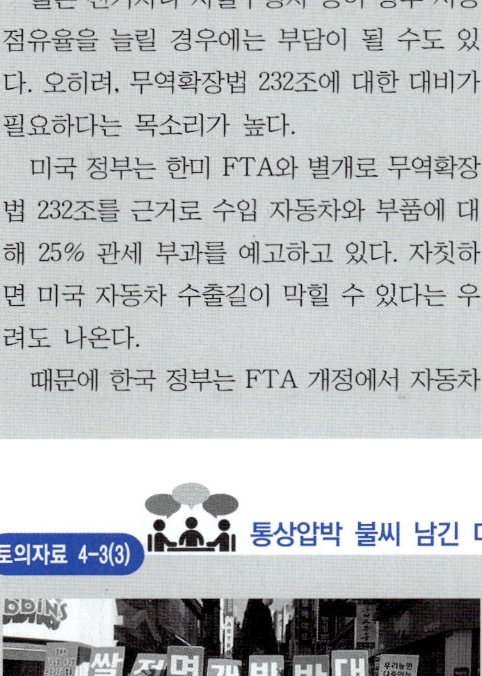

한미FTA 재개정 협상이 일단락된 지 일주일이 지났다. 당시 김현종 통상교섭본부장은 협상 결과를 발표하며 "우리가 설정한 레드라인을 지켰다"고 설명했다. 이 '레드라인'의 가장 대표적인 항목이 농산물 시장의 추가개방이다.

미국 무역대표부(USTR)는 지난 3월 30일(현지시각) '나라별 무역장벽 보고서'를 발표했다. 이 보고서에는 한국도 미국의 일곱 번째 교역국가이자 지난해 229억 달러의 무역흑자를 챙긴 나라로서 한 자리를 차지하고 있다. 열세페이지에 달하는 '나라별 무역장벽 보고서'의 한국 항목에서 가장 눈에 띄는 것은 다름 아닌 농업 분야였다. 첫 FTA 협상에서 한국이 가장 많은 영역을 개방한 분야이자 두 번째 개정협상에선 불가침영역으로 지정한 분야다.

◇과일시장 개방·검역절차 완화 필요성 제기

한국의 농산물 시장에 대한 미국의 입장은 '추가개방 필요'로 정리된다. 이번 보고서에서는 오리건 주의 특산물인 블루베리와 체리 수출 프로그램, 그리고 한국이 현재 수입을 제한하고 있는 사과와 배가 그 대상으로 제시됐다. 무역대표부는 "미국은 한국과 작년에 두어 차례 해당 문제에 대해 이야기를 나눴다"며 "한국이 이 상품들의 수입을 허용할 수 있도록 압박해나가겠다"고 밝혔다.

제품수입뿐 아니라 농업 위생 및 화학약품 규제와 관련된 각종 검증절차를 완화해야 한다는 내용도 있었다. 미국 측이 제시한 대표 사례는 유전자변형 농산물과 농약이다. 한국은 '유전자변형생물체의 국가 간 이동 등에 관한 법률'을 통해 인위적으로 유전자를 재조합한 작물의 수입을 제한하고 있다. 반면 미국 무역대표부는 "농업생명공학 분야에 대한 한국의 규제 시스템은 미국의 농산물 수출업계에겐 큰 도전과제다"며 검역절차를 개선해야 한다고 주장했다. 불필요한 평가절차와 자료요구 때문에 무역의 효율성이 떨어진다는 뜻이다. 무역대표부는 한국의 유전자변형작물 수입제도가 지나치게 많은 기관의 승인을 요구하고 있다고 지적하며 "한국과 함께 관련 절차들을 개선해나갈 것"이라고 밝혔다.

수입산 농산물이 사용하는 농약을 규제한 농약잔류허용기준도 문제가 됐다. 한국은 현재 사용 가능한 농약의 목록을 규정하는 '허용물질목록 관리제도'를 시행하고 있다. 이 목록은 2021년에 개정될 예정이며, 무역대표부는 향후 이 목록이 '원만히 갱신될 수 있도록' 한국 당국과 협력하겠다는 의사를 밝혔다.

◇농업시장 개방 이슈, 단발성 화제 아냐

산업통상자원부는 미국 무역대표부의 이번 발표에 대해 "예년 수준으로 무역장벽 문제를 제기했으며, 그간의 진전 상황 및 애로사항 등을 객관적으로 평가·기술했다"는 입장을 밝혔다. 또한 한미FTA 개정협상 합의가 긍정적으로 평가됐다는 점을 언급하며 "보고서에서 제기된 사안들에 대해선 국내 이해관계자·관계부처 간 협의를 통해 대응책을 마련하겠다"는 계획도 전했다. 전반적으로 밋밋한 반응이다.

산업부가 밝힌 것처럼 미국이 한국의 농산물 시장 개방을 요구한 것은 이번이 처음이 아니며, 결코 마지막도 아닐 것이다. 합의 당시 "자동차를 내주고 철강과 농업을 지켰다"는 평가가 나왔을 만큼 한국 대표단이 확고한 입장을 표명한 것도 사실이다. 다만 FTA 재개정 협상에 양국 대표가 합의한 지 일주일도 채 지나지 않은 시점에서 양국 합의와 정반대되는 취지의 보고서가 발표됐다는 사실은 국내 농업계의 불안을 가중시키기에 충분하다.

더구나 최근에는 FTA 재협상 합의에 대한 신뢰도도 상당히 낮아진 상황이다. 트럼프 대통령은 29일(현지시각) 오하이오 주에서 대중연설을 하며 "한미FTA 합의를 북한과 협상이 타결된 이후로 미룰 수 있다"고 밝혔다. 블룸버그는 해당 발언이 사전에 참모진들과 합의되지 않은 부분이었다고 보도했다.

국내 농업계는 이미 한미FTA로 인해 한국 농산물시장이 되돌릴 수 없는 타격을 입었다고 주장하고 있다. 반면 트럼프 대통령은 FTA 협상을 정치와 관련된 의제로 활용하고 있으며, 동시에 미국이 앞으로도 지속적으로 한국 농산물시장 개방을 요구하리란 것도 확실해 보인다. 이를 요령 있게 거절하는 것은 한국 무역대표단의 장기 과제가 될 전망이다.

(자료: 시사위크, 2018년 4월 2일자)

토의자료 4-4

"미세먼지 대란, 한중 FTA 환경 조항 고쳐야"

온통 마스크 물결이다. 전국이 미세먼지로 뒤덮였고, 수도권 및 충청남북도는 6일 연속 미세먼지 비상저감 조치가 시행됐다. 환경부는 6일 부산과 울산을 제외한 전국 15개 시·도에서 비상저감 조치가 시행된다고 밝혔다.

미세먼지 대란의 원인은 복잡하다. 국내 요인과 국외 요인이 섞여 있다. 당장 할 수 있는 조치부터 해야 한다. 이런 가운데 자유무역협정(FTA)의 관련 조항에 주목하는 목소리가 나온다.

통상전문가인 송기호 변호사는 미세먼지와 관련해 "한중 FTA 미세먼지 조항 강화 및 한미 FTA 자동차세 조항 개정"을 주장했다.

송 변호사는 "(박근혜 정부 시절 체결된) 한중 FTA 환경 챕터에서 한국이 가장 중요하게 요구했어야 하는 조항이 미세먼지 조항이어야 했다"고 지적했다. 그는 "미세먼지의 중국 요인에 대한 조사, 중국 요인을 크게 줄이기 위한 중국의 조치 의무와 이행 점검, 그리고 미세먼지 유발 요인에 대한 제재 등을 규정해야 했다"고 밝혔다.

송 변호사는 "그러나 박근혜 정부 시기 통상 관료들은 '한중 FTA 16장 환경 조항'을 있으나마나 하게 만들었다"며 안타까워했다. 송 변호사는 "당시 이미 있던 유명무실한 한중환경협약을 글자 하나 고치지 않고 한중FTA로 복사해 넣었다"라며, "중국 발 요인을 줄일 수 있는 강력한 환경 조항을 담는 방향으로 한중FTA를 개정해야 한다"고 주장했다.

아울러 그는 노무현 정권 당시 체결된 한미FTA에 대해서도 개정을 주장했다. 송 변호사는 "미세먼지 국내 요인 중 가장 큰 원인이 자동차 배기가스"라며, 이를 줄이기 위해 "배기 오염량이 많은 자동차에 대해 더 많은 더 많은 자동차세를 매기도록 개혁해야 한다"고 주장했다.

그러나 한미FTA 2장에는 미국 고배기량 자동차 보호를 위한 조항이 있다. 한국이 배기량이 많은 자동차에 불리한 쪽으로 자동차세를 변경하는 것을 아예 금지했다. 이에 대해 송 변호사는 "한미FTA 자동차세 조항을 시급히 개정해서 오염물질 고배출량 차에 대해 더 과세해야 한다"고 밝혔다.

FTA는 시민을 위해야 하므로, 미세먼지에 대한 관심이 높은 지금이, 중국 및 미국 등 주변국과의 FTA 조항을 꼼꼼히 살펴야 할 때라는 설명이다.

(자료: 프레시안 2019년 3월 6일자)

참고문헌

MotorGraph, [인터뷰] 피렐리코리아 대표 "현대차와 협력 확대…고급 시장 적극 공략", 2017년 11월 28일자, [online]. Available at http://www.motorgraph.com/news/articleView.html?idxno=13577 [접속일: 2018년 12월 3일].

SBS 뉴스, EU, 오늘부터 23개 철강제품 긴급수입제한조치…한국도 타격, 2018년 7월 19일자 [online]. Available at http://news.sbs.co.kr/news/endPage.do?news_id=N1004854463 [접속일: 2018년 11월 24일].

김양희(2017), FTA 활용한 개성공단 제품 수출은 왜 좌초 위기인가?, 한겨레신문 2017년 6월 16일 기고.

글로벌오토뉴스, 유럽의 배출가스 규제, 과연 도달할 수 있을 것인가, 2018년 1월 30일자 [online] Available at http://global-autonews.com/bbs/board.php?bo_table=bd_026&wr_id=329 [접속일: 2018년 11월 24일].

뉴데일리경제, 한미 FTA 개정으로 현대차 '픽업트럭' 진출 제동… 車업계 "전체적으론 영향 적어", 2018년 9월 4일자. [online]. Available at http://biz.newdaily.co.kr/site/data/html/2018/09/04/2018090400074.html (접속일: 2019년 7월 8일).

뉴스핌, 쌍용차 미국에 3년 뒤 수출… JD 파워서 전략 수립, 2017년 5월 8일자 [online]. Available at http://www.newspim.com/news/view/20170508000095 [접속일: 2018년 11월 24일].

머니투데이, EU 수입철강제품 반덤핑관세 부과로 '포스코'타격 불가피, 2015년 5월 15일자.

문화일보, 'EU환경규제' 피해기업 속출, 2007년 10월 10일자.

문화투데이, '티볼리' 수출 독주 비상등…쌍용 수출 37.1%↓, 2017년 5월 16일자 [online] Available at http://www.munhwatoday.com/mobile/article.html?no=126826 [접속일: 2018년 11월 24일].

박병일(2017), "글로벌경영 사례100", 시대가치.

박용주(2018), 멕시코, 46개국과의 FTA 체결로 자유무역 중심으로, 코트라 해외시장뉴스.

배찬권, 김영귀, 오수현, 조문희, 박지현, 김긴성, 엄준현, 유새별, 강민지, 윤여준, 강구상, 김진오, 김종혁, 이현진, 권혁주(2018), NAFTA 재협상, 미국·멕시코 합의의 주요 내용과 시사점, 대외경제정책연구원, 18-33.

산업통상자원부(2018), FTA 강국 Korea, [online]. Available at http://www.fta.go.kr/main/apply/fta/rc/ [접속일: 2018년 11월 30일].

서민교, 박병일(2013), "글로벌경영", 서울경제경영출판사.

손지훈(2009), EU의 환경규제와 수출에 관한 연구", 서울시립대학교 석사학위 청구논문.

송원근(2008), "한-EU FTA의 자동차 교역 영향 및 EU 자동차시장 분석", 한국경제연구원.

시사위크, 통상압박 불씨 남긴 미국, '농업 추가개방' 요구할까, 2018년 4월 2일자. [online]. Available at http://www.sisaweek.com/news/articleView.html?idxno=105731 (접속일: 2019년 7월 8일).

신호경(2016), "FTA 원산지 관리 고도화 전략 연구-자동차 부품 산업 중심으로", 경북대학교 대학원 석사학위 청구논문.

스틸데일리, EU, 전기강판 수입규제 적극, 2015년 9월 22일자 [online] Available at https://www.steeldaily.co.kr/news/n_view.asp?NewsID=108149&Page=30&iSeq=50&T_M_Code=90&D_F_Code=Main [접속일: 2018년 11월 24일].

안령(2016), "EU시장 특성에 따른 우리기업 진출 전략", 코트라.

안성희(2013), "한국과 멕시코의 산업협력 방안: 제조업을 중심으로", 고려대학교 정책대학원 석사학위 청구논문.

이종서(2013), "EU 통상정책", 높이깊이.

조선비즈, [EU발(發) 글로벌 녹색규제 태풍] [中] '니켈 규제' '납 규제'… 벌써 '수출 길' 막힌다, 2009년 5월 21일자.

조선비즈, NAFTA 믿고 갔는데… 멕시코의 한국 기업 183곳 "어찌합니까", 2017년 1월 24일자.

조선일보, 포스코 · 현대제철 52주 최저가… 철강업계 힘겨운 여름나기, 2018년 7월 23일자.

중앙일보, FTA 없는 멕시코 수출 전선 "우린 고립된 병사", 2004년 12월 24일자.

중앙일보, 한미 FTA, 뭘 주고 받았나… 자동차 양보, 철강 관세 면제 불구 당장 수출 타격은 철강쪽, 2018년 3월 26일자.

코트라(2006), 한-EU FTA 추진관련, EU 비관세장벽 현황과 피해사례, 코트라 통상전략팀 기획조사 06-040.

코트라(2010), 한-EU FTA가 발효되면 무엇이 달라지나, 코트라 해외시장뉴스.

코트라(2015), EU, 한국산 규소방향성 전기강판 반덤핑 최종 판정, 코트라 해외시장뉴스.

파이낸셜뉴스, 현대차 'EU 현지생산체제' 완성, 2009년 9월 24일자.

파이낸셜투데이, 잘 나가던 티볼리, 유럽 안전도 평가 최하위 수출 전선'주의보', 2016년 12월 30일자.

프레시안, "미세먼지 대란, 한중 FTA 환경 조항 고쳐야", 2019년 3월 6일자. [online]. Available at http://www.pressian.com/news/article/?no=231439#09T0 (접속일: 2019년 7월 8일자).

한겨레신문, 티볼리 질주로 잘 달리던 쌍용차 적자 전환, 왜?, 2017년 5월 1일자.

한겨레신문, 나프타 타결 파장…기아차 멕시코공장 직접 영향권, 2018년 10월 1일자.

한국경제신문, [주용석의 워싱턴인사이드] 나프타 개정, 누가 웃고 누가 울까, 2018년 10월 3일자.

한국무역신문, 5년 후 수출규모 일본 추월 목표, 2018년 4월 5일자.

한국일보, 멕시코산 기준 강화, 미 자동차값 오른다, 2018년 8월 29일자.

한혜수(2015), EU 집행위원회, 규소방향성 전기강판에 대한 반덤핑 최종판정 결과 발표, 전국경제인연합회.

05

국제통상환경

- **사례 5-1 중국시장에서의 SK이노베이션 사례**: SK이노베이션의 속앓이
- **사례 5-2 미국시장에서의 현대자동차 사례**: 현대자동차, 가뜩이나 힘든데…
- **사례 5-3 미국시장에서의 우진산업 사례**: 미국 '반덤핑 관세 폭탄'에 한국 중소기업의 시장 철수
- **사례 5-4 미국시장에서의 삼성전자와 LG전자 사례**: 미국 세탁기 세이프가드, 올 것이 왔다!

사례 5-1 중국시장에서의 SK이노베이션 사례: SK이노베이션의 속앓이

'SK이노베이션'은 1962년 국내 최초의 정유회사인 '대한석유공사'로 출범해 국내 석유 사업을 주도하고 국가 경제를 발전시키는데 중요한 역할을 해왔던 기업이다. 1980년 '대한석유공사'가 SK그룹에 인수되었고, 그 후 1982년 민간 기업으로 거듭났다. 현재 SK이노베이션은 대한민국을 대표하는 에너지 및 화학 기업이자 산하에 5개의 자회사 및 2개의 사업 단위를 두고 있는 SK그룹 석유화학 사업부문의 중간 지주회사이다. SK이노베이션의 사업영역은 석유 개발, 배터리, 정유, 화학 및 윤활유 사업 등으로 다양하며, 자산 총액은 2016년 현재 대략 32조 원에 가까운 국내 대기업 중 하나이다.

SK이노베이션이 전기차 배터리 양산체제를 갖추기 시작한 것은 대략 2012년 즈음으로, 충청남도 서산시에 본격 배터리 생산구조를 계획하며 본격적인 영업에 착수했다. 그리고 2014년과 2015년 이후, 빠르게 증가하는 전기차 배터리 수요에 맞추어 서산 공장의 생산라인을 꾸준히 증설시켜 사업장을 지속적으로 확장시켜 나갔다. SK이노베이션은 기본적으로는 정유업체로서 휘발유나 경유 차량이 늘어나야만 석유 제품을 많이 판매하고 실적을 높일 수 있었다. 그러나 이미 정유 시장이 포화상태에 이름으로써 SK이노베이션은 새로운 성장 동력이 필요하다고 판단했다. 또한 정유업계는 특성상 국제 유가와 환율 등 외부요인에 의해 크게 영향을 받을 수밖에 없었기에 안정성이 떨어졌으며, 최근에는 향후 석유시대가 저물 것이라는 예측이 나오고 있는 상황이라 미래의 먹거리 산업을 빨리 발굴하여 그것에 주력하려고 했을 것이다. SK이노베이션은 그 방안으로 '전기차 배터리' 사업을 선택했다. 비록 SK이노베이션은 같은 배터리 사업을 추진 중인 LG화학과 삼성SDI보다는 한발 늦게 배터리 사업에 뛰어들었지만 그 기술력은 이들에 못지않은 수준이라고 알려져 있다.

SK이노베이션은 2013년 전기차 배터리 사업을 중국으로 진출시키기로 전격적으로 결정했다. 많은 시장 중에 SK이노베이션이 유독 중국으로 진출하고자한 이유는 무엇이었을까? 중국은 심각한 대기오염을 앓고 있었다. 이를 해결하기 위해 당시 중국 정부는 친환경차 육성을 정책적으로 추진 중이었다. 중국 정부는

2020년까지 약 500만 대의 전기차를 보급하겠다는 신에너지 자동차 보급정책을 발표하며 정책적으로 적극적인 지원에 나섰다. 더불어 중국 환경보호부에서도 미세먼지 감소를 위해 1조 7,000억 위안이라는 어마어마한 돈을 투입하겠다고 발표했다. 이처럼 환경을 위한 정책 도입에 박차를 가하고 있던 중국에게 전기차 보급은 핵심 사안이 되었고, 이로 인해 중국의 전기차 배터리 사업 진출은 다국적기업에게 매력적인 시장이 되었던 것이다.

〈표 5-1〉 중국의 친환경자동차 판매 추이

	2013	2014	2015	2016
전기자동차(만대)	1.5	4.5	24.7	40.9
(증가율, %)	-	200.0	448.9	65.6
플러그인 하이브리드(만대)	0.3	3.0	8.4	9.8
(증가율, %)	-	900.0	180.0	16.7
합계(만대)	1.8	7.5	33.1	50.7
(증가율, %)	37.9	316.7	341.3	53.2

자료: 중국자동차공업협회(2017)

이와 더불어 중국은 세계 최대 자동차 시장이었다. 거대한 중국시장에 걸맞게 글로벌 자동차 업체들의 생산기지 또한 중국에 몰려있었던 것이다. 따라서 중국 배터리 시장 진출의 성공은 전 세계 '전기차 배터리' 사업의 교두보를 확보하는 것이나 다름이 없었다. 향후 중국시장을 누가 장악하느냐에 따라 전기차 배터리 시장의 판도가 달라질 것이었다. 이로 인해 높은 기술력과 배터리 생산 능력을 갖춘 SK이노베이션이 중국 '전기차 배터리' 시장으로 진출했던 것은 당연한 선택이었을 것이다.

중국의 전기차 배터리 시장 공략에 첫 발을 내디딘 SK이노베이션은 중국의 베이징자동차그룹 및 베이징전공과 손을 잡아 합작법인을 출범시키기로 하였다.

초반에 합작 법인이 자체 생산 기반을 완비할 때까지 SK이노베이션은 서산 배터리 공장에서 생산하는 배터리 셀을 합작법인에 공급하기로 했고, 베이징자동차그룹은 전기차 개발을, 베이징전공은 현지 배터리 팩 생산을 책임지기로 했다. SK이노베이션의 입장에서 진출 초기에는 배터리 팩 생산 공급으로 시작하여 장기적으로는 배터리 생산 전(前) 공정까지 사업 분야를 넓힐 계획이었다. 합작법인 설립 후, 주요 거래처인 베이징 자동차, 기아자동차 등의 물량 확대 요청이 늘자, 이에 맞게 SK이노베이션은 사업 확대를 단단하게 받쳐줄 서산 배터리 공장 증설을 위한 투자도 결정했다. 2015년, SK이노베이션의 서산 공장의 증설이 완료되었고 생산 능력이 두 배로 늘어나게 되었다. 그리고 이를 바탕으로 하여 중국을 중심으로 전 세계 배터리 시장 공략을 더욱 확대해 나갈 계획이었다. 또한 SK이노베이션은 2016년 정철길 부회장을 중심으로 중국 위주의 글로벌 시장 성장에 대해 가속화 의지를 굳게 보였고, 이에 초점을 맞춘 사업구조 혁신에 힘을 쏟겠다는 목표를 발표했다. 중국에 합작 공장을 짓거나 관련 기업과의 인수합병을 추진함으로써 중국시장을 확대하는 것을 핵심 전략으로 삼았다.

그러나 이 계획은 SK이노베이션의 기대대로 진행되지 못했다. 2017년 1월, 중국 기업과 SK이노베이션이 합작투자했던 현지의 배터리 생산공장 'BESK테크놀로지 공장'의 가동이 중단된 것이다. 공장 가동을 중지하게 된 이유는 무엇이었을까? 표면적인 원인은 해당 공장에 전체적인 주문량이 감소했다는 것이었다. 우리는 이 주문량 감소의 원인을 자세히 분석할 필요가 있다. 전기차 배터리 사업은 정부 보조금에 따라 그 경제성이 크게 좌우되는 분야이다. 그런데 중국 정부가 2016년부터 갑작스럽게 자국 내 전기차 배터리 생산업체들을 대상으로 '모범 규준 인증제도'를 도입했다. 그러면서 인증을 거친 업체에게만 보조금을 지급하는 형식으로 전환하여 결과적으로 보조금 지급 대상을 축소한 것이다. 그러나 'BESK테크놀로지 공장'은 SK이노베이션의 충청남도 서산에 위치한 공장에서 생산한 배터리 셀을 받아서 이를 단순히 조립 및 패킹하는 과정을 담당했던 공장이었다. 따라서 셀을 직접 생산하는 공장이 아니었기 때문에 '모범 규준 인증제도'의 대상은 아니었다. 그럼에도 불구하고 중국의 전기차 업체들은 'BESK테크놀로지 공장'이 해당 모범 규준 인증이 없어 전기차 보조금을 못 받을 수 있을 것이라고 미리 우려하여 배터리 주문을 끊기 시작한 것이다. 따라서 'BESK테크

놀로지 공장'의 배터리 주문량은 2016년 4분기부터 점차 감소하였고, 중국 내 합작 파트너들과 협의하여 오랜 고심 끝에 공장 가동을 중단하게 되었던 것이다. SK이노베이션이 이 공장에서 판매했던 배터리 셀은 연간 500~600억 원 수준이었던 바, 중국 정부의 새로운 제도 도입 하나로 인해 큰 손실을 입어야만 했다.

그 후 SK는 전체적으로 중국시장에서 한층 소극적인 태도를 보였다. SK이노베이션의 전기차 배터리 설비의 증설 계획을 무기한 연기시켰고, 중국 내에서의 신사업 계획을 전체적으로 중단했다. 또한 구조조정을 통해 중국 사업 진출을 최소화하려는 계획을 세웠다.

중국 정부는 2017년에 약 10차례, 2018년 현재까지도 여러 번에 걸쳐 새롭게 보조금 지급 차량 목록을 발표했지만, 그 안에 SK이노베이션을 포함한 국내 기업의 배터리를 탑재한 차량은 모두 제외되었다. 중국에서는 전기차 보조금이 차량 가격의 최대 절반에 이르는 수준이다. 때문에 보조금을 받지 못하게 되면 현지 판매가 매우 어렵다고 할 수 있다. 한편 이러한 차별적 조치는 국내 전기차 배터리 업체들을 제지하는 동시에, 중국 내 자국 배터리 업계의 기술력을 끌어올리기 위한 의도인 것으로 볼 수 있다. 또한 표면적으로는 정확하게 단정 짓기 어려우나, 당시 사드 배치 문제로 인해 얼어붙었던 한국과 중국의 관계 등 정치적인 원인 역시 중국 정부의 정책에 복합적으로 반영되었다는 분석도 많다. 이러한 보조금 지급에 따른 차별화는 세계 전기차 시장의 약 40%를 차지하는 중국시장에 대한 국내 기업의 수출길을 어렵게 만들고 있으며, SK이노베이션에게도 상당한 큰 타격을 준 시장 진출 실패 사례로 볼 수 있다.

질문

1. SK이노베이션의 입장에서 중국시장으로의 진출은 불가피한 선택이었다고 생각된다. 전 세계 배터리 시장에서의 점유율을 높이기 위해서는, 친환경 전기차의 보급을 늘리고 있는 거대 중국시장이야말로 그 어느 곳보다 잠재력과 성장 가능성이 큰 시장이었기 때문이다. 반면에, 중국시장에서 고전하고 있는 많은 한국 기업의 사례에서 볼 수 있듯이, 중국시장은 동시에 상당한 정치적 리스크(risk)의 상존 가능성 역시 배제할 수 없는 시장인 바, 여러 예기치 않은 문제점의 발생에 대한 대비를 철저히 했어야 했다. 그렇다면, 중국 배터리 시장에 진출할 계획을 세우면서, 미리 어떠한 준비를 했어야 한다고 생각하는가? 여러분의 견해를 밝히시오.

2. 상기에 제기한 이슈 못지않게, 진출하고자 하는 해당 국가의 정책 규제 성향에 대해서도 충분한 사전 조사가 필요했다고 판단된다. 이와 같은 관점에서, 최근 중국 정부에 의한 통상정책의 경향과 특성에 대해 논하시오.
3. 사례에서 논의한 상황을 극복하기 위한, 기업 차원의 대책을 고민해보시오.

사례 5-2 미국시장에서의 현대자동차 사례: 현대자동차, 가뜩이나 힘든데…

앞서 국제화와 관련된 챕터에서 한 차례 살펴보았듯이, 현대자동차는 세계 자동차 판매량 순위 5위(2017년)를 차지하고 있는 글로벌 자동차 기업이다. 현대건설을 모체로 한 자동차 제조업체로서 1967년 설립되었다. 주요 사업은 자동차 제조 및 판매, 정비이며, 현재 승용차 외에도 트럭, 버스, 밴 등 각종 차량을 제작하여 판매한다. 설립 당시에는 미국 포드자동차와 합작으로 시작하였으며, 1968년 울산에 자동차 공장을 착공하였고, 1975년에 각종 자동차를 생산할 수 있는 종합 자동차 공장을 완공하였다. 그리고 한국 최초의 고유모델 자동차 '포니'를 자체 브랜드로 생산하여 시판하면서 한국 자동차 역사의 새로운 장(場)을 열게 되었다. 포니에 쏟아진 관심은 대단했다. 시판 첫해에만 1만 700대가 넘게 판매되어 당시 국내 승용차 판매량 절반에 가까운 시장점유율을 시현하게 되었다. 그리고 그것이 해외로도 뻗어나가 남미 에콰도르에 5대의 포니 수출을 시작으로, 중동, 아프리카 등 수출국을 점차 넓혀나갔다. 1984년에는 국내 최초로 캐나다에 '포니' 승용차를 수출하면서 캐나다 현지법인을 설립하게 되었고, 곧 캐나다에 현지 부품 공장을 세움으로써 해외에서의 수출 기반을 다져나가기 시작했다. 자동차 산업의 본고장인 미국으로는 1986년 첫 진출을 하게 된다.

그리고 그 후 현대자동차는 글로벌 경영에 더욱 박차를 가하여 중국에 베이징 현대공장, 미국에 앨라배마 공장을 준공하였다. 해외 공장의 설립을 점차 확대해가며 현대자동차는 국내뿐 아니라 글로벌 자동차 시장에서도 위상이 높아졌고, 2005년에는 '글로벌 100대 브랜드'에 진입하기도 하며 그 입지를 다졌다. 그 후 유럽시장, 남미시장 등에도 더욱 확대 진출을 가속화하여 2013년에는 해외 누적 판매 약 5,000만 대를 달성하였다. 2018년 현재에도 인도, 러시아, 체코 등에 해외 공장과 연구소를 두고, 190여 개국에 수출 중이며, 국내 자동차 시장에서도 경쟁사 대비 가장 많은 자동차 판매를 성취하고 있는 메이저 기업으로 자리하고 있다.

현대자동차가 글로벌 기업으로 성장할 수 있었던 배경 한가운데에 미국 진출이 있다고 할 수 있을 정도로 현대자동차의 글로벌 경영 능력은 미국에서 많이 성장하였다. 처음 현대자동차가 미국 자동차 시장에 진출할 당시, '엑셀'이라는 브랜드를 수출했는데, 수출 첫해 당시 무려 16만 대가 팔리는 높은 성과를 얻었다. 그리고 그 성과를 바탕으로 미국시장 소형차 부문에서 꾸준히 많은 인기를 누릴 수 있었다. 이러한 미국시장에서의 성공은 현대차가 글로벌 시장으로 뻗어나갈 수 있었던 발판이 되었다. 중간에 몇몇 위기도 있었다. 글로벌 금융위기 등으로 인해 판매량이 하락했을 당시, 현대자동차는 품질에 대한 자신감으로 '어슈어런스 프로그램'이라는 혁신적인 마케팅 전략을 내세워 위기를 잘 극복했다.

현대자동차는 미국시장에서 대중적인 이미지를 앞세워 주로 양적인 성과를 나타내는데 집중해왔다. 품질 대비 낮은 가격으로의 판매를 통해 친숙하고 대중적인 자동차로서 포지셔닝 될 수 있도록 노력해온 것이다. 그러나 2016년 들어 현대자동차는 양적인 면뿐 아니라 질적인 부문까지 동시에 공략하기 위해 고급차, 친환경차 등 새로운 유형의 차량을 선보이겠다는 계획을 세웠다. 점차 감소하는 매출 성장률에 대응하여 새로운 전략을 통해 실적 부진을 극복하겠다는 의지였다고 볼 수 있다.

그러나 한미 자유무역협정(FTA) 개정 협상 때, 미국시장에서 예상치 못한 실패와 맞닥뜨린다. 사전에 현대자동차는 미국 자동차 시장에 픽업트럭 사업을 진출시킬 계획을 갖고 있었다. 그러나 미국이 한미 자유무역협정(FTA) 개정 협상에서, 원래 2019~2020년 순차적으로 축소한 후 2021년 폐지하려고 했던 국내산 픽업트럭에 대한 미국시장 수출 관세율 25%를 향후 더 오래 유지하겠다는 입장을 밝힌 것이다. 즉, 픽업트럭의 관세 철폐가 2021년에서 2041년으로 20년 연장되었다. 이러한 규제로 인해 현대자동차의 '픽업트럭' 미국 진출은 심각한 난관

에 부딪히게 되었던 바, 현대자동차의 입장에서는 미국 차들이 압도적인 우위를 점하고 있는 시장에서 자국(즉, 미국)이 그에 대해 보호정책을 펼친다면 이에 대응하여 성공할 가능성이 사실상 희박하다는 판단이 가능했다.

미국은 픽업트럭이 소비자들로부터 대단히 사랑받는 거의 유일한 국가이다. 미국 내 픽업트럭 시장 규모는 연간 280만 대 수준으로, 연간 전체 자동차 판매 시장의 약 15%를 차지한다. 미국에서 인기가 많았던 픽업트럭은 포드사의 'F-시리즈'와 쉐보레의 '콜로라도', 그리고 일부 일본 브랜드들도 강세를 보이고 있었다. 또한 벤츠도 미국의 픽업트럭 시장에의 진출을 선언할 정도로 미국 픽업트럭 시장은 상당한 수익성이 보장된 마켓이었고, 탄탄한 성장세를 보였다고 할 수 있다.

그림 5-1 **미국 자동차시장 분야별 판매 현황**

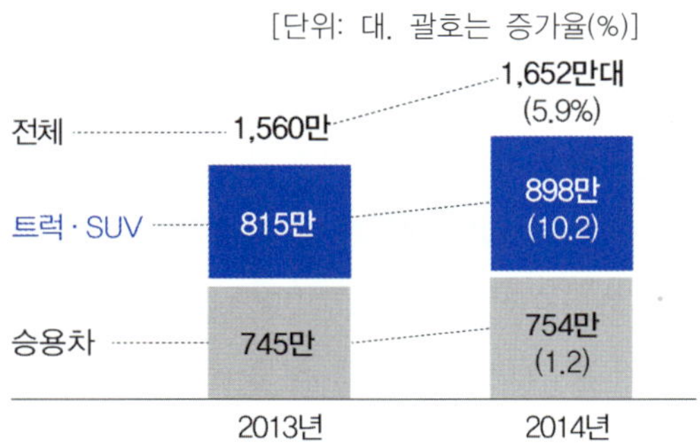

자료 : 오토데이터

그림 5-2 현대 · 기아차 미국 시장점유율 변화 및 업체별 실적

자료: 중앙일보(2017년 10월 16일자)

미국 자동차 시장에서 현대자동차의 픽업트럭 부재는 약점이자 항상 지적받아왔던 부분이었다. 따라서 현대자등차는 이를 보완하기 위해 2015년 디트로이트 모터쇼에서 픽업트럭의 종류인 '산타크루즈'를 콘셉트카로 공개하며, 2018년 또는 2019년부터 미국의 픽업트럭 시장 공략에 가능성을 열어두고 이를 개발 중이었다. 하지만 이러한 미국의 높은 관세율 유지 발표는 현대자동차에게 미국 픽업트럭 시장 진출에 대한 상당히 큰 부담 요인이자 포기 요소가 되었던 것이다.

또한 미국에서 그 당시 현대자동차는 점유율 하락의 위기 등 실적 부진을 겪고 있었다. 2017년 누적 판매량이 10.2% 급감하며 8년 만에 점유율 최저를 기록하였으며, 이것은 지난해 같은 기간보다 판매량이 14.4%나 감소한 수치였다. 미

국 자동차 시장점유율 또한 8.1%에서 7.5%로 하락하였다. 이에 대해 SUV 및 트럭 차량이 대세였던 시장의 변화에 대응을 하지 못했다는 분석이 이어졌다. 따라서 이러한 상황에서 새로운 유형의 '픽업트럭'을 미국시장에 진출시키려 했던 계획은 다시 현대자동차의 판매 실적을 견인할 수 있는 한 줄기 희망이 되어왔지만 한미 자유무역협정(FTA) 재협상에 따른 제도적 · 정책적 문제로 인해 무산되었다.

현대자동차는 이로 인해 매년 가장 빠르게 성장하는 가장 유망했던 신규 수출처를 잃게 되었다. 이러한 개정 협상이 없었더라면, 현대자동차는 한국에서 픽업트럭을 생산하여 미국으로 수출하는 방식을 통해 국내에서 고용을 창출할 수 있었으며, 동시에 여러 부품업체들은 신규 판매 품목이 확대될 것이라는 기대가 컸다. 그러나 이번 한미 자유무역협정(FTA) 개정 협상으로 인해 현대자동차가 픽업트럭을 미국 현지에서 직접 생산할 가능성이 늘어나면서 고용 및 수출확대의 기대가 물거품이 되었다. 이번 한미 자유무역협상(FTA) 개정 협상은 농산물을 비롯한 다른 업계의 방어를 위해 자동차 업계를 희생시킨 것이라는 평가가 나오기도 했다.

이로 인해 신규 시장을 개척하지 못한 현대자동차는 미국시장에서 연이은 부진을 면치 못했다. 중국을 뒤이은 글로벌 자동차 시장 2위인 미국에서 2018년 4월에 전년대비 11.1% 감소한 판매량을 보였다. 현재 주력 모델의 판매 부진이 심화되면서 미국시장에서 점차 위축되고 있는 상황이다. 따라서 현대자동차는 이에 대한 대책으로 상품 개선 모델을 꾸준히 출시하는 동시에 재고 물량 조절을 통해 수익 향상에 초점을 맞추겠다는 방침이다. 하지만 현대자동차의 세단 차종의 재고조정이 급진적으로 진행되고 있으며, 여전히 세단의 비중이 54.3%에 달하여 시장 트렌드와 괴리감이 있다는 점에서 미국시장에서 현대자동차의 부상(浮上)은 아직 미지수이다. 이러한 부분에서 한미 자유무역협정(FTA)의 규제로 인해 현대자동차의 픽업트럭 차량 진출 실패에 대한 아쉬움은 더욱 커질 수밖에 없다.

질문

1. 현대자동차의 성장배경에는 과거 오랜 기간 수입차에 대해 한국 정부가 부과한 무거운 관세가 큰 역할을 했다고 여겨진다. 이는 과연 옳은 통상정책이었는지 논하시오.
2. 한미 자유무역협정 개정은 불가피했던 것인지? 그렇지 않으면, 재협상을 하지 말았어야 했는지? 그리고 타결된 협상결과에 대해 여러분의 견해를 각각 밝히시오.
3. 상기 사례의 상황을 극복하기 위해 향후 현대자동차는 어떠한 전략을 구사해야 하는지 여러분의 생각을 제안하시오.

사례 5-3 미국시장에서의 우진산업 사례: 미국 '반덤핑 관세 폭탄'에 한국 중소기업의 시장 철수

1. 우진산업의 미국시장 진출

1990년 7월에 설립된 우진산업은 현재 국내 제강 공장에 합금철을 공급하고 있는 철강업체이다. 1992년에는 페로바나듐(Ferro Vanadium)을 국내 최초로 개발에 성공하였고, 현대제철, 동국제강, 포스코 등의 제강공장에 납품을 시작하였다. 우진산업의 주력 제품인 페로바나듐은 철강에 경도와 인성을 증가시킨 고급합금철을 가리키는데, 인장강도와 연신율을 높여 특수강에 사용되는 제품이다. 철강의 고급화를 위해서 꼭 필요한 제품이기에 수요가 날로 증가하고 있는 제품이기도 하고, 고속도강, 스테인레스강, 공구강 등의 특수강에 사용된다. 우진산업은 1997년에는 국내 최초로 페로바나듐의 해외 수출을 시작하였으며, 동사(同社)의 기인종 대표와의 인터뷰에 따르면, 2009년 당시 일본의 Hitachi, 대만의 CSC, 미국의 Nucor 등의 업체에 페로바나듐을 수출해왔다.

1998년에는 페로몰리브데넘(FeMo)의 생산에 성공했고, 계열사인 우진메탈을 설립하였다. 우진메탈은 2005년 180억여 원이던 매출액이 급성장하여 2008년에는 650억여 원을 시현하였다. 우진산업의 미국 진출은 2006년 3월에 특수강용 페로바나듐의 장기계약을 체결하면서 시작되었다. 이후 2008년에는 당해 수출 매출액이 1억 5천만 달러를 달성하는 등의 성장을 보였다. 2015년 기준, 미국의 페로바나듐 수입시장은 약 1,600만 달러이며, 페로바나듐 제품은 미국 전체 수입액의 약 25%를 한국에서 차지할 정도로 동 제품에 대한 미국 내 점유율이 상당했다. 다음의 표는 2016년을 기준으로 최근 3년간 미국의 한국산 페로바나듐 제품에 대한 수입 현황에 관한 것이다.

〈표 5-2〉 미국 한국산 페로바나듐 수입 현황

단위: 파운드(수입량), US Dollar(구입액)

구분	2013	2014	2015
수입량	784,156	1,243,165	1,668,514
구입액	9,598,728	14,714,777	16,253,302

자료: 한국무역협회 동 보고서 발췌 및 재구성

2. 우진산업의 미국시장 철수 배경

2017년 1월 20일을 기점으로 미국은 트럼프 대통령의 시대가 시작되었다. 트럼프는 취임 후, 미국 우선주의를 강조하며 여러 행정명령을 발의하고, 새로운 규제를 시행하였다. 그가 주창한 American First, 즉 미국 우선주의는 무역, 외교, 국방 등의 모든 분야에서 미국의 이익을 최우선으로 두는 정책이다. 이러한 정책을 바탕으로 트럼프는 보호무역주의를 펼쳐 미국의 국제무역위원회(United States International Trade Commission: ITC)가 더 많은 교역규제를 진행할 수 있도록 하였다.

한국무역협회 워싱턴지부에서 발간한 2016년 10월 27일자 美 상무부, 한국산 페로바냐듐에 대한 반덤핑 예비판정 발표 보고서에 따르면, 동년 3월 28일 미국 페로바나듐 생산 및 재생업자 협회(VPRA)와 4개의 회원사는 미국 상무부와 국제무역위원회에 덤핑 수출로 인한 피해를 주장하며 한국산 페로바나듐을 제소하였다. 미국 상무부와 국제무역위원회에 제소를 하게 되면 통상 제소장 접수 후 20일 이내에 상무부가 조사 개시여부를 발표하게 되며, 국제무역위원회의 산업피해 예비판정은 45일 이내에 나오게 된다. 이 같은 규정에 따라, 미국 상무부가 동년 4월 18일에 조사개시를 선언하였다. 또한 국제무역위원회는 예비판정을 통해 5월 11일에 제소 내용에 대해 긍정 판정으로 판단하였다. 그리고 5개월 뒤, 미국 상무부에서 반덤핑 관세율 4.43~54.69%를 예비 판정하기에 이른다. 이후, 트럼프 대통령의 취임 3달 후인 2017년 4월 19일, 미국 국제무역위원회의 최종 판정에 따라 한국산 페로바나듐에 대해 반덤핑 관세 부과가 결정되었고, 일주일 뒤에 미국 상무부가 관세 부과 명령을 하달함에 따라 한국산 페로바나듐은 고율의 반덤핑 관세를 부과 받는 것이 확정되었다. 확정 후 일주일 뒤부터 한국산 페로바나듐을 수출 또는 생산하는 한국 업체들은 반덤핑 관세를 부과받았다.

〈표 5-3〉 업체별 덤핑마진

피소국	수출 및 생산업체	덤핑마진
한국	Korvan Ind. Co., Ltd.	3.22%
	Fortune Metallurgical Group Co., Ltd.	54.69%
	Woojin Ind. Co., Ltd.	54.69%
	기타	3.22%

자료: 코트라 해외시장뉴스

앞서 〈표 5-2〉를 보면, 2013년부터 3년간 한국의 페로바나듐에 대한 수출량이 2배 이상 증가한 것을 알 수 있다. 따라서 반덤핑 관세부과가 더욱 치명적으로 다가왔다. 세계무역통계(World Trade Atlas)의 데이터에 의하면, 2015년 한국의 미국 페로바나듐 수입액은 1,400만 달러였으나 반덤핑 관세가 부과된 2016년은 330만 달러로 급감하게 되며 점유율은 21.3%에서 7.0%로 약 76.5% 감소하였다. 이런 피해는 우진산업도 고스란히 입게 되었다.

3. 우진산업의 미국시장 철수

실제 우진산업은 미국으로의 페로바나듐 수출에 약 55%의 '관세폭탄'을 맞게 된 이후 반덤핑 관세에 대한 법적 대응과 미국으로의 수출 중단 사이에서 전략을 조율하다가 결국 미국시장 철수를 선언하고 수출을 중단하기에 이른다. 우진산업의 주력제품인 페로바나듐은 수출로 큰 이윤을 얻을 수 없음에 비해, 미국의 반덤핑 조사에 대응하여 제소를 하려면, 각종 준비에 따른 많은 비용이 필요하다. 때문에 우진산업은 이러한 관세율 부과에 대한 대응이나, 관세율을 부담한 채 수출을 하는 대신, 다른 지역에서의 사업 활동에 전념하기로 결정한 것이다. 한국산 철강제품에 대한 미국의 과도한 반덤핑관세에 대하여 한국무역협회는 한동안 이러한 규제가 계속될 것이라는 의견을 보였다.

한편 산업통상자원부에 따르면, 미국의 반덤핑 관세 부과로 인해 해당국 수출을 아예 중단한 사례는 우진산업이 처음이라고 한다. 우진산업이 미국으로의 수출 중단을 결정하게 된 배경에는 사실 몇 가지 이유가 있다. 우선 페로바나듐의 수출로 인한 이익이 크지 않다는 것이 가장 먼저 작용한 것으로 보인다. 또한 통상 우진산업의 경우처럼 미국 국제무역위원회나 상무부에 제소를 당한 후 조사 개시 결정이 내려지게 되면 해당 기관들에서는 피제소 기업을 조사하게 된다. 하지만 우진산업은 이 조사에 제대로 응하지 않았던 것으로 보이는데, 이러한 높은 관세율은 동사가 미국의 조사에 제대로 협조하지 않았고, 이에 따라 'AFA(불리한 가용정보)'를 적용하여 징벌적 관세를 부과 받은 것이라고 알려졌다. AFA는 미국 정부의 요구에 따른 충분한 자료를 제출하지 않으면, 피소인에게 가장 불리한 관세를 부과하는 조치이다. 그런데 관세부과를 피하기 위한 서류 준비 비용, 미국 내 변호사 선임 등 조사를 위해 소요되는 비용이 막대했던 바, 우진산업은 미국의 조사 요구에 응하여 많은 비용을 부담하고 관세를 적게 부과받아 미국 수출을 이어나가는 것보다, 조사비용을 아끼고 미국 수출을 포기하는 대신 유럽 등지로의 수출에 집중하는 것이 더 낫다고 판단하였다.

또한 우진산업이 중소 규모에 속하는 기업이었기에 반덤핑 관세 부과에 더 취약했다. 기업정보 사이트인 사람인(사람人)의 기업정보에 따르면, 2016년 기준, 우진산업의 종업원 수(數)는 23명에 불과하다. 그리고 2017년 매출액이 855억 원에 달한다고는 하지만, 영업이익은 13.5억 원에 그친다. 기업규모가 크지 않기 때문에 같은 철강업계에 속하는 포스코 등 대기업에 비해 대책 마련이 쉽지 않았을 것이다. 비록 같은 제품군은 아니지만 포스코 등도 미국 정부로부터 자사

제품에 대해 반덤핑 관세를 부과 받았다. 그러나 포스코를 비롯한 여타의 대기업들은 다양한 제품군을 바탕으로 반덤핑 관세가 부과된 제품을 제외한 품목의 수출을 늘리는 방식으로 대처하고 있으며, 미국 당국에 재심을 요청할 계획을 세우는 등 반덤핑 관세에 대한 대책을 마련하고 있다. 그러나 우진산업은 이렇게 대처할 여력이 없었다.

질문

1. 어떠한 경우에 흔히 반덤핑관세가 부과되는지 알아보고, 특히 우진산업에 대해 무거운 반덤핑관세가 부과된 사유를 밝히시오.
2. 최근의 한미 간 무역경향을 분석하고, 미국의 상무부가 부과한 반덤핑 관세가 타당한지를 설명하시오.
3. 그렇다면, 반덤핑관세를 회피하거나, 혹은 중과세를 회피하기 위해 우진산업이 미리 어떠한 대응을 했어야 한다고 여겨지는지 의견을 피력하시오.

사례 5-4 미국시장에서의 삼성전자와 LG전자 사례: 미국 세탁기 세이프가드, 올 것이 왔다!

2018년 2월, 삼성전자와 LG전자의 대(對)미국 세탁기 수출량은 연간 약 300만대 수준인 것으로 추산되고 있다. 한편 미국의 도널드 트럼프(Donald Trump) 대통령은 외국산 세탁기와 태양광 셀 · 모듈에 대해 4년간 15~50%에 이르는 고율의 관세를 부과하는 긴급수입제한조치(Safeguard)의 발동을 최종 결정했고, 이에 따라 한국산 세탁기에 대해 수입 첫해에는 120만대까지 20%의 관세를 부과하고, 120만대 초과물량에 대해서는 50%라는 고율의 관세가 부과될 예정이다. 고율의 관세가 부과되면 미국시장으로 수출하는 한국산 세탁기의 소비자 가격이 오르기에 시장 경쟁력을 상실할 수밖에 없으며, 따라서 삼성전자와 LG전자는 심각한 매출 손실을 입을 수밖에 없다.

세계무역기구(WTO)가 엄격하게 남용을 금지하는 세이프가드(Safeguard)를 미국이 또다시 발동시킨 건 2002년에 미국 내 철강제조 회사들을 보호하기 위해 발동했던 이래로 16년 만의 재(再)발동이었다. 다음은 한국산 세탁기에 대한 세이프가드의 발동 과정이다.

- 금반 세탁기에 대한 세이프가드를 조처한 기간은 3년인데, 연간 기준으로 저율관세할당(TRQ) 쿼터양에 대해 관세율 20퍼센트→18퍼센트→16퍼센트를 적용하고, 쿼터 초과물량(120만대 이상)에는 50퍼센트→45퍼센트→40퍼센트가 부과된다.
- 세탁기 부품은 3년간 무관세 쿼터양을 5만대에서 7만대, 그리고 9만대로 늘리되, 쿼터 초과물량에 대해서는 관세율 50퍼센트→45퍼센트→40퍼센트가 부과된다.

미국의 한국 세탁기 대상 세이프가드 발동 일정

- **2017년 5월 31일**: 월풀, 미 국제무역위원회(ITC)에 '삼성 · LG세탁기에 세이프가드 발동해 달라' 청원
- **10월 5일**: ITC, '수입 세탁기로 자국 산업이 심각한 피해를 보고 있다' 고 판정
- **10월 19일**: ITC, 제재조치 방법 · 수준 논의 위한 공청회 개최
- **11월 21일**: ITC, 제재 조치 방법 · 수준 결정
- **12월 4일**: ITC, 트럼프 대통령에게 보고서 송부. 트럼프 대통령은 60일 이내에 제재조치 발동 여부를 결정해야 함
- **2018년 2월 초**: 제재조치 발동 여부 결정 시한

삼성 · LG전자를 비롯한 수입산 가정용 세탁기 세이프가드(긴급수입제한 조치) 발동

120만대 저율관세할당(TRQ) 기준	1년차	2년차	3년차
120만대 초과 물량	50%	45%	40%
120만대 이하 물량	20%	18%	16%

조금 더 자세히 살펴보자면, 삼성전자와 LG전자의 세탁기에 대한 세이프가드 발동은 미국의 생활가전업체인 월풀(Whirlpool)의 줄기찬 대(對)정부 요청으로 시작되었다. 2012년부터 월풀은 삼성전자와 LG전자가 미국시장 내 제품가격을 교란하고 있다고 주장했고, 이에 대한 근거로 삼성전자와 LG전자는 한국과 태국, 베트남, 중국, 멕시코에서 세탁기를 생산해서 미국에 수출하고 있는데, 이는 두 회사가 반덤핑 회피를 목적으로 중국, 베트남 등으로 공장을 이전한 것이라고 월풀은 주장하며, 이를 상쇄하기 위해 세이프가드 발동을 청원했다. 세이프가드의 적용 대상은 삼성과 LG의 대형 가정용 세탁기였던 바, 대형 가정용 세탁기 제품의 미국시장 내 점유율은 2017년 상반기 기준, 월풀이 38%, 삼성이 17%, 그리고 그 뒤를 LG가 14%를 기록하며 뒤쫓고 있었다. 한국에 본사를 둔 양사가 미국시장에 판매하는 세탁기의 규도는 대략 10억 달러(한화 약 1조 1,400억 원)였다.

하지만 여기서 주목해야 할 점이 있다. 기존 세계무역기구(WTO) 협정에 의하면, 세이프가드(safeguard)를 발동하려면 해당 제품의 급격한 수입 증가, 심각한 국내 산업의 피해, 그리고 이 두 가지의 인과관계가 명확히 존재해야 하는 등, 언급한 세 가지 조건이 충족되어야 한다. 그러나 미국의 당시 세이프가드는 그러한 발동 요건을 전혀 갖추지 못하고 있었다. 즉, WTO에 제소할 경우, 승소할 가능성이 매우 컸다. 발동요건 중 자국 내 산업피해 하나만 생각해 보더라도, 한국산 세탁기로 인하여 가장 많은 영향을 받았던 미국의 기업은 월풀이었으나, 2017년 3분기 월풀의 매출액은 약 54억 달러였고, 이는 2016년 3분기의 52억 달러보다 오히려 3% 이상이 상승한 것이었으며, 2017년 3분기의 영업이익률은 약 6.1%를 시현했다. 이러한 수치는 같은 분기 미국 제조업 영업이익률 평균 7.06%에 비해 불과 약 1% 포인트만 낮은 수준으로, 이는 곧 한국산 세탁기가 미국 내 산업에 많은 피해를 주지 않았음을 시사했다. 그리고 수입과 피해 사이의 상관관계, 즉 수입으로 인한 피해도 명확히 증명해야 했는데, 한국 세탁기의 물량공세에도 불구하고 월풀의 매출은 지속적으로 증가했고, 미국 국제무역위원회가 세이프가드의 발동 가능성을 처음 언급했던 2017년 10월 보도자료에는 한국산 세탁기의 수입 증가와 미국 내 산업의 심각한 피해간 인과 관계를 설명하는 어떠한 근거자료도 담고 있지 않았다.

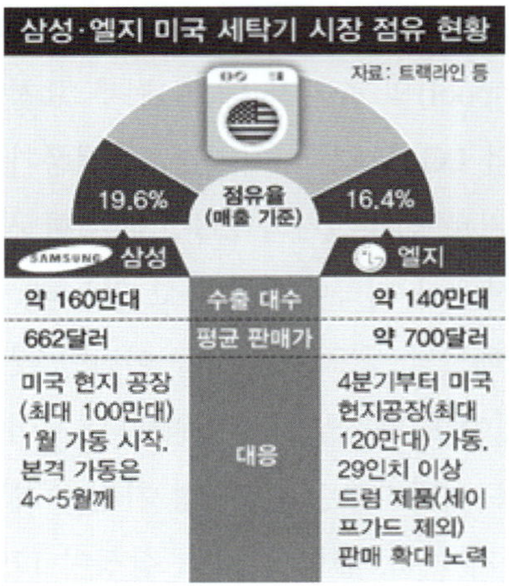

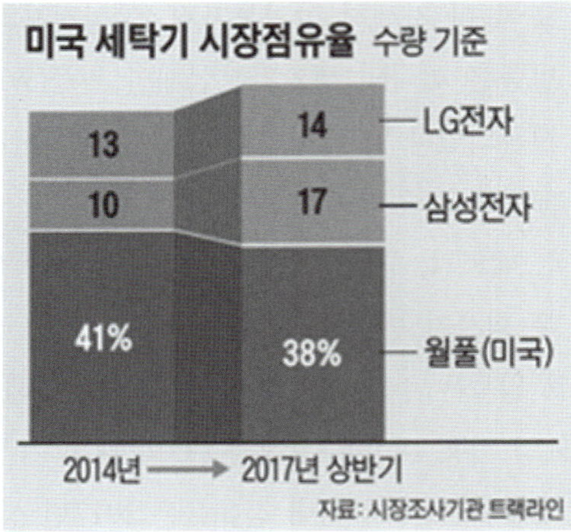

과거의 사례들을 보면 정부는 지금까지 미국을 상대로 하여 열한 번 WTO에 제소하였고, 이 중 여덟 건은 승소했던 반면, 한 건은 패소했으며, 두 건은 판정 전에 소송이 종료되었다. 하지만 중요한 문제는, 승소한 경우라 할지라도 WTO의 판정까지 2년이 걸리고, 미국이 판정 결과를 이행하기까지 무려 3년이 소요되었다. 그리고 그 기간 동안, 한국 기업들은 고율의 관세를 계속 지불해야 했다. 또한 한국이 승소한다 하더라도 미국이 결국 그 판정을 따르지 않을 경우 마땅히 이를 제재할 만한 수단도 없었다. 일례로, 과거 2013년 1월에도 미국이 한국산 세탁기에 대해 반덤핑과 상계관세를 부과했었고, 우리 정부는 그 해 8월 WTO에 제소함으로써, 결국 2016년 9월에 승소했었다. 하지만 그 승소까지 걸렸던 시간이 3년이 넘었고, 또 미국은 판정 이행 시점이었던 2017년 12월 26일까지 어떠한 조치도 취하지 않았다. 즉, WTO에 제소를 하더라도 과연 실효성이 있을지에 대해서는 의문을 제기하지 않을 수 없다.

질문

1. 월풀이 삼성전자와 LG전자에 대해 세이프가드(긴급수입제한조치)를 요청한 배경은 무엇인지 설명하시오.
2. 세이프가드 결정을 철회시키기 위해 삼성전자, LG전자 및 한국 정부가 할 수 있는 조처에는 각각 무엇이 있는지 생각해보시오.

3. 도널드 트럼프 행정부가 삼성과 LG의 세탁기에 대해 16년 만에 세이프가드를 발동했을 때 월풀의 마크 비처 최고경영자(CEO)는 “의심할 여지없이 월풀에 호재”라며 정부의 보호무역주의를 반겼다. 하지만 실상 발동 6개월 뒤, 월풀의 주가는 곤두박질쳤고, 대부분의 세탁기 가격이 올라 소비자는 손해를 봤으며, 월풀의 재고가 넘치면서 신규 고용을 하지 못했다. 그렇다면 결국 세이프가드 발동으로 인해 가장 큰 이익을 본 집단(혹은 기업)은 어디라고 여겨지는가?

토의자료 5-1

철강업계, '울며 겨자 먹기' 해외진출…"제소만으로는…"

보호무역주의 확산에 따른 무역장벽이 높아지면서 철강업계가 해외로 눈을 돌리고 있다. 해외투자를 통해 막힌 판매활로를 뚫겠다는 계획이지만 국내에 기반을 둔 글로벌 영역 확장이라기보다는 미국의 통상 압박을 피해 국내 투자를 줄이는 대신 해외로 향하는 궁여지책의 성격이 짙다는 지적이 나오고 있다.

4일 철강업계에 따르면 강관업체 넥스틸은 미국 진출을 검토 중이다. 미국이 넥스틸 유정용강관에 반덤핑 제재를 가하면서다.

앞서 상무부는 2014년 7월 한국산 유정용강관에 고율(9.89~15.75%)의 반덤핑관세를 부과했다. 현대제철 15.75%, 넥스틸 9.89%, 세아제강·휴스틸 등 기타업체 12.82%다. 이후 지난 4월 1차 연도(2014-2015년) 연례재심 최종판정에서 넥스틸 24.92%, 세아제강 2.76%, 기타 13.84%로 상향 조정했다.

넥스틸은 다른 국내 기업과 비교해 상대적으로 높은 수치일 뿐만 아니라 지난해 10월 예비판정 8.04%에서 3배 넘게 증가했다. 2차 연도(2015-2016년) 반덤핑 연례재심 예비판정에서도 넥스틸은 46.37%의 덤핑마진율을 맞았다. 국내 강관업체 중 가장 높다.

일단 넥스틸은 미국의 반덤핑 조치가 불합리하다는 입장으로, 국제무역법원(CIT)에 소송을 제기해 법적 대응을 벌이고 있다. CIT 판결은 법적효력을 갖지만 판결까지는 2~3년이 걸려 이 기간 피해는 불가피하다.

박효정 넥스틸 사장은 지난달 EBN과의 인터뷰에서 "현재 위기를 타계하기 위해 미국 진출을 계획하고 있다"고 밝힌 바 있다.

넥스틸은 매출 대부분이 수출, 특히 미국으로의 수출이 절대적이다. 포항1·2공장 총 5개 라인 중 4개가 수출용 제품을 생산하고 있고 이를 토대로 2010년부터 꾸준히 유정용강관 대(對)미 수출량 1위를 기록해왔다.

현재 넥스틸은 미국 휴스턴에 미주법인을 두고 있지만 단순히 현지 고객사를 응대하는 역할에 한정돼 있어 영업이나 생산 등은 진행하지 않는다.

넥스틸 관계자는 "내년 4월께 나오는 2차 연도 최종판정 결과에 따라 미국 진출 여부가 뚜렷해질 것"이라고 말했다.

넥스틸 뿐만 아니라 국내 철강사들은 판매활로를 확보하기 위해 미국 현지진출은 물론 신흥시장인 베트남에 대한 투자를 늘리고 있다. 세아제강은 지난해 말 미국 휴스턴에 위치한 유정용강관 제조 및 프로세싱 업체 두 곳(라구나튜블라 프로덕트 코퍼레이션, OMK 튜브)의 자산을 인수, 'SSUSA(SeAH Steel USA, LLC.)'라는 생산법인을 설립했다.

올해는 베트남 남부 동나이성 연짝지역에 연산 7만5,000t급 강관공장을 건설 중이다. 내년 말 완공 예정이다. 세아제강은 현재 베트남에 2개의 강관공장을 보유 중이다.

세아제강이 베트남 투자를 늘리는 배경에

는 현지 철강수요 증가도 있지만 미국발 보호무역주의에 대응하기 위한 차원에서 진행되는 측면이 강하다. 미국은 베트남 철강제품에 대해서는 반덤핑 관세를 부과하지 않고 있다.

미국 상무부는 지난 6월 수입산 강관 반덤핑 연례재심에서 베트남 제품에 대해 0%의 마진율을 부과했다. 따라서 베트남 법인을 통해 미국발 수출 리스크에 대비하겠다는 계획으로 풀이된다.

철강업계 관계자는 "현지 수요 확대가 아닌 통상규제에 따른 해외 투자는 기업 차원에서는 하나의 전략일 수 있지만 국가적으로는 손해"라며 "결국 트럼프 정부의 보호무역 강화가 미국으로의 진출을 유도하고 있다"고 말했다. 아울러 지난달 세계무역기구(WTO)가 미국이 2014년 한국산 유정용강관에 부과한 반덤핑관세 조치는 WTO협정 위반이라는 취지의 패널보고서를 공개한 것과 관련, 철강업계는 제소한다는 방침이다. 세아제강, 넥스틸, 현대제철, 휴스틸, 일진제강 등 5개사가 WTO에 상소하기로 결정했다.

WTO가 주요 쟁점에서는 한국의 손을 들어줬지만 관계사 거래, 제3국 수출가격 불인정, 의견제출 기회 미제공 등 일부 쟁점에 대해서는 우리 측 주장을 수용하지 않았기 때문이다. 특히 관계사 거래의 경우 포스코와 넥스틸 사이를 제휴관계로 여전히 인정하고 있다. 넥스틸이 원심 9.89%에서 1차 연례재심 24.92%로 오른 것도 이 부분이 컸다는 분석이다.

또 이번 WTO 판정은 미국 상무부 산정방식의 위반을 지적한 것일 뿐 반덤핑 관세 자체가 위반이라는 것은 아니다. 미국 상무부는 WTO 협정을 위반하지 않는 선에서 덤핑마진율을 재산정해야 한다. 하지만 이는 어디까지나 권고사항으로 WTO에는 강제할 권한이 없다.

또 다른 관계자는 "철강의 경우 미국의 목표는 결국 중국과 한국"이라며 "향후 2~3년간 수출 시장에서 한국산은 위축되고 인도, 대만, 브라질 등 신흥시장의 철강재 수출이 늘어날 것이다"고 내다봤다.

이어 "미국 등에 진출한다고 해도 현지 수요가 확보에 애를 먹을 경우 경영상황은 더욱 악화될 수 있다"며 "정부에서 통상마찰에 대한 적극적인 대응에 나서 수출량이 늘어날 수 있도록 해야 한다"고 강조했다.

(자료: EBN, 2017년 12월 4일자)

토의자료 5-2(1)

[美 세이프가드 '파장'] '세탁기 관세폭탄' 현실로… 삼성 · LG, 美 현지생산 앞당긴다

국내 기업들은 미국 트럼프 정부의 수입 세탁기와 태양광 셀 · 모듈에 세이프가드(긴급수입제한조치) 발동 결정에 우려를 나타내면서 대응책 마련에 돌입했다. 세탁기를 제조하는 가전업체들은 미국 현지공장 생산을 본격화하고, 태양광 업체들은 수출다변화에 나설 방침이다. 그러나 미국 수출물량이 적지 않은 상황에서 단기간 피해는 불가피할 것으로 분석된다.

■ **삼성, LG "美 소비자 피해"**

삼성전자와 LG전자는 23일 미국 정부의 세이프가드 결정에 대해 미국 소비자에게 손실을 입히는 선택이라는 입장을 밝히며 강한 우려를 나타냈다.

삼성전자는 "이번 결정으로 삼성전자 세탁기의 혁신적인 기능과 디자인을 원하는 미국 소비자들은 비싼 가격으로 구매하는 부담을 갖게 된다"며 "미국 정부의 세이프가드 결정은 소비자의 선택권을 제한하는 것"이라고 비판했다.

LG전자도 "미국 정부의 세이프가드 결정에 대해 매우 안타깝게 생각한다"며 "세이프가드 발효로 인한 최종적인 피해는 미국의 유통과 소비자가 입게 되고, 지역경제 및 가전산업 관점에서도 부정적인 결과가 예상된다"고 지적했다.

가전업계에서는 삼성전자와 LG전자가 미국에 수출하는 세탁기가 연간 약 300만대 수준인 것으로 추산하고 있다. 따라서 이번 조치로 고율의 관세가 부과될 경우 피해가 상당할 것으로 관측된다. 세탁기의 경우 120만대까지는 수입 첫해 20%의 관세를 부과하고, 120만대 초과물량에는 첫해 50%의 관세가 부과되기 때문이다.

이에 삼성전자와 LG전자는 미국 내 현지 생산공장 가동을 통한 차질 없는 공급으로, 미국 소비자에게 미치는 영향을 최소한으로 줄이겠다는 입장이다.

삼성전자는 이달 사우스캐롤라이나 뉴베리 공장에서 세탁기 생산을 개시했다. LG전자는 세이프가드 대상에서 제외되는 대용량 프리미엄 제품 판매를 확대할 계획이고, 미국 테네시주에 건설 중인 세탁기공장 가동을 내년 초에서 올 4.4분기로 앞당기겠다는 방침을 세웠다.

■ **북미시장 업체별 세탁기 점유율 추이** (단위 : %)

■ **태양광업체, 수출 다변화**

국내 태양광업체들도 미국의 세이프가드 발동에 따라 타격이 불가피할 전망이다. 관세가 추가적으로 부과됨에 따라 판매량이 줄어들 것으로 예상된다. 최대 30% 가까이 수출물량이 축소될 것이라는 예측도 나온다.

세이프가드 발동에 관세가 높아지면 한화큐셀, LG전자, 현대중공업 그린에너지 등의 국내 태양광 업체들이 피해를 입을 것으로 보인다. 태양광 셀과 모듈은 각각 1년차에 30% 관세에서 매년 조금씩 경감돼 4년차엔 15%의 관세가 부과될 예정이다. 업계 관계자는 "미국시장에서 매출이 줄어들 수밖에 없다"면서도 "미국시장에서 기업 입장에서 개별적으로 취할 조치는 없는 것이 사실"이라고 말했다.

국내 태양광 발전 관련 기업들이 미국에 수출하는 제품은 지난해 약 1조3000억 원 규모인 것으로 추산된다. 한화큐셀은 최근 미국 수출 비중이 30% 이상을 차지하고 있다. 당초 미국 국제무역위원회(ITC)가 권고한 35% 관세율보다는 적지만 이익률이 낮은 태양광 업계 특성상 30% 관세도 큰 부담이 될 것으로 분석된다. 또 국내기업들이 대부분 모듈을 수출한다는 점에서 셀에만 무관세 할당량을 적용한 점도 국내기업에 불리하게 적용된 조치로 해석된다.

미국의 수입 태양광 셀과 모듈에 대한 관세 조치가 현실화됨에 따라 국내 업체들은 본격적으로 수출다변화 전략을 펼칠 것으로 예상된다. 태양광 업계 관계자는 "고효율 제품 등으로 미국시장 공략을 지속하면서 유럽, 일본 등 다른 국가에 수출을 확대해 나갈 계획"이라고 말했다.

(자료: 파이낸셜뉴스, 2018년 1월 23일자)

토의자료 5-2(2)

트럼프 세이프가드에 한화큐셀도 결국 미국 태양광모듈 공장 건설

지난 2월 초 미국이 수입산 태양광 셀·모듈에 세이프가드를 발동한 가운데 세계 1위 태양광업체인 한화큐셀이 미국에 태양광모듈 생산공장을 건설하기로 했다. 도널드 트럼프 대통령의 '자국 우선주의' 통상 공세에 따라 세탁기에 이어 태양광도 미국에 공장을 이전하는 등 국내 일자리 위협이 가시화하고 있다.

한화큐셀의 국내시장 담당 브랜드인 한화큐셀코리아는 30일 미국 조지아주(州) 휘트필트 카운티와 현지 태양광모듈 생산공장 건설을 위한 양해각서(MOU)를 체결했다고 밝혔다. 올해 착공해 내년에 상업생산에 들어가는 것을 목표로 하는 이 공장의 생산규모는 약 250만 명이 사용할 수 있는 가정용 전기량인 1.6GW 수준으로, 미국 내 태양광모듈 공장으로서는 최대 규모다. 구체적인 투자금액은 현지 시장 및 제품 전략을 추가로 검토해 확정할 계획이다. 미국 주 정부와 카운티는 부지 무상 제공, 재산세 감면 및 법인세 혜택 등 총 3천만 달러(330억 원)의 혜택을 주기로 했다.

전 세계 태양광 시장(106GW·2018년) 중에서 미국(10GW)은 중국(50GW)에 이어 세계 2번째로 큰 시장이다. 한화는 미국에서 적극적인 시장 공략에 나서 2016년과 작년에 미국 현지 모듈시장에서 점유율 선두에 올랐다. 한화큐셀코리아는 "지난 2월 초 미국 무역대표부(USTR)가 수입 태양광 셀과 모듈에 대해 각각 30%의 추가 관세를 부과하는 세이프가드(긴급 수입제한조치)를 발동하면서 미국 시장 수출 환경이 악화됐다"며 "그동안 미국 현지공장 건설은 검토하지 않고 있었는데 세이프가드 발동에 따라 미국시장 지위 유지를 위해 공장을 짓기로 한 것"이라고 설명했다.

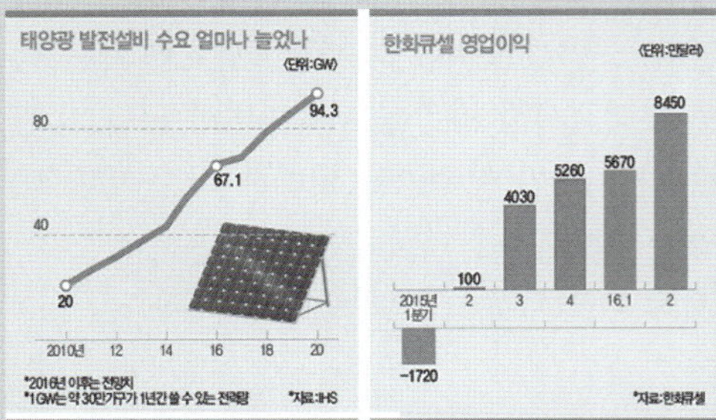

*상기 그림은 비즈인사이드 2016년 9월 20일자에서 재(再)차용하였음.

미국의 태양광 세이프가드는 모든 외국산 태양광 셀과 모듈에 4년간 관세를 부과하는 조처로, 관세율은 첫 해 30%를 시작으로 2년차 25%, 3년차 20%, 4년차 15% 등이다. 다만, 셀의 경우엔 연간 수입쿼터 2.5GW에 대해서는 관세를 면제받는다. 한화큐셀이 셀 공장은 제외하고 모듈공장만 미국 현지에 건설하기로 한 배경이다. 지난해 한화큐셀 등 우리나라 업체가 미국 태양광시장에 수출한 금액은 총 10억 달러에 이른다. 한화큐셀코리아 국내 공장의 태양광 생산물량은 올 1분기 기준으로 3.7GW로, 이 가운데 국내 판매는 500MW가량이고 나머지는 대부분 미국시장에 수출해왔다.

(자료: 한겨레신문, 2018년 5월 30일자)

토의자료 5-3 **'태양의 후예', 중국 쿼터제 극복했으나**

'사랑이 뭐길래'가 인기를 끌었던 1990년 후반을 한류 1.0시대라고 규정한다면 '대장금'이 주도한 2000년대 중반은 한류 2.0, 지금은 한류 3.0시대다. 2000년대 중반 '대장금' 이후 침체기였던 한류가 2013년 드라마 '그 겨울 바람이 분다', '상속자들'을 거치며 상승곡선을 타다가, 2014년 '별에서 온 그대(이하, 별그대)'로 정점을 찍었다.

한류 3.0시대의 주요 타깃 국가는 중국이다. '별그대' 이후 중국에서 한국드라마 전송권은 월단위로 상승하였으며, '별그대' 3만 5천 달러, '쓰리데이즈'가 5만 달러, '괜찮아 사랑이야'가 12만 달러, '피노키오'가 30만 달러에 판매되었다. 이러한 상황 속에 한국 드라마 한류는 중국에서 대박행진이 지속될 것으로 보였다.

그러나 중국은 문화산업을 국가 기간 및 전략 산업으로 인식하고 정책적 차원에서 해외방송콘텐츠에 대한 규제를 강화하고 있다. 정부는 2015년 12월 20일 발효된 한·중 FTA의 효과를 홍보했지만, 중국의 규제 리스크는 한류의 가장 큰 걸림돌로 작용하고 있다. 특히, 2015년 4월 1일부터 국가신문출판광전총국에 의해 공식적으로 시행된 중국의 외국 드라마·영화 외국작품 쿼터제 4가지 원칙(수량 제한-30%, 내용 요구, 선 심사 후 방송-6개월 전 프로그램 방영 계획 보고/3개월 전 작품 전체 심의 등, 전편 등록) 등의 규제정책에 따라 2015년 기준 전년대비 드라마 판권가격이 10분의 1 수준으로 폭락하였다고 한다. 실제 KBS '아이언맨'의 동영상 전송권은 '별그대' 이전 수준인 2만 달러(약 2,000만원)에 불과했다.

중국의 쿼터제를 극복하기 위한 방법으로 크게 2가지가 제기되고 있다. 우선, 드라마 전편에 대한 사전제작의 필요성이 제기되며, 다음으로 한·중 합작 드라마 제작의 필요성이다. 우리나라의 드라마 제작 현실상 초반 2~4회만 미리 제작한 경우가 대부분이다. 하지만, '태양의 후예(이후, 태후)'는 사전제작 시스템이 성공적으로 안착한 최초의 사례라고 할 수 있다.

그동안 '비천무'(2008), '로드 넘버원'(2010), '파라다이스 목장'(2011) 등 사전제작 드라마들이 연달아 흥행에 실패하면서 드라마 생방시스템은 한국의 필요악처럼 생각되었다. 이러한 현실을 '태후'가 극복한 것이다. 중국의 수출을 염두에 두는 대작 드라마의 경우 대부분 사전 제작 방식을 채택할 수밖에 없는 상황이다. 중국 동시 상영을 목표로 하는 이영애의 복귀작으로 알려진 SBS의 '사임당, the Hersory(홍콩 엠퍼러엔터테인먼트로부터 150억 원 투자)'는 올 하반기 방영에 맞춰 현재 촬영 중이며 김우빈, 수지 주연의 '함부로 애틋하게'도 지난해 11월부터 촬영에 들어가 오는 6월 방송을 목표로 하고 있다고 한다.

한국의 사전제작 시스템은 자의가 아니라 중국의 '외국작품 쿼터제'를 극복하기 위한 어쩔 수 없는 선택이며, 대작 드라마의 경우 수익 확보를 위해 중국을 겨냥한 드라마를 제작할 수밖에 없는 상황이다. 조만간 한·중 합작 드라마도 중국의 규제 리스크를 극복하기 위한 차원에서 많아질 것으로 예상된다.

중국 방송시장의 규모는 거대하다. 현재 중국은 300개의 방송국과 2,200개 이상의 TV 채널이 존재한다. 중국 본토의 창작 프로그램이 비교적 적어 성급 위성TV는 예능 프로그램 중심으로 해외 방송 포맷을 수입해 높은 시청률을 기록하고 있다. MBC '나는 가수다', '아빠 어디가' 등 한국 인기 예능 프로그램은 중국에 프로그램 포맷을 성공적으로 수출했고 SBS '런닝맨'은 중국 저장위성TV와 공동제작하고 있다.

2014년 기존 포맷수출을 뛰어넘어 한국 제작진(프로듀서, 작가)들의 예능프로그램 참여와 해외진출이 높아졌다. 또한 중국 동영상 사이트를 통해 한국 드라마가 전송되면서 한류 콘텐츠의 배급통로로 자리 잡고 있다. 중국 방송시장은 한국의 4배 규모이며 성장 가능성은 무궁무진하다. 특히, 중국 온라인 동영상 시장은 최근 연간 30%의 고성장을 구가하고 있다.

현재의 한류 3.0은 중국시장을 겨냥하고 있다. 최근 대부분의 드라마는 배우 캐스팅에서 소재, 사전제작까지 중국시장에 맞춰지고 있다. '태후'도 13억 인구의 거대 시장인 중국에 진출하기 위해 어쩔 수 없이 사전제작을 했다는 평가가 지배적이다. '태후'는 한국과 중국의 동영상 사이트 '아이치이'를 통해 동시에 방영되었다. 현재 대작 드라마와 거대 제작사에 대한 중국자본의 투자는 자연스러운 현상이다. 중국 방송시장을 뺀 드라마 한류는 생각할 수 없는 상황이다.

중국자본의 영향력을 정리하면, 인력진출의 경우 '별에서 온 그대'를 제작한 장태유 PD, '시크릿가든'의 신우철 PD, '최고의사랑'을 쓴 홍미란·홍정은 작가 등이 스카우트 됐으며 2000년대 한류를 이끌었던 초록뱀미디어가 중국(주나인터내셔널/홍콩 DMG그룹 최대주주 변경)에 인수된 것은 아주 유명한 이야기이다. FNC엔터테인먼트, 로엔엔터테인먼트 등도 '차이나 머니'의 수혜를 입어서 공룡 엔터테인먼트를 출범시키는 계기를 마련했다. '태후'를 제작한 뉴의 경우도 중국 화처미디어로부터 535억 원을 투자받았다. 드라마 제작의 경우, MBC에서 방영한 '킬미 힐미'는 중국자본과 공동제작(150억 원)되었으며 초록뱀의 '오 나의 귀신님'은 100% 중국자본으로 제작되었다.

대박이 났다고 평가되는 '태후'의 경우 130억 원을 투자하여 190억 원의 수익을 올릴 것으로 예상된다고 하지만, 중국 방송시장에서 창출되는 실질적인 대박이 공유되지 못하면서 실속은 중국이 차지하고 있다는 비판도 제기되고 있다. 우리나라의 수출주도형 경제구조는 방송 산업에도 그대로 적용되고 있으며, 드라마 한류라고 포장되고 있지만 중국 방송시장이 갑이고 한국의 방송 제작사는 을의 입장이라고 표현될 수 있다.

중국이 사회주의를 포기하지 않는 한 문화산업에 대한 규제는 더욱 강화될 것으로 예상되고 있는 상황에서 우선적으로 이를 극복할 방법에 대한 고민과 논의가 필요할 것이다. 사전제작과 공동제작만으로 중국의 규제 리스크를 극복하는데 많은 문제점이 제기되기 때문이다. 그리고 장기적으로 한국의 방송콘텐츠 산업에 대한 중국의 영향력에 대한 평가 및 중국 종속화를 극복할 방안에 대한 고민이 업계, 학계뿐만 아니라 정부차원에서도 이루어져야 할 것으로 보인다. 만약 그렇지 못하면 아시아 방송콘텐츠 강국이었던 대만이 중국자본에 의해서 잠식된 이후에 중국자본이 중단되면서 불황을 겪고 있는 것처럼 우리나라도 '제2의 대만'이 될 수 있기 때문이다.

(자료: 미디어스, 2016년 4월 19일자)

토의자료 5-4 한일 무역전쟁…소재 이어 반도체 제조장비 '확전' 우려

일본의 한국에 대한 경제보복이 현실화하면서 산업계에서는 일본 의존도가 높은 수입 품목으로의 '확전'을 우려하는 목소리가 나오고 있다.

한국은 반도체, 디스플레이 관련 소재뿐만 아니라 반도체 제조용 장비, 철강소재, 계측기기 등의 상당부분을 일본에 의존하고 있다.

2일 한국무역협회에 따르면 한국이 지난해 일본으로부터 수입한 1위 품목은 '반도체 제조용 장비'로 수입액이 61억9100만 달러에 달했다. 이는 지난해 전체 일본산 수입액의 11.3%에 해당한다.

한국이 반도체 분야 세계 1위지만, 이 반도체를 생산하는 설비는 전적으로 일본에 의존

하고 있다는 의미다.

삼성전자, SK하이닉스는 시장점유율만큼이나 생산설비 점유율도 높은 편이다. 글로벌 시장조사업체 IHS에 따르면 올해 1분기 기준 디램(DRAM)의 생산설비 점유율은 삼성전자 37.7%, SK하이닉스 26.3%이며, 낸드플래시메모리는 삼성전자가 29.3%, SK하이닉스는 13.9%다.

비록 글로벌 반도체 경기 불황으로 올해 1~5월 대일 반도체 제조장비 수입액은 전년 동기 대비 54.8% 급감한 15억1300만 달러에 머물렀지만, 추후 일본산 반도체 제조용 장비 도입이 원활치 않을 경우 생산 계획에 차질을 빚을 수 있다.

특히 삼성의 경우 2030년까지 시스템반도체에서도 글로벌 1위를 달성하기 위해 133조원의 대규모 투자를 계획하고 있어, 일본 반도체 제조용 장비 기업들의 협력이 절대적으로 필요한 상황이다.

반도체 업계의 한 관계자는 "일본 반도체 제조용 장비 기업의 도움 없이는 생산시설 확충이 사실상 불가능하다"며 "반도체는 제조 공정에 필요한 하나의 소재만 없어도 완제품 생산이 불가능하기 때문에 일본이 한국 반도체 업체 생산에 차질을 빚게 하려면 사실 제조용 장비까지 갈 것도 없이 이번에 내려진 반도체 소재 수출 제한만으로도 충분할 것"이라고 말했다.

일본 정부는 오는 4일부터 반도체 공정에서 빛을 인식하는 감광재인 '리지스트', 반도체 회로를 식각할 때 사용하는 '에칭 가스', 불소 처리를 통해 열 안정성을 강화한 필름으로 OLED 제조에 사용되는 '플루오린 폴리이미드' 등 총 3개 품목에 대한 수출 절차 간소화 등 우대조치를 폐지한다고 발표했다.

이에 따라 앞으로 이들 3개 품목에 대해서는 계약 건별로 수출 허가를 받아야 하며, 이로 인해 허가 신청과 심사까지 90일가량 소요될 전망이다.

무역협회에 따르면 리지스트, 에칭 가스, 플루오린 폴리이미드에 대한 대일 수입의존도는 각각 91.9%, 43.9%, 93.7%다. 에칭가스의 대일 수입의존도는 2010년 72.2%에서 2019년 1~5월 43.9%까지 낮아진 반면, 리지스트(95.5%→91.9%)와 플루오린폴리이미드(97.7%→93.7%)는 여전히 높은 수준이다.

반도체 제조장비 외에도 반도체(45억1900만 달러, 8.3%), 철강판(24억5400만 달러, 4.5%), 플라스틱제품(22억4700만 달러, 4.1%), 정밀화학원료(19억200만 달러, 3.5%) 등이 지난해 대일 수출 품목 상위에 올라 있다. 자동차(12억3200만 달러), 계측제어분석기(14억7600만 달러), 기타화학공업제품(12억300만 달러), 원동기펌프(13억5600만 달러), 기계요소(11억6900만 달러), 자동차부품(9억9200만 달러) 등이 뒤를 잇는다. 올해(1~5월) 대일 1위 수입 품목에는 18억2300만 달러의 수입액을 기록한 반도체가 차지했다.

엄치성 전국경제인연합회 국제협력실장은 "한국과 일본 경제는 밀접하게 얽혀 있어 양국 간 수출규제는 어느 한쪽만 피해를 보는 제로섬 게임이 아닌 모두에게 피해가 가는 문제"라며 "무엇보다 강제징용 배상 판결에서 시작된 정치·외교적 갈등으로 시작된 문제인 만큼 외교적인 타협점을 속히 찾아야 한다"고 말했다.

(자료: 뉴스1, 2019년 7월 2일자)

참고문헌

EBN, 철강업계, '울며 겨자 먹기' 해외진출…"제소만으로는…", 2017년 12월 4일자, [online] Available at http://www.ebn.co.kr/news/view/920271 [접속일: 2018년 8월 1일].

글로벌이코노믹, 美 상무부, 한국산 인동에 이어 페로바나듐도 반덤핑 관세 최종 판정, 2017년 3월 21일자.

노연서(2017), WTO 세이프가드협정 적용상의 법적한계와 실효성 제고방안, 부산대학교 대학원 석사학위 청구논문.

뉴스1, 한일 무역전쟁…소재 이어 반도체 제조장비 '확전' 우려, 2019년 7월 2일자. [online] Available at http://news1.kr/articles/?3660297 (접속일: 2019년 7월 8일)

대외경제정책연구원 (2018), "최근 미 세이프가드(통상법 201조) 조치의 주요 쟁점과 대응방안", KIEP 오늘의 세계경제, Vol. 18, No. 5.

미디어스, '태양의 후예', 중국 쿼터제 극복했으나, 2016년 4월 19일자.

박병일(2017), "글로벌경영 사례100", 시대가치.

비즈인사이드, 태양의 기업, 한화큐셀 글로벌 석권 비결은, 2016년 9월 20일자.

산업통상자원부(2018), 美 세탁기 세이프가드 조치에 따른 산업피해 대응방안 모색, 보도참고자료.

서민교, 박병일 (2015), "글로벌경영", 서울경제경영출판사.

연합뉴스, <SK이노베이션 중국 전기차 배터리 공장, 1월부터 가동중단>, 2017년 3월 29일자. [online] Available at http://www.yonhapnews.co.kr/bulletin/2017/03/29/0200000000 AKR20170329182500003.HTML, [접속일: 2018년 7월 14일].

오경수(2017), 중국 보호무역조치 확대 동향과 한국 산업의 영향 분석, KERI Insight 17-14, 한국경제연구원.

장상해(2015), 중소기업 중국 내수시장 진출 종합안내서, KOCHI자료 15-001, 코트라

조선비즈, SK이노베이션, 中 전기차 배터리시장 진출, 2013년 4월 22일자.

조선비즈, 선방했다는 한미FTA 개정협상…철 · 차(鐵車) 업계는 '부글부글', 2018년 7월 15일자.

조세금융신문, 美 '덤핑방지관세' 부과 받은 韓 기업 현지 시장서 철수, 2017년 3월 27일자.

중앙일보, 미국서도 고전하는 현대차 … 점유율 8년 만에 최저, 2017년 10월 16일자.

철강금속신문, 우진메탈, '페로몰리' 수출역군 역할 톡톡, 2009년 10월 12일자.

코트라, 美, 한국산 페로바나듐에 반덤핑관세 부과 확정, 코트라 해외시장 뉴스.

코트라, 트럼프 대통령 취임 첫 주 행정명령 및 규제 환경 변화, 코트라 해외시장 뉴스.

코트라, 해외 수입규제 및 비관세장벽 대응전략 세미나, 코트라 해외시장 뉴스.

파이낸셜뉴스, [美 세이프가드 '파장'] '세탁기 관세폭탄' 현실로… 삼성 · LG, 美 현지생산 앞당긴다, 2018년 1월 23일자.

한겨레신문, 국내 자동차 업체들, 미국 픽업트럭 시장 진출 막히나, 2017년 10월 10일자.

한겨레신문, 트럼프 세이프가드에 한화큐셀도 결국 미국 태양광모듈 공장 건설, 2018년 5월 30일자.

06

국제금융환경

사례 6-1 **한보철강의 실패 사례**: IMF 신호탄을 쏜 한보철강

사례 6-2 **태산엘시디의 실패사례**: 국제금융과 키코의 저주

사례 6-3 **폴란드 시장에서의 대우자동차 사례**: 대우차 실패는 타살이 아닌 자멸

사례 6-4 **일본시장에서의 아모레퍼시픽 사례**: 일본에서만 유독 씁쓸한 아모레퍼시픽, 그 이유는?

사례 6-5 **일본시장에서의 이랜드 사례**: 중국선 잘 나갔는데…

사례 6-1 한보철강의 실패 사례: IMF 신호탄을 쏜 한보철강

역사상 우리나라 경제에 가장 큰 공포를 안겨주었던 사건은 'IMF(International Monetary Fund) 외환위기'라고 봐야 할 것이다. 1980년대에 우리나라는 무역, 외환, 자본에 있어서 자유화를 추구하고 있었다. 하지만 빠른 경제성장을 추구하다 보니 외자 차입이 지나치게 많아졌고, 기업 또한 단기부채비율이 지나치게 높아졌다. 심각할 정도로 경제에 거품이 끼기 시작했던 바, 특히 1997년 7월 해지펀드의 공격으로 인해 태국의 바트(Bath)화가 무너지고 환율이 폭락하자, 아시아 경제현황에 대해 위기감을 느낀 해외투자자들이 우리나라에 투자했던 자금을 급격히 회수하기 시작했다.

이에 국내에 있던 외환이 급속히 빠져나갔으며, 기업들의 단기 채무에 대한 만기 재연장이 되지 않자 외환보유고가 바닥남과 더불어 심각한 외환부족을 겪게 되었다. 이로 인해 당시 외환시장에서 달러당 환율이 약 800원이었던 것이 2,000원까지 치솟았고, 국내 금융기관 또한 기업에 빌려줬던 자본을 회수받지 못하자 국가 부도 사태에까지 이르게 되었다.

결국 1997년 말에 IMF로부터 550억 달러의 구제 금융을 받는 대신 우리나라 경제에 대한 운영권을 IMF로 넘기게 되었다. IMF의 재정정책에 따라 금융기관의 부실 누적 부분에 대해 시정 조치가 내려졌고, 대대적인 구조조정이 시행됨으로써 130만 명에 달하는 국민들이 거리로 내몰렸다. 많은 기업들이 부도가 나거나 외국 자본에 의해 인수·합병되었던 바, 많은 전문가들은 IMF 위기를 몰고 온 많은 원인들 중에서도 그 결정적인 도화선을 한보철강(현재 현대제철)에서 찾곤 한다.

한보철강은 한보그룹의 계열사 중 하나였는데, 한때 대한민국 재계 서열 14위를 자랑하는 대기업이었으나, 1997년 1월 23일 부도가 나면서 공중 분해되었다. 그리고 당시 사상 최대 규모였던 한보의 부도는 금융권에 자금경색 현상을 초래했고, 다른 재벌들의 줄 부도 사태로 이어지다가, 상기에 언급한 악몽 같은 외환 위기의 기폭제로 작용하였다.

1950년대부터 세무공무원으로 일하던 정태수는 1974년 점쟁이가 쇳가루 관련 사업을 하면 잘 될 것이라는 말에 한보상사를 창업한다. 폐광을 인수하여 떼돈을 벌어들인 후, 1976년에 한보주택, 1979년에 한보건설, 1985년에는 한보철강 등을 설립하며 사업을 확장했다. 1970년대에는 강남 개발 붐에 편승해서 막대한 돈을 벌어들이고, 오늘날 재건축의 상징인 은마아파트를 건설하여 다시 한 번 막대한 이익을 시현하게 된다. 1980년대에도 여러 아파트를 건설하고 금호제철을 인수했지만 1991년 수서사건으로 잠시 주춤한다. 수서사건이란, 서울 강남구 수서동 일대 자연녹지가 급증하는 주택수요에 따라 택지로 변경될 가능성이 있다고 판단, 한보주택 임원 4명 명의로 3만5천5백 평을 매입하였으나, 1989년 3월 건설부에서 수서·대치지구 자연녹지 43만평을 공영개발 방식을 취하는 택지개발 예정지구로 고시하자, 평소 유착관계에 있던 정치권에 압력을 행사하여 이를 부당하게 특별공급 방식으로 특혜 분양받은 비리사건이다. 이 사건으로 인해 정태수 회장은 건설 분야에서 손을 떼게 되고 철강사업에 집중하게 된다. 특히 1990년대 중반 에너지 주력 산업이 중시되었던 우리나라에서 포항제철의 카르텔을 견제할 수 있는 기업으로 거듭난다. 1995년 한보철강은 고철을 전기로에서 녹여 철강 제품을 생산하는 박슬라브 공법을 이용하여 동남아와 중국 등 해외진출 사업 활동을 시작한다. 성장과정에서 성공에 성공을 거듭했으나, 한보철강이 부도가 난 결정적인 원인은 철강 부문에 대한 지나친 집착이었다고 평가된다. 한보철강은 현금흐름에 어려움을 겪자, 자본을 마련하기 위해 회사채 발행, 차입, 어음발행, 매각 등을 시도하였고, 돈을 대준 은행들도 채무를 유예해 주는 등 지원을 하였으나, 1996년 말에 자금이 바닥나게 된다. 이후 주식시장 폭락과 함께 전환사채 매각 실패 등 여러 악재가 쏟아져 들어왔고, 1997년 1월 한보철강 부도와 관련된 권력형 금융부정 및 특혜 대출비리 사건(한보사태)으로 내리막길을 걷게 된다.

질문

1. 한보철강 부도의 원인이 어디에 있었는지 견해를 구체적으로 밝히시오.
2. 위 1번에 대한 생각을 제시하였다면, 한보철강 부도에서 얻은 교훈을 설명해 보시오.
3. 당시 정부에서 어떠한 정책변화를 시도했다면, 뼈아픈 외환위기 사태를 막을 수 있었을 것인지 여러분의 의견을 제시하시오.

사례 6-2 태산엘시디의 실패사례: 국제금융과 키코의 저주

태산엘시디는 백라이트 유닛, TFT-LCD용 BLU 부품을 생산하는 백라이트 유닛 제조업체이다. 1983년에 동일엔지니어링으로 시작하여, 1985년 태산엔지니어링으로 상호를 변경하였다. 1995년에 최초로 TFT-LCD용 백라이트 유닛을 양산함으로써 대통령상을 수상하였고, 2002년에는 경기도청에 의해 유망 중소기업으로 선정되기도 하였다. 2000년부터 2004년 사이에 평택 지제동 공장, 태산광전(소주) 유한공사, 평택 칠괴동 공장을 세우고 해외로 진출하여 2004년 11월에 2억불 수출이라는 엄청난 성과를 이루었다. 하지만 이러한 태산엘시디가 키코(KIKO) 상품에 가입할 수밖에 없었던 이유는(2007년 키코 상품에 가입하였다), 외환거래의 비중이 높아서 환율 변동에 취약했기 때문이다.

그러나 2008년 글로벌 금융위기로 인해 원달러 환율이 1,500원을 넘어서면서 800억 원에 이르는 피해를 보게 되었으며, 이로 인해 사실상 파산에 이르렀다. 그 여파로 LCD 사업의 물량이 감소하며 주요 고객들과의 거래가 중단되었고, 2013년 3분기에는 누적 손실이 187억 원에 달했다. 그러나 엄청난 손실에도 불구하고 태산엘시디의 뛰어난 기술력을 인정하여 채권단에서는 공동관리를 통해 기업을 살려내기로 결정한다. 태산엘시디는 환율하락과 함께 키코 사태 피해액을 전부 청산하고 최대 주주인 하나은행과 그 외 5개 은행을 대상으로 유상증자를 하였으며, 이 은행들과 파생상품 채권을 출자전환하였다. 이를 완료한 이후,

중국 신설법인 태산 테크놀로지의 지분을 49.1% 취득하여 해외시장으로도 진출을 노렸다. 여기에 그치지 않고 홍콩 투자회사인 정선 국제과기에 204억여 원을 대여하여 중국의 LCD 물량 증가에 발맞추어 견제에 착수하였다. 태산엘시디는 이렇듯 키코 사태 청산 이후 출자전환을 통해 다시 일어서는 듯했나, LCD사업 부진과 함께 부채비율이 증가하자, 결국 다시 부활하지 못한 채 2014년에 상장폐지되었다.

최초의 백라이트 유닛 제조업체이자, 거대한 규모의 수출액을 달성한 기업이고, 최고의 유망 중소기업이었던 태산엘시디가 결국 문을 닫아야만 했던 이유는 무엇이었을까? 역시나 키코 사태의 여파가 너무 컸던 탓이었다. 기업의 규모에 비해 피해율이 타 기업에 비해 월등히 높았다. 다음 <표 6-1>의 키코 피해공시 기업 리스트를 통해 살펴보면 이를 쉽게 파악할 수 있다.

<표 6-1>은 키코 가입으로 피해를 본 주요 기업 리스트이다. 피해액인 손실발생금액은 대우조선해양이 압도적으로 가장 크고, 그 다음으로 태산엘시디가 두 번째에 위치해 있다. 태산엘시디는 키코 사태 이후, 앞서 말했듯이, LCD사업 부진이 도화선이 되어 결국 상장폐지에 이르렀으나, 도산의 근본적인 원인은 키코의 그림자라고 봐도 과언이 아닐 것이다. '자기자본대비' 항목을 생각해보자. 우선 자기자본이란, 쉽게 말해 투자한 모든 자본인 총자산에서 부채를 차감한 부분으로 기업이 가지고 있는 실제 자산을 뜻한다. 위의 자기자본대비 항목은 손실발생금액을 자기자본으로 나눈 것으로, 다시 말하면 기업 수준에 비해 발생한 피해규모를 나타내는 지표인 셈이다. 리스트를 다시 한 번 살펴보면, 대우조선해양은 피해금액이 가장 컸음에도 기업의 자기자본 수준으로 봤을 때 피해 규모가 8.42인 반면, 태산엘시디는 피해 규모가 129.08로 대우조선해양에 비해 압도적이었고, 위의 기업들 중에서도 가장 높았다.

그렇다면 키코가 어떤 상품이었는지 알아보기로 하자. 우선 키코의 계약 조건을 생각해보면, 4가지 경우의 수가 나타날 수 있었다. 어떤 기업이 약정금액 100만 달러에 약정환율 1,000원, 상한선(Knock-In Barrier) 1,050원, 하한선(Knock-Out Barrier) 950원, 계약기간은 6개월, 상한선 돌파 시 옵션 2배로 은행과 계약을 했다고 가정하자. 첫 번째 경우는 계약기간 중 환율이 하한선 아래로

〈표 6-1〉 KIKO피해공시기업 리스트

(단위: 원)

종목명	공시일자	손실발생금액	자기자본	자기자본대비
구영테크	08.14	2,896,709,449	20,573,980,215	14.08
국동	06.20	2,497,371,922	41,433,712,334	6.03
뉴인텍	08.12	2,100,871,219	8,920,000,000	23.55
대덕전자	08.13	27,754,525,263	336,321,108,048	8.25
대덕GDS	08.13	15,074,214,755	278,397,009,758	5.41
대양금속	08.14	28,093,948,734	100,929,594,963	27.84
대우조선해양	08.14	148,583,238,785	1,765,218,256,366	8.42
대창단조	08.04	3,072,202,149	40,696,626,659	7.55
대호에이엘	05.13	2,261,538,859	26,215,554,679	8.63
동양기전	08.14	13,408,503,501	175,431,475,283	7.64
동원금속	05.07	4,283,357,997	30,515,718,503	14.04
동원수산	08.07	1,505,199,798	24,422,833,938	6.16
디에스엘시디	08.14	51,602,863,191	114,776,272,641	44.96
로만손	08.07	4,418,282,374	23,163,934,028	19.07
로케트전기	07.23	1,413,857,903	10,161,365,000	13.91
모나미	07.04	12,416,786,179	52,284,482,983	23.75
백산	07.03	10,599,449,900	48,795,782,324	21.72
백산OPC	05.15	8,201,220,905	52,031,073,339	15.76
선우ST	08.14	27,188,292,880	72,809,349,811	37.34
성진지오텍	05.19	69,989,993,043	160,590,211,585	43.58
세미텍	08.12	6,002,750,000	38,794,144,960	15.47
수산중공업	05.06	6,581,436,779	40,057,732,270	16.43
신화인터텍	08.05	7,238,750,000	49,497,820,573	14.62
심텍	08.13	49,313,873,594	121,964,010,672	40.43
씨모텍	07.16	21,163,413,467	75,009,666,640	28.21
아구스	07.24	5,129,916,348	36,740,142,741	13.96
아큐텍반도체	07.30	1,071,370,900	10,196,860,444	10.51
에버다임	07.21	5,167,299,241	50,314,270,651	10.27
에스에이엠티	08.14	80,374,252,445	82,212,025,504	97.76
엠텍비젼	08.07	24,010,537,655	94,441,771,621	25.42
오리엔탈정공	08.14	3,317,392,160	55,885,988,186	5.94
우리산업	08.14	5,541,985,728	29,411,015,701	18.84
우신시스템	08.14	3,426,926,187	37,350,009,739	9.18
우주일렉트로	07.03	7,443,628,582	44,813,969,424	16.61
윈포넷	07.07	4,365,023,935	19,975,795,979	21.85
이구산업	08.06	4,386,455,463	77,602,675,937	5.65
잘만테크	08.14	7,036,230,911	41,476,152,013	16.96
재영솔루텍	08.14	23,647,326,018	65,688,294,370	36.00
제이브이엠	07.29	24,430,071,833	77,491,539,181	31.53
케이엠더블유	05.08	6,098,207,079	65,315,673,655	9.34
코다코	08.14	9,106,236,325	34,489,501,287	26.40
코맥스	08.12	17,493,484,832	52,887,427,078	33.08
태산엘시디	**08.14**	**80,641,693,333**	**62,472,677,559**	**129.08**
토비스	08.12	4,789,160,000	27,350,175,753	17.51
티에스엠텍	07.24	5,774,150,972	70,777,832,257	8.16
포넷	06.20	1,624,412,987	12,163,451,253	13.35
포스코강판	07.25	54,542,095,109	275,321,982,878	19.81
한광	07.01	2,923,522,733	25,415,551,236	11.50
헤스본	08.04	6,716,857,126	33,308,966,290	20.17
현대디지탈텍	08.13	5,047,111,242	47,779,430,217	10.56
현진소재	08.13	12,772,651,573	154,021,605,884	8.29
CJ	05.13	33,315,981,247	707,223,271,396	4.71
CJ제일제당	05.08	33,315,981,247	707,223,271,396	4.71
DMS	07.31	19,359,933,372	135,591,209,188	14.28
IDH	08.12	44,093,935,816	35,861,468,100	122.96
KPX화인케미칼	05.14	27,094,563,912	93,554,611,518	28.96

자료: 공정거래위원회 키코 피해공시기업 리스트

그림 6-1 키코에 가입한 기업의 환율변동손익

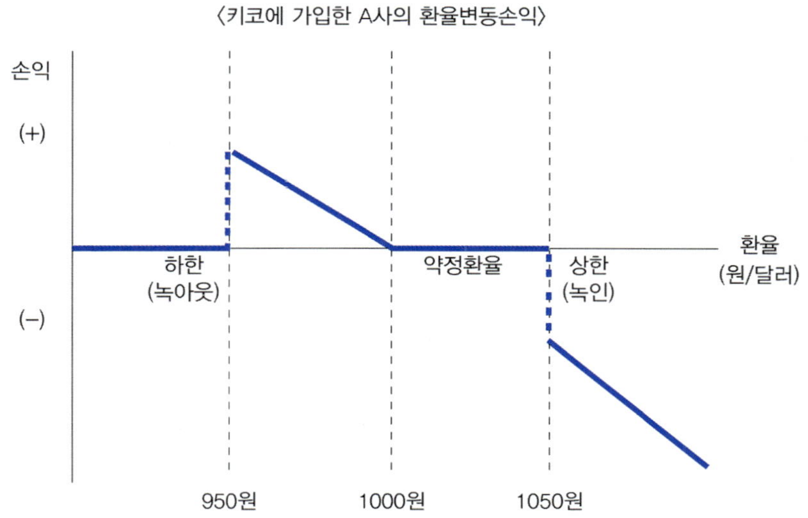

한 번이라도 떨어졌을 경우, 즉 환율이 950원 이하로 한 번이라도 떨어졌을 경우는 계약 무효(Knock-Out)가 된다. 이 경우는 기업이 100만 달러에 대한 환차손을 감수해야 된다.

두 번째 경우는 계약기간 중 환율이 하한선 아래로 떨어지지 않았고, 만기 시 하한선과 약정환율 사이일 경우, 즉 환율이 950원 이하로 한 번이라도 떨어지지 않았고 만기 시 환율이 950원 01전~1,000원일 경우는 약정금액인 100만 달러를 약정환율인 1,000원에 받는다. 이 경우 기업은 만기 시 환율과 약정환율 간 차이만큼 환차익을 얻게 된다.

세 번째 경우는 계약기간 중 환율이 상한선 위로 올라가지 않았고, 만기 시 상한선과 약정환율 사이일 경우, 즉 환율이 1,050원 이상으로 한 번이라도 올라가지 않았고 만기 시 환율이 1,000원 01전~1,049원 99전일 경우는 약정금액인 100만 달러를 시장환율에 매도하거나 약정환율인 1,000원에 받는다. 이 경우 시장환율에 매도 할 경우 환리스크 위험은 없다.

네 번째 경우는 실제 환율이 상한가보다 높은 경우이다. 이 네 번째 경우가 바로 태산엘시디를 비롯한 수많은 기업들을 위험에 빠뜨린 경우인데, 키코 가입

당시 대부분의 기업들이 계약금액의 2배로 달러를 매도하도록 약정했다고 한다. 즉, 계약기간 중 환율이 상한선 위로 한 번이라도 올라갔을 경우. 다시 말하면, 환율이 1,050원 이상으로 한 번이라도 올라갔을 경우는 (Knock-In) 상한선 돌파 시 옵션 2배 규정에 따라 약정금액인 100만 달러의 2배인 200만 달러를 약정환율인 1,000원에 은행에 되팔아야 한다. 따라서 글로벌 금융위기 당시 환율이 1,500원 정도였는데, 태산엘시디의 경우에도 기업 자체가 입은 피해까지 합하여 2 곱하기 (약정금액) 곱하기 500(원)이 대략적으로 위의 표에 나오는 피해 금액이었을 것으로 추정할 수 있다. 태산 엘시디의 경우, 키코에 가입하지 않았다면 800억 원/2=400억 원 정도의 피해를 시현하는데 그쳤을 것이다.

질문

1. 키코사태는 기업에 부적합한 상품을 위험성도 제대로 알리지 않고 판 은행들의 잘못인가? 아니면, 환차익에 눈이 멀어 그 속에 숨은 엄청난 리스크를 제대로 보지 못한 채 무리하게 위험상품 거래에 나선 기업의 잘못인가? 이미 이루어진 법원의 판결을 고려하지 말고, 여러분의 판단을 밝히시오.
2. 다양한 환헷지 방법을 설명함으로써 중소기업들이 환율변화에 어떻게 대처해야 하는지 제안하시오.
3. 환율변동성에 따른 해외직접투자 변화를 예견해보시오.

사례 6-3 폴란드 시장에서의 대우자동차 사례: 대우차 실패는 타살이 아닌 자멸

1. 대우자동차에 대한 소개

대우그룹은 대우실업을 모태로 하여 성장한 기업인데, 한편 대우실업은 1967년 설립되어 봉제품을 전문으로 수출하던 소규모 무역업체에 불과했다. 1970년대 한국경제가 고속 성장하고, 수출도 증가하면서, 1975년에는 종합상사로 변모하였고, 이후 대우그룹은 1980년대부터 1990년대 말까지 대한민국 재계서열 2위를 지켜왔던 대규모 기업집단이다. 1990년대 중반에는 섬유 · 무역 · 건설 · 조선 · 중장비 · 자동차 · 전자 · 통신 · 관광 · 금융 등 여러 사업부문을 두었으며, 1993년 세계경영 전략 채택 이후 글로벌 기업으로의 본격적인 행보를 시작하였다.

특히 상기 자회사들 중 자동차 부문은, 한국전쟁 때 사용되었던 망가진 미군의 차량을 수리하기 위해 1955년 2월 설립된 신진공업사에서 출발하여, 그 뒤 제너럴 모터스(GM)와 함께 1971년 GM코리아를 출자하였던 바, 이 GM코리아가 바로 대우자동차의 전신이었으며, 1978년 대우중공업이 경영에 본격적으로 참여한 이후 1983년에 대우자동차로 상호를 변경한다. 한때 대우자동차는 경차 티코를 생산하여 국민 자동차로서의 명성을 날렸다. 이러한 대우자동차는 르망을 생산하고 수출하여 글로벌 자동차메이커로 발돋움하는 듯했다. 1992년부터 대우자동차는 GM의 보유 지분을 전액 매입하면서 독자 경영을 추진하여, 상기에 언급한 1993년 세계경영 선언에 부응하여 동유럽 국가 및 아시아 국가로의 진출을 본격화했다. 그 중 우즈베키스탄 정부는 대우자동차에게 자동차공장 건설요청을 먼저 제안했고, 그 덕에 진출 국가 정부의 적극적인 지원을 받았다. 특히 폴란드에서는 GM과의 경쟁을 뚫고 자체적인 경쟁력으로 현지 자동차 제조사

인수합병 레이스(race)를 승리로 이끌었던 바, 현지 주요 뉴스로 다루어질 정도로 놀라운 성과를 시현함에 따라 시장에서의 전망과 기대를 밝게 했다.

2. 폴란드 진출 초기, 대우자동차의 성공

동유럽에 위치한 폴란드는 이 지역 10개국 중 가장 큰 영토를 자랑하며, 한때 제2차 세계대전 종전과 더불어 소련의 영향력 하에 있던 사회주의 국가였다. 그러나 1989년 민주화와 함께 국제 경제교류를 본격적으로 시작했는데, 사회주의로부터 자본주의 경제체제로의 전환은 많은 다국적기업들에게 시장을 더욱 매력적으로 보이게 했다. 더욱이 사회주의 체제를 유지하는 동안 경제적으로 낙후되어 있던 폴란드는, 등록되어 있던 약 800만대의 승용차 중 절반 정도가 연식 10년을 훌쩍 넘은 차량들이었다. 이는 곧 향후 많은 교체 수요가 기대된다는 것을 의미하는데다가, 청·장년층을 중심으로 한 신규 자동차 수요가 증가할 것으로 보임으로써, 시장 규모의 확대가 기정사실화 되는 듯했다. 당시 폴란드는 유럽연합(EU)에 가입할 가능성이 매우 높게 예견되고 있었는데, 즉 만일 예상대로 회원국 지위를 부여받은 폴란드 시장에 진출할 경우, 이는 다른 여타 회원국인 서유럽에 무관세로 자동차를 수출할 수 있는 길이 확보되는 것을 의미했다. 게다가 미국과는 다르게 유럽은 소형차를 중심으로 형성된 자동차 시장을 보유하고 있었기에, 경차 및 소형차에 특화된 대우자동차의 폴란드 시장 진출은 세계경영을 위한 최적의 입지라고 할만 했다.

대우자동차는 폴란드로의 진출 과정에서, GM과의 경쟁에서 승리하며, 1995년 폴란드 국영 자동차 제조 공장인 폴란드 FSO를 인수했다. FSO를 인수한 이후, 목표 대비 매년 평균 약 30%의 초과 판매를 달성했고, 피아트(FIAT)와 시장 점유율 공동 1위를 시현하기도 했다. 그즈음 대우자동차-FSO의 손익 현황을 표로 살펴보면, 인수 후 불과 3년 만에 영업이익을 흑자로 전환하고, 다시 2년 후에는 당기순이익을 시현하는 뛰어난 해외진출 영업성과를 보이는 듯하였다.

이러한 단기간 흑자 경영의 실적을 달성할 수 있었던 데에는, 이에 적합한 해외진출 전략의 구사가 상당 부분 긍정적인 역할을 했고, 대우의 적극적인 노력도 엿볼 수 있었다. 대우자동차는 폴란드라는 신흥시장의 효과적인 개척을 위해 의

〈표 6-2〉 Daewoo-FSO의 손익 현황

(단위: 천달러)

구분	1997년	1998년	1999년
매출	983,707	1,335,380	1,280,791
원가	918,367	1,157,514	1,159,009
판매관리비	130,095	166,761	109,304
영업이익	-69,755	11,105	12,478
당기순이익	-19,719	-6,294	831

자료: GM대우

식개혁, 현장개선, 품질관리, 그리고 인력조정과 더불어 현지화에 각고의 노력을 했다. 폴란드 현지직원들은 구(舊)소련의 영향력 아래에서 사회주의 생산체제에 익숙해져 있었다. 이에 대우자동차는 폴란드 직원들을 한국으로 연수를 보내어, 한국이라는 국가와 대우라는 기업, 그리고 함께 일하는 한국인 직원들에 대해 잘 이해할 수 있는 자리를 마련했다. 다시 말해, 이방인에 대한 일종의 현지인의 저항 심리를 하나의 기업이라는 울타리 안에서 서로 교감함으로써 공동의 목표를 공유하는 기회로 반전시키고자 했다.

또한 폴란드 바르샤바의 공장은 낡고 제대로 정리되지 않았으며, 가동률도 떨어지는 공장이었기에 현장개선이 시급했다. 이를 개선하기 위해 가장 먼저 공장 내 화장실과 탈의실 및 샤워장을 새로이 마련하여 공장에서 일하는 근로자들의 만족감을 높이고 종업원 작업환경을 현저히 개선하고자 했다. 뿐만 아니라, 공장 내부의 오래된 시설들이나 오물을 모두 교체 및 제거했고, 특히 작업공간과 이동공간을 구분하는 노란 선을 칠해 작업의 효율을 향상시키고자 했다. 바르샤바 공장에서 생산되는 자동차의 품질 수준을 높이는 것은 물론, 이를 달성하기 위한 전제조건으로 품질의 효과적 관리는 필수적이었다. 대우자동차는 IQS, 즉 품질평가시스템을 도입하여 초기 품질을 가변적이지 않게 표준화하고, 현지 부품의 납품 품질 기준까지 하나하나 검사했다.

그 결과 1997년 품질시스템의 성공적 정착을 대외적으로 인정받기도 했다. 더불어 사내(社內)에 품질을 주제로 한 경진대회를 개최하여 품질에 대한 중요성을 계속해서 강조하는 방안을 실천하기도 했다. 또 다른 노력의 일환으로, 인력조정을 통해 불필요한 비용 발생을 최대한 줄이고자 했다. 사무직 직원들에 대한 직무분석을 시행한 후, 근태가 좋지 못한 직원에 한해서 징계해고를 진행하고, 잉여 인력에게는 퇴직 유도 혹은 재교육을 시행하여 조직을 축소시켰다. 22,000여명의 인력은 인력조정을 통하여 약 14,000여명으로 감소함에 따라 고정비용이 예산을 초과하지 않도록 신경을 썼다. 이 외에도, 세계화와 현지화를 동시에 내세운 대우자동차는 주재원(즉, 한국 직원들)에게 현지 문화 및 사회적 환경에 대한 완벽한 숙지를 요구했고, 동시에 폴란드 직원들을 중용하여 조직을 운영했다. 이 뿐만 아니라, 폴란드 고객들에 대해서는 만족스러운 A/S 서비스를 펼쳐 브랜드 경쟁력을 구축하기도 했다.

3. 폴란드 시장과 세계경영의 영업부진

이렇듯 모범적인 해외진출 전략 및 실천에도 불구하고, 대우자동차의 국제금융 전략은 매우 아쉽게 평가된다. 여러 가지 다양한 노력을 기울임으로써 진출 초기 폴란드라는 새로운 신흥시장에서 두드러진 성과를 보이며 성공한 것으로 보였다. 그러나 대우자동차는 폴란드 외에도, 우즈베키스탄, 우크라이나, 루마니아, 베트남 등 여러 동유럽 국가 및 아시아 국가들에서 동시다발적으로 제조공장을 건설하거나 기업을 인수했다.

이러한 무리한 투자전략으로 인해 대우자동차는 부채에 의존하는 투자의 양상을 보이기 시작했고, 이는 곧 대우자동차가 금융위기에 취약한 상태의 기업이 되는 데에 큰 영향을 미쳤다. 대우자동차는 지나친 투자로 인하여 현금이 지속적으로 유출되었는데, 막대한 투자를 뒷받침할 만큼 영업이익이 시현되지 않음에 따라 채권으로 부족한 자본을 조달했다. 덧붙여서, 외환위기가 발생한 즈음인 1998년 1월에 인수한 쌍용자동차에 대한 자금관리를 적절하게 수행하지 못해 부채비율이 200%에 달하였고, 양적 팽창에 집착하다보니 외상 수출이 증가하기도 했다. 이즈음 (즉, 외환위기 직후), 대우자동차는 1998년 마티즈를, 그런 가격으로는 도저히 돈을 벌 수 없다는 1대당 8,800 달러에 내놓았고, 영국에서는 6개월 동안 타본 뒤에 구입하는 판매 전략도 구사했다. 대우자동차의 시장점유율 25%를 유지하려고 30개월 무이자 자동차 할부에 나섰을 때도 “(이 파격 마케팅이) 회사를 망하게 만들 것”이라거나 “현금흐름에서 문제가 터질 것”이라는 우려가 제기됐다.

대우가 폴란드·우크라이나·베트남 등지에 해외 자동차법인을 확장해 1998년 40억 2천만 달러어치를 팔아 1,400만 달러를 벌어들였다고 발표했을 때도 시장 분석가들은 대우가 자회사들을 이용해 손실을 은폐하는 것 같다고 의심했다. 단순히 외형을 부풀리는데 집중한 무리한 사업 확장이 자금난과 유동성 문제를 야기하고, 급기야 대우자동차를 헤어 나올 수 없는 심각한 경영상태로 몰아갔다.

대우자동차의 해외진출 실패에는 비단 대우자동차만의 문제뿐만 아니라, 대우그룹 전체의 잘못된 금융 및 재무전략도 큰 원인으로 작용하였다. 대우는 대주주의 지분을 유지하되, 자기자본이 아닌 타인자본을 끌어 모아 그룹의 수익을 내는 전략을 주로 사용했다. 이로 인해 그룹 해체 직전 대우의 부채 비율은 무려 580%에 달했다. 한신대 배준호 교수(국제학부·경제학)는 "대우의 세계경영은 국내에서 잘 안 되니까 외국에서 먼저 제품을 평가받고 국내에 컴백해 삼성, LG와 경쟁하는 구도를 구상했을 것"이라며 "그러나 대우 몰락은 빚더미에 쌓은 세계경영의 침몰을 보여줬다"고 말했다. '비행기를 사무실 삼아 전 세계를 누볐던' 대우의 세계경영은 대규모 금융회사들과 고리를 맺어 싼 해외 자금을 더 많이 빌리기 위한 수단이었다는 분석도 있다. 그러나 투자는 많았지만 투자자금은 거의 회수되지 않았다. 특히 외환위기 이후 다른 기업들이 모두 축소경영에 나설 때 대우는 오히려 세계경영을 더욱 크게 기치로 내세워 해외투자를 지속했다. 세계를 다 집어삼킬 기세로 멈출 줄 몰랐던 세계경영은 "실탄은 부족한데 전선만 넓게 펴는" 확장경영이었고, 결국 '경영 실패'로 이어졌다.

질문

1. 한국 기업의 글로벌 경영 실패사례로 가장 많이 회자되는 기업이 대우그룹 및 대우자동차일 것이다. 그렇다면, 대우그룹 및 대우자동차는 근본적인 문제점이 어디에 있었는지 짚어보시오.
2. 대우자동차의 사례를 통해 적절한 국제금융 및 재무전략의 중요성을 지적하시오.
3. 만일 여러분이 대우그룹의 최고의사결정권자였다면, 김우중 씨와 달리, 어떠한 전략을 구사했을 것인지 설명하시오.

사례 6-4 일본시장에서의 아모레퍼시픽 사례: 일본에서만 유독 씁쓸한 아모레퍼시픽, 그 이유는?

아모레퍼시픽은 우리가 '화장품'이란 단어를 연상했을 때 떠올리게 되는 대다수 브랜드를 판매하고 있는 우리나라의 대표적인 화장품 생산기업이다. '아모레퍼시픽'이란 브랜드를 통일해서 사용하기보다는 화장품, 생활용품, 건강 등 사업 분야 별, 그리고 사업 분야 내에서도 주요 고객의 연령층, 혹은 제품의 가격수준에 따라서 브랜드 이름을 달리 사용하고 있다. 화장품을 고려해 보면, 고급 브랜드인 설화수부터 시작하여 헤라, 아이오페, 이니스프리, 라네즈, 마몽드, 한율, 에뛰드 하우스 등, 최소한 한국에서 생활하고 있는 여성이라면 한 번 쯤은 사용해 본 적이 있는 브랜드들을 아우르고 있다. 더불어 바디샤워인 '해피 바스', 샴푸 브랜드인 '미장센', '려', 치약 브랜드인 '메디안', '송염' 또한 모두 아모레퍼시픽에서 생산하고 있는 제품들이다.

한국뿐만 아니라 해외시장에 있어서도, 중국을 중심으로, 유럽, 동남아시아(ASEAN)에서 선풍적인 인기를 끌었다. 이러한 인기를 반영하듯, 아모레퍼시픽

그림 6-2 아모레퍼시픽의 최근 5년 주가 변동

자료: 네이버증권

의 주가는 2014년을 기점으로 불과 1년 만에 약 5배가량 폭등하는 등 국내·외를 불문하고 승승장구를 구가하고 있다.

실제로 아모레퍼시픽의 주가를 살펴보면, 2013년 10월 18일 최저가인 85,722원에서 불과 2년도 지나지 않아 2015년 7월 3일 455,000원을 기록하며, 주가가 5배 정도 뛰는 모습을 보여주었다. 심지어 소위 '유커(遊客)'라고 불리는 중국인 관광객들이 한국으로 '아모레퍼시픽 화장품 구매 여행'을 올 정도로 아모레퍼시픽의 인기는 하늘을 찌를 듯이 높았고, 동남아시아나 유럽시장에서도 활발한 경영활동과 매출을 이어나갔다.

주가 외에 영업이익을 살펴보더라도, 2009년 최초로 영업이익 3,000억 원을 돌파한 이후, 2011년 4,347억 원, 2012년 4,491억 원, 2013년 4,698억 원으로 지속적인 소폭 증가를 시현하였지만, 2014년에는 전년 대비 40%나 증가한 6,591억 원에 달했다. 2014년은 말 그대로 아모레퍼시픽의 '화양연화'와 같은 해라고 할 수 있었으나, 유독 일본시장에서는 그러하지 못했다.

아모레퍼시픽은 지난 2006년 '플래그십 브랜드', 즉 자사 브랜드인 '아모레퍼시픽'의 상호를 달고 일본시장에 진출하였다. 이 후 2011년에는 '에뛰드 하우스', 2012년에는 '려'와 '아이오페' 등의 합리적인 가격대의 브랜드들이 차례대로 일본시장에 도전하였다. 기존에 아모레퍼시픽은 한류 열풍에 힘입어 '한류 스타'들을 모델로 내세워 일본 주요 백화점들을 거점으로 자사 최고가 브랜드인 '아모레퍼시픽' 매장을 입점하는 방식으로 진출을 도모하였다. 당시 국내 · 외를 가리지 않고 거침없는 행보를 하던 아모레퍼시픽의 일본 진출에도 장밋빛 전망들이 쏟아졌다. 그러나 실제로 2013년의 아모레퍼시픽 일본법인의 성적표는 46억 원 손실이었다. 시장 진출 1년차라 시행착오가 있었다고 할 수도 있겠지만, 그 다음해인 2014년 또한 31억 원의 당기순손실을 기록하여 2년 연속 적자를 시현하였다.

반면 아모레퍼시픽의 중국법인 영업이익률은 2013년 3.0%에서 2014년 11.1%로 대폭 개선됐다. 아모레퍼시픽은 1994년 중국 선양에 진출해 첫 현지법인을 세웠고, 화장품 브랜드 '라네즈'와 '마몽드'를 중국시장에 안착시켰다. 이에 2014년 4분기 해외 매출은 전년대비 96.9% 성장했으며, 이중 중국 내 매출은 1,395억 원으로 63.3% 증가했다. 이 밖에 동남아시아 지역도 2014년 매출액이 전년 대비 206% 상승하는 등 성장세를 보이고 있다.

그렇다면, 아모레퍼시픽이 중국이나 동남아와는 대조적으로 일본시장에서 좋지 못한 성적을 낸 이유는 무엇일까? 배경에는 다양한 이유들이 있을 수 있겠으나, 그 주요한 원인 중 하나는 '엔저 현상'이라는 국제금융 환경을 고려하지 못했던 것이 크게 작용하였다. 아베 정권은 일본의 '잃어버린 20년'이라고 불리는 장기불황의 종식을 꿈꾸고, 일본 기업들의 대외 경쟁력 강화를 위하여 적극적인 양

그림 6-3 원-엔 환율변동 추이

자료: 한국은행

적완화(정부에서 자국통화를 시장에 풀어서 가치를 낮추는 정책)를 통하여 엔화 약세를 부추겼다(<그림 6-3>은 그즈음 원-엔 환율변동을 시각적으로 잘 보여주고 있다).

2013년 1월 기준, 100엔당 1,200원 정도 하던 환율은 아베 정권의 적극적인 엔저 정책에 지속적인 하락세를 보이며, 불과 1년 만에 100엔당 1,000원 선까지 떨어지고 말았다. 2014년 또한 연초 약간 반등하던 원-엔화 환율은 일본의 정책 기조의 영향에 따라, 2014년 말에는 100엔당 800원 선이 돌파되는 등 뚜렷한 원화 강세 현상이 지속되었다. 즉, 한국 제품의 일본시장 가격이 2년 만에 환율의 영향으로 약 33% 상승한 효과를 불러온 셈이다.

이는 고가 브랜드 전략으로 일본시장에 진출해 있던 아모레퍼시픽에게 큰 타격이었다. 고가의 화장품을 판매하고 있었기에, 그만큼 환율변동으로 인한 가격 변동 폭이 컸기 때문이다.

실제로 <그림 6-4>를 통해 알 수 있듯이, 일본 국내 화장품 기업의 대표 격이라 할 수 있는 '시세이도'의 경우, 아베의 적극적인 엔화 약세 정책이 시작된 2013년에 자국 내 실적이 급격하게 개선되는 모습을 볼 수 있다. <그림 6-4>를 살펴보면, 시세이도의 일본 내 매출은 2005년 이후 지속적인 하락세를 보이고

그림 6-4 일본 화장품 브랜드 '시세이도' 매출 현황

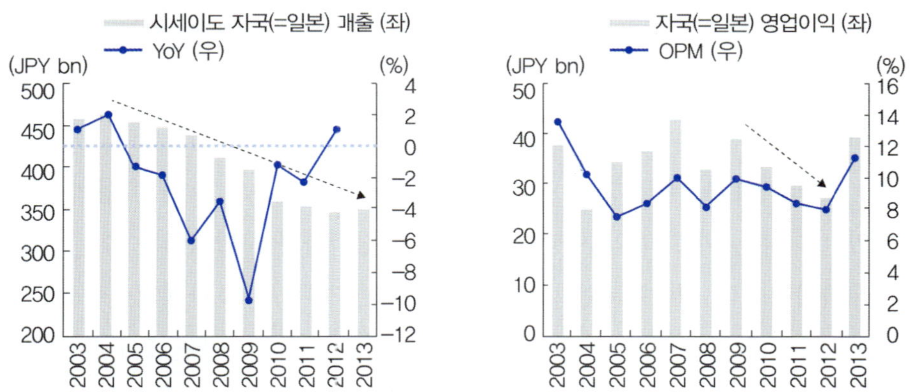

주: 연결 기준
자료: Shiseido, 대신증권 리서치센터

주: 연결 기준
자료: Shiseido, 대신증권 리서치센터

자료: 대신증권 리서치센터

〈표 6-3〉 국내 주요 화장품 메이커 일본 지역 실적 현황

(단위: 억원)

구분	2013년		2014년	
	매출	영업이익	매출	영업이익
아모레퍼시픽	476	-42	456	-39
LG생활건강	2,890	403	2,748	327
에이블씨앤씨	223	-0.3	166	-17

자료: 금융감독원

있었으며, YoY(전년 대비증가율)가 지속적으로 마이너스를 기록하고 있었다. 자국 시장 내에서도 아모레퍼시픽 등 한국 화장품 업체에게 점유율을 잠식당하며 위기설이 나돌았다. 그러나 아베가 정권을 잡기 시작한 2012년 이후, 매출이 반등하였으며, 2013년에는 영업이익 또한 급격하게 증가하여 금융위기 이전인 2009년 수준까지 회복하는 모습을 볼 수 있다.

그러나 이와는 대조적으로 아모레퍼시픽의 경우, 2013년과 2014년 일본시장에서 고전을 면치 못하였다. 금융감독원에 따르면, 아모레퍼시픽은 일본시장에서 매출 456억 원, 영업손실 39억 원을 기록하였다. 매출 기준 아모레퍼시픽은 전년도 대비 4.2% 감소하였으며, 2개년도 동안 적자를 벗어나지 못하였다.

일본시장 내에서 같은 한국 기업이지만 경쟁사인 에이블씨앤씨의 경우, 2014년 매출이 전년 대비 18.9% 감소하였으며, 영업손실 또한 2013년 3,000만원에서 2014년 17억 원으로 대폭 늘어난 것을 볼 수 있다. 한편 또 다른 경쟁사인 LG생활건강 역시 일본시장에서 기대치에 미치지 못하고 있다는 평가지만, 경쟁사와 비교했을 때 그나마 선방하고 있다.

그러나 LG생활건강이 일본시장에서 다른 경쟁사보다 좋은 성적을 유지하고 있는 이유는 바로 해외 시장 진출 전략이 경쟁사와 차별적이기 때문이었다. 아모레퍼시픽이나 에이블씨엔씨의 경우, 주로 현지에 직접 판매법인을 세우거나 현지 판매 에이전시와 계약을 통해 해외진출을 진행하는 반면, LG생활건강은 현지 기업 인수를 우선적으로 고려하기 때문으로 풀이된다. LG생활건강은 지난 2012년 초 ‘긴자스테파니 코스메틱스’ 지분 70%를 약 1,300억 원에 인수하면서 일본시장에 본격 진출했다. 이후 같은 해 12월 일본 화장품 및 건강기능성 식품업체

인 에버라이프 지분 100%를 3,300억 원에 인수했고, 2014년 3월에는 일본 화장품 통신판매업체인 R&Y 지분(100%)을 462억 원 가량에 사들였다. 즉, LG 생활건강은 M&A를 통해 현지 기업 인수를 진행하였고, 이는 현지 기업의 현지 생산으로 인해 환율변동의 영향을 최소화한 결과라고 볼 수 있다.

관세청 수출입 무역통계에 따르면, 실제 지난 2013년 기준 일본으로 수출된 향수 및 화장수 제품은 113만6,000달러였으나, 지난해에는 55만5,000달러로 반토막 났다. 즉, 엔저 여파로 국내 기업들의 수출품목 가격경쟁력이 떨어져, 일본 소비자들이 자국의 화장품 브랜드로 발걸음을 돌렸다는 것이다.

결국 아모레퍼시픽은 2014년 연말 본인들의 사명을 걸고 출시한 럭셔리 뷰티 브랜드 '아모레퍼시픽' 매장을 일본시장에서 철수시켰다. 2006년 일본 진출 이후 8년 만에 내려진 의사결정으로 실적 부진이 주된 이유였다. 아모레퍼시픽은 철수 이후, 럭셔리 브랜드 대신 중고가 아이오페를 홈쇼핑에서 판매하는 등 전략에 변화를 주고 있지만, 중국이나 등남아 시장에서 승승장구하는 것과 달리 일본시장에서는 엔저로 인한 여파로 어려움이 지속되었다.

질문

1. 해외시장 수출에 있어 환율의 중요성을 설명하시오.
2. 환율의 영향을 최소화하기 위해서는 어떠한 전략들이 고려되어져야 하는지 제시하시오.
3. 일본시장에서 일본 기업과 경쟁하고 그 경쟁에서 성공하기 위해서는 차별화가 답이 될 수도 있을 것으로 여겨진다. 그렇다면, 일본시장을 파고들기 위한 차별화 전략을 강구하시오.

사례 6-5 일본시장에서의 이랜드 사례: 중국선 잘 나갔는데…

이랜드는 1980년 설립 이후, 1989년에 매출액 1,000억 원을 시현하며 급속도로 성장한 의류 기업이다. 그 후 1993년 매출액 5,000억 원을 넘어섰으며, 현재는 패션뿐만 아니라, 외식, 유통, 호텔, 건설, 엔터테인먼트 등 6개 사업부를 영위하고 있고, 해외에 23개국 168개의 법인을 운영하고 있는 국내 대표적인 SPA(제조 유통 일괄형) 기업이다. 예를 들어, 우선 대학생이나 사회 초년생들이 커플링을 구입하고자 할 때 자주 방문하는 'LLOYD'라는 브랜드를 보유하고 있다. 또한 스포츠 용품으로는, 20대 소비자들이 중학생이었거나 고등학생이었을 때 한 번쯤은 신어보았을 '뉴발란스' 브랜드를 자회사로 거느리고 있으며, 패딩 상품으로 유명한 'K-Swiss'의 모기업 역시 이랜드이다. 여학생들이 어렸을 때 좋아하던 'Teeny-Winnie', 다양한 캐릭터를 활용한 의류로 대중들에게 인지도가 높은 '스파오(SPAO)'도 이랜드의 의류 브랜드이다.

의류 이외에도 외식 사업 쪽으로는 '애슐리', '자연별곡' 등 다양한 중·저가 프랜차이즈를 아우르고 있으며, 이외에도 건설, 엔터테인먼트 등 각 사업부에서 범세계적인 기업 경영을 운영하고 있다. 이렇듯, 이랜드는 '이랜드'라는 브랜드보다는, 가격대별, 품목별로 개별적인 브랜드 이름을 도입하여 영업활동을 행하고 있다.

〈일본 요코하마의 스파오 매장〉

이랜드는 2013년 3월 일본 요코하마에 위치한 소고백화점에 '미쏘 1호점'을 열고 일본 내에서 사업을 시작하였다. 당시 일본 내에는 '유니클로'라는 기존 막강한 경쟁자가 존재하고 있었지만, 이랜드는 공격적인 입점을 강행하였다. 당시 '미쏘 1호점'의 매장 크기는 소고백화점 내 패션 매장 중에서 가장 큰 168평(555제곱미터)에 달했다. 4달 후인 2013년 7월에는 상기에도 언급한 캐주얼 의류 브랜드, 스파오를 일본 시장에 진출시켰다. 이랜드는 일본 내 유통업계 1위를 달리고 있는 7&I(세븐 앤 아이)와 파트너십을 구축하였고, 2013년 3개 매장, 2014년에는 10개, 그리고 2015년에는 30개까지 매장을 확대할 원대한 계획을 세웠다.

그러나 아베 정권의 엔저 기조로 인해 일본에 진출한 스파오(SPAO)와 미쏘 역시 직격탄을 맞고 말았다. 특히 두 브랜드는 이랜드 내에서 중·저가 의류를 중심으로 구성되어, 소비자들이 부담감 없이 구매할 수 있는 옷들을 생산한다. 이렇게 가격을 주요 경쟁력으로 하여 일본시장에 진출했음에도, 엔저의 영향으로 말미암아 일본 소비자들이 보기에는 마치 가격을 33% 인상한 셈이 되어버렸던 것이다. 애초 일본 내 중·저가 의류시장은 '유니클로'라는 일본의 국민 브랜드가 자리 잡고 있었기에, 이랜드는 '저렴한 가격' 및 '유행에 민감한 스타일'이라는 두 가지를 일본시장에서 성공할 수 있는 핵심역량으로 구축했다. 따라서 엔저로 인한 실질가격 상승은 일본에 진출해 있는 이랜드 핵심역량의 절반을 잃어버리게 만든 것과 다를 바 없었다.

실제로, 엔저 현상 때문에 이랜드가 일본시장에서 고전하는 동안, 2014년 4분기 기준, 순이익이 약 64% 급증하는 등 유니클로는 그 효과를 톡톡히 누리며, 당기순이익이 급격하게 상승하는 고습을 보였다. 엔화 가치 약세로 일본 자국 내 매출이 증가하고, 해외 수출 또한 늘어난 덕분이었다. 유니클로는 해당 분기 순이익이 한화 기준 약 6,300억 원에 이르렀던 바, 이는 2013년 4분기의 당기순이익이 3,860억 원이었던 것을 고려하였을 때, 1년 만에 엄청난 성장세를 보인 것으로 평가된다.

유니클로 관계자에 따르면, 분석 결과 유니클로 그룹은 일본 엔화 가치가 미국 달러화에 비해 1엔 하락할 때마다 순이익이 약 92억 원 증가하는 것으로 나타났다. 또한 유니클로는 2014년 4분기에 중국과 한국시장에서 매출이 약 47.3% 증가한 것으로 드러났는데, 이는 엔저로 인한 유니클로의 해외시장 가격경쟁력이 현저히 강화된 결과였다. 이를 반영하듯, 유니클로는 창립 이래 최초로 전체 매출 가운데, 일본 국내시장에서 차지하는 매출 비율이 50% 미만으로 떨어졌다. 이러한 유니클로의 국제경영 성적표는 엔저로 인해 피해를 입은 국내 브랜드의 모습과는 대조적이라고 할 수 있다.

한편 이랜드는 일본 이외에 중국이나 동남아 시장에서는 승승장구하고 있었다. 예컨대, 이랜드 패션사업부만 고려해도 중국시장에서 2012년 약 2조 1,000억 원의 매출을 올렸으며, 2013년의 경우 이보다 2,000억 원 증가한 2조 3,000억 원을 시현하였다. 심지어, 2013년 중국시장에 진출한 스파오는 중국시장 진출 3일 만에 매출 7억 원을 달성하는 기염을 토해내었다. 이는 당초 목표하였던, 10일 매출 예상치에 해당하는 기록이었으며, 기대보다 3배 이상 큰 매출규모였다. 이외 2015년에도 중국 최대 쇼핑 대목인 '광군제' 하루에 317억 원에 달하는 매출을 달성하는 등 중국시장에서는 대성공을 거뒀으나, 유독 일본에서만큼은 환율의 여파로 적자를 벗어나지 못하였고, 결국 당초 목표하였던 2015년 30호점 개점에 훨씬 미치지 못한 입점실적인 5개의 점포마저 모두 철수하고 말았다.

질문

1. 국제금융환경의 위험을 완화할 수 있는 방법을 제시하시오.
2. 상기 질문에 대한 해답의 예로, 선물환을 제시할 수 있다. 그 이유를 설명해보시오.
3. 또 다른 대안으로, 해외직접생산을 들 수 있다. 해외직접투자가 왜 대안으로 언급될 수 있는지 여러분의 견해를 밝히시오.

토의자료 6-1 환율이 떨어질 때마다 수출 기업의 이익이 늘어나는 이유는?

최근 달러에 대한 원화 환율이 하락하면서 수출기업의 수익성이 악화될 것이라는 우려의 목소리가 높아지고 있다. 이 의문을 풀기 전에, 먼저 아래의 그림을 살펴보자. 한국을 대표하는 200대 기업의 주가를 이용해 간든 지수(KOSPI 200) 구성 기업의 영업이익 흐름을 보여준다. 한국경제는 1997년 외환위기, 2008년 글로벌 금융위기 이후 성장률이 급격히 둔화되고 있지만 기업들의 실적만 보면 유례없는 호황임을 한 눈에 알 수 있다.

물론 이 그림을 보고 "소비자들은 어려운데 기업만 잘사는 것은 문제가 아니냐"라고 이야기할 수도 있다. 그러나 기업들의 매출액 구성을 따져 '수출 기업'과 '내수 기업'으로 분류해보면 이런 생각이 잘못된 것임을 금방 알 수 있다. 왜냐하면, KOSPI 200 구성기업의 영업이익에서 수출기업이 차지하는 비중이 2017년 기준 무려 71%에 이르기 때문이다.

KOSPI 200 영업이익 추이

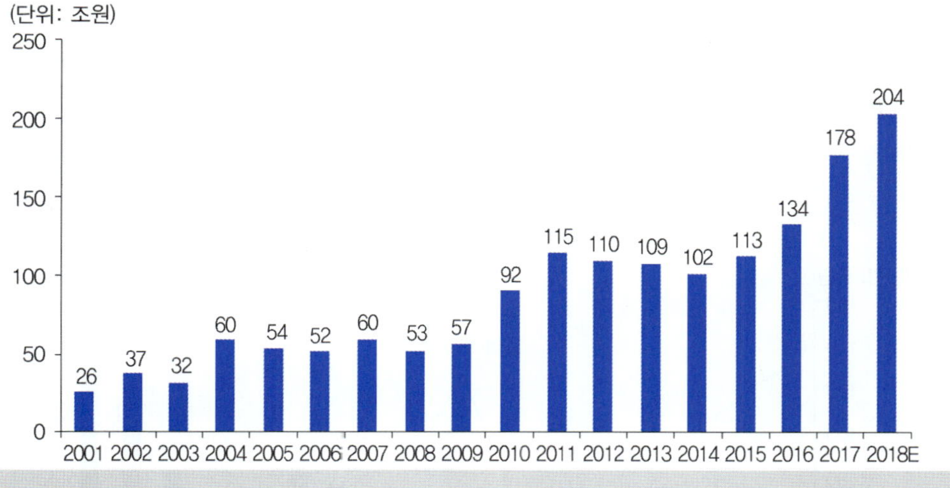

자료: Wisefn

글로벌 금융위기 이전인 2006년에만 해도, KOSPI 200 구성기업 영업이익에서 수출기업이 차지하는 비중은 44%에 불과했지만 2017년에는 무려 71%까지 상승한 것이다. 즉, 최근의 한국 기업 이익개선 흐름은 수출기업들이 주도했던 셈이다

KOSPI 200 중 수출기업의 영업이익 비중 추이

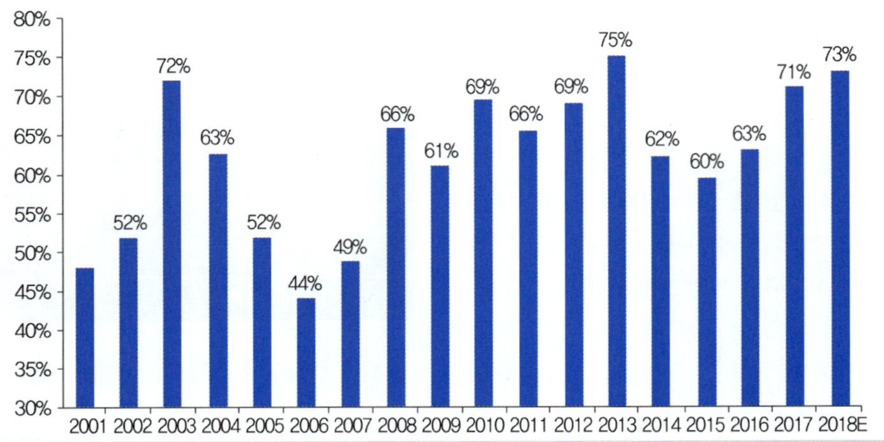

자료: Wisefn

그럼 어떻게 했기에 한국 수출기업들의 영업이익이 개선되었을까? 언뜻 생각하기에는 "우호적인 환율 여건 때문에 수출기업들이 큰 이익을 누렸다"고 볼 수 있지만, 그렇게 단정하기에는 한국 수출기업들의 영업이익이 환율과 별다른 연관을 맺고 있지 않다.

아래 그림은 달러에 대한 원화환율과 한국 수출기업(KOSPI 200 구성종목 중)의 영업이익 흐름을 보여주는데, 2000년대 중반 이후 환율과 수출기업 수익성 사이에 부(-)의 관계가 뚜렷해지는 것을 발견할 수 있다. 예를 들어, 2007년부터 시작된 환율상승 국면에는 수출기업 이익이 부진하고, 2009년부터 시작된 환율하락 국면에는 수출기업의 영업이익이 급증했다. 일반적으로 환율이 상승할 때 수출기업의 경쟁력이 개선되는 점을 감안하면, 2000년대 중반부터 시작된 환율상승 국면의 수익성 악화 현상은 이해하기 어려운 면이 있다. 왜 이런 현상이 나타났을까?

KOSPI 200 중 수출기업의 영업이익과 환율의 관계

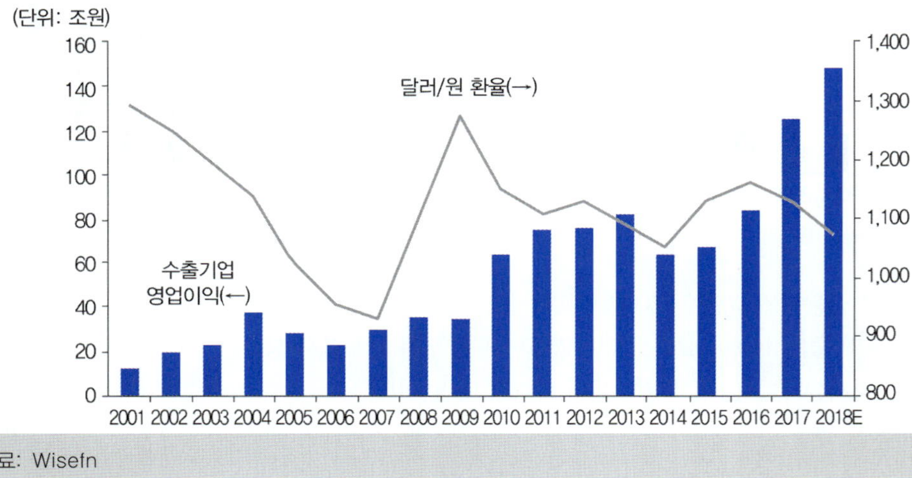

자료: Wisefn

생산설비의 해외이전 및 한국 수출기업의 환헷지 능력 향상 같은 요인도 큰 영향을 미쳤겠지만, 가장 직접적인 영향을 미친 요인은 '환율 변화의 원인'이 변화한 것을 들 수 있다. 1997년 외환위기 이전에는 정부가 환율 수준을 결정했다. 즉, 환율이 외부의 힘에 의해 결정되었다. 그러나 1997년 말 변동환율제도(Floating Exchange)가 도입되면서 환율의 결정구조가 완전히 달라졌다. 이전과 달리 시장의 수요와 공급에 의해 환율이 결정된다. 그리고 시장의 수급 균형을 쥐고 있는 핵심변수는 외국인의 주식 순매수 방향성이다.

아래의 그림은 한국 주식시장에서 외국인 순매수(누적)와 달러에 대한 원화 환율의 흐름을 같이 표시한 것이다. 한눈에 알 수 있듯, 환율과 외국인 매매 사이에 매우 밀접한 연관을 맺고 있음을 알 수 있다.

이런 현상이 나타난 이유는 어쩌면 지극히 당연한데, 외국인이 한국 주식을 사기 위해서는 보유하던 외화(달러 혹은 유로, 엔 등)를 외환시장에서 매도하고 이를 원화로 환전해야하기 때문이다. 즉, 한국주식을 사기 위해서는 외환시장에서 원화로 환전할 필요가 있고, 이는 원화의 가치상승(=환율하락) 요인으로 작용하는 셈이다.

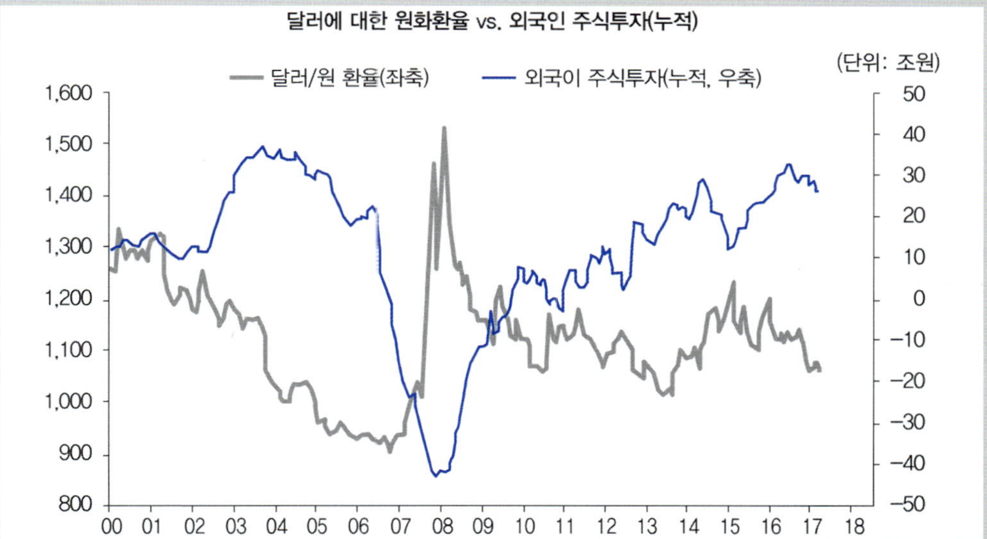

자료: 한국은행

특히 외국인 투자자의 한국주식 매수 원인을 살펴보면, 환율하락 국면에 한국 수출기업의 수익성이 개선되는 원인을 더 쉽게 알 수 있다. 아래 그림은 외국인 주식 순매수(누적)와 한국 기업 실적전망의 변화를 함께 보여준다. 2007년 같은 약간의 예외가 있기는 하지만, 한국 기업 실적이 개선될 때 외국인 주식 매수세가 유입되며 반대로 실적 전망이 악화될 때 주식 매도 공세가 강화된다.

이상의 내용을 정리해보면 ① 한국기업의 실적전망이 개선되면서 외국인 순매수가 유입되며, ② 외국인 주식 순매수 유입으로 환율이 하락하기에, ③ 환율하락 국면에 기업 실적이 개선되는 현상이 출현한다고 볼 수 있다.

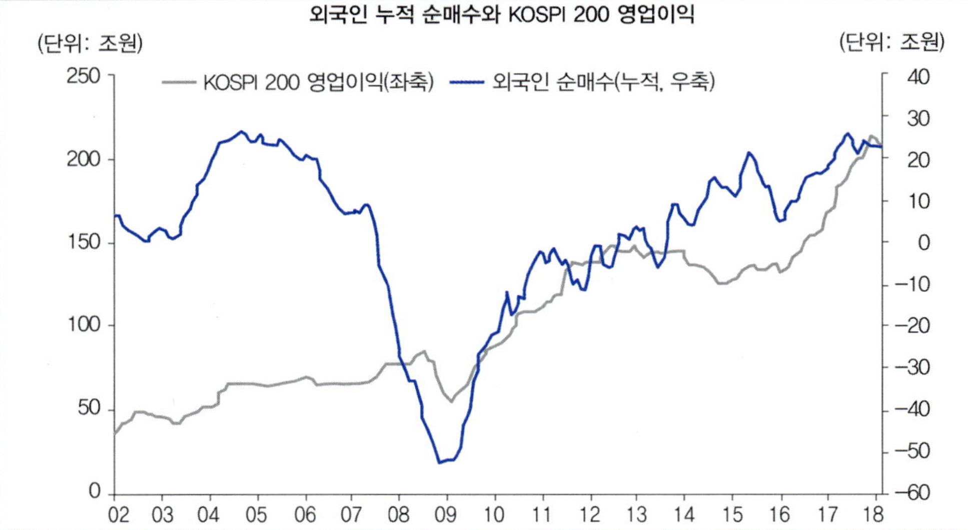

자료: Wisefn

이 대목에서 한 가지 의문을 제기하는 독자들이 있을 것이다. 외국인 순매수가 지속되면서 환율이 떨어지면, 환율하락의 효과가 '수급 개선'의 영향을 압도하지 않겠느냐는 것이다. 결국 '손익 분기점' 환율이 얼마냐는 질문인데, 이에 쉽게 답할 방법은 없다. 왜냐하면, 산업마다 경쟁구도가 다를 뿐만 아니라 해외로 생산시설 이전 여부 및 환헷지 능력도 큰 영향을 미칠 것이기 때문이다.

따라서 현 시점에서 최선은 어떤 산업이 역사적으로 환율 변화에 취약했는지 살펴보는 것이 될 것이다. 가장 먼저 살펴볼 산업은 정보통신산업(이하 'KOSPI 200 구성종목' 기준)인데, 아래 그림에 나타난 것처럼 환율의 변화와 정보통신산업의 영업이익은 완연한 역의 관계를 형성한다. 즉, 환율이 상승할 때 영업이익이 줄어들며, 반대로 환율 하락국면에 영업이익은 개선되는 모습이 뚜렷하다. 이는 정보통신산업이 환율변동보다는 경기여건 등 다른 요인에 의해 큰 영향을 받는 것으로 볼 수 있다.

다음으로 살펴볼 자동차 업종 역시 비슷하다. 환율의 변화 그 자체보다, 다른 요인의 영향이 더 큰 것을 쉽게 알 수 있다. 2008~2009년처럼 환율이 급등했을 때는 영업이익 전망이 크게 늘지 않았던 반면, 2010~2014년 사이에 환율이 급락할 때는 영업이익이 폭발적으로 증가했기 때문이다.

세 번째로 살펴볼 업종은 화학인데, 환율의 변화와 기업 이익의 연관은 크지 않다. 2012년까지 화학업종 영업이익은 가파르게 상승했으며, 반대로 2016년까지는 지속적인 이익 감소가 이어졌다. 이는 화학업종이 국제유가 등 글로벌 상품가격의 변화에 민감하다는 것을 시사한다.

마지막은 조선업종으로, 화학업종과 비슷한 모습이다. 환율과 영업이익의 연관은 매우 약한 반면, 국제유가 등 원자재 가격의 변화에 동조되는 모습을 보이고 있다. 화학업종에 비해 상대적으로 더 격렬한 이익 변화를 보이는 이유는 조선 산업에 대한 구조조정 과정에서 과거에 기록했던 손실을 일거에 털어내는 과정을 거쳤기 때문으로 보인다.

달러/원 환율과 정보통신업종 영업이익

자료: Wisefn

달러/원 환율과 자동차업종 영업이익

자료: Wisefn

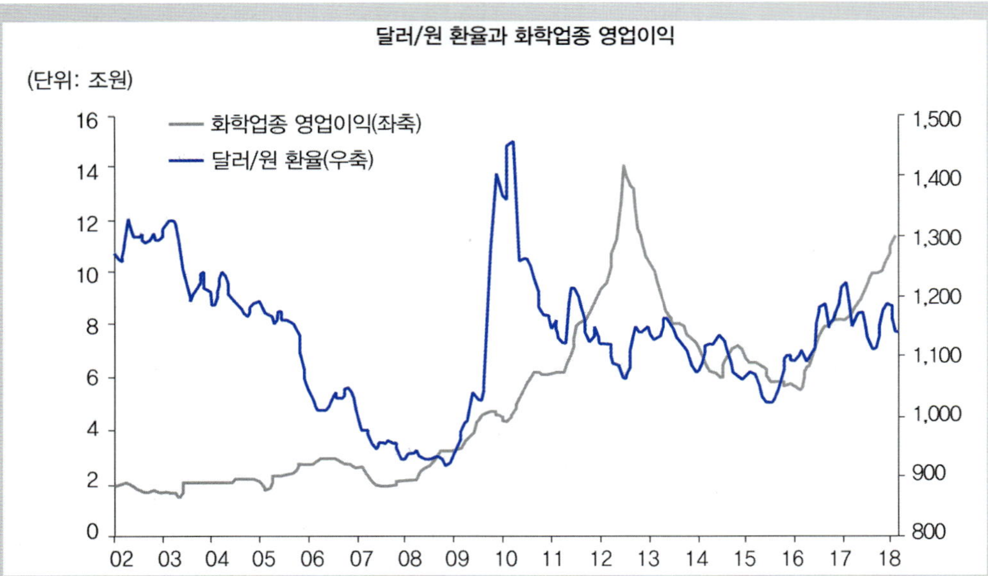

자료: Wisefn

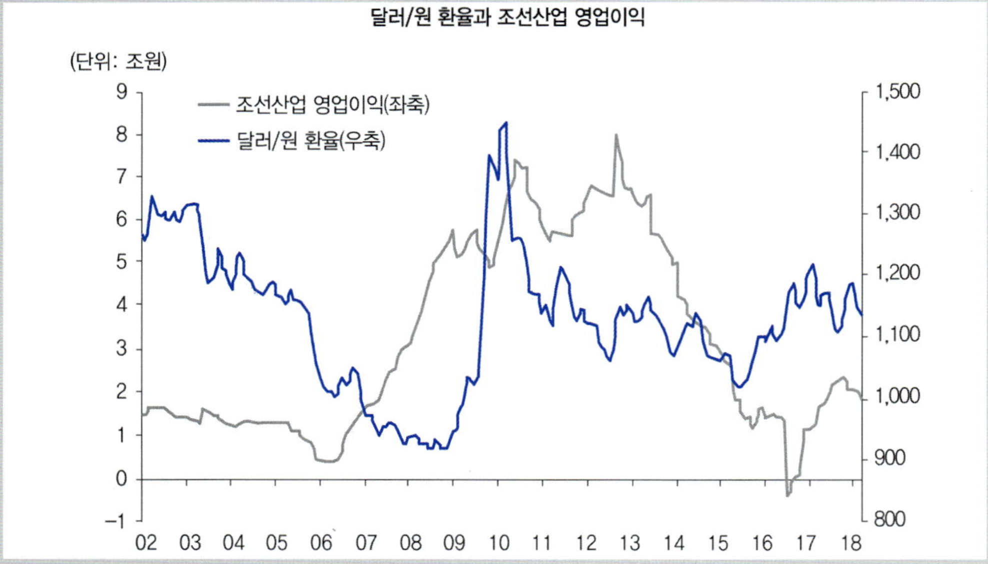

자료: Wisefn

이상의 분석을 통해, 환율을 정부가 통제한다는 식의 사고는 매우 위험하다는 것을 알 수 있다. 1997년 외환위기 이후 한국 환율은 시장 참가자들에 의해 결정되는, 전형적인 시장가격의 형성과정을 거쳤기 때문이다. 더 나아가, 환율이 하락할 때 수출기업의 실적 전망이 악화될 것이라는 우려 역시 과도한 것으로 판단된다. 수출산업 전체로 보더라도 환율하락 국면에 영업이익이 증가했을 뿐만 아니라, 산업별 환율의 영향을 살펴보더라도 '결정적' 영향을 미친 것으로 보이는 산업이 관측되지 않았기 때문이다. 따라서 환율 하락을 이유로 수출기업의 주가가 조정을 보인다면, 이를 매수의 기회로 활용하는 것이 바람직할 것이다.

(자료: 한겨레신문, 2018년 4월 22일자)

토의자료 6-2 환율이 무역에 미치는 영향

1985년 9월, 미국 뉴욕에 있는 플라자호텔에 미국, 영국, 프랑스, 일본, 독일 등 세계에서 가장 부자나라의 재무장관들이 모여서 미국의 무역적자를 줄이는 방법을 모색하기로 했다. 미국은 세계에서 경제규모가 가장 크지만 동시에 무역적자가 아주 큰 나라이다. 당시에도 미국은 무역적자가 매우 컸는데 이대로 가면 세계경제에도 큰 위험이 될 수도 있다는 걱정에 재무장관들은 "일본 엔화와 독일 마르크화의 환율을 내리자"라는 결정을 내리게 되었다.

일본과 독일의 환율이 하락하면 어떻게 미국의 무역적자가 줄어든다는 이야기일까? 환율변동이 어떻게 수출, 수입과 무역수지에 영향을 주는지 좀 더 알아보도록 하자.

환율이 상승하면 수출에 어떠한 변화가 일어날까? 만일 우리가 반도체를 세계시장에서 5달러에 판매한다면 환율이 1,000원/1달러일 경우 우리는 반도체 1개를 팔아서 원화로 5,000원을 벌게 된다. 이때 환율이 1,100원/1달러로 상승할 경우 똑같은 5달러로 반도체를 팔아도 우리의 원화수입은 5,500원이 될 것이다. 결과적으로 해외에서 5달러라는 똑같은 가격에 반도체를 팔았어도, 환율이 오르면 기업의 수입은 500원(5,500원－5000원)이 늘어나게 된다.

환율이 상승했을 때 또 하나의 경우로 기업은 해외시장에서 달러로 표시된 반도체 가격을 내릴 수 있다. 예를 들어, 반도체 하나를 팔아 원화로 5,000원의 수익을 받고 싶은 기업은 환율이 1,000원/1달러일 경우 5달러를 받아야 하지만, 환율이 1,100원/1달러로 올라갈 경우 약 4.50달러만 받아도 된다. 4.50달러를 1,100원으로 곱하면 약 5,000원이 되기 때문이다. 이럴 경우 우리 기업들이 0.50달러(5달러－4.5달러)나 더 저렴한 가격으로 해외에 제품을 판매할 수 있기 때문에 다른 국가들의 상품에 비해 가격경쟁력이 생겨 수출이 늘어나게 된다.

그러면 환율 상승은 수입에 어떤 영향을 미칠까? 예를 들어, 10달러에 향수를 수입하는 경우를 생각해 보자. 과거 1,000원/1달러였을 경우 원화로 10,000원에 수입이 가능하지만, 1,100원/1달러로 환율이 상승하였을 경우 원화로 11,000원에 수입이 가능하게 된다. 결국 환율이 상승하면 원화로 표시된 수입가격이 상승하여 소비자들은 수입 향수 사용을 줄이게 되고 결과적으로 수입이 감소하게 된다. 지금까지 살펴본 바와 같이 환율이 상승하면 수출이 증가하고 수입이 감소함으로써 무역수지(수출−수입=무역수지)가 개선되는 방향으로 흐른다. 이와 반대로 환율이 하락하면 수출이 감소하고 수입이 늘어서 무역수지는 악화된다.

무역수지가 개선된다는 점에서 환율이 오르는 것은 반가운 일이다. 그러나 환율이 오른다고 항상 좋은 것은 아니다. 우리나라는 수출에 필요한 원유 등의 원자재를 외국에서 많이 들여와야 하는데 환율이 오르면 석유를 수입하기 위해 필요한 원화의 금액이 올라가게 되어 기업의 부담이 늘어나게 된다. 아울러 환율변동은 국내 물가에도 영향을 주게 된다. 원유의 수입가격이 1배럴당 50달러일 경우, 원화환율이 1,000원/1달러라면 원유를 수입하는 회사는 1배럴당 50,000원을 지불한다. 그러나 환율이 1,100원/1달러로 상승하면 원유의 1배럴당 수입가격이 55,000원으로 상승하게 되어 원유를 수입한 회사는 원유를 더 비싼 가격으로 국내 소비자들에게 팔게 된다. 여기다 원유가 들어가거나 원유를 사용해서 만드는 모든 제품의 가격이 높아지기 때문에 우리나라의 전반적 물가가 불안한 모습을 보이게 된다.

이렇듯 환율은 동전의 양면과 같다. 환율은 국가 간 화폐의 이동으로 자연스럽게 상승하거나 하락하지만, 환율의 급격한 변화는 경제 여러 면에서 충격을 줄 수 있다. 따라서 환율이 안정된 수준을 유지하는 것이 바람직하다.

(자료: 한국무역협회)

토의자료 6-3

건설업계 해외수주 어쩌나… '환율' 암초 만나 흔들

1분기 해외건설 수주시장이 사실상 마감된 가운데 13년 만의 최악의 스타트를 기록하면서 국내 건설사들의 수주목표 달성에 빨간불이 켜졌다. 여기에 연초부터 요동치는 원달러 환율로 한 치 앞을 알 수 없게 됐다. 국내 주택경기 침체로 해외 저변 확대를 고대하던 건설업계에서는 불안감이 확산되고 있다.

29일 해외건설종합정보서비스 분석 결과 올 들어 현재까지 신규 해외수주액은 모두 47억 달러로, 2006년 53억 달러 이후 최저치를 기록했다.

지난해 같은 기간 91억 달러에 비해서는 48.2% 감소한 것으로 나타났다. 특히 이 기간 수주액 상위 10개 건설사 기준으로는 84억 달러에서 31억 달러로 62.4% 급감했다.

9,259만 달러를 기록했던 한신공영의 경우 올 들어 아직까지 마수걸이 수주 신고를 하지 못했으며 △쌍용건설 -99.4% △삼성엔지니어링 -97.4% △현대건설 -94.6% 등이 수주액 감소폭이 컸다. △대우건설 -88.0% △포스코건설 -87.8% △SK건설 -80.4% 역시 마찬가지. 10곳 중 GS건설만이 유일하게 3.75배 증가하면서 올해 최고 수주액(15억 달러)을 기록 중이다.

중동에서의 수주액 급감으로 아시아 쏠림 현상은 더 심해졌다. 아시아 지역 수주액은 30억 달러로, 전체 물량의 63.9%를 차지했다. 3건 중 2건이 아시아 시장 물량인 셈이다.

중동 지역의 경우 대형 프로젝트 발주가 지연되면서 수주액이 많이 줄었다. 중동 수주액은 7억6,080만 달러로, 지난해 28억 달러에 비해 72.9% 급감했다. 지난해 2억 달러 수준이었던 태평양·북미 및 유럽 수주 7억8,454만 달러와 비슷하다. 이밖에 아프리카(8,782만 달러)와 중남미(7,005만 달러)의 경우 1억 달러에도 못 미치는 실적을 보였다.

같은 기간 전체 수주건수도 164건에서 127건으로 22.5% 감소했으며 진출국가 수(68개국), 진출업체 수(197개사) 역시 6.84%, 16.1% 각각 줄어들었다.

증권가에서는 중국과 미국 간의 무역전쟁, 글로벌 경기 침체 등이 겹치면서 대형 프로젝트 발주가 더뎌져 수주도 급감했다고 보고 있다. 금융투자업계에 따르면 지난 2월 중동 건설 발주액은 67억 달러로, 1월보다 36% 줄어들었다. 지난해 2월 144억 달러의 절반 수준이다.

이광수 미래에셋대우 연구원은 "자금 조달 지연 등의 이유로 주요국 대형 프로젝트 발주가 연기되고 있다"며 "사우디아라비아와 UAE의 발주 예정 프로젝트 중 자금 조달에 실패해 발주와 건설을 중단하는 사례가 늘고 있다"고 말했다.

장문준 KB증권 연구원은 "지난해 하반기부터 중동 주요 국가들이 다운스트림 확장 의지를 강화하고 있으나, 아직 초기 단계인 프로젝트가 많다보니 실질적 발주 규모 증가로 이어지지 못했다"고 설명했다.

상황이 이렇자 연초 건설사들의 설정했던 목표치 달성에도 '빨간불'이 켜졌다.

현대건설은 올해 해외수주 목표로 연결 기준 13조1,000억 원, 별도 기준 7조7,000억 원을 제시했다 이는 지난해 연결 기준 7조1,000억 원, 별도 기준 2조4,000억 원에 비해 각각 84.5%, 3.20배 증가한 수치다.

GS건설은 3조5,000억 원을 제시했다. 이는 지난해 달성한 금액 2조4,000억 원에 비해 45.8% 늘어난 수준이다. 대우건설도 지난해 달성한 1조7,000억 원에 비해 88.2% 증가한 3조2,000억 원을 목표로 삼았다.

지난해 2011년 이후 9년 만에 '해외수주 킹' 자리에 복귀했던 삼성ENG의 경우 올해 수주

목표액을 지난해와 비슷한 수준으로 책정한 것으로 알려졌다.

문제는 최근 글로벌 불확실성이 커지면서 원달러 환율의 변동성이 극심해지고 있다는 것이다. 한국은행 자료를 보면 지난달 말 1117원에서 시작한 원달러 환율은 이달 중순 1136원을 넘기면서 상승을 지속했다. 그러나 지난주 1125원대로 하락한 이후 이번 주 들어서 1130원대로 올라서며 소폭 등락을 반복하고 있다.

이처럼 변동폭이 심해진 이유는 하노이 회담 결렬 이후 영국 브렉시트(Brexit) 합의안 부결, 미국 연방준비제도(Fed) 금리동결, 장·단기 금리역전 등 글로벌 대형 이벤트가 잇따랐기 때문으로 풀이된다. 환율에 큰 영향을 받는 해외건설업계로서는 향방을 선불리 예측하기 어려운 상황이다.

대형건설 A사 관계자는 "올 상반기 달러 강세가 나타날 것으로 예상하기는 했지만, 변동폭이 이 정도로 심할 줄은 몰랐다"며 "수주 자체가 단기적인 환율 변동에 큰 영향을 받지는 않지만, 향후 방향성을 설정해야 하기 때문에 예의주시하고 있다"고 말했다.

특히 비용 부담으로 환헤지를 하지 않는 중견·중소건설사의 경우 환차손에 따른 수익성 악화가 우려된다.

중견건설 B사 관계자는 "대형사의 경우 애초에 환율을 보수적으로 평가해 사업계획을 짜는데다 환헤지까지 실시하지만, 중견·중소사는 다르다"며 "원화 강세가 나타나면 해외수주시 경쟁국들에 비해 가격경쟁력 면에서 떨어질 수 있어 신규수주에 부담이 커질 것"이라고 내다봤다.

(자료: 뉴데일리경제, 2019년 3월 29일자)

참고문헌

권오현, 권오정, 김진수(2014), 대우자동차의 흥망성쇠와 폴란드 신흥시장 개척 사례, 경영사학 69: 159-178.

김정한(2013), 출렁이는 엔저의 파장, 금주의 논단 22권 23호, 한국금융연구원.

뉴데일리경제, 건설업계 해외수주 어쩌나… '환율' 암초 만나 흔들, 2019년 3월 29일자. [online]. Available at http://biz.newdaily.co.kr/site/data/html/2019/03/29/2019032900001.html [접속일: 2019년 7월 8일].

박병일(2017), "글로벌경영 사례100", 시대가치.

박상익, 서동우, 하성진(2016), "한국의 사라진 대기업", 한국전자도서출판.

서민교, 박병일(2013), "글로벌경영", 서울경제경영출판사.

심혜정(2015), 엔화 약세의 우리 수출 영향, Trade Brief No.46, 한국무역협회 국제무역연구원.

아시아경제, "굿바이 키코(KIKO)"…태산엘시디 등 재활의지 '불끈', 2010년 10월 4일자.

연합뉴스, <한보철강, 박슬라브공법 핫코일 첫수출>, 1995년 12워 28일자, [online]. Available at http://news.naver.com/main/read.nhn?mode=LSD&mid=sec&sid1=101&oid=001&aid=0003957104 [접속일: 2018년 7월 15일].

에브리뉴스, 국내 수출 기업 "내년 환율 변동이 변수", 2017년 12월 19일자, [online]. Available at http://www.everynews.co.kr/news/articleView.html?idxno=32713 [접속일: 2017년 7월 15일].

오세경, 박선종(2013), "키코 KIKO 사태의 진실을 찾다", 북마크.

윤덕룡, 김효상(2017), 환율변화가 한국기업에 미치는 영향분석과 정책적 시사점: 기업데이터 분석을 중심으로, 연구보고서 17-09, 대외경제정책연구원.

은수미(2009), "IMF 위기", 책세상.

조선비즈, 이랜드, SPA 미쏘 통해 일본 시장 진출, 2013년 2월 17일자.

조선비즈, 수천억 원 쏟아 부은 태산엘시디, 상장폐지 위기 놓여, 2014년 3월 24일자.

한겨레신문, 환율이 떨어질 때마다 수출 기업의 이익이 늘어나는 이유는?, 2018년 4월 22일자.

한국무역협회, 환율이 무역에 미치는 영향, [online]. Available at http://www.kita.net/kitaprcenter/export/01/1192320_3019.jsp [접속일: 2018년 8월 1일].

07

정부의 규제와 지원

사례 7-1 **베트남 시장에서의 매직코스 사례**: 베트남에선 매직이 안 통해 짐싼 사연

사례 7-2 **중국시장에서의 NHN 사례**: 중국 게임시장에서 빈손으로 철수한 사연

사례 7-3 **중국시장에서의 트렉스타 사례**: 중국공장 팔고 부산 유턴, 왜?

사례 7-4 **중국시장에서의 롯데마트 사례**: 11년 만에 중국서 철수, 이유는?

사례 7-5 **중국시장에서의 SK 아이캉 병원 사례**: 한국계 병원의 '차이나 드림' 실패

사례 7-6 **로만손의 실패사례**: 개성공단 맏형의 눈물

사례 7-1 베트남 시장에서의 매직코스 사례: 베트남에선 매직이 안 통해 짐싼 사연

매직코스는 플라스틱 화장품 용기 생산업체로 출발하여 소망화장품, 콜마, 코스맥스 등 한국의 화장품 생산업체에 납품 및 수출을 하며, 화장품 완제품을 개발하여 해외에 판매하고 있다. 이들은 물 관련 제품을 친환경적으로 생산하여 다른 제품들과 차별화된 상품을 개발, 시판하고 있다. 사업 초기에는 단순히 플라스틱 용기를 생산하는 업체였지만, 아토피 아동을 위한 제품을 개발하게 되면서 이익을 시현한 이후에는 이와 관련된 화장품을 개발하여 수출하는 업체로까지 성장하였다.

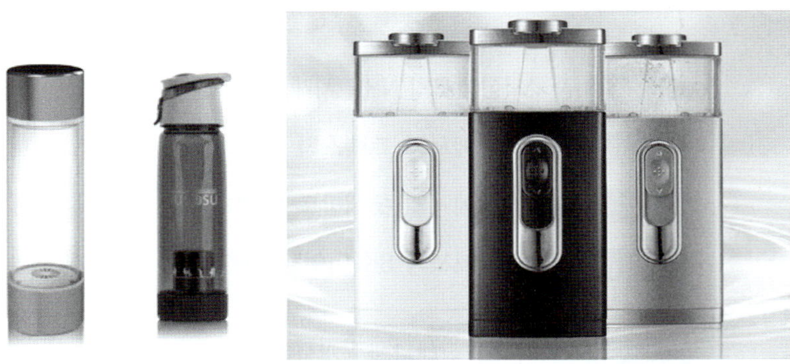

위 사진의 세 제품은 매직코스의 대표 제품들이다. 1번 제품은 설치 후 5분 만에 일반 정수를 자동으로 수소수로 만들어주는 휴대용 수소수 발생기 필터이다. 2번 제품은 필터 교환 방식의 휴대용 알칼리 물병이다. 3번 제품은 수소이온

미스트로, 내부에 일반 정수를 넣으면 이를 수소수로 변환시켜줌은 물론, 동 제품을 휴대함으로써 수시로 이를 얼굴에 뿌려주어 수분보충을 도와주는 제품이다. 위 제품들의 공통점은 정수기능과 친환경성이 탁월하다는 점이며, 매직코스가 베트남에 진출한 제품도 상기 제품들에 쓰이는 정수 필터였다.

기존 정수 제품의 특징은 내부가 불투명하여 교체시기를 알기 어렵고, 교체작업이 어려워 전문가가 직접 방문하여 교체해주어야 했다. 게다가 기존 제품들의 정화 효과는 뛰어났지만 물에 함유된 각종 이로운 미네랄 성분까지 제외시키는 부작용이 있었다. 이와 달리, 매직코스의 제품은 정수과정을 간소화시켜 인체에 긍정적인 성분들은 남게 하는 동시에, 필터를 한 개만 장착시키고 투명하게 만들어 소비자가 직접 교체를 가능하게 하였고, 또 언제 교체해야 하는지 가늠할 수 있게 제작하였다.

이를 발판으로 2009년, 매직코스는 해외수출이라는 방식으로 베트남에 진출하였다. 베트남의 시장성장률과 베트남 대다수 가정의 수질이 낮을 것이라는 일반적인 통념에 기대를 걸고 6개월의 준비기간을 거친 후 수출을 시도했다. 한국 기업들이 건설 예정인 아파트들의 모델하우스에 장착하여 제품의 홍보와 판매유도를 동시에 진행하는 전략을 세우는 등 언뜻 꽤나 바람직한 행보를 보였다.

하지만 결과는 처참했다. 위 필터는 수도꼭지에 장착해서 붙이는 방식이었는데, 문제는 베트남 가정마다 수도꼭지의 모양 기준이 다를 뿐 아니라, 시내(市內)를 제외하고는 지하수를 펌프로 끌어 올려서 쓰거나 수도시설조차 부족하여 실제 수요가 예상을 훨씬 밑도는 상황이었다. 즉, 필터를 사용할 수 있는 지역은 수도권이나 시내에 만들어진 아파트, 혹은 신규로 지어진 가옥밖에 없었던 것이다. 게다가 베트남 사람들은 당시 수질과 관련된 문제를 인식하지 못 하고 있었고, 따라서 수질개선을 위해 신규 제품을 구입하려는 사람들이 많지 않았다. 결국 매직코스는 3천만 원 가량의 손실을 시현하게 되고, 팔지 못한 제품들은 한국으로 다시 반입해오는데 소요되는 비용으로 인해 베트남 창고에 그대로 남겨두었다. 3천만 원의 손실은 언뜻 보면 크지 않은 규모였지만, 매직코스와 같은 중소기업에게는 기업의 존속을 위태롭게도 할 수 있는 막대한 금액이었다고 한다.

이로 인해 매직코스는 결국 베트남 시장에서 철수하게 되었던 바, 실패의 근본적인 원인으로 부족한 시장조사를 들 수 있다. 즉, 베트남 진출의 장점만을 극

그림 7-1 비즈니스 정보습득 경로

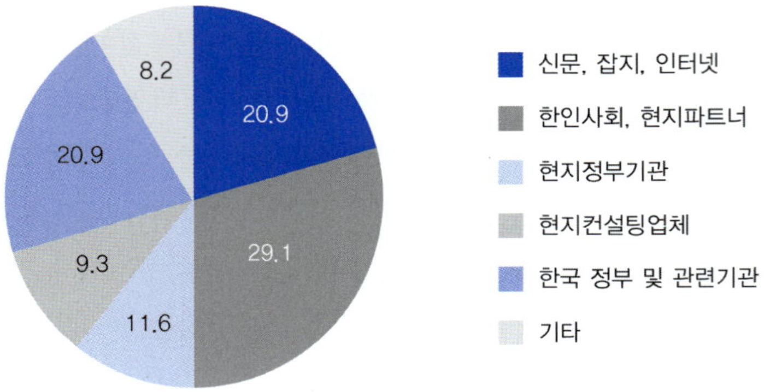

자료: 해외경제정책연구원

대화하여 부각시킨 뉴스와 기사만을 참고하고 시장진출을 결정함으로써 '베트남의 정수 부품 시장점유율이 어떠했는지?', '어떤 국가의 어떤 브랜드가 경쟁제품이었는지?'와 같은 반드시 필요한 정보들의 사전 취득 중요성을 간과했다. <그림 7-1>의 그래프는 중소기업들이 사업정보를 주로 습득하는 경로를 나타내며, 신뢰성 있는 현지 정부기관, 현지 컨설팅업체 혹은 한국정부 및 관련기관으로부터의 정보획득이 충분하지 못함을 시각적으로 확인시켜주고 있다.

또한 중소기업들이 베트남 진출에 어려움을 겪는 다른 이유로는, 명확한 시장조사를 행할 수 있도록 돕는 실질적인 정부지원책이 부족하다는 사실을 꼽을 수 있다. 베트남의 투자법, 기업법, 주택법에 따른 시행령들 중 일부는 베트남어로만 되어있을 뿐, 영문으로도 제공되고 있지 않다. 게다가 베트남 내 지속적인 경제상황 변화로 인해 위의 조항들도 끊임없이 갱신되고 있는바, 이 때문에 중소기업들은 사비를 들여 필요한 부분들을 따로 번역해야만 하는 상황이라고 한다.

질문

1. 매직코스가 왜 베트남 시장에서 실패했다고 생각하는가?
2. 매직코스가 이대로 베트남에서 철수하는 게 정답이라고 생각하는가? 만일 그렇지 않다고 판단한다면, 매직코스가 베트남 시장에서 성공하기 위한 종합적인 전략을

제시하시오.

3. 현재 베트남 시장에는 많은 한국의 건설사들이 진출하여 아파트와 고층빌딩 등을 건축하고 있다. 이러한 건설 붐이 매직코스에게 어떠한 영향을 미칠 수 있는지 논하시오.

4. 매직코스와 같은 중소기업은 해외시장 진출의 경험이 일천한 경우가 대부분이다. 그렇다면, 이들 중소기업의 해외진출을 돕기 위해 정부가 어떠한 지원을 적극적으로 행해야 한다고 생각하는지 여러분의 견해를 피력하시오.

사례 7-2 중국시장에서의 NHN 사례: 중국 게임시장에서 빈손으로 철수한 사연

1. NHN 엔터테인먼트에 대한 소개 및 중국 진출 배경

NHN은 1999년에 설립된 포털 및 인터넷 정보 매개 서비스업을 제공하는 회사이다. NHN의 창립 당시의 사명은 네이버컴(주)였으나, 2001년 (주)한게임커뮤니케이션을 인수하면서 NHN(Next Human Network)이라는 사명으로 변경하였다. 2013년에는 포털과 게임사업 부문이 분할하여 현재 우리가 널리 알고 있는 네이버(주)와 NHN엔터테인먼트가 되었다. 즉, 분할 전 NHN은 포털 서비스를 제공하는 네이버와 온라인 게임 서비스를 제공하는 한게임 커뮤니케이션을 운영하고 있었다. 당시 네이버는 검색엔진 사이트 점유율 60% 이상을 차지하는 등 포털 업계에서 선두주자 역할을 하며 성공적으로 운영되고 있었다.

한게임 역시 국내 게임 포털 사이트 시장에서 점유율 2위를 차지하며 넷마블과 더불어 '두 마리의 공룡'이라고 불릴 정도로 절대강자의 위치를 차지하고 있었다. 그로부터 10년 이상 한게임은 시대의 흐름에 맞춰 웹게임뿐만 아니라 모바일게임, RPG, FPS 류의 게임을 출시하였다. 그러나 시간이 지날수록 온라인 게임시장에 펍지 주식회사, 라이엇 게임즈 등 새로운 경쟁자들이 진입하였고, 그 결과 2018년 현재에는 2000년대 초·중반과 같은 위상을 갖고 있지는 않다. 지

금은 온라인 게임시장에 주력하기보다는 '모두의 마블'과 같은 모바일 게임시장에 보다 집중하고 있는 편이다. 앞서 언급한 바와 같이, 펍지 주식회사의 '배틀그라운드(Battle Ground)'와 라이엇 게임즈의 '리그 오브 레전드(League Of Legend)' 등 새로운 경쟁자들에 밀려 예전만큼의 지배력을 갖고 있지는 않지만, 2000년대 초·중반 국내 온라인 게임시장에서 한게임의 위상은 높았고 굳건하였다.

이러한 성공적인 활약을 바탕으로 2000년대 초반 한게임은 포화상태에 다다른 국내 온라인 게임시장을 넘어 자사의 게임과 플랫폼을 국외에 제공함으로써 추가적인 수익 창출의 기회를 얻기 위해 해외시장으로의 진출을 고려하게 된다.

한게임이 해외시장으로의 진출을 고려하게 된 시기, 즉 2000년대 초반에 국내 온라인 게임업계에게 가장 매력적인 마켓은 바로 '중국'이었다. 그 이유로 크게 두 가지를 꼽을 수 있다. 국내 온라인 게임업계의 관점에서 볼 때 중국이 매력적인 첫 번째 이유는 중국 온라인 게임시장의 잠재력에 있다. 2000년대 초·중반 중국의 온라인 게임시장은 급성장하고 있었다. 10년 전인 1990년대까지만 해도 거의 존재하지 않던 중국의 온라인 게임 이용자가 2000년대엔 1,380만으로 급증하였고, 그에 따라 매출 역시 9억 1,000만 위안에서 13억 2,000만 위안으로 약 45% 증가하였다. 게다가 중국에는 약 2억 명에 이르는, 온라인 게임의 잠재 고객이라고 할 수 있는 젊은 세대들이 살고 있었기 때문에 2000년대 초·중반 중국은 온라인 게임시장 규모 세계1위로 도약할 잠재성이 충분한 국가였다. 이러한 중국시장의 잠재력은 국내 온라인 게임시장이 포화상태에 이르러 해외진출이 절실한 국내 온라인 게임 업계에 엄청난 기회를 제공할 것 같았다. 때문에 국내 온라인 게임 업계들에게 있어, 새로운 이익창출을 위한 중국 진출은 선택이 아니라 언젠가는 반드시 진입해야만 하는 필수시장처럼 보였다.

두 번째 이유는 바로 중국 온라인 게임시장에서 가졌던 한국산 게임의 위상 때문이다. 1999년부터 2003년 초기, 한국산 온라인 게임이 중국시장에 최초로 진입하기 시작하여, 그 이후 지속적으로 중국 게임업체들이 미르의 전설, 뮤, 열혈강호 등 한국게임의 판권을 구입하여 중국에서 서비스를 시작하였다. 그 결과 2000년대 초반 중국 온라인 게임시장은 거의 100% 한국산 게임이 점령했다고 해도 과언이 아닐 정도로 한국산 게임의 위상이 높았다. 그 배경에는 '온라인 게임시장의 종주국'이라고 할 만한 한국기업들의 기술력과 규모가 한 몫하고 있었다. 2000년대 초반 당시 우리나라의 온라인 게임시장 규모는 약 12억 달러로, 전 세계 온라인 게임시장 규모의 약 30%를 차지하고 있었다. 또한 중국뿐만 아니라 대만, 일본, 태국 등 많은 아시아 지역에서 인기를 누리고 있던 게임은 모두 한국산이었다. 이러한 결과로 인해 국내업계의 온라인 게임을 이용하는 전 세계 고객의 수가 1억 명을 돌파하던서 온라인 게임의 종주국이라는 명성을 굳건히 하였다.

2. 중국 진출과정

이에 한게임은 중국 진출을 선언하고 그 준비를 본격화하기 시작하였다. NHN 엔터테인먼트는 2004년 중국 게임 포털 아워게임(롄종)을 운영하고 있는 하이홍(海虹) 주식유한공사와 함께 합작법인 '아워게임 에셋(Ourgame Assets Ltd.)'을 설립하였다. 즉, NHN과 하이홍의 합작기업 아워게임은 한·중·일 동시 접속 100만 명을 목표로 세계 최고의 게임 포털 기반을 만들겠다는 당찬 목표를 가지고 그렇게 중국 온라인 게임시장에 진출하였다.

대다수의 한국 게임 회사들이 중국시장에서 실패한 원인은 중국시장에 대한 사전 조사 및 실태 파악이 부족해서였다. 이를 경계하여 NHN은 철저한 중국시장 수요 분석과 현지화를 위해 많은 노력을 기울였다. NHN은 중국 진출의 목적을 수익 창출이 아닌 '사회봉사 활동을 하기 위해서'라고 홍보했다. 중국인의 우호적인 마음을 사기 위한 전략이었던 것이다. 중국 내 빈민 지역에 학교를 설립하고 사막 지역에 나무를 심는 등 사회봉사 사업에도 매년 동참하였다. 중국에서 가장 유행하는 카드게임은 '두지주(斗地主, Fight the Landlord)'이다.[1] NHN에서는 '두지주'의 유사한 형태를 취하면서 2인용 게임 '두지주'를 서비스하기도 했다. 이 게임을 이용하는 NHN의 사용자는 10만 명이 넘을 정도였다. 렌종은 2005년 6천932만 위안의 매출을 올렸고, 중국 온라인 게임을 관리하고 있는 신문출판총서로부터 최우수 캐주얼 온라인 게임 운영사이트 상을 수상했다. 2006년에도 1분기에만 95만4천 위안의 영업이익을 기록하였고, 2분기에 358만 6천 위안, 3분기에 170만 위안의 이익을 올릴 만큼 선전했다. 또한 상하이 국제전시장에서 열렸던 게임 전시회 '차이나 조이'에도 렌종이 참가하였고, 2007년까지 온라인 게임 '알투', '삼국책' 등의 게임을 선보이며 적극적인 활동을 이어나갔다. 이러한 성과로 2007년 '아워게임 에셋'의 연매출은 1억 5천2백만

그림 7-2 아워게임 에셋 매출 추이와 중국 게임시장 규모 비교

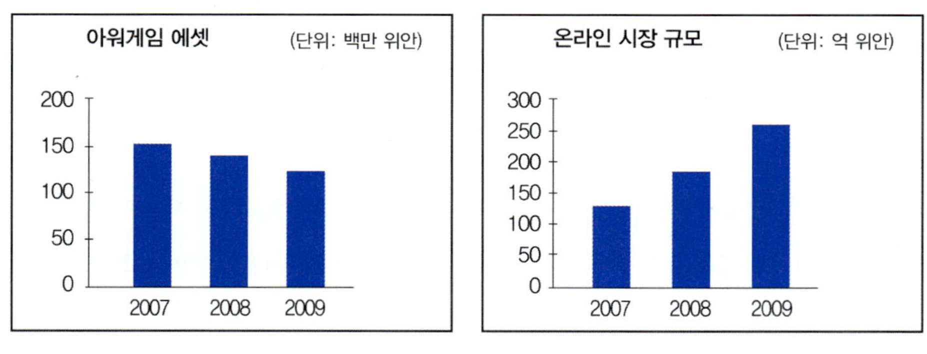

자료: 2007-2008 중국 온라인게임 발전보고서.

1) 두지주(斗地主, Fight the Landlord)는 마작과 함께 중국에서 가장 대중적인 게임이다.

위안으로 정점을 찍었다.

하지만 그 후로 하락세가 지속되었다. 2008년 연매출은 1억 4천만 위안, 2009년 1억 2천3백만 위안으로 떨어졌다. 2007년 128억 위안, 2009년 260억 위안으로 중국 게임시장의 규모가 점점 커지는 것과 대비되는 행보였다.

3. NHN 엔터테인먼트의 실패와 원인

NHN은 2010년 10월 27일, 중국에서 게임 포털을 운영하고 있는 합작법인 아워게임의 지분 전량을 매각한다고 공시했다. 1,200억 원이나 들여서 시작했던 사업이 공식적으로 실패한 것이다. NHN 엔터테인먼트가 중국에서 실패한 가장 큰 이유는 중국 정부의 규제 정책 대문이다. 그 중에서도 가장 큰 영향을 미친 것은 자국 산업 보호를 위한 진입구제 정책이라고 할 수 있다.

1) 중국의 온라인 게임 진입규제 분석

2003년 이전까지만 해도 중국 정부는 온라인 게임 산업에 대해 그다지 관심을 갖고 있지 않았으며, 실제로 당시 중국 내 온라인 게임에 관한 관련 법규는 거의 존재하지 않았다. 그러나 2003년 이후 중국 정부는 중국 온라인 게임시장이 폭발적으로 커지고 부가가치 창출의 규모가 증대되자 비로소 온라인 게임 산업에 점차 관심을 갖기 시작하였다.

중국 정부의 온라인 게임 산업에 대한 관심은 신문출판총서, 문화부를 비롯한 정부 중앙기관이 직접 온라인 게임 산업에 개입하여 적극적인 지원정책을 펼치는 것으로 이어졌다. 중국은 본격적으로 10차 5개년 경제개발계획 내에 온라인 산업 진흥계획을 포함하였고, 11차 및 12차 5개년 경제개발계획을 집행하면서 온라인 게임 산업에 대한 적극적인 정부지원 정책을 시행하였다. 신문출판총서는 '중국민족 온라인 게임 출판공정'이라는 중국 전통 스토리를 활용한 중국 토종게임을 개발하는 것을 목표로 하는 퍼블리싱 프로젝트를 진행하고, 이에 관한 프로젝트 대상으로 선정된 기업들에게 20억 위안 정도의 예산을 투입 · 배정하였다. 2005년 말에는 2차 프로젝트 대상으로 20개의 기업을 선정하여 이들에게 자금적 지원과 다양한 혜택을 제공했다. 이렇듯 온라인 게임과 관련된 중국

〈표 7-1〉 중국 온라인 게임시장 진입규제

구분	관련 법률 근거	규제내용
진입금지	외국기업 투자방향 지도규정 및 부록 외상투자 산업 지도 목록	게임은 외상투자 금지업종으로 독자적 게임업체 설립 불가
	인터넷 문화 관리 임시 규정 및 온라인 게임 관리 잠정 방법	인터넷문화경영허가증 중국기업만 취득가능
	인터넷출판관리 임시규정	인터넷출판허가증 중국 국영출판사만 취득가능
	온라인 게임 제품 내용 심사작업에 대한 통지 및 온라인 게임관리 잠정방법	수입 온라인 게임 내용 심사 인터넷문화경영허가증이 없으면 신청 불가
진입제한	중화인민공화국 전신조례 및 외상 투자 전신 기업 관리 규정	경영허가증 중외합자를 통해 취득가능 단, 실질적으로는 해외기업은 취득불가
국내 해외 차별	온라인 게임 제품내용 심사 작업에 대한 통지 및 온라인 게임 관리 잠정방법	수입 온라인 게임 내용 심사 불분명한 심사기준
	출판관리조례 및 전자 출판물 관리 규정	판호 외국산게임 판호 수량제한 중국산 게임에 비해 심사기준 까다로움. 소요기간 상이

자료: 한국콘텐츠진흥원(2011).

기업의 경쟁력 상승을 견인하기 위한 공격적인 정책 시행 결과, 중국 게임시장 내 중국산 온라인 게임의 점유율은 한국산 온라인 게임을 추월하기에 이르렀다.

아울러, 중국 정부는 자국의 온라인 게임 산업 육성을 위해 정책적 지원뿐만 아니라 중국시장에 진출한 해외기업의 온라인 게임을 규제하는 정책을 동시에 시행하였다.

중국시장에서 온라인 게임시장 진입을 위한 제도적 진입규제는 <표 7-1>과 같이 나눌 수 있다. 이와 같은 진입규제로 인해 해외기업이 정상적으로 온라인 게임 운영을 한다는 것은 거의 불가했다. 구체적으로 살펴보면, 중국은 온라인 게임 산업을 외상 투자 금지 산업으로 규정하여 외국인 투자를 불가능하게 만들었다. 또한 중국에서 온라인 게임 제품은 인터넷문화 상품으로 고려되었던 바, 중국 진출을 위해서는 온라인 게임을 문화부에서 심사받아야 했고, 이를 위해서는 인터넷 문화 경영 허가증이 있어야 했는데, 중국 정부는 인터넷 문화 경영 허가증을 중국기업만 받을 수 있도록 하였다. 따라서 독자적인 신규 투자 방식으로

그림 7-3 해외 온라인 게임물 심의 및 판호 발급절차

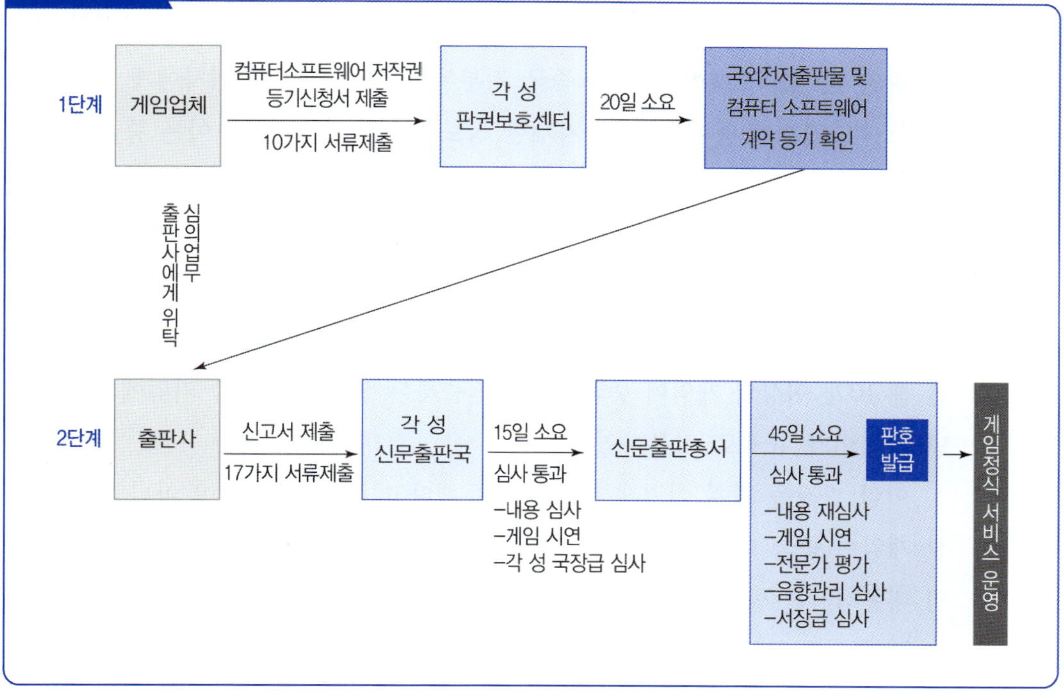

자료: 김정옥(2013), 「중국 온라인 게임시장의 제도적 진입규제에 관한 연구」.

해외기업은 중국 온라인 시장에 접근조차 불가능하게 되었다. 그렇다고 해서 중국 정부의 진입규제가 중국 기업과 합작투자 방법으로 회피한 기업 혹은 진입규제가 시행되기 전 이미 중국시장에 진출한 기업에게는 해당되지 않는 것이 아니었다. 중국 정부는 이러한 진입규제 외에도 권리취득 과정에서 해외기업에 대한 규제정책을 시행하였다. 권리취득 과정을 수행하는 중국기관은 신문출판총서이다. 중국에서 온라인 게임을 서비스하기 위해서는, 신문출판총서가 수행하는 온라인 게임 내용에 대한 사전심사를 하고, 그 후 게임서비스 허가권인 ISBN 번호를 발급해주는데 이것을 판호라고 한다. 신문출판총서는 온라인 게임 심의 및 판호 발급에 있어서 외자기업과 중국 기업 간 차별이 없다 하지만, 실제 그 과정의 차이를 살펴보면 차별과 규제가 존재하는 것으로 보인다.

판호 발급 과정은 <그림 7-3>과 같다. 중국 기업과 해외기업 모두 동일한 절차를 거치지만, 해외 외자기업은 중국 현지기업과 다르게 판호 발급을 위한 마지

막 심사에서 게임 내용을 재심사 받는다. 또한 외국 온라인 게임의 심의과정에서 중국 정부가 요구하는 자료의 양도, 자국 온라인 게임사에 요구하는 자료의 양보다 훨씬 더 많다. 뿐만 아니라 중국 정부는 해외 온라인 게임사에게 게임배경, 직업소개, 맵소개 등에 이르는 자세한 정보 기술을 요구한다. 이는 중국 정부에 자료를 제출하거나 심사받는 과정에서 동 정보가 밖으로 유출될 경우 해외 온라인 게임사가 입을 수 있는 피해가 클 수 있기에 해외 게임사의 입장에서는 이를 충분히 차별이라고 인식할 수 있다. 이에 더하여 2007년 이후, 중국 정부는 해외 수입 게임에 대한 외자 판호 수량에 쿼터제를 시행하기까지 하였다. 이는 당시 한 해 10개 이상의 게임이 중국시장에 진출하는 상황에서 한국 기업에게는 엄청난 타격이자 규제로 작용하였다.

이런 과정을 거쳐 어렵게 판호를 취득했다고 하여 끝난 것이 아니었다. 외국산 게임이 중국 이용자에게 서비스되기 위해서는 사후 심사로서 수입 온라인 게임 내용심사를 받아야 했다. 이는 신문출판총서에서 진행하는 판호 취득 절차와는 별개로 문화부에서 진행하는 것이다.

수입 온라인 게임 내용심사는 <그림 7-4>와 같다. 먼저 판호 심사를 통과한 후 진행되며 상품의 주제와 내용 등에 관해 설명하는 10개가량의 서류를 제출해야 심사가 진행된다. 이 서류들을 1차 심사위원회가 검토한 후 2차 심사위원회

그림 7-4 수입 온라인게임 내용심사 절차

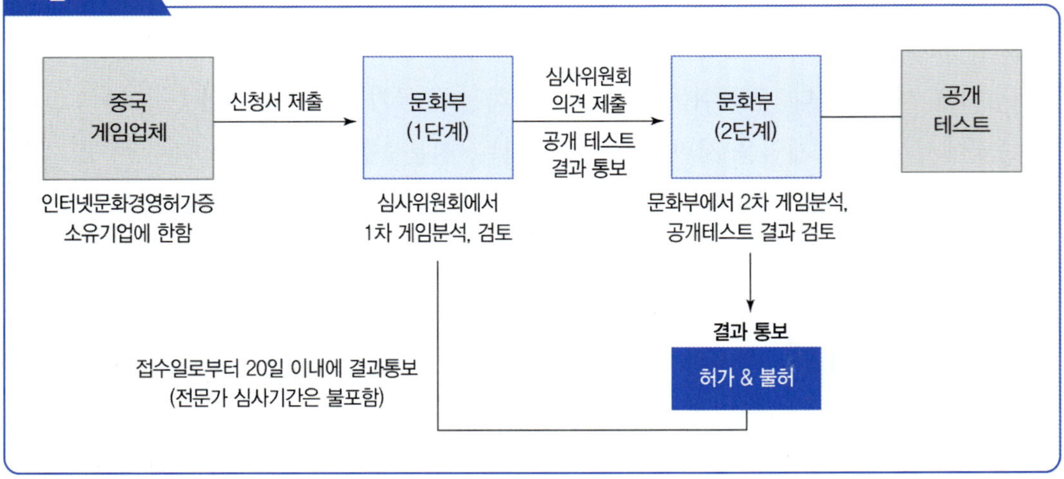

자료: 김정옥(2013), 「중국 온라인 게임시장의 제도적 진입규제에 관한 연구」.

〈표 7-2〉 중국 온라인 게임시장 진입규제 관련 법규

연도	발표기관	발표일자	실행일자	법규
2000	국무원	2000.09.25		전신조례 인터넷정보서비스 관리방침 경영허가증 관련
2001	국무원	2001.12.25	2002.02.01	출판관리조례 온라인 게임을 전자출판물로 인정 판호 관련
2002	신문출판총서 공업과정보화부	2002.06.27		인터넷출판관리 임시규정 인터넷출판허가 요건 규정 인터넷출판허가증 판호 관련
2003	문화부	2003.05.10	2003.07.01	인터넷문화관리 임시규정 인터넷문화경영허가증 관련
2004	문화부	2004.05.14	2004.05.14	온라인 게임 제품 내용 심사 작업에 관한 문화부 통지 중국 내 모든 온라인 게임은 문화부에 신고 심사 필수 수입 온라인 게임 내용 심사 관련
2005	중공중앙선전부 문화부국가 광전총국 신문출판총서 상무부해관총서	2005.04.28	2005.04.28	문화상품 수입관리 강화방안
2007	신문출판총서	2007.12.16	2008.04.15	전자출판물의 출판 관리 규정
2009	신문출판총서	2009.07.01	2009.10.12	수입 온라인 게임심사 허가관리의 강화에 대한 통지
2010	문화부	2010.06.03	2010.08.01	온라인 게임관리 임시규정 수입 온라인 게임 내용 심사 관련

자료: 한국콘텐츠진흥원(2011).

격인 문화부에 전달된다. 문화부는 이를 바탕으로 게임 분석 내용과 온라인 게임 공개 테스트 결과를 검토해 최종 허가 여부를 결정한다. 뿐만 아니라 이에 덧붙여 외국산 온라인 게임은 게임물의 내용에 대한 심사과정에서 어떤 연령대에게 적합한지에 관한 등급 부여를 한다. 이때 중국산 게임은 등급 부여가 아닌 단순히 건전/불건전의 여부만 결론 내리므로, 수입 온라인 게임 내용 심사과정에서도

외국산 게임에 대해 자국 게임보다 엄격하고 까다로운 절차를 갖는 것으로 볼 수 있다.

중국은 온라인 게임 산업 규모가 확대되면서 많은 부처에서 관련 법률을 발표하였다. 그러나 관련 법규를 발표하고 나서 관련 기업이나 여론, 다른 정부 부처에서 반발을 하는 경우 신규 법규를 실제로 집행하지 않고 그냥 묻어두는 경우가 많다. 또한 기존 법규와 신규 법규 사이에 충돌이 일어날만한 법규들도 충분히 검토하지 않은 채 공포되는 경우가 많다. 그렇게 충돌되는 기존 규정은 한 번에 수십 수백 건을 폐지, 실효시키는 규정을 반포해서 없애기도 한다.

게임 관련 법규와 가장 밀접한 부처인 문화부와 신문출판총서도 경쟁하듯이 서로 법규 통지를 발표하면서 온라인 게임 내용 심사와 관련된 내용에서 서로 충돌이 일어나기도 하였다. 앞으로 더욱 더 확대되고 있는 온라인 게임 산업에 대한 많은 법규들이 제정 및 개정이 될 것이며, 당연하게도 자국의 게임 산업 보호를 위해 외국산 게임에 대한 진입금지 정책도 강화될 것이다.

2) NHN 중국 게임사업 철수

중국 정부가 문화산업 육성의 일환으로서 고부가가치 사업인 온라인 게임 산업 내 자국 기업을 육성하기 위해 적극적으로 개입한 결과, 샨다와 텐센트 등 현지 온라인 게임 회사가 급격하게 성장하였다. NHN 엔터테인먼트는 합작투자했던 아워게임이 마켓리더의 자리에서 물러나고, 앞서 언급한 중국의 샨다와 텐센트 등 경쟁업체가 급성장하면서 철수를 결정하기에 이른다. 투자 전문가들은 투입 금액대비 지분을 처분해서 회수할 수 있는 금액은 크게 낮을 것으로 예상하고 있다. 아워게임의 경쟁력이 중국시장에서 거의 사라진 상황과 마찬가지이기 때문에 그 가치가 크게 떨어졌다고 보기 때문이다. 그리고 NHN 차이나가 중국에 진출해서 고전하고 힘을 잃어가는 동안 텐센트 및 샨다 등 중국 게임업체는 한국 게임을 기반으로 승승장구하여 거대 기업으로 성장하였다.

2004년 아워게임은 당시 1억 7,000만 명의 회원 수와 75만 명을 상회하는 동시접속자수를 가지고 있었던 중국 최대 온라인 게임 사이트였다. 그래서 NHN 차이나가 중국에서 영향력 있는 업체로 부상할 것이라는 전망이 있었다. 회사 경영은 NHN 차이나 법인이 주도하고, 중국의 법적, 제도적인 문제 해결과 현지화

그림 7-5 텐센트 2009년-2015년 매출 추이

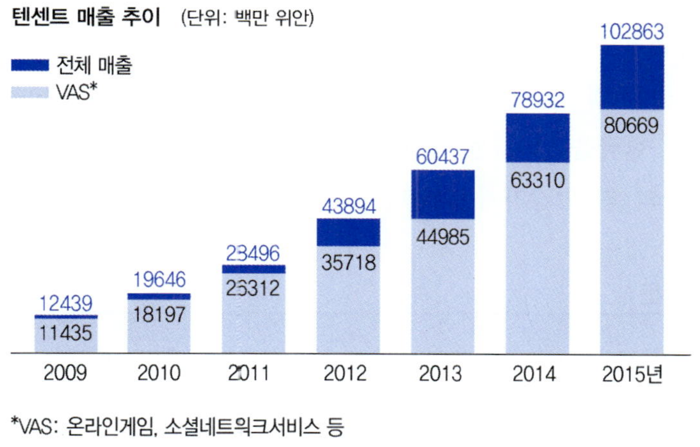

자료: 비즈니스와치(Business Watch), 텐센트, 매출 18조 파워, 2016년 3월 22일자.
http://news.bizwatch.co.kr/article/market/2016/03/21/0026 [접속일: 2018년 7월 16일].

문제는 아워게임 에셋이 담당하기로 구분하였다. 즉, NHN 차이나는 중국 기업의 형태를 띠면서 중국 게임시장에서 확고한 위치를 선점한 후, 게임 판호 획득 등을 용이하게 할 생각을 가지고 있었다. 중국 자국산 게임물이 받게 되는 혜택을 NHN 차이나 법인도 심의과정에서 얻게 될 것이라고 생각하였다.

하지만 현실은 크게 달랐으며, NHN의 중국 철수 요인을 살펴보면 가장 큰 이유는 정부가 외국기업 투자 회사의 성장을 경계하고 자국 산업 보호를 위해 적극적 규제를 시행한 것이라고 할 수 있다. 정부의 규제로 혜택을 본 중국 내 기업을 보면, 대표적으로 NHN의 현지 경쟁업체인 샨다와 텐센트 등의 현지 중국 기업을 꼽을 수 있다. 현지 중국 기업이 성장할 수 있던 상황은, 중국 정부의 진입 규제 정책이 강력한 힘을 발휘한 것이라 볼 수 있다. 현지 경쟁업체는 중국 정부의 비호를 받으며, 규제의 움직임에도 큰 영향을 받지 않았으나, NHN은 중국 정부의 강력해진 규제와 현지 경쟁업체와의 경쟁 사이에서 많은 어려움이 발생하였다. 그 사이에 점점 성장해가는 중국 현지 경쟁기업에게 시장을 뺏겨버리고 말았다. 이러한 과정에서 중국 정부가 웹보드 게임에 대한 규제를 사행성 예방 차원이라는 명목으로 강화하여 웹보드를 기반으로 하고 있는 아워게임이 큰 타격을 받았다.

결국 2004년 화려하게 중국 게임 사업에 진출했던 NHN은 중국 정부의 강력한 진입규제 강화정책으로 인해 쓸쓸하게 퇴장하였다. 그러나 중국 현지 경쟁업체들은 중국 정부의 전폭적인 지원과 해외기업의 진입규제 덕분에 온라인 게임 종주국인 한국을 넘어 전 세계 온라인 게임시장 규모 1위로 등극하면서 온라인 게임시장의 최고 강자가 되었다.

질문

1. 중국 정부의 자국 게임 우대정책으로 인해 국내 게임사의 중국 진출이 이제 한계에 달했다는 지적이 있다. 반면 해외기업에 대한 중국 정부의 규제와 중국 기업에 대한 지원을 바탕으로 텐센트와 샨다게임즈로 대표되는 중국 게임사들의 성장이 두드러진다. 특히 이들은 오히려 한국 게임사 투자 및 인수에 적극 나서고 있다. 그렇다면, 이 상황에서 중국 게임사들의 투자 및 인수가 한국 게임 산업에 미치는 긍정적 및 부정적 효과를 논하시오.
2. 상기 질문의 부정적 효과와 관련하여, 한국 정부는 어떠한 정책적 대응을 해야 한다고 여겨지는가?
3. 한국 게임사의 관점에서, 가장 바람직한 투자처로서의 해외시장을 제안하고, 그 이유를 설명하시오.

사례 7-3 중국시장에서의 트렉스타 사례: 중국공장 팔고 부산 유턴, 왜?

1. 트렉스타에 대한 소개 및 중국 진출 배경

트렉스타는 등산화, 의류, 봉제품 제조 등을 수행하는 기타 신발 제조업체이다. 1989년 수출을 위주로 하던 개인 기업에서, 1991년 주식회사 성호실업으로 법인전환되었으며, 1994년 'Treksta' 상표를 등록하였다. 트렉스타는 부산을 기반으로 하는 중소기업으로, 부산은 1980년대 말에서 1990년대 초까지 세계 최대

신발 생산지였으며, 노동집약도를 최적화한 주문자상표부착생산(OEM)의 세계 제1의 생산기지였다. 하지만 민주화의 파도와 더불어 노동운동이 활성화되고, 그 시기에 노동자의 임금이 단기간 폭등하면서 부산의 신발산업은 심하게 흔들렸다. 결국 1992년 8월 한・중 수교를 전후해 부산의 신발생산 기업들은 저임금을 찾아 중국 등 해외로 떠나는 경우가 늘어났는데 트렉스타도 그 중 하나였다.

트렉스타는 1995년 8월, 중국 톈진에 성호실업 유한공사(TIANJIN SUNGHO Co., Ltd.)를 설립하였고, 1997년 1월에는 관계 기업 트렉스타를 설립하였다. 그 후 2000년 12월, 중국 톈진에 'TIANJIN STARLAKE Ltd.'를 설립하고 성호실업 유한공사를 흡수 합병하였다. 그 후 2005년 중국 베이징에 법인을 설립하며 이때부터 본격적인 중국 진출 행보를 걷기 시작했는데, 당시 중국은 외국기업에 대한 진입 장벽도 낮았을 뿐만 아니라 중국 현지 노동자를 고용했을 때 지불해야 하는 임금도 한국에 비해 아주 저렴했다. 이러한 주변 환경과 트렉스타의 중국 매출에 힘입어 전체적인 기업의 규모도 커짐과 동시에, 2004년에는 국내 등산화 부문 시장점유율 1위를 시현하기도 하였다.

트렉스타는 이후 500억 원 대의 매출을 유지하며 성장해갔다. 등산화를 통해 진출을 시작했지만, 의류, 잡화 등 생산품목을 확대하며 점차 영역을 확장해 나

그림 7-6 트렉스타 2012년-2016년 매출 추이

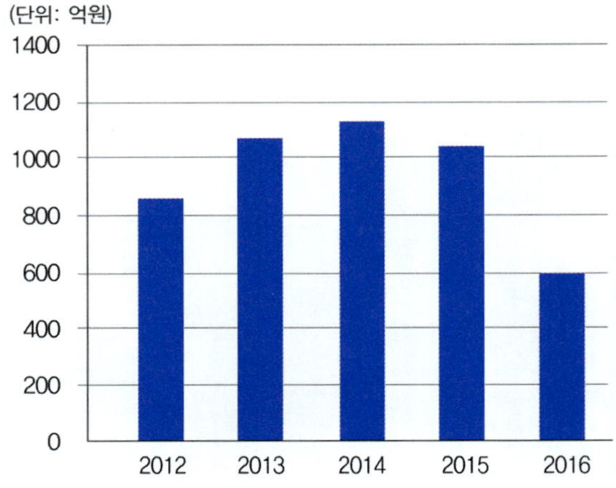

자료: 부산기업정보

갔다. 그 결과, 2008년 중국 베이징의 국제스포츠용품 박람회에서 대상을 차지하고, 박람회장에서만 1천만 위안 상당의 계약 실적을 올렸을 만큼 승승장구했다. 법인이 안정되고 꾸준한 공장 가동이 유지되며 2014년 중국 유통 기업 '즈칭'과 손을 잡은 그 해 매출의 정점을 찍었다.

하지만 코스닥 상장까지 노렸던 트렉스타는 그 후로 지속적인 하락세를 보였다. 중국의 사업이 내리막길을 걷자 심지어 2014년 매출 최고액 대비 2016년의 매출액은 절반 수준에 그쳤다.

2. 트렉스타의 실패와 원인

결국 2016년 말, 트렉스타는 중국 현지인에게 공장을 매각하며 중국시장에서 철수를 선택했다. 중국 진출이 실패로 귀결되고, 국내 생산과 판매 역시 부진을 면치 못하면서 현재 트렉스타는 자본잠식 상태에 빠질 위기를 겪고 있다. 금융감독원에 따르면, 대주회계법인은 2017년 트렉스타의 감사보고서에 '한정의견'[2]을

2) 기업에 대한 공인회계사의 감사의견 중 하나로, 기업이 '한정의견' 이하의 감사의견을 받았다면 이 회사는 부실이 늘어날 가능성이 크다는 것을 의미한다.

그림 7-7 트렉스타의 영업실적 변동 추이

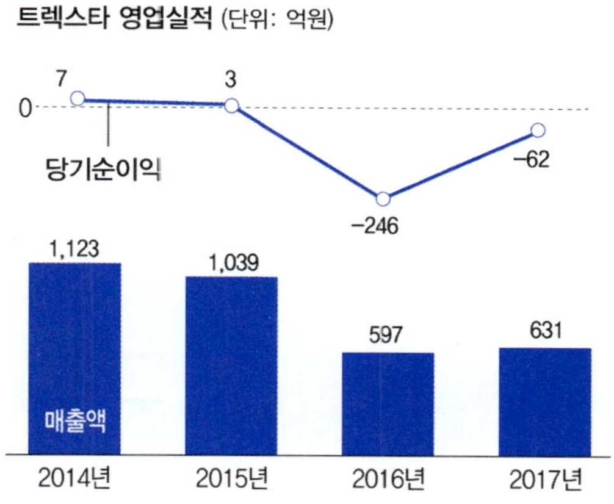

자료: 매일경제신문, 2018년 4월 19일자.

낸 것으로 확인되었다.

한때 국내 브랜드로서 타 기업의 롤모델이 되었을 정도로 잘나가던 기업이 중국시장에서 철수하고 한국으로 돌아와야만 했던 바탕이 되는 가장 큰 원인은 중국 정부의 외자기업을 향한 규제 때문이었다. 중국 정부가 시행한 외자기업에 대한 규제는 크게 두 가지로 나누어 볼 수 있는데, 명시적 규제와 암묵적 규제가 그것이다. 명시적 규제에는 외국기업 법인세 부과율 인상, 자국 노동자 복지 범위 확대 및 5대 보험 가입의무, 외자기업에게 관할시의 최저임금보다 높은 기준의 최저임금 선 부여 등이 있었다.

트렉스타가 중국에 진출할 당시 중국은 다국적기업의 적극적 유치를 위해 외자기업에 한해 법인세 감면 혜택을 주고 있던 상황이었다. 또한 생산설비 공장을 지을 때 발생하는 비용적 감면과 토지세 보조 혜택 등 외국기업 유치를 위해 적극적인 지원을 제공하며 힘을 쏟았다. 이러한 중국 정부의 지원에서 기인된 비용절감은 트렉스타가 생산설비를 한국에서 중국으로 이전한 주요 유인으로 작용하였을 것이다. 그러나 중국 내 자국 생산기업이 성장하고, 외자기업의 시장점유율 증가를 경계하게 되면서, 중국 정부는 외자기업에 대한 노선을 규제로 바꾸었다. 중국의 자국기업 시장점유율을 높이고 내수산업을 보호하겠다는 명분 아래 외국

그림 7-8 중국의 자국기업과 외자기업에 대한 법인세율 부과 변동 추이

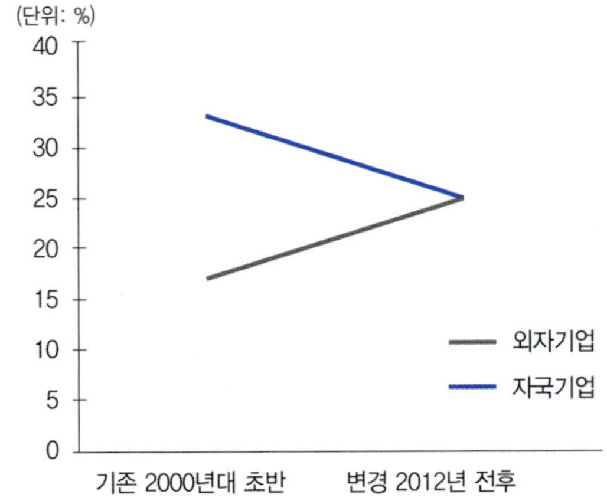

자료: 파이낸셜뉴스, 2010년 8월 4일자.

인 투자기업의 법인세를 인상하는 등 그들을 강력히 규제하였다. 중국은 외자기업들에 한해 5대 보험 가입을 의무화하고, 평균 임금의 30~40%를 종업원 복리혜택 비용으로 부담하게 하는 강제적 규정을 실시하였다. 또한 트렉스타는 베이징 시에 법인을 세우고 공장을 가동하였는데, 정부의 강제로 인해, 베이징 시가 요구하는 최저임금보다 1.5배 높은 수준의 임금을 노동자의 최저임금으로 지불해야 했다. 상황이 이렇듯 급변하자, 저임금과 비용절감의 효과를 누리고자 중국으로 설비를 이전했던 트렉스타로서는 인건비, 생산설비 가동, 세금이라는 모든 부문에서 늘어나는 비용으로 인해 부담이 가중되어 갔다.

명시적 규제와 더불어 암묵적 규제는 상황악화를 가중시켰다. 부여되었던 암묵적 규제로는 시장 진입 초기 때와는 다른 정부의 태도, 실질적으로 불가능한 공장 이전 요구, 외국기업에의 차별적인 고강도의 환경규제 등을 들 수 있다. 정부 당국은 초기 투자 유치 시, 투자자가 공항에 도착하면 공안 경찰과 오토바이가 귀빈처럼 호송하며 맞이할 정도로 외자기업에 우호적이었다. 그러나 외자기업 규제를 강화하면서 돌연 태도를 바꾸었다. 호송과 귀빈 대접은 사라지고 각종 허가나 승인을 위해 관할 구청을 찾으면 바쁘다며 피하기 일쑤였다. 또한 트렉스타 대표 권동칠 씨의 인터뷰에 따르면, "관할 소방당국은 화학제품을 사용하니

그림 7-9 2011년 베이징 시 최저임금 산정 현황

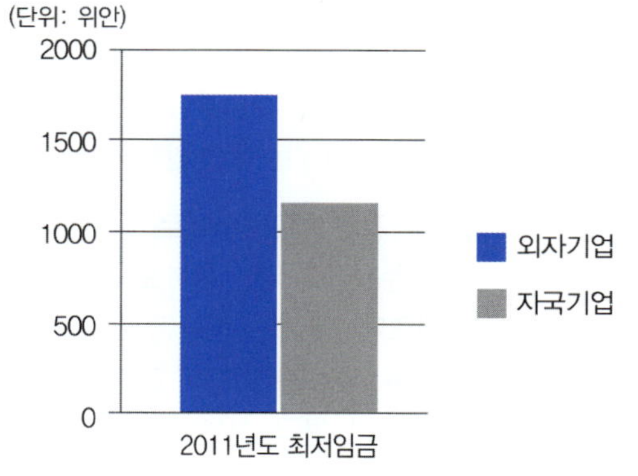

자료: 헤럴드경제, 2011년 4월 5일자.

혹시라도 대형 화재가 발생하면 골치 아프다며 공장을 다른 곳으로 옮기라"고 무작정 요구하거나, "소방 설비에 문제가 많다"며 벌금을 100억 원 이상 물리겠다고 으름장을 놓았다고 한다. 이는 외국기업에게 중국에서 '떠나라'는 노골적인 협박과 다름 아니었다. 그는 "다른 지역으로 이전하려 해도 받아주지 않았다"라고 말하며, 중국 정부의 암묵적 규제를 원망했다.

이러한 상황에서 트렉스타는 2012년 중국의 공장 4개중 2개를 줄이고 한국 공장에 생산량을 증설하였다. 하지만 중국에서의 상황은 나아지지 않았고, 외자기업에 대한 최저임금 규제로 인해 인건비는 갈수록 상승하여 생산성에 큰 타격이 지속되었다. 이에 대응해 트렉스타는 2014년, 중국 공장의 규모를 초기의 1/3로 줄이고 한국 내 생산 비중을 더욱 늘렸다. 이러한 노력에도 불구하고, 트렉스타는 중국 정부의 규제로 인해 악화된 경영환경을 극복하지 못하고 결국 최종적으로는 중국시장에서 아예 철수를 선택하였다.

질문

1. 최근 중국에 진출한 한국 기업들의 국외법인 청산·양도가 늘고 있으나, 중국 정부의 규제로 인해 급하게 진행하는 청산은 기업에게 재무적 어려움을 가져올 뿐만 아니라 기업경영에 무리를 야기할 수 있다. 그렇다면, 트렉스타는 철수를 결정하기

이전에 중국시장에서 어떠한 노력을 선제적으로 행했어야 한다고 여겨지는가?

2. 최저임금 규제가 외자기업에 대해 갈수록 증가하고 있는 중국 상황에 비추어 기계설비 반입이 보다 용이하고, 외자기업을 적극적으로 유치하려고 정부차원의 노력을 경주하는 제3국으로의 새로운 진출을 모색했다면, 그 대안 국가로는 어디가 적절했을 것으로 생각되며, 그 이유는 무엇인가?

3. 트렉스타가 중국 사업을 완전히 접고 국내로 돌아온 것은 여러모로 아쉬운 결정이라고 여겨진다. 트렉스타는 국내 유턴 후에도 2017년 매출액이 631억 원, 62억 원의 당기순손실을 시현했으며, 현재는 자본잠식 위기에 놓여있다. 해외에서 한국기업이 유턴하는 경우, 국내 내수활성화와 고용창출에 기여할 수 있는 바, 이들에 대해 어떠한 형태의 지원이 한국 정부에 의해 이루어져야 한다고 생각하는지 여러분의 견해를 밝히시오.

사례 7-4 중국시장에서의 롯데마트 사례[3]: 11년 만에 중국서 철수, 이유는?

1. 롯데마트 소개 및 중국 진출 배경

롯데마트는 (주)롯데마트사업본부가 운영하는 국내 대형 할인점 브랜드이다. 1998년에 '롯데 마그넷'이라는 이름으로 최초 1호점인 강변점을 개점하였고, 2002년에 현 사명으로 변경하였다. 2000년에 출점 최단 기간 1조 원의 매출을 돌파하면서 그 규모가 커졌으며, 2003년에는 백화점과 별도로 독립경영체제로 분리되었다. 2006년부터는 국내시장뿐만 아니라 본격적으로 해외시장으로 진출하여 저변을 넓히고자 하였다. 사실 롯데마트의 해외진출은 이마트보다 10년이나 늦은 결정이었다. 그러나 다른 어떤 기업보다 적극적인 진출 전략을 폄으로써 급기야 2012년에는 이마트를 제치고 국내 점포를 포함하여 중국, 인도네시아, 베

---

3) 본 롯데마트 사례는 제2장에도 소개되어 있는바, 한 번 더 면밀히 실패이유를 구체적으로 살펴보고자 한다.

트남 등에 가장 많은 점포를 보유한 국내 대형할인점으로 올라섰고, 동시에 글로벌 유통업체로서 자리매김하였다.

롯데마트는 POS 시스템 도입을 비롯한 첨단 시스템과 시설, 그리고 교통이 편리한 곳에 자리하는 입지 선정, 그품질의 상품을 판매하고, 첨단 물류 시스템 인프라를 구축하여 물류비용을 최소화하는 방식으로 소비자에게 거품을 뺀 최저 가격의 상품을 제공하는 차별화 전략을 펼치고 있다. 그리하여 2015년 기준 279개의 점포를 운영하고 있고, 2018년 현재까지 이마트, 홈플러스와 더불어 국내 시장점유율 3위를 굳건히 하며, 대형 할인점 시장을 선도하고 있다.

롯데마트가 중국을 비롯한 다른 해외 국가 진출로 눈을 돌렸던 이유는 바로 한국 내 대형마트 시장의 비관적인 성장 가능성 때문이었다. 당시 한국의 대형마트 시장이 성숙기에 접어들고 있었기 때문에 향후 그 성장 가능성을 예단할 수 없었다. 따라서 롯데마트의 입장에서는 새로운 성장 동력이 필요한 상황이었기에 포화된 국내 유통시장을 타개하기 위한 방법의 일환으로 새로운 해외시장 개척이 자연스럽게 고려되었다.

2. 중국 진출 전략

이마트의 현지화된 점포 출점 전략과는 다르게, 롯데마트는 주로 M&A를 통해 공격적인 해외진출 전략을 구사했다. 롯데마트의 중국 진출 역시 인도네시아를 비롯한 여타 국가에서 행했던 진출 전략과 마찬가지로 M&A의 방식을 점포 확장에 주로 이용하였고, 이에 더하여 직접투자 형식의 점포도 몇 군데 오픈하였다. 구체적으로 설명하면, 롯데마트는 2007년 네덜란드계 회사 중국 마크로(Makro)사의 8개 점포를 인수하여 베이징 주씨앤차오점을 롯데마트로 바꿈으로써 중국 진출을 시작하였다. 뒤이어 2009년 중국 Times사를 연이어 인수하며 사업영역을 점차 확장하였다. 이를 바탕으로 칭다오시 청양구에 청양점을 새로이

오픈하였다. 롯데마트는 외국계 점포 인수를 통해 향후 도시발전 및 성장 가능성이 높은 3~4급 중소 배후도시에 롯데마트를 손쉽게 입점시켰고, 반면 베이징시와 칭다오시와 같은 대도시에는 신규오픈 방식으로 출점하였다. 이 과정을 통해 약 80개에 이르는 점포수를 보유하고 있는 중국 유통시장 내 14위권에 해당하는 대형 할인점 브랜드가 되면서 글로벌 유통업체로서 경쟁력을 확보하였다. 이후에도 2011년 94개, 2012년 102개, 2013년 115개로 꾸준히 점포수를 늘려가면서 사업영역을 확대했음은 물론, 지리적으로도 기존 동북권에서 중동북까지 포함하는 지역으로 영업범위를 넓힘으로써 규모를 확대하였다.

작은 규모의 원스톱 쇼핑이 가능한 건물 구조를 만들어 옷, 식료품, 신발 등을 한 번에 구입할 수 있는 전략을 구사한 이마트와 대조적으로, 롯데마트는 1, 2, 3층에는 마트를, 4, 5, 6층에는 같은 롯데 계열의 롯데리아, 엔제리너스 커피전문점 등을 위치시켜 중국 내 점포를 Malling화 하였다. 또한 한국 상품을 자체 중국어 브랜드로 새롭게 네이밍하여 판매하였다. 중국인들이 선호하는 빨간색을 이용한 바퀴달린 바구니를 선보이고 빨간색을 이용한 POP를 적극적으로 활용하여 소비자의 선호를 이끌어 내려 했으며, POS기의 도입으로 구매 후 계산시간을 단축하고자 하였다. 더불어 회원제 운영과 쿠폰 북을 발송하는 전략으로 소비자의 충성도를 높이려 노력하였다.

3. 중국 진출 성과

13억이 넘는 인구를 보유하고 있는 중국시장은 놓칠 수 없는, 아니 놓쳐서는 안 되는 중요한 시장이었다. 그러나 롯데마트의 영업성과는 기대에 미치지 못했다. 예컨대, 베이징법인은 오픈 직후부터 2010년까지 각각 51억 원, 84억 원, 60억 원의 순손실을 시현하며 3년 내내 적자를 기록하였다. 칭다오법인 역시 2008년부터 2010년까지 17억 원, 127억 원, 1,666억 원의 마이너스 성과를 시현하였다. 롯데마트는 롯데백화점과 더불어 롯데그룹 내 매출에서 약 37% 이상을 차지하고 있는 주력 계열사이고, 특히 롯데마트의 경우 국내보다 해외 점포수가 더 많은 상태였기 때문에 진출한 해외시장에서의 성과가 대단히 중요했으며, 이런 상황에서 중국에서 거둔 연속적인 적자는 그룹의 전체성과에 매우 부정적인 영향을 미칠 수밖에 없었다. 이로 인해 2012년에는 결국 베이징법인에 대한 철수 결정까지 내려지게 되었고, 급기야 2015년엔 칭다오법인까지 철수하고 만다.

그러나 2013년 드디어 중국 내 시장성과가 흑자로 전환되기 시작한다. 롯데마트는 2013년 1분기에 50억 원의 영업이익을 냄으로써 매우 희망적인 결과를 보이는 듯했고, 이에 따라 중국에서 15개가량의 점포를 추가 개점할 야심찬 계획을 세웠다. 하지만 장밋빛 기대는 딱 거기까지였다. 흑자 상황은 오래 지속되지 못했으며, 2013년 1분기 잠시 흑자를 기록하는 듯하다가 다시 적자로 전환되었다. 중국 진출 이후 지속된 적자시현으로 인해 손실액이 눈덩이처럼 불어나 감당할 수 없는 지경에 이르게 되자 실적이 부진한 점포를 하나씩 폐점하여 2013년을 기점으로 중국 내 사업을 점차 축소하였다. 롯데마트는 2016년 기준 영업손실 970억 원을 기록함으로써 2015년 시현한 610억 원보다 적자의 폭이 커졌다. 그러던 중 2018년 5월 베이징과 상하이 지역의 점포를 매각하고, 중국 진출 11년 만에 중국 사업을 철수하는 결정을 내린다.

4. 중국 정부의 규제

성장을 견인하기 위해 시장개방의 폭을 넓히고, 외국의 선진기술을 들여오기 위해 중국 정부가 외국인 투자를 적극적으로 유치하려고 노력한다는 통념이 있을 수 있다. 그러나 중국은 외자기업에 대한 규제가 높은 나라이다. <그림 7-10>의 그래프를 보면 알 수 있듯이, 2000년대 이후 주요국 OECD 규제 제한성 지수에서 중국은 필리핀에 이어 규제 제한성 2위 국가로 조사되었다.

특히 중국의 외국 기업에 대한 규제와 차별은 그 범위와 강도 면에서 다른 국가보다 훨씬 강하며, 전반적으로 중국 정부의 주관이 개입된 경우가 비일비재했고, 또한 비일관적인 모습을 보이곤 했다. 뿐만 아니라 중국 정부는 국가 안보나 사회 안정과 같은 명목으로 외자 정책을 변경하거나 규제를 강화하는 사례가 적지 않아 외국 기업이 피해를 보는 경우가 많다. 예컨대, 중국은 2010년 일본과 센카쿠(중국명 댜오위다오) 영유권 분쟁 중 희토류 수출 제한 조치를 내리기도 하였다. 또한 프랑스 내에서 중국에 반(反)하는 목적의 시위가 열리고 이로 인해 2008년 베이징 올림픽 성화가 꺼지는 사태가 발생하자 프랑스 기업인 까르푸에

그림 7-10 2000년대 이후 주요국의 OECD 규제 제한성 지수 변화

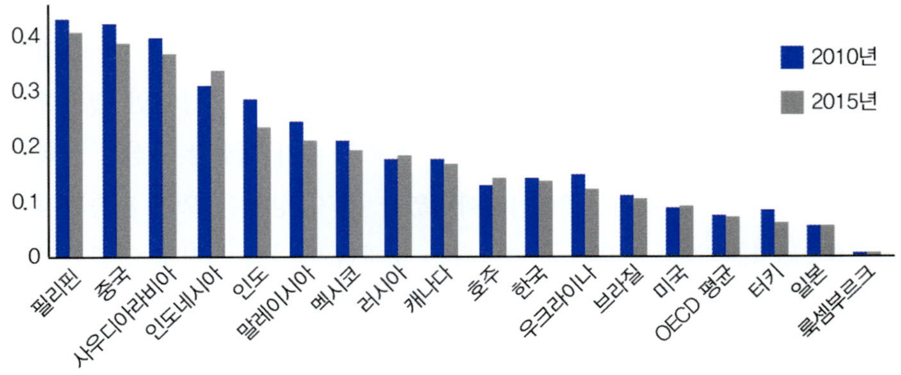

주 : 2015년 전체지수의 크기 순으로 정렬. 0.5는 완전폐쇄. 0은 완전개방을 의미함.

자료: OECD

대한 중국 당국의 이해하기 힘든 조사가 진행되기도 하였다.

이러한 모습은 유통업 관련 법규와 정책에서도 여실히 드러난다. 유통업 관련 법규와 정책을 예고 없이 변경하는 중국 정부의 행위는 외자기업에게는 상당한 위험요인으로 작용하였다. 그와 같은 맥락에서, 2016년부터 2017년 동안 소위 '사드(Terminal High Altitude Area Defense, THAAD)' 배치라는 정치적 이슈에 대한 보복과 예고 없는 정부규제, 그리고 정책변경이 롯데마트에겐 영업손실을 야기하는 결정적인 타격이 되었다. 즉, 국내 대형마트 시장에서 세 손가락 안에 드는 대형 유통업체인 롯데마트가 중국 진출 이후 줄곧 마이너스 실적을 기록한 이유는 단순히 한 가지 원인으로 수렴할 수 없겠으나, 그럼에도 불구하고 실패의 가장 주된 이유 중 하나는, 당시 사드로 인한 중국 정부의 롯데마트 규제라고 많은 이들이 보고 있다.

사드는 고고도미사일 방어체계라는 뜻으로 비행의 최종 단계에 돌입한 적의 미사일을 40~150km 고도에서 요격하는 방어시스템이다. 2016년 한국과 미국이 사드 배치를 공식적으로 협의하기로 결정을 내렸고, 중국과 러시아는 이에 대해 한국이 미국의 중국 포위, 견제 전략에 동의한 것으로 인식하여, 이에 크게 반발한 사건이 일어났다. 그리고 이에 대한 보복으로 중국은 중국에 진출한 한국 기

업에 대해 심대한 규제를 부가하기 시작하였다. 다른 한국 기업들도 마찬가지로 사드 보복에 대한 규제의 영향을 받았지만 롯데마트가 유독 그 피해를 심하게 본 까닭은 바로 사드배치에 롯데가 직접적으로 관여했기 때문이었다. 2016년 롯데는 당시 소유하고 있던 골프장 부지를 사드 배치장소로 제공함에 따라 결국 경상북도 성주군에 설치가 이루어졌고, 이는 롯데에 대한 규제와 압박이 다른 기업에 비해 유독 더 심해진 주된 계기가 되었다.

중국 정부에 의해 행해진 규제의 예시로서, 중국 정부는 중국 내 롯데마트 점포 23곳을 영업정지 선고한 바 있다. 중국 정부는 소방법, 시설법 위반이라는 명분을 내세웠으나, 점포 23곳에 대한 영업정지는 중국 현지 롯데마트 점포 약 네 곳 중 한 곳의 문을 닫아 버린 것이었으며, 이 뿐만이 아니라 2016년도 11월, 중국 정부는 중국에 진출해 있는 롯데마트를 포함한 모든 롯데 계열사들에 대해 특별 세무조사를 진행하였다. 이때의 영업정지와 세무조사는 롯데만을 노리고 진행한 표적수사였다는 합리적 의심이 가능했다. 이러한 일련의 강력한 규제로 인해 롯데마트가 정상적인 영업을 중국에서 진행하는 것은 거의 불가능에 가까웠기에, 철수 외에 다른 선택지가 없었을 것이다.

질문

1. 중국 정부가 사드배치에 강력하게 반발하고 있는 상황에서, 미사일 배치를 위한 직접적인 부지를 제공할 경우, 중국시장에서 피해를 입을지 모른다는 사실은 어느 정도 예견 가능했으리라 여겨진다. 그렇다고 해서 한국 정부의 요청을 기업이 외면하기도 어려웠을 것으로 추측되는 바, 롯데그룹이 실제 행한 의사결정과는 다른 솔로몬의 지혜를 고민해보시오.
2. 성주 롯데골프장을 사드 배치지(地)로 한국 정부에 제공한 이후, 중국 정부의 보복과 규제를 회피하기 위해 롯데마트가 어떠한 노력을 했어야 한다고 생각되는지 여러분의 견해를 밝히시오.
3. 앞서 사례에서도 언급했듯이 13억이 넘는 인구를 거느린 중국은 포기할 수 없는 거대시장이다. 그렇다면, 한・중 관계가 개선된 이후 롯데마트는 중국시장에 재진출해야 한다고 여겨지는가? 아니면, 중국시장의 불확실성을 고려해 포기하는 것이 적절한가? 여러분의 생각을 제시하고, 그 이유를 설명하시오.

사례 7-5 중국시장에서의 SK 아이캉 병원 사례: 한국계 병원의 '차이나 드림' 실패

주지하다시피, 한국의 의료기술은 빠른 속도로 발전을 거듭해 왔다. 관련 이유로 인해 우선 한국인들의 기대수명은 지속적으로 증가해왔다. 즉, 2017년 기준, OECD 국가에서 거주하고 있는 국민들의 평균 기대수명이 80.6세인데 반해, 한국은 83세를 기록하고 있어 여타 국가들을 상회하고 있다. 또한 암 발생 사망률이 10만 명당 178명인 OECD 평균에 비해, 25명가량이나 적다. 즉, 암과 같은 치명적인 질병에 대한 사전 예방 및 검진시스템을 잘 확립하고 있고, 이를 기반으로 우수한 국민 의료시스템을 유지 · 발전시키고 있다. 이렇듯 보건과 관련된 수준의 향상은, 의료기기와 의료기술의 발전과 더불어, 보건 인력적인 측면에서, 인구대비 의사 및 간호사 수의 증가에도 기인한다. <그림 7-11>은 보건관련 산업에 종사하는 인력 1인당 국민 수를 나타내고 있으며, 2005년부터 2017년까지 의사 1인당 인구는 613명에서 440명으로, 간호사 1인당 인구는 525명에서 287명으로 각각 꾸준하게 감소하고 있음을 확인할 수 있다.

보건 수준의 향상과 함께, 의료서비스 산업의 규모도 지속적으로 증가하고

그림 7-11 보건인력(의사, 간호사) 1인당 국민수(2005~2016년)

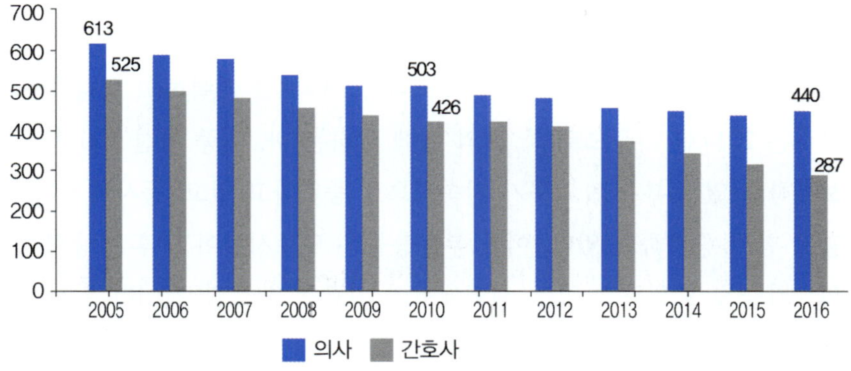

자료: 한국보건산업진흥원

있어, 2015년 기준, 경상의료비 115조, 의료서비스 산업 규모는 80조원에 달한다. 특히 의료서비스 산업의 규모는 2000년 16조였던 것에 비해, 2015년에는 80조로 급격하게 증가하였다. 한편 의료산업의 성장과 함께 두드러지게 나타난 최근 현상은 한국으로의 의료관광이다.

〈표 7-3〉 외국인환자 추이

(단위: 명)

구분	2009	2010	2011	2012	2013	2014	2015
실 환자수	60,201	81,789	122,297	159,464	211,218	266,501	296,889
총 국적수	141	163	180	188	191	191	188
연 환자 100명 이상 국가수	28	32	43	48	54	56	66

출처: 한국보건산업진흥원, 2016, 「2015년 외국인환자 유치실적 조사 결과」.

<표 7-3>에 따르면, 한국으로 입국하는 의료관광객의 수는 2009년 6만 여 명에서, 2016년 약 30만 명으로 빠르게 증가하고 있는 추세이다. 이러한 급격한 외국인환자 수의 증가는, 의료진의 우수한 의료기술, 의료기관의 신뢰도, 최첨단 의료장비 및 시설, 그리고 적절한 가격 수준 등이 뒷받침되었기에 가능했다. 예를 들어, 한국 의료진은 뇌졸중 진료와 간이식 등의 수술에서 두각을 나타내고

있으며, 진료에 소요되는 시간 역시 다른 국가에 비해 현저히 적은 장점을 가지고 있다.

한편 전체 의료관광객 중 중국인의 수는 전체 30만 명에 이르는 환자 중, 약 10만 명을 차지하고 있어, 전체 규모대비 33.4%를 기록하고 있다. 중국의 총 인구수는 2017년 기준으로 약 14억 명에 달하는 바, 이중 자산 100만 달러 이상을 보유하고 있는 부유층 인구가 지속적으로 증가하고 있고, 동시에 이들의 소비 지출도 함께 증가하고 있다. 이들 부유층들은 의료시설이 낙후된 중국보다는 선진 의료기술을 보유하고 있는 해외에서의 치료를 선호할 것이라는 사실을 우리는 어렵지 않게 추측할 수 있다. 특히 한국은 지리적으로 중국과 인접해 있는 국가로서, 이들 의료산업 프리미엄 고객의 주요 의료관광지이기에, 한국의 의료산업계도 중국 내 헬스케어 시장에 대한 지속적인 관심을 가지고 있어 왔다.

이에 더하여, 당시 중국에서 유행했던 한류와 한국 연예인들의 유명세는 한국 의료산업에 의한 중국 진출의 디딤돌이 되었다. 즉, 엄청난 한류 열풍으로 인해 한국 연예인에 대한 중국인들의 관심이 크게 증가했고, 한국의 성형기술이 중국보다 월등히 우수하다는 인식이 널리 퍼짐으로써 한국계 병원들의 중국시장 진출을 용이하게 했다고 할 수 있다. 이와 같은 영향을 받아서인지, 중국에서는 여성과 남성을 불문하고, 한국 유명 연예인인 전지현, 김희선, 장동건 등을 닮은 얼굴로 수술해달라는 성형에 대한 수요가 크게 증가하였다. 수요의 증가는 한국인 성형 전문의들의 중국 파견을 확대시킴으로써 일부러 한국까지 가지 않고도 중국에서 한국식 성형이 가능하다고 광고하는 병원이 나타났다.

SK는 이러한 일련의 변화와 추세에 착안하여 2004년 중국 의료산업으로의 진출을 선언한다. 국내 의료기관들과 중국 정부가 총 50억 원에 이르는 자금을 투자해 설립한 중외 합자법인인 SK아이캉 병원은 미용, 성형, 안과를 주요 진료과목으로 채택한 종합병원으로 설립되었다. 또한 중앙 업무지구 인근에 위치하여, 접근성을 높였고, 호텔식의 진료환경을 확보하여 높은 편이성을 제공하였다. 이에 더해 영어, 일본어, 중국어, 한국어 서비스를 제공하여 여러 나라의 고객들을 유치할 수 있게끔 준비하였다.

SK아이캉이 중국에 진출하면서 주로 사용했던 전략은 크게 두 가지이다. 첫째로 상기에 밝혔듯이, 중국 상류층 고객들에게 고급진료를 제공하는 럭셔리 부

베이징에 위치한 아이캉병원 1호

띠끄 전략을 구사하였다. 이와 동시에 SK아이캉 병원을 이용하는 고객은 한국에서도 의료혜택을 받을 수 있도록 멤버십 제도를 추진했다. 이러한 고급화에 더해, 한국식 성형의 좋은 이미지가 널리 퍼지면서, 개원 1년 만에 진료 횟수 2만 건 이상, 그리고 연예인, 사회 저명인사가 포함된 5,000여 명의 고소득층 회원을 확보할 수 있었다.

또 다른 전략의 일환으로, 사회공헌 활동도 적극적으로 추진하였다. SK아이캉 병원은 단순히 상류층만 공략하는 것에 그치지 않고, 라식 등 대중적으로 활발하게 확산될 수 있으면서도, 아직 중국에서는 보편화되지 않은 시술들이 많은 것에 주목하여 중하위 계층을 공략하기 위한 행보도 진행하였다. 그 중 하나가 바로 활발한 사회적 책임활동이었으며, 봉사단체인 애심단을 조직하여 베이징 지역 및 서부 우루무치 지역 빈민 환자들에게 무료 백내장 및 소위 언청이 수술을 제공했다. 더불어 선양 빈곤아동 치료 프로젝트를 포함한 대규모 의료봉사 프로젝트를 기획하는 등, 대중에게 좋은 이미지를 제고할 수 있는 마케팅 전략을 구사하였다.

그러나 다양한 전략을 펼쳤음에도 불구하고, 결론적으로 SK아이캉 병원은 2009년 전면 철수를 발표하였는데, 여러 요인이 복합적으로 작용하여 실패를 야기했던 것으로 보여진다. 그 예로 아래와 같은 문제점들을 들 수 있을 것이다.

첫째, 개원을 준비할 단계에 틈새시장을 파고들기 위한 시장진입 및 확장전략에서부터 태생적 문제를 안고 있었다고 판단된다. 비록 중국은 약 14억에 이르는 인구가 살기는 하지만, 아직까지도 빈부의 격차가 심한 나라이고, 베이징 병원이 북경의 초고소득 지역인 조양구를 중심으로 하여 프리미엄 고객층만을 주 타깃으로 하였으나, 14억 인구 중 특수층은 매우 소수에 불과했다. 둘째, 현지화 전략의 부재를 지적하고 싶다. 전술한 바와 같이, 아직 중국이라는 국가는 만성질환과 지체장애 및 빈부의 격차로 인하여 높은 진료비를 감당하지 못하는 인구가 많은 것이 사실이다. 따라서 차라리 일반 중국인들이 쉽게 이용할 수 있도록 가격정책을 낮추었다면 중국의 1인당 의료비용이 빠른 속도로 증가하는 현실을 고려했을 때, 중국 소비자들의 병원에 대한 접근성이 보다 용이해졌을 것으로 사료된다. 이러한 한계로 인해서 SK아이캉 병원이 개원 1년 만에 진료 2만 건을 기록했음에도 불구하고 손익분기점에 도달하지 못하였을 것으로 추측된다. 셋째, 합작기업이 흔히 갖게 되는 문제를 지적하고자 한다. SK아이캉 병원은 거의 대부분 SK그룹이 실제 운영을 담당했음에도 불구하고, 중국에 합작법인을 만들 경우 중국 투자자가 30%이상의 지분을 소유해야하는 법규로 인해, 동 지분을 가지고 있던 중국위생부 등 다른 주주들과의 의견통합에 어려움이 있었고, 따라서 사업을 위한 신속한 의사결정을 내릴 수가 없었다. 그러나 무엇보다도, SK아이캉 병원으로 하여금 중국시장으로부터 철수를 결정하게 한 가장 주요한 이유는 중국 정부의 규제와 관련이 깊다. 당시 중국 정부는 한국의 의사면허를 인정하지 않음으로써 SK아이캉 병원은 중국인 의사들에게 한국식 의료기술을 가르쳐야 하는 난관이 존재하고 있었다. 더욱이 SK아이캉 병원이 중국에서 사업을 영위하고 있던 중, 한국 외교부 직원이 사고를 당해 중국 병원에서 사망한 사건이 발생했다. 이에 한국 외교부는 사건설명 과정에서 '중국의 낙후된 의료기술이 원인'이라는 취지의 발언을 했고, 이에 중국 측에서는 '한국 병원은 얼마나 잘하는지 보자'라는 식으로 SK아이캉 병원에 대한 집중 단속을 실시했다. SK아이캉 병원의 이유승 대표의 설명에 의하면, "당시 SK아이캉 병원에 300명이 넘는 (중국) 관공서 사람들이 쳐들어왔다. 광고국, 위생국 등 관계자들이 병원을 털었다"면서 "SK아이캉 병원은 3개월 동안 영업을 하지 못하다가 결국 문을 닫았다"고 한다.

질문

1. 중국의 의료시장이 매년 18%의 성장세를 꾸준히 기록하고 있음에도, '한중합작 1호 병원'으로 설립된 SK아이캉 병원은 현지 파트너와의 불화가 실패의 한 원인이 되어 시장에서 철수하였다. 그렇다면, 합작병원으로 설립된 경우, 파트너와의 마찰을 줄이기 위한 방안들을 제시해보시오.
2. SK아이캉 병원은 현지화에 대한 관심 부족도 실패의 원인으로 제기된다. 향후 중국시장에 진출하고자 하는 한국 내 병원들을 위해서 현지화 전략을 제안해보시오.

3. 중국 정부는 2000 년 의료서비스 시장에 외국 자본의 진입을 허용한 후, 외자병원의 설립과 운영에 관한 규제를 계속해서 완화해 왔고, 2014년에 7개 지역(베이징, 텐진, 상하이, 장쑤, 푸젠, 광동, 하이난)에 100% 외자 독자병원 설립을 가능하도록 문을 열었다. 그럼에도 불구하고, 아직 중국시장에서 성공을 시현한 한국의 병원은 파악되지 않고 있다. 상기에 요구한 현지화 전략 외, 향후 중국 정부의 규제를 극복하고 성공하기 위한 종합적인 전략을 강구하시오.

사례 7-6 로만손의 실패사례: 개성공단 맏형의 눈물

1. 로만손의 기업 개요

2000년대 제이에스티나(J.Estina)라는 쥬얼리 브랜드로 유명한 ㈜로만손은 1988년 4월에 설립되었다. 초기 로만손은 자기 상표 기업이 아닌, 그 당시 많은 한국 중소기업들이 그래왔던 OEM 생산기업, 즉 다른 브랜드 기업으로부터 수주를 받은 대로 완제품을 생산하고 그곳에 수주 기업의 상표를 부착하는 기업이었다. 1990년대부터 100만 달러의 수출 실적을 이룩하고, 1992년도에는 수출 실적 500만 달러를 기록하면서, 정부에서 선정한 유망 중소기업에 지정되는 등, 그 가능성을 세계에 알리기 시작했다. 이후 1999년 12월 코스닥시장에 주식을 상장하였다.

또한 다른 기업을 위한 OEM 방식의 생산을 수행하며 쌓게 된 노하우를 바탕으로, 한국 특허기술대전에서 금상을 수상하기도 하였다. 이후, 시계 브랜드에만 국한하지 않고 다양한 사업에 다각화하는 전략을 내세웠다. 2000년도에 로만손 퍼플 핸드백을 개점하였고, 2003년부터 주얼리 브랜드로, 현재 우리가 알고 있는 제이에스티나 브랜드를 출시, 진출하였으며, 오랜 시간 디자인 부문에 공을 들인 끝에, 2011년 '미국 판매법인 제이에스티나'를 설립하였다. 현재 로만손은 2014년 기준, 57개의 핸드백 단독 매장을 국내에 보유하고 있으며, 근간 사업인 시계 산업의 경우 전 세계 70여 개국에 자체 브랜드로 수출하여 연간 2억 5천만 달러의 무역 실적을 세우고 있다. 주요 시장은 러시아, 중동, 터키, 중앙아시아 시장 등이다. 또한 한류의 열풍을 등에 업고 동남아 및 홍콩에서도 두드러진 실적을 시현하고 있다. 국내의 경우, 국내 21개 백화점, 3개의 면세점에 로만손 시계 브랜드를 입점하였다.

2. 개성공단 투자

북한은 국제사회에서 대한민국과 구별되는 공식적인 하나의 국가로 인정받고 있으며, UN에 대한민국과 동시 가입되어 있을 뿐만 아니라, 개성공단은 한국 고유의 세법과 근로법이 적용되지 않는다는 점에서, 개성공단으로의 투자는 그 자체가 국제경영의 영역이다. 더욱이 개성공단에서 생산되는 물품은 많은 경우 국산품으로 인정되지 않는다는 점을 고려할 때,[4] 상기 설명이 이해 가능할 것으로 여겨진다.

4) 북한과 달리, 한국은 많은 국가들과 자유무역협정을 체결하여 무관세로 수출을 할 수 있다. 따라서 개성공단에서 생산된 저렴한 제품이 한국산으로 인정되면, 중국보다 더 가격경쟁력을 갖출 수 있는 것이 가능하여 전 세계 수출시장에서 우위를 달성할 수 있다. 한미 FTA, 한EU FTA에서 개성공단 제품은 대한민국산(產)으로 인정이 되지 않았다. 2007년 6월 노무현 정부의 한미 FTA 합의문에는 개성공단 제품이 한국산으로 인정되었으나, 2010년 12월 이명박 정부의 한미 FTA 재협상 과정에서 제외되었다.

1) 개성공단의 특징 및 입주기업

제이에스티나라는 쥬얼리 브랜드의 인기가 로만손이라는 기업의 지명도를 높인 면이 없지 않아 있으나, 국내에서는 개성공단에 초창기 입주한 브랜드로 더 유명하다. 개성은 오래전부터 한반도 역사에서 중요하게 여겨지던 도시 중 하나였다. 남북분단이 발생하고 6.25 전쟁이 발발하면서 남북의 경계가 확실히 나누어지자, 군사경계선 근처에 위치하여 경제적 발전은 이루어지지 않고 군사적 요충지로서의 특구 역할을 하게 되었다.

그러나 2000년 6.15 공동선언 이후, 남북 관계가 회복되기 시작하면서 남북이 하나가 되어 경제협력 사업(남북 경협)을 추진하기로 하였는데, 그 중 하나가 바로 개성공단이다. 북한 정부와 현대 아산이 '개성공업지구건설운영에 관한 합의서'를 체결하면서 개성공단의 조성이 시작되었다. 2003년 6월에 개성공단 착공식을 실행하였고, 2004년 6월에 시범단지가 완공되었다. 이후 시범 생산제품이 반출되었고, 통신을 개통한 이후에, 2007년부터 분양이 시작되어 본격적인 개성공단 사업이 진행되었다. 개성공단은 역사적으로 남북 경협의 3대 사업 중 하나였고, 그러했기에 남북의 상황에 따라 원만히 운영되기도 하고, 혹은 어려움을 겪기도 했다. 실제, 북한의 핵 실험 및 로켓 발사에 문제를 제기하며 2016년 2월 10일 박근혜 정부가 개성공단 가동 전면 중단을 결정하기 전에도, 2013년에는 북한의 근로자 철수 조치로 인해 조업이 잠시 중단되는 상황이 생기기도 하였다.

그러나 개성공단에 입주하는 기업들은 북한의 양질의 노동력을 값싸게 이용할 수 있고, 한국 정부의 지원을 받을 수 있을뿐더러, 더불어 기업의 이미지 또한 개선할 수 있다는 혜택으로 인해, 2016년 2월까지 총 124개 기업이 가동 중에 있었다. 개성공단에 입주해있는 대표적인 기업으로는, 로만손, 신원, 좋은사람들, 그리고 재영솔루텍 등을 꼽을 수 있으며, 로만손의 경우 개성 협동조합 공장 법인을 100% 출자하여, 이 공장에 협력업체들이 입주하여 OEM을 진행하는 방식으로 자체 시계를 수주해주고 있다. 다음의 그림을 참고하면 개성공단의 입지 현황과 입주기업의 가동 현황을 확인할 수 있다.

개성공단의 장점을 보다 자세히 설명하면, 비록 정치적인 위험이 존재하나, 전 세계적으로 가장 값싼 양질의 북한 노동력을 이용할 수 있고, 남북한 간에는

그림 7-12 개성공단 입지 현황

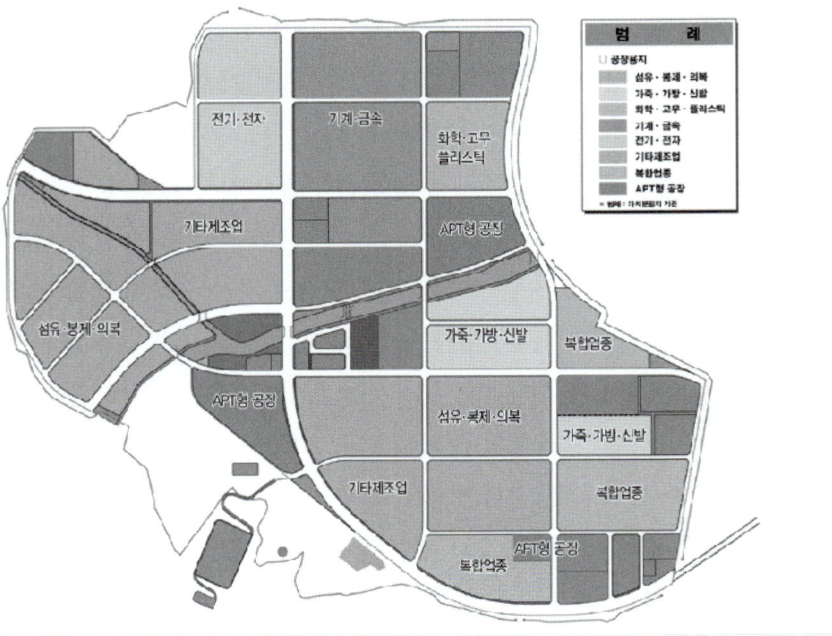

자료: 개성공단 개성공업지구사업단(2005).

그림 7-13 개성공단 입주기업 가동 현황

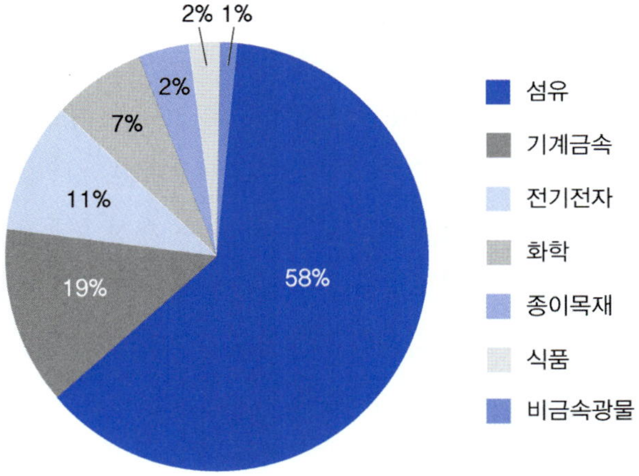

자료: 개성공단 개성공업지구사업단(2005).

〈표 7-4〉 개성공업지구법 주요 내용

구분	내용
토지사용기간	· 50년, 연장사용 가능
기업창설	· 자유로운 경제활동 보장 · 장려업종: 하브구조 건설, 경공업, 첨단과학기술부문
노동력	· 외국인 노력차용 가능 · 기업의 직접 채용, 노임 직불
재산권	· 투자재산권, 상속권 보장
관세, 물자반출입	· 무관세, 물자반출입 신고제
통화 · 송금	· 전환성 화폐, 신용카드 사용 가능, 자유로운 송금
세금	· 기업소득세 14%(장려업종 10%)
출입통행	· 무사증으로 출입

자료: 통일부 개성공단사업지원단 업무현황자료(2005).

언어 및 문화의 장벽이 존재하지 않으며, 정부의 지원 아래, 평화의 상징으로 기업 이미지를 조성할 수 있다는 점에서, 입주 기업에게 개성공단은 굉장히 매력적인 곳이다. <표 7-4>에서는 개성공단에 입주하는 기업들에 대한 법률적 혜택을 확인할 수 있다. 뿐만 아니라, 개성공단에서 서울과 인천이 매우 가깝기 때문에 수출항만과의 지리적 근접성을 누릴 수 있다는 사실도 큰 메리트(merit)였다. 지리적으로 한국과 가깝기에 통신이나 전력 등을 차후 대한민국으로부터 안전하게 공급 받을 수 있다는 기대와 더불어, 상기에 이미 언급했듯이, 값싼 노동력과 관련해서도, 북한 인력은 여타 중남미나 중국 혹은 베트남과는 달리, 동일한 언어와 문화를 공유한다는 것이 한국 기업의 관점에서는 개성공단의 가장 큰 경쟁력 중 하나였다고 할 수 있다. 해외로 투자하는 기업들이 겪게 되는 어려움 중 대표적인 사안이 의사소통과 상이한 문화로 인해 비롯된 비용인데, 북한은 비록 체제가 다르기는 하나 기본적으로 동일 민족에게서 느낄 수 있는 정서적 교집합이 공단의 활성화에 기여했다. 한편, 중소기업진흥공단의 설문에서도, 한국의 중소기업들이 개성공단에 입주하려는 주된 이유는 저렴한 양질의 노동력 활용(59.1%), 지리적 근접성(24.0%), 경제통합 시 북한시장 선점(7.0%), 언어 및 문화적 동질성(2.3%) 등으로 나타난 바 있다.

(2) 개성공단의 중단 및 한계점

2015년 DMZ 목함지뢰 매설사건 이후, 남북 관계는 급속도로 냉각되었다. 남한은 대북확성기를 곧바로 운영하고, 북한 측에 더 이상의 도발을 멈출 것과 사과를 요구했다. 2015년 8월에 이르러 남북 협상이 극적으로 성사되어, 10월 이산가족 행사가 금강산에서 진행되기도 하였으나, 계속되는 북한의 핵무기와 미사일 도발에 2016년 2월 10일, 한국 정부는 개성공단 가동을 전면 중단하였다 (상기에 설명한 바 있다).

개성공단 중단 이후, 기존 입주기업의 경영상황을 살펴보면, 기업이 신고한 피해액은 9,446억 원이었으며, 이중 회계 법인이 증빙자료를 토대로 하여 객관적으로 입증한 금액은 신고 금액의 82% 정도인, 7,779억 원으로 조사되었다. 개성공단 중단 이후, 정부는 입주기업들의 피해를 최소화하기 위해 경협지원금, 보상금 등 많은 보조금을 지원하였으나, 그럼에도 로만손을 비롯한 기존 개성공단에 투자했던 많은 기업들의 피해가 불가피했다. 개성공단은 많은 경쟁력을 가지고 있는 경제특구이자, 그 존재 자체가 남북한 경제협력과 평화의 상징이지만, 늘 남북한 간 정치적 관계의 불확실성에 의해 영향을 받을 수밖에 없다는 점에서, 투자 시 정치적 위험을 고려해야 하는 실례로 자주 인용되고는 한다. 하지만 미래 통일을 대비하여 남북한 간 경제력 격차를 줄일 필요가 있으며, 경제협력을 통한 북한 경제에 대한 도움보다 우리 경제가 얻는 실익이 훨씬 크다는 사실을 고려할 때, 개성공단의 재가동과 제2 · 제3의 개성공단 등장을 기대해 본다.

질문

1. 남북한 경제협력으로 인해 유발되는 장점보다는 단점을 강조하는 그룹에서는 자칫 경제협력이 북한으로의 '퍼주기'가 될 수 있다는 우려를 제기한다. 이에 대한 여러분의 견해를 밝히시오.
2. 이와는 달리, 경제협력의 필요성을 강조하는 그룹에서는 단점보다 협력으로 인한 장점이 훨씬 많음을 주목하고 있다. 이를 정치적 및 경제적 관점에서 조명해보시오.
3. 개성공단의 재개 시 상기와 같은 문제가 재발되지 않도록, 정부와 기업에서는 어떠한 조치를 취해야 할 것인지 고민해 보시오.

토의자료 7-1

정부, 스마트시티 해외진출 지원… 5천억 펀드 등 주도권 확보 나서

'한국형 스마트시티'를 전 세계에 수출하기 위해 정부가 본격적으로 지원에 나선다. 펀드를 통해 약 5,000억원을 투자하고 우리나라가 주도하는 스마트시티 국제협력체계와 국제엑스포 등도 추진한다.

정부는 8일 대외경제장관회의에서 이같은 내용을 포함한 '스마트시티 해외진출 활성화 방안'을 발표했다. 스마트시티는 ICT(정보통신기술)·빅데이터 등 첨단 기술을 적용해 각종 문제를 해결하고 지속가능성을 확보한 도시를 말한다. 정부는 스마트시티를 8대 혁신성장 선도사업의 하나로 선정해 육성하고 있다. 이번 활성화 방안에 따르면 해외 투자개발사업의 체계적 지원을 위해 1조5,000억원 규모의 글로벌 PIS(플랜트·건설·스마트시티) 펀드가 연내 조성되고 이 가운데 5,000억원 안팎이 스마트시티 해외 사업에 투자된다.

이 펀드는 유동성을 확보해 플랜트·건설·스마트시티 분야의 대규모 해외 투자 개발사업을 지원하자는 취지로, 정부와 공공기관이 우선 6,000억원 규모의 모(母) 펀드를 마련하면 민간 부문이 비슷한 금액을 '매칭' 형식으로 더해 1조5,000억원의 자(子) 펀드를 만드는 방식이다.

'스마트시티 대·중소기업 동반 진출 지원 프로그램'도 신설된다. 스마트시티 관련 대·중소기업 해외에 함께 진출하면 중소기업 대상 우대 금융조건(대출금리 0.3~1.0%p 인하)을 누릴 수 있다. 중소기업이 해외 발주처와 단독 계약을 추진할 때도 보증 또는 계약이행 필요자금 우대(대출금리 0.3%p 인하) 등의 지원을 받을 수 있다.

정부는 2020년 1차 공모를 통해 도시개발, 교통 등 프로젝트 주제와 참여 대상을 설정하고 한국과 참여국의 비용 매칭(비용 분담)을 통해 사전 타당성 조사, 마스터플랜 수립, 본사업 등을 추진할 계획이다. 2020년까지 스마트시티 관련 데이터베이스 구축을 위해 범부처 수주지원 통합정보시스템도 마련해 국가별 사업 환경, 프로젝트 발주 정보, 우리 정부와 국제기구 지원 정보 등을 제공한다.

코트라(KOTRA)는 30곳에 '스마트시티 수주지원 센터'를, '해외 인프라 도시개발지원공사'(KIND)가 4곳에 해외인프라 협력센터를 설치해 현지 도시개발 사업을 지원한다.

이와 함께 정부는 오는 9월 '월드 스마트시티 엑스포(WSCE 2019)'도 열어 전시·콘퍼런스, 기업 설명회, 해외 바이어 행사 등을 통해 우리 기업의 해외진출을 적극적으로 지원한다. 정부는 향후 이 엑스포를 세계 3대 스마트시티 국제 행사로 키울 방침이다.

모든 내각이 '팀 코리아'로서 우리 기업의 스마트시티 수주 활동을 돕는다. 특히 사업 규모가 큰 쿠웨이트 압둘라 스마트시티(26조원 추정)의 본 사업 수주를 위해 한·쿠웨이트 경제 공동위를 개최하고 아세안 주요 협력국과의 경제 공동위도 추진할 예정이다.

국토부 관계자는 "이번 방안을 통해 정부가 스마트시티를 유망한 수출 분야로 인식하고 범정부 차원의 지원 방안을 마련했다는데 큰 의미가 있다"며 "관계 기관과 기업이 함께 해외진출 유형별 맞춤형 지원 방안도 곧 수립할 것"이라고 밝혔다.

(자료: 뉴데일리경제, 2019년 7월 8일자)

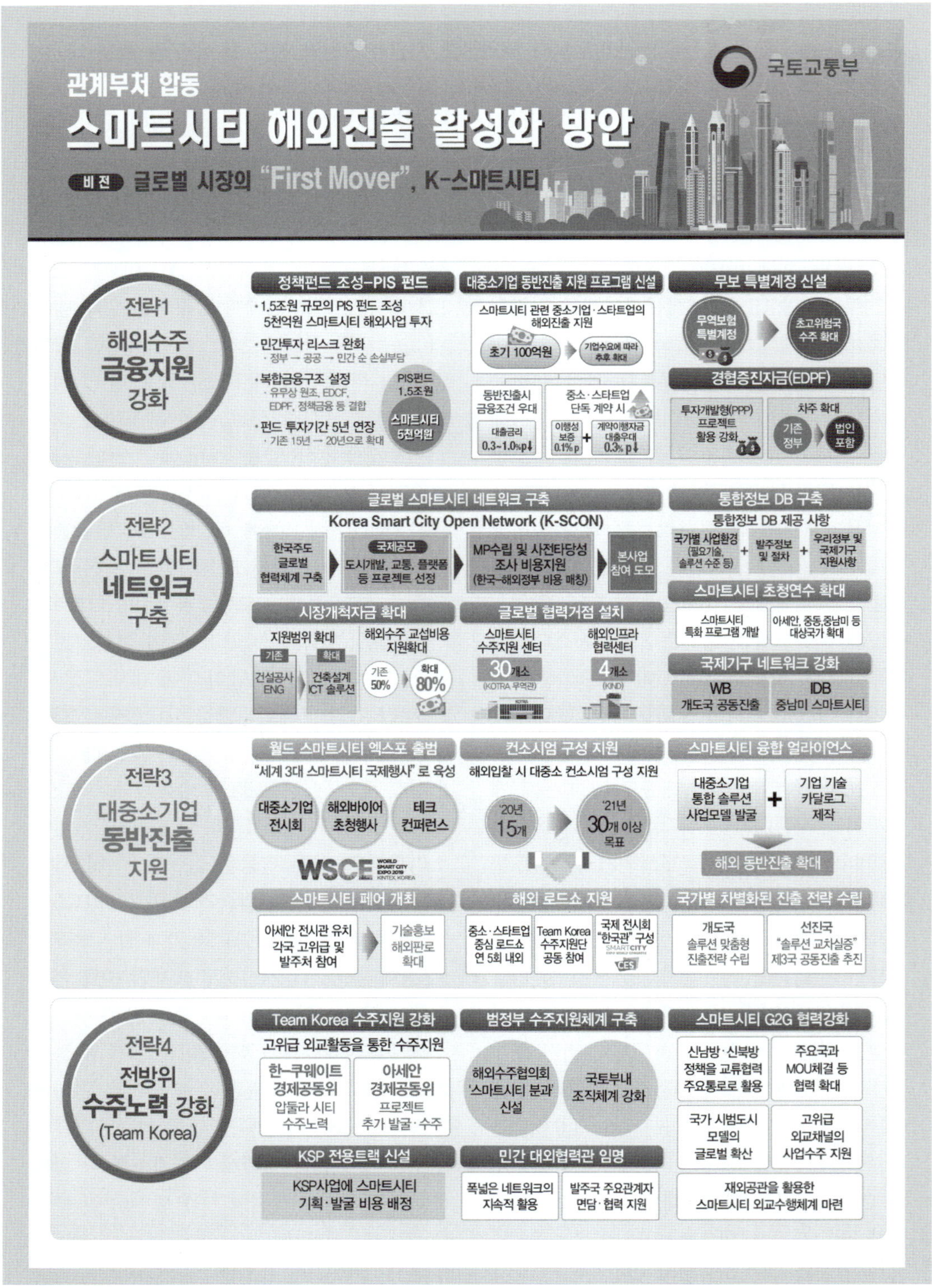

관계부처 합동
스마트시티 해외진출 활성화 방안
국토교통부
비전 글로벌 시장의 "First Mover", K-스마트시티
전략1 해외수주 금융지원 강화
정책펀드 조성-PIS 펀드
• 1.5조원 규모의 PIS 펀드 조성 5천억원 스마트시티 해외사업 투자
• 민간투자 리스크 완화 · 정부 → 공공 → 민간 순 손실부담
• 복합금융구조 설정 · 유무상 원조, EDCF, EDPF, 정책금융 등 결합
• 펀드 투자기간 5년 연장 · 기존 15년 → 20년으로 확대
PIS펀드 1.5조원
스마트시티 5천억원
대중소기업 동반진출 지원 프로그램 신설
스마트시티 관련 중소기업·스타트업의 해외진출 지원
초기 100억원
기업수요에 따라 추후 확대
동반진출시 금융조건 우대
대출금리 0.3~1.0%p↓
중소·스타트업 단독 계약 시
이행성 보증 0.1%p
계약이행자금 대출우대 0.3%p↓
무보 특별계정 신설
무역보험 특별계정
초고위험국 수주 확대
경협증진자금(EDPF)
투자개발형(PPP) 프로젝트 활용 강화
차주 확대
기존 정부
법인 포함
전략2 스마트시티 네트워크 구축
글로벌 스마트시티 네트워크 구축
Korea Smart City Open Network (K-SCON)
한국주도 글로벌 협력체계 구축
국제공모 도시개발, 교통, 플랫폼 등 프로젝트 선정
MP수립 및 사전타당성 조사 비용지원 (한국-해외정부 비용 매칭)
본사업 참여 도모
시장개척자금 확대
지원범위 확대
기존 건설공사 ENG
확대 건축설계 ICT 솔루션
해외수주 교섭비용 지원확대
기존 50%
확대 80%
글로벌 협력거점 설치
스마트시티 수주지원 센터 30개소 (KOTRA 무역관)
해외인프라 협력센터 4개소 (KIND)
통합정보 DB 구축
통합정보 DB 제공 사항
국가별 사업환경 (필요기술, 솔루션 수준 등)
발주정보 및 절차
우리정부 및 국제기구 지원사항
스마트시티 초청연수 확대
스마트시티 특화 프로그램 개발
아세안, 중동,중남미 등 대상국가 확대
국제기구 네트워크 강화
WB 개도국 공동진출
IDB 중남미 스마트시티
전략3 대중소기업 동반진출 지원
월드 스마트시티 엑스포 출범
"세계 3대 스마트시티 국제행사"로 육성
대중소기업 전시회
해외바이어 초청행사
테크 컨퍼런스
WSCE WORLD SMART CITY EXPO 2019 KINTEX, KOREA
컨소시엄 구성 지원
해외입찰 시 대중소 컨소시엄 구성 지원
'20년 15개
'21년 30개 이상 목표
스마트시티 융합 얼라이언스
대중소기업 통합 솔루션 사업모델 발굴
기업 기술 카탈로그 제작
해외 동반진출 확대
스마트시티 페어 개최
아세안 전시관 유치 각국 고위급 및 발주처 참여
기술홍보 해외판로 확대
해외 로드쇼 지원
중소·스타트업 중심 로드쇼 연 5회 내외
Team Korea 수주지원단 공동 참여
국제 전시회 "한국관" 구성
CES
국가별 차별화된 진출 전략 수립
개도국 솔루션 맞춤형 진출전략 수립
선진국 "솔루션 교차실증" 제3국 공동진출 추진
전략4 전방위 수주노력 강화 (Team Korea)
Team Korea 수주지원 강화
고위급 외교활동을 통한 수주지원
한-쿠웨이트 경제공동위 압둘라 시티 수주노력
아세안 경제공동위 프로젝트 추가 발굴·수주
KSP 전용트랙 신설
KSP사업에 스마트시티 기획·발굴 비용 배정
범정부 수주지원체계 구축
해외수주협의회 '스마트시티 분과' 신설
국토부내 조직체계 강화
민간 대외협력관 임명
폭넓은 네트워크의 지속적 활용
발주국 주요관계자 면담·협력 지원
스마트시티 G2G 협력강화
신남방·신북방 정책을 교류협력 주요통로로 활용
주요국과 MOU체결 등 협력 확대
국가 시범도시 모델의 글로벌 확산
고위급 외교채널의 사업수주 지원
재외공관을 활용한 스마트시티 외교수행체계 마련

토의자료 7-2 ■5년간 61개사 국내 유턴… 87% "인건비 상승 탓"

최근 5년간 61개 우리 기업이 해외에서 국내로 돌아온 것으로 나타났다.

7일 코트라(KOTRA)에 따르면 2014년부터 지난달까지 해외 공장을 국내로 이전한 유턴기업은 모두 61개사다. 복귀 이전 진출 국가는 중국이 56개로 가장 많았고 베트남 3개, 방글라데시와 캐나다 각 1개였다. 기업 규모는 중소기업 59개, 중견기업 2개였다. 업종은 전자 12개, 주얼리 11개, 기계 7개, 신발 6개, 금속・자동차 각 5개, 섬유 3개, 기타 12개로 집계됐다.

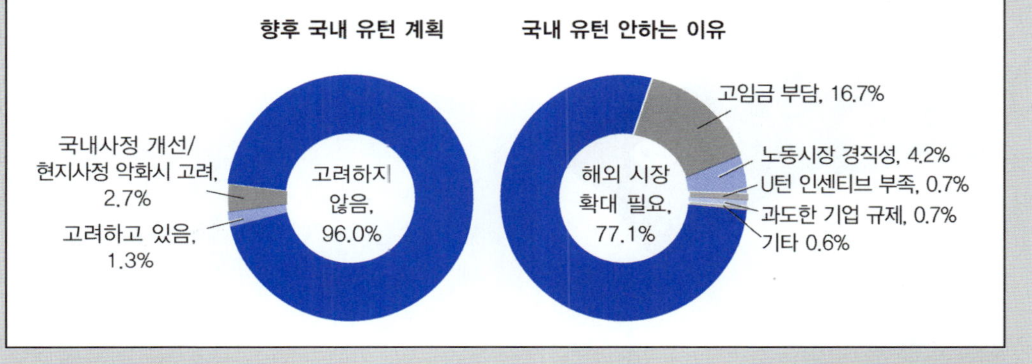

한국에 돌아온 후 가장 많은 15개가 전북에 자리를 잡았고 부산은 10개, 경기 9개, 경북 7개 등이었다. 코트라 조사에 따르면 해외진출기업은 유턴을 고려하는 주된 요인(복수응답)으로 해외 현지 인건비 상승 등 경영환경 악화(87.8%), 한국의 자유무역협정(FTA) 네트워크・브랜드 효과(53.6%), 우수인력 활용(26.8%) 등을 꼽았다.

지난 5일 대전 상공회의소에서 열린 '2019 유턴기업 간담회'에서 국내로 복귀해 조명 생산공장 신설과 자동화 설비투자를 준비 중인 한 기업 관계자는 "인건비 상승, 구인난 등으로 현지 경영여건이 계속 나빠지는 와중에 한국 FTA 관세 혜택과 '메이드인코리아' 브랜드를 활용해 미국과 유럽시장을 개척하고자 돌아왔다"고 말했다. 또 다른 기업 관계자는 "해외사업장 철수 과정의 어려움이 크다"며 "유턴기업 법인세 감면 혜택이 신설 투자에만 적용되고 있어 증설기업도 법인세를 감면해 달라"고 요청했다.

코트라는 유턴기업의 애로사항을 해소하기 위한 구조조정 컨설팅 지원 사업을 기존 중국, 베트남에서 인도네시아, 필리핀, 인도, 태국까지 포함해 총 6개 국가로 확대했다. 국내 기업이 해외법인 청산 또는 양도 때 전문가 컨설팅을 받을 수 있도록 비용을 지원하는 사업이다. 전문기관과의 협업을 통해 해외 현지법인 구조조정을 지원할 예정이다.

정부도 올해 고시 개정을 통해 유턴기업 입지설비보조금 지원요건을 국내 사업장 상시 고용인원 30인 이상에서 20인 이상으로 완화하고, 지원 대상을 중소・중견기업에서 대기업으로 확대했다. 유턴기업 선정 요건을 완화하고, 지원 대상 업종을 제조업에서 지식서비스업으로 확대하는 것도 추진 중이다.

권평오 코트라 사장은 "유턴 지원은 한국 기업의 성공적인 국내 복귀를 통한 일자리 창출, 지역경제 활성화, 국내외 투자의 선순환 고리 형성을 위해 중요하다"며 "간담회에서 나온 건의사항이 정책에 반영되도록 정부와 긴밀히 협의하겠다"고 전했다.

(자료: 부산일보 2019년 7월 7일자)

토의자료 7-3

최종구 "핀테크 기업 '글로벌 유니콘'으로 육성"… 혁신기업에 436억 투자

올해 하반기부터 핀테크 기업을 '글로벌 유니콘'으로 성장시킬 수 있도록 규모 확대 전략을 추진할 예정이다.

21일 최종구 금융위원장은 대구시 북구 대구은행 제2본점에서 열린 'DGB 피움랩' 개소식에서 "샌드박스를 통한 규제 특례가 근본적인 규제 완화로 이어질 수 있도록 스몰 라이선스를 도입할 것"이라고 밝혔다.

금융당국은 지난 4월 발효된 금융혁신지원 특별법에 따라 기존의 금융 규제를 한시적으로 적용하지 않는 규제 샌드박스를 시행하고 있다.

앞으로 기존 금융업의 인허가 단위를 세분화한 간소한 인가 제도를 마련해 신생 핀테크 기업의 설립을 촉진한다.

최 위원장은 "해외에서 검증된 핀테크 사업 모델을 분석해 전략적 맞춤형 규제 완화도 함께 추진할 것"이라면서 "모험 자본의 핀테크 투자 활성화와 우리 핀테크 산업의 해외진출을 지원해 글로벌 시장을 확대하겠다"고 말했다.

또한 "최근 글로벌 컨설팅 회사인 어니스트앤영의 조사에 따르면 우리나라 핀테크 도입 지수는 2017년 32%에서 올해 67%로 두 배 이상 상승해 핀테크 선진국인 영국(71%)과 비슷한 수준"이라며 "앞으로도 정부는 금융회사와 핀테크 기업이 꾸준히 소통해 핀테크 활성화를 위해 다양하고 혁신적인 정책을 적극적으로 추진하겠다"고 언급했다.

DGB 피움랩은 DGB금융지주가 자회사인 대구은행에 마련한 핀테크 랩으로써, 핀테크 기업이 혁신 아이디어를 상용화하기까지 사업성 검토, 법률 상담, 자금 조달 등을 지원하는 전담 조직이다.

DGB 피움랩은 국내 금융권 핀테크 랩 8개 가운데 서울 이외 지역에 처음으로 설립됐다.

해당 입주 기업에는 사무공간 무상제공 및 각종 성장 프로그램 지원 외에 오는 2023년까지 20억원을 직접 투자하고, 올해부터 오는 2021년까지는 혁신 기업을 대상으로 436억원을 투자한다.

최 위원장은 "평소 핀테크 생태계 구축이 서울 등 수도권 지역 위주로 진행되는 것 같아 아쉬움이 있었다"라며 "DGB 피움랩을 통해 지역기반의 핀테크 생태계를 조성해 매우 뜻 깊게 생각하며 대구·경북 지역 혁신 생태계의 단단한 고리가 되길 바란다"고 말했다.

(자료: 팩트인뉴스 2019년 6월 21일자)

참고문헌

OECD(2018), OECD Health at a Glance, [online]. Available at http://www.oecd.org/els/health-systems/health-data.htm [접속일: 2018년 7월 18일].

강상목(2005), 중국환경규제와 지역별 효과분석: 환경규제, 기술효율, 생산성의 관계, 국제지역연구 9(3), 714-734.

개성공업지구관리위원회(2016), 개성공단 연혁 [online]. Available at https://www.kidmac.or.kr/kor/contents.do?menuNo=100143 [접속일: 2018년 7월 18일].

경향비즈, 세계적 아웃도어 신발업체 '트렉스타' 국내 복귀… 남는 게 없는 '중국 공장' 토종기업의 'U턴', 2014년 9월 30일자.

국민일보, 성호실업, 톈진에 '트렉스타' 제2공장 설립, 2000년 8월 8일자.

국민일보, 중국 롯데마트, 현지 유통기업 우메이에 매각..중국철수 신호탄, 2018년 4월 26일자.

국제신문, 트렉스타, 중국 공장 팔고 23년 만에 부산 유턴, 2017년 4월 30일자.

김경은(1998), 한국 신발산업의 對중국 직접 투자에 관한 연구: 현지 생산경영상의 문제점을 중심으로, 동아대학교 석사학위 청구논문.

김영훈(2004), 한국 온라인 게임 산업의 중국시장 진출전략 연구, 중앙대학교 석사학위 청구논문.

김윤희, 정도숙(2017), 중국 환경규제 강화와 대응방안, KOCHI 자료 17-013, 코트라.

뉴데일리경제, 정부, 스마트시티 해외진출 지원… 5천억 펀드 등 주도권 확나서, 2019년 7월 8일자. [online]. Available at http://biz.newdaily.co.kr/site/data/html/2019/07/08/2019070800086.html (접속일: 2019년 7월 8일)

뉴스핌, '추적60분' 무너진 '베트남 드림'…한국기업들, 빈손으로 다시 돌아온 이유는?, 2015년 12월 16일자.

동아일보, 롯데, 해외 백화점에 이어 중국 마트도 대규모 손실, 2011년 11월 6일자.

류지수(2010), 국내 온라인 게임 산업의 해외시장 진입전략, 영남대학교 석사학위 청구논문.

매일경제, 부산신발의 쇄락은 노동쟁의와 바이어 탈락이 원인, 2002년 11월 7일자.

매일경제, 트렉스타 자본잠식 위기…투자유치로 돌파구 모색, 2018년 4월 19일.

머니투데이, 김정호 렌종대표 "中 현지화 완료", 2005년 7월 23일자.

머니투데이, NHN의 실패와 중국 게임의 역공, 2010년 11월 5일자.

머니투데이, 수출하는 의사 박인출 "'병원수출' 마지막 기회", 2010년 12월 1일자.

박병일(2017), "글로벌경영 사례100", 시대가치.

백외숙(2017), 해외진출기업의 국내복귀 결정요인 사례연구: 부산지역 신발제조업 중심으로, 동아대학교 국제전문대학원 박사학위 청구논문.

보건복지부(2017), 한중 보건장관 보건의료협력 분야 MOU 개정 체결 및 '암 정복 협력 강화' 논의, [online]. Available at http://www.mohw.go.kr/react/al/sal0301vw.jsp?PAR_MENU_ID=04&MENU_ID=0403&CONT_SEQ=343159&page=1 [접속일: 2017년 7월 18일].

부산일보, 5년간 61개사 국내 유턴… 87% "인건비 상승 탓", 2019년 7월 7일자. [online]. Available at http://mobile.busan.com/view/busan/view.php?code=20190707185705281112#cb

(접속일: 2019년 7월 8일).
비즈니스와치, 텐센트, 매출 18조 파워, 2016년 3월 22일자. [online]. Available at http://news.bizwatch.co.kr/article/market/2016/03/21/0026 [접속일: 2018년 7월 16일].
사하단(2013), 다국적 유통기업의 중국시장 진출 전략에 관한 연구, 인천대학교 석사학위 청구논문.
서민교, 박병일(2013), "글로벌경영", 서울경제경영출판사.
서창배(2006), 중국의 외국자본 규제 강화와 한국기업의 대중(對中)투자 최근 트렌드에 관한 소고, 한중사회과학연구 8: 1-16.
연합뉴스, 트렉스타, 베이징박람회 대상 수상, 2003년 3월 3일자, [online]. Available at http://news.naver.com/main/read.nhn?mode=LSD&mid=sec&sid1=101&oid=001&aid=0001984915 [접속일: 2017년 7월 7일].
외교통상부(2002), 중국 문화컨텐츠 시장의 발전과 우리기업의 진출 전략, 외교통상부.
원영호(2007), 북한 경제개혁 조치와 개성공단 개발의 성공 방안에 관한 연구, 연세대학교 행정대학원 석사학위 청구논문.
이데일리, NHN 中해홍과 전략제휴…합작법인 설립, 2004년 4월 9일자.
이원규(2002), 사업방식과 경쟁전략, 조직능력 축적: 부산 지역 신발제조업체의 경쟁력 원천, 고려대학교 박사학위 청구논문.
이장원, 이창휘, 김성훈, 윤문희(2008), 중국 노사관계 변화와 중국 진출 한국기업의 실태 연구, 연구보고서 2008-02, 한국노동연구원.
이치훈(2018), 중국의 외국인직접투자 변화 및 시사점, Issue Analysis, 국제금융센터.
이투데이, 중국시장 롯데마트 웃고, 이마트 울고, 2013년 5월 20일자.
장혜지, 박기안, 김찬경(2005), 해외직접투자의 성과요인에 관한 연구: 중국 진출 한국기업을 중심으로, 국제경영연구 16(3): 27-64.
정설정(2013), 중국 기업소득세법의 개정이 한국기업 중국투자에 미치는 영향, 숭실대학교 석사학위 청구논문.
조선비즈, 국내 아웃도어 中 시장 공략 잰걸음, 2012년 3월 6일자.
조선비즈, 롯데마트, 중 상하이 점포 74개 리췬그룹에 매각, 2018년 5월 11일자.
조세일보, 코너에 몰린 중국 현지법인 철수전략 마련 절실, 2018년 2월 27일자.
조우석(2013), 글로벌 신발산업의 현황과 국내신발산업의 해외시장 진출전략, 동아대학교 석사학위 청구논문.
조욱정(2010), 환경규제가 중국 제조업 생산성에 미치는 파급효과, 인하대학교 석사학위 청구논문.
조유현(2017), 개성공단 투자기업의 경영성과요인분석과 새로운 운영모델에 관한 연구, 숭실대학교 박사학위 청구논문.
중앙일보, [장세정의 직격 인터뷰] 유턴한 신발 기업들, 꽃피는 '부산의 봄'을 다시 만들까, 2018년 3월 23일자.
지디넷코리아, 中 게임서비스 제재정책…국내게임사 '움찔', 2010년 1월 26일자, [online]. Available at http://www.zdnet.co.kr/news/news_view.asp?artice_id=20100126092901&type=det&re=zdk [접속일: 2018년 7월 17일]
차은정(2011), 중국 온라인 게임 산업 정책 연구, 중앙대학교 석사학위 청구논문.

최혁준(2005), 한국 온라인 게임업체의 중국시장 진입전략, 창업정보학회지 8(4): 1-19.
파이낸셜뉴스, "대국굴기 ③ 중국의 신산업전략, 2010년 8월 4일자.
파이낸셜뉴스, 트렉스타-中 대형 유통기업 손잡았다, 2014년 1월 27일자.
코트라(2014), 베트남 정수기 부품(액체, 기체용 여과기 포함) 시장동향, 코트라 해외시장뉴스.
코트라(2017), 2018 베트남 진출전략, 코트라 해외시장뉴스.
코트라(2018), 베트남 물 시장을 잡아라, 코트라 해외시장뉴스.
팩트인뉴스, 최종구 "핀테크 기업 '글로벌 유니콘'으로 육성"… 혁신기업에 436억 투자, 2019년 6월 21일자. [online]. Available at http://www.factinnews.co.kr/news/newsview.php?ncode=1065602740789901 (접속일: 2019년 7월 8일).
하병기(2010), 한국 해외직접투자의 추이 및 구조적 특징, ISSUE PAPER 2010-265, 산업연구원.
한국경제, NHN, 中 게임사업 철수…아워게임 지분 전량 매각, 2010년 10월 28일자.
한국경제, NHN 합작법인 '아워게임' 中증시 상장 가능성 높아, 2007년 5월 21일자.
한국관광공사(2016), 한국 의료관광 마케팅: 한국 의료관광의 현재와 미래, 한국관광공사.
한국콘텐츠진흥원(2010), 중국 게임 비즈니스 기본 법령 가이드북, 한국콘텐츠진흥원.
한국콘텐츠진흥원(2011), 중국 콘텐츠산업 규제정책 종합보고서, 한국콘텐츠진흥원.
한재진(2016), 현안과 과제: 중국의 대 한국 보호무역 현황과 시사점, 16-28호, 현대경제연구원.
홍유수, 김상욱(2008), 중국의 경영환경 변화와 대중국 투자 중소기업의 대응방안, 뉴브리지 연구 08-02, 중소기업연구원.
헤럴드경제, 대륙 외자기업, 갈수록 설 땅 좁아진다, 2011년 11월 21일자.
헤럴드경제, 베이징 시, 최초로 외자기업 최저임금 설정. 중국기업의 1.5배, 2011년 4월 5일자.

PART 03

국제경영전략

해외시장 선택과 진입전략

사례 8-1 **해외시장 선택과 진입전략**

사례 8-2 **미국시장에서의 SK텔레콤 사례**: SK텔레콤의 굴욕 … 미국 투자 잇따라 실패

사례 8-3 **말레이시아 시장에서의 CJ푸드빌(뚜레쥬르) 사례**: CJ푸드빌(뚜레쥬르), 해외시장을 너무 쉽게 봤나?

사례 8-1 중국시장에서의 카페베네 사례: 카페베네 중국 진출했다가 쪽박

1. 기업의 연혁

카페베네는 2008년 4월 서울 천호동에 1호점을 출시한 이래, 국내에서 무서운 속도로 점포수를 늘려간 커피 체인점이다. 한때 카페베네의 성공사례를 담은 하버드경영대학원의 논문도 발표되었고, 유명 기업사례를 싣는 전문학술지에 카페베네가 이름을 올리는 등 국내 커피전문점의 신화로 불릴 정도로 크게 성공을 거두는 듯 했다. 그러나 2008년 서울 천호동에 카페베네 1호점을 낸 지 10년 만에 2018년 1월 기업회생절차를 신청했다. 이렇게 승승장구하던 카페베네가 몰락한 이유는 무엇이었을까?

이미 국내에서는 스타벅스나 커피빈 등 외국계 프랜차이즈 커피전문점이 활성화되고 있을 때, 국내 브랜드로서의 자부심을 되찾겠다는 포부를 가지고 당시 '마이다스의 손'으로 불리던 김선권 대표가 런칭한 브랜드가 카페베네다. 김 대표는 카페베네 사업을 시작하기 전 오락실과 요식업계에서 이미 엄청난 성공을 거둔 사업가였다. 설립 초창기에는 외국계 커피 브랜드의 강력한 브랜드 파워로 인해 다소 고전하는 듯했으나, 적극적인 마케팅을 통해 단기간 엄청난 속도로 점포수를 늘려나갔다. '싸이더스 HQ'라는 엔터테인먼트사와 제휴를 맺어 소속 연예인들을 광고 모델로 쓰고, 당시 인기리에 방영중인 드라마 '시크릿 가든'과 '지붕 뚫고 하이킥'에 PPL을 시행하는 등 국내에서 인지도를 쌓기 위해, 국내 커피 브랜드가 전례에 볼 수 없었던 다소 공격적인 마케팅을 추진하였다. 이 외에도 카페베네를 중심으로 한 사업 다각화를 추구함으로써 사업 분야를 더 확장했다. 레스토랑인 블랙스미스, 베이커리인 마인츠돔이 바로 그것들이다.

2012년에는 해외로 진출하여 커피시장의 독보적 1인자인 스타벅스의 본고장, 미국을 첫 번째 타깃으로, 이후 중국, 사우디아라비아, 일본, 필리핀 등 12개국에 진출했다. 2012년까지 승승장구하던 카페베네는 해외로 진출하는 시점부터 서서히 국내외적으로 매출이 감소하기 시작했다. 미국 진출 초반에는 미국인들의 기

호에 맞는 신메뉴를 개발하거나 인테리어를 수정하는 등의 노력을 기울여 비교적 성공을 거두는 듯했으나, "우후죽순으로 점포수를 늘리는 데에만 급급하고 커피 전문점으로서의 포지셔닝이 제대로 이루어지지 않는다"는 성적표를 받아들었다. 특히 해외진출 국가 중 중국 내 사업 확장에 집중했는데, 2014년에는 중국에만 매장 수를 600여 개까지 늘렸고 초반에는 어느 정도의 성과를 거두는 듯했으나, 해가 갈수록 국내외적으로 전체적인 브랜드 관리에 실패해 결국엔 기업회생절차라는 결과를 초래했다. 본 사례는 이러한 카페베네의 몰락과 원인을 동사가 집중했던 중국시장에 포커스를 두고 살펴보고자 한다.

2. 카페베네의 중국 진출 요인

1) 악화된 카페베네의 국내실적

카페베네는 2013년 영업이익률이 3분기 말 1.4%로 지난 2010년 14.6% 대비 무려 13.2%나 하락했다. 이 시점 카페베네는 사업 다각화의 측면에서 블랙스미스 등 문어발식 사업 확장으로 실적 성과가 더욱 하락한 것이라고 평가된다. 이

그림 8-1 카페베네 실적 현황

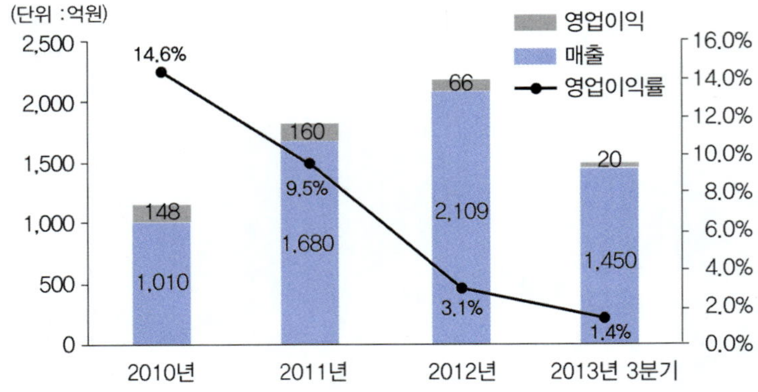

자료: CEO스코어데일리, 카페베네 김선권 대표는 과연 이 위기를 탈출할 수 있을까?, 2014년 3월 24일자. [online] Available at http://www.ceoscoredaily.com/news/article.html?no=5565 [접속일: 2018년 7월 23일].

와중에 초기 진출했던 미국에서 공격적으로 점포를 확장하겠다는 전략이 상황을 더욱 악화시켰다. 결국 카페베네는 국내에서 매장 수를 늘리는 것보다 질적으로 다양성을 높이는 전략으로 내실 경영에 주력하기로 했다. 반면 처음 시장 진출 시 3년에서 5년 동안은 가맹점주를 모집하기 위해 적자를 볼 수밖에 없는 구조라고 판단하고 해외에서는 국내와 달리 좀 더 과감하게 매장을 늘려 미래 성장 동력을 확보하고자 했다. 이와 같은 의사결정 하에, 그리고 국내에서는 성장세 증가를 기대하기 어려운 시점에 도달함에 따라, 카페베네는 시장잠재력이 큰 중국시장에 눈을 돌리게 된다.

2) 중국의 지속적인 경제성장 및 커피 프랜차이즈 시장의 성장

카페베네가 중국에 진출하려고 하던 시점인 2012년에 중국은 미국에 이어 전 세계 2위의 GDP 규모를 달성하며 미국을 잇는 최고의 소비국으로서의 위상을 보여주었다. 즉, 중국시장은 2008년부터 꾸준한 GDP의 상승세를 시현함으로써 카페베네는 이곳에서 펼칠 수 있는 커피 전문점의 성장가능성을 통해 손실을 만회하려고 했던 것이다. 또한 중국에서는 때마침 커피 소비시장에서 커피 판매액이 빠르게 팽창함과 동시에, 이에 발맞춰 커피 전문점 프랜차이즈 시장 역시 폭

〈표 8-1〉 각 국별 GDP 규모(2012년)

순위	국가	GDP(단위: 10억)	미국 대비 %
1	미 국	15,609.70	100%
2	중 국	7,991.74	51%
3	일 본	5,981.00	38%
4	독 일	3,478.77	22%
5	프 랑 스	2,712.03	17%
6	영 국	2,452.69	16%
7	브 라 질	2,449.76	16%
8	이 탈 리 아	2,066.93	13%
9	러 시 아	2,021.90	13%
10	캐 나 다	1,804.58	12%
11	인 도	1,779.28	11%
12	호 주	1,585.96	10%
13	스 페 인	1,397.78	9%
14	멕 시 코	1,207.82	8%
15	한 국	1,163.53	7%

자료: IMF

발적으로 늘어나고 있었다. 이는 GDP의 상승이 가져온 사치품 시장의 안정적인 확대로 여겨졌던 바, 기존 고급 소비라는 인식이 강했던 커피 또한, 중국인들의 생활수준 향상 및 여가 소비수요 확대에 따라 커피에 대한 선호도도 급속도로 증가했다. 이러한 성장세와 더불어, 유명 시트콤과 드라마에서 PPL을 활용한 것이 한국에서 톡톡히 효과를 누렸듯이, 중국시장에서도 한류의 힘이 긍정적으로 작용하여 성과를 견인할 것이라고 생각했다.

3. 카페베네의 중국 진출 전략 및 성과

1) 중국 진출 전략

카페베네는 2012년 4월 북경 왕징점을 시작으로 올림픽공원, 중관촌을 오픈하며 점차적으로 중국시장에서 사세(社勢)를 확대해 나갔다. 미국에 이어 두 번째로 진출한 시장이었기에 오랜 시간 검토와 철저한 사전준비를 통해 안착을 도모하였다. 원두 및 부자재 등을 한국 본사에서 제공받아 초기 시설투자에 대한 부담 비용을 낮추었고, 국내 전문 인력이 현지에 파견되어 각 매장을 원활하게 했다는 것이 카페베네의 전언이다.

카페베네는 중국에 진출할 당시 중국의 현지기업인 중치투자그룹과 50:50 합작법인을 설립하는 승부수를 띄웠다. 중치투자그룹과의 협력을 통해 중국의 주요 은행으로부터 사업성과에 따라 3,000억 원 이상의 자금을 투자받은 것으로 알려졌다. 계약 당시 합작사 초기 자본금은 100억 원이었으며, 카페베네가 절반의 지분을 보유함으로써 로열티도 절반씩 나눠 갖는 구조로 시작하였고, 독립 프랜차이즈 가맹방식으로 운영했다(즉, 직접 가맹점을 모집하기보다는 현지 파트너와 합작법인을 만들어 체인점을 설치하는 방식으로 중국시장에 진출했다). 이는 장소 선정이나 설비구입, 개점 준비와 직원 연수에 이르는 주요 의사결정을 제외하고 매장관리를 비롯해 식재료를 구입하는 것들은 가맹점주에게 맡기는 방식이다. 가맹점 위주의 운영은 초기 사업실패율이 낮으며, 소액 자본 및 무경험으로도 쉽게 시작할 수 있다는 장점이 있는 반면, 본사와 가맹점 간의 갈등 조정이 어렵고, 매장 간 통일성이 결여된 운영이 이루어질 수 있다는 단점이 있다. 이는 한국에서도 기존에 많이 쓰였던 방식으로, 커피 프랜차이즈 전문점이 공격적으로 국내외적으로 점포수를 늘려, 보다 빨리 인지도를 쌓고 브랜드 이미지를 제고시키는 효율적인 방법이다.

카페베네는 이러한 이점을 이용하여 점포 개설 희망자에게서 가맹비 50만 위안(한화 약 9,000만원)을 받아낸 직원에게 2만 7,000위안(약 500만원)의 보너스를 지급하는 인센티브 제도를 운영하여 외형 확장을 더욱 촉진시켰다.

중국 내에 진출한 외국계 커피 프랜차이즈 전문점 중 가장 강력한 경쟁후보인 스타벅스와의 비교를 통해 카페베네의 진출 전략을 살펴보면, 스타벅스의 주요 타깃과 매장 입점위치에 있어서 카페베네는 상당히 유사한 면이 있다. 카페베네 역시 중국 내에서도 1인당 GDP가 가장 높고 부유층이 많이 거주하는 베이징과 상하이 그리고 광저우를 중심으로 매장을 오픈했다. 다만 스타벅스가 테이크-아웃(take-out) 중심의 중소형 매장의 순수직영 방식으로 다가갔다면, 카페베네는 앉아서 휴식을 취하고 공간적 활용을 최대한 누릴 수 있게 대형 매장 위주의 전략을 추구했다.

한편 2012년 한국에서 실적이 저조해지기 시작할 때쯤, 카페베네는 내실을 강화하기 위한 방편의 일환으로, R&D 센터를 설립하였으며, 이를 통해 메뉴의 다양화와 인테리어 구성의 개선에 노력을 기울였다. 그러나 중국시장에서는 중국 현지인들의 기호에 대한 초기 시장조사가 조금 부족했던 탓인지, 국내에서 판매했던 메뉴를 그대로 가져다 중국 내 카페베네에 적용했다. 즉, 카페베네가 주로 판매했던 아이스크림, 빙수, 와플, 오곡라떼, 요거트와 각종 디저트 등에 큰 변화를 주지 않고 메뉴에 포함시켰다. 이러한 메뉴와 함께, 기존에 진출해 있던 커피 전문점의 커피 가격과 많은 차이가 발생하지 않을 정도로 비슷한 가격을 소비자에게 제안하되, 프리미엄 디저트를 주 포지셔닝 전략으로 내세운 만큼 디저트 메뉴는 다소 높은 가격으로 판매하는 방식을 취했다.

그렇다면 본격적인 홍보는 어떻게 했을까? 처음 한국에서부터 연예 기획사와 제휴를 맺어 소속 연예인을 홍보 모델로 기용했던 만큼, 한류의 영향권에 있는 중국에서도 동일한 스타 마케팅을 적용했다. 중국시장에 적합하다고 생각하는 한류 스타인 한예슬, 장혁, 장근석을 섭외해 홍보 모델로 고용했다. 아무래도 중국 현지인들에게 그나마 익숙하고 친근하며 인기 있는 홍보 모델을 고용해야 인지도와 브랜드 이미지 구축을 더 신속히 진척시킬 수 있기 때문이었다.

2) 중국 진출 성과

그렇게 진출한 지 3년이 채 안되어 중국에서 큰 위기를 맞았다. 중국 부동산 신문 영상망은 2014년 12월 17일 “카페베네가 경영부실로 중국 전역에서 매장들이 폐업하고 있다”며 “임금과 가맹점주에 대한 계약위반 등 문제가 발생하고 있다”고 보도했다. 또한 카페베네의 가장 큰 주주 2명은 중국시장에서 완전 철수했다고 덧붙였다. 양적 팽창을 추구하여 가맹점은 비록 빠른 속도로 늘었지만, 지원 유통망이나 관리조직은 제대로 갖추지 못했고, 이 때문에 커피 원두나 여러 식재료가 제대로 공급되지 않아 영업에 차질을 빚는 매장이 속출했다. 엎친 데 덮친 격으로, 상하이 인테리어 업체에 공사대금 605만 위안(약 10억 5,600만원)을 미지급한 것이 화근이 되어 카페베네의 부실경영 등이 구설수에 올랐다. 이 당시 카페베네 본사는 중국 합작법인으로부터 받아야 할 재료비를 지원받지 못

그림 8-2 카페베네 실적(연결) 현황

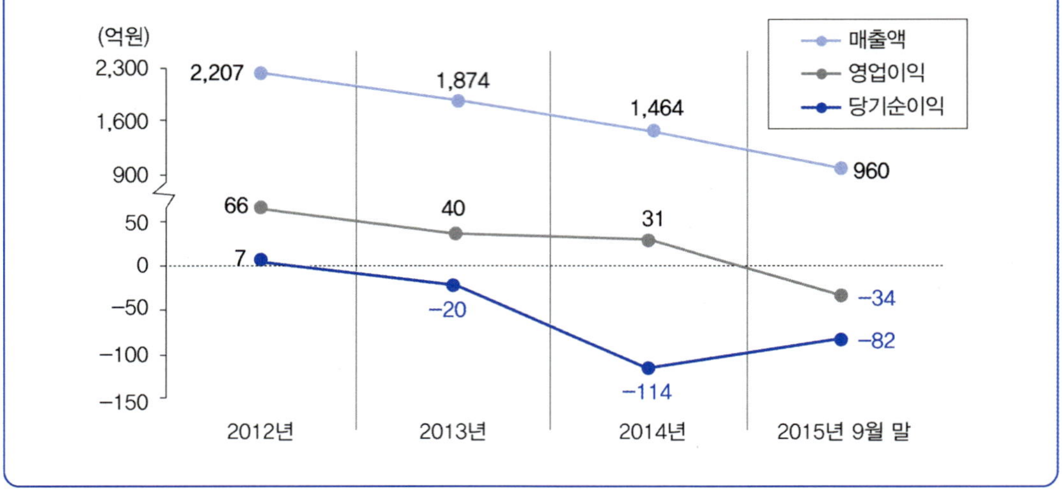

자료: 스카이데일리, 무너진 토종커피 신화, 2017년 5월 9일자, [online] Available at http://www.skyedaily.com/news/news_view.html?ID=56566 [접속일: 2018년 7월 23일].

하고 있던 상황이었고, 재료비 체납이 이어지자 카페베네 본사는 2015년 3월부터 중국 합작법인에 원두 등 재료 공급을 중단했다. 기본적인 재료공급이 이뤄지지 않다 보니 중국 전역에서 가맹점 수가 크게 줄고, 폐업하는 매장들이 점차 늘었으며, 한인 사회에선 유동성 위기설이 돌기 시작했다. 카페베네 중국법인에서 근무한 한 중국인 직원은 "2014년 12월 월급을 올 2월에야 받았다"며 "그 많던 돈이 다 어디로 갔는지 직원들이 의아해했다"고 전했다.

국내 다음으로 가장 많은 매장 수를 보유한 중국에서의 이러한 위기는 자연스레 전체 카페베네의 실적을 하락시켰다. 2015년까지 매장 수를 1,000개까지 늘리겠다는 당찬 포부는 사라졌고, 폐업, 법정 소송 등 해결해야 할 잡음만이 남았다는 악평을 받았다. 매장 수에 연연하다 보니 리스크 관리가 제대로 이루어지지 않았다. 급기야 합작사와의 주도권 싸움에서도 밀려나면서 2013년에는 합작법인 대표가 한국인에서 중치투자그룹 측 인사로 바뀌어 본사의 통제력을 상실했다. 중국 법인이 재정난에 시달리는 동안 가맹 점주들이 아무런 통제를 받지 않고 마음대로 경쟁 프랜차이즈의 빙수 제품을 똑같이 베끼는 것도 모자라, 카페 내에서 라면, 돈까스 등 무관한 메뉴들을 우후죽순으로 판매했다. 운영권이 완전히 중치투자그룹에 넘어가 통제력이 미치지 않음에 따라 이를 어떻게 해결할 수도 없었다.

전문가들에 의하면, 처음 중국시장 진출 시부터 파트너 선정이 잘못 이루어졌음은 물론, 합작투자 형식으로 진입함으로써 자금난을 겪을 때 국내 본사가 위기에 적절히 대응하는데 장애로 작용했다고 평가하고 있으며, 결국 사업부진 및 손실이 계속되자 2018년 1월 국내에서 기업회생절차를 신청하게 되는 결과에 이른다.

4. 카페베네의 중국 진출 실패 이유

1) 잘못된 합작법인 파트너의 선정

중국의 중치투자그룹과 50:50의 합작형태로 진출한 전략은 초기 자금조달의 부담을 줄이고 좀 더 빨리 외형적으로 확장할 수 있는 계기가 될 것이라는 기대를 가지게 했다. 하지만 이 투자그룹은 부동산 등을 전문으로 하는 기업이며, 이전에 어떠한 프랜차이즈나 커피전문점을 대상으로 영업한 경험이 없었다. 주요 경쟁대상으로 삼았던 스타벅스와의 비교를 예로 들면, 스타벅스는 초기에 현지화 전략을 면밀히 분석해 원두에 대한 자금 조달에 이르기까지 현지에서 운영하는 방식을 택했다.

중국은 원두에 높은 관세를 부과하기 때문에 현지에서 원두를 조달 받을 수 있다면 가격을 대폭 낮출 수 있다. 다라서 중국 내에서 제일 우수한 원두 생산지인 원난성에 생산기지를 설립하고, 직영으로 영업활동을 진행하되, 유동적인 현지화 전략을 구사하여 소비자들에게 다가갔다. 이는 초기 자금 조달에 급급해 해당 시장의 특수성과는 전혀 무관한 투자그룹과 합작법인을 설립한 카페베네와는 사뭇 대조적이다. 특히 합작 형태로 진출한 것 자체가 패착이라는 진단도 나온다. 베이징의 한 한국인 사업가는 “중국 측 파트너를 통제하기란 사실상 불가능에 가깝다”며 “현대차 같은 글로벌 기업을 빼면 합작으로 성공한 한국 회사는 거의 없다”고 설명했다. 설령 현지에서 합작법인을 설립할 기업을 모색하더라도, 중국 내에서 인력 운영, 교육 정책, 표준화 등에 있어서 선진화된 업체나 행정절차의 처리가 쉬운 국영기업을 대상으로 했더라면 위기가 닥치더라도 비교적 손쉽게 만회했을 수도 있었을 것이다.

2) 독립 프랜차이즈 가맹위주의 매장 운영방식

카페베네가 채택한 운영방식은 진입장벽이 낮아 초기 해외진출 사업 당시 목표로 했던 매장 수를 늘리기에는 매우 적합하지만, 매장의 내구적인 질(質)의 유지라는 측면에서는 엄청난 리스크를 동반한다. 특히 초반에 진출할 때만큼은 현지 국가 소비자들에게 확실한 브랜드 이미지를 심어주는 것이 중요한데, 독립 프랜차이즈 계약 방식은 본사로부터 통제받는 표준화와 규격화의 과정이 결여되어 있어 통일된 서비스와 품질을 포함한 인력관리 등 전체적인 고객 만족도가 떨어질 수밖에 없다. 또한 한국에서 로스팅한 원두를 중국으로 유통시키는 방법은 원두에 대한 관세가 높은 중국에서 퀄리티 높은 커피 맛을 유지시키기에 비용이나 질적인 면 모두에서 손실을 초래했다.

프리미엄 디저트를 위주로 제품 포지셔닝을 한 카페베네가 ① 가맹점 위주로 영업하면서 초래되는 위생성과 ② 서비스 품질에 대한 불량을 초래하는 모순성을 지니는 것은 잘못된 계약방식에서 비롯된 것이라 할 수 있다. 특히 가맹점의 남발은 제대로 된 브랜드에 대한 관리 실패를 낳았고, 일관되고 맛있는 커피를 제공해야하는 프랜차이즈의 기본조차 지키지 못하게 되었다. 매장에 따라 커피 맛이 다르고 커피를 만드는 프로세스를 제대로 지키지 않고 만든 커피는 커피 질을 마구 떨어뜨렸다.

3) 포지셔닝의 실패

애초에 카페베네는 베이징이나 상하이, 광저우 등에 거주하는 부유층을 타깃으로 하려는 포지셔닝을 취했으나, 커피전문점으로서의 포지셔닝이 어정쩡했다. 즉, 스타벅스는 확실한 차별화 전략으로 프리미엄 이미지를 구축했고, 카페베네는 스타벅스를 타깃으로 했음에도 맛과 가격에서 높은 점수를 받지 못했다. 즉, 프리미엄과 저가 시장 중 어떠한 고객층도 만족시키지 못하는 결과를 낳았다. 또한 메뉴개발에 있어서도 현지화의 고려 없이 기존 한국에서 쓰던 레시피를 그대로 가져다 적용하였다. 같은 아시아권이라도 소비자 기호에 있어서 한국과 중국 사이에는 엄청난 차이가 있었다. 이는 현지 특성에 맞춰 라인업을 확대하고 현지 문화가 녹아든 매장 분위기를 연출한 스타벅스와 여러모로 비교가 된다. 더불어 양적 성장에만 치중하다 보니 질적 개선, 매장 관리, 상표가치 유지에 실패함으로써 이러한 일련의 요소들이 포지셔닝의 실패를 가속화시켰다.

질문

1. 합작을 통한 중국시장 진출이 올바른 선택지가 아니었다면, 어떠한 진입전략을 사용하는 것이 실패 가능성을 최소화할 수 있는 방법이었을 것으로 생각하는가?
2. 여러분이 제시한 1번 질문에 대한 답을 제외하고, 만약 여러분들이 카페베네의 최고 의사결정권자라면, 최초 중국시장 진출 시 어떻게 다른 영업방식을 구사했을 것으로 여겨지는지 종합적인 전략을 제안하시오.
3. 이미 포화단계에 다다른 국내 시장을 대신할 타깃으로 중국 진출을 단행했던 바, 중국 외에 집중했어야 할 다른 해외시장을 추천하고, 동 시장을 대안으로 제시한 이유를 설득력 있게 설명하시오.

사례 8-2 미국시장에서의 SK텔레콤 사례: SK텔레콤의 굴욕…미국투자 잇따라 실패

SK텔레콤을 비롯한, 주요 국내 통신서비스 사업자는 내수시장의 발전과 포화에 따른 새로운 시장개척을 위해 해외진출을 적극적으로 모색해야 하는 상황에 맞닥뜨렸다고 볼 수 있다. 일반적으로 수출을 중심으로 하는 해외지향기업 단계에 들어서면서 기업의 실질적인 국제화가 시작된다고 볼 수 있는데, 국내 시장을 지향하는 기업에서 해외지향 기업 단계로 이전하는 과정에서 해외시장 진출을 고민하게 되는 바, 이 기업은 필연적으로 '어느 국가 및 시장으로 진출할 것인가?', '어떤 방식을 통해 해당 국가/시장에 진출할 것인가?' 하는 문제에 대한 의사결정에 직면한다. 특히 해외시장에 진입하려 하는 국내 통신서비스 사업자의 경우, 그 기업의 재무적 여건이 허락하는 범위 내에서 유사한 사업 환경을 지니

고 있는 시장에 진입하는 방안을 고민해 볼 필요가 있다. 또한 다른 해외 통신서비스 사업자들과의 현지시장 학습경쟁에서 뒤쳐지지 않으려면, 현지 시장정보를 습득하기 위해 가장 적합한 진입방식을 선택해야 한다.

최근에 미국, 베트남, 남미, 몽골, 중국, 동유럽 등을 중심으로 이동통신 서비스에 대한 수요가 급증하고 있으며, 인터넷 보급이 확대되면서 거의 대부분의 국가에서 초고속인터넷 서비스에 대한 수요가 증가하고 있는 상황이다. 몽골, 중국, 베트남 등 시장경제 체제를 부분적으로 도입한 신흥시장 국가에서는 IT산업을 경제성장의 주요한 모멘텀(momentum)으로 고려하고 있다. 최근 들어 추가로, 차이나텔레콤, 차이나넷콤 등, 2개의 신규 사업자가 3G 시장에 진입할 것으로 예측되고 있다. 중국은 2002년에 전 세계 생산량 중 27%에 해당하는 1억 1,000만 대의 이동단말기를 생산했었고, 2008년에는 이 비율이 급증해서 46%에 육박할 것으로 본다. 더불어 몽골, 베트남도 이동통신 시장에 관한 정부, 업계의 관심이 증가하는 추세이다. 하지만 이 국가들의 초고속인터넷 서비스에 대한 관심은 아직 이동통신 서비스 수준에는 못 미치는 상황이다.

이들과 달리, SK텔레콤은 세계 최초로 CDMA 방식의 2G 이동전화 서비스를 상용화한 국내 통신기업으로, 국내 최초로 고객관계관리(CRM) 측면에서 데이터베이스 마케팅을 실시함은 물론, 일대일 마케팅, 매스(mass) 마케팅, 세분 시장 마케팅, 그리고 역(逆)마케팅 등 다양한 방식을 통해 CRM을 성공적으로 이뤘던 경험을 보유한 통신기업이다. 이렇듯 전도유망한 무선통신기업인 SK텔레콤이 왜 해외무대에서는 연이은 고배를 마셨을까?

동사(同社)는 미국 및 중국과 같은 여러 해외시장에 안착하기 위해 10여 년 동안 노력해왔지만 대부분 실패하고 말았다. 국내에서는 우수한 성적을 거두고 있는 SK텔레콤이 해외시장에서 연이어 실패하는 이유로는 해외시장에 대한 이해부족과 함께 과감한 재정적인 투자가 뒷받침 되지 않았기 때문이다. 아이러니컬하게도, 동 기업 스스로 이동통신사업에 거점을 두고 있음에도, 엄청난 투자가 요망되는 통신망사업의 특징을 제대로 이해하지 못한 반면, 실적을 빨리 내고 싶어 하는 욕심 때문에 실패했다고 전문가들은 말한다. 세부적으로는 서비스업인 통신사업을 해외에 수출할 수 있는 '마인드 부재'와 현지 통신시장에 대한 사전 조사 부족이 원인으로 분석된다. 면밀한 해외시장에 대한 조사 없이 한국에서 하던 사업방식을 그대로 해외에 적용하는가 하면 해외진출 시기와 투자처 확보에도 문제가 많았다. 실제로 부도위기에 몰렸던 미국 라이트스퀘어드는 LTE 사업(차세대 이동통신 서비스)을 하면서 기대를 모았지만 SK텔레콤은 이 업체로 인해 투자금 6,000만 달러를 날릴 위기를 겪었다. 투자했던 회사가 2년 만에 자금난을 겪고 있는 것은 투자 전 실사단계에서 사업의 실패 가능성에 대해 제대로 분석하지 않았다는 것을 유추할 수 있다.

게다가 해외사업에 가장 중요한 요인인 절박함이 없었다는 것도 실패의 원인으로 여겨진다. 국내의 온라인 게임기업들은 일본, 유럽, 중국, 미국 등 대부분의 국가에서 서비스를 진행하고 있었다. 그 과정에서 해외진출 초반에는 6개월 이상 본사 직원들이 현지에 체류하면서까지 시장과 서비스방식 등을 철저히 분석해야 했었다. 이는 게임업체의 특성상 회사규모가 크지 않기에 해외사업 실패에 대한 리스크 부담을 최소화하고[1)] 성공 가능성을 높이기 위함이다. 그렇지만 국내에서 막대한 수익을 쌓고 있는 SK텔레콤 입장에서는 해외에서 꼭 성공해야 한다는 생각 없이 안일하게 임했다. 실제 통신업계 관계자는 "SK텔레콤처럼 국내 지배적 사업자의 경우 해외사업에서 실패해 몇 백, 몇 천억 원 정도의 손실이 나도 국내 시장에서 통신요금을 조금만 올리면 1~2년 안에 모두 회수할 수 있기

1) 규모가 크지 않은 기업에게 있어 사업 실패는 치명적이 될 수 있다.

때문에 처음부터 해외사업에 대한 절박감이 부족한 것이 사실"이라고 말했다.

SK텔레콤이 진행한 사업 중에 시장에 대한 제대로 된 분석 없이 덤벼들었던 대표적인 사례가 미국에서 2006년에 서비스를 시작했던 일명 '힐리오' 사업이다. 힐리오(Helio)는 SK텔레콤이 2005년 미국에서 만든 이동통신 서비스 기업으로, 스프린트 넥스텔 망을 사용하여 2006년부터 상용서비스를 제공하였고, 가상이동망 사업자인 어스링크(EarthLink)와 공동으로 총 44억 달러를 투자하여 설립되었다. 힐리오 사업의 장점은 한국으로 저렴한 통화 서비스 제공이 가능하고, 별도의 로밍비용 없이 문자 및 MMS가 제공된다는 점이었다. 또한 한국과 SK텔레콤 망의 로밍서비스를 통해 음성서비스 이용이 가능했었다. 이렇듯 많은 투자를 시행했음에도 불구하고, 실적이 기대에 미치지 못하자, SK텔레콤이 버진 모바일 지분의 17%를 보유하고 2대 주주가 되는 조건으로 힐리오를 동사(同社, 즉 버진 모바일)로 넘기고 만다. 이후 2009년 11월에 버진 모바일은 스프린트 넥스텔에 다시 합병되었고, 2009년 2월 Ocean2를 마지막으로 신규 단말서비스를 출시하지 않았다. 연이어서 2009년 11월에는 앤서링 서비스, 12월에는 싸이월드 서비스를 중단하고, 2010년 5월 25일에 힐리오 망을 이용한 서비스 전체가 중단되고 말았다.

힐리오 실패의 원인으로는 때마침 불어온 경기침체 상황에서 고가의 서비스가 적절치 않았던 것도 원인이라고 볼 수 있으나, SK텔레콤만의 서비스와 운영방식을 미국에 그대로 적용한 것이 주요 실패요인이라고 할 수 있다. 그리고 초기에 발생한 과도한 영업망 및 시스템 투자 등으로 인해 많은 비용을 지출한 것에 비해서 최신식 단말기도 없는 여건에서 고가의 서비스를 제공했으므로 조기에 경영위기가 오게 되었다고 볼 수 있다. 이로 인해 사업 초년기부터 이미 철수검토를 수차례 했었다. 게다가 힐리오 사업 당시 불법행위 혐의가 발생하기도 했다. SK텔레콤 협력사가 미국법인을 통해 현지 딜러에게 돈을 주었던 사건인데, 경쟁 통신사의 유통·대리점 관리정책과 가격정책, 고객관리 노하우 등을 구입하는 것이 목적이었다. 이 사건에서 불법행위 가담을 거부한 협력회사의 임원은 해고가 되었다. 나중에 이 임원은 복직투쟁을 위해 FBI 등에 사건을 접수하기도 했었던 바, 결국 이 사건은 SK텔레콤이 미국 힐리오 사업을 포기하게 되는 요인 중 하나가 되었다.

비즈니스 관계에서는 뇌물이 금기시 되어 있는 미국시장에서 이런 일을 저지른 것은 업계 사이에서 꽤 큰 충격을 주었다. 업계의 한 관계자는 "기대만큼 성과가 안 나오다보니 이런 일이 벌어졌고 SK텔레콤이 해외에서 단기간 내에 승부를 보려는 조급함이 오히려 실패의 요인으로 작용하고 있다"고 말했다. 이러한 이유로 2년 만에 접은 SK텔레콤과 어스링크의 '헬리오'라는 이름의 조인트 벤처와 미국의 시티은행과 협력하려다가 헬리오 사업과 함께 접은 '모바일 머니 벤쳐스' 프로젝트 모두 SK텔레콤의 기업 가치를 훼손시킨 규모가 큰 실패사례였다. SK텔레콤의 미주법인인 SKT Holdings Americas Inc.는 실제로 매년 100억 원 가량의 손실이 발생되었다고 한다.

SK텔레콤의 미국 진출 실패사례를 통해 통신사업의 해외시장 선택과 진입방법에 대한 몇 가지 시사점을 얻을 수 있다. 비즈니스 모델은 누구(Whom)에게, 무엇(What)을, 어떻게(How) 팔 것인가와 관련된 체계로서, 통신서비스 사업자가 성공적인 해외진출을 달성하려면 올바른 목표시장 선정, 상품화 방안 및 진입방식 선택 등이 타당성 있게 고려되어야 한다. 해당 국가의 전략적 중요성과 현지국의 환경 등에 부합한 목표시장의 선정 및 글로벌 시장 포트폴리오 구축도 요구된다.

또한 시장 상황과 산업 특성을 고려하여 수익성과 성장성을 확보할 수 있는 상품화 방안 및 진입방식을 선택할 필요성도 있다. 통신기업의 목표시장 선정 시 통신서비스의 보급률은 낮지만 잠재력과 환경이 양호한 국가들은 경쟁과 시장성 등을 고려해 볼 때 단기적 유망시장으로 분류되고, 시장을 진출할 때 전략적 몰입을 통해 초기 시장선점 전략이 필요하다. 통신서비스 보급률이 낮은데다가 전반적인 환경과 성장 잠재력 역시 열악한 국가들은 국가적 차원의 관계망 구축, 투자재원 조달 등의 한계가 존재해 장기적 접근이 요구되며, 정부 간의 지원·협력 가능성에 대한 검토가 있어야 한다. 생활환경과 보급률 모두 좋은 국가들에 대해서는 경쟁상황을 고려하여 틈새시장을 공략하고 현지 사업자와의 제휴 등 선별적인 접근 전략을 세워야 한다. 해외 통신기업이 그러한 것처럼, 통신서비스의 특성상 지역 집중에 따른 시너지를 확보하기 위해 전략적으로 특정 지역을 집중 공략해야 한다.

장기적으로는 지역 집중에 따른 시너지를 고려하지만, 시장성숙도에 따라 성장시장(emerging market)과 성숙시장(mature market)에 대한 올바른 투자를 수행하는 비즈니스 전략이 바람직하다. 상품화 방안 및 진입방식 선택 시에는 기업의 역량과 자원 측면에서 경쟁우위가 있는 분야를 상품화함과 더불어 장기적인 수익원 확보를 위한 전략적인 접근이 요구된다. 현재 해외 사업자들은 통신망 구축, 운영과 고객관리 측면의 노하우에 많은 관심을 보이고 있는 추세이기 때문에, 이런 분야에 대한 컨설팅 제공, 솔루션 수출, 교육사업 등이 해외진출 상품화 대신으로 주목받고, 시장의 요구 및 경쟁우위 측면에서 이러한 분야가 일차적인 상품화 대상이 될 수 있다. 그렇지만 이러한 노하우 전수만으로 구성된 비즈니스 모델이 해외진출에 따른 리스크를 최소화하는 것은 가능하지만, 일회적인 사업에 그쳐 장기적으로 수익원이 되지 못할 가능성이 높다.

한편 진입방식에 따른 장단점과 경쟁우위의 지속성을 고려해 볼 때, 현지 사업자와의 전략적 제휴를 통해 지분투자, 공동운영 등 보다 적극적인 전략들이 검토되어져야 한다. 경쟁우위의 지속성이 그다지 높지 않은 상황에서 보다 장기적인 수익원을 확보하기 위해서는 컨설팅 제공, 기술이전, 솔루션 수출 등 수출형태의 진입방식보다는 지분투자 형태의 진입방식을 주로 활성화하는 것이 필요하다. 당연히 현지 경영에 대한 기초적인 지식과 경험 없이 해외시장에 공격적으로 진출하는 것은 큰 리스크를 갖고 있기 때문에 해외진출 초기에는 비교적 단순한 형태의 진입방식으로부터 단계적으로 확대해 나가는 것이 좋다. 결론적으로, 일부 시장에서 비교적 위험성이 적은 진입방식을 통해 해외사업의 지식과 경험을 확보해나가고, 이를 바탕으로 사업 환경이 유사한 복수의 전략적 시장에 높은 수익성을 확보할 수 있는 공격적인 진입방식을 활용하는 것이 유리할 것으로 여겨진다.

통신사업과 같은 분야에 있어서는, 각 국가의 정부 정책도 살펴봐야 한다. 통신서비스 기업의 특성상, 정부의 역할이 결정적이므로, 해외진출 기업에 대한 지원을 위해서는 정부차원의 협력·교류가 더욱 활성화되어야 한다. 많은 국가에서 통신서비스 산업은 기간산업의 특성을 갖고 있어서 정부의 강력한 지원과 보호 아래에 규제된다. 현재까지의 국내 통신사업자 해외진출 사례들을 봤을 때 정부간 정보통신 협력관계 논의가 시장진출의 직접적인 계기가 된 경우가 많음을 알 수 있다. 이러한 관점에서 각국의 정보·통신관련 기관은 민관합동 시장개척단 파견, IT 기술 · 정책자문단 활동, 세계 IT 협력 공동체 구축 및 국제기구 활동 등을 계획해 정부 간 교류가 더욱 강화될 수 있는 전략을 짜야 한다. SK텔레콤의 사례에서 보는 바와 같이, 해외시장에서의 사업전개에는 상당한 제약조건이 있으며, 이를 어떻게 해결할 것인지가 사업의 성패를 좌우한다. 이러한 활동들의 효과를 높이려면 해외진출 추진 기업의 리스크와 전략 방향을 장기적인 견지에서 이해하고, 이를 현지국 정부의 니즈에 비추어 고려함으로써 상호 협력을 위해 이를 적극적으로 사업에 반영하는 것이 바람직하다. 또한 정부의 해외진출 지원 방안에 대한 검토와 실효성 있는 제고방안이 다양한 방법으로 분석되어야 한다.

내수시장과 비교하면, 해외시장에 진출했을 때 기업들은 필연적으로 보다 많은 리스크에 노출되고, 다양한 진입장벽에 직면하여 외국인 비용(liability of foreignness)을 지불할 수밖에 없다. 이러한 해외진출에 따른 다양한 리스크들은 해외진출 기업이 모두 감당하기에는 무리가 있기에 결국 국내 기업들의 해외진출이 위축될 가능성이 있다. 따라서 정부에서는 이를 완화하기 위해 해외시장 공동조사를 기획하고, 관련 지식인들의 해외진출 타당성 조사에 대한 지원을 강화해야 하며, EDCF(Economic Development Cooperation Fund), KGIF(Korea Global IT Fund) 등을 활용한 해외투자 재원조달 지원 확대에 더욱 큰 관심을 가져야 할 것이다. 최근 한국전자통신연구원은 자체적인 실증연구를 통해, 한국을 포함한 2개국 이상이 투자펀드를 공동으로 결성하고, 이를 양국 기업 간 합작법인에 투자하는 해외진출 모델을 제시한 바 있다. 이는 원활한 재원 조달과 더불어 호의적인 규제 환경 조성이라는 측면에서도 유용할 것으로 여겨진다. 정부 지도 하에 추진 중인 개발도상국 정보화를 지원하는 다양한 사업들은 원래의 취지 범위 안에서 국내 기업의 해외시장 진입을 촉진할 수 있도록 기획된다면 기업의 국제화를 위해 효과적일 것이다. 그러므로 현재 정부가 주도하고 있는 해외진출관련 위원회 및 협상은 한층 더 세밀하게 발전해야 될 필요가 있으며, 구체적인 운영에 있어서도 비슷한 분야 기업끼리의 협력보다는 SI, 콘텐츠, 솔루션, 서비스 등 다양한 분야의 기업들이 서로 도와가는 컨소시엄 형태가 더욱 유연하게 활성화될 수 있도록 정부의 부단한 노력이 요망된다.

질문

1. 국내에서는 마이다스의 손으로 불리는 SK텔레콤이 유독 해외시장에서는 '마이너스의 손'이 되는 이유는 무엇이라고 생각하는가?
2. 이러한 실수를 반복하지 않기 위해 SK텔레콤에게 제시하고 싶은 조언을 나열해 보시오.
3. SK텔레콤을 위해 가장 최선의 해외시장과 진입전략을 제시하고, 그 이유를 설명하시오.
4. 상기 사례 안에는 정부에 대한 다양한 제언도 적시되어있다. 이외에도, SK텔레콤의 사례를 기반으로, 정부에게 제안하고 싶은 시사점을 제공하시오.

사례 8-3 말레이시아 시장에서의 CJ푸드빌(뚜레쥬르) 사례: CJ푸드빌(뚜레쥬르), 해외시장을 너무 쉽게 봤나?

CJ그룹 계열의 외식서비스를 제공하는 CJ푸드빌은 2000년, CJ제일제당의 외식 사업부에서 독립하여 출범하였다. CJ푸드빌은 서양식 음식점업, 식품 서비스업, 기타 가공식품 도매업 등을 사업 내용으로 하며, 산하에 베이커리 브랜드인 뚜레쥬르, 스테이크하우스 브랜드인 빕스, 디저트 및 카페 브랜드인 투썸플레이스, 한국 전통음식 뷔페인 계절밥상과 그 외 차이나팩토리, 콜드스톤, 씨푸드오션 등의 외식 브랜드를 런칭하였다. CJ푸드빌은 뚜레쥬르가 한국산업고객만족도(KCSI) 5년 연속 1위를 수상하고, 빕스가 국가브랜드경쟁력지수(NBCI) 1위에 선정되는 등 한국 국민들에게 사랑받으며 외식서비스부분 국내 1위 기업의 자리를 지키고 있다. 푸드빌은 Food(음식)와 Village(마을)의 합성어로, 한 마을에 사는 가족들과 이웃들이 단란한 식사공간을 통해 행복과 사랑을 나누듯이 편안하고 부담 없이 즐길 수 있는 가족 레스토랑을 지향한다는 의미가 담겨 있으며, 이것은 푸드빌이 외식공간을 통해 고객들에게 가족 이상의 감동 서비스를 전달하고자 하는 강한 의지의 표현이기도 하다. CJ푸드빌은 현재 한국 토종 외식 브랜드 비비고(Bibigo)를 비롯하여 13개의 독자 브랜드를 개발하여 운영 중이며 2016년에는 1조 2,500억, 2017년에는 1조 2,600억의 매출을 올렸다.

그 중 베이커리 전문 프랜차이즈 브랜드인 '뚜레쥬르(Tous Les Jours)'는 1997년 한국 1호점을 오픈한 이후, 2008년에 1,000호점을 돌파하였고, 2004년 4월 미주 1호점 오픈을 시작으로 중국, 베트남, 말레이시아, 인도네시아 등 해외시장에 진출하여 사업 확장에 박차를 가하고 있다. 뚜레쥬르란, 프랑스어로 '매일매일'이라는 뜻으로, 매일 소비자들에게 신선한 빵을 공급 및 서비스하겠다는 CJ푸드빌의 의지를 엿볼 수 있다. 특히 지난 2017년 5월, 뚜레쥬르는 인도네시아 수도 자카르타의 수카르노하타 국제공항에 300번째 해외 매장을 오픈하며, 인도네시아 내 유일한 한국 베이커리 브랜드의 명성을 이어가고 있다. 특히 뚜레쥬르는 철저한 시장조사를 통해 최근 인도네시아의 소비 트렌드인 '웰빙'과 '서양식' 식생활 관련 메뉴를 개발 및 판매하여 좋은 반응을 얻고 있다. 인도네시아 뚜레쥬르 인기 메뉴로는 '한국식 단팥빵'이 있는데, 인도네시아는 인구의 90% 가까운 국민이 이슬람교를 믿기 때문에 이슬람 교리상 술과 담배를 즐기지 않고 강한 단맛을 선호하는 경향이 있는 점에 착안해, 한국식 단팥빵에 단맛을 더해 높은 판매량을 기록하고 있다. 또한 이슬람 식품에 필수인 할랄 인증을 받아 신뢰도를 높였으며, 인도네시아 전용 할랄식품 브랜드인 '마마수카'를 런칭하기도 하였다. 해가 떠있는 기간에는 식사를 할 수 없는 '라마단' 기간에는 바나나, 푸딩 등을 판매하여 시즌 전용 메뉴를 선보였다. 이러한 현지화 전략으로 브랜드 가치를 인정받아 인도네시아 최대 규모인 자카르타 수카르노하타 국제공항을 포함한 인도네시아 3대 공항에 입점하였다.

또한 뚜레쥬르는 2007년, 베트남 시장에 진출하여 큰 성공을 거두었다. CJ푸드빌은 베트남이 역사적으로 프랑스의 식민지였기 때문에 빵을 주식으로 먹는 문화가 남아있어 높은 시장 확대 가능성을 보고 진출하였으나, 로컬 베이커리들

지역 내 명소로 자리 잡은 뚜레쥬르 호치민 칸호이점

의 선전으로 인해 진출 초기에는 자리 잡기가 쉽지 않았다. 그러나 뚜레쥬르는 당시 베트남에서는 볼 수 없었던 '한국식 서비스 마인드'를 마케팅 전략으로 사용하여 시장을 공략했다. 베트남은 오래된 공급자 위주 시장이었기 때문에, 프랜차이즈 기업임에도 서비스 마인드에 대한 필요성을 느끼지 못했는데, 뚜레쥬르는 이를 역이용하여 대리 주차 서비스, 인사 서비스 등을 도입하였다. 또한 마일리지와 멤버십 제도를 베트남에 최초로 도입함으로써 고객들에게 뚜레쥬르가 프리미엄 베이커리임을 인식시켰다. 현재 뚜레쥬르는 베트남 내에서 모든 빵을 매일 매장에서 직접 구워내는 유일한 프랜차이즈로서 타 프랜차이즈 베이커리 기업들과 차별화된 경쟁력을 갖고 있다.

뚜레쥬르는 해외 매장 중 50% 이상이 중국에 있을 정도로 중국시장 또한 중요시하고 있다. 북경, 상해, 천진, 웨이하이, 쑤저우, 광저우 각각 6개의 주요 도시에 직영 매장을 운영하고 있고, 그 외 11개의 성(省) 및 자치구에서 현지 기업과 파트너십을 맺어 마스터 프랜차이즈(MF)형태로 가맹점을 운영하고 있다. 이러한 방식은 직영과 프랜차이즈 파트너십을 적절히 배분하여 현지 파트너사에게 적당한 역량을 이전하면서 빠르게 매장 확대를 도모하는 방식이라고 평가된다. 또한 현지인들의 입맛을 고려하여 양념한 돼지고기, 닭고기, 생선 등을 말린 후 분말 형태로 만들어 만든 빵인 '육송빵'이 인기를 얻고 있다.

그러나 글로벌 외식서비스 기업을 꿈꾸는 CJ푸드빌의 이러한 해외시장 진출 전망이 현재로서는 그다지 밝아 보이지만은 않는다. CJ푸드빌은 해외 법인의 계속되는 적자 누적과 국내 기업 결손금 누적으로 점차 상황이 악화되고 있는 추세이다. 2012년 본격적인 해외 매장 확대를 발표한 이후, 그 해에 378억 원의 영업손실을 기록하였으며 최근까지도 만성 적자를 이어나가고 있다. 특히 지난 2005년 중국시장에 진출해 뚜레쥬르와 더불어 커피 및 카페 브랜드인 투썸플레이스,

외식 브랜드 비비고를 앞세워 점포를 확대하고 있지만, 주력으로 밀고 있는 중국 법인의 연이은 적자로 인해 사업 확장에 고전을 면치 못하고 있다.

이러한 해외진출 실패 중 최근 눈여겨 볼 곳은 뚜레쥬르의 말레이시아 시장 철수이다. 뚜레쥬르는 2010년 MF(마스터 프랜차이즈) 형태로 말레이시아에 진출하였으며, 이후 7년간 5개의 점포를 개점하였다. 그러나 이러한 투자에도 불구하고 말레이시아 진출 사업은 수 년째 성과를 내지 못해 철수를 결정하였다. CJ 푸드빌은 이에 대해 완전 철수가 아니며 재도약을 위한 사업정비 차원이라고 선을 그었으나, 유망 시장에 집중하고자 하는 회사 차원의 전략 상 가까운 시일 내에 재진출 하리라고는 생각하기 어렵다.

말레이시아 시장은 세계에서 손꼽히는 한류 인기 시장이다. 지난 2002년 말레이시아 지상파 방송국 TV3에서 방영된 한국 드라마 '겨울연가'가 히트를 친 이후, '가을동화', '꽃보다 남자', '대장금' 등이 지상파 방송을 통해 방영되었다. 이로 인해 외국 문화로서는 이례적일 만큼 유독 한국 문화는 말레이시아에서 큰 호응을 받고 있으며 또한 계속해서 성장하는 추세이다. 코트라(KOTRA) 쿠알라룸푸르 무역관 자료에 따르면, 한류 열풍을 등에 업고 한국의 음식 역시 현지 소비자들의 주목을 끌고 있는 바, 다양한 음식 중에서도 특히 식음료 사업(F&B)이 큰 가능성을 보이고 있다. 드라마를 통해 전파된 한국 음식에 대한 동경이 한국 식당 및 레스토랑에 대한 수요 증가로 이어지고 있는 것으로 보인다. 일반 식당과 프랜차이즈의 구분 없이 한국 식당은 주요 도시를 거점으로 확산되는 경향을 보이고 있고, 이 때문에 현지 인구 대비 한국 식당의 수는 동남아에서 가장 높은 비율로 증가하고 있는 상황이다.

또한 각종 현지 백화점이나 대형 할인매장에서 매년 실시하는 'Korean Fair'라는 판촉 행사를 통해 경쟁적으로 한국 음식 마케팅에 동참하고 있어 음식 한류의 인기를 실감할 수 있다. 동남아시아를 포함한 여타 다양한 국가의 시장에서 성공 경험이 있는 CJ푸드빌 및 뚜레쥬르가 이러한 말레이시아 시장에서 수 년간의 적자로 인해 시장철수를 결정했다는 소식은 다소 의아하게 들릴 수 있다.

뚜레쥬르의 말레이시아 시장 진출 실패 이유는 비교적 간단하다. 무엇보다도 MF(마스터 프랜차이즈) 형태로 진입했던 전략이 최선이 아니었던 듯하다. 마스터 프랜차이즈는 프랜차이저(Franchisor)가 브랜드, 시스템, 노하우 등을 제공하

TOUS les JOURS

DEAR GUESTS:

Unfortunately Tous les Jours Malaysia
will be closing down for good on Thursday May 25th 2017.
We would like to thank you
for your on going support over the last few years.
Together we have created some good memories.
Thank you and Good Bye!
- 사랑해요 -

From: Tous les Jours Malaysia Team

뚜레쥬르 말레이시아 매장 영업종료 안내문

고, 현지 운영사인 프랜차이지(Franchisee)는 투자와 운영을 담당하여 프랜차이저의 시스템을 독점적으로 사용할 권리를 갖으며, 그에 따른 수수료와 로열티를 제공하는 방식을 말한다. 상대적으로 적은 비용 및 리스크로 해외진출을 할 수 있고, 라이선싱보다 통제가 용이하다는 점에서 장점을 갖지만, 이익이 제한되며 품질 자체에 대한 통제가 어려움은 물론, 세부적인 전략 조정이 불가능하다는 점에서 단점을 갖는다.

CJ푸드빌은 이미 비슷한 동남아 시장들(베트남, 인도네시아 등)에서 성공을 거둔 경험이 있기 때문에 시장 선택 및 기업전략 결정 과정에서 실패의 원인을 찾기는 힘들다. 단지 베트남, 인도네시아와 같은 진출 성공 국가들은 직접투자를 통해 진출하였으며, 말레이시아, 필리핀, 캄보디아와 같은 매출액 저조 국가는 프랜차이즈 방식을 이용하여 진출했다는 차이가 존재할 뿐이다. 물론 마스터 프랜차이즈 방식 자체에 치명적인 문제가 있는 것은 아니다. 프랜차이징을 통해 해외시장에 진출하고자 할 때는 무엇보다 계약을 이행하여 실질적으로 재화와 서비스를 제공할 파트너사를 잘 선정해야 한다. 프랜차이저가 아무리 유명한 브랜드와 훌륭한 시스템을 가지고 있다고 하더라도 이를 이행할 파트너사의 능력이 떨어지면 경쟁력이 떨어진다. CJ푸드빌은 MF방식으로 진출했기 때문에 시장철수로 인해 야기된 큰 손해는 없지만, 말레이시아 현지 프랜차이즈 파트너사가 계약 의무를 성실히 이행하지 못해 계약을 종료함으로써 브랜드 이미지를 훼손하는 결과를 초래하고 말았다.

질문

1. 코트라가 발표하는 해외시장 뉴스에 의하면, 말레이시아를 성장하는 프랜차이즈 시장이라고 소개하고 있다. 만일 그렇다면, CJ푸드빌이 말레이시아에서 동일한 진입전략을 사용하고도 실패한 이유는 어디에 있다고 생각하는가?
2. 또한 프랜차이즈라는 진입전략의 사용이 다소 적절하지 않았다면, 어떠한 방법으로 진출하는 것이 나았다고 여겨지며, 그 이유는 무엇인가?
3. CJ푸드빌은 뚜레쥬르 외에도 '투썸플레이스'나 CJ제일제당과의 합작 한식 브랜드인 '비비고'와 같은 다양한 브랜드가 해외시장에 적극적으로 진출하고자 노력하고 있다. 뚜레쥬르의 말레이시아 시장 실패를 토대로 이들의 타깃 시장에 대한 제안을 포함하여 다양한 시사점을 제시하시오.

토의자료 8-1

"韓 해외투자, 낮은 임금 찾아 '베트남'에 몰렸다"

'저임금'의 혜택을 얻기 위해 이뤄졌던 한국의 아시아 지역 해외직접투자가 중국을 넘어 아세안, 특히 베트남 지역으로 몰리고 있는 것으로 나타났다.

현대경제연구원은 12일 '한국의 해외직접투자 특징과 시사점: 중국과 주요 아시아 신흥국 비교'라는 제목의 보고서에서 "한국의 해외 직접투자에서 최근 아세안(ASEAN)·인도에 대한 투자가 중국을 추월하는 양상이 나타나고 있다고 밝혔다.

연구원에 따르면 한국의 해외직접투자 금액은 2016년부터 빠른 속도로 증가해 지난해 498억 달러로 사상 최고치를 기록했다. 특히 아세안·인도에 대한 투자금액은 2010년 중국을 앞지른 뒤 증가세를 보이며 지난해 72억 달러로 역시 역대 최대치를 갱신했다.

연구원은 중국과 아시아 신흥국 중 최근 10년간 한국이 직접투자를 많이 한 상위 5개국(베트남, 인도네시아, 인도, 말레이시아, 미얀마)을 대상으로 최근 5년(2014년~2018년)과 이전 5년(2009년~2013)의 투자 내용을 비교했다.

비교 결과 신흥국 중 베트남에 대한 투자액이 이전 5년 47억 달러에서 최근 5년 108억 달러로 급증하는 모습을 보였다. 투자 비중도 11.9%에서 26.5%로 늘어냈다. 중국 투자액은 같은 기간 191억 달러에서 176억 달러로 줄었다.

베트남에 대한 투자 중에는 '저임금을 활용하려는 목적'의 투자 비중이 압도적으로 증가했다. 이전 5년 한국의 베트남 투자액 중 저임금 활용 목적의 투자 비중은 30.1%였지만 최근 5년 62.6%로 늘었다.

중국의 경우 최저임금이 높아지면서 저임금 활용 목적의 투자 비중이 같은 기간 56.6%에서 19%로 급감하는 모습을 보였다. 지난해 기준 베트남 호치민의 최저임금은 172.8달러로 중국 상하이(365.6달러)나 인도네시아 자카르타(256.1달러)에 비해 낮은 수준을 보였다.

업종별로 보면 중국과 5대 아시아 신흥국의 제조업 분야 투자액은 증가했으나 서비스업의 경우 중국 투자액은 이전 5년간 44억 달러에서 최근 5년간 32억 달러로 감소한 반면 신흥국 투자액은 20억 달러에서 49억 달러로 대폭 늘었다.

한편, 중국 투자기업의 매출액은 2010년~2013년 7,451억 달러에서 2014년~2017년 8,290억 달러로 11.3% 증가했으며 같은 기간 베트남 투자기업의 매출액은 473억 달러에서 1,176억 달러로 148.4% 증가했다.

연구원은 "한국의 해외직접투자가 중국에서 아시아 신흥국으로 확대됨에 따라 투자대상국별 경제와 정책 동향에 대한 모니터링을 강화할 필요가 있다"라며 "한국 기업의 해외시장 진출에 대한 수요가 증대됨에 따라 국가 이미지 제고와 현지 맞춤형 투자 전략 마련 노력이 요구된다"라고 밝혔다.

(자료: 뉴스1, 2019년 5월 12일자)

토의자료 8-2 한국 브랜드의 중국시장 진입 전략

중국에 진출하는 한국 브랜드들은 최근 5년간 많은 실패를 경험했다. 특히 2004년부터 작년까지 5년간은 많은 업체들의 연이은 실패로 향후 중국시장에 진입하려는 타 브랜드들이 중국시장에 대해 두려움마저 느끼고 있다. 본지는 이번 호에 중국 내 기 진출 한국 브랜드의 전문가, 그리고 현지 중국인 유통전문가의 의견을 종합, 향후 한국 브랜드의 성공적인 중국시장 진입방향을 제시하려 한다.

전쟁에서 승리하려면 반드시 탁월한 전략과 적절한 전술구사가 필요하다. 중국시장은 이제 용감한 장수가 반드시 승리하는 시장이 아니다. 이제는 지장(智將)의 지혜와 미래를 보는 안목이 필요하다. 본지는 이번호에 중국시장 한중패션유통가들의 지략을 모아서 공개한다.

- **포인트1 | 상품을 팔지 말고 브랜드의 가치를 올려라**

현재 한국의 최고 패션기업인 한섬의 중국법인장 유준모 총경리는 "한국 브랜드들이 현 시점에서 중국시장 내 필요한 것은 단순 판매매출이 아니라 브랜드 가치 확립이며 저렴한 가격만으로 판매율을 높이는 것은 단기적인 대책에 불과하다. 오히려 가격정책 보다 일관성 있는 상품기획과 마케팅 전략으로 브랜드의 가치를 높이는 것이 중요한 중국시장 공략해법이다"라고 강조했다. 2006년 중국시장에 진입, 이미 5년차인 '시스템'과 'SJSJ'는 현재 매장은 적지만 꾸준히 브랜드 퀄리티를 유지하고 있어 최근 들어 서서히 중국인들에게 브랜드 가치를 인정받기 시작하고 있다.

중국 브랜드의 사례를 보아도 브랜드 가치의 중요성을 인지할 수 있다. 90년대 런칭하여 이미 중국내 최고 여성복 브랜드로 입지를 구축한 'White collar'의 경우 매장 수 확대를 통한 매출 볼륨화 보다는 1선, 2선 핵심도시의 A급 매장 중심으로 매장을 전개, 현재 30여개의 매장만으로도 이미 중국을 넘어 글로벌 브랜드의 입지를 구축하기 위해 도약 중에 있다. 그들은 상품 및 매장 인테리어, 마케팅 등에서 차별화 전략으로 중국의 상류층에게 최고의 가치를 인정받고 있다. 난징 금은백화점 및 우시 팔백반 등 강소성 최고 고급백화점을 중심으로 지역 대리상을 통해 매장을 전개하고 있는 '머스트비' 역시 한국보다는 가격이 높게 형성되어 있으나 A급 점포 입점 및 차별화된 인테리어를 통해 국내의 영밸류 이미지를 탈피하고 중국시장에서는 중고가 브랜드로서 가치를 인정받고 있다. 이랜드 역시 잦은 중국백화점의 세일 요구 속에서도 주요 백화점에서는 1년 중 12월24일 단 하루만 세일을 전개하며 철저하게 정가정책을 고수하고 있다.

가격을 낮추는 것은 상품판매에 도움이 된다. 하지만 단순히 가격을 낮추는 전략 대신 상품의 퀄리티 상승과 적절한 마케팅 등을 통해 브랜드의 가치를 높이는 것이 필요하다.

■ **포인트 2 | 한국 브랜드에 적합한 현지화 시스템 구축**

중국시장에서 향후 성공하기 위해서는 무엇보다도 시스템 구축이 선행되어야 한다. 하지만 한국 브랜드의 현 상황에서 중국에서 성공한 북유럽 SPA브랜드 수준의 소싱 및 유통 시스템을 갖추기는 쉽지 않다. 한국 브랜드의 컨디션에 적합한 시스템을 구축하는 것이 적절하다고 본다. 한국 브랜드가 갖추어야 할 현지화 시스템은 다음과 같다.

중국 내 브랜드 유치전문가인 상해 화해로 백성백화점 조소하 바이어는 "최근 중국백화점에서 한국 브랜드의 매출이 떨어지는 이유는 상품공급 시스템이 가장 큰 요인이다"라고 지적하면서 "이러한 문제점을 해결하지 못하면 중국백화점에서 좋은 평가를 받을 수 없다"고 말했다. 향후 중국 유통시장에서 상품공급과 회전이 늦으면 가능성이 없다는 것이다. 한국 브랜드들은 이제 향후 중국시장 진입 시 원활한 상품공급시스템을 갖추어 상품공급상 문제점을 해소하고 현지기획을 통해 지속적으로 신상품을 회전시키는 것이 선결되어야 한다.

■ **포인트3 | 시장 진입 전 전문컨설팅은 필수적**

현재 중국 패션유통시장에는 성공한 대만기업들이 많이 있다. 그들의 성공요인은 무엇인가? '로베르또' '까메리노', '파코라반' 등 유럽브랜드를 중국시장에 초기 런칭하여 선진유통을 일찍부터 접한 중국 유통전문가 유상위 총경리는 이러한 대만 브랜드의 성공요인이 그들의 철저한 준비에서 기인한다고 언급한다. 그는 "90년대 중국의 현대 패션유통산업의 태동기에 대만 패션유통기업들이 초기 중국시장 진입 시 BCG, 맥킨지 및 대만, 홍콩계 유명 컨설팅 기업을 통해 철저한 시장조사를 하였다"며 "오히려 그들보다 중국 유통시장에 대해 상식이 부족한 한국 패션유통기업들은 왜 이러한 사전준비도 없이 무모하게 중국시장에 뛰어드는지 모르겠다"고 따끔하게 지적했다.

국내 패션업계의 경우 신규브랜드 런칭 시 전문 컨설팅 기관을 통해 소비자 조사부터 경쟁 환경, 유통환경 조사를 실시하고 마케팅 STP와 4P를 수립한다. 또한 그것을 토대로 사업계획서를 작성한다. 유통업계 역시 신규지역 입지선정 시 전문 컨설팅 기관을 통해 신중한 컨설팅 후 입지를 선정한다. 중국시장은 국내시장 보다 더더욱 익숙하지 않은 해외시장이기 때문에 보다 신중한 컨설팅이 필요하다. 이제는 사전준비 없이는 중국시장에서의 성공을 보장받기는 어려울 것이다.

■ **포인트4 | 사람을 얻는 자가 천하를 얻을 수 있다**

중국의 유명 고사 성어 중에 삼고초려라는

용어가 있다. 유비가 제갈량을 얻기 위해 제갈량을 몸소 세 번이나 찾아가서 그를 영입했다는 데서 유래한 고사 성어다. 당시 유비는 이미 제왕의 위치에 있었다. 하지만 그는 천하를 얻기 위해 자신을 낮추고 세 번이나 제갈량을 찾아갔고 결국 그를 얻어 천하를 도모하였다.

중국 패션유통시장은 이제 중국 로컬브랜드는 물론 유럽 및 미국, 일본 등의 선진브랜드와의 치열한 전쟁이 불가피한 레드오션이다. 마치 중국의 전국시대를 연상할 만큼 혼돈의 시기이며 또한 무한한 가능성의 시기이기도 하다. 이러한 시점에서 성공을 의해서는 중국 유통시장에 대해 익숙하며 또한 문제발생 시 해결할 수 있는 전문경영인의 영입이 무엇보다 중요하다. 최근 중국 패션유통시장 역시 유능한 전문경영인을 영입하기 위해 기업들 간 경쟁이 치열하다. 얼마 전 제일모직이 이랜드 법인장 출신인 오기학 전무를 영입, 중국시장 공략에 박차를 가하는 것도 단적인 예일 것이다. 또한 다른 업체들 역시 중국 유통시장에 익숙한 전문경영인을 영입하기 위해 노력 중에 있다.

중국시장에서 성공하기 위해서는 단지 전문경영인만 있어서는 불가능하다. 제갈량의 주변에 많은 유능한 장수들이 있었듯이 우리 패션유통업계 역시 실력 있는 유능한 젊은 인재를 양성하는 것이 필요하다.

많은 기업 CEO가 중국시장 실패의 요인 중 커뮤니케이션의 문제 역시 컸다는 지적을 하고 있다. 이전의 많은 기업들이 소위 조선족이라는 한국교포를 중간에 두고 중국기업들과 비즈니스를 전개하였다. 물론 교포들 중 유능한 인재가 많이 있었다. 하지만 중요한 것은 그들 역시 중국인이며 중국인과 마찬가지로 한국 패션유통시장에 대한 이해가 부족하다는 약점을 가지고 있다. 한국 브랜드를 중국시장에 적절히 포지셔닝하기 위해서는 중국시장에 익숙한 것은 물론 자사브랜드 및 한국시장에 대해서도 익숙한 한중 양방향 전문 인력의 양성이 필요하다.

■ 전략수립 후 적절한 전술을 구사하라

공자, 제갈량과 같은 뛰어난 책략가 주변에는 항상 그의 책략을 적절히 수행할 장수들이 있었다. 그들이 탁월한 전략을 더욱 더 빛나게 만들었다. 향후 중국시장에서 한국 패션유통기업이 성공하기 위해서는 이제 탁월한 전략수립 외에 그러한 전략을 효과적으로 운용하는 전술 포인트가 필요하다. 본지는 중국시장을 진입하는 한국 브랜드들의 향후 전술적 전개방향을 진출방식에 따라 단계별로 제시하여 보았다.

■ 중국 진출 노하우1 | 직접투자 방식의 진출은 약과 독을 함께 가진 양면의 칼

직접투자 방식은 중국 유통시장에 대해 익숙한 브랜드의 경우 운영 및 관리를 잘 한다면 높은 수익을 얻을 수 있다. 하지만 중국 유통시장에 대해 얇은 지식을 가진 업체가 이 방식을 선택할 경우 큰 손실을 볼 수 있다.

그렇기 때문에 현재 중국시장에서 직접투자 방식을 선택하고 있는 업체들은 20% 전후에 불과하다. 이러한 직접투자 방식은 중국시장에 익숙한 로컬 및 홍콩, 대만기업과 사전 중국시장에 대해 충분한 컨설팅 및 테스트마케팅을 거친 글로벌 브랜드들에게 주로 사용되고 있는 방식이다.

한국 브랜드의 경우 90년대 후반부터 많은 브랜드들이 이러한 직접투자 방식으로 중국시장에 진입하였으나 중국 유통시장에 대한 이해부족과 초기 지나치게 많은 자금투입으로 조기에 실패를 경험한 경우가 많았다. 현재 중국 상해에 지사를 두고 중국 사업을 전개하고 있는 대부분의 한국 패션기업들이 직접투자 방식으로 중국시장을 공략하고 있으나 이미 레드오션인 중국시장에서 고전을 거듭하고 있다.

■ **중국 진출 노하우2 | 국제계약 방식으로 리스크 최소화**

국제계약 방식은 중국 유통시장에 대해 익숙하지 않은 기업이 적극 고려해볼 만한 방안이다. 현재 주로 진행되고 있는 국제계약에 의한 진출 방식은 중국 내 법인을 두고 수주를 통해 대리상을 활용하는 방법, 중국현지에 상품수출을 통해 영업을 전개하는 방법, 중국업체에 라이선스나 지역 총판권한을 주어 영업을 대행하게 하는 방법들이 주로 활용되고 있다.

국제계약에 의한 기업 활동 방식은 직접투자에 비해 리스크는 적지만 높은 효율을 기대하기는 쉽지 않다. 로컬 및 홍콩, 대만 브랜드의 경우 중국 내 생산기반을 갖춘 많은 기업들이 이러한 방법을 효과적으로 활용하고 있다. 특히 이들 중 70% 이상은 국제계약 방식으로 리스크를 최소화하면서 동시에 중국 내 볼륨화를 추구하고자 노력하고 있다. 현재 중국 내 많은 매장수를 확보, 외형 면에서 최고의 패션기업의 위치를 차지한 야걸, 보시덩, 샨샨, 치피랑, 리닝 등이 최초 이러한 방법으로 현재의 외형을 구축할 수 있었다. 또한 일부 홍콩 및 대만, 일본, 그리고 유럽의 유명 패션기업들은 현재 중국 내 실력 있는 브랜드 관리기업과의 라이선스 제휴를 통해 효과적으로 매장을 전개하고 있다.

한국 브랜드의 경우 이미 많은 한국기업들이 이러한 방법을 통해 영업을 전개하였으나 현지 파트너 선정의 실패, 양사(兩社) 간 커뮤니케이션상의 문제, 상품 공급상의 문제 등으로 실패를 한 경우가 많았다. 하지만 이러한 문제점을 해소하고 현재 중국 내 대리상을 통해 적절하게 유통망을 전개하고 있는 업체들도 많이 있다. 절강성 항주를 중심으로 매장을 확보하고 있는 '지오지아', 난징을 중심으로 강소성 핵심도시의 주요매장에서 영업을 전개하고 있는 '머스트비' 등이 현재 중국 내 유능한 대리상을 통해 매장을 전개하고 있으며 '톰보이'는 최근 라이선스를 통해 중국 진출 방향을 모색하고 있다.

(자료: 패션저널, 2010년 4월호)

토의자료 8-3

의료기기 수출기업의 해외진출 전략

성공적인 의료기기 해외진출을 위해서는 어떤 준비를 해야 할까. 무엇보다도 진출하고자 하는 지역의 제품인허가(인증)를 획득해야 할 것이다. 다음으로 신뢰를 얻을 수 있는 노력이 지속적으로 진행돼야 하고, 이외에도 사후관리, 문화적인 접근도 중요하다.

인허가는 권역별로 보면 유럽(CE), 미국(FDA), 러시아(GOST-R, TR CU) 등이 대표적이다. 또 각 국가별 인허가 제도를 도입하고 있고 동남아, 중동, 아프리카 등 개별적인 의료기기 인허가 제도가 없는 국가들도 국민의 안전을 위해 인허가 제도를 도입하고 있는 추세다.

이와 더불어 각 인허가 심사도 국제 규격의 상향, 시험검사 강화, 인증 심사시 현장심사를 통한 검증, 임상관련 데이터 확인 등 인허가 등록에 대한 심사는 매년 까다로워지고 있는 상황이다.

1~2등급에 비해서 3~4등급의 인증은 더욱 어려워지고 있으며, 비용과 인증획득에 들어가는 시간이 길어지고 있다. 게다가 심사를 통과하지 못할 경우 재심사를 받아야해 해외진출에 대한 철저한 시장조사와 전략을 수립하여 진행하는 것이 꼭 필요하다.

◇해외진출 시작은 인허가

그렇다면 어느 지역(중동, 미주, 유럽, 아시아, 아프리카 등)에 타깃을 맞추는 것이 효과적일까. 무엇보다도 자사 제품의 인허가 획득에 대한 부분을 검토하는 것이 최우선되어야 한다. 대부분의 바이어는 일단 제품에 관심이 있으면, 가격보다는 인허가를 받았는지를 확인하고, 이후 가격 및 수출국가 등을 문의하기 때문이다. 진출하고자 하는 지역의 인허가를 획득하지 못한 경우 대부분의 바이어는 인허가 획득 후 다시 논의하기를 원하는 것이 일반적이다.

◇바이어 요구사항 파악해야

다음으로 제품의 요구사항에 대한 점검이 필요하다. 각 지역에 따라 제품의 요구사항이 틀릴 수 있다. 국내 제품이 가지는 특징과 해외 바이어가 요구하는 사항이 안 맞는 경우가 있어 이러한 부분을 협의하고 수정해야 한다. 또한 의료기기는 생명을 다루는 기기로 향후 제품의 A/S에 대한 관심이 매우 높고, 제조회사의 존속능력에 대한 평가도 진행돼야 한다.

진출 지역을 선정하고 나면 관련 지역의 바이어 리스트를 확보하는 작업이 필요하다. 신규 바이어를 발굴하기 위한 방안으로 해당 지역의 전시회 참가(유럽 독일 MEDICA, 중동 두바이 Arab Health, 중국 CMEF 및 동남아(싱가포르, 태국), 남미 브라질 Hospitalar 등) 또는 수출컨소시엄, 한국의료기기조합의 인도네시아, 베트남 의료기기 수출지원센터를 활용하는 것도 하나의 방법이다. 또한 한국의료기기공업협동조합이 참가한 전시회의 조합관에 방문한 바이어의 명단을 받아서 활용할 수 있으며, KOTRA 현지 무역관에 의뢰하여 해당 지역의 의료기기 바이어 명단을 확보할 수 있다.

◇의료기기에 신뢰를 얻어 팔아야

상대에게 신뢰를 주는 것도 중요하다. 진출하고자 하는 전략 지역을 선정하고 관련 지역의 해외전시회, 학회의 일정을 확인하고 우리 제품에 맞는 국제 전시회 및 학회를 선정하여야 한다. 또한 전략 지역은 최소 3~5년간은 매년 꾸준히 선정한 전시회 및 학회에 참가하여 관련 지역의 바이어의 신뢰를 확보하는 것이 매우 중요하다. 대부분의 바이어들은 제품을 바로 구매하지 않으며, 원하는 제품을 파악하고 현지 시장조사 및 가격 조사를 실시한 후 제조회사의 역량을 파악한 후 제품의 구매에 나선다.

◇사후관리 확실하게 설명해야

진출 지역의 A/S 방안 및 방법을 구축해야 한다. 진출하고자 하는 지역의 바이어에게 A/S에 관한 설명과 지원을 확실하게 설명하고 방법을 구축 하여야만 구매 의향이 있는 바이어들에게 보다 적극적인 어필이 가능하다. 상담시 A/S정책, 지원방법, 지원체계를 명확하게 안내해야 한다.

◇진출지역 문화코드 이해 중요

진출 지역의 문화와 접근 코드를 이해해야 한다. 진출 지역에 따라 문화적 차이가 많이 있다. 간단한 동작 하나도 우리가 생각하는 것과는 반대의 경우도 있다. 지역을 선정한 후 그 지역의 문화와 인사말 정도는 현지 언어로 이야기 하는 것이 좋다. 현지의 거래 방법, 세금체계, 지급조건 등 현지의 문화에 맞는 거래 조건을 파악하고 접근해야 한다. 각 지역별, 나라별, 수출입 거래에 대한 방법이 틀리기 때문에 현지에서 선호하는 방법과 우리 기업이 받아들일 수 있는 조건에 대해 파악하고 협의를 해 나가야만 거래가 이루어 질 수 있다.

◇잦은 모델 변경 원하지 않아

특히 해외에서는 잦은 모델 변경을 원하지 않는다는 것을 염두에 둘 필요가 있다. 국내는 매년 새로운 제품(또는 모델)을 출시하고 있지만 해외는 10~20년 전 모델도 그대로 사용하고 있는 경우가 많이 있다. 이는 A/S와 허가등록비 절감, 사용자 트레이닝 등의 이유로 현지에서는 잦은 모델 업그레이드(변경)를 원치 않는 것도 감안을 해야 한다. 일예로 한 의료기기 기업은 미국 수의시장(동물용) 진출을 위해 유망전시회를 선정하고 4년간 같은 전시회를 참여하면서 현지바이어들이 요구하는 사항에 대해 파악하고 현지에 맞는 제품을 개발하여 전시회에 참여함으로 다수의 계약을 체결하고 지속적인 거래가 이루어지고 있다.

◇바이어 눈높이 맞출 때 수출길 열릴 것

우리의 제품이 가격, 품질에 대한 경쟁력이 충분하나 현지 사용자의 편의성과 요구사항만 맞춘다면 세계 어느 나라에서든 판매가 가능해 우리가 개발하고 제조하는 제품에 대한 자부심을 가지고 현지 사용자에 맞추어 준다면 보다 쉽게 해외 수출의 길이 열릴 것으로 기대한다.

결론적으로 해외진출을 진행하고자 하는 의료기기 기업은 전략지역의 선정과 꾸준한 해외전시회 및 학회의 참여를 통해 해당지역에 진출하는 것이 중요하다. 누구나 첫술에 배부를 수 없듯이 꾸준한 투자와 끈기를 가지고 해당 지역에 투자를 해야만 성과를 얻을 수 있다.

(자료: 의학신문, 2018년 1월 4일자)

참고문헌

CEO스코어데일리, 카페베네 김선권 대표는 과연 이 위기를 탈출할 수 있을까?, 2014년 3월 24일자. [online]. Available at http://www.ceoscoredaily.com/news/article.html?no=5565 [접속일: 2018년 7월 23일].

CJ Channel (2018), CJ푸드빌 뚜레쥬르, 베트남 新콘셉트 칸호이점 오픈, CJ그룹 공식 블로그 CJ채널, [online]. Available at http://blog.cj.net/2368 [접속일: 2018년 7월 28일].

ETnews, CJ푸드빌 '뚜레쥬르' 말레이시아 사업 재정비, 2017년 5월 28일자, [online]. Available at http://www.etnews.com/20170526000152 [접속일: 2018년 7월 24일].

Louie's Blog, SK텔레콤의 해외진출 야심작 '힐리오' 결국 한인들에게 피해만 남기고 사라지다, 2010년 3월 6일자, [online]. Available http://louieny.tistory.com/77 [접속일: 2018년 7월 23일].

RojakDaily, Tous Les Jours Announces Sudden Closure Of All Outlets In Malaysia, 2017년 5월 25일자, [online]. Available at http://www.rojakdaily.com/lifestyle/article/2542/tous-les-jours-announces-sudden-closure-of-all-outlets-in-malaysia [접속일: 2018년 7월 24일].

SBS 뉴스, 카페베네, 중국 사업 올스톱 위기…왜?, 2015년 8월 4일자, [online]. Available at http://sbscnbc.sbs.co.kr/read.jsp?pmArticleId=10000750070, [접속일: 2018년 7월 23일].

김용철, 권기환, 김범준(2004), 통신서비스 해외시장 진출 사례분석 및 시사점, KISDI 이슈리포트 04-03, 정보통신정책연구원.

뉴스1, "韓 해외투자, 낮은 임금 찾아 '베트남'에 몰렸다", 2019년 5월 12일자. [online]. Available at http://news1.kr/articles/?3619079 (접속일: 2019년 7월 8일).

따오 티쭉하(2010), 한국 프랜차이즈 산업의 베트남시장 진출 전략에 관한 연구, 건국대학교 석사학위 청구논문.

더스쿠프, 카페베네로 본 세가지 실패 방정식, 2018년 1월 26일자, [online]. Available at http://www.thescoop.co.kr/news/articleView.html?idxno=25898 [접속일: 2018년 7월 23일].

디지털타임스, '글로벌?' SKT, 해외 자회사 11곳 모두 적자, 2016년 3월 14일자, [online]. Available at http://www.dt.co.kr/contents.html?article_no=2016031502100151104001 [접속일: 2018년 7월 23일].

매일경제신문, 한국선 가맹사업 성장 힘들어… 더 위험하지만 일단 해외로, 2017년 12월 20일자.

박병일(2017), "글로벌경영 사례100", 시대가치.

복덕규(2014), 코트라 해외시장 뉴스: 말레이시아 한류의 현재와 미래, [online]. Available at http://news.kotra.or.kr/user/globalAllBbs/kotranews/album/2/globalBbsDataAllView.do?dataIdx=136960&column=title&search= [접속일: 2018년 7월 24일].

비즈한국, [차이나 프리즘] 중국인 차에서 커피로…스타벅스 · 카페베네 엇갈린 명암, 2016년 12월 21일자.

서민교, 박병일(2013), "글로벌경영", 서울경제경영출판사.

스카이데일리, 무너진 토종커피 신화, 2017년 5월 9일자, [online]. Available at http://www.skyedaily.com/news/news_view.html?ID=56566 [접속일: 2018년 7월 23일].

왕나(2015), 한국커피 전문점의 중국시장 진출 전략에 관한 연구-카페베네를 중심으로, 우석대학교 석사학위 청구논문.

위키백과(2018), 힐리오, [online]. Available at https://ko.wikipedia.org/wiki/힐리오 [접속일: 2018년 7월 23일].

의학신문, 의료기기 수출기업의 해외진출 전략, 2018년 1월 4일자.

조선비즈, SKT, 해외사업서 헛발질만 하는 이유는…, 2012년 3월 1일자.

차이나머니, 카페베네는 왜 중국에서 실패하고 철수하나, 2015년 3월 10일자.

최욱진(2017), 한국 베이커리 기업의 중국시장 진출 마케팅전략 발전방향 연구, 배재대학교 석사학위 청구논문.

코리아헤럴드, SK텔레콤, 해외사업은 계속 '꽝'인 이유…, 2011년 6월 12일자.

패션저널, 한국 브랜드의 중국시장 진입 전략, 2010년 4월호.

헤럴드경제, CJ푸드빌, 글로벌 사업 삐끗?, 2017년 5월 28일자.

09

전략적 제휴전략

사례 9-1 **삼성SDI의 실패사례**: '실패한 합작' SB리모티브와 그 후유증은 삼성SDI의 몫

사례 9-2 **현대자동차와 프라다의 전략적 제휴**: 명품의 이름으로 달린 실패한 차

사례 9-3 **현대자동차와 다임러 크라이슬러의 전략적 제휴**: 전략적 제휴 4년 만에 결별

사례 9-1 삼성SDI의 실패사례: '실패한 합작' SB리모티브와 그 후유증은 삼성 SDI의 몫

삼성SDI는 1970년 설립되어 진공관을 생산하던 삼성NEC공업에서 출발하여, 1995년 PDP와 2차 전지 신규 사업에 뛰어든 후, 1999년 상호를 삼성SDI(주)로 변경한 삼성그룹의 계열사이다. 2000년대에는 세계 최고 용량의 리튬이온전지 개발, 세계 최초 102인치 Full HD급 PDP 개발, 세계 최고 화질 37인치 PDP 개발, 세계 최초 풀 컬러 OLED 개발, 세계 최초 UFS-LCD 개발, 휴대폰용 LCD 세계 1위 등극 등 다양한 기술 개발 및 사업에서 성공을 거두었다.

삼성SDI의 주요 사업은 에너지 솔루션 사업부문과 디스플레이 사업부문이었으나, 2014년 7월에 제일모직을 흡수합병하면서 PDP사업에서 철수하고 전자재료 사업에 진출했다. 현재 삼성SDI의 사업 분야는 소형 2차 전지 사업, 에너지저장장치(ESS) 사업, 자동차전지 사업 등의 에너지 솔루션 사업부문과, 반도체, 디스플레이 소재 등으로 이뤄진 소재 사업부문으로, 개발부터 생산, 판매까지 사업을 영위하고 있다.

삼성SDI는 최고(Excellence), 고객(Customer), 혁신(Innovation)을 핵심 가치로 설정하여 지속적인 혁신을 통해 차세대 성장 동력을 확보하여 에너지와 첨단 소재의 창조적 선도 기업으로 거듭나고 있다. 특히 1996년에는 국내에서 처음으로 경영혁신의 툴 6σ 기법을 도입하면서 차별화된 품질관리에 투자하였다. 6σ뿐만 아니라 제조생산성 향상, SCM(Supply Chain Management), ERP(Enterprise Resource Planning), 재무혁신, 표준화 등의 활동을 통해 프로세스 혁신에 힘쓰며 기업역량의 지속적인 확장을 추진하였다. 또한 1990년대에 들어서 적극적으로 해외 현지공장 설립을 추진한 결과, 내수보다는 수출에 의한 매출확대에 치중하고 있으며, 현재 중국, 오스트리아, 헝가리, 말레이시아 등에 생산법인을 설립하여 글로벌 생산체제를 갖추고 전 세계에 안정적으로 제품을 공급하고 있다.

해외진출이 한창이던 2008년 9월에 삼성SDI는 세계 1위인 보쉬(BOSCH)의 자동차 부품 기술을 세계 2위인 자사의 2차 전지 관련 노하우와 결합하여 차세대 배터리시장을 선점하고 신기술 개발을 통해 장기 성장 동력을 얻기 위해 각 1,000만 달러씩 투자하여 지분을 50%씩 보유한 합작기업 SB리모티브(SB LiMotive)를 설립한다. 그 당시 자동차시장은 소비자들의 고연비 선호 경향과 세계적 환경규제 강화로 친환경 · 고효율의 그린카로 패러다임이 변하고 있었고, 대체에너지 자원의 확보는 각국의 생존과 직결된 문제로 받아들여지고 있는 중요한 시점이었기 때문에, 이는 얼핏 보기에 완벽한 제휴처럼 보였다. 뿐만 아니라 지속가능성을 강조하는 세계 환경의 변화를 증명하듯 일본의 2차 전지 전문 조사기관인 IIT는 HEV(Hybrid Electric Vehicle)시장이 2015년까지 약 300만대 규모로 10배 가까이 성장할 것이라는 전망을 내놓았고, 그 외 LG화학을 비롯한 여러 업체에서도 HEV시장이 고속으로 성장할 것임을 발표하였다. 따라서 삼성SDI의 배터리 셀 양산 기술과 보쉬의 자동차 시스템 노하우 및 배터리 패킹 기술을 한꺼번에 확보하여 2차 전지시장에서 경쟁우위를 지니게 된 SB리모티브의 성장 역시 확실한 듯 했다. SB리므티브는 HEV 및 전기자동차에 사용되는 리튬이온전지 사업본격화를 발표하고 “보쉬와 삼성의 장점을 극대화하여 세계 최고 기업을 만들자”라고 말하는 공동대표이사 Joachim Peter Fetzer의 의지 아래 성공을 거두기 위해 노력하였다. SB리모티브는 본사를 수원에, 슈투트가르트에 자회사를 설치하고, 본사에서는 배터리 셀 개발 및 리튬이온 셀 생산을 담당했고,

그림 9-1 **HEV 출하량 및 전망**

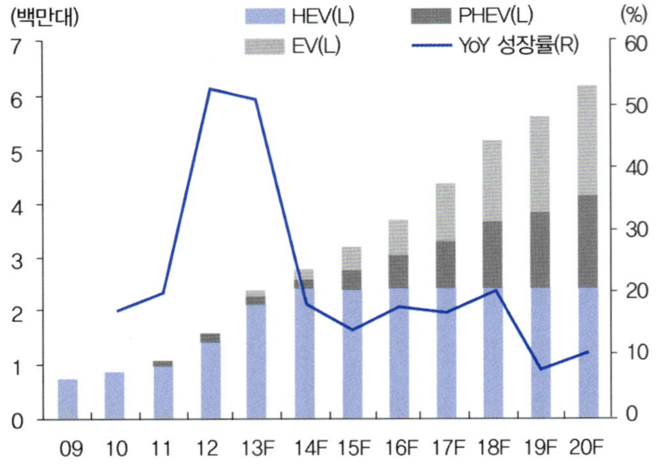

자료: IIT, KDB대우증권 리서치센터.

독일에 위치한 자회사에서는 세일즈·마케팅 및 시스템 엔지니어링 분야를 담당했다.

두 기업의 적극적인 지원과 많은 기대 아래 SB리모티브는 2009년 7월에 미국의 코바시스(Cobasys)를 인수하였다. 코바시스는 자동차용 전지의 특허 및 뛰어난 니켈수소전지 기술을 지니고 있어서 리튬이온전지 기술에 장점이 있던 SB리모티브는 타 전지 분야에서 경쟁력을 확보하였으며 북미시장에도 진출할 수 있는 교두보를 얻게 되었다. SB리모티브는 이어서 세계 최대 명차 브랜드인 BMW가 생산할 전기차종에 2차 전지 납품 계약을 이끌어내는 등 쾌조의 출발을 보였다. 2009년 9월에는 울산의 약 2만8,000㎡ 용지에 첫 번째 2차 전지 생산공장을 설립하면서 삼성SDI와 보쉬는 두 기업의 기술과 노하우의 시너지 효과를 기대하였다. 그 당시에 2010년 시험생산을 시작하여 2011년에는 본격적인 매출을 내는 것을 예상하였고, 매출규모는 연간 약 1조 2천억 원 규모로 기대를 모았다.

탄탄대로를 걷는 것만 같았던 SB리모티브는 곧 삼성SDI와 보쉬의 갈등으로 균열이 가기 시작했다. 먼저 자동차 부품 제조에 대한 높은 수준의 기술을 토대로 시장을 이끌어가던 보쉬와 선도적인 2차 전지 기술을 토대로 세계로 뻗어나

가고 있던 삼성SDI는 서로 상이한 분야의 선도 기업으로서의 높은 자부심을 보유하고 있어서 의사조율이 쉽지 않았다. 대표적인 예로, 삼성은 우선적으로 소비자 전자제품용 배터리 기술에 집중하여 전지 판매를 통해 수익을 얻고자 했으나, 보쉬는 신기술을 통해 안전한 배터리 시스템을 개발하여 전기자동차에 설치하는 데에 주안점을 두어서 의견 충돌이 발생했다.

또한 보쉬는 차세대 리튬이온전지 개발을 위해 독일의 BASF, Thyssen-Krupp과 공동으로 리튬이온전지 제조기업 Battery Solutions를 설립하여 독일의 아이제나흐(Eisenach)에 생산공장을 설립하는 등 삼성SDI와의 합작에 온전히 집중하지 않았다. 뿐만 아니라 보쉬의 직원은 삼성SDI 공장에서 리튬이온전지 개발과 생산 관련 노하우 및 기술, 시스템의 모든 것을 조사해 갔으나, 삼성SDI의 독일 주재원은 보쉬의 생산 기술을 조사하는 것이 제한되었으며, 개발현장에 출입할 수 있는 권한조차 없는 불공평한 관계를 맺고 있었다. 보쉬는 삼성SDI와의 합작을, 제휴를 통해 공동의 발전을 이끌어내려는 목적이 아니라, 자사의 리튬이온전지 독자적 생산기술을 얻을 수 있는 기회로 삼아 기술을 흡수하려는 이기적인 태도를 보였다. 따라서 합작 형태로 제휴를 맺었지만, 보쉬는 삼성SDI를 하청의 형태로 취급하려고 했고, 대등한 관계를 원했던 삼성SDI와의 갈등은 점점 심해졌다.

이와 같이 상대 파트너에 대한 인식 차이에 따라 보쉬는 계속해서 삼성의 배터리 셀 기술을 공유하고자 하였기 때문에 삼성과 마찰을 빚어왔다. 또한 울산공장에 이은 2번째 공장 설립 부지에 관해서도 의견 차이가 있었다. 2012년도 말까지 2차 공장 부지를 확정하기로 했지만 자동차 부품생산이 주력사업인 보쉬는 독일의 폭스바겐(Volkswagen)과 같은 대형 거래처 생산공장 인근의 유럽 공장 설립을 희망한 반면, 삼성은 다른 곳에 우선순위를 두었기 때문에 이 문제에서도 충돌이 발생하였다. 또한 보쉬는 독일에 2차 전지 셀 공장을 유치해 삼성SDI의 셀 코팅 · 생산 기술을 확보하려 했지만, 삼성SDI는 셀 생산 기술을 넘겨주지 않기 위해 독일 현지에 팩 생산 라인만 구축할 것을 요구하면서 감정의 골이 깊어졌다.

특히 그 당시 자동차업계의 흐름이 변화한 것도 결별의 원인이 되었다. 전기자동차의 개발 초기에는 자동차 생산 업체들이 완성된 팩 형태의 배터리 공급을 원했지만, 비용 절감을 위해 자동차업체 스스로가 패킹 기술을 개발하면서 배터리 셀 형태를 원하는 업체들이 증가했다. 또한 자동차의 디자인을 니즈에 따라 유연하게 바꾸기 위해서는 패킹 기술 확보가 필수적이었다. 전기차는 배터리가 부피의 상당 부분을 차지하기 때문에 배터리 형태를 자유롭게 바꿀 수 있어야 디자인을 유연하게 변경할 수 있기 때문이다. 설사 원하는 형태의 배터리를 주문제작 형식으로 공급받더라도 계약의 주도권이 배터리 제작 업체에 넘어가고 이는 원가상승으로 이어지기 마련이다. 이와 같은 이유로 자동차 제작 업체들이 패킹 기술을 스스로 확보하면서 SB리모티브의 이익이 줄어들게 되었고, 패킹을 담당하던 보쉬의 파트너로서 중요성은 감소하였다. 게다가 차세대 2차 전지 기술에 많은 투자를 하였지만 개발에 난제를 겪고, 이로 인해 눈에 띄는 성과가 나타나지 않으면서 제휴의 성공가능성에 대한 의구심이 점차 커졌다.

위와 같은 복합적인 문제가 발생하면서 삼성SDI와 보쉬는 결국 결별의 수순을 밟게 된다. 2012년 9월 양사는 합작투자 사업을 종결하는 것을 발표하였고, 삼성은 배터리 셀 생산 및 공급, 보쉬는 배터리 시스템 팩 사업을 각각 독자적으로 지속해 나가기로 하였다. 삼성SDI는 2013년 1월 보쉬의 합작사 보유 지분 50% 인수를 위해 450억 유로를 지불하고, 자동차전지사업부로 이름만 바꾸는 형태로 SB리모티브를 완전히 흡수 합병한다. 그러나 설립 후 연간 수백~수천억 원 대 영업손실을 내던 사업을 삼성SDI가 떠안게 되면서 그만큼 실적이 떨어지기 시작한다. 합작형태였을 때는 50%씩 지분에 따른 손실만 가져오면 되었지만, 흡수합병으로 인해 손실을 고스란히 짊어지면서 이는 삼성SDI의 당기순이익에도 영향을 주었다. 또한 SB리모티브가 수주했던 계약은 삼성SDI의 명성보다는

그림 9-2 삼성SDI 중대형전지 부문 분기별 영업이익 추이와 전망

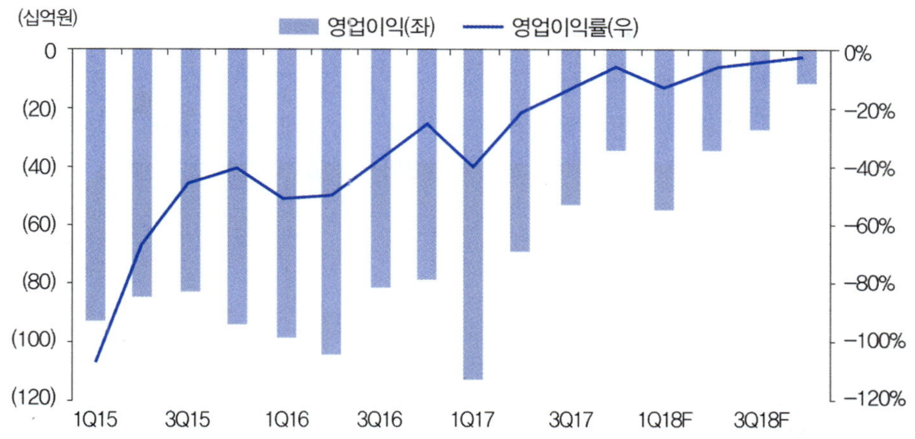

자료: 하나금융투자.

세계 최대 자동차부품업체인 보쉬에 대한 믿음으로 파생되었기 때문에 보쉬가 빠져나가면서 적지 않은 타격을 입게 되었다. 2차 전지사업 관련 투자금 마련 등 모든 경영상 문제도 삼성SDI의 몫이 되었다. 계속해서 적자가 나는 부문이지만, 기술개발을 위해서는 대규모 투자가 필요하기 때문에 이에 필요한 투자비용을 다른 사업부문에서 발생한 이익에서 끌어오는 악순환이 반복되고 있다.

삼성SDI는 손실에도 불구하고 미래 성장 동력은 2차 전지에 있다고 판단하여 투자를 지속하고 있다. 2018년에도 연속적인 적자가 예상되지만, 계속해서 성장하는 전기자동차 시장에 힘입어 과거의 손해와 실패를 딛고 영업적자 규모를 줄여가고 있으며, 이르면 2019년에는 턴어라운드가 가능할 것이라고 전망하고 있다. 보쉬와 합작에서 1차적으로 실패한 삼성SDI의 투자가 계속되는 손해를 딛고 결국에는 결실을 맺을 수 있을지 귀추가 주목된다.

질문

1. 삼성SDI에게 있어서 보쉬가 적합한 합작 파트너였는지 설명하고, 만일 그렇지 않았다고 생각한다면, 어떠한 기업이 보다 나은 대안이었으며, 그 이유는 무엇인지 자세히 논하시오.

2. 합작관계를 지속하고, SB리모티브를 운영하는 과정에서, 삼성SDI는 보쉬와 많은 마찰을 빚었던 것으로 보인다. 그렇다고 해서 합작관계를 청산한 것은 옳은 선택이었는지, 혹은 올바르지 않은 의사결정이었다고 여겨지는지 판단하고, 여러분 의견의 이유를 설명하시오.
3. 합작관계를 청산한 이후, 삼성SDI 자동차전지사업부(구, SB리모티브)의 성과를 견인하기 위해서는 어떠한 노력과 전략이 필요할 것으로 보이는가?

사례 9-2 현대자동차와 프라다의 전략적 제휴: 명품의 이름으로 달린 실패한 차

현대자동차는 1986년 출시된 그랜저를 시작으로 이후 다이너스티 등 고급화된 대형 세단들을 출시하면서 중형차 시장 외에도 대형차 시장점유율을 높이면서 경쟁적 우위를 다져가기 시작하였다. 그 뒤 1999년 최고급 모델 자리를 이어받은 에쿠스가 경쟁업체인 쌍용의 동급 모델인 체어맨보다 높은 평가를 받았고, 소비자들의 선택에서도 상대적으로 긍정적인 평가를 받았었다. 하지만, 쌍용 측에서 2003년 9월 체어맨 시리즈의 개선모델인 뉴 체어맨을 출시하면서 에쿠스의 판매량을 본격적으로 추월하는 결과를 시현하였다.

2004년 당시, 전반기 대형차 누계 판매액은 쌍용의 체어맨이 8,434대로 1위를 기록하고 있었던 반면, 현대 에쿠스의 경우에는 2003년보다 16.3% 줄어든 수치를 나타내 총 7,856대가 시판되었다. 또한 이와 더불어 국내 고객들의 해외 수입차량에 대한 관심도가 높아지기 시작했으며, 특히 렉서스는 일찍이 이를 인지하여 적극적으로 국내시장에 참여하기 시작하였다. 이러한 환경변화에 의해 자극받은 현대차는 진정한 럭셔리 브랜드를 만들겠다는 의지를 갖고, 2003년 제네시스 프로젝트에 착수한다. 이후 제네시스 프로젝트는 난항을 거듭하다 2008년 첫 1세대를 선보임과 동시에, 이전까지는 최고급 모델 이미지를 가지고 있었던 에쿠스의 판매를 중지하였다. 럭셔리함을 강조한 제네시스는 출품 첫해 2008년

북미 오토쇼에서 "올해의 차" 타이틀을 거머쥐게 되는데, 이는 국산차로서 이룩한 최초의 업적이라 일컬어진다. 이런 승승장구 속에서, 소비자들의 평가 또한 렉서스와 동급 범주로 제네시스를 인식하는 경향이 있어서, 최고급 차량 모델 판매에 있어서 의미 있는 성공을 이뤘다는 평가를 받게 된다. 실제로 제네시스는 출시 첫 해 국내에서만 총 2만 8천여 대의 판매고를 보여주면서, 실질적인 매출 이익도 시현하였다.

한편 프라다는 1913년 마리오 프라다라는 인물이 설립한 의류 회사이다. 첫 시작은 가방류들을 수작업 하는 작은 가게에 불과했으나, 마리오 프라다 특유의 섬세한 실력과 독특한 디자인으로 점차 인기를 끌기 시작하였다. 하지만 이어진 세계 대전의 여파로 그만 몰락하고 만다. 반등의 계기가 된 것은 마리오 프라다의 손녀인 미우찌아 프라다가 경영에 참여하고서 부터였다. 미우찌아는 1970년대 초 가죽제품업자인 파트리찌오 베르텔리와 가죽제품을 전문적으로 생산하기 시작하였고, 이를 통해 국제적인 브랜드로서의 초석을 닦게 된다. 1990년대에는 포코노 소재의 원단을 최초로 사용하면서 선풍적인 인기를 끌고 비약적인 매출의 성장을 기록하게 된다. 독특한 디자인으로 소비자들의 니즈에 부합한 프라다는 동 성장을 발판으로 명품브랜드로서의 위치를 확고히 하게 된다. 이를 반영하듯, 프라다는 현재 전 세계 약 80여 개국에 490여 개의 매장을 보유하고 있으며 이 중 중국을 포함하는 아시아 지역의 매출이 전체 매출대비 약 35%라고 밝힘으로써, 아시아 시장에서 프라다가 누리는 인기가 어느 정도인지 가늠할 수 있다. 프라다는 세계적인 명품 브랜드의 글로벌 브랜드 컨설팅사인 인터브랜드에서 선정하는 '글로벌 100대 브랜드(Best Global Brands 100)'에 2002년부터 2013년까지 선정될 만큼 전 세계적으로 유명한 명품 브랜드이고, 특히 2018년 조사한 바에 따르면, 그 브랜드 가치는 무려 4,812백만 달러로 추산되고 있다.

이러한 두 기업이 2008년 11월 '제네시스 프라다'라는 콜라보레이션을 발표했다. 제네시스 프라다는 국내 업계 최초로 상품개발 단계에서부터 세계적인 명품기업과의 협업으로 탄생한 차량으로, 단순한 신차 출시를 넘어 문화와 패션을 자동차 산업에 접목하고자 하였다. 즉, 제네시스 프라다는 외부는 제네시스의 형태로, 내부는 프라다만의 느낌을 강하게 살린 차별화된 디자인으로 소비자에게 고급스러움이라는 감성 가치를 제공하기 위해 프라다와 함께 개발한 '고품격 프리미엄 세단'이다. 다만, 당시 원래 계획은 단 3대만 차량을 만들어, 2대는 경매를 통해 판매하고 수익금은 기부하려는 생각을 가지고 있었으며, 1대는 현대자동차 사옥에 전시한다는 계획을 세웠었다. 비록 양산형으로 만들어진 차량은 아니었지만, 2009년 서울모토쇼에서 시범용 차량으로 출범된 뒤, 소비자들의 큰 관심을 받게 되고 실질적인 구매문의가 끊이지 않자, 현대자동차는 결국 차량을 상업용으로 생산하기로 마음먹고 프라다와의 적극적인 전략적 제휴를 맺기로 한다. 기존 현대차가 내놓았던 럭셔리 브랜드인 제네시스 그 이상의 프리미엄 브랜드를 추구하여 한정판매 생산방식을 택함으로써 단지 1,200대만을 시판할 계획을 표명하였다. 제네시스 프라다는 외관 디자인에 있어서 고급스러운 펄의 느낌을 강조하기 위해 특수 도장 방식이 적용된 블랙 네로(Black Nero), 브라운 모로(Brown Moro), 블루 발티코(Blue Baltico)와 같은 3가지 전용 컬러를 적용하였다. 또한 '2011년 미국 10대 최고 엔진'에 선정된 타우 5.0 GDi 엔진을 국내 자동차 모델 최초로 탑재해 최고출력 430마력, 최대토크 52.0Kg · m, 연비 9.0km/ℓ의 동급대비 최고의 강력한 동력성능을 확보했다. 이러한 성능부분에서의 차별성뿐만 아니라 풀 어댑티브 LED 헤드램프, 인텔리전트 엑셀 페달(IAP), 프리 세

〈표 9-1〉 기존 제네시스와 제네시스 프라다의 성능 비교

제네시스 프라다 제원표			
항목		제네시스 프라다	기존 제네시스 (3.8모델 기준)
전장X전폭X전고(mm)		4985X1890X1480	
휠베이스(mm)		2935	
동력성능	엔진	타우 5.0 GDi	람다 3.8 GDi
	최고출력(ps)	430	334
	최대토크(kg · m)	52.0	40.3
연비(km/ℓ)		9.0	10.2
발진가속(0→100km/h)		5.5초	6.1초
타이어		235/45R19	

자료: 매일경제신문 2011년 9월 15일자.

이프 시트벨트(PSB) 등의 당시 최첨단 안전 사양과 스마트 크루즈 컨트롤(SCC), 후석 6:4 분할 파워시트, 리어 모니터 등 고급 편의 사양을 기본적으로 적용했다. 또한 동승석 플로어 콘솔 측면에 차량 고유 번호와 '제네시스 프라다'의 로고가 새겨진 고급스러운 디자인의 시리얼 넘버를 부착하여 차별화를 주고, 양사 공동 작업으로 특별 제작된 프라다의 스테디 셀러 사피아노 패턴 가죽의 키홀더와 북 케이스도 제공하는 마케팅을 펼치기도 하였다. 따라서 성능 면에서 그 어떤 경쟁 업체 대비 뒤지지 않는 고급차를 양산할 목표를 세웠다.

현대차는 '제네시스 프라다'의 출시와 더불어 프라다와 공동으로 프리미엄 브랜드라는 품격과 명성에 걸맞은 프리미엄 VIP 마케팅을 전개해 화제가 되기도 하였다. 현대차는 프라다 측에서 직접 디자인에 참여해 구현한 프라이빗 쇼룸을 청담동 비욘드 뮤지엄 전시관 내에 운영하고 사전 예약을 한 고객을 대상으로 조용하고 편안한 분위기 속에서 제네시스 프라다를 경험해볼 수 있는 기회를 제공하는 등의 마케팅을 펼쳤다. 또한 특수 트레일러로 제작된 전용 차량으로 출고 고객에게 1대1로 차량을 전달한다는 차별화된 배송 시스템을 적용해 고객이 더욱 편리하게 차량을 인도받을 수 있게 하였다. 더욱이 프리미엄과 희소성을 극대화하기 위해 기존의 일반적인 양산차의 주문 방식과 달리 주문 생산방식을 통해

판매가격을 7,900만 원으로 책정하고 국내에 1,200대만을 한정 생산 및 판매할 계획이었다.

현대차가 보유하고 있는 최고의 성능과 프라다가 주는 명품의 디자인, 그리고 소수 프리미엄 VIP 고객들을 위한 고급화 마케팅 전략은 많은 이로부터 큰 기대와 관심을 모았다. 초기 제네시스 프라다 모델은 출시 나흘 만에 100대를 계약하는 등 대성공을 한 것처럼 보였지만 이후 2011년 11월까지 판매량이 300여 대에 그침에 따라 예견치 못한 처참한 실패를 겪었다. 특히 제네시스 프라다 1호 차의 주인공인 배우 차인표 씨 소유의 주행거리 1,500km 제네시스 프라다 차량이 중고차 매물로 나옴으로써 놀림거리가 되기도 하였다.

두 기업이 국내 최고급 럭셔리 세단이라는 포부를 가지고 차량을 생산했지만, 어디에서 무엇이 잘못되어 실패하였을까? 과연 두 기업 간 파트너십은 이상적으로 선정되었던 것인가? 프라다는 한국 내 자동차 점유율 1위인 현대차와 협력하는 것 자체가 한국시장에서의 영향력을 확대하는데 큰 도움이 될 것으로 판단했을 것이다. 반면, 현대차의 경우, 벤츠, BMW와 같은 제조업체에 비해 프리미엄 브랜드로서의 가치는 조금 부족한 것이 사실이었기에, 프라다와의 제휴를 통해 명품으로서의 이미지를 새롭게 창출하고 싶었을 것으로 여겨진다. 즉, 두 기업 모두 보완적 관계를 통해 시너지 효과를 기대했다고 말할 수 있다. 또한 두 기업은 내실이 있는 대기업으로서 각자가 기업전략에 있어서 노하우를 가지고 있고, 여러 차례 협력을 해본 경험이 다수 있었으며, 최고급 프리미엄 세단의 성공이라는 공동의 목표와 신뢰를 바탕으로 충분히 성공적인 전략적 제휴를 이룰 수 있다고 낙관하였다.

그렇다면, 파트너 선정에 문제가 있었던 것은 아니었다고 추론해 볼 수 있는 바, 결과적으로 제네시스 프라다는 왜 실패하였을까? 좀 더 세부적으로 살펴보자면, 여러 가지 실패를 견인했던 분명한 이유가 존재하고 있었다.

먼저, 아직까지는 소비자들이 인식하는 현대차와 제네시스의 기업 및 상표 인지도가 독일 등 유명 해외브랜드의 고급차에 비해 여전히 현저하게 떨어지고, 따라서 제네시스 프라다 모델의 가격 경쟁력이 우월하지 않았기 때문이라는 이유를 지적할 수 있다. 앞서 언급했듯이, 제네시스 프라다의 출고가는 7,000만 원 후반대로서, 동 회사에서 생산하던 일반 제네시스가 4,000만 원 수준이라는 점을 상기하면, 그 가격이 1.5배 이상이었다. 하물며, 제네시스 프라다의 경쟁상품으로 인식되는 당시의 수입차 가격과 비교 했을 때도 가격적인 측면에서 전혀 우위를 가지고 있지 않았다. 비록 벤츠 S600과 같은 외제차의 최고급 모델은 출고가가 1억 원대를 호가했지만, BMW 5시리즈나 벤츠 E클래스와 같은 한 단계 아래 모델의 경우에는 제네시스 프라다와 비슷한 가격대를 형성하였다.

〈표 9-2〉 2012년 당시 벤츠와 BMW 차량 출고가

차종	출고가
벤츠 E클래스 300모델	6,870~8,180만원
BMW 5시리즈 모델	6,850~7,170만원

브랜드 가치가 약한 현대로서는 벤츠나 BMW의 최고급 모델들보다는 조금 더 낮은 가격을 소비자에게 제시했지만, 고객 입장에서는 오히려 차량등급을 한 단계 낮춰서라도 희소성과 가치를 충족시킬 수 있는 매력적인 해외브랜드를 선택하고자 했다(다른 말로, 제네시스 프라다의 가격경쟁력은 벤츠 E클래스나 BMW 5시리즈에도 미치지 못했다). 즉, 제네시스 프라다의 경우, 현대의 최고급 모델이었지만, BMW나 벤츠의 고급 모델과 견주기에 여전히 네임 밸류(name value)가 낮아 소비자에게 어필하지 못했음을 알 수 있다.

상기와 같은 이유로, 소비자들은 현대차라는 이미지 속에서 제네시스 프라다를 바라볼 수밖에 없었을 것이다. 현대차의 시장점유율을 <그림 9-3>을 통해 확인할 수 있는 것과 같이, 현대차는 2003년 46.45%로 시작하여 제네시스 프라다가 출시되었던 2011년 당시까지 40%가 넘는 점유율을 가지고 있었다. 이는 당시 한국 소비자 중 거의 절반에 가까운 사람이 현대차를 보유하고 있었다는 것을 의미하며, 이는 곧 제네시스 프라다가 추구하는 소수의 고급차량이라는 프리미엄 이미지에 현대차가 부합하지 않는다는 것을 간접적으로 시사한다. 누구나 가지고 있는 대중적인 차라는 현대차 본래의 이미지를 제대로 고려하지 않고 최고급 럭셔리 프리미엄 브랜드를 치밀한 전략의 부재 속에 추구했던 것이 실패의 한 원인으로 지목된다.

그림 9-3 타사 대비 현대차의 시장점유율

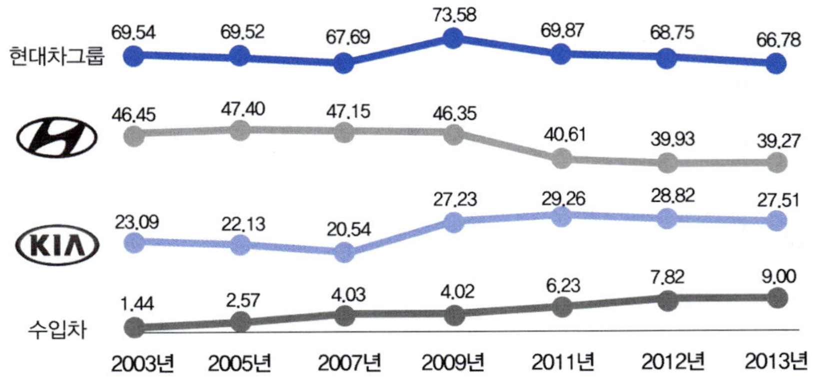

자료: 오토헤럴드, 2013년 6월 14일자.

한편 <그림 9-4>에서 알 수 있듯이, 현대자동차는 최근 소비자들에게 긍정적인 이미지를 이끌어내지 못하고 있다. 2016년의 경우, 국내 자동차업체들 중 1년 전에 비해 이미지가 나빠진 회사로 현대차라고 답한 응답자가 45%로 가장 많았다. 이는 다른 국내 브랜드와 비교를 해보아도 현저하게 높은 수치이며, 또한 국내 소비자 조사 업체 '컨슈머인사이트'가 발표한 조사에 따르면, 소비자들은 국산차 보다 외제차를 더 선호하고, 현대는 국산차 평균 고객만족도 38%에도 미치지 못하는 33% 밖에 고객을 만족시키지 못하고 있었다. 즉, 국내 소비자들은 과거 여러 경험을 통해 현대차를 중저가의 가성비 좋은 그럭저럭 쓸 만한 대량생산 차량 중 하나로 인식하고 있었기에, 오랫동안 국내에서 대중적이고 일반적인 브랜드로 시장을 점유하던 자동차 메이커(maker)가 출시하는 소수의 차별화된 명품 자동차는 소비자들에게 매력적으로 다가오지 않았던 것이다.

명품은 소수를 위한 제품으로 구매자들에게 명품이라는 자부심과 자신의 가치를 올려준다는 욕구를 충족시켜주는 다양한 활동이 있어야 하는데, 제네시스 프라다의 경우 제품 기획과 실제 마케팅 활동 사이에 큰 격차가 있었다. 즉, 제네시스 프라다는 제네시스 프라다를 타고 다닌다는 자부심을 갖게 해주기에는 부족했다. 뿐만 아니라, 제네시스 프라다의 스타일이나 외관 디자인 등은 기존의 제네시스와 큰 차이가 없어 보여 소비자들에게 차별성을 주기 어려웠다. 이러한

그림 9-4 자동차 브랜드의 고객만족도

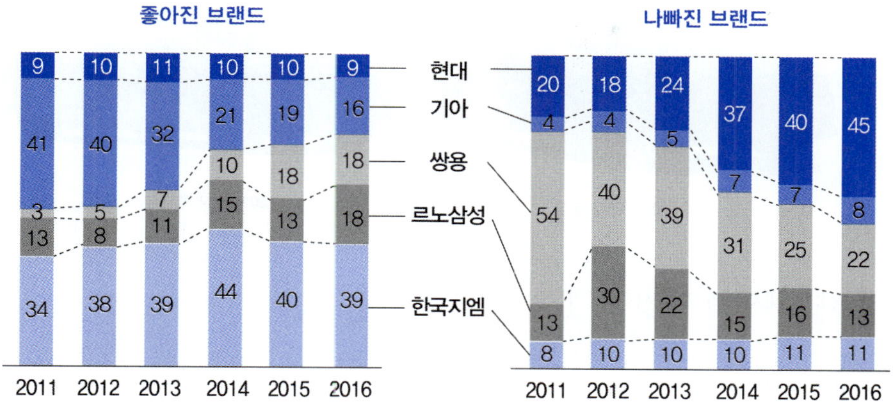

자료: 한국일보 2017년 1월 6일자.

최고급의 모델을 구입하는 소비자의 경우 외관을 중시하는 경향이 다분하다. 연비가 리터당 10km에도 미치지 못하지만 그런 단점을 감수하고서라도 럭셔리 모델을 구입하는 이유는 그 모델 자체가 소비자들에게 프리미엄을 주고, 그에 따라 자신의 자부심을 드러내놓고 다닐 수 있기 때문일 것이다. 그 프리미엄이라는 것은 다른 다수의 사람들과는 차별될 수 있어야 함에도, 차량에 대한 관심이 깊지 않은 사람이 언뜻 보기에는 '제네시스'와 '제네시스 프라다'의 외관에 큰 차이가 없어 보였다. 비록 현대자동차는 제네시스 프라다에 현대 로고는 사용하지 않았지만 이미 널리 알려진 제네시스 차량과 외관이 거의 유사함에 따라 현대차의 대중적인 이미지가 프라다의 명품 이미지를 압도했다. 즉, 소비자들의 과시욕과 희소가치를 느끼기엔 충분치 않아 보였던 것이다. 7,000만 원대의 차량이 4,000만 원대 차량으로 생각된다고 여겨질 때, 매력도가 크게 떨어질 것이라 예견하는 것은 그리 어렵지 않을 것이다.

단순히 아래 사진만 보았을 때, 어느 것이 프라다 모델인지 구분하기 어려울 것이다. 자동차의 타이어 휠을 보고 굳이 '제네시스'인지 '제네시스 프라다'인지 구분하려고 하는 사람도 거의 없을 것이고, 직접 프라다의 가죽 시트를 보이게 하려고 차량 문을 열고 운행하지도 않는다. 과거 LG폰이 프라다와 합작해서 크

제네시스 프라다 모델 2010년식 제네시스 모델

사진: 제네시스와 제네시스 프라다의 외형 비교

나큰 성공을 거둔 사례는 익히 알려져 있다. 이 경우, 프라다 고유의 색채가 또렷이 드러났고, 그 점을 앞세워서 이전의 여타 다른 폰들과 다른 디자인적인 특색이 부각되었다. 당시 일반 시중의 휴대폰보다 조금 더 비싼 가격이었지만 매출면에서 우수한 성과를 보일 수 있었던 이유가 바로 그것이다.

질문

1. 상기 사례에 나타난 제네시스 프라다의 실패이유를 정리하고, 추가적인 원인에 대한 여러분의 의견을 제시하시오.
2. 현대자동차를 위한 명품마케팅 전략을 구체적으로 제안해 보시오.
3. 현대자동차가 추후 다른 기업과 또 다른 전략적 제휴를 모색한다면 실패 가능성을 줄이기 위해 특히 어떤 사안에 주안점을 두어야 할 것인지 (혹은 어떤 사안을 고려해야 하는지) 제휴의 잠재적 목표별로 구분하여 설명하시오.

사례 9-3 현대자동차와 다임러 크라이슬러의 전략적 제휴: 전략적 제휴 4년 만에 결별

1. 기업 소개

현대자동차는 한국의 대표적인 자동차 제조업체 중 하나로, 1967년 설립된 현대자동차그룹 계열의 자동차 제조 및 판매업체이고, 국내 최초의 자동차 모델인 '포니'를 생산함으로써 국내 자동차 역사의 막을 열었던 기업이다. 2018년 상반기 국내 자동차 시장에서 35만 4천 대를 판매하여 2017년 동기 대비 2.8%가 증가한 46.6%의 시장점유율을 달성했다. 그럼에도 불구하고 지금도 꾸준히 신차 개발에 주력하며 다양한 모델의 자동차를 개발하여 시장에 내놓고 있는 바, 최근에는 자율주행차와 커넥티드카와 같은 스마트카 사업에 집중하고 있다.

한편 <표 9-3>에서 볼 수 있듯이, 세계 자동차 브랜드 순위에서 판매량 및 시장점유율 기준 6위를 달성할 만큼 국내뿐만 아니라 해외 시장에서도 높은 인지도를 가지고 있다. 또한 완성차 개발과 생산의 핵심적인 기능에 중점을 두고 주요 기능품의 생산이나 개발은 협력업체와의 협업으로 조달하는 모습을 보이고 있으며, 21세기에 들어서면서 세계 5대 자동차 기업의 자리를 시현하기 위한 경영목표 아래 국내 · 외 타 기업과의 전략적 제휴 혹은 합작을 강화하는 추세이다.

현대자동차는 2000년 다임러 크라이슬러와 전략적 제휴를 맺게 되는데, 이는 현대자동차가 세계 자동차 업계에 진입하는 시작점이자 글로벌 경쟁체제에 편입된다는 것을 의미한다. 또한 전략적 제휴 체결 시점에 현대자동차는 취약한 재무구조를 가지고 있었기에 투자 부담을 줄이기 위해서 대규모의 자금유치가 필요했다. 그리고 상용차 환경규제 대응과 관련해서 높은 엔진 기술을 획득하는 것과, 다임러 크라이슬러와의 사업협력을 통해 전주의 공장 잉여설비 활용을 원했

〈표 9-3〉 세계 자동차 브랜드 순위

2018 순위	2017 순위	브랜드	2018 판매량	1분기 판매량	2018 변동률	1분기 변동률	2018 점유율	1분기 점유율
1	1	Toyota	2,143,136	814,415	0.4%	-3.1%	9.2%	9.1%
2	2	Volkswagen	1,741,200	651,779	3.9%	4.0%	7.5%	7.3%
3	3	Ford	1,413,694	575,739	-7.2%	-9.4%	6.1%	6.4%
4	4	Nissan	1,268,815	511,871	0.4%	-3.5%	5.5%	5.7%
5	5	Honda	1,122,068	428,876	1.1%	-2.9%	4.8%	4.8%
6	6	Hyundai	1,051,202	409,436	-0.2%	2.0%	4.5%	4.6%
7	7	Chevrolet	962,608	371,763	3.4%	7.9%	4.1%	4.1%
8	8	Kia	688,004	262,940	6.4%	10.4%	3.0%	2.9%

자료: Focus2move(2018).

고, 다임러 크라이슬러 네트워크에 소속됨으로써 차종 및 지역에 대한 보완효과, 그리고 첨단기술의 습득 역시 안정적으로 이뤄지는 것을 기대하였다. 덧붙이자면, 품질, 브랜드 이미지 향상과 함께 OEM 수출의 증가에 따라 공장 가동률이 향상되는 것과 더불어 EF소나타와 같은 중형차의 수출증가를 희망했다 (이에 대해서는 아래 제휴배경에 보다 더 자세히 설명됨).

독일의 다임러-벤츠(Dimler-Benz)는 다임러자동차(Daimler-Motoren-Gesell-schaft, DMG)와 벤츠사(Benz&Cie)가 합병된 자동차 기업이다. 그리고 1998년 탄생한 다임러 크라이슬러는 독일의 다임러-벤츠와 미국의 크라이슬러가 통합된 자동차 제조 기업이다. 당시 다임러 크라이슬러는 1만 달러 대의 저렴한 모델부터 13만 달러 대의 최고급 모델에 이르기까지 넓은 가격대의 다양한 차종을 생산했다. 그런데 2007년 크라이슬러 그룹이 CCM(Cerberus Capital Management)에 매각되자 회사명을 다임러(Daimler AG)로 변경했고, 다임러 크라이슬러라는 명칭은 사라지게 되었다. 현재 다임러는 자동차, 트럭, 버스, 모토 사이클, 엔진 등을 제조하여 판매하고 있으며, 2018년 자동차 대당 판매수익성 세계 랭킹 1위를 시현했다.

2. 전략적 제휴의 배경

자동차 시장에서 비교적 괜찮은 성과를 보여주고 있는 두 기업, 현대자동차와 다임러 크라이슬러는 2000년도에 전략적 제휴를 맺었는데, 그 배경은 다음과 같다. 1990년대의 자동차 산업은 매우 치열한 경쟁 시장이었기에 많은 자동차 기업들은 저마다의 생존전략을 모색해야만 했다. 차종 개발 경쟁은 가속화되고, 연구 개발비는 급증하였기에 이러한 부담을 공유할 파트너가 필요했다. 이에 따라 자동차 기업 간의 전략적 제휴가 증가하는 추세를 보이고 있었다. 이와 같은 맥락에서 전 세계 주요 메이저 자동차 생산기업들은 인수합병이나 전략적 제휴를 통해 규모의 경제를 이루고자 하였고, 투자비용 절감과 생산 효율성 제고를 위해서도 전략적 제휴가 활발하게 진행되었다. 전략적 제휴 전략이 보편화되기 전인 1985년의 전략적 제휴 건수는 36건에 불과하였으나, 1994년에는 121건으로 급증하였고, 합작투자의 경우 역시 10건에서 27건, 공동개발 분야는 0건에서 17건, 공동생산 분야는 0건에서 26건을 기록하며 전반적인 제휴 건수는 크게 증가하고 있었다. 이러한 제휴의 보편화로 인해 세계 자동차 시장은 GM, 포드, 다임러 크라이슬러, 도요타, 폭스바겐 및 르노라는 6대 그룹으로 재편되어 있었으며, 이들의 시장점유율은 약 69%에 이르고 있었다.

당시의 현대자동차는 세계 시장에서 16위권을 형성하고 있었고, 글로벌 탑 5 진입을 목표로 전사적인 노력을 기울이고 있었다. 이에 현대자동차의 경영진은 동 목표를 달성하기 위해서는 유수한 자동차 기업과의 전략적 제휴가 필요하다고 판단했으며, 그 최선의 기업으로 다임러 크라이슬러를 선택했다. 현대자동차의 입장에서 다임러 크라이슬러와의 전략적 제휴는 여러 가지 이점을 가지고 있었다. 첫째, 다임러 크라이슬러의 첨단기술을 습득하여 승용차 및 대형 상용차 생산 능력을 키울 수 있었다. 둘째, 다임러 크라이슬러의 세계적인 브랜드 이미지를 이용해 대외인지도를 상승시키고 유럽과 북미시장으로 진출할 수 있을 것으로 내다봤다. 셋째, 다임러 크라이슬러가 인수한 미쓰비시와의 교류도 확보할 수 있었다는 점도 꼽을 수 있다. 한편, 다임러 크라이슬러의 경우, 아시아와 같은 신흥시장으로의 안정적 진출을 노리고 있었고, GM이나 르노와 같은 주요 자동차 업체들의 소형차 개발 경쟁에 대한 대응이 필요했다. 그래서 일본의 미쓰비시 자동차를 인수하였으나 일본의 높은 생산비와 미쓰비시의 취약한 재무 상태로 인해 이를 보완해줄 또 다른 제휴 상대를 찾아야만 했다. 다임러 크라이슬러는 한국의 현대자동차가 이를 위한 파트너가 되어줄 수 있을 것으로 생각했다. 다임러의 입장에서 현대자동차와의 전략적 제휴를 바탕으로 소형차 생산능력을 습득하여 풀 라인 브랜드로서의 입지를 다지고자 했다. 그리고 중국과 인도 사업의 부재를 대신하는 한국의 자동차사업을 통해 아시아에서의 시장경쟁력을 확보할 수 있었다. 무엇보다 양 기업이 제휴에 참여한 공통적인 이유는 당시의 거대 기업 중심의 전략적 제휴 물결에서 소외되고 싶지 않았고, 글로벌 네트워크에 주체적으로 참여함으로써 대외적인 신인도를 높이고 싶었기 때문이다.

3. 전략적 제휴의 내용

현대자동차와 다임러 크라이슬러 간에는 자본제휴, 기술제휴, 생산제휴, 금융제휴, 유통망제휴 등의 총체적 제휴가 이루어졌다. 부지와 설비는 현대자동차가 담당하였고, 자본과 기술투자는 다임러 크라이슬러가 부담하는 방식으로 합작사업을 전개하였다. 그리고 모델개발 및 생산은 인건비와 부품재료비가 저렴한 한국을 중심으로 이루어졌으며, 판매는 여러 브랜드 채널을 통해 행해졌다. 즉, 현대차가 중대형 상용차(2.5톤 이상의 버스 및 트럭) 부문을 기존 사업에서 분리시킨 뒤, 양사가 합작법인을 만들어 현대차는 합작법인에 생산공장과 설비를, 세계 1위의 상용차 제조사인 다임러 크라이슬러는 전술한 자본과 기술을 제공하기로 합의했다. 이 사업은 현대차의 연산 10만대 규모의 전주공장을 중심으로 이뤄졌으며, 다임러 크라이슬러가 지분의 50%를 보유한 바, 이 합작으로 인해 동사(同社, 즉 다임러 크라이슬러)는 아시아 시장에서 생산기지를 확보하는 이익을 가지게 되었다고 판단할 수 있다. 두 기업은 핵심 기술의 공동 사용, 동력장치 관련 부품, 일부 엔진의 상호공급, 신설 합작법인을 통한 제품의 마케팅과 판매 등에 관해서도 서로 협력했다.

자본제휴는 특정 기술이나 제품의 개발 혹은 생산 분야에서 상대 기업의 지분을 인수하는 등의 방식으로 자본에 참여하는 제휴를 일컫는다. 일반적으로 막대한 연구개발비를 투자해야 하는 부문에서 대규모의 생산시설에 필요한 운영비 및 연구개발비를 분담하고 부족한 자원을 확보하기 위해 이루어지며, 자본제휴는 서로의 신뢰성을 높여주는 효과를 지닌다. 다임러 크라이슬러는 현대자동차 지분의 10%(제3자 배정 신주인수 방식으로 9%, 보유중인 자기주식 매각 방식으로 1%)를 4억 3천만 달러에 매입하였다. 이는 현대자동차가 다임러 크라이슬러라는 거대한 글로벌 네트워크의 일행이 되었다는 것을 의미한다.

기술제휴는 상대 기업의 기술, 특허, 노하우 등을 도입하여 기술격차를 줄이거나 신기술이나 신제품을 공동으로 개발하고자 하는 경우에 활용된다. 현대자동차와 다임러 크라이슬러의 대표적인 기술제휴는 '중대형 상용차 합작법인(Truck Corporation)'이다. 이는 첫 중대형 상용차 부문 합작 사업으로, 현대자동차의 생산기지와 다임러 크라이슬러의 엔진 개발 기술력의 제휴로 시너지 효과를 극대화하고자 한 프로젝트이다. 다임러 벤츠의 디젤엔진 900 시리즈를 현대자동차의 트럭 및 중대형 버스에 탑재하는 방식으로 진행되었다.

생산제휴는 제휴 기업들이 경영자원을 상호 공급하여 제품을 공동으로 생산하기 위한 협력이다. 현대자동차와 다임러 크라이슬러의 대표적인 생산제휴는 미쓰비시 자동차까지 3사가 참여한 '월드카 프로젝트(Worldcar Project)'이다. 월드카 프로젝트는 낮은 연비, 실용성, 환경 친화를 추구하는 자동차를 목표로 한 사업으로, 연료 1L로 20km이상 주행 가능한 1500cc이하의 보급형 소형자동차 '월드카'를 공동 생산하고자 하였다. 월드카와 같은 경쟁력 있는 소형승용차의 보유는 곧 경쟁업체들에게 큰 위협이었다. 월드카의 판매에 있어서는 특정 지역을 겨냥하지 않고 일정한 플랫폼을 기반으로 각 시장의 상황에 맞게 디자인을 바꿔 세계시장 어디서나 생산 및 판매가 가능하도록 설계하였다. 현대자동차와 다임러 크라이슬러는 이외에도 3사 승용차 엔진 합작, 연료전지 공동개발 등 여러 가지 협력 사업을 진행하였다.

더불어 대우자동차 인수를 위한 공동입찰 제안서를 제출하기로도 합의하였다. 다임러 크라이슬러의 주도하에 컨소시엄의 형태로 대우차 입찰에 공동으로 참여하고, 그 비율은 국내 법인의 경우 다임러 크라이슬러가 40%, 현대차가 약 19.9%의 지분을, 반면 해외 부문에서는 50:50의 비율로 인수하는 방안을 협의하였다. 이를 통해 대우차가 기존에 진행하던 동유럽의 해외생산거점을 현대가 활용할 수 있을 것으로 기대했으며, 다임러 크라이슬러는 현대의 지원을 통해 대우차 조기 정상화를 계획했었다.

4. 전략적 제휴의 진행과 중단

하지만 현대자동차와 다임러 크라이슬러는 2004년 전략적 제휴의 중단을 발표했다. 먼저 전략적 제휴의 중단 배경을 살펴보면, 일본 미쓰비시 자동차의 지분 37%를 인수한 다임러 크라이슬러가 미쓰비시의 경영난으로 인해 현대차에 대한 추가 투자에 어려움을 겪은 데다, 현대차 역시 2000년 제휴 체결 당시 취약한 재무구조로 인해 대규모 자금을 유치해야 할 필요성이 있었던 반면, 시간이 지날수록 현대차의 수익성이 증가하면서 재무구조가 개선되고, 풍부한 잉여현금을 보유하게 되면서 세계 자동차 시장에서의 위상이 강화되어 다임러 크라이슬러와의 제휴가 그다지 필요하지 않게 되었다. 특히 다임러 크라이슬러가 아시아 시장 확대라는 야심을 갖고 추진했던 미쓰비시 자동차에 대한 지분인수가 일본 증시의 몰락으로 인해 5억 6천만 유로라는 막대한 손실을 입게 됨에 따라 다임러 크라이슬러의 재정을 압박하였다. 이에 다임러 입장에서도, 한국보다는 중국 시장이 더 매력적이었다는 점에서, 중국에서 더 상용화된 미쓰비시 자동차와의 제휴를 존속하는 것이 실익이 된다고 판단했다.

또한 이 두 기업에게 있어서의 상황 변화와 함께 추가적으로 두 기업이 공유하던 중국 사업에 대한 입장 차이가 제휴 결렬의 결정적인 계기가 되었다. 현대자동차는 굳건해진 세계적인 입지를 토대로 독자적으로 해외 사업에 진출하기를 원했고, 이에 다임러 크라이슬러와의 전략적 제휴가 오히려 걸림돌이 된다는 판단을 하게 되었다. 또한 다임러 크라이슬러측이 제휴 때의 옵션에 따라 2003년 하반기부터 현대차 지분 5%를 추가 매입하는 것이 가능하게 되면서 현대차는 경영권을 위협받을 수 있게 되었고, 이를 우려한 현대차는 정몽구 회장이 직접 나서 지분을 매입하여 확보하려는 해프닝도 발생했다. 뒤이어 같은 해 10월에는 중국합작사를 두고 다임러와 현대차간의 불화설이 제기되었다. 그 당시 현대차는 중국의 '북경기차'와 중국 자동차 시장에서의 파트너 관계를 맺고 있었는데, 이 중국 기업이 현대차와의 독점계약을 임의로 어긴 채 다임러 크라이슬러와 합작법인을 설립하기로 한 것이다. 이 사건으로 인해 현대차는 북경기차와 다임러 크라이슬러 양측에 계약철회를 요구했고 다임러와 북경기차의 이러한 행보는 명백한 배신행위라며 격앙된 반응을 보였으며, 이는 결국 현대차와 다임러 크라이슬러의 전략적 협력관계에 있어 큰 파장으로 작용하게 되었다. 이러한 현대차는 다임러 크라이슬러로부터 신차 개발, 플랫폼, 엔진 개발에 기술공여를 받은 것이 한 건도 없고, 오히려 현대차가 개발한 세타엔진(4기통 엔진)을 다임러와 미쓰비시에 공여했다고 주장했다.

전략적 제휴의 중단에 따라 현대차와 다임러 크라이슬러의 제휴 내용과 관계에는 다음과 같은 변화가 일어났다. 다임러 크라이슬러는 보유하고 있던 지분을 모두 매각한다고 발표했다. 2000년과 2001년 두 번에 걸쳐 구매한 주식을 매도함으로써 약 7천억 원의 차익을 얻게 되는데 이를 일정단위로 묶어서 파는 블록세일의 형식으로 외국인 투자자들에게 분산해서 매각하는 방식으로 지분을 처분한다는 계획을 가졌다. 또한 5%지분을 추가 매집하기로 한 옵션도 철회하기로 했다. 앞서 보았던 전략적 제휴의 증심 내용 중 하나였던 상용차 합작도 무산되었다. 2001년에 다임러 크라이슬러와 현대가 공동으로 투자한 다임러 현대 상용차(주)(DHTC)가 공식 출범되었고, 양사는 2005년부터 전주공장의 생산 물량을 10만대로 확장시키며, 1억 8천만 달러에 해당하는 투자비를 절반씩 분담하기로 했었다. 상용차 엔진 합작은 상용차 합작의 첫 번째 단계 사업이었던 바, 2001년 DHTC의 등장과 함께 상용차 엔진 합작 공장의 기공식을 가졌었다. 그리고 최신형 디젤 엔진인 900시리즈를 생산하고 현대차의 트럭 및 버스에 탑재할 예정이었다. 현대차는 자체 개발한 W엔진을 중소형 트럭 및 버스에 적용하기로 했으며, 다임러 크라이슬러의 기술협력을 받으려 했던 5, 8톤 트럭의 경우 엔진 성능을 개선하고 개조하는 데에 중점을 두기로 했다. 하지만 현대자동차는 노조의 영향력이 크고 2001년에 합의한 "사업을 분할하거나 양도하는 등의 경우에는 노조의 심의, 의결을 거치도록 한다"라는 내용의 협약이 장애물로 작용했던 것을 포함하여, 다임러 크라이슬러의 현대차 지분 추가 매집 가능성, 다임러 크라이슬러와 중국 베이징기차 간 합작 등으로 인해 상용차 합작이 지연되어 왔었다.

전략적 제휴가 종결됨에도 불구하고 일부 협력 관계는 여전히 지속된다. 현대차가 개발한 파워트레인인 세타엔진의 크라이슬러, 미쓰비시 공급은 계획대로 진행되었다. 현대차와 다임러 크라이슬러, 미쓰비시 3사는 승용차 엔진 합작 법

〈표 9-4〉 다임러 크라이슬러와의 전략적 제휴 청산 및 개별 사업제휴 전환 내용

기존 제휴 사안 청산 내용	개별 사업제휴 내용
• 상용차엔진 합작공장 및 상용차합작법인 추진 철회 - 다임러 크라이슬러 보유 다임러현대상용차(엔진합작법인) 지분 50%를 600억 원에 인수 - 상용차합작 계약해지 합의금 382억 5천만 원 지급(2004년 비용에 추가반영) - 상용차합작 관련 자산분리 및 다임러 출자계획 취소 • 다임러 크라이슬러의 현대차 보유지분 10.44% 처분 - GDR 발행을 통해 해외 블록 세일	• 중소형 승용차엔진(세타엔진) 미국 공급 등 월드엔진 프로젝트 유지 • 다임러 크라이슬러 수입쿼터를 활용한 아토스, 베르나 모델 멕시코 OEM 수출 • 다임러의 현대차 중형버스(OM906) 디젤엔진 공급 • 다임러의 대형상용 트랜스미션(G210, G211) 공급 • 다임러의 상용차 엔진부품 협력업체 공유

자료: 현대자동차

인인 '글로벌 엔진 얼라이언스'를 설립하고 3사가 동등한 지분을 보유해 현대차 NF(EF 후속)를 기본으로 4기통 가솔린 엔진을 상호 공동개발하기로 했다. 또한 현대차, 다임러 크라이슬러, 미쓰비시의 순서로 신형 엔진 플랫폼을 공유키로 하였다. 현대차는 아토즈, 베르나 차종의 멕시코 시장 OEM 공급, 부품을 공동으로 구매, 현대차 중형 버스를 위한 다임러 크라이슬러의 상용차 엔진 공급, 대형 상용 변속기 공유, 상용엔진 개발에 참여했던 한국의 부품업체의 공유 등도 계속 진행하기로 했다. 전략적 제휴의 종결로 약 천억 원의 현금이 유출되고, 상용차에 관한 전반적인 전략수정의 필요성 제기와, 중국에서 다임러 크라이슬러와 경쟁구도가 성립할 것으로 예상되었다.

질문

1. 현대자동차와 다임러 크라이슬러 간 전략적 제휴의 실패원인을 정리하시오.
2. 현대자동차와 다임러 크라이슬러 간 사례에 비추어 제휴 파트너가 지녀야 하는 조건들은 무엇인지 생각해보시오.
3. 현재 시점에서 현대자동차를 위한 제휴 파트너를 제안한다면, 어느 자동차 제조사가 적절할 것으로 보여지며, 그 이유는 무엇인가?

토의자료 9-1 신세계免, 中 '큰 손' 모시기 나섰다…흥업은행과 전략적 제휴

신세계면세점이 중국 흥업은행과 손잡고 본격적인 중국 '큰 손' 모시기에 나선다. 신세계면세점은 작년 9월 중국 흥업은행과 전략적 제휴를 맺고, 한국 쇼핑·관광 혜택이 듬뿍 담긴 '디스커버신세계(发现新世界)' 신용카드 4종을 7월 1일 중국 전역에 출시한다.

흥업은행은 중국 내 총 2032개의 지점을 보유하고 있는 대형 은행 중 하나로 지난해까지 누적 신용카드 발급량만 4271만장에 달하는 마켓 파워를 자랑한다.

그간 중국 최대 온라인 여행사 씨트립(C-trip), 유니온페이, 마펑워(중국 1위 여행 후기 사이트) 등 한국 관광 인프라와 커뮤니티 확대를 위해 다양한 중국 기업들과 협력해 온 신세계는 이번 파트너십으로 중화권 고객 유치의 새로운 변곡점을 맞이할 것으로 기대하고 있다.

특히 중국인들의 소득 수준이 끊임없이 증가하고 해외여행 경험이 배가되면서 여행 품질에 대한 기대가 커지고, 개별 관광의 형태가 다채로워지고 있다는 점에 주목해 흥업은행과의 제휴를 결정했다.

새롭게 선보이는 신세계그룹 제휴 신용카드 '디스커버 신세계'는 중국 금융권 최초로 한국 관광이 특화된 서비스를 탑재했다. S, A, B, C등급 총 4종으로 출시해 다양한 소비층의 중화권 고객을 공략한다.

중국의 국민 소득수준이 향상됨을 고려해 특별히 연회비가 44만원 수준에 달하는 S등급 카드는 비싼 연회비에도 불구 그 이상의 VIP급 혜택을 받을 수 있어 중국의 '큰 손'이라 불리는 고객들의 이목을 집중시킬 것으로 예상된다.

플래티넘 카드 등급에 해당하는 S등급과 A등급 회원에게는 최대 20%의 신세계면세점 전 지점 할인 혜택이 주어지는 블랙 멤버십이 발급되며, 명동점과 강남점의 블랙 VIP 라운지를 무료로 이용할 수 있다.

플래티넘 B등급과 골드 등급인 C등급 카드 회원 역시 유사한 혜택을 차등 지급한다.

중국인 고객들이 신세계그룹의 혜택을 '발견'하는 것이 컨셉인 '디스커버 신세계' 카드답게 신세계그룹사의 다양한 혜택도 마련됐다. 신세계백화점에서는 백화점 VIP카드를 발급해주고, 상시 구매 금액별 상품권을 증정한다.

이마트와 신세계사이먼 아울렛에서도 브랜드별 할인혜택과 서비스 내용을 담은 쿠폰북을 제공한다. 또 서울과 부산의 웨스틴조선호텔, 명동의 레스케이프호텔, 서울역의 포포인츠 바이 쉐라톤 서울남산에서는 룸 업그레이드 또는 객실할인 등의 혜택을 받을 수 있고, 부츠, 삐에로쇼핑, 신세계인터내셔날이 운영하는 다양한 브랜드숍에서도 쇼핑의 흥미를 더하는 다양한 프로모션이 진행된다.

문현규 신세계면세점 마케팅담당 상무는

"중국 현지은행이 한국의 유통 기업을 테마로 하는 최초의 신용카드이자 해외 출국자를 중심으로 하는 최초의 신용카드라는데 큰 의미가 있다"며, "신세계면세점이 중화권 고객들의 마인드마크로 자리잡고 한국을 다시 찾게 할 수 있도록 실속 있는 혜택은 물론 기억에 남는 프리미엄 서비스를 지속적으로 제공할 예정"이라고 말했다.

(자료: 팍스경제TV, 2019년 7월 2일자)

토의자료 9-2 현대 · 기아자동차, 바이두와 전략적 제휴

현대 · 기아자동차가 중국 최대 인터넷 기업 바이두(百度)와 '커넥티드 카 전략적 협업 양해각서(Strategic Cooperation Signing Ceremony On Intelligent Connectivity)'를 체결했다고 10일 밝혔다.

이날 MOU 체결로 양사는 미래 자동차의 핵심기술 경쟁력인 지능화와 커넥티비티 트렌드에 대한 공동의 대응체계를 구축한다. 구체적 협업은 □커넥티드 카 서비스 □음성인식 서비스 □AI(인공지능) 로봇 개발 □IoT(Internet of Things) 서비스 등 4대 분야에서 광범위하게 진행된다.

양사는 우선 지도와 빅데이터, 인공지능, 각종 인터넷 포털 서비스 등을 활용한 다양한 콘텐츠를 차량 내에서도 편리하게 이용할 수 있는 커넥티드 카 서비스를 공동 개발할 계획이다. 자연어 인식 기반의 음성인식 서비스도 고도화해 가기로 했다. 바이두의 음성인식은 중국어 방언의 성조 차이까지 완벽하게 구분해 낼 정도의 기술력을 보유하고 있다. 여기에 시끄러운 소음 하에서도 사람의 음성만을 추출해 내는 현대 · 기아자동차의 기술이 결합돼 언어로 차량의 편의장치를 제어할 수 있는 다양한 음성인식 서비스를 기대할 수 있다.

양사는 최근 ICT 업계 간 개발 경쟁이 뜨겁게 달아오르고 있는 차량용 AI 로봇 개발에도 박차를 가한다. 샤오두(小度)로 이름 붙여진 이 인공지능 로봇은 자신의 감정을 표현하며 운전자와 차량 간의 원활한 커뮤니케이션을 돕는다. 날씨, 뉴스, 일반 Q&A 등 다양한 주제의 대화와 개인 스케줄 관리 등이 가능하며, 내비게이션, 공조시스템, 미디어, 도어 개폐 등 차량 내 주요 장치들을 음성 명령으로 제어할 수 있다. 또한 카메라를 통해 운전자를 인식해 개인별 맞춤형 서비스를 제공할 뿐만 아니라 졸음운전, 운전 부주의 등을 인지해 경고하는 기능도 갖춘다.

아울러 현대 · 기아자동차와 바이두는 집에서 차량을 제어하는 홈투카(Home-to-Car)와 자동차 안에서 외부 생활공간을 제어하는 카투홈(Car-to-Home) 등 IoT 기술을 조기에 시장에 선보이기 위해 공동의 노력을 기울일 예정이다.

양사는 커넥티드 카 개발 협업의 선행 단계 결과물인 차량용 'AI 샤오두(小度) 로봇'을 이달 4일 중국 국제전람센터에서 개최된 '바이두 AI 개발자 대회'를 통해 최초 공개했다. 이 자리에서 'AI 샤오두 로봇'은 기아자동차 중국법인이 지난 4월 출시한 '신형 즈파오(국내명: 스포티지)'에 탑재돼 관심을 받았다. 차량 내부 대시보드 위에 별도로 장착되는 'AI 샤오두 로봇'은 스크린에 눈(目) 모양표시를 통해 기쁨, 애교, 난감함 등 감정을 표현해 가며 차량 탑승자와 의사소통 한다. 주요 뉴스와 운전자 스케줄을 대화하듯 전달하기도 하고 영화표 예매 같은 명령도 척척 수행해 낸다.

특히 다양한 방식으로 탑승자와 교감하는 기술은 'AI 샤오두 로봇'의 가장 큰 특징이다. 이 외에도 운전자 안면 인식을 통한 개인별 맞춤형 서비스, 졸음운전 등 운전자 행동 경고 등 기존과는 차원이 다른 인공지능 비서 서비스가 제공된다.

현대·기아자동차 인포테인먼트개발실장 추교웅(秋敎雄) 이사는 "IT 기술이 자동차 산업과 결합하면서 고객 분들께 더 큰 가치를 제공하려는 노력이 더욱 절실해 지고 있다"며 "이번 협약을 통해 중국 소비자들의 기대를 뛰어넘는 혁신적인 커넥티드 카 개발로 이어질 것으로 확신한다"고 말했다. 바이두의 커넥티드카사업부 쑤탄 총책임자는 "바이두는 차량 지능화 기술과 다양한 솔루션을 파트너사들에게 제공하면서 자동차 생태계를 주도해 왔다"며 "이번 현대·기아자동차와의 협력을 통해 고객 분들께 안전하고 편리하며 쾌적한 운행 환경을 제공하게 될 것"이라고 말했다.

현대·기아자동차는 2015년 바이두와 공동 개발한 차량용 폰-커넥티비티 서비스인 '카라이프(CarLife)'를 중국시장에 처음 탑재한 것을 시작으로 협업을 지속해 오고 있다. '카라이프'는 구글의 안드로이드 오토, 애플의 카플레이와 유사한 서비스로, 차량에 스마트폰을 연결해 내비게이션, 전화, 문자메시지, 음악 등을 차량의 모니터를 통해 운전자가 손쉽게 사용할 수 있도록 해준다. 이어 양사는 2017년 ▢통신형 내비게이션인 '바이두 맵오토(Baidu MapAuto)'와 ▢대화형 음성인식 서비스 '두어(度秘)OS 오토(DuerOS Auto)'를 공동 개발해 중국 자동차 업체 중 가장 먼저 현대·기아자동차에 탑재했다.

'바이두 맵오토'는 커넥티비티 서비스를 기반으로 ▢실시간 교통정보를 반영한 빠른 길찾기를 비롯, 빅데이터와 클라우드를 활용한 ▢주차장, 맛집, 관광지 등 주변 정보 ▢교통법규 위반 다수 발생 지역 정보 등 다양하고 유용한 운전정보를 제공한다. '두어(度秘)OS 오토'는 음성인식을 통해 내비게이션, 공조장치, 미디어 등을 조정하거나 설정할 수 있도록 한 서비스다.

양사는 증강현실(AR)을 활용해 운전자가 도로를 바라보는 모습과 동일한 실제 도로 영상 위에 길안내를 표시해 주는 차세대 내비게이션 개발을 위해서도 공동의 노력을 다하고 있다.

현대·기아자동차와 바이두 간 협력은 이에 그치지 않고 자율주행 분야로까지 확장됐다. 지난달 상하이에서 열린 CES 아시아에 참가한 현대차는 바이두의 자율주행 프로젝트인 '아폴로(Apollo) 프로젝트'에 참여한다고 공식 발표했다. 현대·기아자동차는 바이두와의 자율주행 부문 협력관계 구축을 통해 다양한 중국의 도로환경에 적합한 자율주행 기술개발에 있어서 경쟁력을 한층 더 높일 수 있게 됐다.

(자료: 로봇신문, 2018년 7월 10일자)

토의자료 9-3

필로시스, 이란 타하바이오텍과 전략적 제휴 체결

체외진단기기 전문기업 필로시스는 지난 18일 이란 제약회사인 타하바이오텍(TAHA Biotech, 이하 타하바이오텍)과 3년간 총 100억 원 규모의 개인용 혈당측정기 공급계약 및 혈당 스트립 생산플랜트 건설(기술이전)에 대한 전략적 제휴 계약(Strategic Alliance Agreement)을 체결했다고 19일 밝혔다.

타하바이오텍은 이란의 제약분야 선두업체인 소반(SOBHAN)그룹의 자회사로 2014년에 설립돼 내분비 심혈관질환 관련 의료기기를 전문적으로 유통하는 회사다.

이날 조인식에는 주한 이란 대사관의 사흐바즈 솔비 경제담당 참사관, 그리고 아볼가셈 세종대학교 교수(이란 대사관 국제무역 자문위원)가 함께 참석했다. 필로시스는 이번 전략적 제휴계약을 통해 국내 혈당측정기기 제조업체 최초로 이란 혈당측정기 및 혈당스트립 생산플랜트 기술이전 시장에 진출하게 됐다. 또 향후 원부자재 공급도 기대할 수 있어 실적 향상에 큰 도움이 될 전망이다.

최인환 필로시스 대표는 "이번 전략적 제휴계약 체결은 혈당측정기 및 혈당스트립 생산플랜트를 국내 혈당측정기기 제조업체 최초로 이란시장에 보급한다는 점에서 의미가 있다"며 "지난 1월 알제리 제약업체인 노바팜과의 전략적 제휴 계약을 시작으로, 혈당측정기 공급 및 혈당스트립 생산플랜트 기술이전을 통해 의료기기 자국생산 정책을 추진하고 있는 시장에 진출할 수 있는 사업 모델을 구축할 수 있게 됐다"고 평가했다.

한편 필로시스는 지난해 11월 반려견을 대상으로 혈당 측정이 가능한 동물 전용 혈당측정기 Gmate Pet(지메이트 펫)을 출시했으며, 지난해 12월에는 국내 혈당기기 업체 최초로 미국 관리의료 시장에 진출해 민간보험 시장 선두업체인 N사와 161억 원의 공급계약을 체결한 바 있다.

또 필로시스는 올해 1월 알제리의 제약업체인 노바팜과 3년간 500억 원 규모의 플랜트 건설 및 혈당스트립 기술이전에 대한 전략적 제휴 계약을 체결하면서 올해 매출 400억 원 달성이 가능할 것으로 내다보고 있다.

(자료: 뉴스핌, 2018년 1월 19일)

참고문헌

Focus2Move(2018), World cars brand ranking. The top 50 in the 2018. [online] Available at https://focus2move.com/world-cars-brand-ranking/ [접속일: 2018년 11월 27일].

경향비즈, 다임러, 현대車와 결별, 2004년 4월 23일자.

고선풍, 정순여, 이창대, 박경원(2004), 전사적인 경영혁신을 위한 6σ의 활용－삼성SDI를 중심으로, 국제회계연구 10: 239-263.

국민일보, [2008 하반기 히트상품－제네시스] 최첨단 기능… 대형차 시장 주도, 2008년 12월 23일자.

뉴시스, 보쉬-삼성SDI, 상대편 기술 노리다 결별, 2012년 3월 22일자.

뉴스핌, 필로시스, 이란 타하바이오텍과 전략적 제휴 체결, 2018년 1월 19일자.

더벨, 삼성SDI, '실패한 합작' SB리모티브 후유증 크네, 2016년 5월 3일자.

동아일보, 현대車-다임러 "동맹관계서 경쟁자로, 2004년 5월 12일자.

로봇신문, 현대·기아자동차, 바이두와 전략적 제휴, 2018년 7월 10일자.

매일경제, 제네시스, 프라다를 만나다, 2011년 9월 15일자.

매일경제, [명품족보]④ 나는 '프라다를 입는다', 2012년 4월 26일자.

박병일(2017), "글로벌경영 사례100", 시대가치.

비즈니스워치, [제네시스 10년] ②代이은 집념 못좇는 답답한 몸부림, [online] Available at http://news.bizwatch.co.kr/article/industry/2018/10/24/0005/naver [접속일: 2018년 11월 21일].

서민교, 박병일(2013), "글로벌경영", 서울경제경영출판사.

연합뉴스, 현대차, '자동차와 패션' 제네시스 프라다 출시, [online] Available at https://news.naver.com/main/read.nhn?mode=LSD&mid=sec&sid1=101&oid=001&aid=0005066841 [접속일: 2018년 11월 21일].

오마이뉴스, 현대차, 다임러와 '결별'…. "국내공장 증설 도움 안돼", 2004년 5월 12일자. [online] Available at http://www.ohmynews.com/NWS_Web/view/at_pg.aspx?CNTN_CD=A0000185988 [접속일: 2018년 11월 28일].

오토헤럴드, 점유율 급락한 '기아차' 예전같았으면…, 2013년 6월 14일자. [onlie] Available at http://www.autoherald.co.kr/news/articleView.html?idxno=7372 [접속일: 2019년 1월 19일].

월간전자부품뉴스, 삼성SDI, 전기차 배터리 2018년에도 적자, 2017년 12월 26일자.

이데일리, 쌍용 체어맨, 현대 에쿠스 따라잡다, [online] Available at https://news.naver.com/main/read.nhn?mode=LSD&mid=sec&sid1=101&oid=018&aid=0000192205 [접속일: 2018년 11월 21일].

전자뉴스, 삼성SDI, 보쉬와 합작으로 장기 성장 동력 확보, 2008년 6월 17일자.

전자뉴스, SB리모티브, 미 전지업체 코바시스 인수, 2009년 7월 15일자.

조선비즈, 전문가가 말하는 "제네시스 프라다가 실패한 이유", 2011년 12월 16일자.

중앙일보, 현대차-다임러 전략적 제휴 주요 내용, 2002년 2월 23일자.

팍스경제TV, 신세계免, 中 '큰 손' 모시기 나섰다…흥업은행과 전략적 제휴, 2019년 7월 2일자. [online]. Available at https://www.paxetv.com/news/articleView.html?idxno=75435 (접속일:

2019년 7월 8일).
한국경제, 현대차, 제네시스 프라다 '양산', 2009년 5월 13일자.
한국일보, '1년 전보다 더 나빠진 자동차 브랜드'에 현대차 3년 연속 1위, 2017년 1월 6일자.

해외인수합병전략

- **사례 10-1 대우전자의 인수합병 실패사례**: 톰슨 멀티미디어 인수
- **사례 10-2 미국시장에서의 LG전자 사례**: 제니스(Zenith)는 왜 미운오리가 되었나?
- **사례 10-3 미국시장에서의 삼성전자 사례**: 삼성전자가 인수했어도 다르지 않습니다?
- **사례 10-4 인도네시아 시장에서의 카카오 사례**: 카카오, 인도네시아를 패스하나?
- **사례 10-5 중국시장에서의 롯데그룹 사례**: 럭키파이 인수합병 미스터리
- **사례 10-6 국내시장에서의 르노삼성 사례**: 글로벌 전략도, 현지화도 없는 르노삼성

사례 10-1 대우전자의 인수합병 실패사례: 톰슨 멀티미디어 인수

대우전자는 1987년 창립된 이후 영상가전을 비롯하여 냉장고, 세탁기, 에어컨 등을 주요 품목으로 현재 해외 40여 개국에 6개의 생산법인과 30여개의 판매법인 및 지사를 보유한 가운데, 약 150개 국가에 우수한 가전제품을 공급하고 있는 기업이고, 톰슨은 1989년 창립된 이후 프랑스 정부가 76%의 지분을 소유하고 있었던 공기업으로서, 방위전자업체 톰슨 CSF와 종합가전업체인 톰슨 멀티미디어로 이루어져 있었다. 그 중 톰슨 멀티미디어는 1996년 TV 생산대수가 삼성전자에 이어 세계6위를 기록했으며, TV와 비디오 녹화기를 주로 생산했던 기업이다. 당시 대우전자는 자사제품의 품질은 타사의 제품에 비해 절대 뒤떨어지지 않는데도 브랜드 이미지가 낮아 제값을 받지 못하고 있다고 여겼다. 따라서 세계적 브랜드 구축을 위해 톰슨을 인수함으로써 세계 최대의 TV 회사가 되고자 했다.

주문자상표 부착방식(OEM) 위주로 수출을 하고 있던 대우는 세계적인 상표를 얻음으로써 세계 가전시장에서 상당한 위치를 차지할 수 있을 것이라 기대했다. 즉, 톰슨을 인수하게 되면 선진국의 무역장벽을 극복하고 타 다국적기업과 같은 조건으로 다국적 경영을 할 수 있게 되리라 판단했다. 물론 처음에는 대우전자도 대우 브랜드 자체를 세계적인 위치에 올려놓으려 했으나, 그 비용이 톰슨 멀티미디어와 같이 글로벌 시장 내에서 이미 일정수준에 도달한 기업에 대한 인수비용보다 훨씬 상회할 것으로 예견했다.

실제로 대우전자는 세계 7위의 TV 생산업체로, 만약 세계 6위 TV 생산업체인 톰슨 멀티미디어를 인수하게 된다면 미국과 유럽을 중심으로 하는 세계 최대의 TV 생산업체가 될 수 있었다. 규모의 경제효과가 발생함으로써 수치상으로는 단순히 두 기업의 생산대수를 더한 것을 훌쩍 웃도는 1,600만 대의 TV 생산이 가능해지는 것이다. 이렇게 될 경우 대우전자가 삼성, LG와 함께 세계 TV 시장에서 30%의 점유율을 갖게 되어 한국 TV 생산기업들의 위상도 한층 높아질 수 있었다. 그밖에도 톰슨의 세계적 브랜드와 첨단기술은 대우전자의 제품양산과 마케팅 능력, 자금력과 상호 보완되고, 대우전자가 동유럽, 남미, 독립국가연합, 아시아 등 신흥시장에 집중되어 있는 반면, 톰슨 멀티미디어는 미국, 서유럽 등의 시장을 차지하고 있어, 성공적인 인수 후에는 대우전자가 전 세계의 시장을 석권하는 것도 가능했다. 이 밖에도 대우전자의 주력 생산제품은 일반제품인 반면, 톰슨 멀티미디어의 주력 생산제품은 고가제품이어서, 제품군을 고루 갖추는 것도 가능해지며, 각 사가 보유하고 있는 유통 네트워크도 그 방면이 각각 달라서, 이용할 수 있게 되는 유통채널이 증가하고, R&D 측면에서도 신규제품 개발능력의 시너지효과를 기대해볼만 했다.

따라서 대우전자의 톰슨 멀티미디어 인수는 확실히 가치가 있었으며, 실제로도 인수는 성공할 수 있는 것처럼 보였다. 먼저 입찰 당시 대우는 인수 후 첫 2년 동안 100억 프랑을 투자하고, 5천 명을 신규 고용하겠다는 인수조건을 내세웠고, 이는 경쟁사보다 훨씬 경쟁력 있는 조건이었다. 게다가 대우전자는 해외인수합병 경험이 많은 기업으로, 인수 후 관리에도 자신이 있었다. 최고경영진들은 프랑스 문화를 익숙하게 여겼고, 무수한 해외경영 경험이 있었으므로 문화적 차이로 인해 갈등이 발생한다면 능숙히 관리하고 통제할 수 있을 것이라 생각했다. 최고경영진들은 톰슨 멀티미디어 노동자들이 국가가 보장하는 안정적인 직장을 다니고 있었기 때문에 열심히 일하지 않은 것이라고 여겼기에, 인수 후에는 톰슨 멀티미디어 노동자들의 생산성을 대우 구미공장 노동자들의 수준까지 올리는 전략을 세웠다. 매년 10억 프랑씩 투자해 기계화를 단행하면 생산성이 증가해 몇 년 뒤면 흑자로 전환시킬 수 있다고 생각한 것이다.

초기 인수협상은 순탄하게 진행됐다. 프랑스 재무부는 톰슨을 자국 기업인 알카텔에 넘기고자 했으나 정작 알카텔은 톰슨 인수에 관심이 없었다. 한편 또 다른 기업인 라가르데르 그룹은 자회사이자 방위산업체인 마트라를 위해 톰슨 CSF의 인수만을 원하고 있었다. 이에 대우전자는 톰슨 멀티미디어 인수를 위한 전략을 수립하고, 마트라와 손을 잡으며, 파격적인 조건으로 입찰에 참가했고, 적자가 심각해 톰슨 멀티미디어를 위한 대책이 정말 시급했던 프랑스 정부는 마트라와 대우를 선호한다는 언급을 시작하기에 이른다.

그러나 대우의 톰슨 인수가 확정되자 프랑스 여론이 반발하기 시작했다. 각종 프랑스의 언론들이 자국의 간판기업인 톰슨을 한국에 팔아넘길 수 없다며 반대여론을 조성하였고, 대우를 향해 '싸구려 제품을 만드는 회사', '재정이 취약한 회사', '국방장관에게 뇌물을 공여한 회사', '회장이 검찰의 조사를 받고 있는 회사', '2류 기업', '자국에서도 재무구조를 의심받는 회사' 등 갖가지 비난을 쏟아냈다. '분노를 야기하는 톰슨 양도'라는 표제의 기사가 나오고, '톰슨, 한국과의 결혼 거부'를 제목으로 정부의 선택을 비판했으며, '사명감을 환기시키는 톰슨 매각'이란 제목의 기사도 프랑스 국민정서를 자극했다. 거센 반대 분위기 속에 프랑스의 사회당은 10년 간 계속되어온 자국의 민영화계획에 제동을 걸고자 했고, 설상가상으로 전국단위 노조의 지휘 아래 프랑스 전역에서 시위가 발생했다. 프랑스 민주노동동맹은 톰슨 민영화를 무산시키기 위해 실력을 행사하겠다고 선언했으며, 노동총동맹은 민영화위원회가 정부의 결정을 최종적으로 부결하도록 압박했다.

대우전자도 가만히 지켜보고 있지만은 않았다. 1995년 세계 500대 기업에서 대우가 34위를 차지했음을 어필하면서 대우가 결코 아시아의 작은 기업이 아니라고 주장했다. 또한 톰슨 멀티미디어가 흑자로 전환되는 즉시 회사를 주식시장에 상장할 것과 5천 명의 신규 고용창출, 종업원 지주제도 도입 등을 약속했다. 그럼에도 불구하고 추산 1만 6천여 명이 대우전자의 톰슨 인수 반대시위를 벌였고, 결국 프랑스 정부는 톰슨 멀티미디어 민영화 절차 중단을 발표했다. 이렇게 최종적으로 대우전자의 톰슨 인수는 무산되었다.

질문

1. 대우전자가 톰슨 멀티미디어사 인수에 적극적이었던 이유는 무엇인가?
2. 프랑스 민영화위원회가 톰슨 멀티미디어의 대우전자 매각을 기각한 주요 이유는 무엇이라고 생각하는가?
3. 톰슨 멀티미디어 인수문제가 부당하게 처리된 것으로 판단됨에도 불구하고 대우전자가 프랑스 정부를 상대로 법적 대응을 취하지 않은 이유는 무엇이라고 여겨지는가?

사례 10-2 미국시장에서의 LG전자 사례: 제니스(Zenith)는 왜 미운오리가 되었나?

LG전자는 전자제품, 모바일 기기 및 가전제품 등의 전자기기를 제조하는 회사이며, LG그룹을 대표하는 계열사로서 삼성전자에 이어 국내 시장점유율 2위를 차지하고 있는 대기업이다. 전자분야의 기술혁신을 선도하는 글로벌 리더로서 전 세계 100개 이상의 사업장에서 비즈니스를 전개하며, 2017년에는 매출 61조 3,963억 원을 시현했다. 1958년부터 시작한 LG전자는 '최초의 국산 라디오(A-501)' 개발을 시작으로, 여러 부문에서 한국 최초, 세계 최초라는 타이틀을 이어가고 있다. 특히 기술혁신과 수출구조 다변화 등을 발판으로 세계로 활동무대를 점차 넓혀갔다. 미국 헌츠빌에 처음 해외 생산기지를 설립했던 것을 기점으로, 첨단기술을 갖춘 국제적인 기업으로 도약하였다. 2004년 1월, '글로벌 탑(TOP) 3가 되겠다'는 비전을 발표하고 LG전자를 세계적인 브랜드로 육성하는 것에 온힘을 기울였다. 특히 LG전자는 '글로벌 기업 LG'를 넘어 그 어떤 위기에도 흔들리지 않고 성장하는 기업이 되기 위해, 제조업 본연의 체질을 다지면서도, 변화하는 세상을 선제적으로 대비함으로써 앞으로 마주할 새로운 역사를 준비하고 있다. 현재 약 120여 개의 현지 법인을 설립해 운영하고 있으며, 약 83,000여 명의 임직원을 거느리고 있다.

더욱이 40여 년의 LG전자 해외시장 개척의 역사를 고스란히 담고 있는 북미 지역은 현지 공장의 성공과 전략적 제휴, 인수합병 등을 통해 세계화의 모범적 성공사례를 남겼다는 평가를 받고 있다. 브랜드 에셋밸류에이터(Brand Asset Valuator)의 2009년 조사에 따르면, 미국인 94%가 LG의 브랜드를 알고 있다고 응답했다. 불과 조사가 시행되기 5년 전인 2004년만 하더라도 10% 정도의 미국인만이 LG 브랜드를 인지하고 있었지만, 단숨에 미국인 대부분이 인지하는 브랜드로 성장하게 된 것이다. 단순히 브랜드를 아는 사람만 늘어난 것이 아니라, 프리미엄 브랜드로 확실히 자리매김한 LG전자는 미국 내에서 스타일이 뛰어나고, 혁신적이며, 신뢰성이 있는 브랜드로 인식된다.

이러한 미국 내 LG 브랜드의 비상은 다른 무엇보다 혁신적인 제품에서 기인한 것으로 인구(人口)에 회자된다. 예컨대, 2006년 LG는 이른바 색깔 있는 세탁기로 시장에 일대 혁신을 일으켰던 일이 있었다. 당시 북미시장에서 세탁기는 무조건 흰색이라는 고정관념이 강한 시절이었다. 하지만 LG는 검정색과 파란색 세탁기를 연달아 출시하였고, 심지어 이에 그치지 않고 과감하게 빨간색 세탁기를 시장에 내놓았던 사건이 있었는데, 그 결과는 매우 폭발적이었다. 그 해 약 10만 대의 제품이 팔려 나갔으며, 스팀 세탁기와 칼라 세탁기로 일약 순식간에 시장점유율 1위를 차지했다. 이어 2004년 인터넷 기능을 부착한 냉장고를 최초로 미국에 선보이면서 세탁기에서 시작된 일련의 혁신적인 시도를 다른 제품으로도 이어갔다. 일기예보, 주식시세 등 인터넷을 활용한 정보를 냉장고를 통해 볼 수 있는 이 획기적인 제품이 시장에 출시되자 사람들은 호기심에 이를 만져보고 버튼을 눌러보며 큰 관심을 보였다. 인터넷 냉장고 자체가 엄청난 판매량을 기록하지는 않았지만, LG 브랜드를 홍보하고 브랜드 가치를 올리는 데에는 크게 기여했다. 미국에서 LG전자의 위상은 가전제품에 그치지 않았다.

2000년대 초반부터 가전제품 분야에서 얻은 브랜드 가치를 꾸준히 유지하고 발전시킴으로써 최근에는 스마트폰 시장에서도 호평을 받고 있다. LG전자는 애플이 처음으로 아이폰을 출시한 2007년부터 2009년까지 북미 스마트폰 시장에서 점유율이 고작 0.2~0.3%에 그쳤다. 이후 2014년에 드디어 10%선을 돌파한 뒤, 2015년에는 14.9%, 그리고 2016년에는 15.5%로 점차 약진하고 있다 (최근 국내 시장에서는 약세를 보였던 LG전자의 스마트폰 V20이 북미시장에서는 큰 인기를 끌고 있다). 이처럼 급격하게 변화하는 세계 경제 상황과 글로벌 시장의 경기침체 장기화에도 불구하고, LG전자는 혁신과 신뢰를 기반으로 고객가치 창출의 성과를 이뤄냈으며, 시장 선도를 위해 계속해서 달려 나가고 있다. 그러나 LG전자가 처음부터 북미시장에서 괄목할만한 성적을 낸 것은 아니었다.

미국 제니스(Zenith)를 인수했던 1995년, 당시 LG전자는 갈수록 경쟁이 심화되고 국경이 사라지고 있던 글로벌 무대에서 경쟁우위를 점할 방법을 찾고 있었다. 또한 21세기를 대비하고, 보다 더 큰 도약을 위해, 1995년 당시 매출액의 6%에 불과했던 하이미디어 사업 분야를 오는 2000년대에 24%까지 끌어 올리겠다는 야심찬 계획을 가지고 있었다. LG전자는 세계 최대 가전시장인 미국에서 선두기업군에 진입하려면 무엇보다 하이미디어 사업이 가치를 창출해내야 하고, 이를 바탕으로 전 세계 시장으로 나아가야 한다고 믿고 있었기에, 무엇보다도 하이미디어에 대한 획기적인 기술력 확보와 향상이 매우 필요했다. 이를 성취하기 위한 방편으로 미국의 제니스를 인수합병하기로 결정하였다.

제니스는 1918년에 설립된 미국 일리노이 주에 본사를 둔 전자제품 제조 및 개발회사이다. 기존에는 텔레비전을 비롯한 가전제품을 제조하였으나, 1995년 LG전자에 인수된 후 1999년 파산과 함께 동사(同社, 즉 LG전자)의 전문 연구개발 기업으로 재편되었다. 제니스는 북미 최초로 HDTV(High-Definition TV)기술을 개발하여 VSB(Vestigial Side Band) 원천기술을 보유한 회사가 되었으며, 1950년에 세계 최초로 텔레비전용 리모컨을 개발했다. 이 당시 제니스는 미국

내 가전부문에서 RCA(16.5%)와 매그나복스(12%)에 이어 10%의 시장점유율을 확보하고 있었다. 주력상품은 컬러 TV였으며, 미국 내 브랜드 인지도 3위를 차지할 정도로 유명한 기업이었다. 필립스, 소니 등 해외 가전업체에 의한 끊임없는 공격과 경쟁을 이겨내며 미국 가전산업의 "마지막 자존심"이라고 불리우던 제니스는 미국 가전시장의 최상위권 자리를 유지하던 산업선도 기업이었다. LG전자는 1976년 제니스에 라디오를 OEM 방식으로 수출했으며, 그 후 20여 년 동안 협력관계를 지속해 컬러 TV, VCR 등을 수출해왔다. 이러한 장기적인 협력관계는 LG전자가 제니스를 인수하는 배경이 되었다.

또 다른 인수 배경에는 제니스의 지속적인 경영부실이 있었다. 1990년대 들어 미국시장의 공급과잉 및 경쟁격화에 따른 가격손실에 대해 제니스는 효과적인 대처를 하지 못했고, 이로 인해 영업손실 누적에 따른 현금부족으로 어려움을 겪고 있었던 바, LG전자의 생산력과 다각적인 경영혁신 능력을 활용하여 시장상황에 대처하고 새로운 도약을 필요로 하던 시점이었다.

또한 제니스는 HDTV가 제니스에서 개발되었을 때 미국 이외의 시장에서 HDTV의 판로를 확장하려는 목표를 가지고 있었다. 반면, LG전자는 HDTV 생산을 위한 핵심 기술개발과 주요 HDTV 기술습득을 위해 노력하고 있었기 때문에 첨단기술을 보유한 선진 가전업체들과의 제휴를 물색하고 있었다. 이에 LG전자는 제니스를 인수함으로써 미국 가전시장 점유율을 12%(당시 10%의 점유율을 차지하던 제니스와 2%를 차지하던 LG전자의 산술적 합)로 확대함과 동시에, 당시 멀티미디어 분야에서 세계적인 고급 기술을 보유하고 있던 제니스의 주요 기술을 이전받을 것을 기대하고 투자를 결정하였다. 전술했듯이, 하이미디어 분야를 강화하고자 하던 LG전자로서는 인수합병을 통해 전략적 발판을 마련할 수 있게 된 것이었다. 즉, LG전자는 제니스의 고급기술과 브랜드력 그리고 LG전자의 생산기술을 결합해 "미국 가전시장으로의 빠른 진입"과 "하이미디어 시장의 선도"라는 야심찬 목표를 세웠다.

1997년까지 미국 제니스사에 2억 달러를 투자하여 경영을 완전정상화하고, 2000년에 북미지역 컬러 TV 시장점유율 1위를 달성케 할 계획이었다. 제니스에 고작 라디오를 납품하던 기업이 제니스를 인수한 것을 두고 LG전자는, "한국 전자산업의 위상을 세계적인 수준으로 끌어올리는 계기를 마련한 획기적인 일"이라고 자평할 정도로 동 인수합병은 큰 이슈가 됐었다. LG전자는 1995년 신주발행과 제니스의 기존 주주들로부터 보통주식을 인수함으로써 1991년 자본출자 형식으로 취득했던 145만 주(지분율 3.09%)와 함께 지분율이 57.68%로 증가하여 실질적인 경영권을 확보하게 되었다.

LG전자와 제니스의 통합 과정은 다음과 같다. LG전자는 가장 먼저 조직정비 과정을 거쳤다. LG전자는 인수 초기에 제니스의 경영상의 독립을 최대한 보장할 계획이었으나, 예상을 뛰어넘을 정도로 낡은 제니스의 시설, 불필요한 재고자산과 과잉인력 보유 등을 확인하고, 생산성 우위를 내세워 생산라인 구조조정을 주장함과 동시에 경영진단을 실시했다. 이로 인해 제니스와 마찰을 빚기도 했다. LG전자는 제니스를 1998년부터 완전 흑자체제로 전환하기 위한 제니스 경영정상화 방안을 추진했다. 이에는 조직역량 강화, 독립채산 방식의 전략사업부 제도로의 개편, 브라운관 사업순익의 확대, 네트워크시스템 사업의 집중육성이라는 4대 경영과제가 담겨 있었다. 또한 구조조정을 위해 시카고 소재 본사를 내놓게 되었으며, 상명하달식의 수직적 조직 체제를 팀제 등을 통한 수평적 시스템으로 바꾸는 과감한 개혁을 실시했다.

더불어 제니스의 주축을 가전에서 멀티미디어로 사업구조를 조정했다. LG전자는 신규투자와 신제품개발 노력을 위해 제니스의 TV 등 가전부문의 비중을 가급적 줄이고, 유망한 사업 분야인 브라운관과 네트워크 시스템 분야를 강화하는 전략을 내세우며, 1997년에는 가전에서 멀티미디어로의 본격적 사업구조 조정에 나섬으로써 한계사업을 과감하게 정리하는 한편, 핵심 산업을 육성하는 전략을 펼쳤다. 하지만 HDTV 보급이 기대보다 부족할 것이라는 시장전망과 HDTV 시장의 본격적 확대가 지연됨에 따라 1998년「포괄적 재무구조개선 및 사업구조조정계획」을 마련하기에 이르렀다.

LG전자는 제니스 인수 후 업무통합에도 힘썼다. 가장 먼저 R&D 분야와 관련하여, 분기마다 기술전략회의를 개최하여 공동개발 체제를 위한 방안을 마련했고, 미국에서 통합서비스체제 구축을 위해 미국 전역에 3천 개의 서비스센터를 운영하는 결정을 내렸다. 또한 인수 초기에는 미국시장에서 LG와 제니스 브랜드를 함께 사용할 계획이었으나, 미국에서의 제니스 브랜드 가치를 감안하여 동 브랜드를 활용하는 전략을 사용했다.

하지만 LG전자의 야심찬 계획은 성과로 잘 나타나지 못했다. 제니스의 실적은 소니, 필립스 등과의 경쟁에 밀리며 기대치를 크게 밑돌았다. 인수 이후에도 지속적으로 총자산순이익률은 감소추세를 보였다. 제니스는 운영비 증가, 판매부진 등으로 인해 1997년도에는 전년 대비 8.8% 줄어든 매출을 올렸고, 68.2% 늘어난 엄청난 적자를 냈다. 이후, LG전자는 제니스를 회생시키기 위해, 앞서 통합과정으로써 언급한 유망사업 분야를 육성하고, 한계사업을 정리하는 전략을 펼친다. 그러나 LG전자의 엄청난 자금지원에도 불구하고 자본잠식 상태에서 빠져나오지 못하게 된 제니스는 결국 1998년 법원에 파산보호 신청 의사를 밝히게 된다. LG전자는 1995년 제니스 경영권을 확보한 후 막대한 돈을 투자하여 적자를 매워왔으나, 한국의 금융위기와 맞물려 더 이상 추가로 자본을 투입할 수 없게 된다. 이로 인해 1998년 5월, 미국 파산법에 근거하여 기업회생계획을 마련하고 현지법원에 승인을 신청했고, 그 뒤 제니스가 마련한 기업회생 계획대로 기존주식을 소각하고 LG전자 채권의 출자전환이 이루어져, 제니스는 LG의 출자회사가 됨과 동시에 상장폐지 되었다. 결과적으로 LG전자는 낙후된 설비, 미국시장의 과잉 설비, 수요 침체, 경쟁사와의 시장경쟁 실패 등으로 인한 지속적 영업실적 악화로 누적적자 5억 달러 이상에 부채 2억 달러를 자본으로 전환할 경우, 고작 3년 만에 총 7억 달러에 달하는 손실을 입는 결과를 받아들게 되었다. 하지만 LG전자는 제니스를 마케팅·연구개발 중심 회사로 재편하겠다는 전략을 세우고, 미국 일리노이주에 있던 TV공장을 필립스에 팔았으며, 멕시코에 있던 공장도 다수 정리했다. 통상 3개월가량 걸리는 미국 증권거래위원회의 기업회생계획 검토가 제니스의 경우에는 11개월이나 걸릴 정도로 오랜 기간 동안 주주와 직원의 설득작업까지 거쳤다. LG전자는 제니스를 지키기 위해 인수 이후부터 2004년까지 구조조정 비용부터 자산매각처분 손실자금, 자산평가 손실까지 10억 달러가 투입되었다.

질문

1. LG전자의 제니스 인수배경을 설명하고, 인수대상 기업으로 제니스를 선택한 것이 올바른 결정이었는지 회고하여 판단해보시오.

2. 만약 LG전자가 제니스가 아닌 다른 미국 기업을 인수한다면, 다른 대안으로 어느 기업이 적절했을 것으로 여겨지며, 그 이유는 무엇인지 설명하시오.
3. 상기 2번 답으로 여러분이 제시한 바와 같이, 당시 다른 대안이 있었지만, 이제 상황을 돌이킬 수 없는 바, 향후 제니스의 성과를 견인하고 순이익을 증가시키기 위한 전략을 LG전자를 위해 제안해보시오.

사례 10-3 미국시장에서의 삼성전자 사례: 삼성전자가 인수했어도 다르지 않습니다?

삼성전자는 1969년 생활 가전제품 생산으로 시작하여 정보, 통신, 오디오・비디오의 인포테인먼트 사업, 헬스케어, 환경에너지, 편의 서비스 등 라이프 케어 사업을 펼치고 있는 대한민국의 대표 기업 중 하나이다. 삼성전자는 제품 특성에 따라 소비자 가전(CE), IT 및 모바일(IM), 디바이스솔루션(DS: 메모리・시스템반도체, LED 등의 부품 사업) 3개 부문의 독립적 운영을 통해 각 부문의 경쟁력을 강화하고 있다. 앞 문장에서 잠시 언급했듯이, CE 부문은 TV와 모니터, 냉장고, 세탁기, 의료기기 등 전자제품을 생산하고 있으며, IM 부문은 스마트폰, 컴퓨터, 네트워크 시스템 등의 통신기기를 생산・판매하고 있다. DS 부문은 D램, 낸드플래시, 모바일 SoC(System-On-Chip) 등 IT・모바일 기기의 핵심부품을 생산・판매하고 있다. 삼성전자의 매출은 60% 가량이 스마트 폰에서, 20% 가량이 가전분야에서, 17.5% 가량이 반도체 사업에서 나온다. 반도체 분야는 매출 측면에서는 가전 부문보다도 떨어지지만, 영업이익에서는 23% 가량을 차지하고 있어서 영업이익률은 스마트폰 분야보다 더 높은 중요한 핵심 사업이다.

삼성전자는 전 세계 약 200개의 자회사를 가진 글로벌 IT 리더로서 각 지역의 현지 법인을 통해 지역별로 차별화된 제품 생산 및 연구개발, 마케팅, 서비스를 수행하며 과감한 혁신과 가치창조를 통해 꾸준한 글로벌 경쟁우위를 점하고 있다. 2016년 말을 기준으로 전 세계에 생산거점, 판매거점, 디자인센터, 연구소

등 220개의 거점을 보유하고 있으며, 한국을 비롯해 북미, 유럽, 동남아, 아프리카 등에 15개 지역별 총괄체제를 운영하고 있다.

삼성전자는 특히 미국 가전시장에서 뚜렷한 강세를 보이고 있다. 미국 시장 조사업체 '트랙라인(Traqline)'의 발표에 의하면, 삼성전자는 미국의 브랜드별 주요 생활가전 시장에서 전년(2017년) 동기보다 소폭 증가한 19.6%로 매출 점유율 1위를 차지하여, 세계 최대 생활가전 격전지인 미국시장에서 8분기 연속으로 업계 1위에 올랐다. 미국 가전시장에 진출한 지 20년이 채 되지 않은 삼성전자의 이와 같은 선전은 북미 전담 조직 'PIT(Product Innovation Team)'를 구성해 북미 소비자의 라이프스타일 맞춤 기반 연구 덕분이다. 삼성전자 생활가전 사업부 강봉구 부사장 역시 "삼성전자가 미국 주요 생활가전 시장에서 1위를 유지하고 있는 비결은 소비자들의 라이프스타일을 세심히 관찰해 현지 맞춤형 제품을 지속적으로 선보이고 있기 때문"이라고 말했다.

미국은 전 세계에서 가전제품 개발과 소비가 가장 먼저 정착된 곳으로 300억 달러 거대 규모의 시장이 매년 약 4%씩 성장하는 추세이다. 역사가 오래된 만큼 소비자들의 취향도 매우 까다롭고 보수적인 것으로 알려져 있었지만 최근 밀레니얼 세대가 주 소비자층으로 부상하면서 트렌드 변화가 일고 있다. 밀레니얼 세대는 가사 노동 부담을 줄이기 위해 가전제품을 선택하기 보다는 제품으로부터 얻을 수 있는 가치를 중시하는 성향을 보인다. 이러한 이유로 적극적으로 제품을 탐색하고, 개성 있는 디자인을 선호하고, 능숙한 IT기기 사용 능력을 보인다. 삼성전자는 이러한 트렌드를 발 빠르게 캐치해 '제품 혁신'과 '마케팅' 이라는 두 가지 키워드로 시장 내 입지를 다지고 있다. 시장조사기관 BAS에 따르면, 삼성은 밀레니얼 세대 대상 가전제품 시장점유율이 19%로 1위를 차지했으며 선호도 조사에서도 프리미엄 가전 구매자 중 20%의 선택을 받았다.

삼성전자의 미국 가전시장에서의 성공 사례를 언급했으나, 이 외에도 중남미, 유럽 등을 포함, 세계적으로 한창 활기를 띄고 있는 기업이며, 국내에서도 마찬가지이다. 하지만 많은 경영학자들은 삼성은 지금 큰 신성장 동력을 확보하는 작업이 지체되고 있다고 평가하고 있다. 이병태 KAIST 경영대 교수는 "계열사 간 업무 조정이나 비주력 계열사 매각 같은 구조조정 작업은 둘째 문제다. 가장 심각한건 M&A를 통해 신성장 동력을 확보하는 작업이 멈췄다는 것이다"라고 언급하며 "구글 뿐만 아니라 애플이나 MS, 페이스북 같은 기업들은 한 달에 한 개꼴로 스타트업을 인수하고 있으며, 이는 소프트뱅크나 알리바바 같은 아시아 기업들도 마찬가지이다.

IT 업계에선 미래에 대한 준비를 잠시만 소홀히 해도 영원히 망할 수 있다는 걸 수많은 사례로 알 수 있지 않느냐"고 말했다. 삼성전자는 2016년 미국 자동차 전자장비 전문기업 '하만(Haman)' 인수 결정을 제외하고 굵직한 M&A와 대규모 투자가 부재했다. 그러나 2018년, 삼성전자는 경영 정상화에 속도를 내며 잠시 정체되어있던 M&A 시장에 본격적으로 뛰어들고, 또한 미래 성장 동력 확보를 위한 대규모 투자를 활발하게 행할 것으로 전망되고 있다. 그러나 한편 삼성전자는 해외 M&A에서 큰 실패를 겪은 바가 있기 때문에 더욱 조심스러운 움직임을 보일 것이라는 관측도 있다. 바로 미국 PC회사 AST 리서치와의 인수합병이 삼성의 대표적인 M&A 실패사례로 흔히 언급된다. 삼성전자는 1995년 세계 PC업계 점유율 6위, 미국 5위를 달리던 AST를 3억 7,700만 달러라는 거액을 들여 인수하여 세계를 놀라게 했지만, 1990년 결국 손을 놓아 실패를 겪었던 바 있다.

1995년 삼성전자는 반도체의 호황으로 큰 성과향상을 시현했다. 이에 삼성그룹은 세계 5대 PC업체로의 도약이라는 글로벌 브랜드 전략에 따라 PC 해외시장을 물색하다가, 연 매출액 24억 달러에 자본금 3억 8,000만 달러를 보유한 미국 텍사스주 어바인 소재의 AST와의 M&A를 발표했다. 당시 삼성전자와 AST와의

M&A는 세계적인 PC업체로 발돋움한다는 외형적인 의미뿐만 아니라 PC분야 기술에 대한 국내 업체의 한계를 단번에 뛰어 넘는 계기가 될 것이라는 기대가 있었다. 당시 AST는 190건 이상의 컴퓨터 관련 특허 기술을 보유하고 있었으며, IBM, 애플 등과 기술 제휴를 맺고 있었기 때문에 이러한 기대가 가능했다. 또한 AST는 세계 최대의 PC업체인 컴팩에 이어 두 번째로 다양하고 많은 유통 및 서비스망을 세계 각지에 구축하고 있었다. 따라서 삼성전자는 AST와의 M&A로 HDD, CD롬 드라이브, TFT-LCD, 프린터, 모니터 등 전 세계적인 AST의 판매망을 이용할 수 있게 되었기에 매우 효과적인 M&A가 될 것이라고 기대했다. 삼성전자는 계약을 발표하며 미국 현지 주식시장에서 15%를 공개 매수하는 등, 40.25%의 지분을 총 3억 7,700만 달러에 확보하게 되었다. 뒤이어 1997년 경영수지 개선전략으로 5,000만 달러를 추가해 총 4억 2,700만 달러를 AST에 쏟아부었으나, 삼성전자의 막대한 투자와 초기 기대와는 달리 컴퓨터 산업의 지각변동과 초저가 PC의 확대로 인해 수익구조가 계속해서 악화되어 경영에 어려움을 겪으며 내리막길을 달렸다. 결국 1998년 울며 겨자 먹기 식으로 이끌어오던 AST 사업을 철수하기에 이르렀으며, 자산매각대금 6,300만 달러와 지분매각 금액 1,250만 달러를 합쳐 총 7,500만 달러를 회수하는 데 그쳤다. 또 삼성전자가 밝힌 AST 브랜드의 PC관련 특허 등 무형의 자산 가치 500만 달러를 합쳐도 회수금액이 9,000만 달러를 조금 상회하는 수준에 머물렀다.

당시 관련업계에서는 삼성전자가 헐값에 AST를 매각하며 쓴맛을 보게 된 것은 인수 당시부터 예고된 실패이며, 국내 IT 기업의 대표적인 해외투자 실패 사례라고 지적받는다. 삼성전자는 자사의 PC를 AST 브랜드로 판매하여 연간 1억 달러 이상의 프리미엄을 달성하면서 AST의 전 세계적인 유통망을 이용해 물류비용과 로열티 절감을 M&A의 목표로 뒀다. 업계 전문가들은 이러한 삼성전자의 목표를 두고 "전략 자체는 맞았으나 전술에 문제가 있었다"라며 경영방식과 신뢰 추락을 문제점으로 꼬집었다.

삼성전자의 AST 인수는 초기 인수금액이 지나치게 높았으며, 결정적으로 핵심 인력들이 대거 유출되는 바람에 사실상 설비만 인수한 모양새가 되어버린 것이 실패의 가장 큰 원인이다. 영국 주간경제지인 이코노미스트는 "경영방식에 있어서 일본은 린(Lean)과 같은 일본 고유의 생산시스템이 있었으나, 삼성전자는 독창적인 시스템이 없어 근로자들을 효율적으로 이끌기 힘들었다"고 지적했다. 더불어 현지화 작업의 실패라고도 할 수 있다. 삼성전자는 AST 인수 당시에는 현지 경영체제를 지속시키겠다고 발표했으나 1년 반 만에 현지 경영인들을 대거 물갈이했다. 삼성전자는 미국 기업인 AST의 조직문화에 대한 이해 없이 한국식 조직문화를 곧바로 적용시켜 AST 직원들의 큰 불만을 사게 되어 큰 마찰을 빚었고, 이에 AST의 기술 및 영업인력 등 고급 인력들이 무더기로 이탈하는 사태가 발생했다. 영업인력의 이탈은 영업전략의 부재와도 맞물렸다. 기업과 현지 사정에 대해서 잘 아는 현지인이 빠져나가면서 AST의 영업력이 손실을 입게 되었고, 미국과는 어울리지 않는 국내 영업전략을 미국시장에 적용하게 되면서 극심한 매출 감소로 이어지게 된 것이다. 무리한 한국식 적용으로부터 온 실패였다.

AST와의 M&A의 큰 목적 중 하나가 기술력 관련한 부분이었음에도 불구하고, 기술력의 핵심이라고 할 수 있는 인적자원을 보호하고 육성하는 전략을 제대로 펼치지 못해 이와 같은 문제를 초래했다. AST는 1995년까지만 해도 수많은 직원을 거느린 세계 시장점유율에서 우위를 차지하던 업체에서 극심한 수요 및 매출액 감소로 1997년에는 10위권 밖으로 밀려나게 되었다. 1998년에는 미국 소재의 본사 건물과 포트워스 소재 공장 및 부지, 영국 소재 공장 등 6천만 달러가 넘는 자산을 매각했으며, 가정용 PC사업에서 손을 떼며 사업을 축소하게 되었다. 직원 수도 400명가량으로 줄어들어 중소 컴퓨터 업체로 전락하게 되는 쓴맛을 봤다. 즉, 삼성전자는 미국시장을 주름잡던 엄청난 기업을 받아들여 시너지 효과는커녕 4년도 채 되지 않는 기간 동안 엄청난 손실을 시현했을 뿐 아니라, 중소 PC업체로 둔갑시켜 헐값에 매각한 것이다. 삼성전자는 이후 해외 M&A에 매우 보수적인 경향을 띠게 되는 모습으로 변화하였다.

질문

1. 삼성전자의 AST 인수 및 매각 배경을 설명하시오.
2. 삼성전자의 AST 인수의 경우, "전략 자체는 맞았으나 전술에 문제가 있었다"라는 사례 내 문장을 발견할 수 있다. 그렇다면, 당시 삼성전자의 올바른 전술은 어떠했어야 하는지 여러분의 견해를 밝히시오.

3. 삼성전자는 AST 인수 후 운영실패를 경험한 뒤, M&A에 대해 지극히 보수적인 성향을 보이고 있다. 글로벌 시장에서의 삼성전자의 경쟁력을 감안할 때 M&A가 필요치 않은지 혹은 보다 적극적인 모습으로 변화해야 하는지 여러분의 의견을 제시하시오. 또 제안한 의견에 대한 이유를 밝히시오.

사례 10-4 인도네시아 시장에서의 카카오 사례: 카카오, 인도네시아를 패스하나?

1. 카카오 기업 개요

"Connect Everything", 새로운 연결, 더 나은 세상을 꿈꾸는 카카오는 국내 1위 메신저인 카카오톡을 포함한 다양한 모바일 서비스를 제공하는 기업이다. 2014년 10월 포털사이트 다음커뮤니케이션과 카카오가 합병을 통해 다음카카오라는 법인이 출범하였다.

그림 10-1 월별 MAU의 평균값으로 나타낸 국내 · 국외 카카오톡 이용자 수

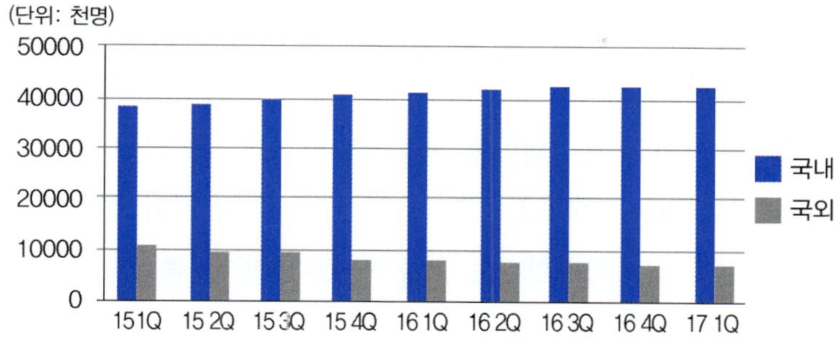

자료: Kakao Investor Relations(2017).

이후 메신저 영역을 벗어나 모바일 게임, 광고, 커머스, 콘텐츠 등의 서비스를 제공하고, O2O(Online to Offline)분야에서 스마트 모빌리티 영역의 소비자 욕구를 충족시키는 카카오택시, 카카오 드라이버, 카카오T를 보유하고 있다. 또한 핀테크사업의 전문화를 통한 경쟁력 강화를 위해 카카오페이를 출범하였으며, 로엔엔터테인먼트 인수로 음원서비스에서도 활약하고 있다. 4차 산업혁명에 발맞추어 인공지능사업을 추진하기 위해 2017년 주식회사 카카오브레인을 설립하고 AI서비스를 개발 및 구축하고 있다.

이렇듯 카카오는 다양한 방면으로 사업을 운영하며 지속적으로 변화하는 소비자 욕구를 충족시키는 주요 온라인 플랫폼으로 자리매김하였다. 카카오톡이라는 무료 메신저 서비스를 제공하는 것이 주 사업인 카카오의 수익모델은 콘텐츠와 광고 수입이다. 2015년도 1분기 주요 실적은 광고 매출이 53%로 가장 많은 부분을 차지했으나, 로엔 인수 이후 2017년 1분기 기준 전체 매출이 약 2천억가량 증가하였고, 콘텐츠 매출 비중이 50%로 증가하였다. 국내 카카오톡 MAU(월간 활성이용자 수)는 4,242만 명이고, 글로벌 MAU(한국 포함)는 4,916만 명이다. <그림 10-1>은 카카오가 제공한 한국을 포함한 글로벌 사용자 수에서 국내 이용자 수를 차감하여 국외 사용자 수를 가시적으로 나타내었다. 국내 이용자 수는 매분기 조금씩 상승 및 유지하고 있는 것을 확인할 수 있지만, 국외 사용자 수는 매 분기별 감소하고 있는 것을 알 수 있다.

2. 인수대상 기업 – 패스(Path) 개요

패스(Path)는 페이스북 플랫폼 개발자인 데이브 모린(Dave Morin), 냅스터 창업자인 숀 패닝(Shawn Fanning) 등이 모여 2010년 11월 출시한 서비스이다. 기존 페이스북이나 트위터 등 공개와 확산이 목적인 SNS(Social Network Service)의 형태와는 달리 소규모 그룹 간의 관계유지와 신뢰 향상을 위한 비공개 패쇄형 서비스를 지향한다는 특징이 있다. 또한 복잡하지 않고 이해하기 쉬운 사생활 보호 서비스를 통해 최대한으로 프라이버시를 조성할 수 있다. 시간의 흐름에 따라 자신의 일기를 쓰듯이 포스팅 할 수 있으며, 일부 소식은 친구와 공유하는 것도 가능하다. 그리고 친구를 그룹으로 묶어 특정 그룹하고만 소식을 공유할 수도 있다.

이러한 방식은 학교, 직장, 고향 등 작은 규모의 그룹으로 인간관계를 유지하는 아시아 시장에서 큰 인기를 끌고 있다. 2015년 카카오에 인수 당시, 패스는 동남아시아에서 실제 사용자수가 약 3,000만 명에 이르는 주요 SNS로 꼽혔다. 반면, 출시 국가인 미국에서는 2018년 기준 유투브(73%), 페이스북(68%), 인스타그램(35%), 핀터레스트(29%), 스냅챗(27%) 등 다양하고 점유율이 높은 기존의 SNS들이 많아 현지에서는 인기를 얻지 못한 바 있다. 인수 이전 시기의 상황도 약간의 순위 차이와, 당시 유투브는 조사대상에 포함되지 않았다는 차이만 있을 뿐, 패스의 점유율은 확인하기조차 어려울 만큼 미미한 수준이었다. 결국, 새로운 벤처 투자자를 찾지 못해 자금난에 시달리다 한국의 카카오에 인수되었고, 이에 대해 데이브 모린 패스 대표는 "사람들 사이의 행복, 의미, 관계를 추구하며 시작된 패스가 한 단계 더 높은 곳으로 성장하기 위한 새로운 전환점을 맞게 되었다"면서 "아시아 시장에 대한 이해도가 높고 다양한 의미 있는 연결을 통해 모바일 혁신을 이끌어 온 다음카카오가 패스 이용자들에게 새로운 가치를 제공해 줄 수 있을 것"이라고 말했다.

3. 카카오 – 패스 해외인수합병 사례 분석

카카오와 패스는 비슷한 플랫폼을 가진 경쟁업체로 둘 사이의 인수는 수평적 관계로 이루어졌다고 할 수 있으며, 강제성이 없었던 우호적인 인수합병이었다. 카카오는 메신저 서비스 패스톡(Path Talk)의 브랜드와 유저데이터, 운영전반에 대한 것을 인수를 통해 얻음과 동시에 향후 수개월 가량 운영전반에 대한 인수인계를 받는 형태로 거래가 성사 되었다. 우선은 패스와 패스톡을 기존의 방식으로 서비스하고 향후 카카오톡으로 브랜드를 합칠지 여지를 남겨둔 상태로 기업이 통합되는 절차를 밟았다. 인수 당시 구체적인 금액은 공개 되지 않았으나 자산 2.5%(675억 원) 이상인 경우 공시를 해야 한다는 점을 감안하면 공시기준보다 낮은 금액에서 인수한 것으로 보인다.

카카오는 인도네시아나 말레이시아 등 동남아 지역을 대상으로 카카오톡 관련 마케팅 활동을 벌였지만 경쟁 서비스에 밀려 좀처럼 힘을 쓰지 못했다. 따라서 패스를 인수함으로써 패스에 카카오의 게임, 이모티콘, 결제 등을 얹으면 새로운 글로벌 성장 동력이 생길 수 있을 것이라고 카카오는 예견하면서, 이를 계기로 해외시장에서 고전하고 있는 카카오의 글로벌 사업에 힘을 받을 것이라고 기대했다. 또한 100% 지분 인수를 통해 카카오는 인구 2억 5천만 명의 인도네시아 시장에서 의미 있는 모바일 플랫폼을 확보하는 동시에 글로벌 비즈니스 확장을 위한 새로운 토대를 마련하는 긍정적인 예상을 했지만, 현재 보이는 성과는 <그림 10-2>에서 알 수 있듯 적자가 심각한 상황이다. 특히, 패스모바일 싱가포르의 경우, 2016년 대비 2017년 손실이 121억 원 늘었으며, 패스모바일 인도네시아는 손실 14억 원을 시현하는 등 매출정체가 이어지고 있다. 이외에도 카카오재팬, 베이징 카카오 모두 적자를 기록하고 있는 바, 패스 인수를 통해 성공할 것이라 예견되던 패스의 인수합병 실패 원인을 자세히 알아보도록 하겠다.

이러한 실패를 시현하게 된 것은 인수합병에 있어 '대상 기업을 잘 선정했는가', '통합 과정이 제대로 이루어 졌는가' 등 복합적인 요인의 결과이다. 가장 먼저, 카카오가 인수 대상으로 선정한 패스는 해외시장, 특히 인도네시아에서 주요한 플랫폼으로 이미 사용자층을 구성하고 있었다는 긍정적인 요소가 존재했다. 하지만, 패스가 미국에서 해결하지 못한 문제점이 바로 페이스북, 인스타그램 등 전 세계에서 널리 사용되는 SNS더비 차별적인 강점이 없고, 이 때문에 이들 SNS들과의 경쟁에서 밀린다는 것이었다.

이러한 문제는 카카오톡이 패스를 인수하고 나서도 지속되었다. 한국에서 성

그림 10-2 카카오 해외법인 실적

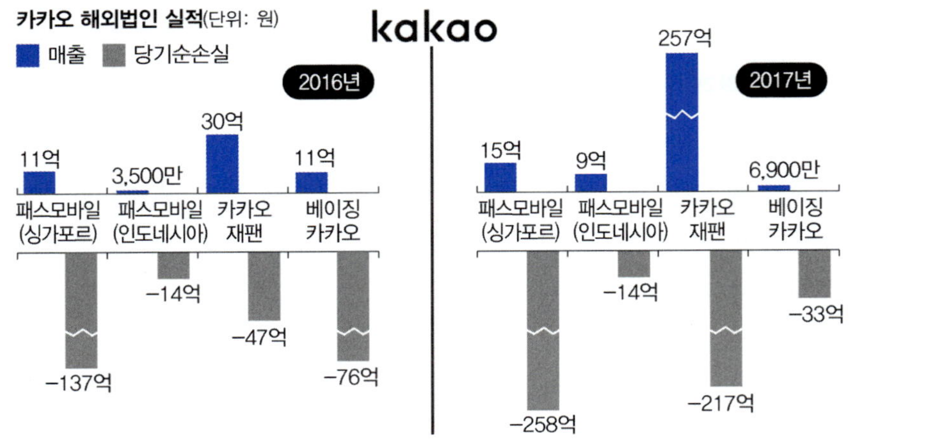

자료: 금융감독원 감사보고서(2017).

공한 카카오톡의 경우, 모바일 시장을 이끈 주역임과 동시에, 무료 메시지라는, 당시로는 획기적인 방법으로 초기 한국시장에 대한 선점효과를 얻을 수 있었다. 많은 사용자를 대상으로 생활 밀착형 O2O 서비스를 적용하여 더 많은 가입자 수를 이끌어내기도 했다. 반면, 인도네시아의 소비자에게 SNS는 더 이상 새로운 것이 아니며 이미 사용률 또한 굉장히 높은 편이다. 즉, 기업특유적인 차별적인 특징이 부재한 경우 기존 점유율 경쟁을 뒤집기가 쉬운 일이 아니다. 한편 패스는 인도네시아 3대 인기 SNS라고 알려져 있으나, 2015년 5월 기준, 인도네시아 앱스토어 SNS 다운로드 순위를 보면 1위는 BBM, 2위는 라인, 그 뒤를 이어 왓츠앱과 페이스북이고, 패스는 5위를 점하고 있다. 이는 곧 소비자가 기존에 사용하던 SNS에서 패스로 전환함으로써 얻는 편익이 교환비용보다 작을 수 있음을 시사한다. 결국, 미국에서 겪었던 동일한 문제에 부딪혀 사용자 수 증가의 한계에 봉착함으로써, 다수의 사용자를 기반으로 했을 때 긍정적 시장효과를 견인할 수 있는 카카오의 O2O 서비스나 콘텐츠 사업과 시너지를 양산하기 어려웠다.

이와 더불어 원만한 조직통합 또한 M&A의 성패를 가르는 요소이다. 사실, 카카오는 패스의 현행 상황을 유지하면서 서서히 점진적으로 조직을 통합해 나갈 것이라는 의견을 밝혔으나 좀처럼 해외시장에 집중할 여력이 없었다. 그 주요 이유는 카카오에게 있어 가장 중요한 시장인 한국에서 끊임없는 사건 · 사고가 있었기 때문인데, 이는 해외인수합병 이후 통합에 집중하는 것을 심각하게 저해하였다. 예컨대, 2015년 1년간 카카오가 수사기관의 감청 영장 집행에 협조하던 것을 중단하겠다고 선언하면서 검찰이 이에 강력하게 반발하고, 이로 인해 수사기관과의 갈등이 야기되었던 일, 그리고 2016년 카카오톡이 소비자에 대한 사전 고지 없이 요금이 발생하는 '알림톡'을 불법 발송했다는 의혹으로 인해 방송통신위원회로부터 조사를 받는 등 해외시장에 손쓸 새 없이 국내 시장을 안정시키기에 바빴다. 더불어 2016년 현재, 수익의 많은 부분을 차지하고 있는 로엔을 인수하며 국내 M&A에 보다 많은 에너지를 투자해야 했기에, 패스는 우선순위에서 밀린 듯이 보인다. 카카오의 국내 사정으로 인해 새롭게 시작되어야 했던 패스의 변신은 시작되지 못했고, 이에 따라 <그림 10-1>을 통해 확인할 수 있듯이, 꾸준히 카카오톡의 국외 점유율은 떨어졌다. 마찬가지로, 패스모바일은 2016년에 132억 원, 2017년에 257억 원의 당기순손실을 기록했으며, 카카오는 2017년 패스모바일의 결손금 483억 원을 반영해 장부가액을 58억 원으로 하향 조정했다.

질문

1. 패스(Path) 인수와 관련된 근본적인 문제를 진단하시오.
2. 그렇다면, 상기에서 언급한 문제들을 해결할 수 있는 대안을 제시하시오.
3. 당신이 만일 카카오의 최고 의사결정권자라면, 향후 해외시장에서 어떠한 전략을 행사할 것이며, 어떻게 신성장 동력을 확보할 것인지 견해를 밝히시오.

사례 10-5 중국시장에서의 롯데그룹 사례: 럭키파이 인수합병 미스터리

롯데그룹은 1994년부터 중국시장에 진출하였다. 중국의 소비 잠재력에 주목하였으며, 거대한 인구를 가진 중국이라는 국가는 롯데에게 기회의 땅처럼 보였다. 이에 따라 롯데는 공격적인 행보로 중국 내 사업영역을 확대했다. 유통업이 주력이었던 롯데 입장에서 중국은 활동의 핵심무대이자 놓칠 수 없는 시장이었으며, 백화점과 마트 등 기존에 중국 내에서 가지고 있던 오프라인과 유통망에 이어서 TV 홈쇼핑 채널이라는 새로운 통로는 롯데그룹에게는 매력적으로 다가왔다. 당시 중국은 홈쇼핑 분야에서 0.5%라는 낮은 리테일 비중을 가지고 있었으며, 이는 중국의 경제성장 속도에 비해 대단히 낮은 시장점유율이었다. 이에 대해 중국 내 홈쇼핑 시장에 대한 높은 성장 잠재력을 예견한 롯데는 향후 점유율을 높이길 기대했다. 당시 중국 내 홈쇼핑 사업의 통합이 이루어지고 있었고, 이에 어떻게 대응하는지에 따라 선도주자의 위치를 확보할 수도 있었기 때문이었다.

한편 럭키파이는 중국 3위 홈쇼핑 회사로 중경, 운남, 산동 등 3개의 지역 방송국과 합작해 중국 전 지역의 방송 라이선스를 확보하여 중국 전역에 홈쇼핑 방송을 내보내고 있었다. 중국은 각 성마다 라이선스를 독자적으로 부여하는 등 규제가 심한 편이었는데, 럭키파이는 상하이 등 300여 곳에 방송을 내보내면서 수익을 내고 있었다.

롯데그룹은 수개월 간 진행된 협상 끝에 2010년 6월 럭키파이와 지분 매매계약을 체결하고, 우선 약 1,500억 원의 인수금액으로 지분의 63.2%를 매입했다. 그리고 향후 4년 동안 잔여 지분을 지속적으로 매입하기로 했다. 이에 대한 투자지분은 롯데쇼핑 50%, 롯데홈쇼핑 23.6%, 롯데미도파 15%와 기타 10%로 계획됐다(후에 1,900억 원에 럭키파이 지분 100%를 인수하였다).

그러나 결론부터 말하면, 롯데의 럭키파이 인수는 결국 실패로 돌아갔다. 영업손실과 합작사와의 문제로 2개 지역은 2011년 운영권을 매각하고, 2015년에는 충칭 사업 운영권까지 현지 기업에 넘겼다. 사실 롯데가 1,900억 원을 투입해 럭키파이를 인수했다지만, 피인수기업인 럭키파이는 산둥 럭키파이, 윈난 마일러 TV쇼핑 미디어(Yunnan Maile TV Shopping Media Co), 충칭 유지아(Chongqing Yujia Co) 등의 홈쇼핑 회사 지분을 49%씩 보유하고 있었기에, 롯데는 산둥·윈난·충칭 지역 3개 홈쇼핑 회사 지분의 절반도 확보하지 못한 셈이었으며, 따라서 중국 홈쇼핑 회사에 대해 실질적인 지배력도 행사할 수 없었다. 이 때문에 롯데가 손을 놓고 있는 동안 산둥 럭키파이는 매출이 급감했으며, 충칭 유지아는 2013년부터 2015년까지 총 280억 원의 영업손실을 냈다. 실적악화로 2015년 1,200억 원의 영업권을 모두 손실로 처리하면서 롯데쇼핑은 어닝쇼크에 빠졌다. 또한 롯데홈쇼핑은 2011년부터 2015년까지 매년 5억 이상씩 총 31억 원의 상품을 산둥 럭키파이에 공급했지만, 납품대금을 현금으로 받지 못하였다. 이렇게 현금 대신 받은 채권은 32억 원이 넘는다. 뿐만 아니라 중국의 사드보복 등 중국 시장상황 악화로 최근 롯데홈쇼핑은 중국시장에서 2021년까지 철수하기로 밝혔다.

여타 인수합병의 흔한 사례처럼, 롯데의 경우 또한 인수 당시 지나치게 높은 프리미엄 지불이 M&A 실패 요인 중 하나이며, 이 또한 인수합병 후 기업 가치에 대한 지나치게 낙관적인 기대가 인수비용의 과다지급으로 이어졌다. 2010년 럭키파이를 1,900억 원에 인수하면서 순자산 가치보다 비싸게 산 1,208억 원을 영업권으로 인식했다. 럭키파이가 중국 3위 홈쇼핑 회사로 상하이 등 300여 곳에 방송을 내보내고 있다는 점에 후하게 가격을 쳐줬던 것이며, 이는 그만큼 중

그림 10-3 럭키파이 지배구조

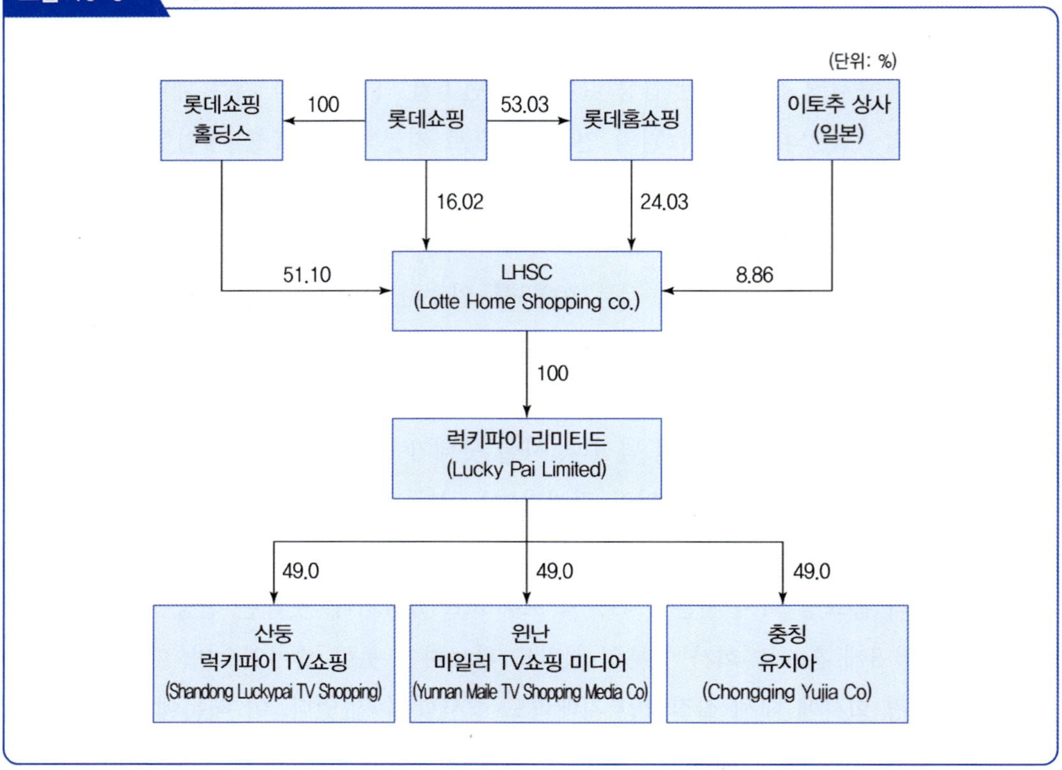

자료: 비즈니스 워치, 2016년 6월 21일자.

국시장의 성장 잠재력을 지나치게 과대평가한 것에서 기인한다. 하지만 당시 럭키파이의 자기자본은 425억 원이었지만, 부채 성격의 상환전환우선주가 848억 원이었다는 점을 고려하면 사실상 결손상태였다. 그럼에도 불구하고, 전술한 바와 같이, 롯데는 순자산 가치에 영업권이라는 명목 하에 1,208억 원이라는 프리미엄까지 붙여가며 럭키파이를 인수했다. 영업권은 일종의 권리금의 개념으로 보통 첨단 기술기업 등을 인수할 때 잠재력이 있다고 판단할 경우에 영업권 가격을 평가하고, 다만 무형자산이기 때문에 제값을 하지 못하면 자산이 손실로 바뀌는 손상차손이 발생한다. 그러나 럭키파이는 고도의 기술을 가진 제조업기반의 기업이 아니라, 단순한 홈쇼핑 업체였기에 원천기술 등 잠재력이 있는 무형자산을 보유했다고 판단하기에는 무리가 있었다.

게다가 롯데쇼핑은 2010년 이후 럭키파이에 약 444억 원 규모의 지급보증을 서준 것으로 드러났는데, 이에 따라 럭키파이가 제대로 이익을 실현하지 못해 빚을 갚지 못하면 롯데쇼핑이 이를 대신 갚아줘야 했다. 2015년 럭키파이는 1,643억 원의 손실을 기록하는 등 적자가 크고 제대로 영업이 이뤄지지도 않은 상황임에도 이와 같은 규모의 보증을 서줬던 것이다.

이 외에도 인수기업과 중국시장에 대한 충분한 사전조사의 부족도 인수합병 실패의 주된 요인으로 작용하였다. 롯데그룹은 럭키파이가 홈쇼핑 업체라고 밝혔으나, 중국 현지에선 럭키파이가 홈쇼핑 업체가 아닌 케이블방송을 대상으로 한 '인포머셜 업체'로 분류되고 있었다. '인포머셜 업체'란, 홈쇼핑 업체로부터 일정 시간을 할애 받아 제품을 판매하는 회사를 일컫는다. 또한 M&A 당시 롯데의 설명과는 다르게 럭키파이는 단순히 산둥 럭키파이 등 15개의 중국 내 지역 홈쇼핑 회사들의 지분을 일부 보유한 중간 지주 회사였으며, 럭키파이가 각 지역의 홈쇼핑 회사 지분을 얼마나 차지했는지, 중국 기업이나 중국 정부가 각 지역 홈쇼핑 기업들의 지분을 얼마나 보유했는지도 확인되지 못했다. 앞서 언급했듯이, 이로 인해 롯데가 1,900억 원에 럭키파이를 인수했음에도 불구하고 산둥, 윈난, 충칭 3개 지역의 회사 지분의 절반도 확보를 하지 못했던 바, 피인수기업의 경영 상태와 사업전망을 정확히 분석하지 못했다.

또한 중국은 방송 규제로 진입장벽이 높으며, CJ 오쇼핑, 동방CJ와 아콘 정도만이 중국 내에서 흑자를 시현하고 있는 홈쇼핑 업체였다. CJ 오쇼핑은 2004년 중국 진출 4년 후에야 흑자로 돌아섰으며, 현대홈쇼핑의 중국시장 철수 사례 등 중국 내 홈쇼핑 시장은 불모지에 가까웠다. 게다가 럭키파이의 방송 권역은 여러 현지 홈쇼핑이 고전하고 있는 곳이며, 사실상 중국은 상하이를 제외하고 수익을 내기 어려운 시장이었다. 그럼에도 불구하고 롯데는 아직 중국 내에서 홈쇼핑이 성장하지 않은 분야라고 고려하고, 중국의 높은 경제성장률이라는 장밋빛 지표만을 가지고 향후 성장 잠재력을 지나치게 고평가했던 것이다.

그리고 롯데그룹의 M&A가 확장 위주로 과하게 진행되는 것 아니냐는 지적도 제기되었다. 럭키파이를 인수했던 2010년 8월은 신동빈 회장이 부회장과 정책본부장을 겸임하고 있던 시기이며, 그 후 얼마 지나지 않아 2011년 2월부터 롯데그룹 회장에 취임했다. 당시 롯데그룹은 중국의 럭키파이 인수합병 외에도 많은 M&A를 진행했는데, 당시 후계자의 위치에 있던 신동빈 회장이 이후 최고

경영진으로서의 위치를 확고히 하기 위해 대규모 M&A를 진행했을 것이라고도 볼 수 있다. 글로벌 기업 인수라는 중요한 사업에 대한 결정과 비용 판단에 대해 고위 경영자의 권한이 가장 크다는 점에서 M&A 성공은 사실상 그룹 대외적으로 장악력을 보여줄 수 있는 수단이기 때문이다. 그리고 롯데그룹은 2018년까지 매출 200조원을 돌파하고 아시아 'TOP 10' 기업으로 도약하겠다는 내용을 담은 '비전 2018'을 2009년에 발표했다. M&A는 빠른 시간 내에 외형을 확장할 수 있는 장점이 있기 때문에 신격호 전 회장 당시 발표된 '비전 2018'을 기간 내에 달성하기 위해 기업 인수합병에 매진했다고 판단할 수 있다. 그리고 이는 '포스트 신격호 체제'의 구축을 위한 사전작업이라고도 할 수 있었다.

뿐만 아니라 인수 이후 통합전략의 부재 또한 주요 실패원인이다. 롯데는 엄청난 인수액을 지불했음에도 인수 회사에 대한 실질적인 지배력도 행사하지 못했다. 인수 초기에는 중국에 CFO를 파견하기도 했지만, 이후 상품 소싱 주재원만 남아있게 됐다. 이는 피인수 기업의 자율권을 보장하는 정도가 아니라 사실상 인수 이후 통합과정의 부재와 이에 따라 롯데가 피인수기업에 대해 손을 놓은 것으로 볼 수 있다.

질문

1. 상기 사례의 내용을 살펴보면, 럭키파이에 대한 롯데그룹의 인수실패 원인으로 작용한 몇 가지 이유들이 설명되어있다. 그런데 이 사례뿐만 아니라, 인수합병의 실패를 논함에 있어, 롯데와 관련된 기업들(예를 들어, 롯데마트 등)이 자주 회자되는 바, 위에 언급한 이유 외에 어떠한 실수들이 인수실패로 귀결되게끔 하였는지 설명해 보시오.
2. 그렇다면, 인수합병을 함에 있어, 어떠한 사항들에 각별히 조심해야 하는지 여러분의 의견을 제시하시오.
3. 여러분이 만일 최고 의사결정권자였다면, 중국시장에 진출했을 것인지, 진출했다면 롯데와 달리 어떠한 전략을 어떻게 사용했을 것인지, 혹은 진출하지 않았다면 그 이유는 무엇인지, 각각의 생각을 피력하시오.

사례 10-6 국내시장에서의 르노삼성 사례: 글로벌 전략도, 현지화도 없는 르노삼성

삼성그룹은 1995년 다른 국내 자동차 기업들에 이어 후발주자로 승용차사업을 시작하였다. 1994년 닛산과의 기술제휴를 체결함을 시작으로 여러 국내외 기업들과 협력해 삼성모터스의 자체 모델을 출시했으나, 자동차 생산을 시작한 시점부터 IMF라는 뜻하지 않은 경제위기에 부딪혀 정부와 다른 업체들과의 정치적 조정과 갈등을 거친 뒤, 1999년 6월 30일 삼성자동차는 법정관리를 신청함으로써 최종적으로 부도 처리 되었고, 2000년 프랑스 소재 자동차 생산기업인 르노에 매각됐다.

르노(Renault S.A.)에 대해 잠깐 알아보자면, 르노는 1899년 르노 3형제에 의해 설립된 회사로, 전술했듯이 본사가 파리 근교에 위치한 프랑스 기업이다. 유럽이 주력시장이었으나, 아시아로의 시장 확대를 위해 닛산 지분(총 44.4%)을 대거 인수한 경험이 있다.

삼성자동차의 르노 매각 과정에서 삼성그룹의 삼성카드와 삼성캐피탈이 르노그룹BV(Renault Group BV)와 합작투자 형태로 르노삼성자동차를 설립하게 된다. 따라서 르노삼성자동차(지금부터 '르노삼성'이라고 칭함)라고 하는 신설

회사를 먼저 만든 이후 삼성의 자동차 지분을 전면 흡수하면서 인수가 진행된 것이다. 르노삼성의 출범 당시 지분구조는 르노그룹 BV가 70.1%, 삼성캐피탈과 삼성카드가 19.9%, 나머지 지분인 10%를 삼성자동차 채권금융기관들이 나눠가졌다. 이후 2004년에 삼성그룹의 지분에 해당하는 부분이 모두 삼성카드로 옮겨졌으며, 2006년에는 채권금융기관 지분이 르노그룹BV에 전면 이관되었다.

삼성과 르노 간의 인수합병은 삼성의 경영권과 주식구조상의 지배력을 볼 때 르노에 완전히 흡수되었다고 볼 수도 있지만, 르노그룹과 별개로 르노삼성을 설립해 투자 시점에서부터 삼성그룹의 자본투입이 이뤄졌고, 지금까지도 삼성그룹의 브랜드 명칭을 그대로 사용하고 있는 바, 두 기업의 여러 경영활동에서 상호 영향을 주고받고 있다는 점에서, 일반적인 인수합병의 개념과 다른 특이점을 형성하고 있다. 르노삼성은 삼성의 브랜드명을 계속 사용할 수 있는 권리를 요구했으며, 삼성은 자사 브랜드를 임대해주는 대신 그 대가로 영업이익이 발생할 경우 매출의 0.8%를 로열티 형태로 받고 있다.

르노삼성의 이런 특이한 경영 전략은 한국 내 르노에 대한 인식이 미미한 상태에서 재벌기업의 영향력이 지대한 국내 내수시장에서 변함없는 최고의 자리를 유지하는 삼성이라는 브랜드 가치가 높게 평가됐기 때문이다. 또한 현재 르노삼성의 주요 시설은 모두 한국에 위치해 있다. 본사는 서울시에, 공장은 부산에 위치해 있고, 중앙연구소 또한 경기도 용인시에 소재해 있다.

르노삼성의 인수 계약에 있어서 또 다른 특이한 조건은 사업이 손익분기점을 넘기는 시점부터 삼성차의 채권단에게 상환을 시작하고, 그 이전까지 무이자로 자금을 차용하는 등의 채권단에게 매우 불리한 조항을 포함하고 있었다. 이에 따라 모기업인 르노가 르노삼성법인에 이익금을 최대한 남기지 않는 방식으로 회계처리를 하기 때문에 한국법인인 르노삼성의 흑자규모가 매우 미미하다는 게 특징이다.[1)]

삼성자동차는 국내 자동차시장에서 다소 적은 비중인 약 30만대를 생산하고 있으며, 준중형 세단 SM3, 중형 세단 SM5, 준대형 세단 SM7, SM5와 SM7 중간급의 중형 세단 SM6로 구성되는 SM시리즈와 SUV모델 QM3 및 QM5를 생산하

---

1) 나무위키 - 르노삼성자동차 참조 요망.

그림 10-4 2018년 국내 자동차기업 시장점유율 현황

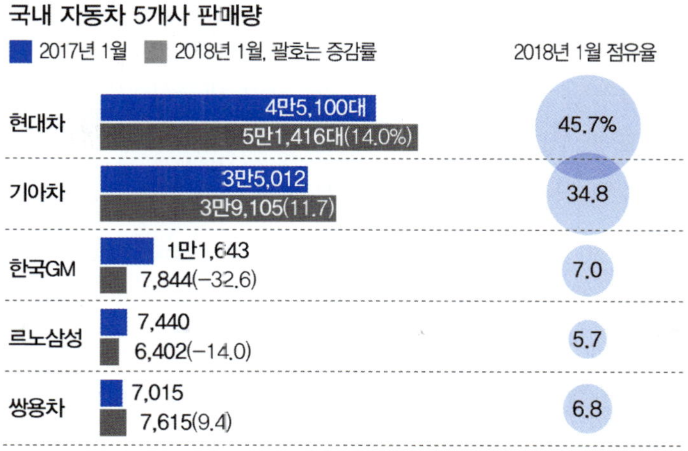

자료: 한국자동차산업협회.

고 있다. 르노삼성은 이와 같이 현대자동차와 유사하게 가성비 높은 중형차 라인을 주로 선보이면서 현대차의 대체제로 자리 잡았다. 하지만 새로운 기술개발보다는 SM시리즈만의 품질과 디자인, 그리고 SM5의 성공적인 평판이 르노삼성이 시판하는 SM시리즈의 판매를 견인하고 있다.

그럼에도 불구하고, 르노삼성의 경영실적은 회사설립 이래로 꾸준히 불안한 모습을 보이고 있다. 설립 초기 2년은 적자를 보였다가, 2002년에 잠시 흑자로 돌아섰다가 다시 이익이 급감하였고, 2005년 흑자로 회복되어 2006년에는 2,200억 원 이상의 역대 최고치의 기업성과를 시현하고는 다시 감소하는 추세를 겪고 있다. 앞서 언급한 것처럼, 르노삼성의 회계처리 방식이 신뢰성이 떨어진다고 판단되기에 영업실적을 기준으로 다시 한 번 인수합병의 성과를 살펴보도록 하자.

2012년에는 수익성 악화 탓으로, 800명가량의 직원을 희망퇴직 시킨 바, 이는 전 직원의 15%에 달하는 대규모 구조조정이었다. 특히 2012년 1분기에는 전년 동기 대비 내수와 수출이 각각 41%, 22% 감소함으로써 극심한 판매부진에 시달렸다. 이러한 경향은 2013년에도 이어졌으나, QM3가 2014년 11월 기준으로 2만대가 판매됨에 따라 서서히 회복세에 접어드는 모습을 보이고 있다. 그러

나 최근 몇 년 중 2017년을 기점으로 다시 하락세가 이어졌다. 2018년 상반기에는 총 83,062대를 판매했는데, 이는 국내와 국외 두 부문 모두에서 전년도 동 기간보다 32.8% 적은 판매량이다. 더욱이 2018년 6월에는 판매량이 국내 자동차 5개사 중 꼴찌인 쌍용차에까지 밀림에 따라 내수시장 꼴찌 자리를 탈환하는 수모를 겪기도 했다.

이처럼 르노삼성이 끝없는 판매 부진과 성과 하락의 소용돌이에 갇힌 이유는 무엇일까? 르노삼성의 경영 실패 요인으로 흔히 높은 원가 구조로 인한 수익성 악화, 글로벌 생산전략 및 현지화 노력의 부재라는 세 가지 원인을 들곤 한다.

1) 자동차 부품의 높은 원가 구조 등으로 인한 수익성 악화

먼저, 르노삼성은 르노와 닛산의 기술을 사용하는 대가로 기술료를 지급하고 있다. 르노그룹에 인수된 이후, 르노삼성이 지급한 기술료는 4,944억 원에 달하는데, 이는 르노가 르노삼성 인수에 쓴 현금 2,090억 원의 무려 두 배가 넘는 금액이다. 르노그룹이 가장 잘한 일이 삼성자동차 인수였다는 우스갯소리가 나올 만큼, 르노는 르노삼성에 투자한 금액을 훨씬 능가하는 투자금을 빼내어 가고 있다.

르노-닛산 얼라이언스의 영향으로 인해 르노삼성은 자동차 핵심 부품의 상당수를 일본에서 수입해 와서 조립한다. 때문에 엔화의 가치까지 고려해야 하는데(엔화가치가 상승할수록 수입하는 부품 비용은 증가한다), 이런 이중비용을 절감하기 위해 르노삼성은 한국에서 직접 생산하는 부품의 비율을 80%까지 높이겠다는 목표를 수립했지만, 일반적으로 부품을 자체 생산하기까지는 상당한 시간이 걸릴 것으로 예상된다. 게다가 자동차의 판매량마저 해가 갈수록 감소하여 규모의 경제는 일찌감치 불가능해졌다. 이로 인해 부품의 비싼 원가 문제는 앞으로도 당분간 지속될 것이라는 전망이다.

2) 르노닛산 그룹의 글로벌 생산전략 부재

무엇보다 먼저, 부산공장의 턱없이 부족한 자동차 생산라인으로 막대한 작업량을 소화하려고 한다는 점도 문제지만, 또 다른 더 큰 문제는 부산공장에서 사용하고 있는 생산기술들이 자체적인 연구를 통해 개발된 것이 아닌, 르노와 닛산의 기존 생산기술을 옮겨와 그대로 적용한 것이라는 점이다. 결국 모기업의 생산제품 대비 차별화된 기능이 전혀 없는 르노삼성차의 성능은 모두에게 아쉬움으로 다가왔다. 이는 르노삼성의 제품 라인이 굉장히 적다는 사실과 더불어, 르노의 르노삼성에 대한 무관심의 증거로 거론된다. 르노 자체의 르노삼성에 대한 기본적인 관심과 전략이 없는 상황이다 보니 필연적으로 질 좋은 고품질의 자동차를 개발할 수도 없거니와, 따라서 제품의 경쟁력 부족은 판매 부진으로 이어지고, 영업수익의 감소는 다시 투자할 자금의 축소로 귀결되는 나비효과와 악순환이 지속적으로 반복되어졌다고 볼 수 있다.

3) 르노삼성의 한국시장에 대한 현지화 노력 부족

최근 모기업 르노는 르노삼성 부산공장에 1,800억 원을 투자해 닛산의 신형 SUV차량인 '로그' 모델의 생산을 맡겼고, 이로 인해 르노삼성은 2017년 현저히 부진한 내수판매량에 비해 높은 수출량과 3,000억 원 가량의 흑자를 남기게 되었다. 하지만 이것은 모두 국내 모델이 아닌 로그 모델 하나의 생산과 수출을 통한 실적인 것이기에, 위탁생산으로 얻은 수익은 모기업 르노의 영업실적을 그대로 르노삼성에 잠시 옮겨온 것일 뿐이다. 이는 사실 고려할 만한 성과라고 볼 수 없을 뿐더러, 영업부진에 대한 단기적인 처방에 불과하다.

르노는 결국 진정으로 중요한 내수판매를 살려내지는 못했다. 이를 극복하려면 현지화를 위한 대대적인 연구개발 투자가 필요할 것으로 전망되지만, 르노는 여전히 이 사실을 무시하는 것으로 일관하고 있다.

르노삼성의 한 관계자는 "르노 또는 닛산 출신의 외국인 임원과 한국인 임직원들 사이에 의사소통이 잘 안되어 답답한 경우가 많다"고 주장하며 "식민지 시대가 이런 것이구나라고 말하는 사람도 있다"고 전했다. 르노가 현지화를 위한 노력을 경주하지 않는다면, 조직 내부에서도 근로자와 관리자 간의 이질감은 더욱 팽배해질 것이며, 외국기업의 이미지를 최대한 탈피해 현지화를 해야만 내수시장에서의 성공과 조직 내 갈등도 해결할 수 있을 것으로 보인다.

질문

1. 삼성의 자동차 사업 매각은 바람직했는가? 견해에 대한 이유를 자세히 설명하시오.
2. 르노가 삼성을 인수한 배경에는 어떠한 동기가 있을 것으로 추측되는가?
3. 르노삼성의 국내 내수시장 점유율 확대를 위한 합리적인 전략을 제시하시오.

토의자료 10-1

M&A로 본 4대 그룹의 미래 전략

* 아래 기사 내에는 국내 기업에 대한 대한민국 재벌그룹의 인수합병(즉, 전략경영) 역시 포함하고 있다는 점에서, 순수하게 국제경영 분야만 직접적으로 다루고 있는 연관 기사라고 보기는 어려우나, 국내 4대 그룹의 국내외 인수합병을 통한 기업 미래 전략을 일정부분 가늠해 볼 수 있다는 점에서 의미가 있다고 판단, 본서(書)에 포함하였다.

국내외 기업들의 인수·합병(M&A) 열기가 시간이 갈수록 점점 뜨거워지고 있다. 이유는 하나다. 글로벌 저성장을 넘어서기 위해서는 기존의 사업을 재편하고 새로운 성장 동력을 찾아야 하기 때문이다. 그만큼 M&A는 기업에 중요한 일이다. 이에 따라 M&A는 기업 미래 전략을 엿보는 데 큰 힌트가 된다. 한국 경제를 이끄는 대기업들은 어떤 M&A를 해왔고, M&A를 통해 어떤 전략을 짜고 있는지 가늠해 본다.

2015년 글로벌 M&A 규모는 역대 최대를 기록했다. 4조6,000억 달러(약 5,417조 원)로 그간 최대치였던 2007년 수준(4조3,000억 달러)을 훌쩍 넘어섰다. 저금리로 자금 조달이 쉬워졌고 주주들의 수익 확대 압력과 세계시장 침체에 따른 구조조정 등 여러 요인들이 전 세계 M&A를 자극했다.

이런 현상은 해외뿐만 아니라 한국에서도 이어졌다. KDB대우증권에 따르면, 2015년 한국 M&A 시장은 약 77조 원 수준으로 역사상 최대 규모였다. 거래 건수도 427건에 달했다.

특히 최근의 국내 M&A 시장 주역이 기존 사모 투자 펀드(PEF)에서 국내 기업으로 넘어가고 있는 것은 주목할 만하다. 수익률을 중시하는 '펀드' 대신 사업성을 중시하는 '기업'이 M&A 시장의 주도권을 되찾은 것은 금융위기 직후인 2008년 이후 7년 만이다.

최남곤 유안타증권 애널리스트는 최근 한국 기업 M&A의 가장 큰 특징으로 한 가지를 꼽았다. '해당 산업 내에서 각 기업의 체질을 개선하기 위한 방향'으로 M&A가 계속되고 있다는 것이다. 실제로 대기업들의 M&A는 기존의 무차별적인 문어발식 계열사 확장에서 본업 등 각자 잘할 수 있는 영역에 집중하는 '선택과 집중' 방식으로 트렌드가 바뀌고 있는 추세다. 대기업들이 경기불황을 극복하기 위해 주력 사업을 확장하기 위한 선택과 집중에 나서면서 초대형 빅딜이 속출하고 있는 셈이다. 2016년에도 한국 기업의 M&A는 증가할 것으로 전망된다. 그렇다면 한국 최대의 기업집단들은 최근 어떤 M&A를 추진해 왔고, 이를 통해 어떤 미래 전략을 짜고 있을까.

삼성그룹:

한국 대기업의 역사는 M&A의 역사다. 고(故) 이병철 회장이 1938년 창업한 삼성상회가 모태인 삼성그룹 역시 수많은 M&A를 거듭해 가며 글로벌 그룹으로 성장했다. 이병철 회장은 1958년 2월 안국화재(삼성화재), 1963년 동화백화점(신세계백화점)·동방생명(삼성생명보험), 1965년 새한제지공업(한솔제지)을 잇따라 인수하며 그룹을 키웠다. 또 1974년 인수한 한국반도체는 삼성전자의 초석이 됐다. 이건희 회장도 마찬가지다. 삼성은 이 회장의 지휘 아래 미국·유럽·일본 등에서 M&A를 잇따라 진행했다. 1993년부터 1997년까지 삼성그룹은 알려진 것만 12개의 글로벌 기업을 인수했다.

한동안 잠잠하던 삼성의 M&A 본능은 2010년대 들어 슬슬 발동이 걸리고 있다. 삼성그룹이 5대 신수종 사업을 발표한 2010년 이후 삼성전자가 인수한 기업 중 확인된 곳은 모두 15곳이다. 이 중 메디슨·뉴로로지카 등 의료기기 업체 M&A에 1조 원을 투입한 것이 가장 큰 규모다.

2014년 이재용 삼성전자 부회장이 그룹 경영 전면에 나선 이후 M&A 행보가 더 빨라지고 있다. 물론 이 부회장은 현재까지 '사들이는 것'보다 '파는 것'에 집중했다. 삼성은 2015년 그룹 내 사업 포트폴리오에서 '화학'과 '방산' 부문을 아예 없애버렸다. 삼성은 한화에 화학과 방산 계열사를 2조 원 대에 매각했고, 롯데에 나머지 화학 계열사를 3조 원대에 매각했다. 그 대신 2014년 5월 이후 8개 해외 기업을 사들였다. 삼성의 인수는 아직까지 '스몰딜'이 대부분이다. 최근 인수한 기업들의 목록을 들여다보면 대부분이 1,000억 원 안팎의 중소형사들이다. 100억 원짜리 스타트업도 있다.

하지만 2016년부터는 '좀 달라질 것'이라는 게 업계 관계자들의 전망이다. 세계적 규모를 갖춘 전자 사업은 기존처럼 지식재산권(IP) 위주의 스몰딜로 가지만, 신규 진출한 전장 사업은 자금력을 바탕으로 '빅딜'도 할 수 있다는 설명이다.

지금까지 삼성의 글로벌 기업 인수는 주로 사물인터넷(IoT)·플랫폼·콘텐츠 등 미래 성장 산업이나 기업 간 거래(B2B)에 집중됐다. 이 때문에 2016년부터 이 부문의 M&A에 더 적극적으로 나설 가능성이 높아 보인다. 특히 삼성전자가 2015년 2월 미국 결제 서비스 벤처기업인 루프페이 인수를 토대로 모바일 결제 시스템 삼성페이를 탄생시킨 프로젝트는 이재용 부회장 체제 들어 뚜렷하게 나타난 성과물로 평가받고 있어 이런 주장에 무게가 실리고 있다.

이와 함께 삼성전자가 자동차 전장 부품 시장에 진출하겠다고 선언하면서 기술력과 인지도를 갖춘 해외 자동차 부품 업체의 대형 M&A 가능성도 대두되고 있다. 삼성전자가 업계 후발주자인 만큼 영업력과 인지도를 갖춘 선도 기업들과의 격차는 분명히 있다는 이유에서다. 자동차 부품 업계 관계자는 "삼성전자가 자동차 전장 부품, 나아가 스마트 카 부문에서는 글로벌 경쟁 업체에 7~8년 뒤처진 편"이라며 "이를 단시간에 극복하기 위해서는 업체 간 다양한 협업 및 M&A가 방안이 될 수 있다"고 설명했다.

현대차그룹:

현대차그룹의 M&A는 '우직'하다. 현대차 그룹의 M&A를 관통하는 것은 단 한가지다. '수직 계열화 전략'이 바로 그것이다. 그래서인지 현대차그룹은 업계의 판도를 바꾸는 '빅딜'을 만들어 왔다. 2011년과 2012년에 각각 현대건설(4조9,600억 원)과 현대라이프(2,391억 원)를 사들인 것이 좋은 예다. 특히 2015년 3월에는 동부특수강(2,943억 원)을 계열사로 품으면서 그룹 내 철강사업 포트폴리오를 대폭 강화했다.

현대차그룹의 M&A를 뜯어보면 자동차를 중심으로 건설·철강 등이 핵심이다. 1998년 12월 진행된 현대차의 기아차 M&A는 현재의 현대차그룹을 만들어 낸 사례로 꼽힌다. 이후 현대차는 2004년 한보철강 당진공장 인수에 이어 2006년 INI스틸을 현대제철로 사명을 변경해 출범시켰다. 이 중 철강이 특히 눈에 띈다. 현대차는 주요 자동차 기업 중 유일하게 자동차용 강판을 자체 개발, 성산할 수 있다. 여기에 2015년 인수한 동부특수강을 합류시킴으로써 국내 최대의 제철사 포스코를 위협할 수 있을 정도로 성장했다. 한 사모 펀드 관계자는 "현대차의 M&A는 대부분이 완성차 제조에 필요한 수직 계열화를 목표로 이뤄졌다"며 "현대제철을 중심으로 한 자동차 강판과 부품 관련 계열사의 수직 계열화는 현대차가 가장 많은 공을 들인 부분"이라고 말했다.

2016년 현대차그룹의 M&A 전략에서 주목할 것은 금융 부문이다. 이 부문은 신규 기업 인수보다 기존의 기업을 재편하는 작업이 이뤄질 것으로 예상된다. 최근 현대카드·캐피탈의 2대 주주인 제너럴일렉트릭(GE)은 현대카드 보유 지분(43%)과 현대캐피탈 보유 지분(43%)을 시장에 내놓았다.

현대차그룹은 2015년 12월 23일 이 중 현대캐피탈 지분 23.3%만 인수하기로 결정했다. 지분 인수가 완료되면 최대 주주인 현대차의 현대캐피탈 보유 지분은 59.67%가 되고 기아차는 지분 20.1%를 보유한 2대 주주가 된다.

현대차그룹이 현대캐피탈 지분 추가 인수를 결정한 것은 자동차 금융 서비스 강화를 위한 포석으로 해석된다. 현대차와 기아차를 구매하는 고객 중 상당수가 현대캐피탈을 통해 할부와 리스 등 금융 서비스를 받고 있다. 현대·기아차의 글로벌 시장 진출에서도 역할이 커지고 있다. 미국에서 현대캐피탈 대출 자산은 25조 원을 넘어섰다.

다만 투자은행(IB) 업계는 현대차그룹이 자동차 부문 M&A에 소극적인 것에는 의문을 갖고 있다. 1990년대 이후 글로벌 완성차 시장에서는 M&A가 활발했다. 현대차와 달리 업계 상위권 업체인 폭스바겐과 르노닛산·피아트 등은 M&A에 나섰고 중국과 인도 업체들도 매물로 나온 글로벌 자동차 업체들을 흡수하며 사세를 키웠다. 한 IB 업계 관계자는 "'수직 계열화'에 지나치게 공을 들이다 보니 본업인 자동차에 대한 투자가 미진했다"면서 "건설과 자동차의 시너지는 아직도

미지수"라고 지적했다.

SK그룹:

SK그룹은 2013년 하이닉스반도체 인수가 '백미'다. '통신과 정유'라는 그룹 내 양강 구도는 하이닉스 인수를 통해 단숨에 '통신·정유·반도체'라는 삼강 체제로 거듭났다. 2013년 이후 반도체 경기가 계속 상승세를 타면서 하락 사이클을 맞은 정유 사업과 성장 정체를 맞은 통신 사업의 빈자리가 확실하게 채워졌다.

특히 SK그룹은 2015년 10월 그룹 총수인 최태원 회장이 경영에 복귀한 후 두 달 만에 두 건의 M&A를 성사시켰다. 금액으로 치면 무려 2조 원에 달한다. 2015년 11월 24일 (주)SK는 OCI가 보유한 OCI머티리얼즈 지분 49.1%를 4,816억 원에 인수하기로 결의했다. OCI머티리얼즈는 반도체·디스플레이 및 태양광 등의 제조공정에 사용되는 특수 가스인 삼불화질소(NF3) 분야에서 세계적인 경쟁력을 보유한 기업이다. 양종인 한국투자증권 애널리스트는 "SK하이닉스와의 시너지가 크고 향후 중국 반도체 업체들로 판로를 다변화할 수 있을 것"이라면서 "반도체 소재 핵심 기술을 보유함에 따라 안정적 가스 공급도 가능할 것으로 보인다"고 말했다.

SK의 OCI머티리얼즈 인수는 최 회장 경영 복귀 후 둘째 M&A 사례다. 2015년 11월 초에는 SK텔레콤이 케이블TV 업계 1위인 CJ헬로비전 지분 30%를 5,000억 원에 인수하기로 했다. SK그룹이 SK텔레콤을 통해 CJ헬로비전을 인수하면 방송과 통신시장에서 큰 파괴력을 발휘하게 된다.

사실 SK는 하이닉스 인수 후 M&A에서 별다른 성과를 내지 못했다. SK 주요 계열사들은 STX에너지·ADT캡스·KT렌탈 등에 대해 인수에 나섰다가 잇달아 실패했다. 하지만 최 회장이 2년간의 공백 끝에 경영에 복귀한 후 SK그룹도 M&A 시장에서 큰손으로 복귀한 것이다.

이에 따라 업계에서는 최 회장이 M&A를 이어 갈 것으로 보고 있다. 다음 M&A 행보로는 에너지·반도체 등으로 꼽고 있다. 특히 최근 SK종합화학이 모회사 SK이노베이션에 3,200억 원의 중간배당을 진행한 것도 M&A 행보와 무관하지 않은 것으로 해석된다. 건실한 자회사의 이익이 현금 배당이라는 방법을 통해 SK이노베이션으로 모여 M&A를 위한 실탄이 될 것이란 전망이다.

또 OCI머터리얼즈를 인수한 것처럼 반도체 소재 부문에 집중할 것이란 전망도 있다. SK는 이미 글로벌 톱티어(Top-tier) 업체들과 국내 업체들을 중심으로 인수를 검토 중이고 지분 투자나 사업 제휴 등으로 사업 확장 방법을 모색하고 있다.

실제로 SK는 2015년 6월 있었던 (주)SK와 SK C&C의 합병을 앞두고 열렸던 애널리스트 대상 간담회에서 통합 이후 경영계획을 발표하면서 반도체 사업에서의 M&A 가능성을 귀띔했다. 당시 발표된 자료에 따르면, SK

그룹은 신성장 포트폴리오 중 하나로 반도체 소재를 꼽았다. 이 밖에 액화천연가스(LNG)와 제약·반도체 모듈 분야에 집중 투자하겠다는 계획을 밝혔다.

LG그룹:

LG는 M&A에 관한 한 가장 보수적인 기업집단 중 하나다. 특히 규모가 큰 빅딜은 거의 전무했다. 하지만 최근 변화가 감지되고 있다. 동부팜한농에 이어 독일 소재 회사 '호른슈크' 인수를 타진하는 등 5,000억 원 이상 규모의 빅딜을 추진하고 있다. LG그룹이 최근 5년 동안 단행한 20건의 M&A 중 18건이 1,000억 원도 안 되는 소형 딜이었다. 그만큼 M&A에 인색했다. 그중 두 건이 3,000억~4,000억 원 규모였다. LG생활건강이 2010년 4,600억 원에 사들인 더페이스샵, LG상사가 2015년 7월 3,100억 원에 인수한 범한판토스다. 이 중 범한판토스는 그룹의 방계회사로 오너가 매각 의지를 밝혀 '인수해 준 성격'이 강했다. 제대로 된 M&A는 1건에 불과하다는 의미다.

LG그룹은 전통적으로 사세를 키우기 위해 M&A보다 합작을 택하며 신중을 기해 왔다. LG디스플레이가 대표적이다. 하지만 이런 합작 전략은 리스크가 적지만 최근 급변하는 글로벌 산업 환경에서는 대처가 늦는 요인도 되고 있다.

최근 LG에서 가장 큰 성장세를 보인 것은 LG생활건강이다. LG생활건강은 차석용 부회장이 2005년 최고경영자(CEO)에 취임한 이후 예외적으로 M&A가 활발해진 케이스다. 20건 중 무려 8건을 LG생활건강이 단행한 것이다.

하지만 2015년 말부터 마침내 그룹의 주력사인 LG화학이 M&A 시장에 뛰어들었다. 먼저 LG화학이 인수한 동부팜한농이 그것이다. LG화학은 12월 동부팜한농 지분 100%를 인수했다. 인수 가격은 5,500억 원대인 것으로 알려졌다. LG화학이 동부팜한농 인수를 완료하면 화학·배터리 사업에 이어 바이오 분야로 사업 영역을 확장한다. 동부팜한농은 작물보호제 시장점유율 1위, 종자 시장 1위, 비료 시장 2위 등 국내 최대 농자재 기업으로 평가받는다.

LG는 또 이례적으로 해외 기업 인수도 추진 중이다. 독일의 호른슈크가 그것이다. IB 업계에 따르면 LG하우시스는 2015년 11월 유럽계 투자은행인 크레디트스위스(CS)를 인수 자문사로 선정하고 독일 소재 기업인 호른슈크 인수를 검토하고 있다. 예상 거래가는 5억 달러(약 5,900억 원) 내외다.

성사된다면 5,000억 원 중반대로 예상되는 LG화학의 동부팜한농 인수건과 함께 LG그룹이 최근 5년 사이에 단행한 최대 규모 딜이 된다. 호른슈크는 LG그룹이 전사적으로 육성하고 있는 자동차 부품 사업과 연관이 있다. 호른슈크는 '스카이(Skai)'라는 브랜드를 통해 카시트와 차량 내장제 등 자동차 부품 사업을 전문으로 하고 있다. 전기차용 범퍼와 시트 개발을 진행하고 있는 LG하우시스와 직접적인 시너지를 낼 수 있는 부분이다.

한 증권사 애널리스트는 "현재 LG전자·LG화학·LG디스플레이 등 주력 계열사들이 성장 정체에 직면해 있다"며 "LG그룹도 대형 M&A에 대한 필요성을 절감했을 것"이라고 덧붙였다.

(자료: 한국경제매거진, 제1048호)

토의자료 10-2

한화에어로스페이스, 자회사 합병·美항공엔진사 인수로 '시너지'

한화에어로스페이스의 자회사 합병 효과가 2분기부터 본격적으로 나타날 전망이다. 여기에 미국 항공엔진 부품업체인 'EDAC(이닥)' 인수로 미국 거점 확보에 성공하면서 시너지 효과가 배가 될 것으로 보인다.

1일 업계에 따르면 한화에어로스페이스는 2분기 매출 및 영업이익이 모두 오를 것으로 관측된다. 매출은 전년 동기대비 22% 증가한 1조2,000억원, 영업이익은 131% 늘어난 320억원을 기록할 것으로 추정된다.

전문가들은 지난해 8월 한화S&C와 합병한 효과가 올 2분기부터 본격적으로 나타날 것으로 내다봤다. 합병 효과 금액은 100억원 이상 증가할 것으로 예상된다.

한화에어로스페이스는 2014년 11월 삼성과 한화그룹간의 빅딜로 다시 태어났다. 이후 한화에어로스페이스는 2016년 한화디펜스(옛 두산 DST)와 한화시스템(옛 한화탈레스) 지분을 각각 확보하며 자회사로 만들었다.

2017년에는 항공엔진과 시큐리티 사업만 남기고 한화지상방산(방산), 한화파워시스템(에너지), 한화정밀기계(정밀기계) 등 총 4개 법인으로 분할됐다. 2018년에는 한화테크윈(시큐리티) 분할과 ㈜한화의 항공사업 양수로 항공엔진, 항공사업만 맡게 됐다.

황어연 신한금융투자 연구원은 "올 2분기 한화에어로스페이스의 실적은 한화S&C 합병과 CCTV 원가 개선 효과 등의 영향에 기인한다"며 "올해 전체 실적도 인수합병(M&A)과 본업계의 영향을 받아 개선될 것으로 보인다"고 분석했다.

황 연구원은 "한화에어로스페이스의 올해 전체 매출액은 전년대비 16.4% 증가한 5조 2,000억원, 영업이익은 158.8% 늘어난 1,376억원을 기록할 것"이라고 예상했다.

또 한화에어로스페이스는 지난달 10일 미국 코네티컷주에 위치한 항공 엔진 부품사 '이닥'의 지분 100%를 인수하는 계약을 체결하며 미국 현지 생산 거점 확보에 성공했다. 이로써 한화에어로스페이스의 수익성 및 성장세 개선에 도움이 될 것으로 보인다.

'이닥'의 인수금액은 협의를 거쳐 최종 확정될 예정이며 3억 달러(약 3,550억원) 수준이 될 것이라고 회사 측은 설명했다. 이닥은 미국 제너럴일렉트릭(GE), 프랫앤드휘트니(P&W) 등 글로벌 항공 엔진 제조사를 핵심 고객으로 두고 있는 항공 엔진 부품사로 주요 제품은 최신 항공 엔진에 탑재되는 일체식 로터 블레이드(IBR)와 케이스 등이다.

한화에어로스페이스는 이 M&A를 계기로 설계·개발 능력을 향상시키고 미국 현지 사업 플랫폼을 구축해 향후 항공 엔진 국제공동개발(RSP) 사업에서 기회가 확대될 것으로 보고 있다.

이상현 IBK투자증권 연구원은 "한화에어로스페이스가 미국 항공엔진부품사 이닥 지분 100%를 3억 달러에 연내 인수하기로 한 것은 매우 긍정적인 영향을 줄 것"이라며 "한화에어로스페이스가 현지에 특수목적법인(AMC) 자회사를 설립한 뒤 그 자회사가 인수 대상회사에 흡수합병하는 구조로 올해 안에 인수합병을 마무리할 것으로 보인다"고 전망했다.

이 연구원은 "올해 말 인수를 완료하면 연결 실적에는 내년부터 반영될 것"이라고 설명했다.

(자료: 세계파이낸스, 2019년 7월 1일자)

토의자료 10-3 **중견기업, 저성장 돌파구는 '해외 M&A'**

저성장시대 중견기업의 해외 M&A 성공을 위해서는 '점령자' 자세를 지양하고 인수 후 통합관리까지 고려해야 한다는 의견이 제시됐다.

13일 한국중견기업연합회 M&A(기업인수·합병)지원센터는 '2017 크로스 보더(Cross border) M&A 교육'을 개최했다. 지난해 출범해 2회차를 맞은 교육은 해외 M&A 추진 시 실제 적용할 수 있는 핵심 노하우와 성공사례를 공유하고, 중견기업의 신성장동력 확보를 위한 해외 M&A 전략을 모색하기 위해 마련됐다.

대상, 아주산업, 하이트 등 50여 명의 중견기업 해외투자담당 임직원들이 참석했다. 저성장 시대 돌파 전략으로서 해외시장 진출 확대를 위한 중견기업계의 높은 관심을 확인케 했다.

교육에서는 노석준 법무법인 바른 변호사의 '해외투자 시 국내 법규검토사항', 백인규 딜로이트안진 전무의 '해외 M&A 시 재무실사와 인수 후 통합관리(PMI) 성공 및 실패사례', 정수형 BDA 파트너스 상무의 '해외 M&A 사업개발 유형 및 자문사례' 등 제하의 강연이 진행됐다.

노석준 변호사는 해외직접투자, 해외지사 설치, 해외부동산 취득 시 외국환거래신고 사전 의무화 등 해외 M&A 시 사전 검토해야 할 국내 법규사항을 설명하면서 "해외 M&A

관련 현행 법안 및 제도를 면밀하게 검토해 원활한 M&A 추진 기반을 마련해야 할 것"이라고 강조했다.

백인규 전무는 "해외 M&A의 성공을 위해서는 인수 후 통합관리까지 전망하는 포괄적 접근이 필요하다"며 "특히 M&A 이후 기존 인력을 충분히 배려하는 등 '점령자'의 자세를 지양한 'M&A전략과 기업전략의 통일'에 기초할 때 M&A는 물론 지속가능한 기업 발전의 토대를 구축할 수 있을 것"이라고 강조했다.

정수형 상무는 해외 M&A 비중이 40~50%에 달하는 독일과 일본 등 선진국의 성공사례를 소개하면서 "기업 혁신과 신성장동력 다변화를 위해서는 정부의 과감한 정책적 지원에 더해 유관 전문기관 간의 긴밀한 협력을 통해 10% 미만에 불과한 우리 기업의 해외 M&A 비중을 높일 방안을 적극 모색해야 할 것"이라고 강조했다.

김앤장법률사무소의 정연박, 김명준 변호사는 '해외 M&A 유형에 따른 계약, 법률실사, 거래리스크 관리방안'을 중심으로 해외 M&A 시 유의해야 할 핵심적인 법률 노하우를 공유했다.

정연박 변호사는 "해외기업 인수, 해외기업 영업자산 인수, 지분투자 등 모든 유형의 해외 M&A 준비단계 시 투자안내서, 비밀유지계약서, 구속력 없는 제안서(NBO)의 작성 및 검토에 특히 유의해야 한다"라고 말했다.

김명준 변호사는 "보다 원활한 해외 M&A를 위해서는 해당 국가의 특수성을 고려해 현지 법령 및 인허가, 인력, 환경, 부동산, 지적재산, 계열사 간 거래 등의 사안을 종합적으로 판단해야 한다"라고 강조했다.

지난 2012년 스무디킹 코리아 투자를 발판으로 미국 본사를 인수해 화제가 된 스탠다드차타드 PE의 심민현 전무는 '국내 중견기업과의 해외동반투자사례 및 인수 후 통합과정' 주제의 강연을 통해 해외 M&A 시의 효과적인 PE 활용 전략을 소개했다.

심 전무는 뉴올리언즈 NBA 농구장의 다년간 작명권을 획득해 스무디킹 브랜드 홍보 효과를 크게 제고한 사례를 전하면서 "핵심성과지표(KPI) 재설계는 물론 PMI 단계에까지 보다 적극적으로 PE를 활용함으로써 해외 M&A 성과를 극대화할 수 있을 것"이라고 밝혔다.

한홍규 한국중견기업연합회 M&A지원센터장은 국내 중견·중소기업의 해외 M&A 역량 부족과 관련 법제도의 미비를 지적하면서 "중견·중소기업의 신성장동력 확보와 글로벌 전문기업으로의 도약을 지원하기 위해 교육 콘텐츠를 보강하고, 현장 활용도가 높은 다양한 프로그램을 적극 도입할 것"이라고 말했다. 이어 한 센터장은 "M&A 인프라를 확대·강화하고 M&A에 대한 합리적인 사회적 인식을 확산하기 위해 정부, 국회 등 유관기관과 긴밀히 협력해 나아갈 것"이라고 덧붙였다.

(자료: 아시아경제, 2017년 6월 13일자)

토의자료 10-4

기술 유출형 해외 M&A의 위험성

기업의 자본조달과 해외시장 확브를 위한 해외 인수·합병(M&A)은 매력적인 전략이다. 그러나 우호적 M&A와 적대적 M&A를 판단하기가 쉽지 않다. 모든 M&A가 성공적인 결과를 가져오는 것도 아니다. 오히려 기업의 중요자산 및 핵심기술의 유출로 인한 경쟁력 상실이 원인이 되어 기업이 폐업하는 등의 더 큰 피해를 초래하기도 한다.

기술 유출형 M&A를 통한 대표적인 피해사례는 2002년 11월 하이닉스의 LCD사업부였던 하이디스가 중국 BOE그룹에 매각되며 대표기술이었던 광시야각(FCC) 기술을 포함한 4,300여 건의 LCD 첨단기술이 중국으로 무단 유출된 것을 꼽을 수 있다.

이 M&A로 2003년 연매출 7,965억 원, 영업이익 961억 원이었던 하이디스는 2005년 매출 4,649억 원, 영업손실 1,099억 원을 기록했다. 결국 하이디스는 2006년 부도를 내고 2년간 법정관리를 거친 뒤에 타이완의 E-ink사에 재매각됐다. 이 기간 동안 BOE는 유출기술을 발판으로 2012년 1조원 넘는 영업수익을 올렸다. 또한 중국 현지에서 삼성·LG를 제치고 LCD 생산 1위를 기록했다. 하이디스를 인수한 대만의 E-ink사도 하이디스 기술을 탈취해 2012년 하반기 670억 원의 수익을 올렸다.

이런 기술 유출형 M&A의 가장 큰 이점은 기술을 합법적으로 탈취할 수 있다는 것이다. BOE는 투자를 빌미로 기술력이 좋은 하이디스를 헐값에 매입한 뒤 중국에 똑같은 업종의 회사를 설립해 기술 공유를 명분으로 전산망을 공유해 '합법적으로' 빼낸 기술을 중국 현지 기업에 제공해 제품을 생산했다. 이와 동시에 하이디스의 제품 생산은 점차 줄였다. 그 결과 하이디스는 만성 적자 상태로 부도를 맞고, 강도 높은 구조조정으로 상당수 노동자가 직장을 잃었다.

2005년 오리온전기, 2009년 상하이자동차의 쌍용자동차 '먹튀' 사건도 M&A를 통한 해외기술유출 사례로 방법은 같았다. 투자를 빙자해 핵심 기술 데이터와 공정 노하우만 빼내는 경우도 있다. 이 같은 M&A를 통한 기술유출에 대해 미국, EU, 캐나다, 호주 등 서방 선진국들은 적극적인 대응을 하고 있다.

특히, 미국은 첨단기술이 M&A를 통해 중국으로 유출될 가능성을 크게 우려하고, 중국자본의 미국기업 인수가 국가 안보에 위협이 될 수 있다고 경고한다. 도널드 트럼프 대통령은 2016년 중국계 사모펀드 캐넌브리지가 13억 달러에 미국 반도체 회사 '래티스 반도체'를 인수하겠다는 것을 이 회사가 중국에 인수될 경우 군사적으로 전용될 가능성이 있어 국가안보에 위험을 초래할 수 있다는 이유로 승인하지 않았다. EU도 외국자본의 M&A를 통해 국가안보에 위협이 되거나 핵심기술 유출이 우려되는 기업 M&A에 대한 심사를 강화하고 있다.

우리나라도 적대적 M&A를 통해 피해를 입지 않기 위해서는 국가 안보 차원에서 대응 전략이 수립되어야 한다. 미국에서는 엑슨-플로리오 법 조항 및 외국인투자 및 국가안보법에 근거해 외국인투자위원회(CFIUS)에 신고하도록 함으로써 국가안보와 관련된 산업의 외국인 투자를 제한하고 있다.

우리나라도 산업기술보호법을 통해 M&A에 의한 국가핵심기술이 해외로 유출되는 것을 막고 있으나 국가로부터 연구·개발비를 지원받은 기관만 사전 신고대상이라 미국과는 차이가 있다. 이에 대상을 확대할 필요가 있다는 의견이 힘을 받고 있다. 기업이 핵심 기술을 보호하고 성공적인 M&A가 되기 위해서는 추진 단계별로 세밀한 보안전략을 수립해야 한다.

해외 M&A는 기업의 생존과 성장을 위한 중요한 경영전략의 하나지만, 경영적 측면과 아울러 기술적 측면을 함께 고려해 기술 가치를 제대로 평가하고 적절한 대가를 치룰 수 있는 상대방을 찾는 것이 더 중요하다. 또한 국가적 차원에서는 국가안보 및 경제에 위협이 되는 M&A가 되지 않도록 제도를 개선하는 노력이 필요하다.

(자료: 보안뉴스, 2018년 7월 3일자)

참고문헌

Aaron Smith and Monica Anderson(2018), Social Media Use in 2018, Internet & Technology, Pew Research Center.

BizFact, '잇단 M&A' 이재용 · 신동빈, '마이웨이' 눈길, 2015년 2월 27일자, [online]. Available at http://news.tf.co.kr/read/economy/1492768.htm [접속일: 2018년 7월 28일].

Samsung Newsroom(2018), 삼성전자, 미국 생활가전 8분기 연속 1위, [online]. Available at https://news.samsung.com/kr/%EC%82%BC%EC%84%B1%EC%A0%84%EC%9E%90-%EB%AF%B8%EA%B5%AD-%EC%83%9D%ED%99%9C%EA%B0%80%EC%A0%84-8%EB%B6%84%EA%B8%B0-%EC%97%B0%EC%86%8D-1%EC%9C%84 [접속일: 2018년 7월 28일].

SBS, LG전자 '제니스' · LS엠트론 · 두산인프라 '밥캣'…미운오리서 백조로 탈바꿈, 2014년 4월 15일자, [online]. Available at http://sbscnbc.sbs.co.kr/read.jsp?pmArticleId=10000648748 [접속일: 2018년 7월 26일].

고선풍, 정순여, 이창대, 박경원(2004), 전사적인 경영혁신을 위한 6σ의 활용 – 삼성SDI를 중심으로, 국제회계연구 10: 239-263.

국민일보, [첨단기술이 희망과 미래] (2) LG전자 美 자회사 '제니스', 2009년 2월 4일자.

금융감독원(2017), 감사보고서: 카카오 해외 법인 실적, 금융감독원.

나무위키, 르노삼성자동차, [online]. Available at https://namu.wiki/w/%EB%A5%B4%EB%85%B8%EC%82%BC%EC%84%B1%EC%9E%90%EB%8F%99%EC%B0%A8 [접속일: 2018년 11월 21일].

뉴시스, 보쉬-삼성SDI, 상대편 기술 노리다 결별, 2012년 3월 22일자.

더벨, 신동빈의 '공격적 M&A' 부작용은 없을까, 2015년 3월 2일자.

더벨, 삼성SDI, '실패한 합작' SB리모티브 후유증 크네, 2016년 5월 3일자.

더벨, LG전자 美자회사 '제니스', 미운 오리에서 '백조'로, 2014년 4월 15일자.

류주한(2016), 기업인수 후 갈등해소와 통합전략의 성공요인: 한국형 모델의 탐색과 제안, 분쟁해결연구, 14(1): 69-100.

매일경제신문, 롯데, 中럭키파이 비싸게 사고 보증까지…목적은 비자금?, 2016년 6월 16일자.

머니투데이, LG전자, 제니스 자회사 청산 왜?, 2012년 3월 22일자.

박병일(2017), "글로벌경영 사례100", 시대가치.

보안뉴스, 기술 유출형 해외 M&A의 위험성, 2018년 7월 3일자, [online]. Available at https://www.boannews.com/media/view.asp?idx=70807 [접속일: 2018년 8월 1일].

비즈니스 워치, [벼랑끝 롯데]부실덩어리 된 럭키파이, 2016년 6월 21일자, [online]. Available at http://news.bizwatch.co.kr/article/consumer/2016/06/21/0006 [접속일: 2018년 7월 28일자].

비즈니스 워치, 르노, 배당만으로 삼성차 인수자금 다 뺐다, 2018년 4월 4일자, [online]. Available at http://news.bizwatch.co.kr/article/industry/2018/04/04/0005 [접속일: 2018년 11월 21일].

삼성전자 커뮤니케이션팀 지속가능경영 사무국(2017), 삼성전자 지속가능경영보고서 2017, 삼성전자.
서민교, 박병일(2013), "글로벌경영", 서울경제경영출판사.
세계파이낸스, 한화에어로스페이스, 자회사 합병 · 美항공엔진사 인수로 '시너지', 2019년 7월 1일자. [online]. Availalbe at http://www.segyefn.com/newsView/20190701003431#0BhL [접속일: 2019년 7월 8일].
손요한(2015), 다음카카오, 인도네시아 3대 SNS '패스(Path)' 자산 인수, [online]. Available at http://platum.kr/archives/39755 [접속일: 2018년 7월 28일].
아시아경제, 중견기업, 저성장 돌파구는 '해외 M&A', 2017년 6월 13일자.
아시아경제, [기업, 왜 혁신인가]인수합병 성공, 조직문화에 달렸다, 2015년 6월 19일자.
월간전자부품뉴스, 삼성SDI, 전기차 배터리 2018년에도 적자, 2017년 12월 26일자.
장세진, MCC(2004), "M&A의 경영전략", 박영사.
전자뉴스, 삼성SDI, 보쉬와 합작으로 장기 성장 동력 확보, 2008년 6월 17일자.
전자신문, 삼성전자 AST매각 배경과 의미, 1999년 1월 12일자.
전자뉴스, SB리모티브, 미 전지업체 코바시스 인수, 2009년 7월 15일자.
조선비즈, [르노삼성 감원] "글로벌 전략 없는 르노그룹 경영실패가 원인", 2012년 9월 10일자.
중앙일보, 삼성전자, AST인수 배경과 전망-국내기업 다국적화 신호탄, 1995년 3월 1일자.
최찬석, 이남준(2015), 인터넷 · SW(Overweight): 인도네시아는 일본 다음 기회의 땅, Issue & Pitch, KTB 투자증권.
카카오(2018), 카카오 사업보고서 2017, [online]. Available at https://www.kakaocorp.com/ir/referenceRoom/regularReports [접속일: 2018년 7월 28일].
카카오(2017), Kakao Investor Relations, [online]. Available at https://www.kakaocorp.com/ir/referenceRoom/earningsAnnouncement [접속일: 2018년 7월 28일].
한국경제신문, [LG전자, 제니스사 인수] 공격경영 가시화 … 왜 인수했나, 1995년 7월 19일자.
한국경제신문, 롯데, 中 3위 홈쇼핑업체 '럭키파이' 인수, 2010년 7월 31일자.
허승진(2016), 카카오 전기통신사업법 위반 해위에 대한 시정조치 자료, 방송통신위원회.
황상희(2005), M&A가 기업가치에 미치는 영향에 대한 사례, 동국대학교 경영대학원 석사학위 청구논문.

11

글로벌 전략

사례 11-1 **미국시장에서의 싸이월드 사례**: SNS 진짜 원조 싸이월드가 세계화에 실패한 이유는?

사례 11-2 **일본시장에서의 카카오 톡 사례**: 국민 메신저 카카옥 톡, 일본 찍고 세계로 가려고 했으나…

사례 11-3 **일본시장에서의 교촌치킨 사례**: 도쿄 롯본기에 일본 1호점 그랜드 클로즈!

사례 11-1 미국시장에서의 싸이월드 사례: SNS 진짜 원조 싸이월드가 세계화에 실패한 이유는?

1. 기업 연혁

Cyber world, 즉 줄여서 싸이월드라고 불리는 이 기업은 한때 우리나라의 SNS를 선도하는 1인자로 불렸던 파급력 있는 소셜 네트워크 서비스를 제공했던 원조이나, 국내·외적으로 페이스북, 트위터 등 경쟁 SNS가 활성화되면서 점점 쇠락의 길을 걷기 시작했다. 한편 Cyber는 가상공간을 뜻하기도 하지만, 한글로 줄여서 발음할 경우 '사이' 곧 '관계'를 의미하기도 한다. 즉, 싸이월드는 가입자들 사이에 온라인, 오프라인 친분으로 형성된 실명제 일촌 관계를 바탕으로 개인의 일상이나 사진, 음악 등을 개인공간인 미니홈피라는 플랫폼을 통해 서로 공유하고, 실명제 인맥 기반의 가상사회라는 콘셉트로 사람과 사람 사이의 친분 관계를 형성함은 물론, 이를 유지시키는 커뮤니티 서비스였던 것이다.

1999년 ㈜싸이월드로 법인이 설립되고, 2003년 ㈜SK커뮤니케이션즈에 의해 합병된다. 그 이후 가입자가 1,000만 명을 돌파하면서 국내에서는 싸이월드에 가입하지 않은 사람을 찾기 힘들 정도로 선풍적인 인기를 끌었다. 일촌이라는 온라인 친구, 도토리라는 온라인 화폐 등 새로운 개념을 창조했던 싸이월드는, 2008년에는 가입자가 3,000만 명을 돌파함에 따라 그 해 도토리 판매에만 약 800억 원을 시현하였으며, 시가 총액 1조 원을 넘어서기도 하였다.

그렇게 승승장구하던 싸이월드는 2009년 네이트와 메인 홈을 공유하기 위해 통합하였고, 기존에는 PC로 이루어지던 서비스를 2012년에는 모바일앱으로 출시하기도 하였다. 그러나 미국이 선도하는 SNS 시장에 밀려 해외뿐만 아니라 국내에서도 점차 설 자리를 잃어갔다. 네이트의 국민 메신저로 불리는 '네이트온'도 PC가 아닌 모바일 환경에 더 익숙해진 이용자들의 기호를 미리 파악하지 못하고 카카오톡에 밀렸다. 급변하는 모바일 시대의 흐름에 발 빠르게 적응하지 못해 소비자들에게 잊히기 시작한 것이다.

결국 이러한 위기를 맞기 시작하면서 2014년 SK커뮤니케이션즈로부터 독립해 사원주주벤처로 다시 탈바꿈하였다. 2015년 싸이월드의 기존 서비스인 미니홈피와 블로그를 합친 '싸이홈'이 출시되었고, 2018년부터 대대적인 개편 서비스와 서비스 활성화를 위해 재도약을 준비하였지만, 그 결과는 미미한 편이다.

2. 싸이월드의 미국 진출 요인 및 시장분석

싸이월드는 2005년부터 국내에서 이미 안정적인 SNS 점유율을 확보한 후 해외시장을 모색하기 시작했다. 더 이상 국내에서는 별다른 경쟁자가 없는 안락한 상태에서는 기업의 발전이 없다고 생각한 것이 해외시장 모색의 가장 큰 이유이다.

싸이월드는 우선 일본, 중국, 미국, 베트남 등 6개국에 공격적으로 진출하는 전략을 취했다. 이미 미니홈피라는 창조적인 개념으로 국내에서 성공을 거둔 싸이월드는 좀 더 높은 성장률과 수익성을 확보하기 위해 중국을 시작으로 일본, 미국, 대만, 베트남에 진출했으며, 그 다음해인 2006년에는 유럽에서도 서비스를 시작하면서 본격적인 싸이월드 글로벌화에 나섰다. 본 사례는 그들 국가들 중에서도 미국에 집중해 싸이월드의 진출 과정과 결과를 심도 있게 알아보았다.

앞서 잠시 언급했듯이, 싸이월드는 당시 인터넷 이용인구 1억 7,000만 명의 세계 최대 인터넷 시장인 미국에 진출했다. 진출을 준비하던 시기부터 미국 샌프란시스코에 현지 법인 설립 후 수개월 동안 시장조사와 현지화 작업을 거치고 행해진 동 시장진출은 국내 인터넷 커뮤니티 서비스로는 최초의 미국시장 진입이었다. 1990년대 전 세계적으로 인터넷 혁명을 주도하며, 구글, 야후 등 글로벌 기업을 거느린 종주국이라는 점에서, 싸이월드가 미국에 진출한다는 건 전 세계 이용자들에게 한국의 토종 SNS로서 인정받을 수 있는 기회이자 또 다른 가능성의 시작이라는 의의가 있었다.

싸이월드가 미국에 진출할 당시 2005년은 '페이스북'의 시대가 아닌 '마이스페이스'의 시대였다. 마이스페이스는 미국에서 가장 성공한 SNS로서 본격적으로 온라인 사회적 관계망이 형성되는 발판을 마련해주었으며 대표적인 성공 모

그림 11-1 페이스북 vs. 마이스페이스 순방문자 수

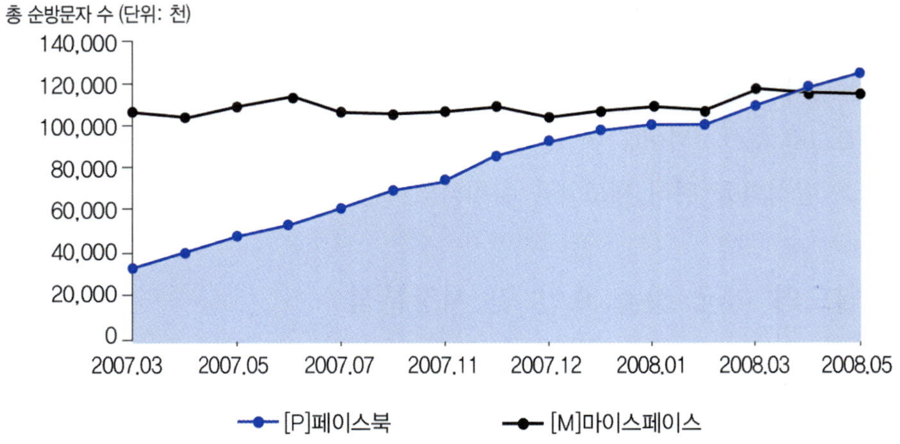

자료: VCNC Bolg(2011).

델이었다. 그러나 2004년 페이스북이 설립되면서 점차 그 자리를 내어주었던 바, 이는 IT분야에는 절대적인 강자가 없으며 시대에 발 빠르게 움직이지 않으면 금방 자기 자리를 잃게 된다는 단적인 예를 보여준다.

당시 마이스페이스는 단기적인 수익을 늘리고자 인터페이스에 많은 광고를 올렸다. 이는 사용자 입장에서는 본인의 일상 공유와 온라인 소통이라는 방향성에 다소 방해를 받을 수 있는 요소들로 작용했다. 2004년 설립한 페이스북은 사용자의 경험을 중요시함으로써 기존 마이스페이스가 가지고 있던 이러한 결함을 보완하고자 심플한 인터페이스 디자인에 광고를 최소화하는 포지셔닝 전략을 취했다. 사용자의 편의성을 최대화하는 식의 전략으로 나아간 페이스북은 결국 마이스페이스를 추월하고 미국 SNS 시장의 판도를 바꾸어 놓았다. 페이스북의 이러한 등장은 그동안 사용자들이 그다지 익숙하지 않은 SNS 자체에 대한 충성도가 낮은 시점이었기에 충분히 어필할만한 매력 있는 플랫폼이 있다면 얼마든지 이동가능성이 있다는 것을 보여주었다.

싸이월드가 미국에 진출한 시기는 바로 마이스페이스가 이미 자리 잡혀 있었지만, 반면 페이스북이 아직 제대로 대중화되지 않은 2005년 사이의 시기였기에, 싸이월드도 충분한 시장분석을 통해 블루오션인 SNS 시장에서 승산 가능성이

있다고 판단했다. 당시는 미국에서도 SNS라는 개념이 확산되기 시작한지 불과 몇 년이 지나지 않았을 시기였다. PC 위주의 웹 형태로 커뮤니티가 구축되고 나서 모바일 시장이 활성화됨과 동시에 어플리케이션으로 플랫폼이 확장된 것은 불과 몇 년이 되지 않았다. 대중적인 이슈를 타고 본격적으로 사람들의 일상 속으로 녹아 들어간 것은 비로소 2000년도 이후였다.

3. 싸이월드의 미국 진출 전략 및 성과

싸이월드는 2005년 10월 미국 IT산업의 중심지인 샌프란시스코에 미국 현지 법인 'Cyworld inc'를 설립하고 본격적으로 2006년 8월부터 서비스를 개시했다. 한편 싸이월드는 미국 진출 당시 충분한 시장조사가 있었던 건지에 대한 의문이 들 정도로 기존 한국에서 쓰던 플랫폼을 그대로 가져다 썼다. 핵심 개념인 일촌을 친근한 이웃이란 의미의 'neighbors'로 변경하고, 도토리는 그대로 도토리의 영어 단어인 'acorn'으로 사용하였으며, 다만 캐릭터의 외형을 바꾸는 등 단순한 수정만 덧칠했다. 처음에는 미국에 거주하는 한인 유학생과 교민들을 타깃으로 하였다가 점차 시장을 확대해 갈 계획이었으나 초반부터 이용자들을 확보하기란 쉽지 않았다. 한국에 있던 가족들과 소통할 수 있는 창구로서의 기능도 여의치 않았기에, 유학생들도 그 기능에 실망을 했다. 또한 싸이월드는 처음부터 해외로 진출할 때 그 나라의 브라우저로만 사용할 수 있게 설정했기 때문에 한국 싸이월드 서비스와 연동할 수도 없었다.

마이스페이스나 여타 커뮤니티 사이트들이 개인의 취미나 일상생활 등을 중심으로 다루는 반면, 싸이월드는 자신이 직접 온라인 개인 공간을 만드는 서비스를 제공하고, 이를 다른 사람들과 공유하는데 집중했다. 글로벌 싸이월드 전략에 맞춰 고유 브랜드 이미지를 최대한 유지하되, 미니미, 선물가게, 브라우저 호환성 등에서 현지 이용자들의 기호를 반영해 조금의 수정을 가하는 식으로 운영했다. 이를 위해서 마크 켄터라는 현지 인터넷 최고 전문가를 고용해 현지 소비자 조사를 통한 미국 인터넷 이용자들의 사용 행태와 기호를 조사하고 각종 인터뷰를 통해 심리를 파악하는 데 주력했다.

한편 컨설팅을 담당했던 켄터와 주변 직원들은 싸이월드의 콘셉트부터 디자인, 수익 모델까지 전면적인 수정이 필요하다는 주장을 했으나, 그렇게 모든 것을 바꿀 경우, 기존 국내에서 가지고 있던 싸이월드의 고유성을 잃을 것이라고 판단해 정체성을 크게 해치지 않는 중간 지점에서 수정을 하기로 했다. 먼저 켄터가 제안한 변화 대상은 싸이월드의 아바타인 미니미였다. 귀여운 얼굴과 짧은 팔다리를 가진 이 아바타는 한국에서 다양한 종류로 판매되어 큰 수익성을 얻은 모델이었지만, 이러한 외형적인 모습은 동양권에서만 매력적으로 다가오는 모습이라는 설명이 그의 주장이었다. 이상적으로 생각하는 서구적인 몸매, 즉 팔다리가 길고 근육질의 몸매를 동경하는 미국인들을 이 아바타로 어필할 수 있을지 의문이었던 것이다. 또한 미니홈피 서비스 자체에도 수정이 필요하다고 강조한 동 전문가는 싸이월드 홈페이지 접속 시 팝업으로 뜨는 형태에도 불만을 가졌다. 홈페이지에 접속해서 또 다시 미니홈피를 열기 위해 뜨는 팝업 형식은 비교적 단순하고 번거롭지 않은 인터페이스를 선호하는 미국인들에게 적절하지 않게 느껴졌다. 이에 한국 본사는 적정선에서 컨설팅 팀과 타협해 아바타의 키를 1.5배 늘리고 몸매를 좀 더 서구적으로 변형시키는 등 디자인을 바꿨다. 또한 다양한 인종이 상생하는 미국인들의 피부색도 고려해 피부색을 다양화했으며 표정과 감정표현에도 신경 썼다. 또한 미니홈피에 있는 팝업 기능을 제한하고 브라우저에 미니홈피를 여러 개 열리도록 했다.

다음으로 수정이 요구된 것은 수익모델이다. 컨설팅 팀은 도토리 판매 사업이 아닌, 광고를 통한 수익모델을 형성하자고 주장했다. 한국인들은 비교적 SNS나 팝업 형식으로 뜨는 광고에 대한 부정적인 거부감이 있지만, 상대적으로 미국인들은 광고를 통한 홍보에 익숙해져 있기 때문에 이를 이용하자는 것이었다. 하지만 한국 내에서는 싸이월드의 주요 수입원이 미니홈피 관리에 따른 도토리 판매였기 때문에 이를 단번에 포기하기란 결코 쉬운 일이 아니었다. 그럼에도 현지 컨설팅 업체는 오히려 이러한 도토리 판매에 의한 소액 결제 시스템이 아직은 미국에서 제대로 정착하지 않은 상태였기에 사업성을 담보하기 어렵다고 팽팽히 맞섰다. 사실 도토리 판매는, 우리나라에서는 휴대전화와 ARS 등으로 아이템 구입대금을 결제하는 소액결제시스템이 이미 활발히 진행되고 있었기 때문에 가능한 주요 수입원이었다. 결국 이 사항에 대해 합의를 쉽게 이루지 못하고 맞선 결과, 아이템 판매를 포기하지 않는 대신, 광고에 의한 수익모델 형성도 주력하기

그림 11-2 미국 내 싸이월드

자료: 싸이월드 미국 버전 정식 서비스.

로 했다. 현지 컨설팅 업체의 의견을 어느 정도 존중하여 이용자들의 기호에 맞는 현지화 전략을 펼침과 동시에, 기존 한국에서 가져온 비즈니스 모델을 전체적으로 유지하는 방향의 전략을 취했다.

하지만 이러한 일련의 노력에도 불구하고 계속되는 실적 부진과 더불어 페이스북에 완전히 밀려 싸이월드는 결국 2010년 2월 완전히 미국 서비스를 철수했다.

4. 싸이월드의 미국 진출 실패요인

(1) 시장 진출 시기

일단 싸이월드는 국내에서 한국적 SNS를 먼저 정립한 후 해외에 눈을 돌리기 시작했다. 우리가 흔히 오늘날 일반적으로 생각하는 SNS는 국적에 상관없이 전 세계가 하나로 통합된 플랫폼이다. 물론 그 당시에는 SNS라는 개념이 아직 제대로 확립되지 않은 시기이고 이미 싸이월드의 성공을 국내에서는 높이 평가하였지만, 하루가 다르게 인터넷과 모바일 시장이 발전함에 따라 싸이월드라는

PC 중심의 다소 구시대적으로 보일 수 있는 비즈니스 모델은 이내 페이스북에 완전히 밀려 외면 받았다. 애초부터 싸이월드를 국내에서 만들 때 국내뿐만이 아닌 전 세계를 아우르는 플랫폼으로 개발했어야 했다. 이미 마이스페이스라는 강력한 1인자와 페이스북이 후발주자로 쫓아오고 있을 때 싸이월드라는 무명의 한국기업이 미국에서 자리 잡기란 쉬운 일이 아니었다.

(2) 타깃 선정과 전략

처음부터 싸이월드는 전 미국인을 상대로 타깃팅을 하지 않았다. 일단 미국에 거주하는 많은 유학생과 교민들만 확보한 후 대상을 확대할 계획이었다. 하지만 이러한 타깃 선정은 다국적기업으로서 가져야 할 마인드와 사고방식에 있어 실수였다고 여겨지며, 설령 목표 소비자를 한국인 유학생들과 교민들을 상대로 하였더라도 그들의 니즈조차 충족시키지 못했다는 점에서 구사전략도 부적절했다. 처음 한국으로부터 싸이월드가 도입된다는 소식에 유학생들과 교민들은 한국에 거주하는 지인들과 소통할 수 있는 창구로 큰 기대를 하고 있었다. 그러나 싸이월드는 아이러니하게도 각 국가에 맞는 개별적인 전략에 몰두한 나머지 국내와 해외 서비스를 연동시키지 않아 큰 불편함을 야기시켰다. 페이스북이나 트위터는 전 세계에 동일한 플랫폼을 구성하고 서비스를 제공하기 때문에 국가와 관계없이 쉽게 교류할 수 있는데 반해, 싸이월드는 그러한 서비스를 연동하지 않음으로써 글로벌 기업이 아닌 한국기업이 운영하는 서비스라는 인식을 벗어날 수 없었다. 인적 기반 서비스의 기본기에 충실했어야 할 싸이월드는 글로벌화와 SNS로서 가져야 할 기본적인 개념 사이에서 방향성을 잃은 듯 했다.

(3) 현지 문화에 맞는 수익구조

국내에서 싸이월드가 활성화 될 당시 주요 수입원은 도토리나 아바타, 음원 등 아이템 판매로부터 왔다. 현지에서 조사한 결과, 미국인들은 소액결제시스템에 대해 익숙하지 않을뿐더러, 아바타 등 귀여운 요소에 대한 선호도가 낮다는 것을 인지하고 있음에도 불구하고, 큰 수익성을 올린 한국에서의 경험으로 인해 이를 쉽게 포기하지 않았다. 물론 시장에 도입되기 전까지는 성공여부를 명확히 알기 어렵지만, 현지 컨설팅 업체의 의견을 끝까지 수용하지 않고 광고와 소액결제시스템에서 오는 두 가지 수익모델을 모두 추구한 끝에 결국 현지 소비자들의 눈길을 사로잡는 데 실패했던 것이다.

(4) 모바일 시대에 대한 늦은 대처

싸이월드는 국내외적으로 스마트폰이 도입되기 전 PC 위주의 비즈니스 플랫폼으로 구성하였다. 이후 국내 초기 스마트폰에 윈도 모바일이 도입되었을 때 윈도 모바일 기반 체제에 집중했다. 여기서 윈도 모바일이란, PC용 윈도우를 핸드폰에 맞게 만든 운영체제다. 아이폰OS나 안드로이드에 비해 속도가 느리고 오류가 많으며, 스마트폰의 인터넷화가 본격적으로 이루어졌을 때 초창기 모습이라고 할 수 있다. 이러한 운영체제에 맞춘 모바일 버전 싸이월드에 집중한 나머지 아이폰과 안드로이드폰에 대한 대응이 늦어 모바일 시장에서 설 타이밍을 놓침으로써 마땅히 있어야 할 자리를 잃고 말았다.

질문

1. 본 사례가 '글로벌 전략'이라는 챕터에 수록되어 있긴 하지만, 싸이월드는 미국적 문화를 제대로 이해하지 못해 실패한 대표적 사례로 흔히 언급되곤 한다. 이와 같은 관점에서, 어떤 요인들이 문화의 몰이해와 관계가 있는지 구체적으로 설명하시오.
2. 이미 페이스북과 트위터와 같은 막강한 경쟁자가 자리 잡고 있는 상황에서, 미국 시장에 재진출한다면, 실패를 반복하지 않기 위해 싸이월드가 어떠한 전략을 구사해야 하리라고 여겨지는지 여러분의 의견을 제시하시오.
3. 사실 싸이월드는 세계화는 고사하고, 국내에서도 그 인기가 시들한 상황이다. 그렇다면, 국내에서 점유율을 증가시키고 경쟁력을 향상시키려면, 어디에서 성장 동력을 찾아야 하고, 이를 어떻게 운영해야 하는지 자세한 전략을 강구하시오.

사례 11-2 일본시장에서의 카카오 톡 사례: 국민 메신저 카카옥 톡, 일본 찍고 세계로 가려고 했으나…

㈜카카오는 스마트 폰 시대가 급성장했던 시기인 2010년 3월 18일에 서비스를 개시한 '카카오톡' 메신저를 보유한 기업이다. 네이버와 함께 우리나라의 대표적인 IT기업으로, 2014년 10월 다음과 카카오의 합병 이후 '다음카카오'라는 상호를 사용하다가, 정확히 1년 뒤 '카카오'로 사명을 변경하였다. '다음'과 합병을 했기 때문에 '다음'에 대해서도 설명을 하지 않을 수 없다. '다음'은 국내에 '포털 사이트' 라는 개념을 최초로 도입시킨 웹 사이트로, 검색, 이메일, 웹 서핑 등, 국내 인터넷의 새로운 장을 본격적으로 마련하고 이끌어왔다고 할 수 있다. 물론 현재 네이버에게는 물론이고, 네이트와의 경쟁에서도 뒤처지고 있지만, 한때는 상당한 경쟁우위를 보유하고 있던 기업이었다. 동 '다음카카오'는 합병 이후 지속적으로 다음의 이름을 지워가고 있는데, 그 일환으로 카카오의 메인 서비스인 카카오톡과 한때 경쟁 어플이었던 마이피플을 종료시키고, 다음 뮤직을 카카오 뮤직으로, 다음 tv팟을 카카오tv로, 그리고 다음 지도도 카카오 맵이라는 이름으로 리브랜딩 하였다. 카카오톡 외에도, 카카오 주식회사는 카카오 게임, 카카오 스토리, 스토리 채널, 카카오 프렌즈, 카카오 페이지, 카카오그룹, 카카오페

이, 카카오뱅크, 카카오 지하철, 카카오 내비, 카카오 택시 등 여러 가지 다양한 서비스를 제공하고 있다.

카카오톡은 지난 2018년 1분기 매출액 약 5,500억 원을 시현하였다고 발표하였다. 이는 전년 동기 대비 25% 증가한 수치이고, 2017년 1분기 이후 4분기 연속 매출 성장을 성취한 것이다. 또한 영업이익은 104억 원으로 신규 사업 부문에 대해서도 지속적으로 투자하고 있다. 최근에는 4월 초 신임 공동 대표 취임과 함께 '카카오 3.0'을 선언하고, AI와 블록체인 등 중장기 성장기반 마련을 위한 신규 투자를 지속적으로 진행할 것이라 밝혔다. 네이버의 '라인(LINE)', 페이스북 메신저(Messenger) 등, 세계 각지에서 엄청난 성공을 거둔 다른 모바일 메신저들이 카카오톡의 경쟁자로 여겨지고는 있으나, 한국시장에서 만큼은 카카옥톡의 점유율이 거의 95%(즉, 경쟁기업의 점유율을 모두 합하여도 카카오 톡의 19분의 1에도 미치지 못한다)에 이를 정도로 단연 마켓리더라고 할만하다. IT 벤처기업의 전설이라고까지 불리는 카카오는, 특히 2010년 미국 애플사(社)의 '아이폰'이 한국에 상륙하면서 폭발적인 사용자 수를 얻게 되었고, 이후 여러 가지 모바일 플랫폼을 인수하면서 2018년 현재 시가총액 8조 1,337억 원의 준(準)대기업이 되었다.

이렇듯 엄청난 성장세를 보이며 2010년 말 누적 가입자 300만 명을 돌파하자, 카카오는 일본시장 진출을 본격적으로 계획했다. 이를 위해 먼저 2010년 말에 영어와 일본어 버전의 카카오톡을 출시했고, NHN재팬의 전(前) 대표가 설립한 일본 코코네를 통해 일본 현지 마케팅을 실시했다. 다음 해 4월 국내 가입자 수 1,000만을 넘어서자, 당시 카카오 이사회 김범수 의장은 본격적인 일본시장 진출을 공언하였던 바, 2011년 7월 '카카오재팬'을 설립하고, 다음 달에 206억 원의 투자금을 유치하여 해외진출을 위한 자금을 확보하였다. 한편 진출 초기, 카카오는 페이스북과 트위터가 일본시장에서 가장 강력한 경쟁기업일 것으로 판단했으나, 실제로는 NHN의 '라인'이 최대 경쟁자로 등장하였다. 초반 한 때에는 카카오톡이 라인과의 경쟁에서 근소한 우세를 보이는 듯도 하였다. 그러나 얼마 지나지 않아 라인에게 일본 모바일 메신저 시장 성장률을 추월당했고, 이에 대응하고자 카카오재팬의 지분 50%를 야후 재팬에 넘김으로써 경쟁열위를 야후가 보완해 줄 것을 기대하여 합작이라는 전략적 승부수를 던졌다. 이에 대해 아래에서 좀 더 자세히 알아보자.

주지하다시피, 초기 '카카오재팬'은 100% 카카오의 지분으로 운영되었다. 그러나 진입 1년 동안 모바일 메신저 시장에서 별다른 우위를 점하지 못하였다. 이에 일본시장에서 강력한 경쟁자인 라인을 따라잡겠다는 목표를 두고 제휴사를 찾고 있던 중 '야후! 재팬'(지금부터는 야후라고 지칭하고자 함)에 관심을 두기 시작했다. '야후'는 2001년부터 현재까지 일본 포털 사이트 점유율 1위를 달성하고 있는 기업으로 2006년부터 일본 거대 통신사들이 피처폰을 중심으로 '야후'의 포털 서비스를 전면에 내세워 제공하였고, 이로 인해 다양한 일본 소비자는 모바일 환경에 익숙해져 있던 상황이었다.

이러한 상황을 바탕으로 '야후'는 스마트폰 보급이 시작되던 시점에 온라인과 모바일에서 큰 성과를 거둘 수 있었다. 따라서 '카카오재팬'은 '야후'의 자산과 노하우에 관심을 가졌고, 결국 '야후'와 50 대 50 지분율을 가지고 '카카오재팬'을 운영해나가겠다는 뜻을 밝혔다. '야후'와의 제휴를 통해 일본인의 입맛에 맞춘 신규 서비스를 제공 및 확장하겠다는 것이었다. 제휴 후 상호간의 협력방안과 앞으로의 마케팅, 새로운 서비스를 고민하여 여러 기능을 추가로 선보였다. 첫 번째 서비스는, '토크플러스'였다. '토크플러스'는 대화 중 상대방과 타 애플리케이션을 연결해주는 시스템으로, '카카오재팬'의 자체서비스인 게임과, 음악 등을 지인들과 공유할 수 있도록 하였다. 기존에 포털 사이트로서의 기능을 충실히 이행하며 다양한 서비스를 제공하는 '야후'와의 제휴를 통해 카카오재팬의 자체 서비스뿐만 아니라 '야후'의 서비스도 이용할 수 있게 하였다. 한 예를 들자면, '야후'의 카카오지도와 같은 서비스인 '야후!로컬 환승안내'와 '야후! 로컬 지도', 파일을 저장할 수 있는 모바일 내 저장 어플인 '야후! 박스', 쇼핑 전문 '야후! 옥션', '야후! 쇼핑'과 같은 쇼핑 플랫폼, 또한 '야후! 월렛'과 같은 포인트 및 페이 애플리케이션과도 연결하여 간편한 쇼핑을 지원하기도 하였다.

결정적으로 이 모든 것이 기존 '야후' 회원들도 이용할 수 있도록 '카카오재팬'과 '야후'의 아이디를 통합화했다는 것이다. 따라서 '카카오재팬'은 '카카오톡'에 대해서 수익을 낼 수 없는 무료 서비스, 즉 메신저가 아니라 이를 모바일 플랫폼으로 확장할 수 있도록 하였던 것이다. 두 번째, '5인 그룹 통화'와 '동적인 이모티콘'을 도입하였다. 이는 카카오가 경쟁사와 차별화된 서비스라고 자신

〈표 11-1〉 '카카오재팬'의 재무적 성과 요약

(단위: 천원)

	자산	부채	자본	매출액	당기순이익	총포괄손익
2014년	2,864,415	306,880	2,557,535	–	–	–
2015년	8,898,530	1,735,830	7,162,700	3,006,533	(4,655,923)	(4,469,896)
2016년	11,890,255	257,659	11,632,596	669,072	(2,107,432)	(937,960)
2017년	27,860,464	8,824,561	19,035,904	25,677,243	(21,654,450)	(22,625,490)

자료: 전자공시시스템 DART.

있게 말한 것으로 최대 5인까지 동시에 통화를 할 수 있도록 하여 가족 또는 친구 간 다 같이 동시에 목소리를 들을 수 있도록 만들었다. 또 기존에 움직이지 않는 2D 이모티콘을 움직일 수 있도록 만들어 카카오톡 메신저 서비스 자체에도 차별화를 주려고 하였다. 세 번째 전략은 일본 유명 연예인 츠치야 안나를 광고 모델로 발탁하여 대대적인 프로모션 활동에 나서는 것이었다. 앞서 말한 '토크플러스', '최대 5인 그룹 통화', '동적인 이모티콘' 모두 TV광고와 대중교통 등에 부착하는 형식으로 프로모션을 진행했다. 이는 일본 최대 포털 사이트인 '야후'의 그동안의 사업 노하우를 빌려 다시 한 번 일본시장을 공략해보려 한 시도로 평가할 수 있다.

이러한 노력에도 불구하고, '㈜카카오'의 일본시장 공략은 지지부진 했으며, 실질적인 성과로 이어지진 못했다. '카카오재팬'은 '야후'와의 제휴까지 하며 일본시장에서의 입지를 다져보려고 했지만 계속적인 순손실을 기록하며 결국 2014년 11월 '야후'는 보유하고 있던 '카카오재팬' 지분을 모두 팔고 '㈜카카오'와의 제휴를 그만두게 되었다. '카카오'는 2014년 이후 독자적으로 법인을 운영하겠다고 밝혔지만 2017년 현재까지도 계속해서 순손실을 기록하고 있다.

앞서 잠시 언급했듯이, 카카오는 야후 재팬과의 제휴 이후, 츠치야 안나 등 일본 유명 가수가 광고모델로 등장하는 TV광고를 방영하는 등 공격적인 마케팅을 펼쳤다. 2013년 한 해 카카오가 지출한 광고 선전비는 약 600억 원에 달했다고 한다. 그러나 이처럼 막대한 광고비와 공격적인 마케팅에도 불구하고, 일본 현지에서 이미 단단하게 자리 잡고 있던 라인의 벽을 넘어서지는 못했다. 그렇다면, 카카오톡이 일본시장에서 실패한 이유는 무엇일까? 카카오톡이 해외진출을 염두에 두고 있었을 당시, 해외 사용자 중 약 15% 정도가 일본에서 카카오톡을 사용하고 있었다. 특히 2011년 일본 대지진 발생 당시에 카카오톡이 비상 통신 수단 역할을 하면서 일본 내 가입자가 폭증하는 현상이 나타나기도 했다. 이러한 신호들은 다음카카오 입장에서 일본시장을 매력적인 마켓으로 인식하게 할 만한 충분한 근거가 되었고, 일본 진출의 기폭제가 되었다. 최대 경쟁기업이었던 라인은 NHN재팬의 모바일 메신저로서, 라인 역시 2011년 대지진 당시 인지도가 대폭 상승하였고, 모기업인 NHN재팬의 현지 시장에 대한 지식을 활용하여 적절한 현지화 전략을 구축할 수 있었다. 따라서 라인이 일본 소비자 및 이용자들의 요구에 훨씬 더 수월하게 접근할 수 있었던 것으로 보인다. 이상을 종합하면, 카카오톡(카톡)의 일본시장에서의 실패는 경쟁사인 라인에 비해 뒤늦은 시장 진출과 더불어, 일본 모바일 시장에 대한 정확한 이해가 상대적으로 부족했던데 있었던 것으로 여겨진다. 이를 좀 더 구체적으로 살펴보자.

일단 라인은 출시 초기부터 '크로스 플랫폼'(응용 소프트웨어나 하드웨어를 여러 운영 체제에서 공통적으로 사용하는 것, 또는 공통적으로 이용 가능한 운영 체제나 컴퓨터 본체의 개발 환경)에 대응하는 전략을 사용하였다. 즉, 하나의 계정으로 개인 컴퓨터 메신저는 물론 스마트 폰이 아닌 일반 휴대폰으로도 사용이 가능하게 출시를 하였는데 이는 스마트 폰 보급이 아직 초기 단계였던 당시 일본 시장을 고려했을 때 탁월한 전략이었다고 할 수 있다. 2012년 라인은 무료통화, 무료채팅을 내세우며 적극적인 마케팅을 위해 노력을 경주하였는데, 앱 다운 후 실제 사용률이 약 80%에 이를 정도로 실질적인 이용을 견인하였다.

똑같은 노력에도 불구하고, 라인의 노력이 보다 더 결실을 맺었던 이유는, 라인은 애초 초기 개발부터 일본시장에서 시작하였던데 반해, 카카오톡은 그러하지 않았음에도 두 어플이 제공하는 서비스는 거의 동일했다. 사실 라인은 카톡보다 1년 3개월이 늦은 2011년 6월 NHN재팬에서 개발, 일본에서 먼저 선보인 후발주자이나, 카톡에는 없는 무료 음성통화 기능에다, PC에서도 이용할 수 있고, 다양한 감정을 표현할 수 있는 스티커가 장점이다. 특히 음성통화가 통신망과 와이파이로 가능하고 품질도 좋아 해외 출장자나 교포 등이 즐겨 쓰고 있다. 또한 라인의 이러한 어플리케이션들은 NHN재팬 내부에서 엄격한 심사를 걸쳐 상당히 고품질로 출시가 되었으며, 이를 통해 단 시간 내에 라인을 브랜드화 시킬 수 있었다.

그리고 기업 전략의 목표 및 방향과 관련하여, 이해진 네이버(라인) 창업자가 "활동 반경을 좁은 국내 시장에만 국한시키지 않고 해외에서 승부를 보고 싶었다"라고 회고할 정도로, 라인은 시작 단계에서부터 이미 해외시장을 목표로 하고 있었지만 카카오는 아니었다. 카카오는 2010년 3월 출시 이후 2년 만에 국내 누적 가입자 수 4,000만 명을 확보했고, 우리나라에서 '국민 모바일 메신저'라는 수식어를 달 만큼 빠른 성장세를 보였었다. 그러나 오히려 국내에서 워낙 성공했기 때문에 아이러니하게도 해외진출에는 어려움을 겪었다고 할 수도 있다. 카카오톡, 라인, 왓츠 앱 등의 모바일 메신저 플랫폼 분야에서는 더 빠르게, 그리고 더 많은 이용자를 확보하는 선점효과가 매우 중요한데, 국내 시장에만 집중하다 보니 해외에서는 이를 제대로 얻지 못했다 (국내 시장에 적합하게 개발되다 보니 해외 이용자들은 불편을 겪을 수밖에 없었고, 따라서 태생적인 한계를 지니고 있었다고 말할 수 있다). 물론 상대적으로 더 규모가 큰 대기업이었던 네이버에 비해 해외진출에 대한 보다 체계적인 전략을 마련하는데 어려움을 겼었기 때문으로도 분석할 수 있다. 더불어 라인이 한창 일본 진출을 위한 막바지 준비에 박차를 가하고 있던 2011년 초, 당시 카카오톡 서버에는 문제가 생겼었다. 카카오 톡 서버는 10분에 한 번씩 280바이트의 신호를 보낸 것으로 알려졌는데, 이용자의 메시지 전송 실패가 잦아지고, 1～2초 단위로 재전송 시도가 계속 이어지면서, 트래픽 정체가 심해졌다. 1년 사이 약 10차례의 서버 오류가 발생했는데, 재부팅할 때 순간적으로 이동통신망 용량의 평균 약 80퍼센트 이상을 차지하는 과부하 현상이 벌어졌었다. 서버 최적화 문제를 해결하는데 집중을 할 수밖에 없었던 카카오는 이 문제로 인해 당시 해외진출에서 잠시 시선을 떼었음을 쉽게 예측할 수 있다.

이 시기에 라인은 2011년 3월 일본에서 발생한 대지진에 큰 관심을 기울이고 있었다. 즉, 네이버가 라인을 일본 제1의 모바일 메신저 회사로 키운 계기가 바로 대지진이었기 때문이다. 지진 발생 직후, 교통이 마비된 상황에서 사람들은 휴대전화 통화나 문자메시지를 사용할 수 없었다. 순간적인 통신망 과부하 탓에 전화가 먹통이 됐다. 사람들은 가족들에게 자신의 생사를 알리기 위해 절박한 심정으로 문자메시지 대신 메신저 애플리케이션을 사용했다. 더욱이 이와 같은 상

2011년 3월 발생한 동일본 대지진은 일본인들이 모바일 메신저 이용에 관심을 갖는 계기가 됐다.

황에서도, 카카오톡이 작동하는 것을 보고는 모바일 메신저 시장 주도권의 장악 가능성을 긍정적으로 가늠하고 새로운 서비스를 구상했다. 그렇게 나온 것이 라인이었다. 네이버는 지진이 발생한지 불과 3개월 만에 라인 서비스를 개시하고 지난 5년 동안 일본의 '국민 메신저'로 키우는 데 성공했다. 이데자와 타케시 라인 최고경영자(CEO)는 지난 2016년 5월 한 기자간담회에서 "우리는 지진이 강타한 직후 사람들을 보고 메신저 앱에 집중하자고 결정했고, 매우 빠르게 움직였다"고 회고했다. 한게임재팬, 네이버재팬을 NHN재팬으로 통합한 네이버는 NHN재팬 회사 이름을 아예 자사 서비스명인 라인으로 변경하고, 서비스 현지화에 박차를 가했다. 이렇듯 라인은 빠르게 일본인들의 일상에 접근하고 스며들었다.

한편 일본인의 정서에 부합하는 이모티콘의 부재도 '카카오톡'의 부진을 촉진시켰다고 볼 수 있다. 일본은 '오타쿠'가 굉장히 많은데, 오타쿠란, 만화, 애니메이션, 피규어 등 서브컬쳐에 빠진 사람들을 일컫는 말이다. 따라서 일본은 전통적인 애니메이션과 피규어, 그리고 장난감 강국이라고 불린다. 이러한 현지 문화를 반영하여 '라인' 같은 경우에는 현지 장난감 또는 애니메이션 회사와 제휴를 맺어 '스탬프'라 불리는 이모티콘과 스티커를 주요 서비스로 내세웠다. 그러나 '카카오톡'의 경우에는 플러스친구(관심 연예인, 브랜드를 친구로 등록하여 정보를 받아볼 수 있도록 하는 서비스, 대화를 통한 B2C전략)를 주요 서비스로 하여 일본시장에 진출했지만 일본인들의 마음을 사로잡기에는 부족하였다. ㈜카카오의 입장에서 일본 내 한국 연예인에 대한 관심인 '한류열풍'을 십분 활용, 플러스친구를 통해 가입자를 유도하려고 하였으나 결국 아기자기한 라인 스티커에 밀리는 결과로 귀결되었다.

종합하면, 카카오는 국내에서의 엄청난 성공을 발판으로 삼아 가장 가까운 국가, 그리고 스마트 폰 보급과 모바일 커뮤니케이션 플랫폼이 이제 막 성행하기 시작했던 일본을 타깃으로 해외진출을 시도했지만, 국내에서 발생한 서비스 불통 등의 이슈 탓에 해외시장에 전념할 수 없었다. 특히 야후 등 여러 업체들과 손을 잡았지만 시너지 효과를 성취해 내지도 못했다. 또한 실패한 글로벌 전략으로 인해 결과적으로 라인과의 경쟁에서 밀리게 되었던바 '국가별 특화' 전략의 부재가 아쉬웠다.

질문

1. 카카오톡의 글로벌 전략을 설명하시오.
2. 카카오톡이 일본에서의 실패를 다른 해외시장에서 반복하지 않기 위해서는 어떠한 전략이 보완되어져야 할 것으로 여겨지는가?
3. 반면, 라인이 일본의 국민 메신저로 등극할 수 있었던 인기 비결이 무엇이었다고 생각되는가?
4. 좀 더 구체적으로, 카카오톡은 한국에서 독보적인 위상을 가지고 있는 반면, 일본에서와 달리, 라인은 한국에서 설자리가 없어 보인다. 그렇다면, 글로벌 전략을 취하고 있는 페이스 북과 비교하여, 카카오톡 및 라인의 상반된 글로벌 전략을 평가해보시오.

사례 11-3 일본시장에서의 교촌치킨 사례: 도쿄 롯본기에 일본 1호점 그랜드 클로즈!

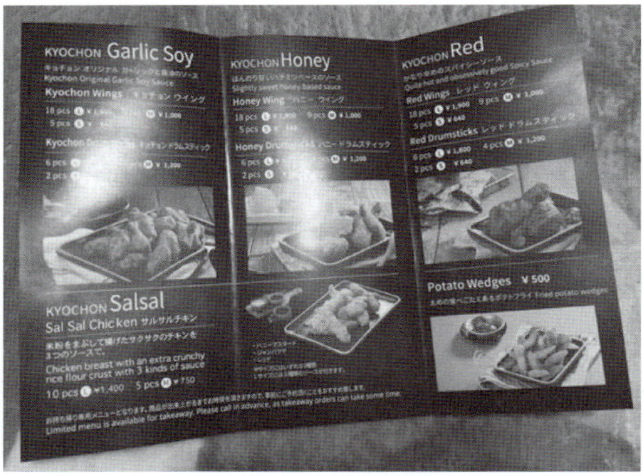

향교가 있는 마을이라는 뜻을 지닌 '교촌'치킨은 1991년 구미에서 33㎡(10평)짜리 '교촌통닭'으로 시작한 기업이었다. 2003년 가맹점 1,000개를 돌파한 이후 '교촌 간판을 달았는데 돈 못 벌면 다 내 책임'이라고 말하는 권원강 회장의 기업 경영 모토에 따라 설립 25년 만에 본사 매출 2,911억 원의 중견기업을 일구어냈다.

<표 11-2>에서 볼 수 있듯이, 교촌치킨(교촌에프앤비)은 2014년 치킨 프랜차이즈 업계에서 오랜 기간 업계 1위였던 BBQ를 앞지른 이후 지속적으로 매출이 상승하였다. 2017년 약 3,188억 원으로 전년 대비 9.5% 증가한 매출액을 달성하며 현재까지 치킨업계 1위를 기록하고 있다. 공정거래조정원에 따르면, 치킨 브랜드 가맹점 연평균 매출액은 교촌치킨이 3억 1,336만원으로, 2억 7,740만원인 BBQ를 뛰어넘었다. 이와 같이 본사와 가맹점 모두 높은 매출을 기록할 수 있었던 이유에는 권원강 회장의 가맹점 상권 보호 정책과 제품 품질의 통제를 들 수 있다. 다양한 메뉴를 출시하여 다각화하기보다는 최소한의 제품에 집중하여 모든 가맹점에서 일정하게 동일한 수준의 맛을 낼 수 있도록 가맹점 제품의 품질을 통제했으며, 가맹점 유지관리에 많은 투자를 하여 기업 및 가맹점의 내실을 튼튼하게 다졌다.

〈표 11-2〉 치킨업계 빅5 매출 추이

(단위: 억 원)

	2014	2015	2016	2017	증감(%)
교촌치킨	2,279	2,576	2,911	3,188	9.5
BBQ	1,913	2,159	2,198	2,353	7.0
bhc	1,088	1,840	2,326	2,391	2.8
굽네치킨	890	984	1,470	1,591	8.2
네네치킨	592	610	568	555	-2.1

자료: 산업경제뉴스, 2018년 7월 23일자.

한국 치킨 프랜차이즈는 전국 3만 6,000개 이상, 서울 반경 1km 이내에 평균 8.5개의 치킨집이 있기에 프랜차이즈의 정글이라고도 불린다. 포화된 치킨업계에서 오랜 기간 가맹점당 매출과 본사 매출 모두 1위 자리를 지키고 있는 교촌치킨은 자연스럽게 해외시장에 주목하기 시작했다. 교촌치킨은 지리적 · 문화적으로 인접한 일본을 첫 번째 해외 타깃으로 삼기로 결심하고, 2015년 6월 일본 외식 전문 기업인 '푸드플래닛'(FOOD PLANET)과 마스터 프랜차이즈 계약을 체결한 뒤, 2015년 12월 일본 도쿄 시내 중심가 롯폰기에 264㎡(80평) 규모로 1호점을 내어 시장진출을 도모하였다. 개점 당시 권원강 회장, 표주영 사장, 이근갑 국내사업부문 대표, 푸드플래닛 앤드류 대표 등이 직접 일본 매장을 방문해 '그랜드 오픈식'까지 치루며 첫 해외진출에 심혈을 기울였지만 교촌치킨은 불과 9개월 만에 폐점을 하고 말았다.

지리적 · 문화적으로 가까움에도 불구하고 교촌치킨은 왜 일본에서 실패할 수밖에 없었을까? 한국문화관광연구원이 한국을 방문 후 출국하는 외국인 810명을 대상으로 한 '방한 외국인 관광객 음식관광 실태조사'를 시행한 바에 따르면, 방한 후 외국인 관광객의 한국 음식에 대한 선호도는 미주 관광객을 이어 일본(78.54점)이 2위를 차지했으며, 방한 전 한국음식 선호도 조사에서도 1위를 차지했을 만큼 일본인의 입맛은 한국인과 유사하다. 그러나 이러한 비슷한 입맛에도 불구하고 교촌치킨은 일본 소비자에게 크게 어필하지 못했다.

교촌치킨은 원재료나 양념과 같이 규모의 경제를 실현할 수 있는 요소는 한국에 집중하였으며, 나머지 요소는 지역별 대응을 하는 순수 글로벌 전략을 택했다. 하지만 이러한 글로벌 전략이 실패할 수밖에 없었던 이유를 입(G.S. Yip)의 총체적 글로벌전략모형의 '5가지 전략수단'의 관점에서 분석해보고자 한다.

기업의 글로벌화 능력의 관점에서 보았을 때, 교촌치킨은 2005년부터 교촌인터내셔널이라는 해외진출 전담 기업을 별도 설립할 정도로 해외진출에 적극적 자세로 임했으며, 경쟁이 심한 한국 치킨 업계에서도 장기간 1위를 지켜낼 정도의 품질우위를 지니고 있었다. 따라서 교촌치킨은 높은 글로벌화 능력을 보유하고 있었다고 할 수 있다.

하지만 산업의 글로벌화 잠재력 측면에서 보았을 때, 일본의 치킨 산업은 하향세였다. 농림축산식품부의 자료에 따르면, 2014년 일본 패스트푸드 시장에서 치킨 성장률은 전년 대비 6.7% 감소하였으며, 이는 -4.6%를 기록한 버거보다 더 큰 하락폭이었다. 또한 농식품부 · 한식재단이 발표한 '글로벌 외식 및 한식산업 조사'에 따르면, 치킨은 도쿄와 오사카 지역에서 0%의 선호도를 보일 정도로 소비자의 반응이 좋지 않았다. 나아가 중국과 동남아시아 등과 달리 K-pop과 같은 한류가 소비로 직결되는 경향이 적고 최근 정치 · 외교적으로 관계가 좋지 못하게 되면서 전반적으로 한국 식문화에 대한 선호도도 하락했다는 자료를 통해 일본 치킨 산업의 잠재력이 낮다는 것을 알 수 있다. 이를 통해 기본적으로 일본 소비자의 치킨 선호도가 낮으며, 이는 교촌치킨이 제품 품질우위를 과신하고 시장조사의 중요성을 간과하였음을 시사하는 사실이며, 결과적으로는 진출 시장의 낮은 잠재력을 제대로 정확히 파악하지 못함으로써 실패한 글로벌 전략을 수립했다는 것을 알 수 있다.

글로벌 전략수립에 있어 교촌치킨은 일본 '시장진입' 수단으로 마스터프랜차이즈 방식을 사용하였다. 국내에서 가맹점들의 엄격한 품질 통제를 했던 것과는 반대로 일본에서는 직접 매장을 운영하지 않고 특정 지역 내 가맹사업권을 빌려주고 수수료를 취하는 형태로 진출한 것이다. 이러한 형태의 진출방식은 해외시장에 대한 이해도가 낮은 기업들이 많이 취하는 방식 중 하나이다. 일본 소비자 및 시장특성에 대한 이해도가 높은 파트너 기업과 계약을 체결하여 진출 및 투자 위험도를 최소화할 수 있기 때문이다. 하지만 교촌치킨이 선정한 파트너사는 프랜차이즈 사업을 영위하기에 적절하지 않았다. 교촌치킨이 선택한 일본 파트너사인 푸드플래닛은 태양광, 음반 등의 사업을 담당한 회사로 외식 프랜차이즈 노하우가 거의 없는 회사였다. 일본은 물론 한국에 대한 음식문화를 잘 알지 못하는 푸드플래닛은 K-푸드 인기에 편승하여 심각한 재정난을 해결하고 일본 내 자금투자조달과 상장을 위해 교촌치킨을 끌어들였던 것이었다. 심지어 푸드플래닛은 지속적인 실적 악화의 영향으로 도쿄증권거래소로부터 상장폐지 심사를 받았고, 9개월간의 유예기간을 받았으나 결국 경영악화로 현재 문을 닫았다. 이를 통해 보았을 때, 교촌치킨은 일본 진출을 위한 현지화 문제 및 낮은 시장 이해도를 보완해 줄 수 있는 파트너 기업에 대한 검증과정이 부실했었음을 알 수 있다.

글로벌 활동의 입지적 측면에서 보았을 때, 교촌치킨은 다양한 지역에 매장을 내는 것이 아닌, 단일 매장을 내어 집중하는 전략을 취했다. 일본에서 가장 번화한 지역인 롯폰기에 매장을 낸다는 것은 그 자체만으로도 상징적이며 브랜드에 대한 대대적 홍보 효과를 거둘 수 있다. 하지만 교촌치킨은 임대료와 인건비를 제대로 예측하지 못하였고, 이는 지속적인 매장 유지에 큰 부담을 주었다. 또한 한국은 배달 위주의 활동을 하였기 때문에 매장의 중요도가 낮았으나, 배달문화가 한국만큼 정착하지 않은 일본에서는 상황이 달랐다. 즉, 일본 소비자들은 직접 매장에 방문하여 치킨을 구매하였다. 더불어 일본인들은 치킨 선호도 자체가 낮을 뿐만 아니라, 집 근처 편의점에서 보다 싼 가격에 입맛에 맞는 치킨을 구매할 수 있는 또 다른 선택지가 있었다. 그러므로 값싸고 품질 좋은 편의점 치킨이 아닌 롯폰기에서 한국의 교촌치킨을 먹을 이유가 없었던 것이다. 높은 임대료에 비해 뒤떨어지는 접근성은 지속적인 소비를 유지시킬 수 없다는 점에서 이 역시 또 하나의 실패 전략이라고 볼 수 있다.

글로벌 제품 수단적 측면에서 보았을 때, 교촌치킨은 '간장', '허니', '레드', '살살'과 같이 한국의 기존 메뉴와 동일한 메뉴를 제공하였다. 제품의 맛과 품질 그리고 종류에 있어서는 교촌치킨의 노하우대로 국내와 같은 형태로 표준화하였지만 제품의 메뉴 판매방식이나 가격에 있어서 한국시장과는 다른 전략을 취했다. 국내 시장에서와 같이 한 마리나 반 마리 단위로 제품을 판매하는 것이 아니라 피스 단위로 제품을 판매했다. 예를 들어, 윙은 18, 9, 5피스, 봉은 6, 4, 2피스로 판매했다. 가격적인 면에서도 고가전략을 택했다. 닭다리 6피스를 2,000엔(한화 약 2만원)으로 판매했는데, 이는 한국보다 약 2배 비싼 가격이며, 한국에서는 무료로 제공되는 치킨무를 한화로 약 3,000원에 판매하였다. 치킨무를 판매한 것은 일본의 반찬을 구매하는 외식 문화에 대한 현지화 전략이었다고 교촌치킨 측은 설명하고 있으나, 이를 고려하더라도, 당시 롯폰기 인근 한인 매장이 치킨 반 마리와 치킨무를 약 1,500엔(한화 약 1만 4천원)에 판매했다는 것을 고려하면 교촌치킨 롯폰기점의 가격은 터무니없이 비싸다는 것을 알 수 있다. 롯폰기의 막대한 임대료를 부담하기 위해서 그러한 가격과 제품을 제공한 것은 교촌 측의 어쩔 수 없는 선택이었다고 하더라도 너무나도 적은 양, 그리고 일본인만을 위한 현지화 메뉴가 없었다는 점, 일본인이 좋아하지만 더 이상 무료로 먹을 수 없었던 치킨무는 지속적이고 충성적인 고객을 만들어 낼 수 없었던 원인이었다.

글로벌 마케팅 수단적 측면에서 보았을 때, 교촌치킨은 초기 오픈 때 음식을 기다리는 대기 줄을 촬영하여 방영하거나 제품을 인기 예능에 소개한 것을 제외하면 타깃 고객을 대상으로 한 마케팅 활동은 하지 않은 것으로 보인다. 롯폰기에 매장이 있음을 미디어에 홍보한 것 이외에는 특별한 마케팅 전략이 없었다. 이와 마찬가지로 글로벌 경쟁 행동 수단적 측면에서도 KFC와 같은 경쟁업체를 대상으로 한 활동은 하지 않은 것으로 보인다. 즉, 교촌치킨은 제품과 레시피만 통제 · 관리했으며 나머지의 요소는 전부 현지 파트너에게 맡겼던 것이다. 음식 산업에서의 한류효과는 초기에 호기심만을 이끌어낼 뿐 지속적 소비로 이끄는 원동력이 될 수는 없다. 다시 말하면, 초반의 관심을 지속적으로 이끌어낼 어떠한 현지화 전략도 없었다는 점이 교촌치킨의 일본 진출 실패의 원인 중 하나라고 할 수 있다.

질문

1. 여러 가지 다양한 측면에서 교촌치킨의 글로벌 전략을 평가하시오.
2. 마스터 프랜차이즈 전략이 아닌, 어떠한 진입전략을 구사했다면 교촌치킨의 일본 시장 내 성공 가능성을 견인했을 것으로 보여지는가? 또한 그러한 견해의 근거는 무엇인가?
3. 만일 일본시장이 적절하지 않았다면, 어떠한 국가가 대안이 될 수 있었을 것이라고 여겨지며, 그 이유는 무엇인가?

토의자료 11-1 지란지교, SECaaS 기반 스타트업 설립해 새로운 글로벌 전략 펼친다

국내 보안기업으로써 15년 이상 꾸준히 해외사업에 도전해온 지란지교가 SECaaS기업 엑소스피어 랩스(Exosphere Labs)를 설립해 글로벌 영토 확장에 나선다고 밝혔다.

지란지교는 그 동안 일본을 중심으로 동남아시아, 미국 등 해외사업을 확대·강화해왔으며, 일본에서만 연매출 100억을 올리고 있다. 그간 현지 파트너와 함께 철저한 현지화로 승부했던 지란지교는 기존 전략과 더불어 엑소스피어 랩스 설립을 통해 글로벌 SECaaS로 전방위 전면전을 준비한다.

금번 설립된 신규법인은 제품 하나만 도입하면 엔드포인트에 대한 위협대응을 총체적으로 가능케 해주는 통합보안서비스 '엑소스피어 엔드포인트 프로텍션(Exosphere Endpoint Protection)'을 주요 제품으로 한다.

이 제품은 안티멀웨어 기능을 중심으로 위해애플리케이션 제어, 민감정보탐지 및 정보유출방지 등 제품 하나만 도입하면 엔드포인트에 대한 위협대응을 총체적으로 가능케 해주는 통합보안서비스로 싱글 에이전트, 싱글 매니지먼트(중앙관리)에서 동작하며, 서버 도입이 없이 클라우드로 관리할 수 있다.

기존 시장에 나와 있는 엔드포인트 프로텍션 플랫폼(EPP) 제품이 다양한 보안 솔루션으로 통합적으로 구매 및 운영할 수 있다는 점에서 비슷할 수 있지만 EPP 제품 대비 50% 이하의 가격대로 서비스를 이용할 수 있다는 것이 특징이다. 엑소스피어는 글로벌 서비스로 제공하기 위해 제품 안에 포함된 전 기능을 모듈화했다. 따라서 다양한 국가 및 고객에게 맞춤형 서비스가 가능하다.

지란지교는 이 제품을 글로벌 향으로 만들기 위해 2017년부터 이스라엘 출신 보안전문가 Adi Ruppin을 CEO 및 CPO로 영입하여 미국사업을 위해 Exosphere, Inc.라는 법인을 이미 미국 현지에 만든 바 있다. 설립 후 미국 엑소스피어에서는 글로벌 시각으로 제품기획을 진행하며 동서양의 밸런스를 맞추고 옵션을 단순화하는데 공을 들였다. 이번에 설립된 엑소스피어 랩스는 미국 엑소스피어사의 자회사로써 제품개발을 담당하게 되며 본격적인 시장투자를 진행한다.

엑소스피어 랩스는 법인 설립 전부터 글로벌 파트너 배포는 물론 2018년, 2019년 RSA와 Japan IT Week 등 해외전시회 출전함으로써 성공가능성을 검증해보는 베타 기간을 거쳤다. 기 확보된 해외파트너도 10곳 이상이며 동남아에 2,000명 유저 규모의 고객사가 제품도입을 완료했다.

지란지교는 글로벌시장에 대한 도전을 이어 가기 위해 '엑소스피어 엔드포인트 프로텍션'에 대해 공격적인 투자를 할 계획이라고 밝혔다. 또한 회사는 내달 국내형 모델도 출시할 계획이라고 밝혔다.

(자료: 보안뉴스, 2019년 6월 19일자)

토의자료 11-2

[금융 글로벌전략] 우리은행, 글로벌 리딩뱅크 도전…동남아 진출 집중

우리은행은 국내 저금리·저성장 장기화로 국내 영업의 성장한계를 직시, 2010년대 초반부터 신성장 동력을 해외에서 찾았고 가시적인 성과가 나오고 있다.

우리은행의 해외 자산·수익비중은 미미한 수준으로 30% 이상인 세계 유수의 글로벌 은행과는 차이가 있었다.

우리은행은 격차를 좁히고 글로벌 리딩뱅크가 되기 위한 시발점으로 성장잠재력이 풍부한 동남아시아 지역 진출을 집중적으로 검토했다.

과거 금융사들의 해외진출 방식은 '사무소→지점→법인설립→지점확대' 방식의 형태였고 진출지역 또한 대부분 미국·일본 등과 같은 선진국 중심으로 진행돼 오랜 기간이 소요됐고 현지화 영업에는 한계가 있었다.

손태승 우리금융그룹 회장 겸 우리은행장은 글로벌 임원 담당 당시부터 동남아 지역 중심의 차별화된 글로벌 전략을 추진하기 시작했다.

우리은행은 2014년 말 인도네시아 소다라은행 인수를 시작으로 동남아 지역 국가 특성에 맞게 소액여신전문금융사(MFI)나 저축은행을 인수하는 방식으로 신속하게 현지화 영업을 확대했다.

◇인도네시아 M&A 통한 Glocalization 조기 실현 대표 사례

인도네시아 소다라은행 인수·합병(M&A)는 우리은행 해외진출 도약의 계기가 됐다. 우리은행은 1992년 인도네시아에 진출할 당시 한국계 기업 대상 금융서비스를 주로 제공했으나 2010년대 성장한계에 직면하게 됐다.

이에 현지 리테일 영업 확대와 현지화를 위해 현지은행 M&A를 추진해 약 2년 6개월의 기간을 들여 소다라은행 M&A를 성공시켰다. 이는 우리은행이ㅡ 해외진출에 자신감을 갖게 했다.

2014년 2월 소다라은행 합병 이후 인도네시아에서 리테일 상품 출시를 통해 경쟁력을 강화하고 투자은행(IB) 전담팀을 신설해 기업금융 영역을 확장하고 있다.

이같은 노력이 결과로 지난해에는 우리은행 국외점포 최초로 년영업수익이 1억 달러를 초과 달성했다.

◇해외진출 현지 맞춤 전략…소규모서 점진적 확대 '2단계 전략'

우리은행은 인도네시아 소다라은행 합병 이후 캄보디아와 미얀마 시장에서 2단계 진출 전략을 추진하고 있다.

이는 손태승 회장이 해외 금융기관 M&A가 투자에 따른 위험이 수반돼 초기에는 현지 소규모 투자로 시작해 현지 문화에 대한 충분한 이해 후 필요에 따라 투자규모를 점진적으로 확대한다는 전략에 따른 것이다.

우리은행은 캄보디아를 공략하기 위해 2014년 현지 MFI를 인수했으며 지난해 6월에는 캄보디아 전국 106개 지점을 보유한 저축은행(MDI) 인수했다.

우리은행은 캄보디아 진출 2단계로 현지 금융환경・제도를 고려해 상업은행으로 전환을 추진하고 있다. 상업은행 전환을 위한 전 단계로 MFI와 MDI 통합법인 출범을 추진 중이며 신상품 출시・비대면채널 확대로 영업기반을 강화하고 있다.

우리은행은 미얀마에서도 비슷한 전략을 구사하고 있다. 지난 2015년 미얀마 MFI 시장에 진출했으며 현재 MFI 형태이나 은행시장 추가 개방 시 은행진출을 검토할 예정이다.

◇베트남법인, M&A·현지화 전략 동시 추진 성공 사례

베트남법인 설립은 성장성 높은 동남아지역 M&A 전략과 함께 법인 설립을 통한 현지화 전략을 동시 추진 성공 사례다.

우리은행의 베트남 진출은 1997년 하노이지점을 시작으로 2006년에는 호치민지점을 개설해 기업금융 중심 영업으로 운영해왔다. 이후 기업금융과 함께 현지 리테일 시장에 본격적으로 진출하고자 현지법인 설립을 추진했다. 우리은행은 2013년 9월 현지법인 설립 신청서를 제출했으나 당시 베트남 중앙은행은 2008년 이후 외국계은행의 현지법인 진출을 원칙적으로 불허, 설립 작업이 더디게 진행됐다.

손태승 회장이 2014년 12월 글로벌사업본부장 취임 이후 법인전환을 진두지휘했고 법인설립 신청서 제출 후 약 3년 만인 2016년 10월 현지법인 설립 인가를 획득했다.

법인설립 후 2개였던 지점수는 9개로 확대됐으며 기업고객 위주 영업에서 리테일고객 대상 영업으로, 한국고객 위주 영업에서 로컬고객 대상 영업으로 영업영역을 확장했다. 이 역시 손태승 회장이 글로벌사업본부장 취임 후 지역별 특성에 맞는 해외 네트워크 확대 전략을 지속적으로 추진한 결과다.

우리금융그룹 글로벌 네트워크 수는 2014년 11월 말 18개국 73개에서 지난 14일 기준 총 26개국 445개로 국내 최다이자 글로벌 20위권 수준으로 성장했다.

우리금융이 성공적인 M&A를 통한 네트워크 확대와 현지화 전략은 다른 은행에서도 벤치마킹하고 있다고 우리금융 관계자는 전했다.

우리금융 관계자는 "우리금융은 올해도 동남아 성장 유망지역 중심의 해외 네트워크를 지속적으로 확대할 계획"이라며 "지주사로서 현지 특성에 맞는 상업은행, 저축은행, 할부금융사 등 다양한 사업 포트폴리오로의 진출을 추진할 것"이라고 말했다.

(자료: 뉴스투데이, 2019년 6월 30일자)

토의자료 11-3

글로벌 K푸드 브랜드 숙달돼지, 태국에 전략매장 오픈하며 동남아 시장 선점 본격화

최근 글로벌 K-푸드의 핵심 시장인 미국, 동남아 시장에서 진출 국가마다 대박 행진을 이어가며 빠르게 매장을 확장하고 있는 브랜드인 숙달(SOOKDAL)의 행보에 관심이 주목되고 있다.

현재 글로벌 K푸드 시장은 K뷰티, K팝 트렌드를 이어받아 폭발적으로 성장하고 있다. 특히 방탄소년단(BTS) 열기로 대변되는 K팝과 K컨텐츠들의 관심과 선호도가 K푸드 소비로 자연스럽게 이어져 한식이 중식, 일식 다음의 메이저 푸드로 빠르게 자리잡고 있다. 이러한 K푸드 카테고리 중에 외국인들이 가장 선호하는 분야는 코리안 바비큐 카테고리이다.

이러한 시장 상황 속에서, 최근 런칭 1년 반 만에 50개 매장을 돌파하고 국내 프리미엄 숙성 삼겹살 분야를 리딩하고 있는 '숙달돼지' 브랜드가 국내뿐만 아니라 미국, 동남아 등에서 빠르게 글로벌 점유율을 높여가고 있다. 현재 숙달 본사에서는 전 세계 6개국(미국, 태국, 베트남, 중국, 일본 등)에서 매장을 운영 중이며, 기존 운영매장들의 높은 성과들로 내년까지 30여 개 이상 확장이 예측되고 있어 글로벌 K-BBQ 선점 가능성이 높은 상황이다.

숙달돼지가 해외진출하는 곳마다 웨이팅을 세우며 기록적인 성과를 이어가고 있는 이유는 간단하다. 한국 내에서는 수천 개의 삼겹살 브랜드들이 치열하게 경쟁하고 있고, 숙달돼지는 가장 어렵고 까다로운 시장인 한국에서 타 고기 외식 브랜드들에 비해 압도적인 경쟁력을 갖추며 2년연속 맛 평가 1위, 고객 선호도 1위를 지키며 프리미엄 삼겹살 문화의 정점을 지키고 있다. 오랜 시간 특별한 변화와 경쟁없이 정체되어 있던 해외 현지에 숙달돼지가 진출했을 때, 차원 높은 브랜드 경험을 한 고객들의 폭발적인 반응이 이어지는 것은 어찌 보면 당연하다.

'숙달돼지' 본사는 최근에 수년간의 해외매장의 성공적인 운영 경험을 집약해 태국 방콕 메인 상권에 통건물(3개층) 150평대의 안테나 직영 매장을 전략적으로 출점했다. 본사에서는 이번 태국 매장을 위해 태국 직영 지사를 설립하고 1년 넘게 철저한 사업성 분석, 상권입지조사, 부동산 분석, 인테리어디자인 등을 진행하며 성공가능성을 높였다. 숙달 브랜드 본사에서는 태국을 동남아 선점을 위한 전략적 기지로 삼고, 주변 국가들인 베트남, 말레이시아, 인도네시아, 싱가포르 등의 주변 동남아 국가들로 브랜드를 확장해 나갈 계획이다.

동남아 국가들 중에서 태국을 핵심 전략기지로 선정한 이유는 태국은 다른 동남아 국가에 비해 소비 수준이 높고, 진출 가능한 상권이 많아 태국만 해도 수십 개 이상의 매장 스케일업이 가능하기 때문이다. 또한, 본사에서 방콕을 중심으로 수백만 명의 SNS 다케팅 채널 인프라를 보유하여 핵심 타겟 고객들에게 홍보가 손쉬운 것도 또 다른 강점이다.

6월 중순에 별도 홍보 없이 조용히 가오픈에 들어간 태국 방콕 숙달 매장은 예상과 달리 오픈 당일부터 만석에 웨이팅까지 시작되며 당황스러울 정도의 빠른 반응이 나오고 있다. 매장 오픈에 참여한 협력사들이 매장 오픈 직후의 퍼포먼스를 보고 앞다투어 가맹점 오픈을 부탁할 만큼 높은 사업성을 보이고 있다. 본사에서는 본격적인 홍보마케팅이 시작되는 7월 정식 오픈부터 기록적인 매출과 순이익이 나올 것으로 예측되고 있다.

숙달 브랜드 관계자는 "태국 진출을 위해 법인 설립단계부터 매장 오픈까지 1년 넘게 정치적, 제도적, 문화적 허들들을 직접 부딪치며 정말 많은 것을 배웠다. 그 과정에서 많은 시간과 돈을 쓰며 얻은 노하우와 인사이트들이 발판이 되어 앞으로의 운영과 확장에 자신감이 어느 정도 생겼다. 동남아 시장은 한국과 비슷한 매출에도 순이익이 한국보다 3~4배 높고, 성장률이 높은 매력적인 시장이지만 시장성만 보고 무턱대고 진출하기는 쉽지않아 그동안 제대로 된 플레이어가 없었다. 숙달이 태국과 베트남의 진출 성공을 발판으로 동남아 K-BBQ 시장을 빠르게 선점해 한국의 프리미엄 K-BBQ문화를 알리는데 앞장서겠다"고 밝혔다.

(자료: 서울경제, 2019년 6월 26일자)

참고문헌

뉴스1, '무리한' 진출 교촌치킨, 日 매장 철수…시장파악 실패?, 2016년 9월 20일자, [online] Available at http://news1.kr/articles/?2777875 [접속일: 2018년 11월 13일].

뉴스1, 해외진출 무리였나…수백억 손실 낸 교촌치킨, 잇단 매장 폐점, 2017년 4월 19일자, [online] Available at http://news1.kr/articles/?2970669 [접속일: 2018년 11월 13일].

뉴스인, 교촌치킨 '일본 진출'…시작은 성대하게, 실패는 '쉬쉬'?, 2016년 9월 1일자, [online] Available at http://www.newsin.co.kr/news/articleView.html?idxno=59848 [접속일: 2018년 11월 13일].

뉴스투데이, [금융 글로벌전략] 우리은행, 글로벌 리딩뱅크 도전…동남아 진출 집중, 2019년 6월 30일자. [online]. Available at http://www.news2day.co.kr/130743 [접속일: 2019년 7월 8일].

머니투데이, 실패로 돌아간 카톡의 해외진출… '국가별 특화'로 승부, 2015년 9월 29일자.

매일경제, 싸이월드, 미국 서비스 본격 시작, 2006년 8월 16일자.

매일경제, 국내서 600억 번 카카오, 일본에선 200억 날려, 2014년 4월 2일자.

박병일(2017), "글로벌경영 사례100", 시대가치.

보안뉴스, 지란지교, SECaaS 기반 스타트업 설립해 새로운 글로벌 전략 펼친다, 2019년 6월 19일자. [online]. Available at https://www.boannews.com/media/view.asp?idx=80599 [접속일: 2019년 7월 8일].

브릿지경제, 국내 1위 치킨 프랜차이즈 교촌치킨 권원강 회장 "정직이 최고의 상술", 2017년 10월 23일자, [online] Available at https://m.post.naver.com/viewer/postView.nhn?volumeNo=10159476&memberNo=15470144 [접속일: 2018년 11월 13일].

서민교, 박병일(2013), "글로벌경영", 서울경제경영출판사.

서울경제, 글로벌 K푸드 브랜드 숙달돼지, 태국에 전략매장 오픈하며 동남아 시장 선점 본격화, 2019년 6월 26일자. [online]. Available at https://www.sedaily.com/NewsVIew/1VKKFW0X5V [접속일: 2019년 7월 8일].

식품외식경제, 일본서 맥 못추는 한국 치킨, 2016년 9월 23일자, [online] Available at http://www.foodbank.co.kr/news/articleView.html?idxno=49462 [접속일: 2018년 11월 13일].

연합인포맥스, 적자만 쌓이는 '카카오재팬'…애물단지 되나, 2014년 11월 11일자, [online]. Available at http://news.einfomax.co.kr/news/articleView.html?idxno=128177 [접속일: 2018년 8월 2일].

임원기(2008), 싸이월드, 왜 해외에서 번번이 실패하나, 미디어세상 [online]. Available at http://limwonki.com/194 [접속일: 2018년 8월 2일].

위키백과(2018), 싸이월드, [online]. Available athttps://ko.wikipedia.org/wiki/%EC%8B%B8%EC%9D%B4%EC%9B%94%EB%93%9C [접속일: 2018년 8월 2일].

전자신문, [이장우의 성공경제] <52>실패한 선발주자 (1)싸이월드, 2016년 11월 21일자.

조선비즈, 생존율 30%에 건 생계…'치킨 공화국'의 자화상, 2015년 11월 9일자.

조선일보, [기고] 싸이월드가 망한 진짜 이유 5가지, 2016년 9월 25일자.

중앙일보, [기자 칼럼] 현지화 전략 없는 미국 진출, 2010년 3월 15일자.

중앙일보, [해외에서 웃는 네이버 우는 카카오] 라인 잘나갈 때 카카오는 적자 늘어나 골머리, 2018년 5월 6일자.

카카오(2018), 카카오, 2018년 1분기 실적 발표, [online]. Available at https://www.kakaocorp.com/kakao/prChannel/pressReleasesView?boardIdx=9703 [접속일: 2018년 8월 2일].

한겨레신문, '한국 음식 만족도' 중국인 관광객이 가장 낮아, 2015년 3월 16일자.

한국경제, 카카오, 콘텐츠 앞세워 해외시장 다시 노크, 2017년 9월 6일자.

황상민, 한훈희(2005), 대한민국 사이버 신인류의 정체와 사이버 공간의 변화: 싸이월드 사용자를 중심으로, 한국HCI학회 학술대회 발표논문.

12 국제 마케팅 전략

사례 12-1 중국시장에서의 BBQ 사례: 한국식 배달과 마케팅의 실패

사례 12-2 베트남 시장에서의 파리바게뜨 사례: 동남아 시장 쉽지 않네…

사례 12-3 중국시장에서의 이마트 사례: 이마트는 왜 마트전쟁에서 패했을까?

사례 12-4 베트남 시장에서의 현대건설 사례: '건설한류' 가능할까?

사례 12-1 중국시장에서의 BBQ 사례: 한국식 배달과 마케팅의 실패

한국 국내 최대 프랜차이즈 전문회사 ㈜제너시스 BBQ는 1995년 사업을 시작하여 현재 대표 브랜드인 BBQ치킨을 비롯하여, 2011년까지 한국 국내에서 BBQ외 9개 프랜차이즈 브랜드를 탄생시켰다. 특히 BBQ는 맛있고 신선한 닭고기를 소비자에게 제공하고 다양화되는 소비자의 식문화 욕구를 만족시킴으로써 1999년 4년 만에 가맹점 1,000호를 돌파하면서 국내 닭고기 외식산업에서 위상 있는 브랜드를 갖추게 되었다.

㈜제너시스 BBQ는 내수시장에서 빠른 속도로 성장하면서 해외로 진출한다는 목표를 명확히 세웠다. 이에 따라 1999년 말부터 본격적으로 해외시장 진출을 준비하였고, 중국을 우선 진출국가로 선정하여 상해와 청도에 이어 북경, 천진 그리고 동북3성과 강소성까지 확대하였다. 중국을 우선 진출국가로 선정한 이유는 크게 네 가지인데, 첫째, 1980년대 경제가 성장하고 소득이 증가하면서 서울올림픽을 전후로 다국적 해외 외식기업에 의한 국내 진출속도가 점점 가속화되었고, 이에 따라 서구식 패스트푸드에 대한 국내 선호도가 높아져 외식산업

이 성장하고 발전해 왔기 때문에, 한국과 비슷한 경험을 하고 있던 중국 역시 경제성장과 더불어 외식산업에 대한 수요가 늘어날 가능성이 높다고 판단했기 때문이다. 둘째, 중국의 남녀평등이라는 사회문화 특성에 의해 여성의 사회활동이 점차 일반화되고, 이로 인하여 맞벌이 문화가 정착하게 되었다. 따라서 외식문화가 발달될 뿐만 아니라 외국 브랜드에 대한 동경심이 강한 상태였다. 셋째, 중국의 가구당 1자녀 낳기 인구정책은 청소년이 소황제로 대우받게 되는 결과를 야기하면서 이들 청소년의 서구식 패스트푸드에 대한 선호증가가 가계의 패스트푸드 소비증가로 이어졌다. 따라서 중국의 전반적인 외식시장(패스트푸드)에 대한 성장 가능성이 상당히 높다고 판단하였다. 마지막으로, 중국은 전 세계적으로 잘나가는 기업들의 각축장이므로 중국시장에서의 성공은, 곧 전 세계 어디에서나 성공을 보증할 수 있다고 생각하였다.

이러한 일련의 이유로 중국에 진출한 BBQ는 현지의 주 타깃을 1차적으로 아동·청소년·주부로 결정하였다. 점포의 입지는 최대의 경쟁업체라 할 수 있는 KFC와의 정면 대응을 마주하지 않고 사업을 확장하고자, 1차적 타깃 고객이 밀집한 주거지와 학교 주변 등의 지역을 주로 공략하여 틈새시장을 노리고자 하였다. 구체적으로 현지에서 취한 4P 전략은 다음과 같다.

상품전략과 관련하여, BBQ의 홍보 메시지인 '세상에서 가장 맛있는 치킨'에서 알 수 있듯이 외식업에 있어서 가장 기본적인 경쟁요소인 제품의 '맛'으로 경쟁우위를 확보하고자 하였다. 이를 위해 BBQ만의 제품제조 노하우라 할 수 있는 인젝션 공법을 활용하여, 국내 제품의 맛을 현지에서 재현하는 동시에, 중국 소비자들에게 적합한 맛을 접목시키는데 중점을 두었다. 또한 현지 고객들이 맛본적 없는 제품을 선보이기 위해 기존의 중국 진출업체와는 차별화된 메뉴를 확보하고 제공했다. 즉, 치킨 메뉴에 있어서 후라이드 치킨 이외에 스모크 치킨, 통다리 바비큐 치킨 등, 다른 경쟁업체와는 차별화되고 현지 소비자들이 독특하다고 느낄만한 다양한 메뉴를 제공했다.

반면 가격전략으로, BBQ는 치킨의 가격을 최대 경쟁업체인 KFC제품 가격의 80%전후로 책정하였다. 뿐만 아니라 가격을 결정하기 위해 상하이 소비자들을 대상으로 제품과 가격 등에 대한 시장조사를 사전 실시하였는데, 전반적으로 경쟁업체들에 비해 긍정적인 평가를 얻었음에도 불구하고, 장기간에 걸쳐 자리를 확고히 한 KFC와 맥도날드에 비해 브랜드 인지도가 낮다고 판단하여 일부러 저가정책을 채택했다.

유통전략에 있어서, 외식업체의 경우, 가맹점으로 적기에 원자재를 공급하여 재료의 신선도를 유지하는 것이 중요하지만, 사업초기에 물류센터를 건립하는 것은 비효율적이기 때문에, 현지에 있는 원자재 공급 업체의 공장을 사업 초기의 물류센터로 활용했으며, 2일 간격의 배송주기를 원칙으로 하였다. 또한 BBQ는 현지 고객들이 제품을 가정에서 편안하게 즐길 수 있도록 배달서비스를 도입하여 적용키로 했다. 현재 중국에서는, 아직까지 한국에서처럼 배달서비스 문화가 활성화되어 있지 않은 상태이기에 배달 시스템은 다른 경쟁업체와는 차별화되는 서비스였으며, 곧 경쟁우위를 확보하는 데 있어서 중요한 요소로 자리매김하는 전략이라 판단했다. 판촉전략에서 BBQ는 전단, 구전 그리고 신문 등의 광고수단을 이용했고, 대형 체육활동 등에도 협찬하는 판촉활동을 하였다.

그러나 이러한 전략적 노력에도 불구하고 중국에서의 BBQ운영은 문제가 많았다. 대표적인 청도점의 성과를 보자면, 2007년 상반기보다 2008년 상반기에 지출한 판매 및 관리비가 증가하였다. 이 중, 주로 급여, 복리후생비 등 종업원 관리 면에서의 투자와 지출이 늘고, 신선육을 공급하기 위한 운송차 증가로 인하여 운송비 또한 배가되었다. 기타는 접대비, 전화 수수료 등 인간관계면에서 투자한 것이었다. 재무적인 성과 외적으로 실패요인을 조금 들여다보자면, 중국인의 정서를 파악하지 못한 점도 있었다. 앞서 마케팅 전략을 펼치기 전에, BBQ는 중국 소비자들을 대상으로 공짜 시식회를 열어 소비자 조사를 하고자 하였는데, 중국 고객은 체면을 중시하고 자신의 재정 상태를 남에게 노출시키는 것을 기피하기 때문에 부정적인 의견을 제시하지 않았으며, 따라서 가격에 대한 의견도 솔직하게 응답하지 않았다. 즉, 시식회에서 공짜로 준 음식에 대해 체면을 중시하는 중국인들이 즉석에서 '맛없다'고 답할 리 없었다. '비싸다'고 말해 '나 돈 없다'고 티를 낼 사람들도 아니었다. 이 설문결과를 근거로 하였기에, BBQ는 중국시장에서 마케팅 전략을 결정하고, 마케팅 시스템을 구축하는데 상당한 오류가 있었을 것이라는 사실을 쉽게 추측할 수 있다. 이러한 일련의 일들로 인해 중국시장에서의 현실은 기대와는 사뭇 달랐다. 맛과 가격 모두에 만족한다던 고객들은 BBQ치킨을 주문하지 않았다. 중국인의 정서를 제대로 이해하지 못한 게 실책이었다. 4P에 비추어 실패요인을 분석해보면 다음과 같다.

상품전략에서, 중국인들도 점차 기름에 튀긴 서양식 음식은 건강에 해롭다는 인식이 만연해지고 있다. 더불어 언론매체에서 보도하는 패스트푸드의 건강에 대한 부정적 보도는 그들 업체에게 큰 위협이 되었다. 이 같은 보도와 패스트푸드에 대한 부정적 인식이 점차 사람들에게 강력하게 인식되면서 BBQ가 아무리 맛이나 제품의 다양성을 고민해도 결국 수요와 매출감소로 이어질 수 있었다.

가격전략에서 BBQ는 소비자들이 선호하는 KFC등과 같은 선발주자 대형 패스트푸드 업체에 비해 저가전략을 채택하고 있었다. 이 전략은 서양의 패스트푸드 업체가 판매하는 제품과 비슷한 맛을 내면서도 가격 면에서는 더 저렴하기 때문에 소비자들이 더 만족하게 될 것이라는 믿음에 바탕을 두고 있었다. 그럼에도 불구하고, 그 당시 BBQ는 KFC, 맥도날드와 같은 기존 패스트푸드 업체보다 중국시장에 훨씬 늦게 뛰어들었기에 아직 중국시장에서 입지가 좁았다. 따라서 중국 음식문화에 익숙한 소비자 입장에서는 생소한 브랜드임에도 가격이 오히려 비싸다고 느껴졌다. 실제로 2004년 BBQ가 조사한 보고서에 첨부된 표를 보면 소비자 불만요인 중 하나로 비싼 가격을 꼽고 있다.

유통전략과 관련하여, 배달전략은 중국시장에 도입된 새로운 서비스 전략이기는 했지만, 한국처럼 인구가 조밀하게 밀집되어 있는 것이 아니라면, 오히려 이것이 BBQ의 발목을 잡는 양날의 칼이 될 수 있다. 또한 현지 가맹점의 서비스 관리에 있어서 특유의 '만만디'라는 여유로운 중국인의 특성을 감안한다면, 한국에서와 같이 빠르고 즉각적인 서비스 효율성을 기대하기는 어려울 것이다. 중국

〈표 12-1〉 Model-shop에 대한 세부 불만요인

구분		빈도수(명)	비율(%)
서비스 효율성	제품제공 속도	47	39.2
시설장치	점포의 규모가 작다	24	20.0
환경, 위생, 분위기	산만하다	10	8.3
제품	생각보다 비싸다	30	25.0
홍보, 활동	광고가 적다	9	7.5
계		102	100.0

자료: 2004년 BBQ 설문조사

인의 음식문화를 깊이 들여다보면 '음식을 배달시켜 먹는다'는 것은 그 당시엔 상식 밖의 일이었다. 위신을 중시하기 때문에 넓고 화려한 음식점을 선호했고, 불량 음식 사태를 많이 경험해 의심도 많았기에, 검증되지 않은 음식을 배달시켜 아이에게 주는 부모는 없었다.

판촉전략에서 가장 문제가 되는 것은 브랜드 인지도인데, BBQ는 전단, 구전, 신문 등의 다양한 광고 수단을 이용하며 브랜드 가치와 업체의 인지도를 높이기 위해 다방면으로 노력했다. 그러나 BBQ는 상하이 내 일부 20% 정도의 지역에서만 브랜드 인지도를 다소 알렸을 뿐, 아직까지 상하이 전 지역에서의 폭넓은 인지도를 확보하지는 못하고 있었다.

질문

1. 그렇다면 어떠한 4P 전략을 취하는 것이 효과적이었을지 견해를 밝히시오.
2. 사실 BBQ는 현지화 성공의 대명사로 자주 언급된다. 만약 당신이 BBQ의 의사결정권자라면, 어떤 방식으로 현지화를 추구할 것인지 설명하시오.
3. BBQ는 초기 직영매장 중심의 값비싼 경험을 바탕으로, '마스터 프랜차이즈'라는 해외시장 진출원칙을 정립했다. 그렇다면, 동 진입전략의 장점과 단점은 무엇인지 구체적으로 나열하시오.

사례 12-2 베트남 시장에서의 파리바게뜨 사례: 동남아 시장 쉽지 않네…

파리바게뜨는 SPC그룹의 계열사 중 하나인 (주)파리크라상(Paris-Croissant Food Company)의 프랜차이즈 베이커리 가맹점으로, 1998년 광화문에 파리바게뜨 1호점을 세운 이후로, 1992년 파리바게뜨 100호점, 1994년에는 200호점을 돌파했다. 국내 매장은 2016년 10월 기준 3,364개로, 2위 CJ푸드빌의 뚜레쥬르가 1,304개인 것을 비교했을 때 명실상부한 국내 최대 프랜차이즈 제빵업체임을 알

수 있다.

이러한 파리바게뜨는 2000년대 초반부터 적극적으로 해외시장 진출을 시도했다. 2004년 중국 상하이에 첫 매장 개점을 시작으로, 2005년에는 미국, 2012년에는 베트남 호찌민에 글로벌 100호점이자 베트남 내 1호점 파리바게뜨를 열었고, 현재 파리바게뜨는 동남아 시장인 베트남 및 싱가포르에 19개의 점포를 포함하여 총 384개의 글로벌 점포를 가지고 있다.

파리바게뜨는 국제시장 세분화 방식 중 국가별 시장세분화를 도입하여 베트남에 대한 수년간의 철저한 현지 조사를 진행했다. 베트남은 파리바게뜨가 진출하기에 여러 가지 긍정적인 요소를 가지고 있었다. 우선, 동남아시아 국가 중 베트남은 과거 1800년대 중반부터 1945년까지 약 100년 동안 프랑스의 식민통치를 받은 나라였다. 따라서 베트남에는 프랑스의 음식 문화가 비교적 보편화되어 있었고, 빵과 커피의 소비량이 많아 다른 동남아시아 국가와 차별점이 있었다. 둘째, 베트남은 인구의 60%가 30세 이하인 '젊은 나라'이며, 소비지향적인 특징을 가지고 있고, 경제발전에 따라 구매력이 높은 소비자층 또한 증가하고 있었다. 셋째, 베트남 가정에 냉장고가 많이 보급되지 않아 외식문화가 발달했다. 이

그림 12-1 파리바게뜨-뚜레쥬르 매장 수 추이

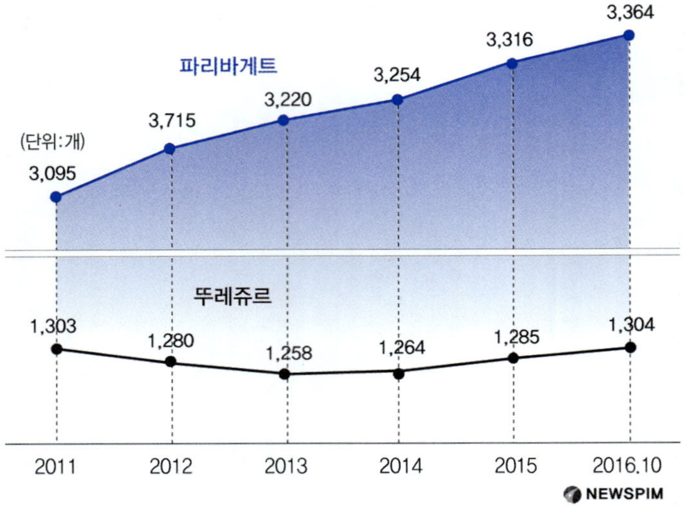

자료: 뉴스핌, 2016년 11월 4일자.

러한 특성은 베트남이 충분히 매력적인 시장임을 보여주었으며, 이러한 일련의 요인들로 인해 파리바게뜨가 동남아시아 국가 중에서 첫 번째로 타깃한 국가가 되었다. 파리바게뜨는 또한 베트남에 그치지 않고, 동 시장진출을 발판삼아 동남아시아 사업의 성공 모델을 만들고자 했는데, 이는 소득 수준이나 지리적 환경, 문화적 배경이 유사한 동남아시아를 묶어 지역중심주의적인 국제마케팅 전략을 펼치려고 했던 것을 알 수 있다.

우리나라에서 파리바게뜨는 약 2010년경부터 기존의 빵을 파는 것 이외에도, 커피 등의 음료도 같이 판매하는 '파리바게뜨 카페'를 오픈하기 시작했다. 하지만 국내에서는 원래 빵을 파는 가게라는 인식이 강해 커피만 비교하자면 커피전문점의 커피에 비해 높은 경쟁력을 갖고 있지 못하다는 인식이 있다. 하지만 베트남에 진출할 때 파리바게뜨는 처음부터 빵과 커피를 함께 파는 파리바게뜨 카페를 들여왔다. 또한 국내와 달리 베트남에서는 프리미엄 전략을 추진하였는데, 서울의 강남이라 할 수 있는 시간당 유동인구만 1,500~2,000명에 달하는 까오탕 거리에 매장을 개점했으며, 현지 베이커리 업체와 비교하여 약 2배 정도 높은 가격을 책정하였다. 이로써 파리바게뜨는 베이커리와 커피 모두 현지의 다른 기업보다 더 고급이라는 포지셔닝을 시도했다.

파리바게뜨는 베트남에서 표준화와 현지적응화를 적절히 사용하였다. 파리바게뜨는 우리나라에서 흔히 볼 수 있는 고급스러운 파리바게뜨 카페의 인테리어를 그대로 적용했다. 또한 베트남 내 다른 업체가 40여 종의 빵만을 판매하고 있지만, 국내에서 그러하듯 약 150여 종의 빵을 판매하였다. 이처럼 파리바게뜨는 우리나라 매장을 그대로 베트남에 옮긴 듯한 표준화를 하였다. 하지만 시장조사에 따라 현지인의 입맛에 맞는 베트남만의 메뉴를 만들기도 했다. 그 예로 먼저 반미 샌드위치를 들 수 있다. 반미(bánh mì)는 베트남어로 “바게트 빵, 식빵”을 뜻하며, 반죽에 쌀가루가 포함되어 딱딱하지 않고 겉껍질이 얇아 프랑스 현지의 바게트보다 대체로 부드러운 특징이 있다. 이 반미를 반으로 갈라 소스를 바르고 고기와 채소 등 각종 속 재료를 넣어 만든 베트남식 샌드위치를 반미라고 칭한다. 또한 베트남 내 다른 기업들은 열대과일의 높은 가격 때문에 통으로 갈아 넣는 시도를 하지 않았지만, 파리바게뜨는 베트남에서 수확하는 다양한 열대과일들을 활용한 스무디와 빵을 출시하였다.

파리바게뜨는 SPC만의 제빵기술 노하우를 베트남에 도입하였고, 고온다습한 베트남의 환경에서 바게뜨, 크루아상, 페스츄리 같은 제품들이 바삭함을 잃지 않도록 하였다. 또한 베트남에서는 생소한 오픈 키친 매장을 도입하여 소비자들에게 빵을 만드는 모습을 직접 보여줌으로써 위생과 청결에 대한 믿음 또한 주었다. 이렇게 품질관리에 신경을 쓴 결과 파리바게뜨 베트남점은 우리나라의 식품의약품안전처라 할 수 있는 현지 위생국 신입사원들이 교육을 받고 가는 장소가 됐다.

파리바게뜨는 상표를 전혀 바꾸지 않고 베트남 시장에 그대로 진입하는 전략을 실행했다. 1990년대 말 이후 한국의 드라마를 중심으로 음악과 영화들이 중국, 대만, 베트남 등에 퍼지게 되면서 아시아 전반에 한국 대중문화가 번지기 시작했는데, 최근까지 ‘별에서 온 그대’와 ‘태양의 후예’와 같은 다양한 드라마가 인기를 끌었다. 특히 최근에는 K-POP에서 방탄소년단이 빌보드 200에 두 번이나 1위를 시현하는 등, 아시아뿐만 아니라 전 세계적으로 인기를 얻으며 한류의 열풍을 넘어 광풍을 실현하고 있다. 이런 한류의 확대는 자연스럽게 한국의 문화에 대한 관심을 가지고 왔고 한국에 대한 친밀감을 높일 수 있었다. 파리바게뜨도 이러한 한류의 긍정적인 영향으로 인해 상표를 바꾸지 않고 그대로 진출했다는 것을 한 언론사의 인터뷰에 응한 아래 베트남 여성의 말을 통해 조심스럽게 추측할 수 있다. 매장에서 만난 응우옌민(23 · 여)씨는 "TV에서 보던 한국 연예인들이 먹던 빵을 베트남에서도 접할 수 있어 기쁘다"고 말했다.

파리바게뜨는 베트남에서 현지 업체들보다 1.5에서 2배 정도 높은 가격을 책정하는 가격정책을 펼쳤다. SPC그룹은 2020년 글로벌전략의 핵심 중 하나로 고급화를 내세웠는데, 이는 진출 초기 구매력이 높은 상류층 소비자들을 대상으로 한 프리미엄 브랜드로 차별화하기 위한 전략이었다. 이러한 전략으로 현재 베트남에서 파리바게뜨는 국내에서의 파리크라상 이상의 고급 브랜드로 인식되고 있다.

지금까지 베트남에 진출한 파리바게뜨의 국제 마케팅 전략을 알아보았다. 이러한 전략을 통해 파리바게뜨 베트남점은 오픈 초기 매장 입구에서부터 길게 늘어선 시민들의 행렬이 차도까지 이어질 정도로 인산인해를 이루었으며, 많은 사람이 매장을 찾아 빵과 커피를 즐겼다. 또한 카페의 테라스 자리는 예약을 하지 않으면 자리를 잡기 힘들 정도의 인기를 얻었다고 한다. 하지만 진출한지 6년이 된 2018년 현재 신규 매장이 들어서는 속도를 보면 파리바게뜨가 베트남에서 승승장구하고 있다고 보기에는 힘들다. 베트남에 처음 진출한 2012년에 2곳, 2013년에 3곳, 2014년에 1곳, 2016년에 2곳만을 신규 오픈했으며 2017년에는 신규 매장을 출점하지 못하였다. 이렇게 신규입점이 더디게 진행되자 2018년 초에는 기존의 8개에 2배인 16개로 늘린다는 계획을 세웠지만, 현재 베트남에는 총 9개의 점포만이 존재한다. 즉, 2018년까지 점포를 16개까지 늘린다는 계획은 확연히 실패했다고 볼 수 있다.

그렇다면 이렇듯 신규 매장을 오픈하는데 어려움을 겪는 이유는 무엇일까? 이는 파리바게뜨가 실시한 국제 마케팅 전략 중 고급화 전략에 따른 높은 가격정책 때문이라고 할 수 있다. 파리바게뜨는 현지 베이커리 가격보다 1.5~2배가량 높은 가격을 유지하고 있는데, 베트남 파리바게뜨에서 가장 많이 팔린 빵인 초코붐 패스트리는 3만5,000동으로 한화 약 1,650원이며, 티라미수 케익은 35만동으로 이는 우리나라 돈으로 약 17,000원에 해당한다. 언뜻 보기에는 국내에 있는 파리바게뜨와 비교해보았을 때 그렇게 큰 차이가 없기에 생각보다 싸다고 느낄 수도 있겠지만, 베트남 국민들의 경제수준을 생각하면 그렇지 않다. 1인당 GDP가 그 나라의 경제 수준을 정확하게 나타내주지는 않지만, 단순 비교를 해보자면 2018년 말 현재 우리나라 1인당 GDP는 3만 2,046달러인 반면, 베트남의 1인당 GDP는 2,552달러로 약 12.5배나 차이가 난다. 1인당 GDP에 있어 12.5배의 격차가 있음에도 불구하고, 빵 가격은 2배정도 밖에 차이가 나지 않는 것이다. 조금 더 자세히 살펴보면, 베트남의 실질적인 임금 수준은 사무직 평균월급이 310~400달러, 단순노무자는 170~350달러, 제조업 종사자는 240달러이다. 또한 베트남의 최저임금을 분석해보면, 이는 베트남을 4지역으로 나누어 차등을 주는 제도를 시행하고 있는데, 2018년 최저임금은 월 276만 동에서부터 398만 동까지이다. 베트남의 저임금에 의존하고 있는 다수의 기업이 최저임금 수준의 임금을 지급하고 있어 최저임금은 그 적용률이 매우 높은 편이다. 베트남은 잘사는 지역과 못사는 지역의 평균소득이 19배에 달할 정도로 빈부격차가 매우 높은 편이기에, 이를 통해 미루어 짐작컨대 상대적으로 경제수준이 높은 지역에는 파리바게뜨가 고가격정책을 구사하더라도 어느 정도 소비할 수 있는 소비자들이 존재하지만, 평범한 사람이 이용하기에는 무리가 따르는 것을 알 수 있다. 심지어 상대적으로 잘 사는 지역인 호찌민 시에 오픈한 까오탕점도 현지 고객들의 가격 저항력이 있었음을 다음의 언론사 인터뷰를 통해 알 수 있다. 완(Ngan · 23세) 씨는 "파리바게뜨 패스트리 빵을 가장 좋아한다"며 "다른 곳보다 빵이 비싸서 자주 오지는 못하지만 친구들과 함께 가끔씩 오곤 한다"고 밝혔다. 이러한 베트남의 경제수준을 간과한 고가격 정책으로 인해 파리바게뜨 베트남 법인은 최근까지 엄청난 규모의 적자를 시현하고 있다.

질문

1. 만일 베트남 시장에서 펼친 파리바게뜨의 글로벌 마케팅전략이 바람직하지 않았다면, 여러분들이 생각하는 합리적이고 적절한 전략을 제시해 보시오.
2. 마케팅전략의 일환으로 표준화와 현지화의 장점을 각각 논하시오.
3. 파리바게뜨를 위한 판촉전략을 제안해 보시오.

사례 12-3 중국시장에서의 이마트 사례: 이마트는 왜 마트전쟁에서 패했을까?

이마트는 2011년 5월에 (주)신세계의 백화점과 유통점 각 사업부문을 인적 분할해 신규법인으로 설립된 회사다.[1] 이마트는 1997년에 해외 첫 매장으로 중국 상하이 취양점에 1호점을 내었으며 이를 시작으로 중국에 27개 매장으로까지 확장하였으나 실적은 미미했다.

우선 이마트가 중국시장에 진출하게 된 배경은 크게 세 가지 이유로 구분할 수 있는데, 무엇보다 국내 유통산업의 현황, 그리고 중국 경제의 성장 및 중국 소비자의 소비수준 증가를 들 수 있다. 첫 번째 국내 유통산업의 현황과 관련하여, 할인점 시장은 이미 성숙기에 진입하여 포화상태에 다다른 상황이었다. 뿐만 아니라 홈쇼핑, 프랜차이즈 유통업체 등의 성장으로 인해 국내 시장만으로는 사

1) 인적분할이란, 상법상 회사를 분할할 때, 신설회사의 주주 구성 비율이 기존회사의 주주 구성비율과 동일한 것을 의미한다. 예를 들어, A회사를 인적 분할하여 A회사와 B회사 두 개로 나뉘어졌다고 하자. 분할 전 A회사의 주주 구성은 갑이 50%, 을이 39%, 병이 11%의 주식을 보유하고 있었다면, 인적분할의 결과로 신설된 B회사의 주주 구성 역시 갑이 50%, 을이 39%, 병이 11%의 지분을 보유하게 되는 것이다. (나무위키 참조)

세확장에 한계가 있을 것으로 판단하고, 이를 극복하기 위해 중국 등 해외시장 진출을 적극적으로 추진하고자 하였다. 특히 중국은 아시아 지역 중에서도 상대적으로 한국과 다수의 문화적 동질성을 공유하고 있는 매력적인 시장으로 꼽혔다. 두 번째, 중국은 시장의 개혁·개방 이후 연평균 10% 이상의 경제성장을 지속하여 왔으며, 이에 따라 구매력 역시 폭발적으로 증가하였다. 세 번째, 소비수준의 확대에 있어서, 영양가 있는 고급 식품, 웰빙 식품 등의 소비가 증가하고 있었다는 사실에 비추어, 중국 소비자들의 소비패턴에도 큰 변화가 발생하고 있었으며 소비수준이 향상되고 있었다는 것을 알 수 있다. 또한 소득증가는 양질의 농·수·축산 제품에 대한 지출의 급증을 가져왔으며, 비교적 고가의 2차 산업(예, 의류 및 전자기기 등) 제품을 구입하는 계층이 늘어나고 있었다.

이마트는 이렇듯 중국시장의 중요성을 일찍부터 간파하고 본격적인 현지 경영활동에 앞서 나름의 철저한 사전준비를 하였다. 중국식 사회주의로 전환하기 이전의 순수 사회주의 경험을 가지고 있는 중국의 특성을 고려하여 진출 전략에 대한 사전조사가 이루어졌으며, 여기에 더해 마케팅 활동에 있어서 중국 전체를 거대한 하나의 시장으로 보지 않고 진출대상 지역의 특성을 집중적으로 고려하였다. 이마트는 우선 중국시장을 화북, 화남, 화동 등으로 세분화하였다. 화북의 경우 상하이, 톈진, 베이징을 거점으로 하여 점차 확장해 나간다는 것이 이마트의 계획이었다. 1호점을 오픈한 상하이 이마트의 경우 여타지역대비 가처분 소득이 높은 지역으로 다른 기업들과 마찬가지로 해당 지역 중산층이상의 주민을 타깃하였다. 이를 바탕으로 이마트의 중국에서의 경영활동은 현지화에 중점을 두고 그 나름의 노력을 하였다. 중국인들에게 이마트가 중국 현지 기업과 다를 바 없다는 인식을 심어 주기 위해 경영진부터 일반 직원까지 상대방의 입장을 배려하는 인칭의 변화를 시도하였그 서로 존중하는 근무 분위기를 만들기 위해 노력하였다. 또한 현지직원 채용에서도 중국 현지 간부들의 의견을 적극적으로 반영하는 등 현지 소비자들의 성향과 니즈를 충족시키기 위해 다양한 현지화 노력이 이루어졌다. 구체적으로 어떠한 방식으로 진출하였는지 4P전략에 비추어보면 다음과 같다.

상품전략에 있어서 각 진열대마다 매일 2～3개씩 신상품을 구비하였고, 중국 소비자들이 호기심이 많다는 점을 간파하여 시험판매나 시식코너를 운영하였다.

특히 중국인들이 전통적으로 단 것을 좋아하는 점을 감안, 과자류의 진열을 강화하였다. 뿐만 아니라 대량구매를 선호하는 중국인들을 위해 소규모보다 대규모 위주로 상품을 포장하였다. 뿐만 아니라 다수의 한국제품과 PB제품을 구비하여 경쟁력을 강화하고자 하였다.

가격전략에 있어서는 저가주의를 채택하였는데, 효율적 물류시스템을 통해 취급상품의 가격을 시중가보다 10~20% 저렴하게 공급하였다. 그리고 PB제품을 적극 이용하여 마케팅비용과 재고부담을 줄여 일반제품보다 가격을 낮출 수 있었다. 대표적인 PB상품으로는 이플러스, 이베이직 등을 들 수 있다. 또한 신선식품에 대한 시연판매를 통해 다양한 가격할인 행사를 실시하였다.

유통전략에 있어서 매입물량 조절로 재고와 납기를 넉넉히 확보하여 상품 유실률을 절감하였다. 거래선의 납입 능력에 따라 대금 지불 조건 또한 차별화하였다. 게다가 단품관리시스템을 도입하여 재고 및 판매관리의 효율성을 높여 상품 회전율을 상승시키고 판매관리 비용 및 운영비용을 절감하였다. 더불어 유동 인구가 많은 대도시를 거점으로 입점하였다.

판촉전략에 있어서 이마트는 “쉽게 사서 이득을 얻는다”라는 뜻의 ‘이마이더’를 중국식 상호명으로 채택하였다. 또한 창고형 매대를 지양하고 키가 낮은 중국인들의 눈높이를 고려하여 낮은 높이의 백화점식 매대를 설치하였다. 그리고 고급스러운 매장 분위기를 갖추는 등 선진서비스를 제공하였으며, 고객들이 자유롭게 매장을 돌아다니며 쇼핑할 수 있도록 ‘양방향 동선’으로 중국 매장을 꾸몄다. 뿐만 아니라 같은 크기에 일정한 포맷의 광고 전단지를 꾸준히 준비하여 홍보하였고, 인근 3개구 대상의 중점고객을 위주로 정기적인 DM을 발송하였다. 마지막으로 행사를 좋아하는 중국인의 특성을 반영하여 시간대별 할인행사와 주말 신(新)특가품을 운영하였다.

이러한 마케팅 전략으로 이마트는 2011년 기준 27개까지 공격적으로 점포수를 늘리기도 했지만, 매출 부진에 따른 중국 사업 구조조정에 돌입하여 결국 같은 해에 12개 점포를 매각하였다. 그리고 2013년 하반기를 기준으로 중국에 투자한 자본을 모두 상실하였다. 금융감독원에 제출한 분기보고서에 의하면, 중국법인의 총부채가 1,957억 원에 달함에 따라, 총자산 1,871억 원을 넘어섰으며, 이는 재무제표상 자기자본이 마이너스, 즉 완전 자본잠식이 된 것을 의미한다. 이

그림 12-2 이마트 중국법인의 재무성과

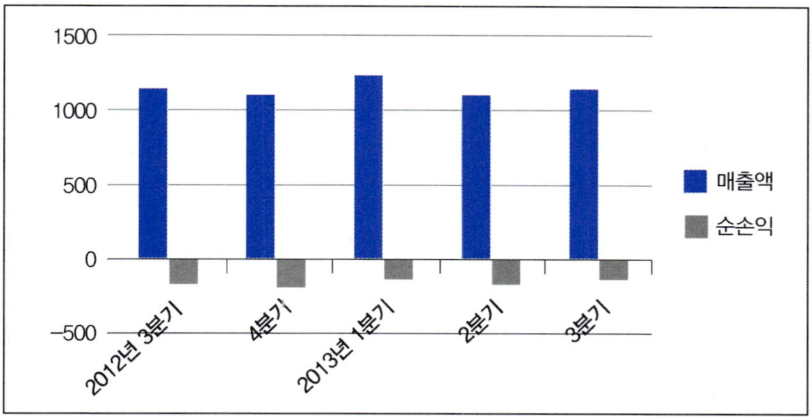

자료: 이마트.

마트 중국법인이 이렇듯 완전 자본잠식 상태에 이른 이유는 매분기마다 100억 원 이상의 손실을 지속적으로 시현하고 있었기 때문이었는데, 심지어 법인의 적자폭도 오히려 다음과 같이 증가하고 있었다(2013년 기준, 적자규모는 1분기 127억 원에서, 2분기 143억 원, 그리고 3분기 147억 원을 기록했다).

결국 이마트는 2017년 하반기를 마지막으로, 남아있는 중국 매장 5곳 모두를 태국 CP그룹에 매각함으로써 중국 진출 20년 만에 중국에서 완전히 철수하게 되었다. 이마트의 실패요인을 4P에 비추어 분석해 보면 다음과 같다.

먼저 상품전략에 있어서 이마트는 중국 소비자의 특징을 간파하지 못하였다. 한국인은 깔끔한 비닐 포장을 선호하는 반면에, 중국인은 고기나 생선을 직접 만져보고 사는 것을 선호한다. 그러나 이마트는 중국에서도 한국에서와 마찬가지로 신선식품을 포장되어 있는 채로 진열하였다. 뿐만 아니라 중국인은 죽은 생선을 잘 구입하지 않으며 살아있는 생선을 신선하다고 느끼기에 중국 현지의 마트 대부분은 생선을 판매할 때 살아있는 활어를 큰 수족관에 넣어 판매한다. 일례로 이해를 돕기 위해 생선의 예를 들었으나, 다른 식재료 역시 가능 한한 신선하고 살아있는 상태를 선호하는 경향이 유독 강하다. 따라서 내장까지 깔끔히 손질하여 랩으로 포장된 식품은 중국 소비자에게는 외면 받을 수밖에 없었다. 이마트가 간파하지 못한 또 다른 중국 소비자의 특징으로는 식자재 구매방식을 들 수 있다. 비록 부유층은 대량구매를 선호할지 몰라도, 대부분의 중산층 및 중국인 서민 소비자들은 식품을 구매할 때 대량구매를 하지 않기 때문에, 바나나 10개를 묶음 판매하면 소비자가 이중 1개만 직접 뜯어서 계산을 요구하는 경우가 많다. 중국 내 주거지역에는 재래시장들이 곳곳에 많이 숨어있는데(겉보기에는 시장이 안보이나 길가의 상가 사이에 시장으로 들어가는 입구가 있음) 여기서 다양한 식자재가 팔리고 그곳에서 식자재를 구입하는 사람들은 한 끼분 정도의 적은 양의 식자재를 자주 구입하는 습성이 있다. 이는 2~3개의 냉장고를 집에 두고 일주일에 한 번 정도 대형마트에 가는 국내 소비자들과는 확연히 다른 소비 습성이다. 더구나 상품 품질에 있어서도 문제가 있었다. 즉, 개업한지 얼마 지나지 않은 이마트 매장에서 무더기의 불량제품들이 발견되었다거나 진열된 상품 중 유통기한이 무려 이틀씩이나 지난 식품이 발견되었다는 사례들이 중국 대표 인터넷 포털사이트, 바이두에 업로드 되어 있는 글을 심심찮게 찾아볼 수 있었다.

앞서 제품 및 가격전략에서 PB제품을 통해 원가우위 전략을 추구한다고 기술하였는데, PB제품이란, 잉여생산능력이 있거나 브랜드 인지도가 떨어지는 회사에게 상품주문을 의뢰하고 이마트 로고를 붙여서 파는 제품을 일컫는다. 따라서 경쟁력이 다소 떨어지는 기업이 생산한 상품을 진열하며 원가우위에 너무 집중하다보니 상품의 질 제고에 다소 신경 쓰지 못한 것으로 사료된다. 하지만 저가 상품을 한국 기업인 이마트의 자체 상품화 시켜버리면, 흔히 한국이 좋아 한국 상품을 구매하고 싶어 하는, 혹은 한류의 영향으로 한국 상품을 구매하고자 하는 중국 소비자들에게 한국산(產)의 브랜드 가치를 저하시키고, 작게는 이마트 로고에 대한 기업 이미지와 매력을 악화시키는 결과를 초래할 수 있다.

한편 가격전략과 관련하여, 중국 내 대형할인점을 이용하는 주(主)고객층의 대부분은 주부들인 바, 이들은 대체로 가격에 민감하다. 실제로 베이징 품질 협의회가 실시한 '대형마트와 상점에 대한 제3회 고객만족도 평가결과'에 따르면, 소비자들이 마트를 선택할 시 고려하는 가장 중요한 요인은 '합리적인 가격'이었다. 하지만 시장을 이미 선점한 까르푸, 월마트(저가전략으로 positioning) 등의 경쟁업체가 가격적인 면에 있어서의 경쟁에서 이미 이마트보다 우세했기 때문에, 앞서 언급한 PB제품은 기업 이미지만 훼손할 뿐, 그나마 원가우위 전략을 유

〈표 12-2〉 까르푸와 이마트의 가격 비교

가격 민감 상품				가격 비민감 상품			
품목	브랜드	까르푸	이마트	품목	브랜드	까르푸	이마트
계란	A	11.3	11.3	다리미	F	143	159
우유	B	1.8	1.7	스탠드	G	143	145
요구르트	C	2.5	2.2	세탁기	H	1100	1099
라면	D	1.7	1.7	TV	I	699(특가상품)	1400
식빵	E	5.0	4.9	DVD	J	398	398

자료: 김주영 (2008), 중국 유통시장에서 외국계 대형할인점의 마케팅 전략 연구, 연세대학교 대학원 지역학협동과정 중국전공 석사학위 청구논문.

지하기도 어렵거니와 유지해서 얻는 효용이 기대보다 적었다는 사실이 또 하나의 실패요인이었다. 가격을 조사・비교한 <표 12-2>를 보면, 가격 민감 상품에 대해서는 경쟁업체인 까르푸보다 근소한 차이로 이마트의 제품이 저렴하지만, 가격 비(非)민감 상품군에서는 이마트가 까르푸와 비슷하거나 비싼 가격이 책정됨으로써 경쟁력이 부족했다. 특히 TV 브랜드 TCL의 29인치 T-2970 모델은 까르푸의 특가 가격의 두 배에 달하는 가격으로 이마트에서는 판매되고 있었다. 이렇듯 이마트의 상품가격이 다른 대형 할인마트대비 저렴하지 않았다는 결론을 도출할 수 있으며, 이러한 현실을 반영하여 중국 소비자로부터 외면 받고 매출도 감소하였다.

또한 중국 대도시의 임대료가 비싼데다가,[2] 특히 중국 근로자의 임금이 매년 10% 이상 오르고 있는 상황에서 노동집약적인 유통업에 있어 저가 전략은 경쟁력과 성과를 악화시켰다.

유통전략에 있어서 이마트는 전략적인 입지선정을 위한 구체적인 기준 없이, 그저 인구 유동성이 높고, 가처분 소득이 높은 대도시 거점지역 위주로 자리 잡았다. 외국 대형마트로서 선점효과를 놓친 바에는 개발 가능성이 높은 주변지역, 외국인 밀집지역, 한국인 밀집지역, 중국인 중산층 등 입지 및 타깃 고객에 대한 명확한 선택기준과 전략을 합리적으로 결정했어야 했으나, 이에 대한 철저한 분

2) 당시 상하이의 경우 임대료가 하루가 다르게 치솟아 서울을 능가했다.

석이 부족했던 것이다. 게다가 중국은 대도시의 빌딩숲 사이에 아직도 낮은 저층의 서민주택들이 빽빽이 들어서 있고, 그 안쪽으로 2~3층 크기의 중형마트들이 입점해있다. 여러분이 중국인 소비자라면, 걸어서 5분정도 밖에 소요되지 않는 가까운 거리에 중형마트가 있는데, 굳이 차도 소유하지 않은 상황에서, 들어보지도 못한 이마트를 일부러 찾아 방문했겠는가? 그 답변 속에서 이마트의 유통전략이 실패했다는 사실을 유추할 수 있다. 또한 다점포를 확보하는데 실패함에 따라 물류기지가 부족하였고, 재고처리 비용이 상승하게 되었다. 이는 결국 가격경쟁력 확보의 실패로 이어졌다.

판촉전략과 관련하여, 이마트가 외국 마트로서 후발주자라는 점을 감안하면, 전단광고와 DM을 활용한 판촉은 바람직하지 않았다. 전단지나 DM은 선발주자와 대비하여 이마트의 차별화된 특징이나 컨셉 등을 소비자들에게 충분히 어필시키기에 불충분한 수단일 뿐만 아니라 신뢰도도 떨어뜨리기 때문이다. 또한 중국인은 물건이 산더미처럼 쌓여있을수록 물건 값이 더 저렴하다고 인식한다는 점에서, 중국인의 키에 맞춘 낮은 높이의 선반에 상품을 깔끔하고 가지런히 배치하는 방식은 중국인의 정서와 맞지 않았다. 중국 현지 마트들의 매장형태가 창고형이거나 재래시장마냥 내부구조가 산만한 것을 보면 왜 이들 현지 마트들이 이와 같이 상품을 진열했는지 추론할 수 있다. 그리고 고급스럽고 편리하며 쾌적한

쇼핑환경도 중국인에게는 거리감을 느끼게 해주었다. 중국 소비자의 입장에서 보면 대형할인점의 쇼핑분위기는 마치 시장처럼 북적거리고 산만한 분위기가 제격이기 때문이다. 매장 내 동선과 물품의 배치도 문제도 안고 있었다. 한국 매장과 같은 '양방향 동선'은 중국인에게 익숙지 않았으며, 고객이 매장에 머무르는 시간이 짧을 수밖에 없는 구조이다. 반면 중국인들은 먼저 현지에 진출한 월마트의 '일방향 동선'에 익숙했다. 일방향 동선은 고객들이 동선을 따라다닐 수밖에 없는 구조라 구매 충동에 더욱 쉽게 노출된다.

질문

1. 비단 이마트뿐만 아니라, 한국의 마트들은 유독 중국시장에서 실패를 거듭하고 있는 듯하다. 그 원인이 어디에 있다고 여겨지는지 진단하시오.
2. 상기 1번 질문에 대한 답변을 기초로, 만일 이마트가 중국시장에 재진출한다면 어떠한 전략을 구사해야 하는지 설명하시오.
3. 특히 이마트의 성공전략을 디자인함에 있어서, 마케팅 전략에 집중하여 STP 및 4P전략을 제안하시오.

사례 12-4 베트남 시장에서의 현대건설 사례: '건설한류' 가능할까?

현대건설은 1950년 고 정주영 회장이 설립하였으며, 현재에는 현대자동차그룹에 소속된 종합건설회사이다. 토목사업, 건축, 주택, 발전소 등으로 구분되는 사업부문을 영위하며 현대엔지니어링 등 13개의 종속 회사로 구성되어 있다. 현대건설과 베트남의 인연은 1966년 진행된 항만 준설 공사에서 시작되었다. 해외로 사업 확장을 원하는 현대건설의 도전 의지와 전쟁으로 황폐해진 국토의 기반을 다시 세우려는 베트남의 절실함은 이후 52년 간 견고한 파트너십으로 이어졌다. 실제로 현대건설은 현재 진행되고 있는 수도 하노이의 3호선 공사를 포함, 베트남에서만 19개의 수주를 받았고 일부 프로젝트는 진행 중이다. 베트남 내 다양한 분야에서 승승장구하고 있는 현대건설이지만 유독 아파트 및 주택 건축과 관련된 영역에서는 베트남에서 지지부진한 성과를 내고 있다. 이와 같은 이유로, 현대건설이 영위하고 있는 사업 중에서도 베트남 아파트 및 주택 건축을 전문으로 하는 하떠이알엔씨에 대한 사례를 살펴보고자 한다.

하노이 주택사업은 현대건설의 첫 번째 해외 주택개발 사업으로 현대건설(지분 51%)과 현대디엔아이(49%)가 각각 출자하여 '하떠이알엔씨'를 설립하였고, 시행사인 하떠이알엔씨가 100% 출자하여 현대알엔씨하떠이를 설립하는 방식으로 현대건설은 베트남 주택건설 시장에 진입하였다.

우선 현대건설이 베트남 주택건설 시장에 진출하게 된 배경을 현대건설의 내부요인과 베트남 현지 건설시장의 외부환경요인 조사 등 SWOT 분석을 통해서 분석해보자. 먼저 강점요인인 S는 크게 2가지로 나눌 수 있는데 먼저 국내 건설기업의 높은 인지도를 들 수 있다. 국내 대형 기업들의 베트남 진출과 한류 문화의 영향으로 베트남에서 한국 기업에 대한 우호도가 높은 편이다. 베트남에 있는 10대 초고층 건설 프로젝트 중 5개를 국내 건설 기업이 시공한 점을 봐도 베트남에서 한국 기업의 기술 수준을 높게 평가하고 있음을 확인할 수 있다. 두 번째 S요인은 글로벌 건설시장에서의 경쟁력 확보이다. 우리나라는 해외건설 부분에서 7위의 경쟁력을 확보하고 있으며, 특히 시공부문에서는 4위를 기록하는 등 해외에서 높은 경쟁력을 인정받고 있다. 약점 요인인 W는 국내 금융기관을 활용한 재원 조달이 어렵다는 점이다. 해외건설 프로젝트 수주과정에서 프로젝트 리스크 등으로 인해 국내 민간 금융기관의 참여가 저조하며, 정책금융 기관들은 지원 여력이 부족한 상황이다. 리스크 절감을 위해서는 신용도 높은 은행의 보증이 필요하나, 세계 금융시장에서 갖는 한국계 은행들의 낮은 인지도 등으로 인해서 자금 조달 시 상대적으로 높은 수수료율을 부담하여야한다. 또 해외사업 시 문제발생 혹은 리스크관리에 있어서 상대적으로 낮은 역량을 보인다. 국내 업체들의 계약 관리 수준이 아직까지 낮은 단계에 머무르고 있으며, 이로 인해 다양한 분쟁 사례를 겪고 있다. 베트남 건설시장에서 기회요인인 O는 내수시장의 발전을 기반으로 하는 높은 성장률을 꼽을 수 있다. 즉, 약 8,000만 명에 이르는 내수시장과 고도의 경제성장으로 인한 신흥 고소득층의 증가와 중산층 확대 등이 대표적인 기회요인이라고 말할 수 있다. 또 다른 기회요인은 아직까지 전 세계 81위 수준의 낮은 인프라 수준으로 인해 정부가 2025년까지 스마트시티 건설 개발 계획을 적극적으로 수립하고 정부주도로 인프라 성장을 지속적으로 수행해나간다는 것이다. 마지막으로, 위험요인인 T로는 정치 및 사업적 위험성이 존재한다. 베트남은 부패인식 지수 세계 116위에 위치하고 있는 등 부패 근절이 쉽지 않은 상황으로 평가받고 있다. 또한 수출이 GDP의 70%를 차지하는 기형적 구조로 인해 해외 경기에 큰 영향을 받는다는 점도 빼놓을 수 없다.

현대건설은 베트남의 부족한 물류 인프라에 대한 앞으로의 성장성을 보고 시장진출을 진행하였고, 실제로 다양한 분야에서 성공을 거두고 있으나, 유독 아파트 및 주택 건축과 관련된 부분에서는 성공을 시현하지 못하고 있는데, 이는 현대건설뿐만 아니라 포스코 건설, 대우건설 등 다른 여타 건설사에도 해당하는 문제이다. 문제해결에 앞서 베트남 아파트 시장을 STP 분석으로 나눠보면, S와 관련하여, 베트남 아파트 시장은 크게 ㎡당 U$4,000~U$6,000 이상의 럭셔리(Luxury) 시장, ㎡당 U$2,000~U$4,000 사이의 High-end 시장, ㎡당 U$1,000~U$2,000 사이의 Mid-end 시장, ㎡당 U$1,000 이하의 Low-end 시장으로 각각 나눌 수 있다. 비율로 따지면 Luxury 시장의 경우 1%미만이며, High-emd 시장이 14%, Mid-end 시장이 42%, Low-end 시장이 43%로, Mid-end와 Low-end 시장이 전체의 85%를 차지하는 것을 알 수 있다. 타깃팅(T)에 있어서, 현대건설을 비롯한 대부분의 한국 건설사들은 Luxury 시장에 집중되어 있다. 그러므로 포지셔닝(P)의 경우에도 브랜드 가치를 강조하고, 프리미엄을 강조하는 전략을 구사하고 있다.

〈표 12-3〉 베트남 시장현황: 아파트 부문

구분		베트남	
		점유비율	2018. 2Q
분양/매매가	Luxury	1%	U$4000~U$6000/㎡
	High-end	14%	U$2000~U$4000/㎡
	Mid-end	42%	U$1000~U$2000/㎡
	Low-end	43%	U$1000/㎡ 미만

자료: 한국주택금융공사

구체적으로 어떠한 방식으로 진출하였는지 4P전략에 비추어보면 다음과 같다. 제품전략에 있어서 베트남에서 가장 발전된 도시인 하노이와 호치민으로 아파트 개발을 집중하였다. 땅을 소유하는 것을 좋아하는 베트남 사람의 특성상 하노이, 호치민이 아니고서는 다른 지역의 경우 아파트보다 토지를 소유하는 것을 더 좋아하기 때문이다. 현대건설은 한국의 기술력을 바탕으로, 기존 베트남에 없던 새로운 아파트들을 만들어서 공급하였다. 가격전략에 있어서는 프리미엄 가격대를 적용하였다. 시공비를 줄이려는 노력보다는 한국에 있는 아파트와 비슷한 품질의 아파트를 만들기 위하여 노력하였다. 유통전략에 있어서는 한국인 투자자를 대상으로 설명회를 열고 베트남 인들을 대상으로도 지속적인 홍보를 진행하였다. 판촉 전략에 있어서 한국식 고급 아파트임을 강조하였다. 베트남인이 인식하고 있는 고급아파트에 대한 강점을 잘 표현하였고, 자재나 인테리어 등도 고급스러운 느낌을 강조하였다.

이러한 전략에도 불구하고 하떠이알엔씨는 베트남 주택시장에서 수년째 적자를 기록했다. 2015년에만 151억 원의 순손실을 기록했으며, 지난 2012년과 2013년에도 각각 3억4,000만 원, 11억7,000만 원의 손실을 기록한 바 있다. 2008년 이후 7년간 누적손실액은 총 300억 원에 달하였으며, 단 한 차례도 흑자를 내지 못하였다. 이는 대규모 자금을 투입해 하노이시에 고급 아파트를 지어놓고도 분양이 되지 않은 데다 금융비용 부담으로 손실이 늘어났기 때문이다. 하떠이알엔씨의 자본총계는(2014년 말 기준) 마이너스 262억 원으로 완전 자본잠식 상태에 빠졌고, 결국 하떠이알엔씨는 소멸되고 현대건설에 흡수 합병되게 된다.

STP에 비추어 실패요인을 분석해 보면 전체 수요의 1%에 지나지 않는 럭셔리 시장을 타깃으로 한 것이 실패의 가장 큰 원인이다. 호치민 인근지역을 중심으로 도시화 비율은 30%대로 95%대의 한국에 비해서 매우 낮은 편이다. 이로 인해 매년 30만 명 이상씩 호치민으로 사람이 유입되고 있고 지속적인 아파트 수요가 일어나고 있다. 하지만 베트남 중산층이 살 수 없는 가격대의 럭셔리 시장에만 열중했기 때문에, 아파트를 사고자하는 실수요가 많음에도 불구하고 고객층을 잡지 못하였다. 시장에서 Mid-end급 이하의 수요가 폭발적으로 증가하는 것을 알고 있음에도 자회사 브랜드의 가치를 고려해서 Mid-end급이 아닌 럭셔리 시장으로 진입한 것이 패인이라고 볼 수 있다.

그림 12-3 베트남, 도심으로의 인구 이동 가속화 단계 진입

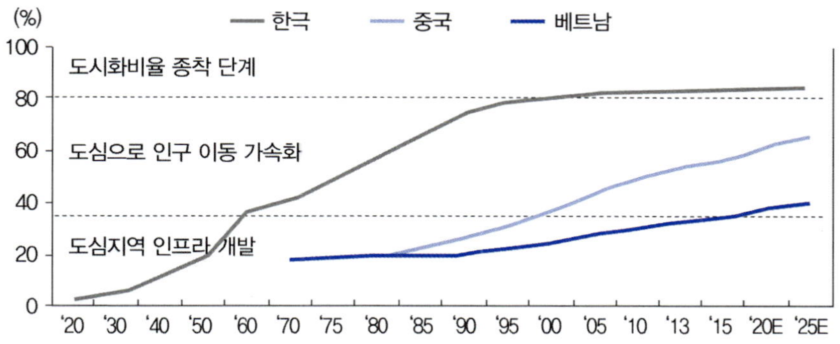

자료: 통계청, NH 투자증권 리서치본부.

럭셔리 시장의 경우, 주변에 계속해서 더 럭셔리한 아파트가 들어옴으로 인해 동반 가격상승이 일어나는 것이 아니라, 주변에 들어서는 새로운 아파트들로 인해서 가격이 하락하는 악순환 구조를 띤다.

문제점을 4P전략에 기반하여 살펴보자면, 먼저 제품전략에 있어서 인구가 집중되어 있는 하노이와, 호치민을 건설 중점으로 선택한 것은 비교적 좋은 전략이었다. 하지만 실거주 수요가 아닌, 투기 수요가 많이 존재하는 럭셔리 시장을 겨냥하고 진입했기 때문에, 베트남에서 투자자금이 많이 빠져나간 2008년 금융위기 당시 분양에 직접적인 타격을 받았다. 1인당 GDP가 1,800달러 수준인 베트남에서 1단계 사업부터 10억 이상의 빌라 위주로 판매하다 보니 미분양이 속출하였다. 또 한국과 베트남의 문화적 차이를 고려하지 않고 건설하였기 때문에, 베트남인 기준에서 불만족스러운 부분이 많았다.

한국의 경우 남향으로 된 집을 최고로 고려하지만, 베트남의 경우 날씨가 더워서 남향으로 집을 만들게 되면 아파트의 경우 에어컨을 켜더라도 너무 덥고, 상가의 경우 제품이 빨리 상하고 옷 색깔이 변하는 등의 이유로 남향을 선호하지 않는다. 그리고 기온 차이로 인해서 더운 기온을 빼내기 위해 층고가 3.5m로 높다. 한국의 2.5m에 비하여 많은 집을 지을 수 없기에 베트남 식으로 건물을 지어선 수익성이 떨어진다고 판단하게 되었고 따라서 한국식 기준으로 아파트를 건설하였다. 하지만 베트남 사람들은 한국식 기준에 맞춰서 설계된 집에 답답함을

느꼈으며, 한국형 아파트에 대해서 부정적인 이미지를 느꼈다. 결국 한국의 기술력만을 믿고 현지에 대한 이해도 없이 아파트를 건설함에 따라 이는 유통문제에도 직접적으로 영향을 끼쳐서 가장 중요한 분양에서 큰 문제를 야기하였다. 실제로 현대건설을 비롯한 많은 국내 대형 건설사들이 분양에 어려움을 겪었고, 많은 공기업들도 분양 실패로 인해 베트남 사업에서 철수하였다.

가격전략에서는 럭셔리 아파트의 비싼 가격이 베트남인들의 구매 욕구를 저하시키는 원인이 되었다. 따라서 내국인 시장의 규모가 작아서 외국인을 위주로 사업을 진행하여야 했다. 한국의 아파트가 좋은 기술로 만들었다는 것은 알고 있지만, 베트남의 경우 국내 건설사의 ㎡당 공사비는 800달러로 현지 업체의 두 배에 이를 정도로 가격 차이가 많이 나기 때문에 가격 경쟁력 부분에서 현지 업체에게 뒤쳐졌다. 특히 아파트 시공 단계 중 1단계로 분류되는 보상과 인허가 문제에서 오랜 시간이 걸리는 경우가 많았다. 인허가 단계에서 어설픈 대행사를 통해서 업무를 진행하다가 인허가 일정이 지연되었고 더 많은 자금이 투입되는 매우 비생산적이고 비효율적인 사업으로 흘러가게 되었다. 토지보상의 경우에도 공권력을 동원해서 대거 강제 철거를 할 수 있을 것이라고 안이하게 생각했지만, 오히려 한국보다 더 힘든 보상 및 이주 절차를 마주하게 되었다. 개발업자가 정부에 보상금을 지불하고 정부가 주민과 적정선에서 협상하면서 이주와 동시에 개발이 시작되는 것이 아니라, 정부가 주민의 눈치를 살피거나 주민과 결탁하여 더 큰 보상금을 요구하는 경우가 빈번하였다.

이러한 문제로 인해 일처리가 무기한 늦춰지는 사례가 많았으며, 이는 비용인상으로 직결되어 낮은 가격의 아파트를 도저히 제공할 수 없게 만드는 원인이 되었다. 또한 공사 인력관리가 제대로 안되어, 안전사고가 일어나는 때도 잦았다. 마지막으로, 베트남에서 주 하청과, 부 하청으로 내려가는 단계에서 부패가 많이 발생하였는데 이와 관련된 것들을 해결하는 것도 골칫거리였다. 중간단계에서 돈을 챙기는 상황도 빈번하여 총 공사비가 과도하게 나오거나, 공사의 품질이 떨어지는 예도 다수 일어났다. 더불어 지나친 규제는 적극적인 홍보를 용이하지 않게 함에 따라 적절한 판촉 전략을 구사하는 것도 쉽지 않았다.

질문

1. 베트남에서의 제품전략, 가격전략, 유통전략 및 판촉 전략상의 오류를 모두 지적하시오.
2. 상기 답변을 근간으로 새로운 국제 마케팅 전략을 제안하시오.
3. 베트남 시장의 대안을 찾는다면, 어느 국가를 추천하고자 하는지 밝히고, 그곳에서의 4P 및 구매자 시점의 4C(ccnsumer, cost, communication, convenience)전략을 강구하시오.

토의자료 12-1

"트래버스는 수입차"… 한국지엠, 마케팅 전략 '프리미엄'으로 선회

한국지엠이 북미 수입 모델을 대상으로 마케팅 전략 변화에 나선다. 그 변화의 시작은 하반기 출시를 앞두고 있는 대형 SUV '트래버스'가 될 전망이다.

한국지엠은 수입차의 프리미엄 이미지를 강조하면서 국산차와 같은 서비스 네트워크를 내세워, 약점으로 치부되는 가격 경쟁력을 극복해 나간다는 방침이다.

24일 업계에 따르면 한국지엠은 이르면 오는 10월께 쉐보레 트래버스를 국내 시장에 정식 출시할 예정이다. 트래버스는 올 하반기 대형 SUV 시장에서 다시 한번 돌풍을 일으킬 기대주로 평가받고 있다.

한국지엠은 트래버스 출시를 앞두고 마케팅 전략, 가격 정책 등 다양한 고민을 하고 있는 것으로 전해진다. 무엇보다 트래버스가 수입차란 사실에 중점을 둔 마케팅 전략에 많은 시간을 할애하고 있다는 설명이다.

앞서 한국지엠은 지난 13일 공식 홈페이지에 트래버스 56초 광고영상을 공개했다. 영상 초반 트래버스가 등장하는 장면에선 동급 차량 5대가 트래버스를 맞이한다.

이들은 바로 렉서스 NX·랜드로버 디스커버리 스포츠·포드 익스플로러 등 수입차 SUV들이다. 현재 대형 SUV시장을 주도하고 있는 현대자동차의 팰리세이드는 보이지 않는다.

잠깐 스쳐가는 장면이지만, 여기에서 한국지엠의 향후 트래버스 마케팅 전략을 엿볼 수 있다. 국산차와의 비교는 거부하고, 철저하게 수입차 이미지를 가지고 이들과 경쟁해 나가겠단 의도다.

한국지엠이 트래버스를 기점으로 마케팅 전략을 바꾸려는 이유는 향후 다양한 북미 모델을 국내에서 선보일 예정이기 때문이다.

그동안 국내 고객들은 쉐보레에 대해 수입차 브랜드란 인식을 거의 가지지 못했다. 이에 따라 북미에서부터 수입되는 차종임에도 국내에 출시되면 마냥 비싸다는 선입견이 강했다.

한국지엠은 이런 국내 고객들의 인식을 바꾸기 위해 가격 차별화를 두면서까지 트래버스 출시를 준비하고 있는 것으로 전해진다.

일각에선 가격 경쟁력을 가져갈 수 없는 한국지엠이 선택할 수 있는 유일한 전략이란 분석도 내놓고 있다. 트래버스는 북미 시장에서 4,000~5,000만원 초반대로 판매되고 있다. 현대차의 팰리세이드보다 약 500~600만원 비싼 가격이다.

한국지엠은 지난해 중형 SUV 이쿼녹스의 실패를 맛본 쓰라린 경험이 있다. 당시 이쿼녹스는 북미 가격보다 500만원 가량 저렴하게 출시됐지만, 큰 주목을 끌지 못했다.

이를 두고 국산차도 수입차도 아닌 어중간한 포지셔닝에 가격 경쟁력까지 떨어지면서 흥행에 실패했단 분석이 제기됐다.

한국지엠은 이쿼녹스의 실패를 반면교사 삼아 트래버스 마케팅 전략을 다시 고민하고 있다. 향후 콜로라도, 타호 등 수입 예정인 모델들의 흥행을 위해서도 전략 변화는 불가피하다는게 내부 분위기다.

멀게는 국내 생산모델과 수입차의 판매점 분리도 염두에 둔 것으로 알려졌다. 이는 쉐보레가 수입차 브랜드란 이미지를 구축하기 위해선 꼭 필요한 절차기도 하다. 다만, 여러 여건 상 아직까진 어려움이 많아 장기적인 관점에서 구상하고 있는 것으로 알려졌다.

한국지엠 관계자는 "트래버스를 시작으로 북미 수입모델의 마케팅 전략에 변화를 가져가려 한다"면서 "수입차이면서도 국산차와 같은 서비스를 활용할 수 있는 점은 쉐보레 모델의 큰 장점이 될 수 있다"라고 설명했다.

(자료: 뉴데일리경제, 2019년 6월 24일자)

토의자료 12-2 호주오픈 후원 2018년까지 연장한다

기아차가 세계 4대 테니스 대회인 호주오픈에서 또 한 번 도약을 준비한다.

기아자동차㈜는 10일 호주오픈 데이저 스폰서(Major Sponsor) 계약을 2018년까지 연장했다고 밝히며, 다음 주부터 시작하는 '2013 호주오픈'에서 본격적인 마케팅 활동을 시작한다.

기아차는 이번에 2018년까지 호주오픈 메이저 스폰서 계약을 연장하게 되면서 지난 2002년 첫 후원을 시작한 이래 17년 연속 이 대회의 후원사로 활약하게 됐다.

또한 이날 대회 공식 차량으로 K5, 뉴 쏘렌토R, 카니발 등 총 101대의 차를 전달하면서 '2013 호주오픈' 마케팅에 첫 발을 뗐다.

기아차 관계자는 "코트 위에서의 열정과 역동적인 모습은 기아차 브랜드와 잘 어울려 오랫동안 호주오픈을 후원해 왔다"며 "이번 연장 계약을 통해 앞으로 호주오픈의 성공적인 개최에 일조할 뿐만 아니라 전 세계적인 기아차 브랜드 알리기에 더욱 박차를 가할 것"이라고 말했다.

기아차는 지난 10여 년간 호주오픈 후원을 통해 매년 홍보효과를 높여 왔으며, 특히 아태지역 및 테니스 팬 층이 가장 많은 유럽 시장 등을 중심으로 전 세계 자동차 시장에서 인지도를 높이는데 기여한 것으로 평가하고 있다.

기아차는 호주오픈 후원 첫 해인 2002년 약 7,900만 달러(미화 기준) 가치의 홍보효과를 거둔 것을 시작으로 2012년 대회에는 약 3억 5,000만 달러 가치의 홍보효과를 거둔 것으로 자체 조사 결과 분석했다.

판매에 있어서는 아시아·태평양 지역에서 같은 시기 약 3배의 판매 증가를 보이고 있으며, 유럽 지역에서는 약 5배 이상의 판매 증가를 보여 호주오픈을 통한 전 세계 브랜드 인지도 향상이 크게 기여했음을 보여준다.

이를 바탕으로 기아차는 2013년 호주오픈에서도 다양한 마케팅 활동을 펼쳐 브랜드 인지도 상승은 물론 브랜드 가치 향상에 주력할 계획이다.

우선 기아차는 10일(목) 김종우 기아차 호주 판매법인 법인장과 스티브 우드(Steve Wood) 호주오픈 조직위원회 CEO등 관계자들이 참석한 가운데 호주 멜버른파크에서 호주오픈 공식 차량으로 프라이드 5대, K3 1대, K5 10대, 뉴 쏘렌토R 14대, 카니발 71대 등 총 101대 전달식을 가졌다.

스티브 우드(Steve Wood) 호주오픈 조직위원회 CEO는 "기아차가 호주오픈 메이저 스폰서 계약을 5년 더 연장한 것에 대해서 매우 기쁘다"며 "기아차는 호주오픈을 오랜 시간 동안 후원하고 있는 회사로 2018년까지 성공적인 동반자 관계가 유지되기를 기대한다" 고 말했다.

한편 기아차는 호주오픈 대회 기간 동안 경기장 내 광고판 설치, 대형 전광판 광고 시행은 물론 전 세계 26개국에서 선발된 53명의 기아차 고객들을 초청, 호주오픈 경기 관람 및 멜버른 현지 문화 체험의 기회를 제공하는 '기아 럭키 드라이브 투 오스트레일리아(Kia Lucky Drive to Australia)' 프로그램을 진행한다.

또한 ▲전 세계 12개국이 참가한 '아마추어 호주오픈', ▲호주오픈 테니스 코트를 누비고 현지 문화체험도 즐기는 '볼키즈 프로그램', ▲기아 차량(뉴 쏘렌토R)에 탑승한 호주오픈 참가 주요 선수 및 유명 인사들의 인터뷰를 실시간으로 제공하는 '오픈 드라이브(The Open Drive)', ▲페이스북 팬 페이지에 호주오픈 주요 내용 공유 및 다양한 이벤트를 진행하는 소셜 네트워크(SNS) 마케팅, ▲호주오픈 공식 홈페이지(http://www.australian-open.com) 내 '기아 팬 오브 더 데이(Kia Fan of the Day)' 코너를 운영, 매 경기 최고의 팬으로 선정된 25명의 사진을 게재하고 투표로 최종 3인을 선정해 상품을 제공하는 등 다양한 호주오픈 연계 마케팅을 진행할 예정이다.

(자료: 기아자동차 홈페이지)

토의자료 12-3

글로벌 마케팅 강화하는 SK종합화학, 차이나플라스 2018 참가

* 아래 토의자료는 대표적 국제촉진전략으로 사용되는 전시장 참여에 대한 내용인 바, 각자 읽어 보고 그 효용에 대해 논의해 보기 바랍니다.

올해로 32회째를 맞이하는 아시아 지역 최대 규모 플라스틱 · 고무 소재 박람회인 '차이나플라스(Chinaplas) 2018'에 SK이노베이션의 화학사업 자회사인 SK종합화학이 참가했습니다.

SK종합화학은 중국 상해에서 4월 24~27일, 총 4일간 진행되는 '차이나플라스 2018'에 SK그룹 화학 계열사인 SK케미칼과 함께 역대 가장 큰 규모의 합동 부스를 오픈하여, 현지 고객 확보를 위한 마케팅 활동 강화에 나섰습니다.

◇아시아 최대 규모 플라스틱 · 고무 전시회 '차이나플라스 2018'

아시아 지역 최대 규모의 국제 플라스틱 · 고무 소재 박람회인 차이나플라스는 독일의 K-Fair, 미국 NPE(National Plastic Exhibition)와 함께 세계 3대 플라스틱 전시회로 손꼽히는

데요. 1987년에 시작된 차이나플라스는 매년 중국 상해와 광저우에서 번갈아 개최되며, 올해는 상해 홍차오 컨벤션 센터에서 진행됐습니다.

차이나플라스 2018에는 다우듀폰(DowDupont), 엑손모빌(ExxonMobil), 사빅(SABIC) 등의 글로벌 메이저 석유화학 기업을 포함하여, 국내외 총 3천여 개 업체가 참가하였습니다.

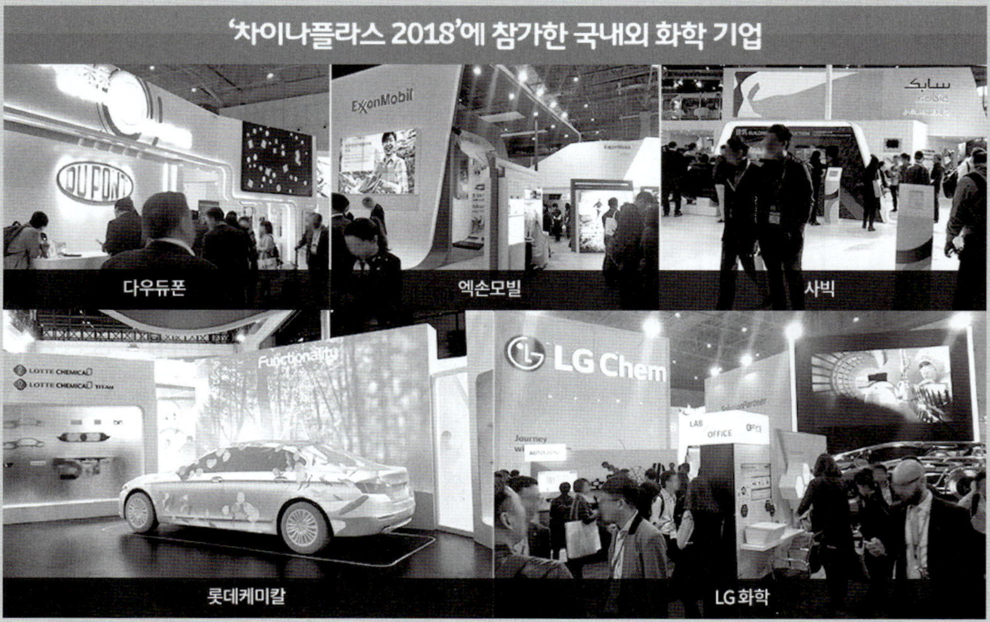

◇**역대 최대 규모의 SK종합화학 · SK케미칼 합동 부스**

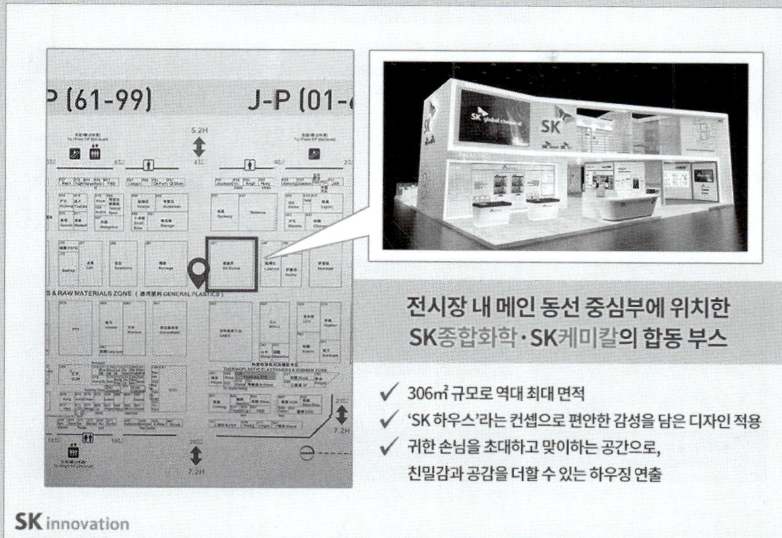

총 면적 306㎡으로 역대 가장 큰 면적을 자랑한 SK종합화학 · SK케미칼의 부스는 다양한 글로벌 메이저 기업들의 부스가 인접해 있는 전시회의 중심부에 위치해 있었는데요. 'SK하우스'라는 콘셉트로, 편안한 감성을 담은 디자인으로 꾸며졌습니다.

최근 중국 소비재 시장이 빠르게 성장하면서 범용(凡容) 제품 중심이었던 중국 화학 시장도 소비재와 고부가 품목 위주로 재편되는 등, 수요 차원에서 가파른 성장이 예상되고 있는데요.

SK종합화학은 실생활에 주로 사용되는 포장재, 식품용기 소재부터 자동차 내 · 외장재 원료까지 그간 중국 플라스틱 시장 선점을 위해 확보해 온 차세대 주력 제품군 위주로 전시장을 마련했습니다.

이번 '차이나플라스 2018'에서 SK종합화학은 제품과 용도별로 3개의 전시공간을(패키징, 오토모티브, 리빙) 구성하여 자체 개발한 고성능 폴리에틸렌인 넥슬렌(NexleneTM)을 비롯해, 지난해 미국 다우듀폰으로부터 인수한 고부가 화학제품인 PRIMACORTM(EAA), SARANTM (PVDC)을 첫 공개하며 많은 사람들의 눈길을 사로잡았답니다.

고부가 포장재 제품인 PRIMACORTM와 SARANTM은 모두 기술장벽이 높고, 차별화된 시장이 구축되어 있어 꾸준한 수요가 전망되는데요.

SK종합화학은 '차이나플라스 2018'에서 PRIMACORTM와 SARANTM의 강점과 활용 방안, 기술 소개 세미나를 개최하고 암코어(Amcor)를 비롯한 고객사 100여 곳과 비즈니스 미팅을 진행하는 등, 중국 고부가 포장재 시장 선점에 본격적으로 나섰습니다.

SK종합화학은 지난 해 영업이익 9,618억 원을 달성해 2016, 2017년 연속 9천억 원 대의 영업이익을 기록했음에도, 글로벌 경기 등 외생 변수의 영향을 적게 받는 고부가 화학제품 군을 확보하기 위해 지속적인 체질 개선 작업에 집중해 왔습니다.

(자료: SK이노베이션 홈페이지)

참고문헌

SK이노베이션(2018), 글로벌 마케팅 강화하는 SK종합화학, 차이나플라스 2018 참가, [online] Available at http://skinnovation-if.com/ [접속일: 2018년 8월 2일].

고제헌, 강영신(2018), 베트남 주택 및 주택금융시장의 현황 및 전망, 한국주택금융공사 주택금융연구원 이슈리포트, 18-5호.

기아자동차(2013), 뉴스: 기업 활동 관련 최신 소식, [online]. Available at http://pr.kia.com/ko/company/news/news/bx00001795.do [접속일: 2018년 8월 2일].

김성만(2007), 중국시장 진출을 위한 신 프랜차이즈 전략에 관한 연구: 청도 지역 BBQ시스템을 중심으로, 건국대학교 경영대학원 석사학위 청구논문.

김유미(2007), 한국 외식 프랜차이즈 기업의 글로벌 경영전략에 관한 연구: 제너시스 BBQ와 놀부 사례를 중심으로, 숙명여자대학교 테크노경영대학원 석사학위 청구논문.

김주영(2008), 중국 유통시장에서 외국계 대형할인점의 마케팅 전략 연구, 연세대학교 대학원 지역학협동과정 중국전공 석사학위 청구논문.

김중배(2016), "(글로벌 시대의) 국제경영학", 형설출판사.

김화랑, 장현승(2015), 베트남 건설 시장 진출을 위한 SWOT 분석, 대한건축학회논문집 31(5): 87～96.

나무위키 (2018), 인적 분할, [online]. Available at https://namu.wiki/w/%EC%9D%B8%EC%A0%81%EB%B6%84%ED%95%A0 [접속일: 2018년 7월 30일].

뉴데일리, [베트남, 시장이 열린다⑪] 재도약 노리는 파리바게뜨, 올해 매장수 2배 늘린다, 2018년 2월 20일자.

뉴데일리, [베트남, 시장이 열린다⑪] "파리바게뜨 동남아 사업 성공 모델, 베트남서 만들 것", 2018년 2월 20일자.

뉴데일리경제, "트래버스는 수입차"… 한국지엠, 마케팅 전략 '프리미엄'으로 선회, 2019년 6월 24일자. [online]. Available at http://biz.newdaily.co.kr/site/data/html/2019/06/24/2019062400104.html [접속일: 2019년 7월 8일].

뉴스핌, 속 타는 뚜레쥬르, 파리바게뜨와 벌어지는 매장 수, 2016년 11월 4일자. Available at http://www.newspim.com/news/view/20161104000273 [접속일: 2018년 11월 12일].

뉴시스, 베트남에 문을 연 파리바게뜨 1호점 가보니…, 2012년 4월 1일자. Available at http://www.newsis.com/view/?id=NISX20120401_0010949474 [접속일; 2018년 11월 12일].

맹홍신(2015), 이마트의 중국시장 진출 전략 분석, 강남대학교 석사학위 청구논문.

모비인사이드(2008), [김두일의 차이나 인사이트] 마트전쟁…왜 이마트는 중국에서 실패했나?, 2016년 9월 30일자, [online]. Available at http://www.mobiinside.com/kr/2016/09/30/china-mart-war/ [접속일: 2018년 7월 30일].

박병일(2017), "글로벌경영 사례100", 시대가치.

서민교, 박병일(2013), "글로벌경영", 서울경제경영출판사.

왕루(2012), 한국 외식 프랜차이즈 중국 진출 전략에 관한 연구: BBQ의 중국 진출을 중심으로,

청주대학교 석사학위 청구논문.

유가(2008), 한국기업의 중국 진출 마케팅 전략에 관한 연구: 삼성전자와 이마트의 사례를 중심으로, 건양대학교 석사학위 청구논문.

투모로우 Vietnam, 베트남에서 우리나라 신도시 개발은 왜 이리 지지부진한가?. [online] Available at http://tomorrowvn.com/new-town-development/ [접속일: 2018년 11월 15일].

한국경제신문, 국내 건설, 묻지 마 베트남 '러시'…쉬운 시장 아냐, 2017년 12월 23일자.

화이트 페이퍼, 이마트 중국 완전 철수… 중국시장 '유통무덤' 된 까닭은?, 2017년 12월 29일자, [online]. Available at http://www.whitepaper.co.kr/news/articleView.html?idxno=93510 [접속일: 2018년 7월 30일].

저자 소개

박병일

[약력]
한양대학교 영문과 졸업
영국 University of Leeds, MBA
영국 University of Bradford 대학원 국제경영학 박사
현, 한국외국어대학교 경영학부 교수
전, 한국외국어대학교 경영대학 부학장
전, 국제경영연구 편집위원장
현, 국제학술지 International Journal of Multinational Corporation Strategy Editor in Chief
현, 한국국제경영관리학회 부회장
현, 한국경영학회, 한국경영컨설팅학회, 한국국제경영학회 및 한국전략경영학회 상임이사

박병일 교수는 *Journal of World Business*, *International Marketing Review*, *Journal of Business Research*, *Emerging Markets Finance and Trade*, *Multinational Business Review*, *Thunderbird International Business Review*, *European Journal of International Management*, *Canadian Journal of Administrative Sciences* 등 다양한 해외저널의 특별호 Guest Editor를 맡아 학계에 봉사하였으며, 또한 *Journal of World Business*, *International Business Review*, *Management International Review*, *Journal of International Management*, *International Marketing Review*, *Business Research Quarterly*, *International Small Business Journal*, *Asia Pacific Journal of Management*, *Journal of Business Research*, *Corporate Governance: an International Review* 등 무수히 많은 저명저널에 학술논문을 게재한 바 있다. 현재 국제학술지인 *International Journal of Multinational Corporation Strategy*의 Editor in Chief를 맡고 있으며, 박병일 교수의 주요 논문은 아래와 같다.

[주요 논문]
- Knowledge centralization and international R&D team performance: Unpacking the moderating roles of team-specific characteristics, accepted by *Journal of Business Research*, forthcoming.
- International network searching, learning, and explorative capability: Small and medium-sized enterprises from China, accepted by *Management International Review*, forthcoming.
- Interplay between dual dimensions of ambidextrous knowledge sharing within globalized chaebols: Moderating effects of organizational and global environmental munificence, accepted by *International Business Review*, forthcoming.
- Chinese Born-Globals' Internationalisation: Networks and Global Value Chains Perspectives, *Business Research Quarterly* 23(2), 2020.
- Risk in international business and its mitigation, *Journal of World Business* 55, 2020.
- '2R-based view' on the internationalization of emerging economy service MNEs: Evidence from China, *Management International Review* 59, 2019.

- Post-entry performance of international new ventures: The mediating role of learning orientation, *International Small Business Journal* 36(7), 2018.
- Corporate social responsibility in international joint ventures, *International Business Review* 27(6), 2018.
- Bring institutions into FDI spillover research: Exploring the impact of ownership restructuring and institutional development in emerging economies, *International Business Review* 27(1), 2018.
- The impact of country-of-origin on context effects in choice, *International Marketing Review* 34(6), 2017.
- Institutional legitimacy and norms-based CSR marketing practices: Insights from MNCs operating in a developing economy, *International Marketing Review* 32(5), 2015.
- Culture clashes in cross-border mergers and acquisitions: A case study between Sweden's Volvo and South Korea's Samsung, *International Business Review* 24, 2015.
- Determinants influencing CSR practices in small and medium sized MNE subsidiaries: A stakeholder perspective, *Journal of World Business* 50, 2015.
- Corporate social responsibility: Stakeholders influence on MNEs' activities, *International Business Review* 23, 2014.
- Innovative knowledge transfer patterns of group-affiliated companies: The effects on foreign subsidiary performance, *Journal of International Management* 20(2), 2014.
- Control mechanisms of MNEs and absorption of foreign technology in cross-border acquisitions, *International Business Review* 23, 2014.
- The impacts of turbulent event on technology acquisition: Comparison of cross-border acquisitions formed before and after the crisis, *Management International Review* 52(2), 2012.
- What changes the rules of the game in wholly owned subsidiaries? Determinants of knowledge acquisition from parent firms, *International Business Review* 21, 2012.
- Does ownership structure matter for firm technological innovation performance? The case of Korean firms, *Corporate Governance: an International Review* 20(3), 2012.
- Key factors affecting acquisition of technological capabilities from foreign acquiring firms in small and medium sized local firms, *Journal of World Business* 46, 2011.
- Knowledge transfer capacity of multinational enterprises and technology acquisition in international joint ventures, *International Business Review* 20, 2011.
- What matters to managerial knowledge acquisition in international joint ventures? High versus low knowledge acquirers, *Asia Pacific Journal of Management* 27(1), 2010.

오금식

[약력]
제주대학교 영어영문학과 졸업
한국외국어대학교 경영대학원 졸업
영국 University of Bradford, MBA
영국 University of Huddersfield 대학원 국제경영학 박사
현, 부경대학교 글로벌자율전공학부 교수
현, 한국국제경영관리학회 이사

[주요 논문]

- Influences of Absorptive capacity and Social capital on Reverse Knowledge Transfer, *Journal of Business Research* 34(2), 2019.
- Factors affecting reverse knowledge transfer from subsidiaries to multinational companies: Focusing on the transference of local market information, *Canadian Journal of Administrative Sciences* 34, 2017.
- Reverse Knowledge Transfer within the Intra-firm Networks: The Role of Subsidiaries' Knowledge Transfer Capacity, ≪무역학회지≫ 42(5), 2017.
- One Condition Contributing to MNCs' Global Business Success: Reverse Transfer of LMI from IJVs to MNCs, *Journal of International Trade & Commerce* 13(4), 2017.
- Reverse knowledge transfer from subsidiaries to MNCs in Korea: size matters, *International Journal of Multinational Corporation Strategy* 1(3/4), 2016.
- Multinational corporations, foreign direct investment and knowledge issues: Literature review, ≪국제경영연구≫ 27(4), 2016.
- Introduction of shareholder-friendly behaviors after governance reform in Korean firms: Is it a proactive response?, *Emerging Markets, Finance and Trade* 51, 2015.
- Acquisition of local market information in international joint ventures: Service sectors, *The Service Industries Journal* 32(7), 2012.
- Technology acquisition and performance in international acquisitions: The role of compatibility between acquiring and acquired firms, *Journal of East-West Business* 15, 2009.

해외진출 실패에서 배우는 기업경영

2021년 2월 18일 인쇄
2021년 2월 22일 발행

저자와의 협의로 인지생략

저 자 박병길 · 오금식
발행자 한헌주
발행처 도서출판 경문사
서울특별시 서대문구 독립문로 21-9
전 화 738-7035 팩스 722-4678
이메일 kmsp@korea.com
홈페이지 http://www.kmsp.co.kr
등 록 1995년 11월 9일 제300-1995-138호

■ **정가** 15,000 원

ISBN 978-89-420-0926-8 93320